Neukirchener Beiträge
zur Systematischen Theologie

Herausgegeben von
Wolfgang Huber, Bertold Klappert,
Hans-Joachim Kraus, Jürgen Moltmann und Michael Welker

Band 7
Eberhard L.J. Mechels
Kirche und
gesellschaftliche Umwelt
Thomas – Luther – Barth

Neukirchener Verlag

Eberhard L. J. Mechels

Kirche und gesellschaftliche Umwelt

Thomas – Luther – Barth

Neukirchener Verlag

© 1990
Neukirchener Verlag des Erziehungsvereins GmbH,
Neukirchen-Vluyn
Alle Rechte vorbehalten
Umschlaggestaltung: Kurt Wolff, Düsseldorf
Gesamtherstellung: Breklumer Druckerei Manfred Siegel KG
Printed in Germany
ISBN 3-7887-1278-3

CIP-Titelaufnahme der Deutschen Bibliothek

Mechels, Eberhard:
Kirche und gesellschaftliche Umwelt: Thomas – Luther – Barth
/ Eberhard L. J. Mechels. – Neukirchen-Vluyn: Neukirchener
Verl., 1990
   (Neukirchener Beiträge zur systematischen Theologie; Bd. 7)
   ISBN 3-7887-1278-3
NE: GT

Für
Malte, Anne, Martje und Hella

Vorwort

Diese Besinnung auf das Wesen und die Gestalt der Kirche in der Gesellschaft, die ihr historischer Lebensraum ist, geschieht in einem Interesse, das vorweg benannt sein soll: Es ist das Interesse an der Veränderung der Kirche. Und zwar nicht in erster Linie an einer Veränderung, die bewirkt werden soll, sondern an derjenigen, die fortwährend geschieht. Diese nährt sich aus zwei Quellen: Die eine ist das Wort Gottes, das wir als Gemeinde Jesu Christi zu hören, dem wir im Leben und im Sterben zu vertrauen und zu gehorchen haben. Die Gemeinde lebt dadurch, daß Jesus Christus lebt und in ihr das Hören, den Glauben und den Gehorsam weckt. Indem das geschieht, bleibt nicht alles beim alten, nicht in der Kirche, nicht in der Gesellschaft, in der und für die die Kirche ihr Dasein hat, und auch nicht im Leben des einzelnen Christen.

Die andere Quelle der Veränderung der Kirche ist die Entwicklung ihrer gesellschaftlichen Umwelt, die ebenso rasant in ihrem Tempo wie durchgreifend in ihren Wirkungen ist – Wirkungen nicht nur auf die Gestalt der Kirche, sondern auch auf ihre zentralen geistlichen Lebensprozesse.

Und nun: Welcher von beiden Strömen der Veränderung dominierend und richtungsbestimmend ist, das ist die Frage. Das funktionale Diktat und das Leistungsdiktat, mit dem die moderne überkomplexe Gesellschaft die Kirchen konfrontiert, ist stark und durchdringend. »Lebendig und kräftig« ist das Wort Gottes »und dringt durch« (Hebr 4,12). Welche Dynamik aber aktuell in unseren Kirchen Vorrang bekommt, das ist nicht ein für allemal ausgemacht. Das bleibt die aktuelle Frage, vor deren Herausforderung die Kirche, die Gemeinden und ihre Theologen stehen. Dies ist eine theologische Frage und zugleich eine soziologische.

– Die Kirche hat eine religiöse Funktion für die Gesellschaft im ganzen. Jedes gesellschaftliche System hat seine Funktion, auch das kirchliche. Die Frage ist aber, ob sie nichts anderes ist als dies. (Dann ist »Gesellschaft« ihre ultimative Bezugswirklichkeit, und es gibt Autoren, die mit angebbaren Gründen davon ausgehen. Dann ist die Berufung auf das Evangelium eine erbauliche Floskel ohne sachliche Deckung, es wandert in den Briefkopf der Großorganisation – und im Text kommt anderes zur Sprache.)

– Die Kirchenorganisation erbringt Leistungen wie jede andere gesellschaftliche Organisation auch. Leistung ist der Sinn von gesellschaftlicher Organisation. Die Frage ist aber, ob Leistung (d.h. hier: Dienstleistung, Hilfeleistung, Amt, Amtshandlungen, Diakonie usw.) auch der Sinn und

Lebensgrund der Kirche ist. (Dann ist die Kirchenorganisation selbst ihre eigene ultimativ verbindliche Verpflichtung und die Berufung auf die reformatorische Wiederentdeckung der Rechtfertigung des Sünders allein aus Gnade steht im Vorspruch des kirchlichen Bekenntnisses – im Text steht anderes, und in der Praxis dominiert der Imperativ der Selbsterhaltung durch Leistung.)

– Die Kirchengemeinden sind Netze einfacher Systeme elementarer Interaktion. Hier geschieht Begegnung wie in jedem interaktionellen System. Es ist aber keine Frage, daß damit erst der Ort beschrieben ist, an dem das geschieht, was die Kirche zur Kirche Jesu Christi macht: seine Gegenwart im Wort. Die Frage ist, was die Erosion bedeutet, der die Kirche auf der gemeindlichen Ebene ausgesetzt ist, ob das Netz so dicht geknüpft ist, daß es auch tragfähig ist. Die entscheidenden Lebensfragen der Kirche stellen sich hier. Denn Interaktion, Begegnung basiert auf den Merkmalen »Anwesenheit« und »Sprache«. Gemeinde geschieht, indem Menschen zusammenkommen und das Wort Gottes unter ihnen zur Sprache kommt.

Gewiß, Anfälligkeiten und Versuchungen, Gefahren und Bedrohungen gibt es auf allen drei Ebenen: bei Funktion und Leistung z.B. die Versuchung der Fremdhörigkeit und des Verlustes der Identität. Bei Interaktion z.B. die Versuchung der Selbstabschnürung und des Verlustes der Relevanz. Im ersten Falle ist die Kirche nicht mehr bei sich, im zweiten Falle ist sie nicht mehr beim andern. Im ersten Falle kann sie nicht bekennende Kirche sein (bekennt sich allenfalls, wie in Loccum im Januar 1990 geschehen, zur Einheit des deutschen Volkes als »Grundlage« kirchlichen Wirkens), im zweiten Falle ist sie es faktisch nicht.

Die größten Gefahren lauern in unserer Gegenwart m.E. auf der gesellschaftlichen und der organisatorischen Ebene (ihre Stilisierung als »Institution der Freiheit« und »konziliare Gemeinschaft« ist eher geeignet, die Gefahren zu verschleiern), die Not aber und die Verheißung sind in den Gemeinden am größten. Sie bedürfen der größten praktischen und theologischen Aufmerksamkeit und der behutsamsten Pflege: bekennende Kirche als Gemeinde existierend. Diese Option soll hier starkgemacht werden.

Daß die evangelische Kirche in Deutschland kaum Profil als bekennende Kirche hat, hängt mit dem Bruch von 1945 zusammen. Zu schnell und konsequenzenlos hat man sich – mit den unvermeidlichen Honneurs in Richtung Barmen – anderem zugewandt, Kirche wurde gesellschaftlich so sehr gebraucht! Sie hatte wohl kaum Zeit, sah kaum Dringlichkeit, sich geistlich darauf zu besinnen, was ihr mit solch warmer gesellschaftlicher Umarmung denn widerfuhr, sah wenig Veranlassung zu der selbstkritischen Mutmaßung, es könnte dieser restaurative Selbstläufer ein leises, aber folgenreiches Unglück gewesen sein. Und gegen Ende dieses Jahrhunderts, da die deutsche Einheit wirklich wird, kommt der Gedanke, die Neuordnung der Kirche in veränderter gesellschaftlicher Umwelt sei jetzt noch einmal von Barmen her sehr gründlich zu bedenken, erst gar nicht auf. Dies ist auch ein leises Unglück, möglich wohl nur auf dem Grund der trügerischen Annahme, dergleichen regle sich im Huckepack des deutschen Volkes schon von selbst. Unsere Vorfahren im Glauben, z.B. Thomas von Aquin, z.B. Martin Luther, z.B. Karl Barth, haben die Herausforderungen, die der Kirche aus ihrer gesellschaftlichen Umwelt zukamen, besser und substantieller verarbeitet als wir. Es lohnt sich wohl, bei ihnen in die Schule zu gehen.

Zu danken habe ich denen, die mir bei dem Zustandekommen dieser Studie geholfen haben: Wolfgang Schweitzer, der mir die Arbeit ermöglicht und sie freundschaftlich gefördert hat, Alfred Jäger, der mir mit seiner Offenheit und Kenntnis eine große Hilfe war, Walter Kreck und Helmut Gollwitzer, von denen ich für die Auseinandersetzung mit dem Thema entscheidende Impulse bekommen habe, den Lehrenden an der Kirchlichen Hochschule Bethel für fördernde Kritik und die Annahme als Habilitationsschrift, Herrn Dr. Christian Bartsch und dem Neukirchener Verlag für die gute verlegerische Betreuung, der Reformierten Kirchengemeinde Nordhorn und den Nordhorner Kollegen im Pfarramt, die mir meinen Studier-Dienstag vergönnt haben, so daß ich am Thema bleiben konnte, Malte, Anne, Martje und Hella, die ihre Zuschüsse zu diesem Buch in nichtmaterieller Währung geleistet haben.

Für materielle, finanzielle Hilfe bei der Drucklegung des Buches bin ich der Evangelischen Kirche im Rheinland zu großem Dank verpflichtet.

Den Herausgebern der »Neukirchener Beiträge zur Systematischen Theologie« danke ich für die Aufnahme meiner Studie in die Reihe, besonders Herrn Professor D., D.D. h.c. Hans-Joachim Kraus und Herrn Professor Dr. Wolfgang Huber, der diesen Band betreute und viele wertvolle Hinweise gab.

Inhalt

Vorwort VII

Problemanzeige 1

I. Die gesellschaftlich gefährdete Identität der Kirche 1
II. Entwicklung 8
III. Religion 13

Kapitel 1
Harmonie des Wesensverschiedenen: Thomas von Aquin 19

I. Das neue Problem: Geistliche Einheitsordnung oder nackte Weltlichkeit? 19
II. Natürliches Selbstsein und übernatürliches Bezogensein ... 22
1. Selbständig-natürliche Ordnung (perfectio universi) 22
   a) Natürliche Rationalität des Naturgesetzes 22
   b) Gestufte Komplexität der Gemeinschaftsformen 24
   c) Naturrechtliche Rationalität der Gemeinschaft 25
   d) Gesellschaft als vernünftig gestalteter Organismus – theologische Grenzen des Organismusgedankens 25
   e) Das patriarchalische Ordnungsprinzip – seine Einheit mit dem Organischen 28
   f) Unterschied zwischen relativem Naturrecht des Sündenstandes und absolutem Naturrecht des Urstandes; Privatbesitz und Sklaverei 33
   g) Doppelte Zwischenstellung des Dekalogs 37
   h) Modellcharakter des Dekalogs für die Bestimmung des Verhältnisses von weltlicher und kirchlicher Gemeinschaft .. 41
2. Übernatürliche Gnadenordnung (perfectio ecclesiae) 43
   a) Aktive und passive Potentialität 43
   b) Die Eigenwirklichkeit der Gnade 45
   c) Die Wirkung und Wirksamkeit der Sakramente 46
   d) Vollkommenheit der Kirche durch gestufte Vielfalt – Analogie zur perfectio universi 49
   e) Gnade als inhärente Qualität 51

3. Vermittlung von natürlicher Ordnung und übernatürlicher Gnadenordnung 53
   a) Die natürliche Rationalität der Regierung 53
   b) Überordnung der geistlichen Herrschaft über die weltliche 53
   c) Zwischenstellung des weltlichen Herrschers 55
   d) Das Verhältnis von Kirche und Gesellschaft als Hierarchie von Hierarchien 56
III. Die Harmonie des Wesensverschiedenen – die Vision und ihre Grenzen 58

Kapitel 2
Anfechtung, Freiheit und Dienst: Martin Luther 60

I. Anfechtung innen und außen 60
II. Reich Gottes, Kirche und Gesellschaft 69
1. Horizontale Verlegung des weltlich-geistlichen Stufenbaus . 69
   a) Ersetzung der »Stände« durch »Dienste« und »Ämter« – horizontale Verlegung des geistlichen Standes 69
   b) Die drei Regimenter als Dienstämter 72
      α) Das kirchliche Amt als Predigtamt 72
      β) Das weltliche Regiment als Dienst am Nächsten mit Willen oder wider Willen 74
         (1) Grund und Wesen des weltlichen Regiments ... 74
         (2) Aufgabe und Funktion 76
         (3) Struktur 76
         (4) Mittel 79
      γ) Das ökonomische Amt als Dienst am Nächsten 83
   c) Die horizontal verlegte Differenz 87
      α) Das Problem des Corpus christianum 87
      β) Widerspruch und Entsprechung 89
      γ) Exzentrische Sprache und Systemsprache 92
      δ) Problematisierung – Position und Negation 94
         (1) Position 94
         (2) Negation 97
         (3) Problematisierung 98
      ε) Aktualisierung – Komplexität und Reduktion 102
         (1) Komplexität 102
         (2) Reduktion 104
         (3) Aktualisierung 114
      ζ) Differenzierung – leibliche und geistliche Christenheit . 122
2. Vertikale Ersetzung der schichtspezifischen Differenzierung durch die Coram-Relationen 131
   a) Kontingenz und Nezessität 131

    b) Das komparative Verhältnis von Gottesbeziehung und Weltbeziehung bei Thomas von Aquin 133
    c) Das einlinige Bedingungsverhältnis der Coram-Relationen bei Luther 138
3. Horizontale Einbettung: Geschichte und Eschatologie 147
    a) Der ganze Mensch 147
    b) Das Externe als Herkunft und Zukunft 153
    c) Gegenwart als christförmiges sub contrario 158
III. Coram Deo 168

Kapitel 3
Das konkrete Universale: Karl Barth 173

I. Einleitung: Differenzierung, Abstraktion, Konkretion 173
1. Differenzierung in der Perspektive der Subjektivität 173
    a) Das Individuum in der Situation der leeren Freiheit ... 173
    b) Von der Ordnung des ganzen Hauses zur subjektiven Wahl 178
    c) Verlust der Selbstverständlichkeit 180
2. Differenzierung in der Perspektive der Gesamtgesellschaft . 181
    a) Rekonstruktion des offenen Chaos 181
    b) Ausdifferenzierung und Innendifferenzierung der Gesellschaft 188
    c) Funktionaler Primat und Abstraktion – das gesellschaftlich lokalisierbare Gerücht, daß Gott tot und der Mensch entfernt sei 193
3. Differenzierung in der Perspektive der Kirche 202
    a) Ausdifferenzierung des Religionssystems 202
    b) Das Problem der Säkularisierung 205
    c) Kirchliche Strategien der Verarbeitung des Säkularisierungsproblems 213
II. Exklusivität und Universalität des Reiches Gottes in Jesus Christus 233
1. Christengemeinde und Bürgergemeinde – das Modell der Inklusion 233
2. Bund und Versöhnung 243
    a) Der Bund als Gottes ursprüngliche Selbstbestimmung . . 243
        α) Intensiver Universalismus – Christologie und Anthropologie 243
        β) Die theologische Differenz – die Welt als Gottes Transzendenz 251
        γ) Der Bund als Raum der Freiheit 256
    b) Die Versöhnung als die Verwirklichung von Gottes Gnadenwillen 265
        α) Inklusion und Zwei-Naturen-Lehre 266

β) Inklusion, Kreuz und Auferstehung 279
γ) Inklusion und munus propheticum 288
c) Die Gemeinde in der Gesellschaft 298
α) Nichtsakramentale Kirche: Zeugnis – nicht Vermittlung des Heils 298
β) Das Recht der freien Subjektivität – das selbstverständliche Wählen 313
γ) Gemeinde in der Gesellschaft – der soziale Status der Partikularität 317

Literatur 333
Register der Bibelstellen 340
Namenregister 342
Begriffsregister 345

Problemanzeige

I Die gesellschaftlich gefährdete Identität der Kirche

Ein guter und fruchtbarer Streit um die Kirche[1] gab den Anstoß zu den folgenden theologischen und soziologischen Darlegungen. H. Gollwitzer schreibt: »Eine Staats- oder Volkskirche, die durch Tradition und Kindertaufe große Teile einer Bevölkerung von Geburt an umfaßt, kann nicht Kirche im Sinne des Neuen Testaments sein ... Die Hoffnung auf eine Kirchwerdung der Volkskirchen (Landeskirchen, Parochien) hat keinen Anhalt in den neutestamentlichen Aussagen über die Kirche und ist angesichts der Diskrepanz zwischen neutestamentlicher Gemeinde und Volkskirche eine Illusion, die vom Evangelium nicht gedeckt wird ... Soweit Ideologie und Apparat der Staatskirche und auch der Volkskirche das Aufkommen freier christlicher Gruppen verhindern, verhindern sie das Ereignis christlicher Kirche in ihrem Bereich. Mit solcher Verhinderung von Kirche im Bereich des Christentums ist ebenso nüchtern zu rechnen wie mit der in der Kirche oft genug vorgekommenen Ausrottung von Kirche durch Verfolgung ... Die organisierten, dauerhaften Kirchengebilde, wie sie auf dem Boden der konstantinischen Reichskirche im Laufe der Jahrhunderte entstanden sind und an die man beim Wort Kirche heute zuerst zu denken pflegt, sind – darin hat Emil Brunner ... recht – nicht mit der apostolischen Kirche identisch. Diese Kirchengebilde können das Ereignis Kirche verhindern, wie oft geschehen, sie können ihm aber auch dienen.«[2]

W. Kreck fragt: »Wird hier nicht die grundlegende theologische Unterscheidung zwischen der Kirche als Aktion des auferstandenen Herrn und als Werk des heiligen Geistes einerseits und all unserem menschlichen Bemühen um die Kirche überlagert oder doch in bedenklicher Weise verzerrt

---

[1] Ausgelöst wurde er durch die Kirchenthesen von *H. Gollwitzer*, die veröffentlicht wurden in: *ders.*, Vortrupp, S. 111ff., diskutiert vor, während und nach der Leuenberg-Tagung 1975 mit H. Gollwitzer und W. Kreck, mit Studenten und Pastoren, die das Problem keineswegs nur theoretisch anrührte. Krecks Kritik und Position zur Frage ist zusammengefaßt in: *W. Kreck*, Kirche und Kirchenorganisation. Einige Fragen zu Helmut Gollwitzers Kirchenthesen, in: EvTh 38, 1978, S. 518–526, abgedruckt in: *W. Kreck*, Krise, S. 203–213. Krecks Stellungnahme ist nur verstehbar vor dem Hintergrund seines grundsätzlichen ekklesiologischen Entwurfs, vgl. *ders.*, Ekklesiologie.
[2] *H. Gollwitzer*, Vortrupp, S. 111ff. Gollwitzers Hinweis auf E. Brunner bezieht sich auf: *E. Brunner*, Dogmatik III, Zürich 1960.

durch eine qualitative Unterscheidung zwischen Kirche als Gruppe und Kirche als Organisation, die auch durch die einschränkenden Bemerkungen über das Ereigniswerden von Kirche in der Gruppe nicht zurückgenommen ist? Läuft das nicht auf eine innerkirchliche Zwei-Reiche-Lehre hinaus, die dazu führt, daß die sogenannte Kirchenorganisation nicht nur von einem falschen Anspruch befreit wird, sondern auch gegenüber einem berechtigten Anspruch entlastet wird? Läuft das nicht darauf hinaus, daß der Duldung toter oder halbtoter Gemeinde, ihrer Amtsroutine, ihrer Masse von Namenchristen und ihrer bürgerlich-kapitalistischen Verfilzung ein prinzipielles Alibi erteilt wird?« Demgegenüber betont Kreck die Notwendigkeit, »daß wir uns zunehmend von dem traditionellen Typ einer Kirche, die unkritisch sich an staatliche Strukturen anlehnte, lösen und anstatt eines die bürgerliche Gesellschaft mittragenden religiösen Interessenverbandes eine freie Gemeindekirche werden.« Dies ist auf den Außenaspekt des Verhältnisses von Kirche und Gesellschaft bzw. Staat bezogen. Nach innen gelte es, »auf allen Ebenen kirchlichen Lebens Hierarchie abzubauen und der Entfaltung der Charismen in der Gemeinde Raum zu geben«, »an Stelle einer bloßen geistlichen Konsumentenhaltung den Sendungsauftrag für alle Gemeindeglieder zu akzentuieren ...«[3]

Diese Kritik basiert auf einer theologischen Konzeption von der Kirche, nach der 1. die geglaubte Kirche und die empirische Kirche nicht voneinander getrennt werden dürfen, denn die Kirche ist ebenso wesentlich sichtbar, wie sie wesentlich unsichtbar ist, nach der aber 2. ebensowenig die geglaubte Kirche einfach mit der empirischen Kirche identifiziert werden darf, indem man sie als eine Art fortgesetzter Inkarnation des Heils versteht, und nach der vielmehr 3. der Lebensgrund der geglaubten Kirche immer wieder in der empirischen Kirche sich zur Geltung bringt und aktuell durchsetzt. »Ihr wahres Kirchesein hängt allein davon ab, daß Gott selbst sie jeden Tag durch sein Wort und seinen Geist ins Leben ruft und am Leben erhält – allem Augenschein zum Trotz.«[4] Es geht also dabei um eine immer aktuell zu suchende und zu findende Entsprechung zwischen dem, was die geglaubte Kirche konstituiert, und ihrer empirischen Gestalt, jenseits von Spiritualisierung oder Sakralisierung.

Die Frage, die diese Diskussion aus sich entläßt und die Grund genug für weiteres Nachdenken enthält, bezieht sich auf das Zusammenspiel des Verhältnisses von geglaubter und empirischer Kirche und des Verhältnisses von Kirche und gesellschaftlicher Umwelt. Wenn die Beziehung zwischen Kirche und gesellschaftlicher Umwelt von solcher Art und Wirkung ist, daß sie das geglaubte Wesen der Kirche, ihre christliche Identität zum

---

3 W. *Kreck*, Kirche und Kirchenorganisation, S. 520f.; Ekklesiologie, S. 199f.203. Ähnlich definiert J. *Moltmann* die praktische Absicht seiner Ekklesiologie: Von der pastoralen Betreuungskirche für das Volk zur Gemeinschaftskirche des Volkes im Volk, in: *ders.*, Kirche in der Kraft des Geistes, München 1975, S. 13.
4 W. *Kreck*, Ekklesiologie, S. 20; vgl. D. *Korsch*, Kirche als Aktion Jesu Christi, in: EvTh 43, 1983, S. 280–286.

I Die gesellschaftlich gefährdete Identität der Kirche

Verschwinden bringt, daß sie das aus dem Geiste Jesu Christi hervorgebrachte Leben der Kirche verdrängt und erstickt – wie geht das vor sich und aus welchen Gründen? Die Frage hat viele theologische und soziologische – auch wissenssoziologische – Implikationen. Geht man wie Walter Kreck aus zureichenden theologischen Gründen von der unlösbaren Beziehung zwischen geglaubter und empirischer Kirche aus – was bedeutet das für die Soziologie der Kirche und speziell für die Beziehung zwischen Kirche und gesellschaftlicher Umwelt? Sein Vorschlag der Entflechtung der Kirche aus staatlichen Strukturen und gesellschaftlichen Interessen, der auf eine größere Trennschärfe der Grenzen zwischen Kirche und gesellschaftlicher Umwelt ausgeht, auf signifikantere Diastase und stärkere Identität der Kirche, führt zu der Frage, wie die nicht aufhebbare Beziehung zwischen Kirche und gesellschaftlicher Umwelt theoretisch und praktisch zu behandeln ist. Durchlässigkeit ist hier immer gegeben, und sie unterliegt historisch wechselnden Bedingungen. Je größer das soziale System Kirche ist, desto größer sind auch die Kontaktflächen zu seiner Umwelt, desto poröser ist sozusagen die Außenhaut des Systems Kirche. Im gleichen Maße wächst die Durchlässigkeit christlich-identischen Sinnes für gesellschaftlich objektivierten und unterhaltenen Sinn. Im selben Maße, wie die Komplexität des Stoffwechsels zwischen Kirche und Umwelt zunimmt, nimmt seine Erfaßbarkeit und Steuerbarkeit ab. Schon der Widerspruch zwischen T. Rendtorffs epochentheoretischer Konzeption dieser Beziehung als Vergesellschaftung christlich-identischen Sinnes und der Interpretation dieser Beziehung durch Kreck und Gollwitzer, nach der es sich um eine gesellschaftliche Gefährdung bzw. gar Vernichtung des christlich-identischen Sinnes der Kirche handelt, ist ein Indiz der Komplexität des Phänomens. E. Troeltsch hat das Problem in den Begriffen der Anpassung und des Kompromisses thematisiert, W.-D. Marsch diese Kompromißgestalt der Institution Kirche als Phänomen ihrer geschichtlichen Übergänglichkeit und als Stigma ihrer Kreuzesgestalt engagiert verteidigt[5]. Krecks Vorschlag jedenfalls hat nicht die Tendenz zu einer sozialen Segmentierung und Abkapselung der Kirche von der Gesellschaft. Es gilt eben beides: »Wie der resignierte Rückzug der Kirche aus der Welt sie zur Sekte machte, so würde ein Aufgehen der Kirche in Gesellschaft oder Staat sie zur Bedeutungslosigkeit verdammen.« Selbstisolierung widerspräche dem Zeugnisauftrag der Kirche ebenso wie »Fremdbestimmung«[6].

Geht man aber wie Helmut Gollwitzer aus einleuchtenden theologischen und erfahrungsmäßigen Gründen von der unlösbaren Beziehung

---

[5] Vgl. *E. Troeltsch*, Die Soziallehren der christlichen Kirchen und Gruppen, Tübingen 1912; *W.-D. Marsch*, Institution im Übergang. Evangelische Kirche zwischen Tradition und Reform, Göttingen 1970, S. 201.
[6] *W. Kreck*, Ekklesiologie, S. 28; vgl. Kirche als »Gemeinde von Brüdern«. Barmen III. Votum des Theol. Ausschusses der Ev. Kirche der Union, Gütersloh 1981, S. 51f.69f.

zwischen geglaubter Kirche und konkret erlebbarer, lokal und regional existierender Kirche als »Gruppe« und »Personengemeinschaft« aus, also von einem zugleich theologisch und soziologisch bestimmten Begriff von Kirche – was bedeutet dies für die Kirchensoziologie und für die theologische Lehre von der Kirche? Wenn man die »Kirchenorganisation« zur Umwelt der Kirche rechnet, welchen Grad von Organisiertheit und welchen gesamtgesellschaftlichen Status darf eine Kirche (als Gruppe verstanden) erwerben, um theologisch noch als »Kirche« bezeichnet werden zu können? Es ist ja kein Zufall, daß »Organisation« so ins Zentrum der theologischen Problematik rückt. Der extensiv »wachsende Grad formaler Organisation« der Kirche[7] hat Voraussetzungen und Konsequenzen, die dies unausweichlich machen, und Gollwitzer trifft hier exakt den kritischen Punkt. Sehen wir es mit der neueren Soziologie, wie weiter unten entfaltet, als gegeben an, daß sich soziale Systeme nach Ebenen differenzieren als 1. Gesellschaftssysteme, 2. Organisationssysteme und 3. einfache Systeme elementarer Interaktion, wo ist die Grenze anzusetzen, jenseits derer Kirche aufgrund ihres organisatorischen oder gesamtgesellschaftlichen Status nicht mehr Kirche im theologischen Sinne sein kann? Auch Gollwitzers Vorschlag, den theologischen Begriff der Kirche auf einfache soziale Systeme (Gruppen) zu beschränken, zielt ja nicht auf Segmentierung und Selbstabschnürung der Kirche von ihrer gesellschaftlichen Umwelt, sondern im Gegenteil auf umso kräftigeres Bezeugen Jesu Christi durch Wort und Leben der Kirche. Ist nun die Frage nach Kirche und Gruppe eine Frage des grundsätzlichen dogmatischen Urteils, oder ist dies eine Frage der kirchlichen Handlungsstrategie und ihrer theologischen Verantwortung, also z. B. eine Frage der Verteilung personeller, finanzieller und infrastruktureller Ressourcen mit theologischer Begründung?

Hinter der Diskussion um die theologische Beurteilung von »Kirche« und »Gruppe« steckt auch die kontroverse Verarbeitung einer generalisierten Erfahrung. Diese Erfahrung war aktuell die des Kirchenkampfes: das Erleben einer weitreichenden Durchlässigkeit, einer sinnhaften, mentalitätsmäßigen, religiösen und theologischen Affinität und einer weithin urteils- und handlungsunfähigen Hilflosigkeit der Großkirchen gegenüber dem Zugriff eines totalitären Systems mit einer widerchristlichen Weltanschauung; das Erleben der weitreichenden Instrumentalisierbarkeit der Kirche für gesellschaftspolitische Zwecke und Interessen, die – wie jede Form von Ideologisierung – ihrem Wesen widersprachen; das Erleben, daß es immer nur mutige einzelne und kleine Gruppen *innerhalb* der Kirche waren[8], die die Notwendigkeit des Widerstandes aus dem Gehorsam des Glaubens erkannten.

---

7 F. X. *Kaufmann*, Kirche, S. 32.
8 Vgl. W. *Schweitzer*, Die Barmer Theologische Erklärung von 1934 im Kreuzfeuer, in: JK 1984, H. 2, S. 71–81, bes. S. 75f.78ff.

I Die gesellschaftlich gefährdete Identität der Kirche

Das Problem bleibt aktuell: »Zwischen der Gemeinde Jesu Christi, wie sie sehr deutlich auch in der Theologischen Erklärung von Barmen umschrieben wird, und der empirischen, organisierten und institutionalisierten Kirche besteht eine Spannung, eine tiefe Differenz, wenn nicht sogar ein unübersehbarer Widerspruch . . . Bekennende Gemeinde Jesu Christi, wie wir sie einst erstrebten, und diese wieder restaurierten und bisher jedenfalls recht gut etablierten Kirchenkörper – wie verhält sich das zueinander? Sind wir auf dem Wege zu einer erträglichen Vermittlung zwischen beiden, und lohnt es sich, dafür zu kämpfen? Oder haben die recht, welche die Diskrepanz zwischen einer Gemeinde im neutestamentlichen Sinn und unserem Kirchentum für unüberwindlich halten und die Hoffnung auf eine wirkliche Kirchwerdung der Volkskirche aufgegeben haben?«[9]

Vielfältig und überaus kompliziert sind die Verflechtungen der Faktoren und Perspektiven und Wirklichkeitsebenen, je konkreter, desto »verdichteter«, wie der Wortsinn sagt. Und leicht spielt die Theorie in der ihr eigenen listig-verspielten Art dem einen Streich, der sich anschickt, über Beziehungen der genannten Art und nun gar über die Beziehung von Beziehungen nachzudenken. Denn leicht unterläuft es ihm, daß er sich selbst aus dem Geflecht der Beziehungen herausnimmt. Als stünde er nicht mitten drin und als gingen sie ihn nichts an. Eine begreifliche, aber sowohl in theologischer wie soziologischer Hinsicht folgenschwere intellektuelle Verirrung. Der »Vorrang der Wirklichkeit« ist Karl Barths theologische Grundentscheidung gewesen. Will man diesen Vorrang der Wirklichkeit ernst nehmen, so bedeutet das auch, daß der, der Theologie treibt, sich als immer schon eingebunden in den »Raum der Kirche« und ihres »objektiven Credo« erkennt[10]. Dies ist vorgängige Bedingung der glaubenden Existenz und der theologischen Wissenschaft. Der Versuch, eine Extrapositionalität zu erklimmen, von der aus man der Dinge in ihrer Objektivität ansichtig werden könnte, ist ein von der Wirklichkeit abstrahierendes Konstrukt: Omnipotenztraum dessen, der herrscherlich vom ontologischen Nullpunkt aus noch einmal über Möglichkeit und Wirklichkeit zu Gericht sitzt.

Entsprechendes gilt vom Raum der Gesellschaft, der konkreten Lebenswelt, deren Konstitutionsbedingungen auch die des Wissens und der Sprache immer schon sind, einschließlich des Wissens und der Sprache der Kirche. Was bedeutet es z.B., in der eigenen »Muttersprache« zu schreiben und zu denken, dem wichtigsten Medium der primären Sozialisation, der gesellschaftlichen Menschwerdung? Wieviel gesellschaftlich konstruierte Wirklichkeit spricht da ungefragt und unfraglich immer schon mit, noch

---

9 W. *Kreck*, Gemeinde Jesu Christi und Kirche als Institution, in: ders., Kirche in der Krise der bürgerlichen Welt, S. 44.
10 Vgl. K.H. *Miskotte*, Über Karl Barths Kirchliche Dogmatik. Kleine Präludien und Phantasien, TEH NS 89, S. 39ff. K. *Barth*, KD I, 1, S. VIII; ders., Fides quaerens intellectum. Anselms Beweis der Existenz Gottes im Zusammenhang seines theologischen Programms, 2. Aufl. Zollikon 1958, S. 23.

im zentralsten theologischen Gedanken und im fundamentalsten theologischen Satz?

Die Beziehung zwischen Kirche und gesellschaftlicher Umwelt ist also für die Theologie keineswegs von peripherem Rang. Den Vorrang der Wirklichkeit ernst nehmen, dies führt die Theologie an den Ort, an dem es ernst wird mit ihrer Verantwortung. Wieviele gesellschaftlich internalisierte Selbstverständlichkeiten stehen bei uns dem ernsthaften Hören des Evangeliums im Wege – und wissen wir überhaupt, welche das sind? Kirche und gesellschaftliche Umwelt sind als vorgängig in Beziehung stehend zu begreifen, nicht als im theoretischen Konstrukt erst aufeinander zu beziehende Wirklichkeiten. Das wäre wohl Arbeit am theoretischen Schein, die viele Seiten geistreich füllen kann: Sie bezieht sich auf verschiedene auseinanderstehende Realitäten, die sie zusammenstellt zu einer Synthesis a posteriori und kommt so am Ende aufs Konkrete zurück, das sie am Anfang verlassen hat, weil sie sonst – nichts zu tun hätte. Sie arbeitet die Distanz ab, die sie durch Abstraktion erst erzeugt hat, eine Mühe, die man sich ersparen könnte, wäre da nicht der wohltuende Schein, das theologische Denken habe etwas, das an sich auseinandersteht, zusammengebracht; eine Variante der menschlichen Verliebtheit ins Konstrukt, für die wirklich erst ist, was gemacht ist.

Der Zusammenhang von Kirche und gesellschaftlicher Umwelt wirkt sich demnach nicht nur aus in den Formen der kirchlichen Institutionalisierung, im Grade ihrer Organisation, in ihrer Rollendifferenzierung und Stellenstruktur, sondern auch auf die Hervorbringung, Überlieferung, Verteilung und Weiterentwicklung des kirchlichen Wissens, einschließlich des Glaubenswissens der Kirche von sich selbst. Dieses Wissen selbst ist theoretisch[11], aber seine Prägung und Einfärbung, die Modalitäten seiner sprachlichen Artikulation, die Selektivität der theologischen Themenbildung und die in ihr wirksame Hierarchie der Wichtigkeiten, kurz: die Bedingungen seiner Konstitution sind vortheoretisch.

Wenn der Theologe sagt, was er weiß, spricht demnach mehr mit, als er weiß. Kirche und gesellschaftliche Umwelt sind in ursprünglicherer Weise zusammen, als dem Theologen, der wissen will, was er sagt, lieb sein kann. Und die Probe aufs Exempel der theologischen Verantwortung findet ihren ganzen Ernst in der Frage, ob und wie das Thema der Theologie, die ihr unverwechselbar und verbindlich vorgegebene Wirklichkeit, sich in ihr durchsetzt. Exemplarische Theologie ist darin exemplarisch, daß sie, in radikaler Verbindlichkeit an ihr Thema gebunden, kritische und konstruktive Potenz aufbringt in der Verarbeitung ihrer historischen kirchlich-gesellschaftlichen Situation.

---

11   Ich benutze das Wort »Theorie« hier im Sinne der Wissenssoziologie als den professionell gepflegten Teil des gesellschaftlich umlaufenden Wissensvorrats im Unterschied zum vortheoretischen Alltagswissen. Vgl. *P. L. Berger, Th. Luckmann*, Die gesellschaftliche Konstruktion der Wirklichkeit. Eine Theorie der Wissenssoziologie, Frankfurt/M. 1980, S. 16f.70.

1 Die gesellschaftlich gefährdete Identität der Kirche

Betrachtet man die gesellschaftliche Entwicklung unter dem Gesichtspunkt der fortschreitenden Differenzierung[12], dann läßt sich zwischen gesellschaftlicher Entwicklung und Theologie-Entwicklung eine Korrelation erkennen. Es ist ein großer Unterschied, ob das Wissen des kirchlichen Glaubens unter gesellschaftlichen Bedingungen entfaltet wird, die geprägt sind durch eine relativ geringe Differenzierung zwischen Gesellschaft und natürlicher Umwelt, oder unter solchen, die von einer weit fortgeschrittenen Differenzierung zwischen Gesellschaft und Natur geprägt sind, oder schließlich unter Bedingungen einer Gesellschaft, die deutliche Merkmale einer fortschreitenden Differenzierung zwischen Gesellschaftssystemen und Menschen zeigt. Haben soziale Verhältnisse noch starke Verwandtschaft mit Naturvorgängen, dann kann sich das Verstehen der sozialen Wirklichkeit, auch der sozialen Wirklichkeit der Kirche, orientieren am Verstehen der Natur, wie es bei Thomas von Aquin der Fall ist. Wenn er also seine Theologie entfaltet im metaphysischen Koordinatensystem von Natur und Übernatur, dann artikuliert er theologisches Wissen als Kind seiner hochmittelalterlichen Gesellschaft in einer Theologie der Perfektion der Natur[13].

Luthers Theologie steht im Kontext einer gesellschaftlichen Umwelt, die durch De-Naturierung gekennzeichnet ist. Es ist ein Prozeß mit einer großen Risikosteigerung, wenn der Mensch als verantwortlich gestaltendes Subjekt ins Zentrum rückt, während die »natürlichen« Ordnungsmodelle ihre stützende Funktion mehr und mehr verlieren. In einer humanisierten, anthropozentrierten Gesellschaft hat »Natur« nicht mehr den Stellenwert für allgemeine Plausibilität wie ehedem. Eine soteriologisch zentrierte Theologie wie die Martin Luthers steht in einer genau angebbaren Korrespondenz zu dieser veränderten gesellschaftlichen Lebenswelt.

Es gibt hinreichend Gründe für die Annahme, daß die gesellschaftliche Entwicklung in ihrem jüngsten Stadium gekennzeichnet ist durch eine fortschreitende De-Humanisierung. Die These besagt, differenzierungs-

---

12 Vgl. zur Entwicklung des differenzierungstheoretischen Ansatzes: *H. Ludwig*, Kirche im Prozeß der gesellschaftlichen Differenzierung, München 1976, S. 54ff.; dort auch weitere einschlägige Literatur.
13 Wenn in unserer Thomas-Darstellung und in den Luther und Thomas vergleichenden Partien die fundamentalen Differenzen möglichst scharf markiert werden, so soll damit den zahlreichen und gründlichen Untersuchungen, die in komplementärtheologischem und ökumenischem Interesse unternommen wurden, vor allem den Arbeiten von O. H. Pesch und U. Kühn (vgl. *O. H. Pesch*, Theologie der Rechtfertigung bei Martin Luther und Thomas von Aquin, Mainz 1967; *U. Kühn*, Via caritatis. Theologie des Gesetzes bei Thomas von Aquin, Berlin/Göttingen 1964/65; *U. Kühn, O. H. Pesch*, Rechtfertigung im Gespräch zwischen Thomas und Luther, Berlin 1967), nicht widersprochen sein (vorbehaltlich diskussionswürdiger Detailfragen) und soll hier nicht wiederum ein kontroverstheologisches Interesse entgegengehalten werden. Das hieße die Uhr der interkonfessionellen Gesprächslage zurückdrehen hinter das, was seit der großen Arbeit von *J. Lortz*, Die Reformation in Deutschland, 2 Bde., 1. Aufl. 1939/40, sich bewegt hat. Das in der vorliegenden Arbeit leitende Interesse ist ausgerichtet auf das Zusammenspiel von gesellschaftlicher Entwicklung und Theologiebildung, und hierfür sind die entwicklungsbedingten Differenzen erhellend.

theoretisch formuliert, daß zunehmend Menschen zu Umwelten von Sozialsystemen ausdifferenziert werden. Es ist eine globale Tendenz zur Abstraktion, Formalisierung und Funktionalisierung von Sozialsystemen zu beobachten. In Relation zu diesem gesellschaftlichen Kontext hat Karl Barths dezidiert christozentrische Theologie ihren angebbaren Ort.

In solcher Korrelation mit der gesellschaftlichen Umwelt sind alle drei genannten Theologien in eherner Sachlichkeit beherrscht vom Thema der Theologie, ganz um das zentriert, was der Mensch sich weder selbst erwerben noch sagen kann, sondern was ihm schlechterdings zukommen muß: die Liebe Gottes, die Gnade Gottes, die Versöhnung zwischen Gott und Mensch. In dieser Einheit von gesellschaftlicher Korrelation und theologischer Konzentration ist solche Theologie hilfreich für die Kirche, die ihren Weg finden muß zwischen identitätsfixierter Selbstabschnürung und relevanzfixierter Selbstaufgabe, im Gehorsam gegenüber Gott und in Offenheit für die Umwelt, die der ›Sitz im Leben‹ für ihren Zeugnisauftrag ist.

Wie dies zusammengeht, daß die Kirche und ihre Theologie ein Teil der gesellschaftlichen Wirklichkeit ihrer Zeit sind, »*ein* Teil der kulturellen Selbstorganisation« der Gesellschaft[14], *und* zugleich ganz im Dienst ihres Themas und ihrer Sache stehen, dem gilt es nachzuspüren. Denn darin geschieht lernendes Einüben theologischer Verantwortung im Dienste der Kirche, die ihren Weg in ihrer kontingenten Situation finden muß. Das Wagnis ist groß, der Weg ist noch nicht gebahnt. Er muß erst noch gefunden werden im bislang noch Unbegangenen.

Zusammenfassung   Das Verhältnis von geglaubter und empirischer Kirche ist auf brisante Weise problematisch geworden. Es hängt, wie die Diskussion zeigt, auf komplizierte Art mit dem Verhältnis von Kirche und gesellschaftlicher Umwelt zusammen. Die Theologie, die diese Beziehung von Beziehungen zu ihrem Thema macht, ist zugleich selbst ein Teil des thematisierten Problemfeldes. Sie ist eingebunden in die soziale Wirklichkeit ihrer Gegenwart und gebunden an ihren strikt theologischen Auftrag.

II Entwicklung

Eine verhältnismäßig einfach strukturierte Gesellschaft, die primär nach dem Prinzip der Schichtung differenziert ist, setzt einer universalen Theorie der Wirklichkeit, einem Bild der Welt – dem schönen Bild einer nach Prinzipien geordneten Vielheit – relativ wenig Widerstand entgegen. Es ist die Vollkommenheit des Universums, die sich in allen seinen Teilen vom Mineral bis zum reinen Geist spiegelt und die durch die das Ganze durchströmende Teleologie eine großartige Einheit unendlicher Vielheit vor Augen stellt.

---

14 *W.-D. Marsch*, Institution im Übergang, S. 270.

II Entwicklung

Soziomorpher Kosmos und kosmomorphe Sozialität stützen sich gegenseitig ab. Die Theologie der Perfektion der Natur ist getragen von dem Vertrauen in die herrliche Ordnung der Schöpfung, die die Güte ihres Schöpfers spiegelt. Dies zerbricht im Umbruch zur Neuzeit. Mitten in diesem Umbruch steht die reformatorische Theologie auf höchst kreative Weise und in selten wieder erreichter Verantwortlichkeit. Es ist zugleich der Umbruch der Gesellschaft vom primär schichtungsmäßigen Differenzierungsprinzip zum primären Prinzip der funktionalen Differenzierung. Die Stabilität der metaphysischen, natürlich-übernatürlichen Ordnung gerät ins Wanken und im Schmerz der Geburtswehen der Neuzeit stehen für die Wahrnehmung des vernünftig verantworteten Glaubens die Welt der Gesellschaft, die Kirche und Gottes Reich ganz anders zueinander: Es ist das Beben der Grenzen zwischen widergöttlichem Chaos und göttlich-schöpfungsmäßigem Kosmos und viel Durchlässigkeit hier für des Satans Reich und seine Schrecknisse. Es ist in allem ein Gerade-noch-eben-Gehaltensein von Gott kraft dessen ganz aktualen Eingreifens. Und das vernünftig-gläubige Vertrauen auf den natürlich-übernatürlichen Zusammenhang und -halt aller Dinge weicht dem »Allein« des Glaubens an den Gott, der wider Willen des Geschöpfs seiner Kreatur die Treue hält – allein aus Gnade. Der Kosmos wird desozialisiert, »Gesellschaft« entkosmisiert, d. h. humanisiert: in ganz neuer Weise und die Risiken immens verstärkend in die Verantwortlichkeit des Menschen selbst gesetzt. Und der Komparativ der Perfektion im Verhältnis von Welt/Gesellschaft, Kirche und Reich Gottes weicht dem bis an die Grenze zum Zerreißen ausgespannten »sub contrario« des Wirkens Gottes im hochzeitlichen Austausch (commercium) zwischen dem reinen Lamm Gottes und dem sündigen Hürlein Mensch.

Die überkomplexe hochdifferenzierte Gesellschaft der Neuzeit, Ergebnis eines historisch analogielosen Komplexitätsschubes und Differenzierungsprozesses, ist nicht nur gekennzeichnet durch eine Expansion der Grenzen der gesellschaftlichen Totalität, durch eine unwahrscheinliche Steigerung des innergesellschaftlich gleichzeitig Möglichen, nicht nur durch den im Zuge der funktionalen Differenzierung sich herausbildenden funktionalen Primat der überaus erfolg- und folgenreichen Teilsysteme Wirtschaft, Wissenschaft und Technik, sondern auch durch das theoretisch noch kaum zureichend gesichtete Phänomen, daß die Gesellschaft ihre eigenen Grenzen als beweglich, als expandierbar behandelt. Der Hypertrophie funktionaler Differenzierung und der gesteigerten Selbstüberforderung der Gesellschaft durch permanenten Komplexitätsimport steuert die gleichzeitige Tendenz zu funktionalen Monostrukturen entgegen. Ehemalige Teilsysteme innerhalb der Totalität des Gesellschaftssystems werden zu Umwelten des Gesellschaftssystems ausdifferenziert. Ein drittes globales Stadium zeichnet sich ab: Nach der soziomorphen Welt, nach der De-Sozialisation der Welt und Humanisierung der Gesellschaft findet nunmehr der Prozeß der De-Humanisierung der Gesellschaft Eingang in die soziologische Theorie. In der selbstzweckhaften Umwelt funktionaler Systeme wird der Mensch fremd, antiquiert, ortlos. Wachsende Komplexität und zunehmende Differenzierung der Gesellschaft potenzieren die Folgen von Veränderungen in Teilbereichen der Gesellschaft für andere Teilbereiche ins Unabsehbare. Dies macht die gesellschaftliche Totalität immer empfindlicher für Zufälle, macht Kontrolle und Neutralisierung von Kontingenz, macht Formalisierung und Abstraktion, macht Legitimation von Entscheidungen durch formal geregeltes Verfahren, wodurch Interdependenzen unterbrochen und Problematisierungen durch Diskurs und fortgesetztes Fragen nach Sinn und Legitimität abgebrochen werden können, nunmehr immer unausweichlicher. Hypertrophie von Komplexität und funktionaler Differenzierung, wie sie in Gesellschaften der Moderne am Tage liegt, macht Gesellschaft gegenüber Kontingenz ebenso anfällig wie empfindlich. Bürokratisierung und Planung, Verwaltung und Organisation, Formalisierung und Abstraktion sind Merkmale des Prozesses. Und die Kirche ist von ihm nicht ausgespart. Der theologische Protest gegen die Privatisierung der Religion und der Entscheidung des Glaubens als Mittel der Neutralisierung ihrer unkalkulierbaren Folgen, der Protest gegen die Eigengesetzlichkeit von Teilbereichen des gesellschaftlichen Lebens ist die Anzeige eines Problems der Theologie in der Situation der Moderne, das im Blick auf die gesellschaftsstrukturellen Implikationen erst noch zureichend zu formulieren ist. Der funktionale Zugriff des Gesellschaftssystems auf das »Teilsystem Religion« ist aus den angedeuteten Gründen massiver, evidenter, durchdringender geworden. Die Querlage der christlichen Identität der Kirche zu ihrer gesamtgesellschaftlichen Funktion als religiöses Teilsystem kommt zu brisanter Schärfe, macht die theologische Problematisierung von »Religion« unausweichlich. Die Totalität der Gesellschaft mit ihrem funktionalen Diktat, das Zufälle wegen der Interdependenzwirkung immer weniger duldet, und die Universalität des zufallenden Reiches Jesu Christi, das den letzten Anspruch auf den Menschen und die ihn umgebende Wirklichkeit von Anfang her mit keiner anderen Totalität teilt, stellt die Theologie vor die neue Aufgabe, die Exklusivität der Botschaft des Evangeliums in eins mit ihrer Inklusivität zu neuer Vernehmlichkeit zu bringen. Einer Theologie, die das Problem der Moderne in sich aufnimmt und sich ihm stellt, muß der Gedanke der Inklusion zentral werden, für dessen Unverwechselbarkeit zugleich die Exklusivität der christologischen Begründung entscheidend ist. Die evolutive Tendenz zur De-Humanisierung der Gesellschaft findet ihren Kontrapunkt in der Menschlichkeit Gottes. Welt/Gesellschaft, Kirche und Reich Gottes stehen zueinander im Verhältnis der Inklusion. Der vollendete Bund zwischen Gott und Mensch in Jesus Christus ist zugleich die konkreteste Mitte und der universal übergreifende Raum der Freiheit.

Das oben angezeigte kognitive Problem der Nichtgegenständlichkeit verstärkt sich in dem Maße, wie die gesellschaftliche Komplexität expandiert. Ortsangaben, definitive Bestimmungen, Grenzziehungen zwischen

II Entwicklung

Kirche und gesellschaftlicher Umwelt werden zunehmend problematisch. Der Prozeß der zunehmenden gesellschaftlichen Differenzierung läßt es ferner fraglich erscheinen, ob »Gesellschaft« überhaupt noch über Normen und Werte als Einheit integriert und integrierbar ist. Das heißt, es ist eine ganz offene Frage, ob für hochkomplexe Gesellschaften die Funktion der Religion noch von konstitutiver Bedeutung sein kann. Schließlich bedeutet der Prozeß der Differenzierung ipso facto die funktionale Ausgrenzung von Religion: Andere Teilsysteme können nichtreligiös fungieren, *weil* das System »Religion« religiös fungiert. Das heißt, funktionale Differenzierung *ist* Säkularisierung. Diese drei Merkmale der gesellschaftlichen Entwicklung sind m.E. die drei hauptsächlichen Gründe, durch die sich die Problemstellungen für die Theologie bezüglich des Verhältnisses von Kirche und Gesellschaft heute erheblich komplizieren. Komplexitätsexpansion, funktionale Differenzierung, Säkularisierung – dies wird in der »Systemtheorie« besonders konzentriert thematisiert. Aus diesem Grunde wird auf sie in dieser Arbeit besonders Bezug genommen.

Aber »Entwicklung« wirkt nicht nur problematisierend und komplizierend. Auch diese Not hat ihre Tugend. »Entwicklung« läßt sich als kognitives Medium nutzen. Was in der Unmittelbarkeit der Betroffenheit durch die gegenwärtige Situation, d.h. hier konkret: in der Situation des Gemeindepfarrers in der tagtäglichen gesellschaftlichen Situation seiner Gemeinde, die Anfechtung genug in sich birgt, sich der ordnenden, systematisierenden Erkenntnis entzieht, weil das existentiell Nächste das noetisch Fernste ist, läßt sich durch die historische Entwicklung theoretisch profilieren. Bedingende gesellschaftliche Bedingungen für Theologie und Kirche, die als solche auf den Leib rücken, Distanz unterlaufen und Erkenntnis sehr erschweren, werden so als bedingte Bedingungen erkennbarer. Diese Arbeit versucht »Entwicklung« als kognitiven Aufheller einzusetzen. Geschichtliche Entwicklung kann so für die gesuchte Erkenntnis das werden, was für belichtetes, aber unentwickeltes Fotopapier die Entwicklerflüssigkeit ist: Das Bild ist längst da – sie macht es sichtbar. Dies mag vielleicht dazu beitragen, daß gesellschaftliche Trends und Befunde, Ergebnisse von Meinungsumfragen, Statistiken über Kirchenaustritte und über die Frequentierung von Gottesdiensten, Passageriten und »Freizeitangeboten« mit weniger Ehrfurcht vernommen werden, etwas von ihrem Charakter als fascinosum und tremendum einbüßen und es mag positiv dazu beitragen, den Fremdheitsstatus des Christentums, der zunehmend deutlich wird, mutig anzunehmen und als Chance für Botschaft und Auftrag der christlichen Kirche in dieser Zeit wahrzunehmen. Daß der auferstandene Jesus Christus durch verschlossene Türen geht, ist zwar nicht eine allgemeine religiöse Wahrheit, wohl aber eine Grunderfahrung des christlichen Glaubens. Das trägt den »Geruch des Lebens zum Leben« (2Kor 2,16) an sich und vermittelt der Christenheit das Maß an Verwegenheit, ohne das diejenigen nicht auskommen, die dem Gebot des Herrn gemäß zuerst nach dem Reich Gottes und nach seiner Gerechtigkeit trachten (Mt 6,33).

Die Gründe dafür, daß die vorliegende Arbeit für die Situation von Theologie und Kirche in schichtungsmäßig differenzierter gesellschaftlicher Umwelt bei Thomas von Aquin, für die Situation des Umbruchs zur funktional differenzierten Gesellschaft der Neuzeit bei Martin Luther, für die Situation in der überkomplexen, hochdifferenzierten Gesellschaft der Moderne bei Karl Barth in die Schule geht, sind teils in der Exposition der Problemstellung bereits enthalten; teils kann eine solche kritisierbare Form systematischer Selektivität sich nur durch die Art der inhaltlichen Darstellung rechtfertigen; teils ist solche Selektivität der unvermeidliche Preis, der in Kauf genommen werden muß, wenn man nicht theologisches Denken im Vollzug wie ein Material historisch gewordener Denkergebnisse, wie zu historischen Gedanken-Fakten geronnenes Denken behandeln will, sondern sich in die Verbindlichkeit des Lebendigen einmal gedachter Theologie nachdenkend einleben will.

Der Versuch, in der genannten Weise »Entwicklung« kognitiv zu nutzen, könnte Unverbindlichkeit suggerieren, als sollten die Theologien bestimmter Theologen historisierend und also vergegenständlichend gehandhabt werden. Das Gegenteil ist beabsichtigt: Das Eindenken in einmal gedachte Theologie soll der Weg zu gegenwärtiger Verbindlichkeit sein, und vorliegenden Versuchen der Historisierung in einer der drei genannten Richtungen gilt unsere Sympathie nicht. Die möglichst sorgfältige Sicht auf einmal praktizierte sensorische Empfänglichkeit für die der Theologie durch die Kontingenz einer unwiederholbaren gesellschaftlichen Situation gestellte Aufgabe der theologischen Verantwortung macht allererst empfindlich für das Maß der Aufgabe und den Ernst der Anforderung, die der Theologie in der gegenwärtigen Situation gestellt ist.

Zusammenfassung 1. Die gesellschaftliche Entwicklung vom Mittelalter zur Neuzeit läßt sich begreifen als Prozeß zunehmender Differenzierung und Komplexität und als Prozeß der Umstellung vom schichtungsmäßigen auf das funktionale Differenzierungsprinzip. Der übersteigerten Komplexität moderner Gesellschaften wird gegengesteuert durch die Entwicklung funktionaler Monostrukturen in Wirtschaft, Technik und Wissenschaft. Die zunehmende Labilität der gesellschaftlichen Kohärenz durch die verstärkte Interdependenz aller Teilbereiche wird kompensiert durch verstärkte formale Organisation.

2. In der schichtungsmäßig differenzierten Gesellschaft des Mittelalters erscheint das natürliche Universum als vielschichtig gestufte, teleologisch geordnete Einheit. Soziomorpher Kosmos und kosmomorphe Sozialität stützen sich gegenseitig. Im Übergang zur Neuzeit vollzieht sich die Umstellung der Gesellschaft auf das funktionale Differenzierungsprinzip. Zugleich wird die Differenzierung von Natur und Sozialität prägnanter: Die Natur wird desozialisiert, die Gesellschaft wird denaturalisiert. Die Ent-

III Religion

wicklung der neuzeitlichen Gesellschaft zeigt in ihrem jüngsten Stadium Tendenzen zur De-Humanisierung: Die Ausbildung funktionaler Monostrukturen scheint zur Ausdifferenzierung von Menschen als Umwelten der Gesellschaft zu führen. Ein drittes gesellschaftliches Stadium zeichnet sich ab.

3. Einer relativ naturnahen, schichtungsmäßig differenzierten Gesellschaft korrespondiert eine Theologie der Perfektion der Natur.

Im Umbruch zur Neuzeit weicht die metaphysische Konzeption einer Theologie der Perfektion der Natur einer Theologie der christologisch verstandenen Verborgenheit des Reiches Gottes sub contrario in Gesellschaft und Kirche.

In der funktional differenzierten überkomplexen Gesellschaft der Neuzeit, die aufgrund ihres Differenzierungsprinzips im Prozeß der Säkularisierung steht, ist die Theologie vor die Aufgabe gestellt, vernehmlich zu machen, inwiefern das Reich nicht nur die Kirche, sondern auch die Welt angeht. Der Gedanke der Inklusion wird zentral.

Für die Theologie der Perfektion der Natur ist Thomas von Aquin exemplarisch, für die Theologie der absconditas sub contrario Martin Luther, für die Theologie der Inklusion Karl Barth.

III Religion

Das klassische Problem der Religionssoziologie, nämlich die zureichende Bestimmung dessen, was »Religion« ist, wird von der funktional-strukturellen Systemtheorie[15] in frappierend einfacher Weise aufgelöst. Was »Religion« ist, ist zu bestimmen von ihrer Funktion her. Ihre Funktion ist die »Bereitstellung letzter, grundlegender Reduktionen, die die Unbestimmtheit und Unbestimmbarkeit des Welthorizontes in Bestimmtheit oder doch Bestimmbarkeit angebbaren Stils überführen.«[16] Diese funktionale Bestimmung ist selbst zugleich ein Ergebnis und eine resolute Reduktion dessen, was seit dem 17. Jahrhundert in der Philosophie unter dem Stichwort »Religion« thematisch geworden ist und sich in verschiedenen Varianten der Religionssoziologie entfaltete. Die englische Aufklärung hatte im 17. Jahrhundert erstmalig den Gedanken einer allgemeinen und natürlichen Religion – als Wesen von Religion – entwickelt und unterschieden

---

15 Vgl. zum folgenden: *K.-W. Dahm, N. Luhmann, D. Stoodt*, Religion – System und Sozialisation, Darmstadt/Neuwied 1972; *N. Luhmann*, Soziologische Aufklärung. Aufsätze zur Theorie sozialer Systeme, Bd. 1, 4. Aufl. Opladen 1974; Bd. 2, Opladen 1975; *ders.*, Vertrauen. Ein Mechanismus der Reduktion sozialer Komplexität, Stuttgart 1968; *ders.*, Zweckbegriff und Systemrationalität. Über die Funktion von Zwecken in sozialen Systemen, Tübingen 1968; *J. Habermas, N. Luhmann*, Theorie der Gesellschaft oder Sozialtechnologie? Was leistet die Systemforschung?, Frankfurt/M. 1972.
16 *N. Luhmann*, Religion als System. Thesen, in: *K.-W. Dahm, N. Luhmann, D. Stoodt*, Religion – System und Sozialisation, S. 11.

von ihren konkreten historischen Erscheinungsformen[17]. Die französische Aufklärung reklamierte die allgemeine Vernunft- und Humanitätsreligion im politischen Kontext des kämpferischen Protestes gegenüber dem feudalen Herrschaftssystem und wendete sie gegen die positive christlich-kirchliche Religion und ihre Kohärenz mit der bestehenden Gesellschaftsordnung. Der nächste Schritt bestand darin, daß man im Anschluß an Paul Thiry d'Holbach die Religion überhaupt der Ideologiekritik unterzog und die verderbliche Funktion der positiv-kirchlichen Religion nur als folgerichtige historische Konkretisierung der allgemeinen Religion verstand. In der Tradition dieser laizistischen, radikalkritischen Aufklärungskultur steht Emile Durkheim mit seiner funktionalistischen Deutung der Religion als des konstituierenden Faktors sozialer Solidarität, Kohäsion und Integration[18]. Während Karl Marx die anthropologische Interpretation der Religion durch Feuerbach gesellschaftlich konkretisierte und Religion als Ausdruck einer gesellschaftlichen Situation verstand, der Sozialität *fehlt*, will Durkheim sie umgekehrt als *Ausdruck* von Sozialität der Gesellschaftsstruktur verstehen: »Durkheim zufolge war das soziale Leben inhärent religiös, und religiöse Zeremonien waren Verherrlichungen des sozialen Lebens.«[19] Das Hauptmerkmal von beiden, Religion sowie Gesellschaft, ist der soziale Zwang, der die Stabilität und Integration der Gesellschaft bewirkt[20].

Gegenüber dem doppelten Bruch, der sich in der französischen Aufklärung als Kritik zunächst der positiven christlichen Religion und dann auch der Religion überhaupt vollzog, ist die deutsche Aufklärung und der deutsche Idealismus gekennzeichnet durch eine dem anderen soziopolitischen Kontext entsprechende Differenz: Es geht um den neuzeitlich-emanzipatorischen Begriff des »Christentums«, der in der zweiten Hälfte des 18. Jahrhunderts allgemein wird und in dem der positiven historisch-christlichen Institution, der Kirche und ihrer Dogmatik, das Monopol streitig gemacht wird, allein gültig zu bestimmen, was christliche Religion sei[21]. War dort die Vernunftreligion und schließlich nur die Vernunft das Universale und Christentum das Partikulare, so ist hier Christentum das Universale und Kirche das Partikulare. Dies ist die Tradition, von der aus Max Weber seinen handlungstheoretischen Ansatz entwickelt. Hatte Kant das mit der christlichen Tradition verbundene Transzendenzproblem der Möglichkeit einer spekulativ-ontologischen Verhandlung durch die Kritik der reinen Vernunft entzogen und der Verhandlung der Kritik der praktischen Vernunft zugewiesen, so ist für Max Weber in der Tradition des Neukantianismus Religion eine Form des Wertbewußtseins

17 Vgl. *J. Matthes*, Religion und Gesellschaft. Einführung in die Religionssoziologie I, Reinbek 1969, S. 32ff.
18 Vgl. *R. Robertson*, Einführung, S. 23.
19 Ebd., S. 30.
20 Vgl. *R. Eickelpasch*, Mythos und Sozialstruktur, Düsseldorf 1973, S. 19.
21 Vgl. *T. Rendtorff*, Art. Christentum, in: Geschichtliche Grundbegriffe. Historisches Lexikon zur politisch-sozialen Sprache in Deutschland, Bd. 1, Stuttgart 1972, 772–814.

III Religion

des Menschen »im Zusammenhang mit der Notwendigkeit, seiner Praxis und damit seiner Lebensführung im Rahmen einer Wirklichkeitskonstruktion einen ›Sinn‹ (Wert) zu verleihen.«[22] Das religiöse Sinnkriterium ermöglicht es dem Menschen, der diffusen Stimulusstruktur seiner vielfältigen Erfahrungen eine Ordnungsstruktur zu geben. So wird mögliche Erfahrungswelt zum »sinnvoll definierten Kosmos«[23], und Religion fungiert darin nicht nur als Interpretationsinstrument von Welterfahrung, sondern ist eine Form rationalen Handelns, durch die dem Menschen emanzipative, universale Herrschaft über die Welt möglich wird.

Auf beiden Linien, sowohl der funktionalistischen Konzeption Durkheims und seiner Schüler als auch der handlungstheoretischen Konzeption Webers und seiner Schüler, war das Definitionsproblem auf spezifische Weise gelöst, um danach um so schärfer wieder aufzubrechen. Das hängt damit zusammen, daß die Religionssoziologie sich mit den sozialen Implikationen von Religion befaßt, mit ihrer Bedingtheit durch und ihren Wirkungen auf das gesellschaftliche Leben, nicht aber mit dem Wesen von Religion selbst. So ist an Durkheim die Frage zu richten, ob innerhalb des funktionalistischen Ansatzes die Grenze zwischen Religion und Nicht-Religion überhaupt hinreichend deutlich zu ziehen ist. Denn die Frage bleibt ungeklärt, »ob nun die integrierende Funktion definiert wird durch die Religion oder die Religion durch die Integrationswirkung«.[24] Zudem ist die religiöse Integrationsfunktion nichtreligiös substituierbar. Denn die Erfassung der Funktionalität von etwas ermöglicht allererst eine reflexive Differenzierung zwischen Funktion und Funktionsträger und somit auch die Substituierung eines anderen Funktionsträgers für die gleiche Funktion. Religion wird mithin nicht auf das reflektiert, was sie selber ist, sondern auf das hin, worin sie ersetzbar, d. h. nicht sie selber ist.

Aus analogen Gründen wird auch der Religionsbegriff in M. Webers handlungstheoretischem Forschungsrahmen fraglich. Weber sagt: »Eine Definition dessen, was Religion ›ist‹, kann unmöglich an der Spitze, sondern könnte allenfalls am Schluß einer Erörterung wie der nachfolgenden stehen. Allein, wir haben es überhaupt nicht mit dem ›Wesen‹ der Religion, sondern mit den *Bedingungen* und *Wirkungen* einer bestimmten Art von Gemeinschaftshandeln zu tun, dessen Verständnis auch hier nur von den subjektiven Erlebnissen, Vorstellungen, Zwecken des Einzelnen – vom ›Sinn‹ – aus gewonnen werden kann.«[25] Die Einwände liegen auf der Hand: »Erstens behauptet Weber, daß eine Definition, sofern sie überhaupt möglich ist, nur nach empirischer Untersuchung und Erörterung erfolgen kann. Aber ... Untersuchung und Erörterung von *was*? Zweitens

---

22 J. *Wössner*, Religion als soziales Phänomen. Beiträge zu einer religionssoziologischen Theorie, in: *ders.* (Hg.), Religion im Umbruch, Stuttgart 1972, S. 29.
23 J. *Wössner*, ebd.
24 P. H. *Vrijhof*, Was ist Religionssoziologie?, in: KZS.S 6, Probleme der Religionssoziologie, S. 23.
25 Zit. nach R. *Robertson*, Einführung, S. 48.

spricht er vom *Wesen* der Religion. Aber soll darüber eine Religionsdefinition wirklich Aufschluß geben? Drittens bezieht sich Weber auf das religiöse Verhalten. Aber wie kann er konsequenterweise einen solchen Bezug herstellen, wenn es es ablehnte, es zu definieren?«[26]

Die Definitionsschwierigkeiten, die ein universal-einheitlicher Religionsbegriff mit sich brachte, und die operationale Unhandlichkeit, die ihm anhaftet, führten zu der Forschungsrichtung, die sich auf »Dimensionen« der Religiosität konzentrierte und sich eher sozialpsychologisch auf die Religiosität des Individuums bezog[27]. Das ermöglicht eingeschränktere Kriterien, die in konkreten Analysen operationalisierbar sind, umgeht aber die Frage nach einem eindeutigen Religionsbegriff durch die Aneinanderreihung von verfügbaren Indikatoren, um auf diesem Wege zu einer »kumulativen« Konzeption von Religiosität zu gelangen[28]. Der dabei vorausgesetzte Religionsbegriff beruht entweder auf einer intuitiven Ad-hoc-Basis, oder er muß sich auf das berufen, was jeweils in einer gegebenen Gesellschaft als »Religion« angesehen wird. Neben dieser Problematik des Versuchs, auf additivem Wege die Notwendigkeit der Festlegung dessen, was »Religion« sei, zu umgehen, haftet der Konzeption der »Dimensionen der Religiosität« der Mangel an, daß sie bei ihrer Konzentration auf die Religiosität von Individuen die Frage nach der gesellschaftlichen Verfaßtheit von Religion und der religiösen Verfaßtheit von Gesellschaft methodisch vernachlässigt.

Der andere Weg, auf dem in der sogenannten neueren Religionssoziologie versucht wurde, das Dilemma des allgemeinen Religionsbegriffs zu überwinden, war die Kirchensoziologie, die nach J. Matthes um 1930 einsetzt, ihren Höhepunkt nach 1945 erreicht und gegenwärtig »auszulaufen scheint«[29]. Sie arbeitet soziographisch, demographisch und statistisch und konzentriert sich ebenfalls auf den subjektiven Aspekt der Religion. An die Stelle des allgemeinen Religionsbegriffs tritt hier die religiös-institutionelle Selbstdefinition der Kirche in ihren anerkannten Lehrauffassungen. Die Frage der klassischen soziologischen Theorie nach der Interdependenz von Religion und Gesellschaft tritt auch hier in den Hintergrund.

Gegenüber dieser pragmatischen Verengung der soziologischen Forschung auf Dimensionen der Religiosität und auf Kirchensoziologie mit einer Fülle von mikrosoziologischen Detailstudien versuchte der amerikanische Strukturfunktionalismus wieder gesamtgesellschaftliche Perspektiven gesellschaftstheoretisch zu begründen. Schließlich hat die funktional-strukturelle Systemtheorie nicht nur den klassischen soziologischen

---

26 Ebd.
27 Vgl. *Ch. Y. Glock*, Über die Dimensionen der Religiosität, in: *J. Matthes*, Kirche und Gesellschaft. Einführung in die Religionssoziologie II, Reinbek 1969, S. 150–168; *G. Lenski*, Religion und Realität, Köln/Berlin 1967; *Y. Fukuyama*, The Four Dimensions of Church Membership, Chicago 1960.
28 *R. Robertson*, Einführung, S. 70.
29 *J. Matthes*, Kirche und Gesellschaft, S. 11.

III Religion 17

Anspruch auf gesamtgesellschaftliche Theoriefähigkeit erneuert, sondern tritt unter dem weit darüber hinausgehenden Anspruch auf, eine universale Theorie der Gesamtwirklichkeit zu leisten. Luhmanns Texte »lassen sich durchgängig als Illustration jenes globalen Anspruchs der Systemtheorie lesen, daß sich nämlich in ihr semiotisch ein langfristiger wissenschaftsgeschichtlicher Prozeß zusammenzieht: die Ablösung eines substantialistisch-ontologischen wissenschaftlichen Weltbildes durch ein systemfunktionales.«[30] »Vielleicht kann man Luhmanns Vorgehen dadurch charakterisieren, daß er Grundbegriffe der allgemeinen Systemtheorie (Bertalanfy) auf originelle Weise soziologisch interpretiert und zu Deutungsvorschlägen verarbeitet, die philosophisch erläutern, was man wirklich tut und tun kann, wenn man sich für die Klärung von Problemen der Steuerung sozialer Systeme fortgeschrittener funktionalistischer Methoden bedient. Ich zögere nicht, zu sagen, daß es sich dabei um ein philosophisches Selbstverständnis handelt, weil Luhmann die Verfahrensweise der Systemforschung mit Hilfe einer Theorie begreift, die sich auf die Welt im ganzen bezieht. Dadurch erhält Luhmanns Systemtheorie einen eigentümlichen Universalitätsanspruch.«[31]

Es ist deutlich, daß mit diesem universalen Anspruch einer Soziologie als funktionaler Metatheorie der Gesamtwirklichkeit das Gespräch zwischen Soziologie und Theologie in ein neues prekäres Stadium tritt. Erstens wegen des Universalitätsanspruchs. Zweitens wegen des Anspruchs, mit dem diese Sozialtheorie der Theologie begegnet: ihr auf den funktionalen Begriff gebrachtes Bewußtsein zu sein. Die Anerkennung der Beliebigkeit der inhaltlichen Bezugsgrößen der Theologie und der einzigen und ausschließlichen Nichtbeliebigkeit ihrer Funktionalität käme einer Selbstaufhebung der Theologie gleich. Sie bringt das Wort, auf das sie sich bezieht, nicht hervor. Der »Gegenstand« der Theologie ist Subjekt, sich selbst vermittelndes und auslegendes Wort, Selbstäußerung eines bleibend gegenständigen Gegenübers, nicht internalisierbar seinem Wesen nach. Dieses Andere im Gegenüber der Fundamentalkategorie der Funktionalität zu subsumieren ist gleichbedeutend damit, es zum Verschwinden zu bringen. Dies geschieht noch am exaktesten darin, daß auch diese Aktualität der Selbstauslegung funktional festgelegt und stillgelegt wird[32]. Drittens wegen der funktional-strukturellen Methodik und der neuen Verbindung von handlungssoziologischen, wissenssoziologischen und funktionalistischen Ansätzen, mit denen die Systemtheorie ein Instrumentarium entwickelt hat, von dem sie behauptet, daß sie Aussagen der Theologie »in ei-

---

30 H. *Dubiel*, Identität und Institution. Studien über moderne Sozialphilosophien, Düsseldorf 1973, S. 93.
31 J. *Habermas*, Theorie der Gesellschaft oder Sozialtechnologie? Eine Auseinandersetzung mit Niklas Luhmann, in: *J. Habermas, N. Luhmann*, Theorie der Gesellschaft oder Sozialtechnologie?, S. 226f.
32 Vgl. *N. Luhmann*, Religiöse Dogmatik und gesellschaftliche Evolution, in: *K.-W. Dahm, N. Luhmann, D. Stoodt*, Religion – System und Sozialisation, S. 60.

nem erweiterten Interpretationszusammenhang *direkt* analysieren kann«.[33] Hier geht es demnach nicht – mit den Ausdrücken M. Webers – um »Bedingungen und Wirkungen« von Religion, die soweit Gegenstand soziologischer Forschung sind, als sie gesellschaftliche Bedingungen und Wirkungen sind, die Religion *auch* hat, unter ausdrücklicher oder stillschweigender Ausklammerung der Frage nach dem Wesen des religiösen Phänomens. Der Theologe muß also nicht auswandern aus »seines Vaters Haus«, um im Vorhof und Vorfeld des Allerheiligsten Auskunft zu bekommen über seine Thematik mitbestimmende Voraussetzungen und Folgen gesellschaftlicher Natur. Er findet den soziologischen Gesprächspartner im eigenen Zentrum vor.

Aber das für die Theologie virulente Problem liegt nicht allein im funktionalistischen Zugriff der Theorie. Diese vollzieht vielmehr auf ihrer Ebene, thematisiert auf reflexe Weise, was in gesellschaftlicher Praxis bereits im Schwange ist. Die Konsequenzen, die die Theorie mit der ihr eigenen Folgerichtigkeit ausplaudert, sind ein warnendes Signal und insofern eine Hilfe für den Theologen, die Probleme und fundamentalen Gefährdungen wahrzunehmen, mit denen die christliche Kirche in der Praxis ihres gesellschaftlichen Daseins konfrontiert ist. Der lange Anlauf mag gerechtfertigt sein, wenn er ans Bewußtsein der so qualifizierten Situation heranführt. Die gute Stimme des guten Hirten hören heißt auch sie aktuell unterscheiden lernen von dem, was nicht zur Tür hineingeht (Joh 10,1ff.).

Zusammenfassung 1. Der allgemeine Religionsbegriff in der funktionalistischen Konzeption E. Durkheims, der in der Tradition der Religionskritik der französischen Aufklärung steht, und in der handlungstheoretischen Konzeption M. Webers, der in der Tradition der deutschen Aufklärung steht, führt in fundamentale Definitionsschwierigkeiten.

2. Die Theorie der »Dimensionen der Religiosität« und die Kirchensoziologie verzichten auf einen derart generalisierten Religionsbegriff, gewinnen auf diesem Wege an empirischer Prägnanz, aber unter Verlust an gesamtgesellschaftlicher Theoriefähigkeit. Der Strukturfunktionalismus und die funktional-strukturelle Systemtheorie suchen gesamtgesellschaftliche Perspektiven wiederzugewinnen.

3. In der Systemtheorie ist die Theologie mit einem Wissenschaftstypus konfrontiert, der mit seinem Anspruch a) auf Universalität, b) das auf den funktionalen Begriff gebrachte Bewußtsein der Theologie zu sein, c) inhaltliche Aussagen der Theologie direkt analysieren zu können, eine anspruchsvolle Herausforderung darstellt. Zugleich werden in der Systemtheorie gesellschaftliche Strukturen und Prozesse thematisiert, die für Kirche und Theologie höchst relevant sind. Das analytische Instrumentarium wird herangezogen, um deren Relevanz zu erhellen.

---

33 Ebd., S. 17.

Kapitel 1
Harmonie des Wesensverschiedenen: Thomas von Aquin

I Das neue Problem: Geistliche Einheitsordnung oder nackte Weltlichkeit?

Thomas von Aquin lebt in einer Zeit des Übergangs, und seine Theologie ist eine Theologie des Übergangs: herkommend vom »unicus ordo concretus supernaturalis« der Patristik, vor sich den »duplex ordo naturalis et supernaturalis« der Neuzeit, wie ihn das I. Vaticanum als Ergebnis formulierte[1]. Das Auseinanderfallen von Welt und Heilsglaube, die Gefahr der Verselbständigung des gesamten »natürlichen« Lebensbereiches samt der ihm zugehörigen Erkenntnis- und Denkweise des »lumen naturale« gegenüber der »übernatürlichen« Wirklichkeit des Heils und des Glaubens war für Thomas eine ganz konkrete Erfahrung. Nicht als ein das Christentum von außen angehender, sondern als ein innerhalb des Christentums sich entfaltender Prozeß: im Kreise um den Hohenstaufenkaiser Friedrich II., in der Person seines Lehrers Petrus von Hibernia in Neapel, in der Gruppe um seinen Gegenspieler Siger von Brabant an der Pariser Universität[2]. Eine selbstbewußt auftretende, vor allem an Aristoteles sich entzündende und von ihm sich nährende Weltlichkeit des Denkens einerseits, eine die neue Weltlichkeit ablehnende und auf der überkommenen Einheit der theologischen Weltdeutung bestehende Haltung, wie sie Kirche und Christenheit noch weithin bestimmte, andererseits, das trieb auseinander und spannte den Bogen bis zum Zerreißen, zum offenen Konflikt. So stand eine säkulare, diesseitsfreudige Haltung des »philosophism«[3] gegen eine einheitliche geistlich-weltliche Ordnung mit dem ungenauen Namen des »mittelalterlichen Augustinismus«.

Wie sollte es nun möglich sein, an dieser entscheidenden Stelle des gesellschaftlichen Differenzierungsprozesses im Hochmittelalter das Eigenrecht und den Eigenbestand der natürlichen Wirklichkeit als weltlicher Welt zu bejahen und zugleich die so verstandene Wirklichkeit theologisch zu verantworten? Oder umgekehrt: Wie konnte die Wirklichkeit theologisch verantwortet werden und zugleich unverstellt als natürliche Welt

---

1   H.U. v. *Balthasar*, Karl Barth. Darstellung und Deutung seiner Theologie, 2. Aufl. Köln 1962, S. 274.
2   Vgl. J. *Pieper*, Hinführung zu Thomas von Aquin, 2. Aufl. München 1958, S. 165ff.
3   E. *Gilson*, History of Christian Philosophy in the Middle Ages, London 1955, S. 408.

belassen und erkannt werden? Zwei Auswege lagen zum Greifen nahe, die nach der einen oder der anderen Seite den gordischen Knoten durchschlugen: Entweder man negierte die neue Situation, um sich theologisch treu bleiben zu können, oder man negierte die Relevanz der Theologie und verstand die Philosophie selbst als autonome Heilslehre, um der neu entdeckten natürlichen Wirklichkeit und dem ihr entsprechenden neuen Selbstbewußtsein der natürlichen Vernunft treu zu bleiben.

Thomas beschreitet weder den einen noch den anderen Weg. Er bejaht die natürliche Weltwirklichkeit uneingeschränkt und unternimmt es zugleich, genau dies theologisch zu verantworten. Dazu muß einerseits die Unterschiedenheit und Nichtrückführbarkeit des Geistlichen und des Weltlichen je in seinem Eigenbestand und Eigenrecht zur Geltung kommen und andererseits muß doch gewahrt sein, daß diese Differenz nicht zur Indifferenz zweier Bereiche entgleitet, es muß also in der Differenz eine Beziehung und Verknüpfung zureichend gedacht werden können, damit Wirklichkeit theologisch verantwortbar bleibt und Theologie den Wirklichkeitsbezug bewahrt – die Differenz darf keine absolute sein. Die Freiheit, Selbständigkeit und Eigenkonstitution der Weltwirklichkeit findet ihren stärksten Ausdruck in der thomistischen Lehre von den Zweitursachen, in der die geschöpfliche Eigenwirklichkeit als »Ursache ihrer selbst erscheint (causa sui ipsius[4])«, als schaffende und »ausschenkende« Ursache[5], ja sogar als »Vorsehung« für andere Geschöpfe[6]. Aber ebendies, daß natürliche Wirklichkeit selbstursächlich ist und so in höchstem Maße frei und eigenständig, eignet ihr aufgrund dessen, daß sie Schöpfung Gottes ist, auf der schöpferischen Kraft der ersten Ursache aufruht und auf sie hinweist. »Alles, was die zweiten Ursachen hervorbringen, wird nur in Kraft der ersten Ursache hervorgebracht.« Eigenwirklichkeit bis hin zur Eigenursächlichkeit natürlicher Wirklichkeit ist Mitteilung der Ursächlichkeit Gottes und Teilhabe an ihr. »Desgleichen ist auch zu bedenken, daß, wenn es sich um eine Vielheit von unter sich geordneten Wirkenden handelt, das zweite Wirkende immer in Kraft des ersten tätig ist, denn das erste Wirkende treibt das zweite zum Wirken. Und demzufolge wirken alle Dinge in der Kraft Gottes selbst, und so ist er selbst Ursache der Tätigkeiten aller Wirkenden.«[7] Eigenursächlichkeit ist Mitteilung der Ursächlichkeit Gottes.

Die gleiche spannungsvolle Einheit von selbständigem Eigensein und Bezogensein der natürlichen Wirklichkeit kommt in der thomistischen Ordolehre zutage. Zwar scheint es so, als ob gerade im Begriff des »ordo« das natürliche Universum am stärksten zu der sich selbst genügenden Autonomie eines in sich geschlossenen vollkommenen Beziehungsgefüges

---

4 Quaest. disp., de veritate, q. 24, a. 1.
5 Quaest. disp., q. 5, a. 8.
6 Quaest. disp., q. 5, a. 5.
7 *H. Meyer*, Thomas von Aquin. Sein System und seine geistesgeschichtliche Stellung, Paderborn 1961, S. 340f.; S. th. I, q. 105, a. 5.

I Das neue Problem: Geistliche Einheitsordnung ...

kommt. Denn »relatio«, Bezogenheit, ist zwar das Wesen von »Ordnung« überhaupt, aber gerade in ihr unterscheidet sich die natürliche Ordnung des »esse relativum« von dem göttlichen Sein als »esse absolutum«. Dies macht die Vollkommenheit der Welt (perfectio universi) aus, daß alles in ihr kontinuierlich zusammenhängt, daß darin nichts fehlt, was möglich ist (ut non desit ei aliqua natura quam possibile sit esse), daß das Oberste der niederen Naturstufe sich mit dem Untersten der jeweils oberen Stufe berührt, so daß die obere Stufe die jeweils untere in sich enthält und aktuiert (inferior natura attingit in sui supremo[8]). Aber die »relatio« bezeichnet bei Thomas auch das innerste göttliche Geheimnis: Die trinitarische Beziehung zwischen Vater und Sohn im Heiligen Geist, und die natürliche Ordnung erweist sich gerade in dem Punkt als nach oben hin geöffnet, in dem sie ein scheinbar in sich vollkommenes und abgeschlossenes Ganzes bildet; als ein System von Beziehungen ist die natürliche Ordnung bezogen auf das ganz andere der heiligen Ordnung Gottes in Schöpfung und Erlösung, von dort her ist sie begründet, auf sie hin bezogen.

Gott ist der Urgrund alles Seins (a primo uno procedunt omnia una, et a primo ente omnia entia, et a primo bono omnia bona[9]). Gott ist es, der alles wirkt, an dessen operatio die Wirklichkeit alles Seienden und die Kontinuierlichkeit der geschöpflichen Beziehungen im ganzen, die Vollkommenheit des Universums, hängt. Aber eben dies nicht so, daß Gott zur Natur des Geschöpflichen dazugehörte oder in dessen Wesen eingänge (non intret essentiam rerum creaturarum[10]), sondern indem er als Schöpfer wirkt, wirkt er geschöpflich – natürliche Freiheit und Eigenwirklichkeit. Die Natur bedarf nicht der Gnade, um Natur zu sein. Natürliches Selbstsein ist kein Widerspruch gegen die Allwirksamkeit Gottes, nichts mit Gottes Freiheit Konkurrierendes. Die Güte natürlicher Freiheit ist vielmehr Teilnahme und Teilgabe göttlicher Güte.

Die übernatürliche Gnade ersetzt also nicht die Natur, hebt sie nicht auf (cum igitur gratia non tollet naturam[11]), sondern setzt sie voraus (praesupponit[12]) und vollendet sie (sed perficiat[13]). Das gleiche gilt für die Ordnung der natürlichen Erkenntnis: »... daß die natürliche Vernunft dem Glauben dient« (oportet quod naturalis ratio subserviat fidei) wie für die Ordnung des natürlichen Willens: »... wie auch die natürlichen Neigungen des Willens der übernatürlichen Liebe gehorchen« (sicut et naturalis inclinatio voluntatis obsequitur caritati[14]) und für die Ordnung des natürlichen Rechts: »Das göttliche Recht ... hebt das menschliche Recht ... nicht auf« (ius autem divinum ... non tollit ius humanum[15]).

8 Quaest. disp., de spir. cr., q. 1, a. 5.
9 Quaest. disp., de veritate, q. 5, a. 1.
10 Quaest. disp., de pot., q. 3, a. 5, ad 1.
11 S. th. I, q. 1, a. 8 ad 2.
12 S. th. I, q. 2, a. 2 ad 1.
13 S. th. I, q. 1, a. 8 ad 2.
14 Ebd.
15 S. th. II–II, q. 10, a. 10.

Zusammenfassung   Thomas vermittelt zwischen der aufkommenden Autonomie des natürlichen Weltverstehens und dem übernatürlichen Heilsglauben
a) durch seine Lehre von den Zweitursachen,
b) durch seine relationale Ordo-Lehre,
c) durch seine Lehre von der Einheit des natürlichen Selbstseins mit dem übernatürlichen Bezogensein.
Die Gnade, der Glaube, die übernatürliche Liebe und das göttliche Recht heben die Natur, die Vernunft, den natürlichen Willen und das natürliche Recht nicht auf, sondern setzen sie voraus und vervollkommnen sie.

II Natürliches Selbstsein und übernatürliches Bezogensein

Damit ist die Basis gelegt für eine theologische Theorie der Kirche, für eine theologische Theorie der Gesellschaft und für eine theologische Theorie der Beziehung zwischen Kirche und Gesellschaft. Die gesellschaftliche Ordnung kann in allen ihren Dimensionen als ein in sich selbst sinnvolles Ganzes eigenen Rechts, eigener Natur und eigener Rationalität begriffen werden und zugleich so auf die ganz andere Wirklichkeit der Gnade der göttlichen Erlösung in Jesus Christus, in Sakrament, Kirche und Glauben bezogen werden, daß diese ihr nicht äußerlich bleibt, sondern vielmehr ihre Erfüllung und Vollendung darstellt, auf die sie innerlich angelegt ist, ohne sie doch von sich aus und aus eigener Kraft erreichen zu können. Wir wenden uns zunächst dem ersten Aspekt zu.

1 Selbständig-natürliche Ordnung (perfectio universi)

a) Natürliche Rationalität des Naturgesetzes
Wie die Vollkommenheit des Universums in einer vielfach gegliederten Hierarchie von Seins- und Zweckstufen von den Elementen zuunterst über die zusammengesetzten anorganischen Körper, die Pflanzen, Tiere, Menschen bis hinauf zu den Himmelskörpern und den reinen Geistern[16], bis zu Gott als dem primum ens besteht, so hat auch der Mensch verschiedene Seinsschichten in organischer Unter- und Überordnung. Der fundamentale Grundtrieb ist der Trieb zur Selbsterhaltung, der den Bestand des Individuums zum Zweck hat. Dem Zweck der Erhaltung der Gattung dient die animalische Natur des Menschen, die ihn zur Erzeugung und Aufzucht von Nachkommenschaft veranlaßt, und zwar, da es sich um die geschlechtliche Verbindung von Vernunftpersonen handelt und bei der Nachkommenschaft um Wertpersonen, in der Form der monogamen Ehe.

---

[16]   II Sent. 9,1,1 ad 2; S. th. I, q. 108, a. 2 ad 1; I Sent. 8,5,2; I Sent. 2,1,1 ad 2; S. th. I, q. 47, a. 2; q. 76, a. 3; Quaest. disp., de anima, a. 18.

Die Vernunftnatur des Menschen schließlich hat zum Zwecke einmal die Erkenntnis der Wahrheit sowohl in den für die berufliche Tätigkeit als auch in den für die Erreichung des letzten Zieles des Menschen notwendigen Bezügen, ferner die ethische Ertüchtigung und schließlich, insofern der Mensch von Natur ein Gemeinschaftswesen ist, die Ausbildung vernünftiger Gemeinschaftsformen und sozialer Verhaltensweisen in Familie, Gemeinde und Staat.

Jedes natürliche Gebilde hat in seinem »ordo« eine ihm innewohnende Rationalität, es ist »hingeordnet auf das Gute als auf sein Ziel« (ordinatum in bonum sicut in finem[17]). So ist »Natur« geradezu definiert als »eine gewisse den Dingen von Gott eingesenkte Kunst, wodurch die Dinge von sich aus zu einem bestimmten Ziel gelenkt werden.«[18] Alle Verhaltensformen und -normen nun, die aus der menschlichen Wesensnatur fließen, sind Inhalte des Naturgesetzes[19]. In ihm hat der Mensch den ihm als Vernunftwesen zukommenden Anteil am ewigen Weltgesetz (lex aeterna), das die Ordnung des Universums durchwaltet. »Das ewige Gesetz ist dasjenige, aufgrund dessen es gerecht ist, daß alles auf vollkommenste Weise geordnet ist« (lex aeterna est qua iustum est ut omnia sunt ordinatissima[20]), und »das Naturgesetz ist nichts anderes als die Teilnahme am ewigen Gesetz in einem vernünftigen Geschöpf« (lex naturalis nihil aliud est quam participatio legis aeternae in rationali creatura[21]). Das Naturgesetz ist der Inbegriff aller Verhaltensnormen, die aus der menschlichen Natur hervorgehen, die auf die Verwirklichung des menschlichen Endzwecks ausgerichtet sind, die durch das natürliche Licht der Vernunft erkannt werden können, die unveränderlich und immer und überall gültig sind und den Menschen mit dem Anspruch absoluter Verpflichtung begegnen.

Zusammenfassung Das Naturgesetz ist der Inbegriff aller Verhaltensnormen, die aus der menschlichen Natur, der ihr innewohnenden Rationalität und Finalität hervorgehen, die auf die Verwirklichung des menschlichen Endzwecks ausgerichtet sind, die durch das natürliche Licht der Vernunft erkannt werden können, die unveränderlich und immer und überall gültig sind und dem Menschen mit dem Anspruch absoluter Verpflichtung begegnen.

17 S. c. g. III, 16.
18 II Phys. 1,14.
19 Zum thomistischen Gesetzesbegriff vgl. *H. Meyer*, Thomas von Aquin, S. 586ff.; *W. Kluxen*, Philosophische Ethik bei Thomas von Aquin, Mainz 1964, S. 230ff.; *G. Darms*, 700 Jahre Thomas von Aquin. Gedanken zu einem Jubiläum, Freiburg/Schweiz 1974, S. 94ff.; *O.H. Pesch*, Sittengebote, Kultvorschriften, Rechtssatzungen. Zur Theologiegeschichte von Summa Theologiae I-II 99,2–5, in: *D. Eickelschulte, P. Engelhardt, W. Kluxen* (Hg.), Thomas von Aquino – Interpretation und Rezeption. Studien und Texte, Mainz 1974, S. 488ff.
20 S. th. I-II, q. 91, a. 2.
21 S. th. I-II, q. 91, a. 2 ad 1 u. 3; q. 93, a. 5; S. c. g. III, 114.

b) Gestufte Komplexität der Gemeinschaftsformen

Nach dem Gesetz des Fortschreitens vom niederen zum höheren Sein, vom Unvollkommeneren vom Vollkommeneren, vom Einfachen zum Zusammengesetzten, das das gesamte Universum durchwirkt, bildet sich als erste soziale Verbindung die Hausgemeinschaft. Sie ist strukturiert durch Über- und Unterordnungsverhältnisse zwischen Mann und Frau, Eltern und Kindern, Herr und Knecht, Herr und Sklave. Die Hausgemeinschaft ist darum das strukturelle Urmodell aller anderen gesellschaftlichen Abstufungen in Überordnungs- und Unterordnungsverhältnissen. Aus dem Zusammenschluß mehrerer Familien unter einem gemeinsamen Oberhaupt wächst die civitas heraus. »Wie der Mensch ein Teil der Hausgemeinschaft ist, so ist die Hausgemeinschaft ein Teil des bürgerlichen Gemeinwesens. Das bürgerliche Gemeinwesen aber ist die vollkommene Gemeinschaft ... Wie also das Gut eines einzelnen Menschen nicht das letzte Ziel ist, sondern hingeordnet ist auf das gemeinsame Gut, so ist auch das Gut der einzelnen Hausgemeinschaft hingeordnet auf das Gut eines Gemeinwesens, das die vollkommene Gemeinschaft ist.«[22] Über der civitas steht die Provinz, und über der Provinz erheben sich regnum und imperium.[23]

So erwachsen die Gemeinschaftsformen organisch wie ein Stufenreich einfacherer und komplexerer Verbandsformen auseinander, wobei jeweils die niedere Gemeinschaftsform in ihrer Ganzheit als eine in sich selbst sinnvolle Größe unangetastet bestehen bleibt und zugleich als Bestandteil und Baustein im Funktionszusammenhang des komplexeren Gemeinschaftsgebildes steht. Die oben angezeigte Grundstruktur der Einheit von Selbstsein und Über-hinaus-Bezogensein kehrt hier wieder.

Damit ist dreierlei gegeben: einmal die naturrechtliche Begründung der Gemeinschaftsformen, -rechte und -pflichten, ferner das Verständnis der Gesellschaft als eines Organismus, schließlich der Gedanke der Ordnung der Gesellschaft als einer patriarchalischen Stufenordnung.

Zusammenfassung Die Gemeinschaftsformen der Hausgemeinschaft, des bürgerlichen Gemeinwesens (civitas), der Provinz, des regnum und imperium erwachsen organisch wie ein Stufenreich einfacherer und komplexerer Verbandsformen auseinander. Dabei besteht die jeweils niedere Gemeinschaftsform als eine sinnvolle Ganzheit in sich. Sie steht zugleich als Baustein im Zusammenhang der komplexeren Gemeinschaftsgebilde. Die Gemeinschaftsbildungen sind naturrechtlich begründet, sie werden verstanden als Organismen, sie sind patriarchalisch durch Über- und Unterordnung strukturiert.

---

22 S. th. I-II, q. 90, a. 3.
23 Quaest. disp, de malo, q. 1, a. 1.

c) Naturrechtliche Rationalität der Gemeinschaft

Wie die Gemeinschaften naturgesetzlich entstehen, so ist auch ihre fortdauernde Tätigkeit naturrechtlich verankert, wie es ein Naturrecht der Familie gibt, so auch eines des Gemeinwesens. Die Aufgabe der civitas ist die Verwirklichung und Sicherung des Gemeinwohls, des bonum commune[24], und alles, was zur Erfüllung dieser Aufgabe der civitas nötig ist, gehört zu ihrem Naturrecht: Sie hat für den Schutz des Gemeinwesens gegen äußere Feinde zu sorgen und für Frieden und Eintracht im Innern, ohne obrigkeitliche Gewalt kann keine Gemeinschaft bestehen, sie bedarf dieses Schutzes. Wohlfahrt innerhalb der Gemeinschaft ist nicht möglich ohne das Fundament einer umfassenden Gerechtigkeit, darum gehören zum Naturrecht der civitas die Setzung des positiven Rechts und dessen Auslegung, die Rechtsprechung. Schließlich, da es sich bei den Gliedern der Gemeinschaft um Vernunftwesen handelt, hat die civitas nicht nur Gewähr für materiellen Wohlstand zu leisten, der durch Ackerbau, Gewerbe und Handel geschaffen wird, sondern gehört auch die geistige und sittliche Förderung der Bürger zu den naturrechtlichen Aufgaben der civitas. Da auch die natürliche Gottesverehrung zu den naturrechtlichen Forderungen gehört, hat die civitas auch religiöse Rechte und Pflichten. Insofern kennt Thomas durchaus auch eine Unterordnung des Religiösen unter die Staatsgewalt[25]. Aber dies gilt nur, soweit Gottesverehrung eine allgemein menschliche Angelegenheit ist, und bezieht sich nicht auf die übernatürlich-sakramentale Gottesgemeinschaft.

Zusammenfassung Zum Naturrecht des bürgerlichen Gemeinwesens gehört alles, was der Schaffung und Sicherung des Gemeinwohls (bonum commune) dient: Schutz nach außen; Friede und Wohlfahrt nach innen; Rechtssetzung und Rechtsprechung; geistige, sittliche und religiöse Förderung der Bürger.

d) Gesellschaft als vernünftig gestalteter Organismus – theologische Grenzen des Organismusgedankens

Die Organismusidee übernimmt Thomas für seine Sozialtheorie von Aristoteles. Die Gemeinschaft ist das Ganze, und der einzelne ist Teil und Glied dieses Ganzen. Für die Bestimmung des Verhältnisses von Ganzem und einzelnen dient der Vergleich mit dem menschlichen Körper und seinen Gliedern als Interpretationsmodell: Die einzelnen verhalten sich zur Gemeinschaft wie die Glieder des Körpers zum ganzen Organismus. Wie das einzelne Glied nicht ohne den organischen Zusammenhang mit dem ganzen Körper leben kann, so kann der einzelne Mensch seiner Natur nach nicht sein ohne die Gemeinschaft. Der Mensch kann nur als Mitmensch Mensch sein, Gemeinschaft ist für ihn eine naturgegebene Not-

---

24 De reg. princ. I, 15; S. th. II-II, q. 62, a. 7; q. 66, a. 8.
25 S. c. g. II, 120; S. th. I-II, q. 99, a. 3; q. 101, a. 2; S. th. II-II, q. 81, a. 2 ad 3; q. 85, a. 1.

wendigkeit, das Individuum ist insofern keine autarke Lebenseinheit. Die Sozialität wird solchermaßen ganz vom Biologisch-Organischen her begriffen. Fortpflanzung ist nicht möglich ohne Verbindung der Geschlechter, die Befriedigung der materiellen Bedürfnisse nicht ohne Arbeitsteilung, geistige Vervollkommnung und sittliches Wachstum nicht ohne die Berührung und Begegnung mit Geist und das Zusammenleben mit guten Menschen.« »Homo ... homini ... amicus«[26], »da der Mensch ein soziales Wesen ist, bedarf er des Beistandes von anderen Menschen, um sein eigenes Ziel zu erreichen« (cum homo sit naturaliter animal sociale, indiget ab aliis hominibus adiuvari ad consequendum proprium finem[27]). Das letzte und höchste Ziel aber des Menschen ist die glückselige Schau Gottes, und es ist nur natürlich und konsequent, wenn die Menschen, die das gleiche Ziel haben, zu dem sie von Gott her hingeordnet sind, sich auch untereinander vereinigen. »Also ist es klar, daß die Menschen sich gegenseitig in wechselseitiger Liebe vereinigen« (oportet igitur quod uniantur homines ad invicem mutua dilectione[27a]). So wird die Natur des Menschen als soziale letztlich von der Gnade gleichsam durchgestaltet und prädisponiert, denn »wer immer jemanden liebt, der wird konsequenterweise auch die lieben, die von dem Geliebten geliebt werden, und die, die mit ihm verbunden sind. Die Menschen aber sind geliebt von Gott, sie hat er von vornherein auf das letzte Ziel der glückseligen Teilhabe an ihm selbst hingeordnet. Also ist offensichtlich, daß in dem Maße jemand ein Liebender Gottes wird, er auch ein Liebender gegenüber dem Nächsten wird.« (Quicumque diligit aliquem, consequens est ut etiam diligat dilectos ob eo, et eos qui coniuncti sunt ei. Homines autem dilecti sunt a Deo, quibus sui ipsius fruitionem quasi ultimum finem praedisposuit. Oportet igitur ut, sicut aliquis fit dilector Dei, ita fiat etiam dilector proximi.[28]) Und dies nicht in einem Willensakt gegen den Zug seiner eigenen Natur, sondern vielmehr so, daß er der ihm einwohnenden natürlichen sozialen Neigung Folge leistet. Denn »es ist allen Menschen natürlich, daß sie sich gegenseitig lieben. Des zum Zeichen ist es so, daß gleichsam mit einem natürlichen Drang der Mensch irgendeinem Mitmenschen, auch einem unbekannten, beisteht in seiner Bedürftigkeit ...« (est autem omnibus hominibus naturale ut se invicem diligant. Cuius signum est quod quodam naturali instinctu homo cuilibet homini, etiam ignoto, subvenit in necessitate[29]). Das Gute darin, daß der Mensch ein Gemeinschaftswesen ist, ein Organon eines größeren Ganzen, ist schlicht das Gute seiner durch die Gnade prädisponierten Natur. Thomas denkt insoweit wie Aristoteles: Das Ganze ist vor dem Teil, und dies nicht nur logisch-begrifflich in dem Sinne, daß die Teile vom

26 S. c. g. III, 117.
27 Ebd.
27a Ebd.
28 Ebd.
29 Ebd.

II Natürliches Selbstsein und übernatürliches Bezogensein

Ganzen her das sind, was sie in ihrer Eigenart und Besonderheit ausmacht, sondern auch der Seinsqualität nach, insofern dem Ganzen eine größere Vollkommenheit zukommt als den Teilen und es einen größeren Reichtum an Sein, eine größere Teilnahme am göttlichen Sein aufweist[30].

Wenn auch die thomistische Sozialtheorie stark organisch-naturhaft geprägt ist, so besagt dies doch nicht, daß Gemeinschaft einfach naturgesetzlich wächst. Der Mensch besitzt eine naturhafte Veranlagung zur Gemeinschaft und diese Veranlagung verwirklicht er, indem er das Gemeinwesen vernünftig gestaltet. Die civitas ist das hervorragende Werk der menschlichen Vernunft, ein Kunstwerk, das der menschliche Geist schafft und das umso vollkommener ist, je mehr sich die Vernunft dabei von der Natur leiten läßt. Die Natur leitet einen Prozeß ein und auf ihn läßt sich die Vernunft ein, indem sie Gemeinschaft organisiert und gestaltet. Vor allem aber ist zu bedenken, daß die Analogie mit dem biologischen Organismus dort an ihre Grenzen stößt, wo die Frage nach dem ontologischen Eigengewicht des Einzeldaseins der Person und nach ihrer Rechtssubjektivität auftaucht. Denn der Sinn des Seins des Individuums erschöpft sich eben nicht darin, nur Funktion für ein größeres Ganzes zu sein ohne selbständige Bedeutung und eigene Rechte. Das widerspräche zum einen der thomistischen natürlichen Ordnung des Universums: Erstens ist jedes Geschöpf um seines eigenen Aktes und um seiner eigenen Vollkommenheit willen da. Zweitens ist jedes niedere Geschöpf um eines höheren willen da. Drittens sind alle einzelnen Geschöpfe der Vollkommenheit des Ganzen wegen da. Viertens ist das ganze Universum mit allen seinen Einzelteilen auf Gott als den Endzweck und das Endziel hingeordnet[31]. Und zum andern widerspräche das auch der übernatürlichen Ordnung der Gnade, in der jeder Mensch als einzelner auf Gott bezogen ist und in der sich auf ihn als einzelnen die göttliche Gnadenhilfe zur Erlösung richtet. »Der Mensch ist nicht seinem ganzen Sein nach und mit allem, was er hat, auf die politische Gemeinschaft hingeordnet. Daher entscheidet über Wert oder Unwert seiner Handlungen nicht die Beziehung zum politischen Gemeinwesen. Der Mensch ist seiner Ganzheit nach mit allem, was er ist, kann und hat, auf Gott hingeordnet. Deshalb wird ein guter und ein schlechter menschlicher Akt von Gott belohnt und bestraft, sofern er dieser Akt ist.«[32] So bezieht sich die lex Dei, das göttliche Gesetz, das dem Menschen durch Offenbarung kundgetan wird und das auf einen übernatürlichen Zweck hingeordnet ist, auf die inneren Akte der Einzelperson, die der positiven Rechtsprechung der civitas gar nicht zugänglich sind (iudicium autem hominis esse non potest de interioribus motibus, qui latent, sed solum de exterioribus, qui apparent[33]). Thomas lehrt wohl, daß die Gemeinschaft das

---

30 S. th. II-II, q. 31, a. 3 ad 2.
31 S. th. I, q. 65, a. 2.
32 S. th. I-II, q. 21, a. 4 ad 3; vgl. auch De reg. princ. I, 14.
33 S. th. I-II, q. 91, a. 4.

gleiche Ziel habe wie der einzelne, aber eben darin liegt schon, daß er das Endziel der Gemeinschaft vom Endziel des einzelnen aus bestimmt. Zwar kann Thomas sagen, daß das gemeinsame Gut besser sei als das Gut des einzelnen, aber dies gilt nur, insoweit es sich um Güter und Werte der gleichen Gattung handelt (bonum commune melius est quam bonum unius si utrumque sit eiusdem generis[34]). Wo es aber um das Heil der Einzelseele geht, das der übernatürlichen Ordnung angehört, ist dieses dem irdischen bonum commune übergeordnet. Hierin unterscheidet sich die organische Gesellschaftsidee des Thomas charakteristisch von derjenigen Platos, aber auch von ihrer aristotelischen Version. Zwar hat auch Aristoteles den Vergleich mit dem Organismus nicht restlos durchgeführt, findet sich bei ihm die Kategorie der Gemeinschaft als einer kollektiven Willenseinheit. Aber bei Thomas sind die Grenzen des Organismusdenkens gegenüber dem Eigenrecht des Einzeldaseins aufgrund der für ihn charakteristischen Bestimmung des Verhältnisses von Natur und Übernatur viel prinzipieller abgesteckt und durchgeführt[35]. So gibt es sowohl von der lex naturalis als auch von der lex Dei her Grenzen des Rechtes der Gemeinschaft gegenüber dem Recht der Einzelperson. Individuum und Gemeinschaft sind miteinander verbunden in einem wechselseitigen differenzierten Hinordnungs- und Abhängigkeitsverhältnis[36]. Der menschlichen Person ist von Anfang an Selbstsein und Bezogensein, Eigenexistenz und Eigenart einerseits, Miteinandersein in einem Gemeinschaftsorganismus und organisches Miteinanderwirken an dem gemeinsamen Gut andererseits[37] zu eigen.

Zusammenfassung   Der Mensch ist von Natur aus ein soziales, liebendes Wesen. Darin ist die menschliche Natur durchwirkt von ihrem übernatürlichen Ziel; den Menschen, die das gleiche übernatürliche Ziel haben, ist es natürlich, sich auch untereinander in Liebe zu verbinden. Der einzelne verhält sich zum Gemeinschaftsorganismus wie die Glieder des Körpers zum körperlichen Organismus. Insofern ist das Ganze vor den Teilen.

Aber der einzelne ist nicht nur Funktion für ein Ganzes. Nach seiner Natur ist er auch Selbstzweck, nach seiner übernatürlichen Finalität ist er dem Gemeinschaftsorganismus übergeordnet.

Dem Menschen ist von Anfang an Selbstsein und Bezogensein zu eigen.

e) Das patriarchalische Ordnungsprinzip – seine Einheit mit dem Organischen
Das Prinzip des Patriarchalismus, der Ordnung von Stufen der Herrschaft und des Dienstes, der Über- und Unterordnung in der Gesellschaft, wird

---

34 S. th. I-II, q. 113, a. 9 ad 2.
35 Vgl. *H. Meyer*, Thomas von Aquin, S. 549f.
36 Vgl. S. c. g. III, 155; S. th. I-II, q. 95, a. 2; q. 96, a. 4; II-II, q. 66, a. 8.
37 Vgl. *E. Troeltsch*, Die Soziallehren der christlichen Kirchen und Gruppen, S. 317ff.

II Natürliches Selbstsein und übernatürliches Bezogensein

von Thomas mit dem Prinzip des Organismus zu einer harmonischen Einheit verschmolzen. Wie der Patriarchalismus in der naturrechtlich begründeten Gemeinschaftsform der Hausgemeinschaft sein auf alle anderen sozialen Formationen ausstrahlendes Urmodell findet, wurde bereits erwähnt. Auch dies, daß es Herrschaft, Leitung, ungleich verteilte Macht und Befugnis und obrigkeitliche Gewalt geben müsse, hat Thomas der Ordnungsstruktur des Universums abgelauscht. Es gehört demnach zum bonum, zur Güte des natürlichen Daseins und ist als solches bonum natürlichen Rechts. Überall im Universum, wo eine Vielfalt auf ein einheitliches Ziel ausgerichtet ist, findet sich so etwas wie ein herrschendes Prinzip. Es ist ein Weltgesetz, und die Weltstruktur wiederholt sich in allen ihren Teilen. Ohne Oberherrschaft ist eine ganzheitliche Ordnung unmöglich. Das Viele und das Verschiedene, von dem die Welt voll ist, erhält erst dadurch Struktur, daß darin Über- und Unterordnung zustande kommt gemäß schöpferischer Anordnung Gottes, durch die alles seinen Platz im ordo universi zugewiesen bekommen hat. Dem neuplatonisch-augustinischen Gedanken, daß die Dinge ein Stufenreich der unterschiedlichen Teilnahme an der göttlichen Güte, eine Offenbarung der göttlichen Seinsfülle darstellen, verbindet Thomas mit der aristotelischen Lehre vom Stufenreich der Entelechien, unter denen die höheren den niederen jeweils eine Vollkommenheit hinzufügen. So ist das ganze Universum eine natürliche Hierarchie der Wirkursachen und der die Wirklichkeitsstufen aufeinander hinordnenden Zweckmäßigkeit, in der die jeweils höheren Ursachen die ihnen zunächst stehenden niederen als Instrumente gebrauchen[38]. »In den Formen kann Verschiedenheit nicht sein, wenn nicht eine vollkommener ist als die andere ... Und dies leuchtet dem ein, der die Natur der Dinge untersucht. Er wird nämlich finden, wenn er es sorgfältig betrachtet, daß die Verschiedenheit der Dinge sich stufenweise auffüllt, denn über den unbelebten Körpern findet er die Pflanzen und über diesen die unvernünftigen Lebewesen und über diesen die vernunftbegabten Wesen. Und innerhalb dieser einzelnen Gattungen findet er Verschiedenheit im Hinblick darauf, daß einige vollkommener sind als andere, so daß jene, die das Höchste der unteren Gattung sind, der höheren Gattung nahe zu sein scheinen und umgekehrt, wie die unbeweglichen Lebewesen den Pflanzen ähnlich sind ... Daher ist offenbar, daß die Verschiedenheit der Dinge zeigt, daß nicht alles gleich ist, sondern daß es Ordnung und Stufen in den Dingen gibt.«[39]

Die Ordnung des Universums ist Herrschaftsordnung, alle Einzelordnungen sind in der Universalordnung enthalten und stellen nur deren Spezialformen dar. Herrschaft als solche gehört also nicht erst zum Wesen

---

38 Quaest. disp., q. 5, a. 8; Quaest. disp., De spir. cr., a. 1 u. 2; de anima, a. 18 ad 8; S. th. I, q. 22, a. 4.
39 S. c. g. III, 97.

der gefallenen Schöpfung, ist nicht ein Produkt der Sünde und des Abfalls vom vollkommenen Urstand, sie gehört vielmehr zum Inbegriff guter geschöpflicher Ordnung; von ihr sind weder die Dämonen noch die Engel noch die Menschen im paradiesischen Zustand ausgenommen. Der Kopf herrscht über die Glieder des Leibes, die Seele herrscht über den Leib, die Vernunft über die Seelenkräfte, die Vernunftwesen über die Körperdinge, die Himmelskörper über die Erdkörper, Gott herrscht über die gesamte Welt.

Die Ordnung des Universums ist das Vorbild der aristotelisch-thomistischen Gemeinschaftsidee. Die Funktion der obrigkeitlichen Gewalt im Gemeinwesen vergleicht Thomas mit der Funktion der Seele als Wesensform des Organismus, durch deren Kraft die Vielheit der Glieder geordnet und einheitlich gelenkt wird. Mit dem Unterschied, daß es sich in der Gemeinschaft um einen moralischen, nicht um einen physischen Organismus handelt: Herrschaft hebt die selbständige Existenz und das eigenständige Handeln der einzelnen Glieder des Gemeinwesens nicht auf, sondern ordnet die auseinanderstrebenden Einzelwesen und lenkt sie auf ein einheitliches Ziel hin. Ohne diese ordnende Tätigkeit der herrschenden Gewalt würde die trennende bloße Vielfalt privater Interessen das bonum commune gefährden. Erst das Zusammenspiel des Organischen und des Patriarchalischen, diese Einheit eines Doppelordo in der organischen gegenseitigen Zuordnung der Einzelglieder in ihrer Verschiedenheit zu gegenseitiger Ergänzung und die Hinordnung aller einzelnen auf die herrscherliche Obergewalt in ihren verschiedenen Abstufungen vom Familienoberhaupt aufwärts bis zum Princeps zusammen mit der willigen Einfügung in die einem jeden nach Geburt und Besitz[40] zukommende Stellung im ständischen Stufenbau ergibt den vollen Ordo der Gemeinschaft als Garanten des bonum commune.

Obrigkeitliche Gewalt ist demnach mit jeder Gemeinschaft eo ipso gegeben, weil ohne sie keine Gemeinschaft entstehen oder bestehen kann. Sie beruht auf naturrechtlicher Grundlage und ist im Organismus der Gemeinschaft ebenso unmittelbar da, wie die Seele im Leiborganismus ist und als solche Ausdruck der von Gott geschaffenen Ordnung, die in allen Seinsstufen des Universums die dem jeweiligen Zweck entsprechende Form der Lenkung und der Unterordnung einschließt und auf der Ebene der menschlichen Gemeinschaft historisch verschiedene Formen entwickeln kann, aber in der Monarchie die relativ beste Form gefunden hat, besonders wenn sie mit Elementen einer aristokratischen und einer demokratischen Verfassung vermischt wird[41]. In solcher Mischform wird der Gefahr tyrannischer Willkürherrschaft am besten gewehrt und die proportionale Beteiligung und Mitwirkung aller einzelnen am bonum commune am angemessensten gewährleistet.

---

40 Vgl. S. th. I, q. 108, a. 2; I-II, q. 91, a. 6; q. 95, a. 4.
41 Vgl. S. th. I-II, q. 95, a. 4; q. 105, a. 1; De reg. princ. I, 2f.

II Natürliches Selbstsein und übernatürliches Bezogensein

Was Thomas bei seiner Idee und Theorie des organisch-patriarchalisch strukturierten Gemeinwesens konkret vor Augen hatte, war die mittelalterliche europäische Gewerbestadt, die aufgrund der Steigerung des Handelsverkehrs, eines großen Zulaufs von Leibeigenen, die aus der grundherrlich-feudalen Naturalwirtschaft in die nichtagrarischen Siedlungen und Zentren strebten, aufgrund der Beweglichkeit einer selbständigen Handwerkerschaft und Kaufmannschaft seit dem 11. Jahrhundert sich zu ihrer ersten großen Blüte entfaltete[42]. Für Thomas war die Stadt mit ihrer berufsständischen Gliederung, mit ihrem Charakter als friedliche, unmilitärische Arbeitsgemeinschaft und Genossenschaft, in der die Wertschöpfung auf persönlicher Arbeit basierte (und nicht wie beim Grundadel der antiken Polis auf Grundbesitz und Sklavenarbeit, die ein arbeitsfreies Rentnerdasein des Stadtbürgers ermöglichten), mit ihrem intensiven Aufblühen des kulturellen und geistigen Lebens die Lebensform, die das Landleben weit überragte und der beste Rahmen war für die Verwirklichung des bonum commune. »Die vollkommene Gemeinschaft ist das bürgerliche Gemeinwesen« (perfecta enim communitas civitas est[43]). Thomas hält allerdings die ökonomisch autarke Stadt für die politisch stabilere und sozial gesündere, von der gesellschaftlichen Ethik her wertvollere und der Natur nach friedlichere Form des wirtschaftlich-gesellschaftlichen Lebens im Vergleich mit der überwiegend vom Handel lebenden kaufmännischen Stadt. »Denn ein Ding ist um so mehr wert, je mehr es als autark befunden wird; was eines anderen bedarf, beweist eben darin seinen Mangel. Diese Selbstgenügsamkeit aber wird eine Stadt, der die umliegende Gegend für ihre Lebensbedürfnisse genügend zu bieten vermag, in weit vollerem Maße besitzen, als jene, die es nötig hat, sich von anderen auf dem Wege des Handels zu erhalten.«[44] Die handelsabhängige Stadt ist leicht verletzbar durch das kriegsbedingte Abgeschnittenwerden von den Verkehrswegen. Sie hat zu ihrem Lebensunterhalt eine Menge von Kaufleuten nötig, dies bedingt wieder die Notwendigkeit eines fortwährenden Zusammenlebens mit Ausländern, und »das verdirbt zumeist den Charakter der Bürger«, die, mit fremden Sitten und Gebräuchen konfrontiert, diese zu kopieren beginnen und dadurch das staatliche Leben in Verwirrung bringen. Das dauernde Gewinnstreben öffnet den Lastern den Weg, es weckt die Begehrlichkeit in den Seelen der Bürger, die Verachtung des Gemeinwohls zugunsten des persönlichen Vorteils, alles im Gemeinwesen wird käuflich und das Bemühen um die Tugend schwindet. Das Fehlen körperlicher Arbeit ist hinderlich für die militärische Ertüchtigung und damit für die Verteidigungsbereitschaft der Stadt nach außen. Schließlich ist eine Stadt, deren Bevölkerung größtenteils außerhalb der Stadt beschäftigt ist (auf den

---

42 Vgl. *Fr.W. Kantzenbach*, Christentum in der Gesellschaft. Grundlinien der Kirchengeschichte, Bd. 1, Hamburg 1975, S. 229ff.
43 S. th. I-II, q. 90, a. 2.
44 De reg. princ. II, 3.

Feldern arbeitend u.s.w.), weit friedliebender, als wenn sich die Bürger ständig innerhalb der Stadtmauern aufhalten, eng zusammenleben und häufig zusammenkommen. Das führt oft zu Streit und Aufruhr. Eine räumlich zu engmaschig organisierte Sozialität kann zu deren Selbstabschnürung führen, zeitlich zu dicht programmierte Interaktion und Kommunikation läuft Gefahr, ihren Kollaps schon mitzuprogrammieren. Zwar ist völlige Autarkie kaum zu verwirklichen, so daß jede Stadt auch auf Handel angewiesen ist.»Eine vollkommene Stadt muß daher auch die Kaufleute verwenden – aber im richtigen Maß« – Probleme, über die Luther fast 300 Jahre später angesichts der Erscheinungen des beginnenden Frühkapitalismus auch vernehmlich laut nachgedacht hat, mit ganz ähnlichen Resultaten.

Die Stände innerhalb der civitas gliedert Thomas nach den Berufen: Bauernstand, Handwerkerstand, Richterstand, Soldatenstand, Kaufmannsstand, Priesterstand, Stand der Regierenden. Nach dem Einteilungsmaßstab gemäß Geburt und Besitz kommt Thomas zu einer ständischen Dreigliederung in das gewöhnliche Volk, das Bürgertum und die Adligen. »Hierarchie ... ist Ordnung ... Eine Hierarchie ist eine Herrschaft, d. h. eine Vielheit auf eine Art und Weise geordnet unter der Leitung des Herrschers. Es gäbe jedoch keine geordnete Vielheit, sondern eine verwirrte, wenn es in der Vielheit nicht verschiedene Stände gäbe. Denn der Sinn der Hierarchie erfordert die Verschiedenheit der Stände. Diese Verschiedenheit der Stände wird betrachtet entsprechend den verschiedenen Diensten und Akten. Somit ist klar, daß in einer civitas verschiedene Stände sind entsprechend den verschiedenen Akten: Denn ein anderer ist der Stand der Richter, ein anderer der der Soldaten, ein anderer der der Landarbeiter u.s.w. Aber obwohl es viele Stände gibt in einer civitas, so sind doch alle auf drei zurückzuführen entsprechend der Tatsache, daß jede vollkommene Vielheit ein Oberes, ein Mittleres und ein Letztes hat. Daher findet man auch in den Gemeinwesen einen dreifachen Stand der Menschen: Einige nämlich sind die Obersten, wie die Adligen; einige sind die Untersten, wie das gewöhnliche Volk; einige sind die Mittleren, wie die ehrbare Bürgerschaft.« (Sed hierarchia ... est ordo ... una hierarchia est unus principatus, id est una multitudo ordinata uno modo sub principis gubernatione. Non autem esset multitudo ordinata, sed confusa, si in multitudine diversi ordines non essent. Ipsa ergo ratio hierarchiae requirit ordinum diversitatem. Quae quidem diversitas ordinum secundum diversa officia et actus consideratur. Sicut patet quod in una civitate sunt diversi ordines secundum diversos actus: nam alius est ordo iudicantium, alius pugnantium, alius laborantium in agris, et sic de aliis. Sed quamvis multi sint unius civitatis ordines, omnes tamen ad tres possunt reduci, secundum quod quaelibet multitudo perfecta habet principium, medium et finem. Unde et in civitatibus triplex ordo hominum invenitur: quidam enim sunt supremi, ut optimates; quidam autem sunt infimi, ut vilis populus; quidam autem sunt medii, ut populus honorabilis[45].)

Zusammenfassung Das patriarchalische Ordnungsprinzip ist, ebenso wie das organische, bei Thomas in Analogie zur Naturordnung gedacht. Ordnung ist sowohl in der Natur als auch in der Gesellschaft Herrschaftsordnung, abgestuft in verschiedenen Graden der Macht und des Dienstes. Herrschaft hebt aber den Selbststand des einzelnen wie der Gesellschaft nicht auf, sie ordnet vielmehr die Vielfalt privater Interessen hin auf das einheitliche Ziel des Gemeinwohls.

Das Zusammenspiel des Organismusprinzips mit dem patriarchalischen Herrschaftsprinzip, die Einheit der organischen gegenseitigen Ergänzung der einzelnen und ihrer Unterordnung unter die herrscherliche Obergewalt bildet das gesellschaftliche Grundgefüge.

Leitbild des organisch-patriarchalisch strukturierten Gemeinwesens ist für Thomas die ökonomisch weitgehend autarke, friedliche mittelalterliche Gewerbestadt.

f) Unterschied zwischen relativem Naturrecht des Sündenstandes und absolutem Naturrecht des Urstandes; Privatbesitz und Sklaverei
In dem Dargelegten kommt die positive Rationalität der weltlich-gesellschaftlichen Ordnungen in der organischen gegenseitigen Ergänzung und Funktionalität der Glieder der Gemeinschaft einerseits und der patriarchalisch-hierarchischen Über- und Unterordnung andererseits klar zutage. Das Licht der qualitativen Güte und Sinnhaftigkeit des Universums in allen seinen natürlichen Dimensionen scheint so hell, daß darüber beinahe in Vergessenheit geraten könnte, daß es sich doch nicht um die vollkommene Schöpfung des reinen Urstandes handelt, in der das absolute Naturgesetz ungemindert herrscht, sondern um die von Gott abgefallene Schöpfung, die mißgestaltet und verfälscht ist durch Schuld, Unrecht, Gewalt, Willkür, Leid, Schmerzen und Tod, in der das Naturgesetz nur unter mancherlei Abstrichen noch in Kraft ist, d. h. nicht als absolutes, sondern als relatives Naturgesetz. Doch ist die Unterscheidung zwischen absolutem Naturrecht des Urstandes und relativem Naturrecht des Sündenstandes, mit deren Hilfe es der Christenheit seit der alten Kirche möglich war, die Realitäten und Ordnungen der sie umgebenden Gesellschaft teils als Folgen der Sünde zu verstehen und als solche zu ertragen, teils als göttliche Ordnung, wie sie unter den Bedingungen des Sündenstandes allein noch möglich ist und jetzt als Heilmittel gegen die Sünde und Damm gegen das Chaos wirkt, anzunehmen und zu bejahen, auch für Thomas selbstverständlich. Der wesentliche Unterschied zwischen der naturrechtlichen Konzeption des Thomas und der traditionellen Interpretation des Naturrechts liegt in der Verlagerung der Ebenen, in der Veränderung der Moda-

---

45   S. th. I, q. 108, a. 2; vgl. S. th. I-II, q. 91, a. 6; q. 95, a. 4.

lität der Differenzierung und in einer dementsprechend anderen Gewichtung der Differenz zwischen absolutem und relativem Naturrecht. Die bei Thomas alles bestimmende systematische Grunddifferenz ist die zwischen Natur und Übernatur. Gegenüber dieser, wenn man so will, »vertikalen« Wesensdifferenz erscheint die »horizontale« Qualitätsdifferenz zwischen absolutem und relativem Naturrecht nunmehr in einem anderen Licht: Das hauptsächliche Merkmal beider Formen des Naturrechts ist eben dieses, daß es sich um *Natur*recht handelt. Und Natur ist primär das von Gott gut und positiv Gesetzte als das seinem Wesen nach auf das Gute Hingeordnete, als das der Gnade Voraus-Gesetzte, das durch sie nicht aufgehoben (non tollit), sondern vorausgesetzt (supponit) und vollendet (perficit) wird. Auf solche Weise relativiert die fundamentale Differenz und Relation zwischen Natur und Übernatur die Differenz zwischen relativem und absolutem Naturrecht, ohne sie jedoch aufzuheben.

Der Mensch hat sich von Gott entfernt, und das hat dazu geführt, daß er dem Trieb seiner Sinnlichkeit folgt. Das ist gegen das Gesetz seiner Natur, denn »das Gesetz des Menschen, das ihm kraft göttlicher Anordnung seiner eigentümlichen Wesensart gemäß gegeben ist, besteht darin, daß er vernunftgemäß handelt«[46], im Unterschied zu anderen Lebewesen, zu deren Natur die direkte Leitung und Neigung durch die Sinnlichkeit gehört (sensualitatis inclinatio ... secundum directam inclinationem). Das Gesetz der menschlichen Vernunftnatur war im Urstand so kräftig, »daß dem Menschen nichts Unvernünftiges oder Widervernünftiges unterlaufen konnte«[47]. Das Abweichen des Menschen vom Gesetz der Vernunft hat die Folge, daß er »durch Gottes Gerechtigkeit seiner ursprünglichen Gerechtigkeit und der leitenden Kraft seiner Vernunft verlustig gegangen ist.«[48] Gleichwohl hat auch das, was den Menschen im Zustand des Abgefallenseins treibt, noch den Sinn eines Gesetzes, nunmehr aber nur noch participative und nicht mehr essentialiter, es folgt aus der Gerechtigkeit des göttlichen Gesetzes und wirkt sich im Sinne eines Strafgesetzes aus, das den Menschen der ihm eignenden Würde entkleidet.

Wenn aber der Mensch seine ursprüngliche Gerechtigkeit und Vernünftigkeit verloren hat, und »das Gesetz der Gerechtigkeit ist das Gesetz der Natur« (sed lex iustitiae est lex naturae[49]), so fragt sich: »Kann das Naturgesetz aus dem Herzen des Menschen getilgt werden?«[50] Ist es im Menschen ganz unwirksam geworden? Thomas antwortet mit einer Unterscheidung: Zum Naturgesetz gehören gewisse allgemeinste Gebote (quaedam praecepta communissima), die allen bekannt sind, ferner nachgeordnete Vorschriften (secundaria praecepta magis propria), die mehr ins ein-

---

46 S. th. I-II, q. 91, a. 6.
47 Ebd.
48 S. th. I-II, q. 91, a. 6.
49 S. th. I-II, q. 94, a. 6.
50 Ebd.

zelne gehen und gewissermaßen Folgerungen sind, die den Prinzipien nahestehen. »Was nun jene allgemeinen Prinzipien anbetrifft, so kann das Naturgesetz auf keine Weise aus dem Herzen der Menschen getilgt werden im Hinblick auf seine universale Geltung. Dagegen kann es in bezug auf seine partikular-praktische Umsetzung (in particulari operabili) zerstört sein, insofern die Vernunft wegen des sinnlichen Begehrens oder irgendeiner anderen Leidenschaft daran gehindert ist, das allgemeine Prinzip in einer partikular-praktischen Umsetzung anzuwenden ... Daher ist zu sagen, daß die Schuld das Naturgesetz in der Einzelanwendung (in particulari) zerstört, nicht jedoch in seiner universalen Geltung, es sei denn im beschriebenen Sinne hinsichtlich der nachgeordneten Gebote des Naturgesetzes.«[51]

Das menschliche Gesetz (lex humana) und das positive Recht (ius positivum) sind also in vielfacher Hinsicht geprägt und beeinflußt durch die schuldhafte Verderbnis der Vernunftnatur, der Charakter des Kompromisses mit der verderbten Wirklichkeit ist unverkennbar: »Das menschliche Gesetz bleibt weit hinter dem ewigen Gesetz zurück.«[52] Das gilt einmal in quantitativer Hinsicht: Das menschliche Gesetz kann nicht durch positive Rechtssetzung alle Untaten bestrafen oder verbieten. Ein Rechtsperfektionismus hätte unerwünschte Folgen, die gerade dem Sinn des Gesetzes widersprächen: »Indem es alle Untaten beseitigen wollte, würde auch vieles Gute unterbunden und es würde auch der Nutzen für das gemeinsame Gut behindert, das für das menschliche Zusammenleben notwendig ist.« Also muß das Gesetz der Fassungskraft der menschlichen Natur angepaßt werden, es ist nur ein proportionales bzw. relatives Naturgesetz »secundum proportionem capacitatis humanae naturae«.[53] Zum andern gilt dies auch qualitativ. Da das Gesetz als Regel und Richtmaß menschlichen Handelns aufgestellt wird, kann es seine Funktion nur erfüllen, wenn das Maß dem Gemessenen gleichgeartet ist (mensura autem debet esse homogenea mensurato[54]). Deshalb müssen die Gesetze den Menschen so auferlegt werden, daß es ihrer Verfassung entspricht. Die Mehrzahl der Menschen ist aber in der Tugend nicht vollkommen. Da aber die Gesetze für die Vielzahl der Menschen gesetzt sind, werden nicht alle Laster verboten, derer sich die tugendhaften Menschen enthalten, sondern nur die schwereren, derer sich auch der größere Teil der Menge enthalten kann und ohne deren Verbot die menschliche Gesellschaft nicht bestehen könnte. So fordert das menschliche Gesetz nicht, daß die Menschen sich von allem Bösen fernhalten. Das würde die unvollkommene Mehrheit überfordern und sie ins Gegenteil umschlagen lassen: Sie würden die Gebote verachten und aus der Verachtung auf noch schlimmere Übel verfal-

---

51 S. th. I-II, q. 94, a. 6.
52 S. th. I-II, q. 96, a. 2.
53 S. th. I-II, q. 91, a. 4.
54 S. th. I-II, q. 96, a. 2.

len. Neuer Wein paßt nicht in alte Schläuche, und mutet man trotzdem unvollkommenen Menschen die Gebote des vollkommenen Lebens zu, dann platzen die Schläuche und der Wein läuft aus[55]. Daher ist das menschliche Gesetz darauf ausgerichtet, »die Menschen zur Tugend hinzuführen, aber nicht auf einen Schlag, sondern Schritt für Schritt« (lex humana intendit homines inducere ad virtutem, non subito, sed gradatim[56]).

So gehört z. B. das Privateigentum nach Thomas zu den Schlußfolgerungen aus den obersten naturrechtlichen Prinzipien, in denen die »Proportionalität zur Fassungskraft der menschlichen Natur« deutlich wird. Im jetzigen Zustand (in statu isto[57]) entspricht das Privateigentum den Erfordernissen der Sozialordnung und des Gemeinwohls, denn erstens sorgt der Mensch besser für das, was ihm selbst gehört, zweitens besteht in menschlichen Angelegenheiten eine größere Ordnung, wenn jeder sich um das kümmert, was ihm gehört und nicht wahllos um alles, was sich ihm gerade darbietet, und drittens sichert die Zufriedenheit mit dem eigenen Besitz den Frieden unter den Menschen[58]. »Im jetzigen Zustand muß wegen der Vermehrung der Besitzer eine Aufteilung des Besitzes erfolgen, weil eine Besitzgemeinschaft Anlaß zu Streit gibt ... Aber im Stande der Unschuld wäre der Wille der Menschen so geordnet gewesen, daß sie ohne jede Gefahr der Zwietracht gemeinsam Gebrauch gemacht hätten von den Dingen, die ihrer Herrschaft anheimgegeben waren, wie es dem Bedürfnis eines jeden gerade entsprach. So wird es ja auch immer noch bei vielen guten Menschen gehalten.«[59]

Wie der Privatbesitz, so gehört auch die Sklaverei nach Thomas nicht zur Ordnung des Urstandes, insofern es sich in der Sklaverei um eine Form von Herrschaft handelt, in der ein Vorgesetzter seinen Untergebenen ausschließlich zu seinem eigenen Vorteil benutzt (praesidens utitur subjecto ad sui ipsius utilitatem[60]) und dem Sklaven jegliche Freiheit und das Recht, um seiner selbst willen dazusein, genommen ist. »Weil nun jedem Menschen das eigene Gut erstrebenswert ist und es folglich für jemanden betrüblich ist, wenn er jenes Gut, das eigentlich seines sein sollte, an einen anderen abtreten muß, so kann eine solche Form der Herrschaft nicht ohne Strafcharakter für die Untergebenen sein. Deshalb wäre eine solche Herrschaftsform des Menschen über den Menschen im Stande der Unschuld nicht gewesen.«[61] »Eine derartige Unterwerfung ist erst nach der Sünde eingetreten« (et talis subjectio introducta est post peccatum[62]). Sie wurde »zur Strafe der Sünde eingeführt, so daß dem Menschen durch die

---

55 S. th. I-II, q. 96, a. 2.
56 Ebd.
57 S. th. I, q. 98, a. 1 ad 3.
58 S. th. II-II, q. 66, a. 2.
59 S. th. I, q. 98, a. 1 ad 3.
60 S. th. I, q. 92, a. 1 ad 2.
61 S. th. I, q. 96, a. 4.
62 S. th. I, q. 92, a. 1 ad 2.

II Natürliches Selbstsein und übernatürliches Bezogensein   37

Sklaverei etwas genommen wurde, was ihm sonst zustehen würde« (quia est in poena peccati inducta, ideo per servitutem aliquid adimitur homini, quod alias ei competeret⁶³). Demnach verlangt die gestörte sittliche Ordnung eine solche Bestrafung, durch die der Mensch der Freiheit als causa sui verlustig geht. Die Einführung der Sklaverei zählt Thomas wie die Einführung des Privateigentums zum ius gentium und er sieht sie als eine wegen des praktischen Nutzens getroffene Entscheidung der menschlichen Vernunft an. Wenn sie auch gegen die erste Absicht der Natur ist, so hat sie doch nunmehr einen relativen natürlichen Sinn: Diejenigen, die einen defekten Geist, aber einen gesunden und kräftigen Körper haben, sind von der Natur zum Dienen bestimmt⁶⁴. Zu ihnen zählt Thomas das unfreie Hausgesinde, das sich hauptsächlich aus Angehörigen unzivilisierter Stämme rekrutierte und durch Krieg und Kauf als Eigentum erworben wurde, aber auch die leibeigene Landbevölkerung.

Das bedeutet aber nicht, daß es im Urstand überhaupt keine Herrschaft und Unterwerfung zwischen den Menschen gegeben hätte. Denn die häusliche oder die bürgerliche Unterwerfung ist eine andere (est autem alia subjectio oeconomica vel civilis ...), sie nimmt dem Untergebenen nicht die Freiheit seines Selbstseins, sondern in ihr nimmt der Vorgesetzte die Untergebenen in Dienst zu *deren* Nutzen und Wohl (... praesidens utitur subjectis ad eorum utilitatem et bonum⁶⁵). Diese Form der Herrschaft und Unterordnung ist nicht erst durch den Sündenstand bedingt, sondern »hätte auch vor der Sünde bestanden (et ista subjectio fuisset etiam ante peccatum), es hätte nämlich das Gut der Ordnung in der menschlichen Vielheit gefehlt, wären sie nicht geleitet worden durch andere weisere Menschen.«⁶⁶

Zusammenfassung   Im Rahmen der systematischen Fundamentalunterscheidung von Natur und Übernatur bei Thomas wird die klassische Unterscheidung von relativem und absolutem Naturrecht relativiert. Hauptmerkmal beider Formen des Rechts ist nunmehr, daß es sich um *Natur*-Recht handelt. Durch die Sünde ist das Naturrecht in seiner Einzelanwendung gestört, nicht aber in der universalen Geltung der allgemeinsten Prinzipien.

Zum Bereich des relativen Naturrechts gehört das Privateigentum und die Sklaverei.

g) Doppelte Zwischenstellung des Dekalogs
Wenn auch das Naturgesetz im Hinblick auf die allgemeinsten Prinzipien, wie z. B. die Gottesliebe und die Nächstenliebe, durch die Sünde nicht aus

---

63   S. th. II-II, q. 189, a. 6 ad 2.
64   II Sent., q. 44, a. 1 ad 3; IV Sent., q. 36, a. 1 ad 4.
65   S. th. I, q. 92, a. 1 ad 2.
66   Ebd.

dem Herzen der Menschen getilgt werden konnte, so ist doch, wie gezeigt, hinsichtlich der praktischen Schlußfolgerungen die menschliche Vernunft vielfach verfinstert und irregeleitet. Um dieser Verfinsterung entgegenzuwirken, hat Gott die zehn Gebote gegeben. »Das war für das Volk damals höchst notwendig, weil das Naturgesetz dunkel zu werden begann wegen des Übermaßes der Sünden« (lex naturalis obscurari incipiebat propter exuberantiam peccatorum[67]). Der Mensch war hochmütig geworden über sein Wissen und sein Können und so mußte er, der Herrschaft seiner Vernunft überlassen, erfahren, daß seine Vernunft mangelhaft war (discere potuit quod patiebatur rationis defectum) und er zu Götzendienst und schändlichsten Lastern absank. »Und daher war es nach dieser Zeit notwendig, als Heilmittel gegen die menschliche Unwissenheit ein geschriebenes Gesetz zu erlassen.«[68]

Demnach ließe sich sagen, daß durch das Gesetz des Alten Bundes, den Dekalog, das Naturgesetz in seiner ursprünglichen Kräftigkeit und Erkennbarkeit für die menschliche Vernunft wiederhergestellt wurde und insofern die Gebote des Dekalogs zum Naturgesetz gehören[69]. In der Tat bezeichnet Thomas das göttliche Gesetz im Hinblick auf das alte Gesetz als natürliches Gesetz[70] und sagt, daß das alte Gesetz die Gebote des Naturgesetzes klarstellte (dicendum quod lex vetus manifestabat praecepta legis naturae[71]). Aber andererseits hat doch der Dekalog bei Thomas eine charakteristische Zwischenstellung und Übergangsfunktion, und zwar in zweifacher Hinsicht: Einmal steht der Dekalog in der Mitte zwischen den ersten und allgemeinen Prinzipien, wie den Geboten der Gottes- und der Nächstenliebe, die durch sich selbst bekannt sind und der natürlichen Vernunft eingeschrieben sind (quod sunt scripta in ratione naturali quasi per se nota[72]) auf der einen Seite, und *den* Schlußfolgerungen aus den ersten und allgemeinen Prinzipien, zu deren Erkenntnis es des eifrigen Nachforschens der Weisen bedarf. Diese beiden Arten von Geboten sind in den Geboten des Dekalogs nicht aufgezählt, sie sind aber indirekt in ihnen enthalten. »Denn die ersten und allgemeinen Gebote sind in ihnen enthalten wie Grundsätze in den nächsten Schlußfolgerungen (continentur in eis sicut principia in conclusionibus proximis), jene aber, die durch die Weisen zur Kenntnis gelangen, sind umgekehrt in ihnen enthalten wie Schlußfolgerungen in den Grundsätzen« (sicut conclusiones in principiis[73]). Die Dekaloggebote haben also einen mittleren Grad von Bestimmtheit (sunt magis determinata[74]), und zwar so, »daß jeder, auch der einfache Mann aus

---

67 S. th. I-II, q. 98, a. 6.
68 Ebd.
69 S. th. I-II, q. 100, a. 8.
70 S. th. I-II, q. 91, a. 5 ad 3.
71 S. th. I-II, q. 98, a. 5.
72 S. th. I-II, q. 100, a. 3.
73 S. th. I-II, q. 100, a. 3.
74 S. th. I-II, q. 100, a. 11.

dem Volke, ihren Grund ohne weiteres einsehen kann. Weil es hier jedoch vorkommt, daß das menschliche Urteil in einigen wenigen Fällen verderbt ist, mußten sie bekanntgemacht werden« (quia in paucioribus circa huiusmodi continget iudicium humanum perverti, huiusmodi editione indigent[75]).

Zum andern hat der Dekalog eine Zwischenstellung und Vermittlungsfunktion zwischen der Natur und der übernatürlichen Gnade. Denn der Dekalog gehört zum göttlichen Gesetz, und dieses ist gegeben worden, weil der Mensch bestimmt ist für ein Ziel, das das Kräftemaß seiner natürlichen Fähigkeiten weit übersteigt: das Ziel der ewigen Seligkeit (homo ordinatur ad finem beatitudinis aeternae[76]). »Daher war es notwendig, daß der Mensch über das natürliche und menschliche Gesetz hinaus zu seinem Ziel hingelenkt werde durch ein von Gott erlassenes Gesetz.«[77] Und dieses göttliche Gesetz ist ein doppeltes: das alte Gesetz des Alten Testaments und das neue Gesetz des Neuen Testaments[78]. So kann Thomas einerseits sagen, das alte Gesetz enthalte nächste Schlußfolgerungen aus den allgemeinsten Prinzipien des Naturgesetzes, und andererseits, das Naturgesetz sei für das alte Gesetz nur Voraussetzung, weil eben die Gnade die Natur voraussetze. »Das alte Gesetz unterscheidet sich vom Naturgesetz nicht als etwas diesem gänzlich Fremdes, sondern als etwas über es hinaus Hinzugefügtes. Denn wie die Gnade die Natur voraussetzt, so muß das göttliche Gesetz das Naturgesetz voraussetzen.«[79] Zwar konnte das alte Gesetz den Menschen nicht ganz und gar geeignet machen zur übernatürlichen Teilnahme an der ewigen Seligkeit (quod hominem totaliter faciat idoneum ad participationem felicitatis aeternae[80]), denn das kann nur durch die Gnade des Heiligen Geistes in Christus geschehen, insofern ist das alte Gesetz unvollkommen. Aber es kann den Menschen auf das Göttliche hinlenken und erziehen, ihn für die Aufnahme Christi vorbereiten.

Thomas entwickelt in diesem Zusammenhang eine Art heilsgeschichtlich-pädagogischer Ökonomie: »Wie der Familienvater in seinem Hause für Kinder andere Vorschriften erteilt als für Erwachsene, so hat auch Gott, der eine König in seinem einen Reiche, ein anderes Gesetz den noch unvollkommen existierenden Menschen gegeben und ein anderes, vollkommeneres denen, die schon durch das frühe Gesetz zu einer größeren Aufnahmefähigkeit für das Göttliche hingeführt waren... Das Heil der Menschen konnte nicht anders als durch Christus kommen... Mithin konnte das Gesetz, das auf vollkommene Weise alle zum Heile führt, erst nach der Ankunft Christi gegeben werden. Aber vorher mußte dem Volk, aus dem Christus geboren werden sollte, ein auf die Aufnahme Christi

---

75 Ebd.
76 S. th. I-II, q. 91, a. 4 ad 1.
77 Ebd.
78 S. th. I-II, q. 91, a. 5.
79 S. th. I-II, q. 99, a. 2.
80 S. th. I-II, q. 98, a. 1.

vorbereitendes Gesetz gegeben werden, in dem schon gewisse Anfangsgründe der Heilsgerechtigkeit enthalten waren« (antea vero dari opportuit populo ex quo Christus erat nasciturus, legem praeparatoriam ad Christi susceptionem, in qua quaedam rudimenta salutaris iustitiae continerentur[81]). So richtete das alte Gesetz die Menschen auf Christus aus wie das Unvollkommene auf das Vollkommene (... disponebat ad Christum sicut imperfectum ad perfectum[82]), indem es die Menschen durch Anreiz und Belohnung mit zeitlichen Gütern, nach denen den unvollkommenen Menschen der Sinn stand, zu Gott hinleitete, »wie Kinder durch kleine, ihnen angepaßte Geschenke gelockt werden, dies oder das zu tun.«[83] So ordnet das alte Gesetz die Menschen auf zweifache Weise auf Christus hin (lex enim vetus homines ordinabat ad Christum dupliciter[84]): einmal, indem es von Christus Zeugnis ablegte nach Joh 5,41: »Würdet ihr Mose glauben, dann würdet ihr vielleicht auch mir glauben; von mir nämlich hat er geschrieben«; zum andern »in der Form einer gewissen Ausrichtung« (per modum cuiusdam dispositionis[85]), indem es die Menschen vom Götzendienst zurückhielt und im Kult des einen Gottes zusammenschloß.

In der thomistischen Lehre von der lex vetus finden wir demnach ein doppeltes Implikationsverhältnis, einmal im Blick auf das Naturgesetz, zum andern im Blick auf das Gnadengesetz des neuen Bundes: Das Naturgesetz ist im alten Gesetz enthalten wie Prinzipien in den nächsten Schlußfolgerungen (sicut principia in conclusionibus proximis), das neue Gesetz ist im alten enthalten der Kraft nach, wie die Wirkung in der Ursache (sicut effectus in causa, vel complementum in completo[86]). Wie der ganze Baum im Samen enthalten ist, so auch das neue Gesetz im alten. Thomas entfaltet das Bild mit einem Zitat aus dem Kommentar des Chrysostomus zu Mk 4,28: »Von selbst bringt die Erde Frucht, zuerst den Halm, dann die Ähre, dann die volle Frucht in der Ähre: Zuerst bringt sie den Halm hervor im Naturgesetz, danach die Ähren im Gesetz des Mose, dann den vollen Weizen im Evangelium ... Alle Glaubenswahrheiten, die im Neuen Testament ausdrücklich und offen überliefert werden, werden auch im Alten Testament überliefert, aber eingeschlossen im Vorbild (... sed implicite sub figura[87]) ... Jenes, was eingefaltet gegeben ist, muß ausgefaltet werden. So mußte nach dem alten Gesetz auch das neue gegeben werden« (dicendum quod illud quod im-

---

81 S. th. I-II, q. 91, a. 6.
82 S. th. I-II, q. 99, a. 6.
83 Ebd.
84 S. th. I-II, q. 98, a. 2.
85 Ebd.
86 S. th. I-II, q. 107, a. 3.
87 S. th. I-II, q. 107, a. 3 ad 1.

plicite datum est, oportet explicari. Et ideo post veterem legem latam oportuit novam legem dari[88]).

Zusammenfassung In doppelter Hinsicht hat der Dekalog (lex vetus) eine Übergangsfunktion und Zwischenstellung: einerseits zwischen den allgemeinsten naturgesetzlichen Prinzipien und *den* Schlußfolgerungen, die durch die Weisen zur Kenntnis gelangen – insofern hat der Dekalog einen mittleren Bestimmtheitsgrad –, andererseits zwischen Natur und übernatürlicher Gnade. Das Naturgesetz ist im Dekalog enthalten wie Prinzipien in den nächsten Schlußfolgerungen. Das neue Gesetz der Gnade in Christus ist im Dekalog enthalten wie die Wirkung in der Ursache. Insofern bereitet der Dekalog auf Christus vor.

h) Modellcharakter des Dekalogs für die Bestimmung des Verhältnisses von weltlicher und kirchlicher Gemeinschaft
Mit der Bestimmung des Unterschiedes von Natur und Gnade, wonach das Naturgesetz dem Menschen eingegeben ist als etwas zu seiner Natur Gehöriges (pertinens ad naturam humanam), das neue Gesetz aber dem Menschen auf andere Weise eingegeben ist (alio modo est ... inditum homini) als Geschenk der Gnade über die Natur hinaus (quasi naturae superadditum per gratiae donum[89]), und der Bestimmung der Beziehung von Natur und Gnade im Gottesgesetz des Alten Bundes, wonach das das Naturgesetz auslegende alte Gesetz die Empfänger auf Christus ausrichtete wie das Unvollkommene auf das Vollkommene (disponebat ad Christum sicut imperfectum ad pefectum[90]), mit dieser differenzierten Einheit von Wesensdifferenz zwischen Natur und Gnade und ihrer Beziehung als Vorstufe und Erfüllung ist implizit das theoretische Gerüst gegeben für die Bestimmung des Verhältnisses von weltlicher und geistlicher Gemeinschaft, civitas und ecclesia.

Dies läßt sich an der thomistischen Auslegung des Dekalogs exemplifizieren. Es gehört zum Wesen des Gesetzes überhaupt, daß es auf das gemeinsame Gut als auf sein Ziel hingeordnet ist (ad legem pertinet ut ordinetur ad bonum commune sicut ad finem[91]). »Dieses gemeinsame Gut kann ein Zweifaches sein. Einmal das sinnfällige und irdische Gut. Und auf ein solches Gut ordnete das alte Gesetz geradewegs hin« (silicet bonum sensibile et terrenum: et ad tale bonum ordinabat directa lex vetus[92]). »Zum andern das geistige und himmlische Gut. Auf dieses ordnet das neue Gesetz hin« (et iterum bonum intelligibile et caeleste: et ad hoc ordinat lex nova[93]), und zwar direkt, während dies vom alten Gesetz nur im indirekten, impliziten und vorbereitenden Sinne gilt.

88 S. th. I-II, q. 107, a. 3 ad 3.
89 S. th. I-II, q. 106, a. 2 ad 2.
90 S. th. I-II, q. 99, a. 6.
91 S. th. I-II, q. 91, a. 5.
92 Ebd.
93 Ebd.

Im alten Gesetz nun unterscheidet Thomas drei Arten von Geboten: Sittengebote[94], Kultvorschriften, die der Hinordnung des Menschen auf Gott dienen[95] und Rechtssatzungen, die die Beziehungen der Menschen untereinander regeln[96]. Beide Aufgaben nun, sowohl die Hinordnung der Menschen auf Gott als auch aufeinander, »fallen hinsichtlich der allgemeinen Weisung unter das Naturgesetz, auf das sich die Sittengebote beziehen« (...ut ordinet homines ad invicem et ad Deum. Utrumque autem horum in communi quidem pertinet ad dictamen legis naturae, ad quod referuntur moralia praecepta[97]). Die naturgesetzlichen Sittengebote bedürfen allerdings der näheren Bestimmung durch göttliches oder menschliches Gesetz (sed opportet quod determinatur utrumque per legem divinam vel humanam[98]). »Wie die Gebote des menschlichen Gesetzes den Menschen auf die menschliche Gemeinschaft hinordnen, so ordnen die Gebote des göttlichen Gesetzes den Menschen auf eine Gemeinschaft oder ein menschliches Gemeinwesen unter Gott hin. Denn dazu, daß jemand einer Gemeinschaft in guter Weise eingegliedert bleibt, bedarf es zweier Dinge: Erstens muß er das rechte Verhältnis haben zu dem, der die Gemeinschaft leitet; zum andern muß der Mensch ein rechtes Verhältnis haben zu den anderen Mitgliedern und Teilhabern der Gemeinschaft« (... ita praecepta legis divinae ordinant hominem ad quandam communitatem seu rem publicam hominum sub Deo[99]). Wenn demnach das alte Gesetz sich direkt bezieht auf das irdische Gemeinwohl, das bonum commune terrenum, und zur guten Ordnung des irdischen Gemeinwohls sowohl das rechte Verhältnis zu Gott als dem obersten Lenker der Gemeinschaft als auch der Glieder der Gemeinschaft untereinander gehört, so ist darin bereits die Grundstruktur des Verhältnisses zwischen Gesellschaft (res publica bzw. civitas) und Kirche (ecclesia) angelegt. Es ist erstens der Selbststand eines in sich sinnvollen natürlich geordneten Gemeinschaftsgebildes eigenen natürlichen Rechts, zweitens das natürliche Über-hinaus-Bezogensein auf den göttlichen Lenker des Gemeinwesens, drittens das Verhältnis der natürlichen Gottesbeziehung zur übernatürlich-gnadenhaften Gottesliebe, wie sie in der sakramentalen Gemeinschaft der Glaubenden verwirklicht ist, als das Verhältnis zwischen einem Unvollkommenen und einem Vollkommenen (sicut imperfectum ad perfectum). So ergibt sich eine Hierarchie der Werte, der eine Hierarchie der weltlichen und geistlichen Stände korrespondiert.

Zusammenfassung Das Naturgesetz ist der Natur des Menschen eingegeben. Das neue Gesetz ist ein Geschenk der Gnade über die Natur

---

94 S. th. I-II, q. 99, a. 2; q. 100.
95 S. th. I-II, q. 99, a. 3; q. 101–103.
96 S. th. I-II, q. 99, a. 4; q. 104–105.
97 S. th. I-II, q. 99, a. 4.
98 Ebd.
99 S. th. I-II, q. 100, a. 5.

II Natürliches Selbstsein und übernatürliches Bezogensein

hinaus. Das alte Gesetz (Dekalog) legt das Naturgesetz aus *und* bereitet auf Christus vor wie das Unvollkommene auf das Vollkommene.

Darin ist modellhaft die Grundstruktur des Verhältnisses von Gesellschaft und Kirche erkennbar: Gesellschaft ist ein in sich sinnvolles Gebilde natürlichen Rechts. Kirche ist Gnadengemeinschaft über die Natur hinaus. Gesellschaft, als von Natur aus bezogen auf Gott als den obersten Lenker menschlicher Gemeinschaft, ist bezogen auf die Kirche wie das Unvollkommene auf das Vollkommene. Es ist das Verhältnis des Komparativs der Perfektion.

2 Übernatürliche Gnadenordnung (perfectio ecclesiae)

a) Aktive und passive Potentialität

»Wäre der Mensch nur bestimmt für ein Ziel, das das Kräftemaß seiner natürlichen Fähigkeit nicht übersteigt, dann bedürfte er außer dem natürlichen Gesetz und dem davon abgeleiteten menschlichen Gesetz seitens seiner Vernunft keiner weiteren Lenkungsmacht. Nun ist aber der Mensch bestimmt für das Ziel der ewigen Seligkeit, die das natürliche Kräftemaß des menschlichen Könnens überragt« (... homo ordinatur ad finem beatitudinis aeternae, quae excedit proportionem naturalis facultatis humanae[100]). Zwar kann Thomas sagen, daß dem Menschen eine natürliche Hinneigung zur Schau Gottes eigne (homo naturaliter inclinetur[101]), daß die Schau Gottes der vollkommenste Akt des Intellekts sei (actus perfectissimus intellectus[102]) und zur Schau Gottes im geschöpflichen Geist eine gewisse Eignung vorhanden sei (capax est summi boni per ... visionem[103]), aber der Mensch ist doch von Natur ganz unfähig, dieses Ziel zu erreichen. Es ist unmöglich, Gott zu schauen, »wenn nicht das göttliche Wesen selbst die Form des Intellekts ist, durch die er Gott erkennt« (videre ... substantiam Dei impossibile est, nisi ipsa divina essentia sit forma intellectus qua intelligit[104]). Dies hat seinen Grund nicht darin, daß sich die Natur im Stand der Verderbnis befindet, sondern es gilt auch für die unversehrte Natur im Urstand, hat also seinen Grund darin, daß die Natur Natur ist. Zwar hängt jeder Akt des Intellekts von Gott ab, einmal insofern er von Gott die Form bekommen hat, durch die er sich betätigt (ab ipso habet formam per quam agit[105]), zum andern insofern er von Gott als dem ersten Beweger bewegt wird (ab ipso movetur ad agendum[106]). Aber diese forma, das intelligibile lumen, genügt nur zur Erkenntnis solcher In-

---

100 S. th. I-II, q. 91, a. 4.
101 Boeth. de Trin., q. 6, a. 4 ad 5.
102 Quaest. disp., de veritate, q. 13, a. 4.
103 Quaest. disp., de malo, q. 5, a. 1.
104 S. c. g. III, 52.
105 S. th. I-II, q. 109, a. 1.
106 Ebd.

halte, zu deren Erkenntnis wir durch die Sinnendinge gelangen können. »Höhere Inhalte der Erkenntnis kann der menschliche Verstand nicht erkennen, wenn er nicht durch ein stärkeres Licht vervollkommnet wird«, nämlich durch das Licht der Gnade, das der Natur hinzugefügt wird (altiora vero intelligibilia intellectus humanus cognoscere non potest nisi fortiori lumine perficiatur; ... quod dicitur ›lumen gratiae‹, inquantum est naturae superadditum[107]). Was für die Erkenntnis gilt, das gilt entsprechend für den menschlichen Willen und das menschliche Tun. Auch in statu naturae integrae konnte der Mensch das Gute wollen und bewirken, das seiner Natur angemessen war (... velle et operari bonum suae naturae proportionatum[108]), aber nicht ein Gut, das über die Natur hinausging (non autem bonum superexcedens[109]). Dazu »bedarf der Mensch im Stand der unversehrten Natur einer unverdient über die natürliche Kraft hinaus beigefügten Kraft« (virtute gratuita superaddita virtuti naturae indiget homo in statu naturae integrae quantum ad unum, scilicet ad operandum et volendum bonum supernaturale[110]). Das widerspricht keineswegs der oben genannten »natürlichen Hinneigung« und Geeignetheit des Intellekts zur Schau Gottes, denn Thomas unterscheidet hier zwischen einem »posse ferri« und einem »posse in actum«: Daß keine Natur über sich selbst hinaus zu wirken vermag, dürfe man nicht so verstehen, daß die Natur nicht »zu einem Gegenstande hin getragen werden könnte, der über ihr liegt«, wie das offensichtlich bei der natürlichen Gotteserkenntnis der Fall sei (non est intelligendum quod non possit ferri in objectum aliquod quod est supra se[111]), sondern es müsse dahin verstanden werden, »daß die Natur nicht zu einem Akt fähig ist, der das Verhältnis ihrer Kraft übersteigt« (sed intelligendum est quod natura non potest in actum excedentem proportionem suae virtutis[112]). Unterscheidet man demnach zwischen einer aktiven und einer passiven Potentialität, so wird verständlich, warum Thomas einerseits sagen kann: »Das ewige Leben ist ein Ziel, das das Verhältnis der menschlichen Natur übersteigt« (vita autem aeterna est finis excedens proportionem naturae humanae[113]) und andererseits: »Die menschliche Natur kann, aus eben diesem Grunde: weil sie edler ist, zu einem höheren Ziel emporgeführt werden, wenigstens mit Hilfe der Gnade, zu dem die niederen Naturen auf keine Weise gelangen können« (natura autem humana, ex hoc ipso, quod nobilior est, potest ad altiorem finem perdu-

---

107 Ebd.
108 S. th. I-II, q. 109, a. 2.
109 Ebd.
110 Ebd.
111 S. th. I-II, q. 109, a. 3 ad 3.
112 Ebd.
113 S. th. I-II, q. 109, a. 5.

ci, saltem auxilio gratiae, ad quem inferiores naturae nullo modo pertingere possunt[114]).

Zusammenfassung Des Menschen Bestimmung und Ziel ist die ewige Seligkeit, die Schau Gottes. Aber der Mensch ist von Natur aus ganz unfähig, das übernatürliche Ziel zu erreichen. Keine Natur kann über das Natürliche hinaus wirken. Wohl aber kann der natürliche Mensch zu einem übernatürlichen Sein hin getragen und geführt werden.

b) Die Eigenwirklichkeit der Gnade
Darin also, daß das ewige Leben in der Schau Gottes sowohl Ziel der Natur ist im Sinne einer echten natürlichen inclinatio und zugleich ein Ziel, das das Kräftemaß der Natur übersteigt, besteht kein Unterschied zwischen Urstand und Sündenstand. Der Unterschied besteht vielmehr darin, daß der Mensch in statu naturae integrae das natürliche Gut in seiner Totalität verwirklichen konnte, im Sündenstand aber nur noch partikular. In statu naturae corruptae bedarf der Mensch daher der Gnade in zweierlei Hinsicht: einmal, damit er geheilt wird, zum andern, »um das Gut der übernatürlichen Kraft zu wirken«[115]. Das Wesentliche und Zentrale im Gesetz des neuen Bundes, das, was seine ganze Kraft ausmacht, ist die Gnade des Heiligen Geistes, die durch den Glauben an Christus gegeben wird (... est gratia Spiritus sancti, quae datur per fidem Christi[116]). Grundsätzlich ist das neue Gesetz ein eingegebenes Gesetz – in die Herzen der Gläubigen geschrieben »als die innerlich gegebene Gnade des Heiligen Geistes« (ipsa gratia Spiritus sancti interius data[117]).

Es ist theologisch bemerkenswert, wie Thomas in seiner Lehre von der nova lex das Selbstsein Jesu Christi für den Glaubenden als eine grundsätzlich zu respektierende Eigenwirklichkeit freihält von allem »Zweitrangigen«, von dem, was er »praecepta ordinantia« nennt[118]: Die Eigenwirklichkeit und Selbstwirksamkeit Jesu Christi für den Glaubenden wird nach allen Seiten freigelassen und umkreist wie ein Raum, um den er sich ständig bewegt in größerer oder geringerer Annäherung oder Entfernung, der aber selbst im Ungesagten bleibt als das, was schlechterdings für sich selber sprechen muß und jedem menschlichen Zugriff entzogen ist. Mit Recht nennt Y. M. J. Congar des Thomas Lehre vom neuen Gesetz »eines der originellsten und beachtlichsten Kapitel der Theologie des Thomas«[119], in dem sich der Evangelismus des Predigerbruders auf eine Weise durchsetzte, »wie sie nur schlecht befolgt werden wird«.

114 S. th. I-II, q. 109, a. 5 ad 3.
115 S. th. I-II, q. 109, a. 2.
116 S. th. I-II, q. 106, a. 1.
117 S. th. I-II, q. 106, a. 2.
118 Ebd.
119 *Y.M.J. Congar*, Die Lehre von der Kirche, in: Handbuch der Dogmengeschichte, Bd. III, Fasz. 3c, Freiburg/Basel/Wien 1971, S. 155.

Nach zwei Seiten grenzt Thomas die ipsa gratia ab: einmal im Blick auf die »zweitrangigen Inhalte im neuen Gesetz« (quae sunt secundaria in lege nova[120]), die auf die Gnade des Heiligen Geistes vorbereiten (sicut dispositiva ad gratiam Spiritus sancti[121]) und irgendwie zur Gnade hinführen (sicut inducentia aliqualiter ad gratiam[122]). Zu diesen zweitrangigen Inhalten, die auf die Gnade vorbereiten und zu ihr hinführen, gehören die »im neuen Gesetz gestifteten sakramentalen Handlungen wie Taufe, Eucharistie u.s.w.« (et talia sunt opera sacramentorum quae in lege nova sunt instituta: sicut baptismus, eucharistia et alia huiusmodi[123]), die Buchstaben der Schrift, die Gesetze und die Institutionen der Kirche. Nach der anderen Seite unterscheidet Thomas die Gnade selbst von dem, was durch sie hervorgebracht wird: »Den rechten Gebrauch aber machen wir von der Gnade durch die Werke der Liebe« (rectus autem gratiae usus est per opera caritatis[124]), und diese gehören zu den Sittengeboten, wie sie im alten Gesetz überliefert wurden.

»Das, was zum Glauben gehört, ist höher als menschliche Vernunft, darum können wir dorthin nur durch die Gnade gelangen« (... ea, quae sunt fidei, sunt supra rationem humanam: unde in ea non possumus pervenire nisi per gratiam[125]). »Das Gut des Universums ist größer als das Sondergut eines einzelnen, wenn beides in derselben Gattung aufgefaßt wird. Aber das Gut der Gnade eines einzelnen ist größer als das Gut des ganzen Universums.«[126] Die Gnade der Christusbeziehung im Glauben durch die Kraft des Heiligen Geistes ist das größte Gut in diesem Leben, es kann nur noch überboten werden durch die Erfüllung in der Glorie der ewigen Heimat. Es ist beeindruckend, wie Thomas sich in diesem Herzstück der Theologie überhaupt der Notwendigkeit unterworfen sieht, die Freiheit der Gnade Gottes strikt von jeder sakramentalen Instrumentalität und auch jeder ethischen Operationalität abzugrenzen als das absolute Prius, in dem jene Instrumentalität ihr Ziel und diese Operationalität ihren Ursprung hat.

Zusammenfassung   Durch den Glauben an Christus wird dem Menschen die Gnade des Heiligen Geistes zuteil. Thomas unterscheidet strikt zwischen der Gnade selbst, ihrer unverwechselbaren Eigenwirklichkeit, und dem »Zweitrangigen« im Neuen Bund, das auf die Gnade vorbereitet (Sakramente, Schrift, Gesetze und Institutionen der Kirche) oder aus ihr hervorgeht (Werke der Liebe).

c) Die Wirkung und Wirksamkeit der Sakramente
Freilich ist nach dieser Betonung der Differenz darauf zu achten, daß Tho-

---

120 S. th. I-II, q. 106, a. 1.
121 Ebd.
122 S. th. I-II, q. 108, a. 1.
123 S. th. I-II, q. 108, a. 1.
124 S. th. I-II, q. 108, a. 2.
125 Ebd.
126 S. th. I-II, q. 113, a. 9.

II Natürliches Selbstsein und übernatürliches Bezogensein

mas ebenso sorgfältig die Beziehung reflektiert, ohne die sowohl der instrumental-sakramental-ekklesiologische Bereich wie der der Ethik dem Mittelpunkt der Gnade bloß äußerlich bleiben würde. Wie es zur Gnade wesensmäßig gehört, »daß sie sich in dem Glauben manifestiert, der durch die Liebe wirksam ist« (gratia Spiritus sancti, quae manifestatur in fide per dilectionem operante[127]), so ist es angemessen, daß die Gnade durch etwas Äußeres und Sinnfälliges uns zugeleitet wird. Beides, daß äußere Werke »gewissermaßen zur Gnade hinführen« (exteriora opera ... sicut inducentia aliqualiter ad gratiam[128]) und daß andere äußere Werke »durch den Antrieb der Gnade hervorgebracht werden« (alia vero sunt opera exteriora quae ex instinctu gratiae producuntur[129]), wird von Thomas christologisch begründet, und zwar aus der instrumentalen Kausalität der menschlichen Natur Jesu Christi. Die Gnade »erlangen die Menschen durch den Sohn Gottes, der Mensch wurde, dessen menschliche Natur Gott zuerst mit Gnade erfüllte, und von dort ist sie auf uns übergeströmt. Daher heißt es Joh 1,14: ›Das Wort ist Fleisch geworden‹. Später wird beigefügt: ›Voll der Gnade und Wahrheit‹; und weiter unten: ›Aus seiner Fülle haben wir alle empfangen Gnade um Gnade‹ ... So ist es angemessen, daß die aus dem fleischgewordenen Wort fließende Gnade durch etwas Äußeres und Sinnfälliges zu uns übergeleitet wird, und daß aus dieser inneren Gnade heraus, durch die das Fleisch dem Geiste unterworfen wird, gewisse äußere sichtbare Werke hervorgebracht werden.«[130]
In q. 112 greift Thomas diesen Gedanken wieder auf unter der Frage, ob Gott allein die Ursache der Gnade sei, und er beantwortet sie mit der Näherbestimmung, das Geschenk der Gnade sei »nichts anderes als eine gewisse Teilhabe an der göttlichen Natur, die jede andere Natur übersteigt« (Donum autem gratiae excedit omnem facultatem naturae creatae: cum nihil aliud sit quam quaedam participatio divinae naturae, quae excedit omnem aliam naturam). Darum kann unmöglich irgendein Geschöpf die Gnade verursachen, denn »Gott allein vergöttlicht« (... quod solus Deus deificet ...).

In bezug auf das göttliche Verursachen der Gnade nun unterscheidet Thomas zwischen einem principaliter causare und einem instrumentaliter causare. Die hauptursächliche (principaliter) Bewirkung der Gnade vollzieht sich in Christus, dessen Menschheit ein Werkzeug seiner Gottheit ist (quod humanitas Christi est, sicut quoddam organum divinitatis eius[131]). »Das Instrument aber bewirkt die Tätigkeit des Hauptwirkenden nicht aus eigener Kraft, sondern in Kraft des Hauptwirkenden. Und darum verursacht die Menschheit Christi die Gnade nicht aus eigener Kraft,

---

127 S. th. I-II, q. 108, a. 1.
128 Ebd.
129 Ebd.
130 S. th. I-II, q. 108, a. 1.
131 S. th. I-II, q. 112, a. 1.

sondern durch die Kraft der mit ihr verbundenen Gottheit, aus der heraus die Tätigkeiten der Menschheit Christi heilswirksam sind.«

Von dieser primären Instrumentalität der menschlichen Natur Jesu Christi unterscheidet Thomas eine sekundäre, abgeleitete Instrumentalität der Sakramente, bei denen die hauptsächliche Wirksamkeit in der Kraft des Heiligen Geistes liegt. So kann man folgern, daß sich in der primären Instrumentalität die menschliche Natur Jesu Christi zu seiner göttlichen verhält wie in der abgeleiteten Instrumentalität die Sakramente zur Kraft des Heiligen Geistes: »Wie die Menschheit in der Person Christi selbst unser Heil bewirkt durch die Gnade, wobei die göttliche Kraft hauptursächlich wirksam ist, so wird auch in den Sakramenten des neuen Gesetzes, die von Christus abgeleitet werden, die Gnade instrumental verursacht durch die Sakramente selbst, hauptursächlich aber durch die Kraft des Heiligen Geistes, der in den Sakramenten wirkt« (... sicut in ipsa persona Christi humanitas causat salutem nostram per gratiam, virtute divina principaliter operante; ita etiam in sacramentis legis novae, quae derivantur an Christo, causatur gratia instrumentaliter per virtutem Spiritus sancti in sacramentis operantis[132]). So gelingt es Thomas, die gratia ipsa von allen exteriora opera in Kirche und Sakramenten strikt zu unterscheiden und doch im Gedanken der instrumentalen Kausalität der Menschheit Christi zusammen mit der abgeleiteten Kausalität der Sakramente zu vermitteln. Kirche ist zugleich Gemeinschaft der Glaubenden mit Gott und irdisch-manifeste Heilsinstitution.

Als congregatio fidelium ist Kirche grundsätzlich Gemeinschaft mit Gott, gedacht als Teilhabe an Gott im Himmel und auf Erden, die ecclesia universalis in der Einheit zwischen der Existenzweise der Engel im Himmel und der Gläubigen auf Erden[133], die übernatürliche Gesamtheit der durch die Gnade Gottes belebten Geistwesen, das Werk der Gnade, das von Christus lebt als der mystische Leib von seinem Haupte. Auf dieser Ebene des corpus mysticum ist das Merkmal der Sichtbarkeit und der hierarchischen Struktur der Kirche noch gar nicht thematisiert.

Instrumentaliter ist die Kirche Heilsinstitution – sie sieht Thomas mit der Tradition aus dem Kreuzesleiden Christi hervorgehen: »Aus der Seite des entschlafenden Christus am Kreuz flossen die Sakramente, das ist Blut und Wasser, durch die die Kirche begründet ist.«[134] Neu ist bei Thomas, daß er den Gedanken der instrumentalen Kausalität der

---

132 S. th. I-II, q. 112, a. 1.
133 Vgl. A. Mitterer, Geheimnisvoller Leib Christi nach St. Thomas von Aquin und nach Papst Pius XII., 1950; weitere Literatur bei Y.M.J. Congar, Die Lehre von der Kirche, S. 150ff.
134 S. th. I, q. 92, a. 3.

II Natürliches Selbstsein und übernatürliches Bezogensein

Menschheit Christi in die Theologie des Traktats De Christo capite eingeführt hat[135].

Zusammenfassung   Sosehr Thomas die Eigenwirklichkeit und Freiheit der Gnade betont, so sorgfältig wird auch bedacht, woher die Gnade gewirkt ist und wohin sie wirksam wird: Sie wird im ursprünglichen Sinne hauptursächlich bewirkt (principaliter causatur) durch die Kraft Gottes in Christus, die durch die Menschheit Christi als ihr Instrument wirksam ist (instrumentaliter causatur). Sie wird im abgeleiteten Sinne hauptursächlich bewirkt durch die Kraft des Heiligen Geistes, die durch die Sakramente als ihre Instrumente wirksam ist. Die Gnade bewirkt sichtbare äußere Werke der Liebe.

d)   Vollkommenheit der Kirche durch gestufte Vielfalt – Analogie zur perfectio universi
Die äußere Organisation des sozialen Leibes, den die Kirche darstellt, hat bei Thomas die Struktur eines pyramidenhaften Aufbaus von der Pfarrei her über das Dekanat, die Diözese und die Provinz bis zur Gesamtkirche. Aber man darf diese Hierarchie der Kirche nicht nur als eine äußerlich-organisatorische denken, es ist auch eine in Graden gestufte verschiedene Dichte der Teilhabe am Gut der Gnade. In der Tat, so meint Thomas, kann die Gnade in dem einen größer sein als in dem anderen. Nicht ex parte finis vel objecti, von seiten des Zieles oder des Gegenstandes, »denn die Gnade kann nicht in dem Sinne größer sein, daß sie zu einem größeren Gut hinordnet«[136], sie verbindet ihrem Wesen nach mit dem höchsten Gut, mit Gott selbst. Wohl aber gibt es Unterschiede ex parte subjecti, insofern der Träger der Gnade mehr oder weniger teilhaben kann an dem einwohnenden Habitus (... quod magis vel minus participat habitum inhaerentem[137]). Und diese Differenz der Gnadenstufen in der Kirche ist nicht etwa ein Mangel, sondern vielmehr ein Merkmal der Schönheit und Vollkommenheit der Kirche. Die Vollkommenheit des Universums (perfectio universi) ist das Analoge im Bereich des Geschöpflichen, das Thomas als Interpretationsmodell für die Vollkommenheit der Kirche (perfectio ecclesiae) in einem für das Verständnis des Verhältnisses von Natur und Gnade sehr erhellenden Argumentationsgang heranzieht:»Darum muß der erste Grund für diesen Unterschied in Gott selbst gesehen werden, der die Gaben seiner Gnade auf verschiedene Weise austeilt, damit die Schönheit und Vollkommenheit der Kirche aus verschiedenen Stufengraden emporwachse: Wie er auch die verschiedenen Stufengrade der Dinge eingerichtet

---

135   Vgl. Y.M.J. *Congar*, Die Lehre von der Kirche, S. 152; *Th. Tschipke*, Die Menschheit Christi als Heilsorgan der Gottheit, unter bes. Berücksichtigung der Lehre des hl. Thomas von Aquin, Freiburg 1940.
136   S. th. I-II, q. 112, a. 4 ad 2.
137   S. th. I-II, q. 112, a. 4.

hat, damit das Universum vollkommen sei« (... ad hoc quod ex diversibus gradibus pulchritudo et perfectio Ecclesiae consurgat: sicut etiam diversos gradus rerum instituit ut esset universum perfectum[138]). Das natürliche Leben gehört zum Wesensbestand des Menschen (substantia), darum kann es hier kein Mehr oder Weniger geben, die Teilhabe am Leben der Gnade aber vollzieht sich außerwesentlich (accidentaliter), darum kann es hier Gradunterschiede geben. Bezüglich der Teilhabe des Subjekts kann es Verschiedenheit der Steigerung und der Lockerung geben, und zwar sowohl in diesem Leben als auch in der endgültigen Herrlichkeit (... et in ipsa gratia et in finali gloria[139]).

Damit also die Kirche vollkommen sei, muß es in ihr die Verschiedenheit der Ämterstufung, der Rangstufung und der Standesstufung geben. Der Begriff der »Ämter« (officium) bezieht sich auf die jeweilige Tätigkeit (... dicitur per comparationem ad actum[140]), von »Rang« (gradus) spricht Thomas aufgrund der höheren oder niederen Stellung (gradus autem dicitur secundum ordinem superioritatis et inferioritatis[141]), zum »Stand« (status) gehört die Beständigkeit in dem, was die Verfassung der Person ausmacht (sed ad statum requiritur immobilitas in eo quod pertinet ad conditionem personae[142]). Hier findet man in der Grundkonzeption ausdifferenziert, was in der neueren Organisationssoziologie die Struktur von Stellen in einem Stellensystem ausmacht: Sie wird konstituiert durch die drei Variablen

1. des »Programms« (vgl. officium),
2. des »Personals« (vgl. status) und
3. der »Organisation« im engeren Sinne (vgl. gradus)[143].

Der Begriff »Stand« bedeutet seinem Wesen nach die Grundverfassung (conditio) von Freiheit oder Knechtschaft, er bezieht sich auf die Verpflichtung (obligatio) der Person, insofern jemand eigenen oder fremden Rechtes ist, und zwar nicht aufgrund einer vorübergehenden oder leicht änderbaren Ursache, sondern auf Dauer (ex aliquo permanente[144]). Dies gilt für die Stände, Ränge und Ämter sowohl im geistlichen als auch im bürgerlichen Bereich (unde status pertinet proprie ad libertatem vel servitutem, sive in spiritualibus sive in civilibus[145]), denn in beiden, in der Kirche wie im politischen Gemeinwesen und im natürlichen Universum, liegt die Vollkommenheit in der geordneten Vielfalt: »Wie nämlich in der Ordnung der Naturdinge die Vollkommenheit, die sich in Gott als Einfachheit und

---

138   Ebd.
139   S. th. I-II, q. 112, a. 4 ad 2.
140   S. th. II-II, q. 183, a. 1 ad 3.
141   Ebd.
142   Ebd.
143   Vgl. N. *Luhmann*, Allgemeine Theorie organisierter Sozialsysteme, in: *ders.*, Soziologische Aufklärung, Bd. 2. Aufsätze zur Theorie der Gesellschaft, Opladen 1975, S. 39–51.
144   S. th. II-II, q. 183, a. 1 ad 3.
145   S. th. II-II, q. 183, a. 1.

Gleichgestalt findet, an der Allheit der Geschöpfe nur in Vielgestalt und Mannigfaltigkeit findet, so ergießt sich auch die Fülle der Gnade, die in Christus als dem Haupte geeint ist, auf seine Glieder in verschiedener Weise, damit der Leib der Kirche vollkommen sei.«[146] Thomas geht gar noch einen Schritt weiter, indem er nicht nur eine Analogie zwischen der Vollkommenheit des geistlichen ordo ecclesiae sieht, sondern auch einen Begründungszusammenhang, ganz im Sinne des Grundsatzes, daß die Gnade die Natur nicht nur nicht zerstört, sondern voraussetzt, und dies im strikten Sinne des Wortes so, daß das in der Gnade Gesetzte auf das Vorausgesetzte gesetzt ist. Die Voraussetzung des natürlichen ordo bleibt demnach nicht zurück wie ein Moment, das im Augenblick der Setzung einfach abgelöst wird durch den spirituellen ordo, vielmehr wirkt die Voraussetzung durchaus strukturell und bleibend in den die Natur vervollkommnenden ordo spiritualis hinein: »Wie die Natur nicht durch vieles tut, was sie durch eines tun kann, so zwingt sie auch nicht auf eines zusammen, wozu vieles erforderlich ist ... *Deshalb* mußten in der Kirche, ›die der Leib Christi ist‹ (Eph 1,23), die Glieder unterschieden werden nach der Verschiedenheit der Ämter, Stände und Rangstufen« (... sicut natura non facit per multa quod potest facere per unum, ita etiam non coarctat in unum id ad quod multa requiruntur ... *Unde et* in Ecclesia, ›quae est corpus Christi‹ [ad Eph 1], opportuit membra diversificari secundum diversa officia, status et gradus[147]).

Zusammenfassung Die hierarchisch-pyramidenhafte Struktur der Kirche hat nicht nur organisatorische, sondern auch geistliche Qualität. Der Aufstufung der Ämter (officium), Stände (status) und Ränge (gradus) entsprechen unterschiedliche Grade der Teilhabe an der Gnade.

Weil es in der universalen Ordnung der Natur Stufengrade der natürlichen Vollkommenheit gibt, darum gibt es in der Ordnung des übernatürlichen Lebens Stufengrade der Teilhabe an der Gnade. Sie konstituieren die Vollkommenheit der übernatürlichen Gnadenordnung.

e) Gnade als inhärente Qualität
Der Gedanke, daß es Stufengrade der Teilhabe am übernatürlichen Leben der Gnade gibt, ist nur möglich unter der Voraussetzung eines Verständnisses von »Gnade«, wonach diese ein »habitus inhaerens« ist. Thomas interpretiert diesen »habitus inhaerens« des Näheren als eine »Beschaffenheit der Seele« (qualitas animae[148]), die dem Menschen wie »gewisse übernatürliche Formen und Qualitäten« von Gott eingegossen wird.

In der Begründung für dieses Gnadenverständnis kehrt höchst aufschlußreich das oben skizzierte Verhältnis von Voraussetzung und Set-

---

146 S. th. II-II, q. 183, a. 2.
147 S. th. II-II, q. 183, a. 2 ad 2.
148 S. th. I-II, q. 110, a. 2.

zung, von ordo universi und ordo spiritualis wieder. Die Gnade ist eine Beschaffenheit der Seele, ein »zustandhaftes Geschenk«, »weil es nicht sinnvoll ist, daß Gott denen, die er liebt, im Hinblick auf den Besitz eines übernatürlichen Gutes weniger Sorge angedeihen lasse, als den Geschöpfen, die er liebt, im Hinblick auf den Besitz eines natürlichen Gutes. Nun sorgt er aber für die natürlichen Geschöpfe so, daß er sie nicht nur zu ihren natürlichen Akten bewegt, sondern ihnen auch Formen und Kräfte verleiht, die die Ursprünge von Akten sind, damit sie durch sich selbst zu solchen Bewegungen veranlaßt werden. Um soviel mehr demnach gießt er denen, die er zur Erlangung eines übernatürlichen, ewigen Gutes bewegt, gewisse übernatürliche Formen und Beschaffenheiten ein, auf Grund deren sie mild und leicht von ihm zur Erlangung des ewigen Gutes bewegt werden. Und darum ist die Gabe der Gnade eine gewisse Beschaffenheit.«[149]

Für das Verständnis der thomistischen Bestimmung des Verhältnisses von ordo naturalis und ordo supernaturalis, entsprechend für das Verhältnis von bürgerlicher Ordnung und kirchlicher Ordnung, aber auch je für das Verständnis von kirchlicher Ordnung und Gnadenordnung in sich scheint es mir von zentraler Bedeutung zu sein, daß bei Thomas die übernatürliche Setzung die natürliche Voraussetzung nicht auslöscht, sondern in der Vervollkommnung gerade als solche bewahrt. Und nicht nur das – das Natürliche bleibt in den Bestimmungen des Übernatürlichen als strukturell *Bestimmendes* in solchem Maße präsent, daß eine Naturalisierung des Gnadenverständnisses mit Händen zu greifen ist. Das »Über« verrät nicht, auf was es gebaut ist. Und: Das »Über« verrät ständig, auf was es gebaut ist.

So baut sich die kirchliche Ständestufung auf beginnend bei den Priestern und Diakonen, die »nur gewisse Hilfsdienste unter der Leitung des Bischofs haben« (... habent aliquas subministrationes sub episcopis[150]) und nicht zum Stande der Vollkommenheit gehören, über die Ordensleute zu den Bischöfen und zum Papst als dem irdischen Stellvertreter Christi. Die Diakone und Priester verhalten sich zum Bischof wie die Amtmänner und Vorsteher zum König, und die Einzelhierarchie verhält sich zum Bischof wie die Gesamthierarchie zu Jesus.

Zusammenfassung   In Entsprechung zur natürlichen Ausstattung der Geschöpfe mit Formen und Kräften, die die Ursprünge von natürlichen Akten sind, versteht Thomas die Gnade als ein einwohnendes, zustandshaftes Geschenk, als eingegossene übernatürliche Formen und Beschaffenheiten, durch die ein Geschöpf leicht zur Erlangung seines übernatürlichen Zieles bewegt werden kann.

---

149   Ebd.
150   S. th. II-II, q. 184, a. 6 ad 2.

3 Vermittlung von natürlicher Ordnung und übernatürlicher Gnadenordnung

a) Die natürliche Rationalität der Regierung
Wie aber verhält sich bei Thomas die kirchlich-hierarchische Ständeordnung zur weltlichen Ständeordnung, die auch »hierarchia«[151] heißt?

In »De regimine principum« Kapitel 12–14 geht Thomas der Frage nach, wie die Regierungsaufgabe eines Königs angemessen zu beschreiben sei. Die Antwort findet er durch Ableitung von der Art der göttlichen Lenkung des Universums, denn alles, was mit vernünftiger Überlegung geschieht, ahmt die Vorgänge der Natur nach, und so »scheint es am besten, das Wesen des königlichen Amtes auch an den die Natur lenkenden Kräften abzulesen«. Die Natur aber wird auf doppelte Weise gelenkt: allgemein durch die göttliche Vorsehung, die das Universum lenkt und zusammenhält; im besonderen im Menschen, der in sich eine »kleine Welt« ist, insofern sich in ihm das Wesen der Lenkung des Universums widerspiegelt: »Wie alle körperhafte Natur und alle geistigen Kräfte unter der Herrschaft Gottes stehen, so werden alle Glieder des Körpers und alle übrigen Kräfte der Seele von der Vernunft geleitet, und so nimmt die Vernunft im Menschen denselben Platz ein wie Gott in der Welt.«[152] Da aber der Mensch ein soziales Wesen ist, wird nicht nur der einzelne Mensch durch die Vernunft geleitet, sondern auch die Gemeinschaft durch die Vernunft eines einzelnen – und dies ist das Amt des Königs. Wie sich also Gott zum Universum verhält, so die Vernunft zu Seele und Leib, so der König zur Gemeinschaft.

Zusammenfassung Alles, was mit vernünftiger Überlegung geschieht, ahmt die Vorgänge der Natur nach. Wie das natürliche Universum durch Gott gelenkt wird, wie im Menschen die Körper- und Seelenkräfte durch die Vernunft gelenkt werden, so wird die menschliche Gemeinschaft durch den König gelenkt.

b) Überordnung der geistlichen Herrschaft über die weltliche
Das Wesen der Regierung besteht darin, »das, was sie führt, in angemessener Weise zu dem geforderten Ziele zu bringen« (... gubernare est, id quod gubernatur convenienter ad debitum finem perducere[153]). Gott allein ist das Wesen, dessen Zweck und Ziel in ihm selber liegt, des Menschen Ziel wie das von allem, was in der Welt ist, aber liegt außer ihm selber. So gehört es zur Pflicht des Regenten, nicht nur dafür zu sorgen, daß das Gelenkte in sich unversehrt bewahrt bleibt, sondern auch dafür, daß es zu seinem Ziel kommt, wie es zur Aufgabe des Steuermanns auf einem Schiff gehört, sowohl daß das Schiff heil bleibt als auch, daß es im Zielhafen an-

---

151 S. th. I, q. 108, a. 2.
152 De reg. princ. I, 12.
153 De reg. princ. I, 14.

kommt. Die Aufgaben der Bewahrung und der Hinlenkung zum Ziel sind in der Gesellschaft auf verschiedene Stände arbeitsteilig verteilt: Der Arzt sorgt für die Gesundheit, der Wirtschafter für die Bedarfsdeckung, der Gelehrte für die Erkenntnis der Wahrheit, der sittliche Führer für ein Leben nach den richtigen Grundsätzen; für die Hinlenkung zu dem Ziel, das jenseits dieser Dinge liegt, zur vollkommenen Seligkeit in der Schau Gottes, bedarf der Christ der geistlichen Fürsorge, »durch die er in den Hafen des ewigen Heils geführt wird. Diese Fürsorge wird den Gläubigen durch die Diener der Kirche erwiesen.«[154]

Liegt aber das Ziel des einzelnen in der Schau Gottes, so gilt dies auch von der Gesellschaft im ganzen. Ginge es dort nur um Erhaltung und Bewahrung, um Gesundheit, Reichtum und Erkenntnis, so wären die Ärzte, die Kenner der Wirtschaft und die Gelehrten die richtigen Lenker des Gemeinwesens. Gewiß geht das Ziel des Gemeinwesens, gut – d. h. nach der Tugend zu leben, über die anderen Güter, über Gesundheit, Wohlstand und Erkenntnis hinaus, aber auch dies ist noch nicht das letzte Ziel, vielmehr dient das gemeinsame tugendhafte Leben dem darüber hinausgehenden Ziel, »in den Genuß der göttlichen Verheißungen zu gelangen« (non est ergo ultimum finis multitudinis congregatae vivere secundum virtutem, sed per virtuosam vitam pervenire ad fruitionem divinam). Könnte man durch die Kraft der menschlichen Natur dieses Ziel erreichen, so fiele dem König die Aufgabe zu, die Menschen dorthin zu führen, denn ihm ist die höchste Leitung in menschlichen Dingen anvertraut. »Um so höher aber ist eine Regierung, je höher das Ziel ist, auf das hin sie sich einstellt. Denn es zeigt sich immer, daß derjenige, dem die Erfüllung des höchsten Zieles bestimmt ist, über alle anderen die Führung hat, die bei dem, was dazu hinführt, am Werke sind.« Da aber der Mensch das höchste Ziel nicht durch menschliche Tugend, sondern nur durch eine von Gott verliehene Kraft erreichen kann, so kommt es göttlicher Führung zu, die Menschen zu diesem Ziel zu bringen. Diese Führung zur Seligkeit gehört dem einen König, der nicht nur Mensch, sondern auch Gott ist, Jesus Christus. »Von ihm leitet sich nun das königliche Priestertum ab, und, was weit mehr bedeutet, alle Gläubigen, soweit sie Glieder Christi sind, werden darum Könige und Priester genannt. Das Amt dieses Königtums ist, damit das Reich des Geistes vom Irdischen geschieden sei, nicht den Königen der Erde, sondern den Priestern überantwortet worden und vor allem dem höchsten Priester, dem Nachfolger Petri, dem irdischen Stellvertreter Christi, dem Papst zu Rom, dem alle Könige des christlichen Volkes untergeben sein müssen wie Christus dem Herrn. Denn so müssen dem, der das letzte Ziel zu besorgen hat, alle diejenigen unterworfen sein, denen die Sorge um die Vorziele obliegt, und sie müssen sich durch sein Gebot lenken lassen.«[155] Bei den Heiden war die Gottesverehrung auf den Erwerb

---

154 Ebd.
155 De reg. princ. I, 14.

zeitlicher Güter ausgerichtet, darum waren dort die Priester den Königen untergeordnet – auch im Alten Testament, wo es um die Verheißung gottgeschenkter irdischer Güter ging. »Im Neuen Testament aber steht das Priestertum, durch das die Menschen zu den Gütern des Himmels gebracht werden, höher, und im Gesetz, das Christus gab, müssen die Könige den Priestern unterworfen sein.«[156]

Zusammenfassung Das Wesen jeder Herrschaft liegt in der Aufgabe, das Beherrschte zu bewahren und zu dem ihm gesetzten Ziel zu führen. Letztes Ziel des einzelnen wie des Gemeinwesens ist die Schau Gottes. Je höher das Ziel ist, dem eine Herrschaft dient, desto höher ist die Herrschaft. Darum ist alle Herrschaft, die zeitlichen und vorläufigen Zielen dient, der geistlichen Herrschaft untergeordnet.

c) Zwischenstellung des weltlichen Herrschers
Die Frage, wie das Verhältnis des Königs und der weltlichen Ständehierarchie zur geistlichen Ständehierarchie mit ihrer Spitze im Papsttum zu bestimmen sei, läßt sich demnach aus dem aristotelisch-thomistischen Gedanken von der Hierarchie der Zwecke beantworten. Alle unteren und mittleren Zwecke sind ausgerichtet auf die Einheit und Universalität des einen obersten Zweckes. Wie alle Zielgüter, die von den Menschen besorgt werden, wie Reichtum, Gewinn, Gesundheit, Beredsamkeit oder Bildung, auf den Zweck des bonum commune ausgerichtet sind, so ist das gemeinsame Wohl des richtigen Lebens hingeordnet auf den obersten Zweck des seligen Lebens im Himmel. »Wenn nun ... der, der für das letzte Ziel Sorge zu tragen hat, denen, die alles auf dieses Ziel Hingeordnete besorgen, übergeordnet sein und sie mit seinem Befehl lenken muß, geht daraus klar hervor, daß der König, ebenso wie er sich in den Dingen jener Herrschaft und Führung, die durch das Amt der Priester erfolgt, unterwerfen, so andererseits allen Ämtern menschlicher Herrschaft vorstehen und sie durch seine Anordnung leiten muß.«[157]

Somit kommt dem König als der Spitze der weltlichen Hierarchie eine mittlere Position zu mit einer doppelten Funktion: nach unten der der Koordination und Hinlenkung der Teilzwecke auf den einheitlichen gesellschaftlichen Zweck des gemeinsamen guten Lebens, nach oben mit der Funktion der Ausrichtung des guten Lebens auf das jenseitige höchste Ziel. »Da also der letzte Zweck eines guten Lebens, das wir jetzt führen, die himmlische Seligkeit ist, so gehört es zu dem Amt eines Königs, für ein gutes Leben des Volkes nach der Erwägung zu sorgen, inwieweit ihm zur Erreichung der himmlischen Seligkeit Bedeutung zu-

---

156 Ebd.
157 De reg. princ. I, 15.

kommt, damit er, was dazu förderlich ist, anordnet und das Gegenteil, soweit das eben möglich ist, verbietet.«[158]

Zusammenfassung Das Königtum als die Spitze der weltlichen Hierarchie hat eine mittlere Position mit doppelter Funktion: Nach unten koordiniert es die Teilzwecke und lenkt sie zu dem einheitlichen gesellschaftlichen Zweck des gemeinsamen guten Lebens; nach oben richtet es den einheitlichen gesellschaftlichen Zweck auf das letzte übernatürliche und ewige Ziel aus.

d) Das Verhältnis von Kirche und Gesellschaft als Hierarchie von Hierarchien
Aus dem allen läßt sich schließen, daß das Verhältnis von Gesellschaft und Kirche bei Thomas als ein hierarchisches Verhältnis von Hierarchien zu begreifen ist. So einfach zunächst diese Feststellung zu treffen ist, so diffizil und umstritten ist die Frage, wie diese Überordnung des Geistlichen über das Weltliche konkret zu interpretieren und zu begrenzen ist[159]. Grundsätzlich gilt, daß nach Thomas die Gesellschaft eine selbständige, auf naturrechtlicher Grundlage entstandene societas ist und die gesellschaftliche Ordnung nach eigenem natürlich-menschlichen Recht zustande gekommen ist (... introducta sunt ex iure humano[160]). »Das göttliche Recht aber, das aus der Gnade stammt, hebt das menschliche Recht nicht auf, das aus der natürlichen menschlichen Vernunft stammt« (ius autem divinum, quod est ex gratia, non tollit ius humanum, quod est ex naturali ratione[161]). Dem entspricht die programmatische Erklärung des Thomas im Sentenzenkommentar: »Sowohl die geistliche wie die weltliche Gewalt stammt von Gott. Die weltliche Gewalt steht insoweit unter der geistlichen, als sie ihr von Gott unterstellt ist, d. h. in den Dingen des Seelenheils. In diesen Dingen muß man der geistlichen Gewalt mehr gehorchen als der weltlichen. In Sachen der gesellschaftlichen Wohlfahrt muß man der weltlichen Gewalt mehr als der geistlichen gehorchen, nach Mt 22: Gebt dem Kaiser, was des Kaisers ist« (potestas spiritualis et saecularis utraque deducitur a potestate divina. Et ideo in tantum saecularis potestas est sub spirituali inquantum est ei a Deo supposita, sc. in his quae ad salutem animae pertinent. Et ideo in his magis est oboediendum potestati spirituali quam saeculari. In his autem quae ad bonum civile pertinent est magis oboediendum potestati saeculari quam spirituali, sec. illud Mt. 22,21 Reddite quae sunt Caesari Caesari...[162]).

Insofern also die profane Gesellschaft mit ihrer Ordnung ein in sich

---

158 Ebd.
159 Lit. zur Frage s. bei *H. Meyer*, Thomas von Aquin, S. 544.580f.
160 S. th. II-II, q. 10, a. 10.
161 Ebd.
162 In II Sent. 44,2,3 ad 4.

II Natürliches Selbstsein und übernatürliches Bezogensein

sinnvolles Ganzes eigenen Rechts ist, gilt es sauber zu unterscheiden zwischen Weltlichem und Geistlichem und den verschiedene Zwecke verwirklichenden Gemeinschaften, die entweder der Natur oder der Übernatur zugehören. Man müßte schon die an Aristoteles genährte Freude des Thomas an der immanenten Rationalität der Welt, an der Schönheit des ordo universi in allen seinen Teilen und ihrem grandiosen Zusammenspiel, vergessen, wollte man ihn in die Nähe der Verfechter eines hierokratischen Systems bringen mit einer potestas spiritualis directa in temporalibus.

Andererseits aber ist das Natürliche über-hinaus bezogen, geöffnet und ausgerichtet auf das Übernatürliche, ist die Negativität des »non destruit« (non tollit) in Wesenseinheit zu sehen mit der Positivität des »supponit« und »perficit« im Verhältnis von Gnade und Natur, in dem die Natur auf solche Vervollkommnung innerlich angelegt ist, ohne sie doch von sich aus erreichen zu können, weil sie das natürliche Kräftemaß übersteigt. Darum gilt bei der Organisation des gesellschaftlich-natürlichen Lebens die Maßgabe, daß das zu verbieten ist, was die Erreichung des Zieles der himmlischen Seligkeit behindert und das anzuordnen ist, was dazu förderlich ist. Für die Beurteilung dessen, was als »förderlich« oder »hinderlich« zu gelten hat, spielt nach Thomas die geschichtliche Situation eine wichtige Rolle. Er exemplifiziert dies am Problem des Verhältnisses zwischen einem ungläubigen Herrscher und gläubigen Untertanen[163]. Wenn es sich um ein bereits bestehendes Herrschaftsverhältnis handelt, so gilt grundsätzlich, daß dieses nach menschlichem Recht zustande gekommen ist und also in Geltung bleibt, wenn die Untertanen gläubig werden. Denn die Unterscheidung von Gläubigen und Ungläubigen ist göttlichen Rechts, und göttliches Recht hebt menschliches Recht nicht auf. Handelt es sich aber um ein Herrschaftsverhältnis über Gläubige, das neu eingeführt werden soll, so kann nicht gestattet werden, daß ein Ungläubiger Herrscher wird, denn dies wäre dem Glauben hinderlich und schädlich: Die Gläubigen könnten von denen, die die Rechtssprechung in der Hand haben, umgestimmt werden, die Ungläubigen würden angesichts solcher Wankelmütigkeit der Gläubigen auch den Glauben selbst verachten. Dies alles zielt auf eine potestas indirecta, auf das Recht auf Einflußnahme von seiten der Kirche in religiösen Belangen[164]. Allerdings scheint Thomas eben an der Stelle im Sentenzenkommentar, an der er nicht nur zwei verschiedene Funktionen unterscheidet, wie das immer geschah, sondern auch zwei verschiedene Gewaltbereiche (potestas spiritualis – potestas saecularis) je eigenen Rechts, seinen eigenen Grundsatz zu durchbrechen, wenn er einschränkend fortfährt: »... wenn nicht etwa mit der geistlichen auch die

---

163 S. th. II-II, q. 10, a. 10.
164 Über die Unterscheidung von »potestas directa« und »potestas indirecta«, die bereits Anfang des 13. Jahrhunderts gebräuchlich war, vgl. *F. Gillmann*, in: AKathKR, Bd. 98, 1918, S. 407ff.

weltliche Gewalt vereinigt ist, wie beim Papst, der beide Gewalten in seiner Hand hat... nach der Anordnung dessen, der Priester und König ist in Ewigkeit.«[165] Wenn sich dieser Text tatsächlich auf den Kirchenstaat bezieht[166] und nicht auf die ganze durch den Papst repräsentierte Christenheit[167], wird man mit Y. M. J. Congar[168] sagen können, daß Thomas prinzipiell an der Dualität zweier potestates festhält und den Kirchenstaat als die historisch-faktische Ausnahme anführt, so daß die Prinzipien des Thomas bei Johannes von Paris, der nicht sein Schüler war, besser aufgehoben waren als bei seinen Schülern (Bartholomäus von Lucca, Agostino Trionfo, Reginald von Priverno), die theokratische Positionen einnahmen.

Zusammenfassung Sowohl die weltliche Gemeinschaft als auch die Kirche ist hierarchisch geordnet. Das Verhältnis der weltlichen und der geistlichen Gewalt ist eine Hierarchie von Hierarchien. Die Überordnung der geistlichen Gewalt hebt das natürliche Eigengewicht der weltlichen Gewalt nicht auf. In Sachen der gesellschaftlichen Wohlfahrt ist die weltliche Gewalt der geistlichen übergeordnet. Grundsätzlich hat die geistliche Gewalt nur eine potestas indirecta in gesellschaftlichen Angelegenheiten – das Recht auf Einflußnahme, insoweit religiöse Belange betroffen sind.

III Die Harmonie des Wesensverschiedenen – die Vision und ihre Grenzen

Da Thomas eine ausführlich entwickelte philosophische Konzeption von der Natur der Dinge besaß, war die Basis gegeben für das Postulat der Autonomie des inneren Zusammenhangs der Ordnung der Welt, auch der gesellschaftlichen Ordnung. Die Einheit der Finalität des Universums, des natürlichen Lebens und des natürlichen menschlichen Lebens im Übernatürlichen aber gibt die Basis für die Überordnung des sacerdotium über das regnum. Die Einheit von Autonomie und Bezogensein gibt die Basis für ein Modell der Harmonie der Stufenordnung zwischen Natur und Übernatur, regnum und sacerdotium, Gesellschaft und Kirche. Prinzipiell und konzeptionell ist die Differenz von Natur und Gnade in der Einheit der übernatürlichen Finalität in der Weise gewahrt, daß sowohl Natur wie Übernatur je in ihrem Wesen gewahrt bleiben.

In der Durchführung hinsichtlich der inhaltlichen Füllung der theologischen Begrifflichkeit wie auch hinsichtlich der Rezeption und Interpretation historisch-faktischer gesellschaftlicher Praxis (z.B. in der klassenspezifischen Zurechnung und Zuweisung der Sündenstrafe) werden die Gren-

---

165 In II Sent. 44,2,3 ad 4.
166 So *H. Meyer*, Thomas von Aquin, S. 582.
167 So *Chr. Journet*, La jurisdiction de l'Eglise sur la Cité, Paris 1931, S. 138ff.
168 Y.M.J. *Congar*, Die Lehre von der Kirche, S. 156.

zen fließend. Im Verständnis der Gnade als habitus inhaerens vollzieht sich eine schleichende Naturalisierung der Gnade auf dem Wege der Schlußfolgerungen via eminentiae von der Natur auf die Gnade, ebenso im Verständnis der geistlichen Ordnung auf dem Wege der Schlußfolgerung aus der Vollkommenheit des Universums auf die Schönheit und Fülle der Kirche – mit dem Effekt, daß selbst das ewige Reich Gottes ohne schichtenspezifische Differenzierung nicht denkbar erscheint. Umgekehrt werden ebenso in bezug auf die historische Verfassung der Gesellschaft die Grenzen zu einer Klerikalisierung und Spiritualisierung weltlich-natürlicher Ordnungen stellenweise fließend.

Daß der großartige Gedanke der Einheit von Differenz und Beziehung im Verhältnis von Natur und Übernatur, Gesellschaft und Kirche als voll verwirklichte Harmonie des Wesensverschiedenen ein Grenzbegriff, d. h. ein eschatologischer Begriff ist und nicht identisch mit dem, was in diesem Leben möglich ist, war Thomas wohl bewußt. Und in diesem eschatologischen Sinne sprach er von jener Gemeinschaft, die convenientissimo modo regiert wird, der triumphierenden Kirche, der ewigen civitas Dei: »Die Menge aber, die auf die angemessenste Weise geleitet wird, ist die Genossenschaft der triumphierenden Kirche, die in den heiligen Schriften der Gottesstaat genannt wird.«[169]

Zusammenfassung   Der innere Zusammenhang der natürlichen Welt (universum) ebenso wie der der naturrechtlich geordneten Gesellschaft ist relativ autonom.

Autonom, insofern alles Natürliche nicht der Gnade bedarf, um das sein zu können, was es natürlicher- bzw. vernünftigerweise ist.

Relativ, insofern alles Natürliche im Zusammenhang der übernatürlichen Ausrichtung steht.

Prinzipiell werden die Grenzen zwischen Natur und Gnade in der Einheit der übernatürlichen Finalität gewahrt. In der inhaltlichen Durchführung und in der Interpretation der historischen gesellschaftlichen Gegebenheiten werden die Grenzen zwischen Natur und Gnade fließend.

---

169 Quaest. disp., de veritate, q. 7, a. 1.

Kapitel 2
Anfechtung, Freiheit und Dienst: Martin Luther

I Anfechtung innen und außen

Von dem ganzen hierarchisch-kosmischen Bau der Seinsstufen und Seinsqualitäten von Natur und Übernatur bei Thomas von Aquin läßt Luthers Theologie und Gesellschaftslehre keinen Stein auf dem anderen. Der im letzten ungebrochene Optimismus im Lobpreis der Schönheit des vollkommenen Universums der Natur und der Schönheit des vollkommenübernatürlichen Leibes Christi, der Kirche, und der mindestens in der theoretischen Konzeption ebenso vollkommenen Schönheit des komplementären Zusammenspiels von beiden, die in allem treibende Kraft der Bejahung, ohne die die ungeheure philosophische und theologische Leistung und Produktivität des Thomas nicht denkbar ist, geht durch das Feuer der Anfechtung im Widerstreit von Gott und Teufel, Gut und Böse, Ja und Nein, Leben und Tod, Gnade und Verdammnis. Der Satz, daß der Unglaube den Menschen »böse und verdammt« mache und bewirke, daß er böse und verdammte Werke tue, und der Gegensatz, daß die Erfüllung der Werke vor allen Werken durch den Glauben geschehe und demnach die Werke »folgen nach der Erfüllung«[1], beides ist nach aristotelisch-thomistischer Denkweise ganz unsinnig. Und die lutherische Anfechtung der aristotelisch-thomistischen Zuordnung von Potenz und Akt, von Natur und Gnade, von Vollkommenheit der Voraussetzung und Vollkommenheit der Setzung, perfectio universi und perfectio ecclesiae, ist nur unter Voraussetzung der Anfechtung möglich, in der Gott den Menschen sterben läßt und lebendig macht und aus der die Erkenntnis der iustitia passiva, der gerechtmachenden Gerechtigkeit Gottes erwächst, Erkenntnis der Gnade und des Glaubens. Aber davon kann an den Universitäten nicht die Rede sein, solange dort »der verdammte, hochmütige, schalkhaftige Heide«, der »blinde heidnische Meister Aristoteles regiert«.[2]

---

1 Freiheit, WA 7, S. 32, Z. 36–S. 33, Z. 1; ebd., S. 26, Z. 31; zit. nach der Münchener Ausgabe, hg. von *H.H. Borcherdt* (= M.A), München 1914ff., Bd. 2, S. 240.232.
Zur Bedeutung der »Anfechtung« vgl. *C.H. Ratschow*, Der angefochtene Glaube. Anfangs- und Grundprobleme der Dogmatik, Gütersloh 1957, bes. S. 233–295. Zum aristotelisch-scholastischen Verständnis des menschlichen Handelns im Rahmen des kausalen Naturdenkens vgl. *G. Ebeling*, Luther. Einführung in sein Denken, Tübingen 1964.
2 Adel, WA 6, S. 457, Z. 34f.; S. 458, Z. 4f.; zit. M.A. Bd. 2, S. 68.

I Anfechtung innen und außen 61

Zwar, das Umstürzen des schönen kosmisch-geistlichen Stufenbaus führt nicht zum Verschwinden aller seiner Bauteile, von lumen naturale und lex naturalis, von weltlichen und geistlichen Ständen, aber sie werden an anderer Stelle in das Gefüge des Baues, der nach der Anfechtung kommt, eingefügt und so nicht nur topographisch, sondern auch qualitativ verändert.

In Anfechtung steht auch die durch einen beschleunigten Prozeß von gesellschaftlicher Differenzierung und Komplexität empfindlich und labil gewordene Kohärenz der gesellschaftlichen Gesamtwirklichkeit. Die politische, wirtschaftliche, soziale, kulturelle und kirchliche Entwicklung entfaltet in allen gesellschaftlichen Teilbereichen ein Kräftespiel, in dem immer wieder auf des Messers Schneide steht, ob die Halte- und Bindekräfte oder die Spreng- und Zerfallskräfte die Oberhand gewinnen. Das gilt sowohl für jedes gesellschaftliche Teilsystem in sich als auch für den Gesamtzusammenhang der wechselseitigen Einflüsse und Abhängigkeiten, die ein höchst kompliziertes Geflecht von Kausalitäten ergeben und ein ganz labiles temporäres Gleichgewicht.

Die Universalgewalt des Kaisertums steckt in der Krise und ist nur sehr beschränkt funktionsfähig, das zeigt die jahrzehntelange Auseinandersetzung um die Reichsreform. Die Wirkung dieser Schwäche der Zentralgewalt ist äußerst ambivalent. Einerseits hätte ohne sie die Reformation nicht den Lauf nehmen können, den sie genommen hat. Andererseits bewirkte sie eine permanente politische Instabilität, Friedensgefährdung und Rechtsunsicherheit, weshalb Luther mit Nachdruck für die Reichsrechtsreform eintrat und in seinen rechtspolitischen Überlegungen die germanisch-fehderechtlichen Elemente zurückdrängte zugunsten des römischen Rechts. Er sah darin die größere Rationalität und die bessere Gewähr für eine friedenssichernde Wirkung[3]. »Dem nach, weil unser regiment ynn deudschen landen, nach dem Romischen keiserlichen recht sich richten mus und sol, Welchs auch unsers regiments Weisheit und vernunfft ist, von Gott gegeben, So folget, das solch regiment nicht kan erhalten werden, sondern müs zü grund gehen wo man solche recht nicht erhellt.«[4]

Die Territorialisierung des Reichs und der Ausbau der Landesherrschaft schritt voran, die fürstlichen Mittelgewalten der territorialen Obrigkeitsstaaten werden die politisch bestimmende Ordnungsmacht, nicht nur in Auseinandersetzung mit der Universalmacht und in ständiger Spannung zu ihr, sondern auch begleitet von den Konflikten der Territori-

---

3   Vgl. *G. Scharffenorth*, Den Glauben ins Leben ziehen ... Studien zu Luthers Theologie, München 1982. Anders: *J. Heckel*, Recht und Gesetz, Kirche und Obrigkeit in Luthers Lehre vor dem Thesenanschlag von 1517, in: ZSRG.K 26, 1937, S. 285ff.; *ders.*, Lex charitatis. Eine juristische Untersuchung über das Recht in der Theologie Martin Luthers, München 1953; *G. Gloege*, Theologische Traktate, Bd. 2, Göttingen 1967, S. 103; *H. Bornkamm*, Das Jahrhundert der Reformation, 2. Aufl. Göttingen 1966, S. 293ff. Vgl. *U. Duchrow*, Christenheit und Weltverantwortung, Stuttgart 1970, S. 532ff.
4   WA 30,2, S. 557, Z. 14 – S. 558, Z. 1.

alherren untereinander, den Konflikten zwischen den Fürsten und den Städten, die auch »Obrigkeiten« sein wollten, auf Autonomie drängten und Sitz und Stimme im Reichstag begehrten, die zwar nie den vollen Anschluß an den herrschaftlichen Obrigkeitsgedanken der Zeit gewannen, gleichwohl aber aufgrund ihrer enorm wachsenden Wirtschaftskraft unentbehrliche Partner ihrer fürstlichen Rivalen waren. Dazu kamen die Konflikte zwischen den Fürsten und dem ritterlichen Adel. Die wirtschaftlichen, gesellschaftlichen und politischen Veränderungen drängten die Ritterschaft immer stärker an den Rand, der Ersatz des Ritterheeres durch Söldnertruppen und die Ablösung der Naturalwirtschaft durch die Geldwirtschaft, ihre Position zwischen den Landesherren einerseits und den aufstrebenden Städten andererseits, all das bedrohte ihre Existenz, und manch einer sank zum Raubritter ab.

Schließlich ist im Feld der gesellschaftlichen Spannungen die Bauernschaft zu nennen, für die das herrschende Feudalsystem vielfache Härten mit sich brachte. Die Verschärfungen im Abgabesystem, die die Bauern drückten, resultierten aus der Wettbewerbsschwäche der Naturalwirtschaft der ritterlichen Vasallen im Verhältnis zur städtisch-gewerblichen Geldwirtschaft, und dieser wirtschaftliche Druck pflanzte sich nach unten fort und führte zu dem, was Luther das »Schinden und Schatzen« der Herren nennt[5] und ihn zu dem Appell veranlaßt, die Herren möchten ein wenig von ihrer Unterdrückung weichen, »daß der arme Mann auch Luft und Raum gewönne zu leben«.[6] Einerseits war es wirtschaftliche Not, andererseits – und dies wog schwerer und spielte in den Reformforderungen der Bauern die größere Rolle – das bedrückende Empfinden der eigenen Rechtlosigkeit, was die Bauern zu chiliastisch-revolutionären Bewegungen trieb.

Der in den großen Kapital- und Handelsgesellschaften sich kräftig entwickelnde Frühkapitalismus hatte ein naturgemäßes Interesse an einer funktionierenden Universalmacht, und die führenden deutschen Geldmächte unterstützten planmäßig das Kaisertum Karls V. Hingegen gab es von Reichsseite starke Strömungen, besonders von seiten der Reichsstände, die eine Entfaltung der neuen Wirtschaftsweise zu verhindern suchten durch Maßnahmen gegen die Ring- und Monopolbildung und zum Schutze der überkommenen Wirtschaftsweise.

Innerhalb der Städte kam es mancherorts zunehmend zu Auseinandersetzungen zwischen den konkurrierenden Gruppen, zwischen Zünften und Patriziat, zwischen den zünftisch oder patrizisch beherrschten Ratsoligarchien und den in der städtischen Selbstverwaltung nicht vertretenen Bürgern oder unterbürgerlichen Schichten. Die Städte wiederum bildeten einen Interessenverband gegen den neu aufkommenden Wirtschaftszweig

---

5   Ermahnung zum Frieden auf die zwölf Artikel der Bauernschaft in Schwaben, 1525, WA 18, S. 293, Z. 15.
6   WA 18, S. 333, Z. 4.

1 Anfechtung innen und außen

der ländlichen Gewerbetreibenden, die die Landwirtschaft nur noch zum Nebenerwerb betreiben.

Die Krise der institutionellen Kirche schwelte seit dem 14. Jahrhundert, komplementär begleitet von einem großen Aufschwung der Laienbewegungen. Innerkirchlich enthielt der Abstand zwischen höherem und niederem Klerus ein beträchtliches Maß an sozialer und wirtschaftlicher Problematik. Die päpstliche Kirchen- und Finanzpolitik und das stark von Rom aus gesteuerte Pfründen-, Lehens- und Bußleistungssystem, das für die deutschen Territorien einen beträchtlichen finanziellen Aderlaß bewirkte und das Luther in der Schrift an den Adel mit beißender Schärfe kritisierte, enthielt Konfliktstoff zwischen den landesherrlichen bzw. städtischen Obrigkeiten und den klerikalen Herrschaftsinstitutionen.

Schließlich entwickelte sich seit dem 15. Jahrhundert eine neue Form von gesellschaftlicher Öffentlichkeit, öffentlicher Information, Meinungs- und Willensbildung. »In der öffentlichen Meinung, wie sie schlagartig zum mitbestimmenden Faktor der Umwälzung wird, mobilisiert sich eine allgemeinmenschliche Solidarität, die von der Theologie, der Kirche und von der ›Obrigkeit‹ bis dahin nur als Objekt bewertet worden war. Die gesamte Reformation hat sich, wie bis dahin kein anderes kirchengeschichtliches Ereignis, im vollen Lichte der Öffentlichkeit abgespielt. Bisher war die öffentliche Meinung sozusagen erst nachträglich entstanden. Jetzt wurde die öffentliche Meinung zur wesentlichen Komponente der Resultate.«[7] Betrachtet man die unglaublich schnelle Verbreitung z.B. der Ablaßthesen oder der Hauptkampfschriften Luthers über ganz Deutschland, so wird deutlich, daß hier das theologische Argument und das persönliche Bekenntnis und Wagnis des Glaubens in einen Kommunikationszusammenhang eintreten, der nicht nur eine quantitative Erweiterung bedeutet, sondern gleichsam eine Mobilisierung von Wahrheit, indem diese öffentlich strittig wird und sich eine neue Form von Öffentlichkeit realisiert, durch die der Theologie und dem Bekennen ein ganz neuer Stellenwert zuwächst[8].

Diese wenigen Hinweise auf das vielfache und hochdifferenzierte Geflecht von gesellschaftlichen Spannungs- und Konfliktfeldern im Zusammenhang ihres komplexen Gegeneinander- und Miteinanderwirkens mögen genügen zur Konkretisierung der Situation des Umbruchs, in der das Lob von Mensch und Gesellschaft als Kosmen im Kosmos des vollkommenen Universums und seiner ontologischen Stabilität und das natürliche Vertrauen in die natürliche Kohärenz aller – auch der gesellschaftlichen – Dinge ortlos geworden war. Denn diese Kohärenz wurde als angefochtene und gefährdete erfahren, und diese Erfahrung schlug sich nieder in einem weitverbreiteten Krisenbewußtsein.

Zwar, die geistlich-weltliche Einheit des »christlichen Körpers« stand als solche nicht in Frage, weder als Realität noch als Idee. Aber es war ein

---

7 F.W. *Kantzenbach*, Christentum in der Gesellschaft, Bd. 2, Hamburg 1976, S. 12.
8 Vgl. W. *Huber*, Kirche und Öffentlichkeit, Stuttgart 1973, S. 51ff.630f.

Körper im Umbruch, dessen herauszubildende Struktur und dessen Stabilität in Frage stand. Die Antwort ließ sich nicht mehr wie bei Thomas finden nach der Regel der künstlerischen Imitation der Natur durch die Vernunft. Glaube, Vernunft und Wille des Menschen bekamen einen anderen Ort und Stellenwert. Gesellschaft wurde de-naturalisiert, sie wurde humanisiert, womit natürlich nicht gesagt ist, daß es in ihr humaner zuging.

Wo gesellschaftliche Stabilität, der »liebe Friede« thematisch wird, da ist dies für Luther durchaus ein Thema des Glaubens: »Da geht an das danck opfer ynn sonderheit fur das welltliche regiment und fur den lieben friede, welchs gar ein grosse gabe Gottes ist und freylich unter den zeitlichen gaben die aller grosseste. Denn wo kein regiment odder fride were, so kundten wir gar nicht bleiben ... Denn das nicht ymer on unterlas eitel krieg, unfride, theurüg, blut vergiessen, aüffrür, mord und iamer in allen landen, stedten, dorffern und allerley hand werck, handel und stende der narunge bleiben, das ist ebenso ein grosses wunder und gewallt Gottes, als das er aus nichts die wellt gemacht hat und noch erhellt teglich. Denn die wellt ist voller teuffel, und wie wir teglich fur augen sehen, sind unter baurn, burgern, adel, herrn und fursten so viel boser mutwilliger buben, die zu stelen, rauben, liegen, triegen, krieg, schaden, ungluck lust haben, das mit menschlicher witz und macht nicht muglich were, einen tag fride zu haben und regiment odder oberkeit zu erhalten, wo Gott hie nicht mit aller gewalt steüret, hulffe und werete dem teuffel. Darumb nicht umbsonst der heilige David vermanet, man solle Gott dancken fur welltlichen fride, oberkeit und regiment ... Denn mit unserm schwerd und weisheit ist nichts ausgericht ... Und sonderlich hellt er ia itzt ynn deudschen landen mit trefflicher gewalt friede, wie wenig auch des selbigen ist, denn man mus es greiffen, das itzt unter den deudschen kein mensch sey, der widder solchen ungehorsamen und reubischen adel die oberkeit erhalten, widder solche untrew und diebisch untherthanen die herrn schutzen mocht. Es ist ein solch rauben und stelen unternander, darnach viel wunhderlicher meuchler mit seltzsamen practiken, hetzen und reitzen und macht doch niemand kein gewissen druber, das solchs fur Gott sunde sey, das ichs dafur achte, unser itziger friede und stand hange an einem seiden faden, Ja er schwebe schlecht ynn der lufft allein ynn Gottes henden uber und widder unsern willen und gedancken und widder aller teuffel wueten und toben, Denn wo menschlich weisheit und gewalt itzt solt Deudsch land regiren, Es lege morgen auff einem hauffen.«[9] Gott selbst ist hier das Subjekt des Handelns, der Garant und Träger jenes Maßes an gesellschaftlicher Stabilität, das die Grundbedingung menschlicher Aktivität und Daseinsvorsorge überhaupt ist – und das ist ein Glaubenssatz, von Luther schöpfungstheologisch im Kontext des ersten Artikels entfaltet.

Dem göttlichen Schöpfungs- und Erhaltungswirken dient das vernünftige Handeln des Menschen im Sinne der Friedenssicherung und der För-

---

9 Confitemini, 1530, WA 31, 1, S. 77, Z. 33 – S. 79, Z. 8; S. 83, Z. 6–17.

derung des gemeinsamen Wohls, indem es die gesellschaftlichen Institutionen der Administration, des Rechts, der Wirtschaft, der Bildung und Erziehung, des Militärs nach den Regeln von Vernunft und Billigkeit organisiert und handhabt. Wir veranschaulichen dies am Beispiel der landesherrlichen Administration, deren Probleme Luther scharfsichtig mit der Notwendigkeit einer Reform des Bildungswesens in Zusammenhang brachte. »Die Territorien warfen nur mühsam die alte feudale Staatsform ab und suchten den neuen Beamtenstaat unter fürstlicher Obergewalt zu verwirklichen. Erst die zweite Hälfte des 15. Jahrhunderts ermöglicht durch das Aufkommen juristischer Laienbildung langsam die Rekrutierung von Beamten aus anderen Kreisen als denen des naturalwirtschaftlich orientierten einheimischen Adels.«[10] In der »Predigt, daß man Kinder zur Schule halten solle« von 1530 stellt Luther mit großer Eindringlichkeit die Notwendigkeit vor Augen, daß angesichts der auf die Territorialherrschaften zukommenden politischen Aufgaben eine neue juristische und administrative Intelligenz herangebildet werden müsse. Die Ratsherren aller Städte sollen Schulen einrichten[11], die Obrigkeit möge die allgemeine Schulpflicht einführen – wenn sie die Untertanen zum Kriegsdienst zwingen kann, wieviel mehr sollte sie sie zur Schule zwingen können, »weil hier wohl ein ärger Krieg mit dem leidigen Teufel vorhanden ist, der damit umgehet, daß er Städte und Fürstentümer so heimlich aussaugen und von tüchtigen Personen leer machen will, bis er den Kern ganz ausgebohrt und eine leere Hülse von eitel unnützen Leuten hat da stehen lassen, mit denen er spielen und gaukeln könne, wie er will. Das heißet freilich eine Stadt oder ein Land ausgehungert und ohne Streit in sich selbst verderbt, ehe man sich umsieht.«[12] Die neue Intelligenzschicht kann sich nicht aus dem Adel rekrutieren, weil »Herren und großer Leute Kinder hierzu nicht zu brauchen sein werden, denn die Welt muß auch Erben und Leute haben, man zerrisse sonst die weltliche Obrigkeit«, vielmehr müssen hierzu einfacher Leute Kinder herangezogen werden[13]. Die »reichen Geizwänste« wollen es nicht, die »Fürsten und Herren« können es allein nicht, »so muß wohl beiderlei Regiment (sc. das geistliche und das weltliche Regiment) auf Erden bei den armen, mittelmäßigen und einfachen Leuten und bei ihren Kindern bleiben.«[14] Die Ausbildungsförderung soll aus Kirchengütern finanziert werden, die Reichen sollen Stipendien stiften: »Hier lösest du nicht der Verstorbenen Seelen aus dem Fegfeuer, sondern hilfst durch Erhalten der göttlichen Ämter beiden, den Lebendigen und den Zukünftigen, die noch nicht geboren sind, daß sie nicht ins Fegfeuer hineinkom-

---

10 F.W. Kantzenbach, Christentum in der Gesellschaft, Bd. 2, S. 26.
11 An die Ratsherrn aller Städte deutschen Landes, 1524, WA 15, S. 33.
12 Kinder, WA 30,2, S. 586, Z. 15 – S. 587, Z. 3; Zit. nach Luther Deutsch, hg. von K. Aland, Bd. 7, Berlin 1954, S. 222 (L.D.)
13 WA 30,2, S. 545, Z. 18–20; zit. L.D. Bd. 7, S. 202.
14 WA 30,2, S. 577, Z. 29–31; zit. L.D. Bd. 7, S. 217.

men, ... und den Lebendigen, daß sie Frieden und Ruhe haben.«[15] Es ist im Interesse der jetzt Lebenden und der kommenden Generationen, daß »nicht Faustrecht, sondern Kopfrecht«, daß Vernunft und Weisheit regiert. Wer soll das Kopfrecht der Vernunft und der Weisheit erhalten? »Faust und Harnisch tuns nicht, es müssen die Köpfe und Bücher tun. Es muß gelernt und gewußt sein, was unsers weltlichen Reichs Recht und Weisheit ist ...«[16].

Des Menschen Wille ist nicht frei, zu wählen zwischen Gut und Böse oder Leben und Tod oder überhaupt, etwas zu tun oder nicht zu tun[17]. Worauf der Wille ausgerichtet ist, das hängt davon ab, von wem er beherrscht wird, von Gott oder Satan. Außerhalb der Gnade, des Glaubens und der daraus fließenden Liebe kann der Mensch nicht anders als sündigen, »was nicht aus dem Glauben gehet, das ist Sünde« (Röm 14,23), und es ist ein gottloses Philosophieren, wenn behauptet wird, das Natürliche sei nach dem Sündenfall unversehrt geblieben und der Mensch könne deshalb, wenn er tut, was an ihm ist, die Gnade Gottes und das Heil verdienen. Der Mensch kann von sich aus, von Natur, zu seinem Heil nichts beitragen. Gott hat »mein Heil aus meinem Willen herausgenommen und in seinen Willen aufgenommen«[18], so hat die Gewißheit meines Heils ihren Grund nicht in mir, sondern außerhalb meiner selbst in der Zusage seiner Gnade und Barmherzigkeit[19]. Der durch die Gnade im Glauben erneuerte Mensch ist exzentrisch seinem Wesen nach, will mit Lust und Liebe, was Gott will, und so ist es ganz unmöglich, daß Gott in seinem Reich etwas wirkt *wider* den Willen der erneuerten Kreatur. Gott handelt am Menschen, indem er ihn durch den Geist zu einer wiedergeborenen neuen Kreatur macht und zum Erben seines ewigen Reiches. Da kann der menschliche Wille sich nur gefangen geben und ja sagen, um gerade so seine königliche Freiheit zu verwirklichen[20]. Dies gehört zur Theologie des zweiten und dritten Artikels.

Aber, wie schon erwähnt, erstreckt sich Gottes Handeln auch auf die Erhaltung des von ihm Geschaffenen: Welt und Kreatur. Dies bezieht sich auf die Theologie des ersten Artikels, und hier findet sich bei Luther eine spezifische Differenz, die für unseren Zusammenhang von Bedeutung ist. Gottes Güte schafft und erhält uns ohne uns, hier ist Gott allein wirksam und der Mensch tut nichts dazu. Und zugleich gilt: Gott wirkt »in uns nicht ohne uns«, »weil er uns nämlich dazu geschaffen und erhalten hat, daß er in uns wirke und wir mit ihm zusammenwirken«. Insoweit besteht noch kein Unterschied zwischen Schöpfung und eschatologischem Reich des Geistes. Denn auch hier gilt: Gott allein erneuert uns ohne uns durch den

---

15 WA 30,2, S. 587, Z. 29–34; zit. L.D. Bd. 7, S. 223.
16 WA 30,2, S. 557, Z. 36 – S. 558, Z. 3; zit. L.D. Bd. 7, S. 209.
17 Disputatio de homine, 1536, WA 39,1, S. 175ff.
18 De servo arbitrio, 1525, WA 18, S. 767.
19 WA 18, S. 783, Z. 29.
20 De servo arbitrio, 1525, WA 18, S. 635, Z. 16.

Geist, er allein erhält uns als Erneuerte in seinem Reich – und gleichzeitig: »Doch wirkt er nicht ohne uns, weil er uns nämlich dazu erneuert hat und erhält, damit er in uns wirke und wir mit ihm zusammenwirken«. Aber hier, in Gottes Reich, ist der Mensch in der Weise beteiligt, daß er gern dabei ist, willentlich und mit Lust mit Gott zusammenwirkt.

Demgegenüber wirkt der Mensch im Bereich des welterhaltenden Schöpferwirkens Gottes auf zweierlei Weise mit Gott zusammen: »sei es, daß dies geschehe außerhalb seines Reichs durch die allgemeine Allmacht sei es innerhalb seines Reiches durch die besondere Kraft seines Geistes.«[21] Es gilt also nicht nur, daß Gott der Herr ist in beiden Reichen, so daß »der Mensch außer der Gnade bleibe gleichwohl unter der allgemeinen Allmächtigkeit Gottes, der alles tue, bewege, mitreiße mit notwendiger und unfehlbarer Fahrt« (... hominem extra gratiam Dei manere nihilominus sub generali omnipotentia Dei facientis, moventis, rapientis omnia necessario et infallibili cursu ...[22]), auch nicht nur, daß Gott dort in den Menschen so treibt, »wie sie sind und wie er sie findet«, d. h. weil sie böse sind, »so tun sie nichts als das verkehrt und böse ist« (quales illi sunt et quales invenit ... non nisi aversa et mala faciunt ...[23]), sondern es ist auch zu sagen: Gott wirkt außerhalb seines Reichs im weltlichen Reich das Gute, das er will, durch die Menschen *wider* ihren Willen. Dies eben darum, weil er nicht ohne die Menschen wirkt, sondern sie mit ihm zusammenwirken, und zwar alle: die durch den Geist im Glauben Erneuerten mit Lust und Willen, die Gottlosen, da sie nicht wollen können, was Gott will, gegen ihren Willen. Da nun christliche Fürsten die Ausnahme sind und wie Wildbret im Himmel, wie Luther gerne sagt, und im Volk die Christen »seltene Vögel«, wird verständlich, wie für Luther der vielfach angefochtene Bestand des Ganzen, die gesellschaftliche Kohärenz, wider Willen »von oben« (d.h. der Obrigkeit) und wider Willen »von unten« (d.h. des Volks) allein durch Gottes Güte bewahrt wird, der wider den »ungehorsamen und räuberischen Adel« die Obrigkeit erhält und wider die »untreuen und diebischen Untertanen« die Herren schützt, und wie zugleich sich in Luthers politischen Schriften ein hohes Maß an rationaler Argumentation und Appell an die Vernunft findet.

Luther selbst hat die überkommene gesellschaftlich-kirchliche Ordnung an der Stelle angefochten, an der sie sich als weltlich-geistlicher Stufenbau darstellte mit ihrer spezifisch mittelalterlichen Überordnung des Geistlichen über das Weltliche und innerhalb des Geistlichen der Stände der Vollkommenheit über den niederen Klerus. Der doppelstöckige Bau der mittelalterlichen Welt, die Scheidung in eine adlige und eine nichtadlige Sphäre, die im frühmittelalterlichen germanischen Landeskirchentum auch die Kirche ergriffen und durchformt hatte, wurzelte im agrarischen

---

21 WA 18, S. 754, Z. 11f.
22 WA 18, S. 752, Z. 12–14.
23 WA 18, S. 709, Z. 22–24.

Leben, das die Basis sowohl für den weltlichen als auch für den kirchlichen Feudalismus war. Der klerikale Feudalismus forderte die Kritik und den Ruf nach Reformen heraus, in dem Maße zunehmend, wie die städtische Kultur und Wirtschaftsweise im Vordringen war. Luthers beißende Kritik des natürlich-übernatürlichen, weltlich-geistlichen Stufenbaus setzte an bei der Verkehrung des Wesens der weltlichen wie der geistlichen Ordnung, die nicht nur eine Vermischung, sondern geradezu eine Umkehrung bedeutete. »Die Bischöfe sollen das Wort Gottes liegen lassen und die Seelen nicht damit regieren, sondern sollen den weltlichen Fürsten befehlen, daß dieselben mit dem Schwert daselbst regieren. Umgekehrt die weltlichen Fürsten sollen Wucher-, Raub, Ehebruch, Mord und andere böse Werke gehen lassen und selbst treiben, danach von den Bischöfen mit Bannbriefen strafen lassen, und so den Schuh fein umkehren: mit Eisen die Seelen und mit Briefen den Leib regieren, daß weltliche Fürsten geistlich und geistliche Fürsten weltlich regieren. Was hat der Teufel sonst zu schaffen auf Erden, als daß er mit seinem Volk so gaukele und Fastnachtspiel treibe.«[24]

Luthers Kritik und Neuorientierung vollzieht sich in der Weise, daß er
1. die vertikale Differenz der weltlichen und geistlichen Stände horizontal *verlegt* bzw. umlegt und so ihren Sinn völlig verändert;
2. die vielfache vertikale Differenz der natürlich-übernatürlichen Seinsstufen *ersetzt* durch die einfache vertikale Differenz Gott – Welt, Reich Gottes – Reich der Welt und Schöpfer – Schöpfung;
3. diese einfache Differenz *einbettet* in die geschichtlich-eschatologische Spannungsdifferenz von Herkunft (Kreuz und Auferstehung) und Zukunft (Reich Gottes) des Menschen.
An diesen drei Gesichtspunkten wird sich die folgende Darstellung orientieren.

Zusammenfassung Das Vertrauen in die natürliche Güte des Menschen wird in der reformatorischen Theologie fundamental angefochten.

Ebenso fundamental angefochten ist in der Umbruchszeit vom Mittelalter zur Neuzeit das natürlich-vernünftige Vertrauen in die natürlich-vernünftige Stabilität und Kohärenz der gesellschaftlichen Ordnung. Die politische, wirtschaftliche, soziale, kulturelle und kirchliche Entwicklung zeitigt eine Differenziertheit und Komplexität, deren Dynamik die gesellschaftliche Kohärenz äußerst labil macht.

Der gesellschaftliche Friede erscheint bei Luther nicht mehr als ein Produkt der Vernunft, gewonnen durch vernünftige Nachahmung des im Universum vorgegebenen Modells der Naturordnung, sondern direkt als Gabe und Schöpfung Gottes. Gottes Allmacht schafft gegen den Willen

---

24 Obrigkeit, WA 11, S. 269, Z. 33 – S. 270, Z. 4; zit. L.D. Bd. 7, S. 39. Zu Luthers Dreiständelehre vgl. *W. Maurer*, Luthers Lehre von den drei Hierarchien und ihr mittelalterlicher Hintergrund, München 1970.

der Menschen das für die menschliche Existenz erforderliche Mindestmaß an Ordnung und Frieden in der Gesellschaft.

Luthers Kritik des mittelalterlichen weltlich-geistlichen Stufenbaus der Gesellschaft vollzieht sich in der Weise, daß er
1. die vertikale Differenz der weltlichen und geistlichen Stände horizontal *verlegt* bzw. umlegt und so ihren Sinn völlig verändert;
2. die vielfache vertikale Differenz der natürlich-übernatürlichen Seinsstufen *ersetzt* durch die einfache vertikale Differenz Gott – Welt, Reich Gottes – Reich der Welt und Schöpfer – Schöpfung;
3. diese einfache Differenz *einbettet* in die geschichtlich-eschatologische Spannungsdifferenz von Herkunft (Kreuz und Auferstehung) und Zukunft (Reich Gottes) des Menschen.

II Reich Gottes, Kirche und Gesellschaft

1 Horizontale Verlegung des weltlich-geistlichen Stufenbaus

a) Ersetzung der »Stände« durch »Dienste« und »Ämter« – horizontale Verlegung des geistlichen Standes
Die Lehre, daß geistliche Gewalt über die weltliche sei, ist eine der drei Mauern, die die Romanisten um sich gezogen haben, um sich unanfechtbar zu machen. Daß Papst, Bischöfe, Priester und Klostervolk geistlichen Standes sind und Fürsten, Herren, Handwerks- und Ackerleute weltlichen Standes, ist eine gleißnerische Erfindung[25]. Luther dehnt nun den Begriff des »geistlichen Standes« auf alle Christen aus und interpretiert die funktionale Differenz, die im Begriff der Stände enthalten ist, als Differenz der Ämter, ordnet diese ein in den funktionalen Zusammenhang der Gemeinde bzw. der Gesellschaft und versteht von da aus die Ämter als Dienste. »Denn alle Christen sind wahrhaft geistlichen Standes, und ist unter ihnen kein Unterschied denn des Amts halben allein, wie Paulus, 1. Korinth. 12, sagt, daß wir allesamt ein Körper sind, doch ein jeglich Glied sein eigen Werk hat, womit es den andern dienet; das macht alles, daß wir eine Taufe, ein Evangelium, einen Glauben haben und sind gleiche Christen, denn die Taufe, Evangelium und Glauben, die machen allein geistlich und Christenvolk.«[26] Die Weihe ist nichts anderes als die Beauftragung zum Amt durch die »ganze Versammlung«. Alles, »was aus der Taufe gekrochen ist«, ist schon zum Priester, Bischof und Papst geweiht. Auch die weltliche Gewalt ist mit uns getauft, »hat denselben Glauben und Evangelium, so müssen wir sie lassen Priester und Bischof sein und ihr Amt zählen als ein Amt, das da gehöre und nützlich sei der christlichen Gemeine«.[27] Wir sind alle in

---

25 Adel, WA 6, S. 407, Z. 10ff.; zit. M.A. Bd. 2, S. 7.
26 WA 6, S. 407, Z. 13–19; zit. M.A. Bd. 2, S. 7f.
27 WA 6, S. 408, Z. 8–11.

gleicher Weise Priester, das gilt allgemein. Aber was allgemein ist, gehört der Gemeinde, und kein einzelner kann das »ohne der Gemeine Willen und Befehl« an sich nehmen, er muß dazu durch sie erwählt und beauftragt sein. Der Unterschied zwischen »Geistlichen« und »Weltlichen« ist darum kein Unterschied des Standes, sondern des »Amtes oder Werkes«. »Und das steht bei St. Paulus, Röm. 12 und 1. Korinth. 12, und bei Petrus 1. Petr. 2,... daß wir alle ein Körper sind des Hauptes Jesu Christi, ein jeglicher des andern Gliedmaß. Christus hat nicht zwei noch zweierlei Art Körper, einen weltlich, den andern geistlich: ein Haupt ist, und einen Körper hat er.«[28]

Dieser allgemeine christliche Stand geht durch die drei großen gesellschaftlichen Institutionsbereiche, von Luther auch »Regimente«, »Hierarchien«, »Stände«, »Berufe«, »Erzgewalt«, »Ämter«, »Orden« oder »Stifte« genannt[29]: durch den status ecclesiasticus, den status politicus und den status oeconomicus quer hindurch. »Gleich wie nun die, so man jetzt geistlich heißt oder Priester, Bischöfe oder Päpste, sind von den andern Christen nicht weiter noch würdiger geschieden, als daß sie das Wort Gottes und die Sakramente sollen behandeln, das ist ihr Werk und Amt; also hat die weltliche Obrigkeit das Schwert und die Ruten in der Hand, die Bösen damit zu strafen, die Frommen zu schützen. Ein Schuster, ein Schmied, ein Bauer, ein jeglicher seines Handwerks Amt und Werk hat, und doch sind alle gleich geweihte Priester und Bischöfe, und ein jeglicher soll mit seinem Amt oder Werk den andern nützlich und dienstlich sein, daß also vielerlei Werke alle auf eine Gemeine gerichtet sind, Leib und Seele zu fördern, gleich wie die Gliedmaßen des Körpers alle eines dem andern dienen.«[30]

Luther vertritt den gleichen Gedanken auch in negativer Argumentation: Wenn es gelten sollte, daß aufgrund der hierarchischen Stufenordnung die weltliche Gewalt dem geistlichen »Stand« untergeordnet ist, so daß dieser dem Zugriff der weltlichen Gewalt entzogen ist und diese dem geistlichen Stand nicht »nützlich und dienstlich« sein kann, so müßte das auch für den status oeconomicus gelten, »so sollte man auch verhindern die Schneider, Schuster, Steinmetze, Zimmerleute, Köche, Kellner, Bauern und alle zeitlichen Handwerke, daß sie dem Papst, Bischöfen, Priestern, Mönchen keine Schuhe, Kleider, Haus, Essen, Trinken machten noch Zins gäben.«[31]

Wenn also der weltlich-geistliche Stufenbau der Gesellschaft in solcher Weise umgestürzt und horizontal verlegt ist, daß der christliche Stand quer durch die gesellschaftlichen Ämter, das kirchliche, politische und ökonomische hindurchgeht, worin besteht dann der Unterschied zwi-

---

28 WA 6, 408, Z. 31–35.
29 Vgl. *U. Duchrow*, Christenheit und Weltverantwortung, S. 501ff.
30 WA 6, S. 409, Z. 1–10; zit. M.A. Bd. 2, S. 9f.
31 WA 6, S. 409, Z. 22–25; zit. M.A. Bd. 2, S. 10.

II Reich Gottes, Kirche und Gesellschaft

schen Priestern und Laien in der Christenheit? Wird damit die Differenz nicht nur horizontal verlegt, sondern vielmehr in der Weise aufgehoben, daß der »geistliche Stand« in die weltlichen Ämter hinein integriert und aufgehoben wird, also die Konsequenz von R. Rothe schon hier? Warum hat Luther ein Drei-Stände-System beibehalten und nicht ein Zwei-Stände-System eingeführt? Luther antwortet: »Die Heilige Schrift gibt keinen andern Unterschied, denn daß sie die Gelehreten oder Geweiheten nennet ministros, servos, oeconomos, das ist Diener, Knechte, Schaffner, die da sollen den andern Christum, Glauben und christliche Freiheit predigen. Denn ob wir wohl alle gleich Priester sind, so können wir doch nicht alle dienen oder schaffen oder predigen«. Nicht darin, daß es ein Amt und Dienst ist, unterscheidet sich das geistliche Amt von den weltlichen Ämtern. Die Werke der Geistlichen und der Priester, »wie hoch und heilig sie auch sein mögen, vor dem Angesichte Gottes gar nicht unterschieden sind von den Werken eines Bauern, der auf dem Felde arbeitet, oder eines Weibs, die ihrer Haushaltung abwartet, sondern daß alles vor Gott nach dem Glauben geschätzet werde.«[32] Der Unterschied liegt in der Art und im Inhalt des Dienstes. Hörten wir bei Thomas von Aquin: ordo est hierarchia, so müßte man nach Luther sagen: ordo est diaconia.

Allerdings, der geistliche Stand der wiedergeborenen und glaubenden Christen, der quer durch die drei Regimenter der Gesellschaft, das obrigkeitliche, das geistliche und das ökonomische, hindurchgeht, steht zu diesen in einem durchaus kritischen Verhältnis, das man als die spannungsvolle Einheit von »in« und »gegen« bezeichnen kann.

Das »vierte Häuflein« der auserwählten Kinder Gottes findet man *in* dem »ersten Haufen« des Gemeinwesens, unter den Bürgern, Handwerksleuten, Bauern, Knechten, Mägden u.s.w. Auch im »zweiten Haufen« des weltlichen Regiments unter den Fürsten, Herren, Edlen, Ratsherren, Richtern und auch im »dritten Haufen« gibt es »ja noch fromme, gottesfürchtige, rechte Bischöfe, Pfarrer, Prediger und Seelsorger«[33]. Und die Tatsache, daß es unter den Gewerbetreibenden, den Politikern und den Klerikern auch »noch« Christen gibt, als latente Minderheit, bedeutet für jene mehr, als sie selber wissen: »Ja, um dieser willen erhält Gott die vorigen drei Haufen und die ganze Welt und waget so viel Güte und Gaben an sie.«[34]

Andererseits kann Luther auch sagen, daß das »vierte Häuflein« »*aus* den drei vorigen Haufen versammelt« wird, daß im 119. Psalm die Christen ganz deutlich von den andern drei Haufen getrennt und unterschieden werden, womit angezeigt werde, »wie jene Gott nichts achten noch ihn fürchten noch ihm dienen, sondern sie dienen sich selbst und suchen

---

32 De captivitate, WA 6, S. 541, Z. 3–5; zit. M.A. Bd. 2, S. 156.
33 Confitemini, 1530, WA 31,1, S. 88, Z. 11f.; zit. L.D. Bd. 7, S. 272.
34 WA 31,1, S. 88, Z. 15–17; zit. L.D. Bd. 8, S. 272.

und haben das Ihre in diesem Leben.«[35] Dieser Fremdheit der Christen in dieser Welt entspricht auf der anderen Seite die Feindschaft, die ihnen entgegenschlägt: »Über das hinaus verfolgen sie diesen kleinen Haufen ohne Unterlaß aufs höchste, können und wollen denselben nicht leiden, allein deshalb und um keiner andern Ursache willen, weil diese Gott fürchten und ihm vertrauen, das ist, daß sie Gottes Wort ehren und lehren, welches jene nicht hören noch sehen wollen.«[36] Da die Lehre des Wortes Gottes im Sinne der Predigt ein Proprium des geistlichen Amtes ist, meint dieses »Ehren und Lehren« des Wortes Gottes in den verschiedenen weltlichen Ämtern das Zeugnis durch das mündliche Bekenntnis des Glaubens und durch die christliche Praxis in Politik, Wirtschaft und Kirche, durch das Kreuz und Leiden über die Christen kommt. Indem sie Gott dienen wollen, indem sie nach seinem Wort »leben und tun«, »müssen sie wahrlich herhalten und von den drei Haufen ... alles Unglück leiden.«[37]

Zusammenfassung   Luther dehnt den Begriff des »geistlichen Standes« auf alle Christen aus und verlegt den Unterschied in die verschiedenen Funktionen, er bezeichnet diese als »Ämter« und versteht sie als »Dienste«. Der »geistliche Stand« der Christen geht quer durch die drei gesellschaftlichen Ämter: das kirchliche, das politische und das ökonomische Amt. Der »geistliche Stand« ist in allen drei Ämtern eine verborgene und bedrängte Minderheit.

b) Die drei Regimenter als Dienstämter
α) Das kirchliche Amt als Predigtamt
Das Amt des Priesters in der Kirche begründet keine Herrschaftsstellung sondern ist ein Dienst, und zwar vor allem ein Dienst am Worte Gottes. »Denn Christus hat nicht Reiche, nicht Botmäßigkeiten, nicht Herrschaften, sondern Dienste in seiner Kirche verordnet.«[38] Zu den Aufgaben des Priesters gehört das Lehren, das Verkündigen des Wortes Gottes, das Taufen, die Austeilung der Eucharistie, das Binden und Lösen der Sünden, das Gebet für andere, die Beurteilung von Lehren und Geistern, »das erste aber und höchste von allen, in dem alle andern hangen, ist das Wort Gottes lehren ...«[39] Denn allein das Wort ist »Gefährt der Gnade Gottes«, allein durch das Wort der Predigt vom Glauben, ex auditu fidei[40], wird der Geist empfangen. Im Hören des Wortes ist der Mensch still und feiert von seinen Werken, ist nur Empfangender für das, was Gott der Herr »in dich

---

35 WA 31,1, S. 89, Z. 2–4; zit. L.D. Bd. 7, S. 272.
36 WA 31,1, S. 89, Z. 4–8; zit. L.D. Bd. 7, S. 272.
37 WA 31,1, S. 90, Z. 12–14; zit. L.D. Bd. 7, S. 273.
38 De captivitate, WA 6, S. 543, Z. 28f.; zit. M.A. Bd. 2, S. 160.
39 De instituendis ministris, 1523, WA 12, S. 180, Z. 5f.
40 Epist. Pauli ad Gal. comm., 1519, WA 2, S. 509, Z. 16f.

II Reich Gottes, Kirche und Gesellschaft

spricht«.[41] Wer das Wort Gottes nicht predigt, ist kein Priester[42], allenfalls ein päpstlicher, aber kein christlicher Priester, weil es durch seinen Dienst der Mensch nicht mit Gott zu tun hat, sondern nur mit sich selbst, mit seinen eigenen Werken, mit Opfern, Tagzeiten lesen, Gelübden. Da bleibt der Mensch in der Fremde, in der babylonischen Gefangenschaft, wo kein Heil und keine Heimat ist. Das Gefängnis, in dem der in sich selbst verkrümmte Mensch konzentrischen Wesens nur mit sich selbst beschäftigt ist, wird erst aufgebrochen und der Mensch wird erst frei, wo Gott zu ihm kommt im Wort der Verheißung und in dem das Wort bekräftigenden Zeichen des Sakraments durch den Dienst des Priesters, wo der Mensch aus sich selbst – exzentrisch – herausgesetzt wird und zu Gott kommt im Hören des Glaubens und der Antwort des Gebets aus dem Glauben. »Denn Gott ... hat mit den Menschen niemals anders gehandelt, handelt auch noch nicht anders mit ihnen denn durch das Wort der Verheißung. Hiergegen können wir mit Gott nicht anders handeln denn durch den Glauben an das Wort seiner Verheißung.«[43] Das geistliche Amt ist von Gott gestiftet, indem er sich selbst erniedrigte bis zum Leiden und Tod am Kreuz; und worin das Amt seinen Wurzelgrund hat, eben das macht auch sein Wesen aus: Es wird für seinen Träger Dienst und Erniedrigung, Leiden und Kreuz bringen. Wenn es wahr ist, »daß der geistliche Stand von Gott eingesetzt und gestiftet sei ... mit dem teuren Blut und bittern Tode seines einzigen Sohnes, unseres Herrn Jesus Christus«[44], dann ist es geradezu die Umkehrung der Herkunft und des Sinnes des geistlichen Amtes, wenn es als Herrschaftsinstitution innerhalb der Kirche bzw. der Kirche über weltliche Institutionen verstanden und praktiziert wird. »Christus im Himmel, in der regierenden Form, bedarf keines Statthalters, sondern sitzt, siehet, tut, weiß und vermag alle Dinge. Aber er bedarf seiner in der dienenden Form, wie er auf Erden ging, mit Arbeiten, Predigen, Leiden und Sterben.«[45]

Dem Dienst am Wort, der Beziehung von Wort der Verheißung und Glaube wird die priesterliche Sakramentsverwaltung zu- und untergeordnet. »Wir aber sollen die Augen auftun und lernen mehr das Wort als das Zeichen ... in acht zu nehmen, und wissen, daß, wo Gottes Verheißung ist, da der Glaube erfordert werde, und, daß beides so nötig, so daß keines ohne das andere kräftig sein könne. Denn es kann nichts geglaubet werden, es sei denn eine Verheißung da, und es wird auch die Verheißung nicht befestiget, sie werde denn geglaubet; wenn aber beide vorhanden, machen sie den Sakramenten eine wahre und sehr gewisse Kraft. Darum die Kraft des Sakraments ohne die Verheißung und den Glauben zu suchen, ist umsonst sich bemühen und die Verdammnis finden. Also saget

---

41   WA 2, S. 509, Z. 12.
42   De captivitate, WA 6, S. 564, Z. 15ff.; S. 567, Z. 1ff.
43   De captivitate, WA 6, S. 516, Z. 30–32; zit. M.A. Bd. 2, S. 117.
44   Kinder, WA 30,2, S. 527, Z. 1–4.
45   Adel, WA 6, S. 434, Z. 10–13; zit. M.A. Bd. 2, S. 38f.

Christus: ›Wer glaubet und getauft wird, wird selig werden; der nicht glaubet, der wird verdammet werden.‹ Damit er anzeiget, daß der Glaube in dem Sakrament so notwendig sei, daß er auch ohne das Sakrament könne selig machen.«[46]

Nicht etwa trotz, sondern gerade aufgrund dieser strengen Konzentration des geistlichen Amtes auf den Dienstgedanken und die Wortverkündigung weist Luther dem Predigtamt eine erhebliche gesellschaftliche und politische Relevanz zu. Dieses Amt fördert und hilft das »zeitliche Leben und alle weltlichen Stände erhalten«. Überhaupt besteht die Welt noch einzig wegen dieses Standes, »sonst wäre sie lange zugrunde gegangen.«[47] Das Predigtamt hilft den Menschen zum Glauben und zum »Anfang der leiblichen Auferstehung«, aber über das hinaus tut es auch »der Welt eitel große, mächtige Werke«. Es unterrichtet alle Stände, wie sie sich verhalten sollen, damit sie vor Gott recht tun, es gibt Rat, schlichtet »böse Sachen«, hilft Frieden halten, trägt zur Versöhnung unter den Menschen bei. »Ein Prediger bestätigt, stärkt und hilft erhalten alle Obrigkeit, allen zeitlichen Frieden, steuert den Aufrührerischen, lehrt Gehorsam, Sitte, Zucht und Ehre, unterrichtet das Vateramt, Mutteramt, Kinderamt, Knechtsamt und in Summa alle weltlichen Ämter und Stände.«[48]

Der Friede, das größte Gut auf Erden und der Inbegriff aller zeitlichen Güter, ist eine Frucht des Predigtamtes. So dient das Pfarramt Gott und den Menschen; Gott, indem durch dieses Amt das Reich Gottes in der Welt erhalten wird, »die Ehre, der Name und Ruhm Gottes, die rechte Erkenntnis Gottes, der rechte Glaube und Verständnis Christi . . .«[49]; den Menschen, indem es ihnen zum Glauben und zum ewigen Leben hilft und indem es den gesellschaftlichen und zwischenmenschlichen Konflikten steuert.

Zusammenfassung Das kirchliche Amt ist kein durch Herrschaft charakterisierter »Stand«, sondern ein Dienst, und zwar primär ein Dienst der Predigt des Wortes Gottes. Das geistliche Amt ist von Gott gestiftet durch das Kreuzesleiden Christi. Diese Stiftung prägt das geistliche Amt als Dienst und Erniedrigung. In bezug auf das politische und ökonomische Amt ist das geistliche Amt von großer Bedeutung: Es begründet und stärkt den gesellschaftlichen Frieden.

β) *Das weltliche Regiment als Dienst am Nächsten mit Willen oder wider Willen*
(1) *Grund und Wesen des weltlichen Regiments*
Das weltliche Regiment gehört zum welterhaltenden Schöpferwirken Gottes, in dem die Menschen, ob mit oder wider Willen, mit Gott zusam-

---

46 De captivitate, WA 6, S. 533, Z. 29 – S. 534, Z. 1; zit. M.A. Bd. 2, S. 144.
47 Kinder, WA 30,2, S. 527, Z. 12f.; zit. L.D. Bd. 7, S. 193.
48 WA 30,2, S. 537, Z. 9–13; zit. L.D. Bd. 7, S. 198f.
49 WA 30,2, S. 539, Z. 8–12; zit. L.D. Bd. 7, S. 199.

II Reich Gottes, Kirche und Gesellschaft

menwirken. Es ist ein Instrument der Güte Gottes, der seinen Geschöpfen treu bleibt, der sie nicht fallen läßt und sich selbst überläßt, wenn sie Gott untreu werden und der sie sozusagen gegen sich selber schützt. Es ist eine Vermessenheit, wenn »etliche tolle Fürsten und Herren« meinen, sie seien es, die mit ihrer Vernunft regieren, und mit ihrer Macht Land und Leute zwingen[50]. Gott selbst ist der primäre Grund und Träger des weltlichen Regiments. »Die Schrift ... sagt, daß Gott beide gebe, Herren und Untertanen, und das weltliche Regiment sei ganz sein.«[51]

Daß das weltliche Regiment notwendig ist, liegt daran, daß Christen »seltene Vögel« sind auf Erden und »weit voneinander wohnen«. Die Bürger des Reiches Gottes, die Gläubigen, brauchen keine Obrigkeit, »und wenn alle Welt rechte Christen, das ist rechte Gläubige wären, so wäre kein Fürst, König, Herr, Schwert noch Recht notwendig oder von Nutzen«.[52] Denn sie haben den heiligen Geist im Herzen, der sie lehrt, dem Nächsten recht zu tun und Unrecht zu leiden, so daß sie aus ihrer Natur mehr tun, als alles Recht von ihnen fordert. Ein guter Baum muß nicht belehrt werden, damit er gute Früchte bringt, »sondern seine Natur gibts«.[53] Untereinander und bei sich haben die Christen keinerlei Herrschaftsform, denn hier dient jeder dem andern und ist jeder dem andern untertan. Wollte man aber die Welt nach dem Evangelium regieren, »so würden die Bösen unter dem christlichen Namen der evangelischen Freiheit mißbrauchen«[54], man »würde den wilden, bösen Tieren die Bande und Ketten auflösen, daß sie jedermann zerrissen und zerbissen ...«

Obwohl also die Christen für sich und unter sich des weltlichen Regiments nicht bedürfen, sind sie nicht nur passiv politisch loyal und ordnen sich der weltlichen Herrschaft willig unter, sondern sie sind auch am besten disponiert, aktiv politische Verantwortung zu übernehmen im weltlichen Regiment. Das erste (die Loyalität) gilt, weil jeder Christ auf Erden nicht für sich selbst, sondern für den Nächsten lebt und das tut, was dem Nächsten nützlich und notwendig ist. »Nun aber das Schwert aller Welt ein großer nötiger Nutzen ist, daß Friede erhalten, Sünde gestraft und den Bösen gewehrt werde, so ergibt er sich aufs allerwilligste unter des Schwertes Regiment, zahlt Steuern, ehrt die Obrigkeit, dienet, hilft und tut alles, was er kann.«[55] Das zweite, die aktive politische Verantwortung und die Übernahme politischer Funktionen durch Christen ist nicht nur erlaubt, sondern geboten, weil die weltliche Gewalt Gottes Dienerin ist und der Christ um diesen ihren primären Grund und Träger ebensowohl weiß wie um ihren friedenerhaltenden Zweck im Dienst des Nächsten. »Das Schwert und die Gewalt als ein besonderer Gottesdienst gebührt den

---

50 Confitemini, WA 31,1, S. 79, Z. 25ff.; zit. L.D. Bd. 7, S. 267.
51 WA 31,1, S. 81, Z. 11f.; zit. L.D. Bd. 7, S. 268.
52 Obrigkeit, WA 11, S. 249, Z. 36 – S. 250, Z. 1; zit. L.D. Bd. 7, S. 13.
53 WA 11, S. 250, Z. 14; zit. L.D. Bd. 7, S. 14.
54 WA 11, S. 251, Z. 28–30; zit. L.D. Bd. 7, S. 16.
55 WA 11, S. 253, Z. 26–29; zit. L.D. Bd. 7, S. 18.

Christen vor allen andern auf Erden zu eigen.«[56] Soviel vom göttlichen Wesen und Grund des weltlichen Regiments.

(2) Aufgabe und Funktion
Die Aufgabe und Funktion des weltlichen Regiments ist es, das gemeinsame Wohl und den Frieden des Gemeinwesens zu schützen und zu fördern, den Bösen zu wehren, »daß sie gegen ihren Willen äußerlich Friede halten und still sein müssen«[57], und die Guten zu schüzen. Das heißt, wenn man das weltliche Regiment im Sinne seines göttlichen Wesens und Ursprungs versteht und ausübt, ist es nicht eigentlich Herrschaft, sondern Dienst, und zwar ein »schrecklicher« Dienst, der für seinen Träger voller Entsagung ist. Denn als Christ wird er für sich selbst bereit sein, daß er »alles Übel und Unrecht leide, sich selbst nicht räche ... Aber für andere kann und soll er Rache, Recht, Schutz und Hilfe suchen ...«[58] Für sich und das eigene Interesse darf kein Christ das Schwert führen, wohl aber für den Mitmenschen, »damit der Bosheit gesteuert und die Rechtschaffenheit geschützt werde«.[59] Die Liebe zum Nächsten achtet nicht auf den eigenen Vorteil, sondern auf den Nutzen des Nächsten oder des Gemeinwesens. Deshalb ist der Fürstenstand ein »gefährlicher Stand«[60], der »elendeste auf Erden«[61], voller Mühe, Arbeit und Unlust. Ein Fürst ist um seiner Untertanen willen Fürst, nicht »um seiner schönen gelben Haare willen«[62], er soll nicht denken: »Land und Leute sind mein, ich wills machen, wie mirs gefällt, sondern so: Ich bin des Landes und der Leute, ich solls machen, wie es ihnen nützlich und gut ist.«[63] Er soll sich Christus vor Augen stellen und seinen Weg in die Niedrigkeit, »daß also ein Fürst sich in seinem Herzen seiner Gewalt und Obrigkeit entäußere und sich des Bedürfnisses seiner Untertanen annehme und darin handle, als wäre es sein eigenes Bedürfnis. Denn so hat uns Christus getan, und das sind eigentlich christlicher Liebe Werke.«[64] So wird Luthers Satz verständlich, daß ein christlicher Fürst »Wildbret im Himmel«, d. h. äußerst selten zu finden sei.

(3) Struktur
Ist somit die Aufgabe und Funktion des weltlichen Regiments als Dienst zu bezeichnen, so ist nun nach der Struktur dieser gesellschaftlichen Institutionen zu fragen. Luthers Vorstellungen gehen dahin, daß er die Institutionen politischer Herrschaft in ein System der Nichtreziprozität einbin-

---

56 WA 11, S. 258, Z. 1f.; zit. L.D. Bd. 7, S. 24.
57 WA 11, S. 251, Z. 17f.; zit. L.D. Bd. 7, S. 15.
58 WA 11, S. 259, Z. 9–12; zit. L.D. Bd. 7, S. 26.
59 WA 11, S. 260, Z. 29f.; zit. L.D. Bd. 7, S. 28.
60 WA 11, S. 272, Z. 27; zit. L.D. Bd. 7, S. 43.
61 WA 11, S. 273, Z. 26; zit. L.D. Bd. 7, S. 44.
62 Kriegsleute, WA 19, S. 648, Z. 30; zit. L.D. Bd. 7, S. 74.
63 Obrigkeit, WA 11, S. 273, Z. 9–11; zit. L.D. Bd. 7, S. 44.
64 WA 11, S. 273, Z. 21–24; zit. L.D. Bd. 7, S. 44.

det und damit festschreibt. Er tut dies, indem er Einzelheit und Allgemeinheit in der Weise vermittelt, daß jeweils die Einzelheit »von unten« her definiert ist und die Allgemeinheit »von oben« her, so daß die jeweils untere Stufe im politischen Herrschaftssystem »nach unten« die Allgemeinheit repräsentiert, »nach oben« aber als Einzelheit zu bestimmen ist. Man kann somit Luthers Konzeption der institutionalisierten Herrschaft im Corpus Christianum als ein System der übereinandergestuften nichtreziproken Allgemeinheiten bezeichnen. »Gott hat die ›Unterperson‹ ganz und gar geordnet, einzeln und für sich allein zu sein.«[65] Wenn demnach der Fürst als Vertreter des Gemeinwesens sich an seine Untertanen wendet, ist er ›Oberperson‹ und hat die Allgemeinheit, er ist nicht für sich allein, sondern er *ist* »soviel Personen, soviel Häupter er unter sich und an sich hangen hat.« Man kann also sagen: Der Fürst *ist* in seinem Amt die Allgemeinheit, die er repräsentiert. Wendet sich aber der Fürst »nach oben« an den Kaiser als seinen Oberherrn, dann »ist er nicht mehr Fürst, sondern eine einzelne Person, im Gehorsam gegen den Kaiser, wie alle andern, ein jeglicher für sich«. Das heißt, der Fürst ist nach unten »Amt«, nach oben ist er »Person«. Ebenso, wenn der Kaiser sich an seine Untertanen wendet, ist er soviel Allgemeinheit, wie sein Herrschaftsbereich umfassend ist, »so ist er soviel mal Kaiser, soviel (Menschen) er unter sich hat.« Wenn sich der Kaiser aber nach oben, an Gott wendet, »so ist er nicht Kaiser, sondern wie alle andern eine einzelne Person vor Gott«. »So ist auch von allen andern Obrigkeiten zu reden, daß, wenn sie sich zu ihrem Oberherrn wenden, so haben sie keine Obrigkeit und sind aller Obrigkeit entkleidet. Wenn sie sich (aber) herunterwenden, so werden sie mit aller Obrigkeit geschmückt.«

Der ganze Stufenbau der nichtreziproken Allgemeinheiten wird zuoberst festgemacht in Gott als der letzten und umfassenden Allgemeinheit, die der Ursprung und die Quelle aller anderen Allgemeinheiten ist und auch deren eschatologisches Ende. »So kommt zuletzt alle Obrigkeit hinauf zu Gott, dessen sie (auch) alleine ist. Denn er ist der Kaiser, Fürst, Graf, Adel, Richter und alles und teilt sie gegen die Untertanen aus, wie er will, und zieht sie wiederum herauf zu sich selbst.«

Später allerdings findet sich ein so gestuftes System politischer Herrschaftsmetaphysik nicht mehr. Von 1529 an gibt Luther Gedanken über ein Widerstandsrecht der Reichsstände dem Kaiser gegenüber Raum, die über das vorher lediglich zugestandene Recht des passiven Widerstandes im Falle obrigkeitlicher Unrechtshandlungen hinausgehen und sich mit der Möglichkeit der aktiven leiblichen Gegenwehr befassen. Dabei kommt Luther schließlich zu einer Anschauung, die um 1539 voll durchgebildet ist und in der er von seiner früheren Konzeption der Übertragung des innerterritorialen Rechts der Gehorsamspflicht der Untertanen gegenüber der Territorialherrschaft auf das Verhältnis der Reichsstände zum Kaiser

---

65 Kriegsleute, WA 19, S. 652, Z. 20f.; zit. L.D. Bd. 7, S. 79.

abrückt. Luther entwickelt seine Vorstellung unter Bezugnahme auf das konziliare Modell der Kirchenleitung durch den Papst und die ihm iure divino gleichgeordneten Bischöfe und durch Übertragung dieses Modells auf die Reichsstände und ihr Verhältnis zum Kaiser. So sind auch die Kurfürsten »partes imperii« und mit dem Kaiser zusammen, auf grundsätzlich gleicher Ebene, Regenten des Reichs[66]. Wenn also der Kaiser mit Gewalt gegen die Reichsstände vorgeht, so handelt es sich nicht um die Wahrnehmung der obrigkeitlichen Schwertgewalt, nicht um eine Polizeiaktion, sondern um Krieg und Raubzug, gegen den der aktive leibliche Widerstand seitens der Fürsten geboten ist[67].

Das o. g. »Wiederheraufziehen« der Obrigkeit meint den Beginn der eschatologischen Herrschaft Gottes, wenn Gott sein wird »alles in allem« (1Kor 15,28). »Und so redet er auch 1. Kor. 15,24, daß Gott alle Obrigkeit aufheben wird, wenn er nun selbst regieren und alles zu sich ziehen wird.«[68]

Diese Metaphysik der Herrschaft unterscheidet sich bei aller Ähnlichkeit mit dem mittelalterlichen ordo metaphysicus von diesem doch entscheidend darin, daß sie sich strikt auf das weltliche Regiment bezieht. Denn im geistlichen Reich gibt es keine »Oberperson«, nur »Unterpersonen«, »weil es die Art und Natur (der Christen) nicht leidet, Oberste zu haben, da keiner Oberster sein will noch kann«.[69] Da gibt es keine Oberperson als Christus allein. Ohne diese Herrschaftsmetaphysik wäre aber Luthers kompromißlose Position im Bauernkrieg, seine Haltung zur Leibeigenschaft – wer seinem Herrn, und sei er ein ungläubiger Türke, wegläuft, der »raubt und stiehlt« seinem Herrn seinen Leib – und zum Widerstandsrecht unverständlich[70]. Ein Aufrührer will »gegen das Haupt an«, er zieht als ein einzelner die Allgemeinheit an sich. Revolutionärer Chiliasmus nimmt das Eschaton vorweg, denn die Aufhebung weltlicher Herrschaft ist Gottes eschatologische Tat. Darum ist systemwidrige Macht von unten, Erhebung gegen die Obrigkeit, nichts anderes als Usurpation göttlicher Vollmacht und Erhebung gegen Gott selbst und bedeutet Chaos, Anarchie und Untergang. »Nun soll sich keine einzelne Person wider die Allgemeinheit stellen noch die Allgemeinheit an sich hängen; denn sie hauet damit in die Höhe, und die Späne werden ihr so gewiß in die Augen fallen.«[71] Es ist wohl eine der großen Ironien der Theologie- und Kirchengeschichte, daß diese Herrschaftsmetaphysik, der Luther selbst zunehmend den Rükken kehrte, unter denen, die sich auf ihn beriefen, zur ultima sapientia der politischen Ethik avancierte, daß, was bei Luther selbst gewiß nicht aus

---

66 Zirkulardisputation über Mt 19,21, 1539, WA 39,2, S. 78, Z. 3f.
67 Vgl. *K. Müller*, Luthers Äußerungen über das Recht des bewaffneten Widerstandes gegen den Kaiser, SBAW.PPH, 1915 VIII, München 1915; *J. Heckel*, Lex charitatis, S. 184–191.
68 Kriegsleute, WA 19, S. 253, Z. 12f.
69 Obrigkeit, WA 11, S. 271, Z. 8f.; zit. L.D. Bd. 7, S. 41.
70 Heerpredigt wider die Türken, 1529, WA 30,2, S. 193, Z. 3; zit. L.D. Bd. 7, S. 117.
71 Predigt am Pfingsttage, 1525, WA 17, 1, S. 266.

II Reich Gottes, Kirche und Gesellschaft

dem historischen Zusammenhang der Schrecknisse des Bauernkriegs gelöst werden darf, mit Berufung auf ihn erst die unerschütterliche Festigkeit eines metaphysischen Prinzips bekam.« »Der Versuch, von Kant her ›ein Ding an sich‹ als eine allgemein gültige und streng notwendige Voraussetzung in die Geschichtsbetrachtung einzuführen, entspringt der faktischen Unbewußtheit der bürgerlichen Welt über die tatsächlichen Wurzeln ihrer Existenz. Damit wird sie niemals der geschichtlichen Realität begegnen, sondern wird sie von vornherein in die Abstraktion versetzen, sie wird sie immer im Fernrohr sehen. Diese Art und Weise ist eine besondere Methode, sich die Sachen vom Leibe zu halten.«[72] Iwand weist darauf hin, daß Luthers Lehre von der weltlichen Gewalt gar nicht zu verstehen ist ohne den Zusammenhang mit dem Bauernkrieg und daß aus diesem Zusammenhang »die Auffassung einer Eigengesetzlichkeit der weltlichen Gewalt hervorgegangen« sei. »Von daher waltet bis heute die Abwehr aller revolutionärer Akte als Schwärmerei, soweit die Revolution von unten ausgeht. Von daher stammt die Blindheit weithin gegenüber aller Revolution und Gesetzlosigkeit, die von oben ausgeht, vom Staat ausgeht. Die bekannte Schriftstelle: ›Jedermann sei untertan der Obrigkeit, die Gewalt über ihn hat ...‹ (Röm 13,1) wird gleichsam zu einer Formel, mit der die Obrigkeit sich ihr Recht gegenüber allem, was sich gegen sie richtet, sichert. Es beginnt jene Entwicklung, die den Staat als Monopol der legitimen Gewaltanwendung ansieht. Diese Entwicklung reicht dann bis zu Hegel und bis zu Max Weber. Bei M. Weber findet sich der Satz: ›Der Appell an die nackte Gewaltsamkeit der Zwangsmittel nach außen nicht nur, sondern auch nach innen, ist jedem politischen Verband schlechthin wesentlich‹. Die ›Zwischenbetrachtungen‹, denen dieses Zitat entnommen ist[73], ... sind der Ausdruck der zu Ende gehenden abendländischen Welt, für die Christus nur ein Schwärmer ist und für die die Bergpredigt nur ein Mittel ist zu politischer Anarchie. Und es ist das Furchtbare, daß innerhalb der protestantischen Kirche diese Auffassung im letzten Grunde akzeptiert wird.«[74]

(4) Mittel
Fragt man nun nach den *Mitteln*, durch die sich weltliches Regiment realisiert, so ist dreierlei zu nennen:
1. die Vernunft, Billigkeit und Liebe,
2. das Recht,
3. das Schwert.

Es scheint Luthers Äußerungen angemessen zu sein, wenn man diese Reihenfolge auch als Rangfolge versteht. Es ist »auffallend, daß in seiner

---

72 H.J. *Iwand*, Luthers Theologie, Nachg. Werke, Bd. 5, S. 228.
73 Vgl. M. *Weber*, Gesammelte Aufsätze zur Religionssoziologie, Bd. 1, Tübingen 1920, S. 547.
74 H.J. *Iwand*, Luthers Theologie, S. 229.

Bestimmung der Herrschafts*mittel* im weltlichen Regiment keinesfalls die Waffengewalt im Vordergrund steht, wie das oft dargestellt wird«.[75] Dazu hat gewiß beigetragen, daß Luther, wo es ihm um die spezifische Differenz von Gottes Reich und Reich der Welt geht, das weltliche Regiment schlicht als das »weltliche Schwert« bezeichnen kann, aber vor allem haben seine Schriften zum Bauernkrieg in dieser Richtung gewirkt, wobei leicht in Vergessenheit geriet, daß Luther hier in einer politischen Krisensituation Stellung bezieht und die Berücksichtigung seiner Äußerungen über das weltliche Regiment in politischen »Normalsituationen« eine andere Gewichtung ergibt.

Damit das weltliche Regiment den zeitlichen Frieden, das Recht und das Leben erhalten kann, genügt es nicht, daß es das Schwert und die Gewalt handhabt. »Denn wo die Faust allein regieren soll, da wird gewißlich zuletzt ein Tierwesen draus, daß, wer den andern zu überwältigen vermag, ihn in den Sack stoße, wie wir wohl Exempel genug vor Augen sehen, was Faust ohne Weisheit oder Vernunft Gutes schafft.«[76] Eine Obrigkeit, die sich in ihrem Wesen als Schwertgewalt auffaßt, anstatt das Schwert nur als ultima ratio einzusetzen, trägt den Keim zu ihrer Selbstauflösung schon in sich, sie provoziert geradezu die Gegengewalt, der sie zuletzt weichen muß. Obrigkeit, die sich nur als Gewalt versteht, wird zu Willkür und führt dazu, daß eine Willkür die andere ablöst. Hier kann Luther sogar sein System der nichtreziproken Allgemeinheiten durchbrechen und Gewalt von unten als Tat Gottes gegen die Willkür der obrigkeitlichen Gewalt zur Sprache bringen: »Denn das sollt ihr wissen, liebe Herren: Gott schaffts so, daß man eure Wüterei nicht kann noch will noch solle auf die Dauer dulden. Ihr müßt anders werden und Gottes Wort weichen. Tut ihrs nicht auf freundliche willige Weise, so müßt ihrs tun auf gewaltige und verderbliche Unweise. Tuns diese Bauern nicht, so müssens andere tun. Und ob ihr sie alle schlägt ... Gott wird andre erwecken. Denn er will euch schlagen und wird euch schlagen. Es sind nicht Bauern, liebe Herren, die sich wider euch stellen; Gott ists selber, der sich wider euch stellt, eure Wüterei heimzusuchen.«[77] Es müssen immer die Vernunft, die »Billigkeit«, die Liebe und das Recht sein, die das Schwert regieren und in der Hand behalten, »Weisheit ist besser denn Kraft« (Koh 9,16), »so daß kurzum nicht Faustrecht, sondern ›Kopfrecht‹, nicht Gewalt, sondern Weisheit oder Vernunft unter den Bösen sowohl wie unter den Guten regieren muß.«[78]

Das ist ein schweres Amt, weil der Vernunft nur das »leibliche Wesen« unterworfen ist, sie kann nicht nach innen schauen und die Gewissen re-

---

75 U. *Duchrow,* Christenheit und Weltverantwortung, S. 495.
76 Kinder, WA 30,2, S. 556, Z. 15–18; zit. L.D. Bd. 7, S. 208f.
77 Ermahnung zum Frieden, 1525, WA 18, S. 294, Z. 17 – S. 295, Z. 6; zit. L.D. Bd. 7, S. 124.
78 WA 30,2, S. 557, Z. 29–31; zit. L.D. Bd. 7, S. 209.

II Reich Gottes, Kirche und Gesellschaft

gieren, deshalb muß sie »sozusagen im Finstern handeln.«[79] Dennoch hat die Vernunft »im weltlichen Reich durchgehend echte Chancen, die Aufgaben zu erfüllen, die ihr von Gott gesetzt sind.« Mußte sich Luther gegen die scholastische naturalis inclinatio der natürlichen Vernunft zur Gotteserkenntnis dagegen wehren, »daß man der Vernunft des Menschen zuviel zutraute, so konnte er in diesem ... Fall über die gleiche Vernunft sogar zuversichtlicher reden als seine scholastischen Gegner: Gerade weil der Vernunft nun die Sorge um die Rechtfertigung des Menschen gleichsam abgenommen war, weil sie also nach dieser Seite hin von einer unerträglichen Bürde entlastet worden war, konnte sie sich nach Luther um so freier den weltlichen Dingen zuwenden, die sie zu regeln hat. Luther hat deutlich erkannt, daß gerade unter dieser Voraussetzung ein freies, weltliches Handeln überhaupt erst möglich wurde – nicht zuletzt im politischen Bereich.«[80]

Mit der Vernünftigkeit des politischen Handelns eng verbunden ist für Luther die »Billigkeit«, ein von ihm gern und oft gebrauchter Begriff, der bei ihm das Sensorium für die Verhältnismäßigkeit der Mittel im politischen Handeln und vor allem in der Rechtssprechung meint. Gerechtigkeit und ihre institutionelle Sicherung einschließlich zwangsweiser Durchsetzung mit dem »Schwert« ist die unabdingbare Bedingung für den Frieden des Gemeinwesens. Aber der kasuistische, rigoristische und formalistische Rechtspositivismus ist vom Übel, da gilt oft, daß das strengste Recht das allergrößte Unrecht ist. Wie die Vernunft das Schwert in der Hand behalten muß, so auch das Recht. »Solche ... Weisheit, die so das strenge Recht lenken und messen kann und soll, je nachdem sich die Fälle begeben, und einerlei gutes oder böses Werk je nach Unterschied der Absicht und der Herzen richtet, die heißt auf griechisch ἐπιείκεια, auf lateinisch aequitas, ich nenne sie ›Billigkeit‹ ... So müssen und sollen alle Rechte ... der Billigkeit als der Meisterin unterworfen sein ... «[81] Ebenso muß ein Fürst in seinem politischen Handeln darauf achten, daß er nicht, auch wo er vermeintlich konsequent und rechtens handelt, mehr Schaden als Nutzen anrichtet, »daß er nicht einen Löffel aufhebe und eine Schüssel zertrete und um eines Schädels willen Land und Leute in Not bringe und das Land voll Witwen und Waisen mache«.[82] Er soll nicht den »Eisenfressern« unter seinen Räten folgen, »wer nicht durch die Finger sehen kann, der kann nicht regieren.«[83] So ist es ein Gebot der Billigkeit, daß die Fürsten den Bauern nachgeben, zumal die 12 Artikel der Bauernschaft auch »billig und recht« sind und ein allzu rigoroser obrigkeitlicher Rechtsstandpunkt der Funke sein könnte, der ganz Deutschland in Flammen

---

79 WA 30,2, S. 562, Z. 14f.; zit. L.D. Bd. 7, S. 212.
80 *W. Schweitzer*, Der entmythologisierte Staat. Studien zur Revision der evangelischen Ethik des Politischen, 1. Aufl. Gütersloh 1968, S. 54.
81 Kriegsleute, WA 19, S. 632, Z. 8–22; zit. L.D. Bd. 7, S. 60f.
82 Obrigkeit, WA 11, S. 276, Z. 13–16; zit. L.D. Bd. 7, S. 48.
83 WA 11, S. 276, Z. 20f.; zit. L.D. Bd. 7, S. 48.

setzt. Wenn die Vernunft sich von der Liebe und dem ungeschriebenen natürlichen Recht leiten läßt, kann es ihr gelingen, billig, d.h. gut nach dem Maßstab der Verhältnismäßigkeit zu handeln, »aller Zufälle Verschiedenheit aus natürlicher Billigkeit richtend«.[84] Die Vernunft ist höher zu veranschlagen als das geschriebene Recht, man kann noch so viele Rechtsbücher »gefressen« haben, es wird doch nicht gelingen, das rechte Maß des Handelns zu treffen, wenn man nicht der Liebe und dem natürlichen Recht die Oberhand läßt. »Denn die Natur lehret, wie die Liebe tut: daß ich tun soll, was ich mir getan haben wollte.«[85] »Ein rechtes gutes Urteil, das muß und kann nicht aus Büchern gesprochen werden, sondern aus freiem Sinn heraus, als gäbe es kein Buch. Aber solch freies Urteil gibt die Liebe und das natürliche Recht, dessen alle Vernunft voll ist.«[86]

Nun gibt es freilich unter den »Oberpersonen« so gut wie unter den »Unterpersonen« böse Menschen, die gar nicht den Willen haben, nach dem geschriebenen Recht, geschweige denn nach Maßgabe der Liebe und des vernünftigen Naturrechts zu handeln. Die soll man mit Worten ermahnen, »ihren Untertanen Billigkeit zu erzeigen«.[87] Wenn sie sich nicht danach richten und weiter unbillig handeln, dann muß man sie Gott, der Obrigkeit aller Obrigkeiten, überlassen, denn sein ist die Rache. In dieses Strafrecht Gottes darf keiner eingreifen, auch wenn jemand im Recht ist und die Obrigkeit Unrecht tut. »Aufruhr hat kein Vernunft und gehet gemeiniglich mehr über die Unschuldigen denn über die Schuldigen. Darum ist auch kein Aufruhr recht, wie rechte Sach er immer haben mag.«[88]

Luther begründet diese rigorose Ablehnung eines Strafrechts »von unten« mit der Unterscheidung von Amt und Person. »Denn es kann wohl ein Amt oder Werk an sich gut und recht sein, das doch böse und unrecht ist, wenn die Person oder der Täter nicht gut oder recht ist oder es nicht recht treibt.«[89] Wenn also das Amt mißbraucht wird, liegt das nicht am Amt, sondern an der Person. Will man nun dem persönlichen Mißbrauch des Amtes, das das Gewaltmonopol, das Strafrecht, das Schwert innehat, mit Gewalt von unten beggegnen, dann ist das nicht möglich, ohne daß die Differenz zwischen Amt und Person ausgelöscht wird. Das heißt, die Gegengewalt, der »Aufruhr«, richtet sich unvermeidlich zugleich mit der Person gegen die Institution als solche, was nichts anderes heißt, als »ungehorsam zu sein und Gottes Ordnung zu zerstören, die nicht unser ist«.[90] Es geht wohl an, den Inhaber des Amtes mit dem Mittel des Wortes zu kriti-

---

84 De captivitate, WA 6, S. 554, Z. 29f.; zit. M.A. Bd. 2, S. 177.
85 Obrigkeit, WA 11, S. 279, Z. 19f.; zit. L.D. Bd. 7, S. 52.
86 WA 11, S. 279, Z. 30–33; zit. L.D. Bd. 7, S. 52.
87 Verantwortung D. M. Luthers auf das Büchlein wider die räuberischen und mörderischen Bauern getan am Pfingsttag, 1525, WA 17,1, S. 266, Z. 37.
88 Eine treue Vermahnung M. Luthers zu allen Christen, sich zu hüten vor Aufruhr und Empörung, 1522, WA 8, S. 680, Z. 18–21.
89 Kriegsleute, WA 19, S. 624, Z. 19–21; zit. L.D. Bd. 7, S. 53.
90 WA 19, S. 634, Z. 13f.; zit. L.D. Bd. 7, S. 63.

II Reich Gottes, Kirche und Gesellschaft

sieren und zu strafen, aber nicht mit dem Mittel, das eben das institutionelle Wesen des Amtes ausmacht: mit dem Schwert. »Denn Mißbrauch gehet das Amt nicht an.«[91]

Beim späteren Luther findet sich allerdings ein neuer Gedanke, der die Exklusivität des obrigkeitlichen Gewaltmonopols modifiziert, auch relativiert: Jeder Bürger nimmt am Amt der Obrigkeit als deren Glied teil[92], er ist nicht nur Privatmann, sondern für den Rechtsfrieden im Gemeinwesen mitverantwortlich und hat insofern eine öffentliche Funktion[93]. Wird er also durch einen Räuber bedroht und angegriffen, so ist aktiver Widerstand nicht nur erlaubt, sondern geboten[94]. Die Obrigkeit tut Unrecht, aber wer sie – als Amt und als Person – beseitigt, tut viel mehr Unrecht, weil er mit der Person das institutionalisierte Gewaltmonopol als solches beseitigt und der Obrigkeit alles nimmt, was sie hat. »Denn was behält sie, wenn sie die Gewalt verloren hat?«[95] Damit wird dem gesellschaftlichen Chaos das Tor geöffnet und jenes Maß an Ordnung wider Willen von oben und unten angegriffen, dessen Garant und Träger Gott selber ist.

Zusammenfassung 1. Das weltliche Regiment gehört zum welterhaltenden Schöpferwirken Gottes. Gott ist der primäre Grund und Träger der obrigkeitlichen Gewalt.

2. Aufgabe und Funktion des weltlichen Regiments ist es, das gemeinsame Wohl und den Frieden des Gemeinwesens zu schützen und zu fördern, den Bösen zu wehren und die Guten zu schützen. Das weltliche Regiment christlich ausüben bedeutet Dienst und Entsagung.

3. Luthers Konzeption der institutionalisierten Herrschaft im corpus christianum ist ein metaphysisches System der übereinandergestuften nichtreziproken Allgemeinheiten. Von 1529 an wendet sich Luther von dieser Konzeption ab.

4. Die Mittel des weltlichen Regiments sind
a) die Vernunft, Billigkeit und Liebe,
b) das Recht,
c) das Schwert. Diese Reihenfolge impliziert auch eine Rangfolge.

γ) *Das ökonomische Amt als Dienst am Nächsten*

Von ganz zentraler und fundamentaler Bedeutung ist für Luther der Ehestand, so sehr, daß die Ehe, obwohl sie im engeren Sinne zum status oeconomicus gehört, doch in ihrer Bedeutung auf alle drei Stände ausstrahlt und den Wurzelgrund bildet für die Ökonomie wie für Politik und Kirche. Die Ehe ist »fons Oeconomiae et Politiae ... et seminarium Ecclesiae«[96],

---

91 WA 19, S. 627, Z. 21; zit. L.D. Bd. 7, S. 57.
92 Zirkulardisputation über Mt 19,21, 1539, WA 39,2, S. 41, Z. 1.
93 WA Ti IV, Nr. 4342,237,17.
94 WA 39,2, S. 40, Z. 23; vgl. *J. Heckel*, Lex charitatis, S. 187f.
95 Ermahnung zum Frieden..., 1525, WA 18, S. 305, Z. 8; zit. L.D. Bd. 7, S. 131.
96 Vorlesung über 1. Mose, 1535–1545, WA 42, S. 354, Z. 23.

die Mutter aller irdischen Rechtseinrichtungen und der Urtypus jedes menschlichen Gemeinwesens. Zwar hat der Ehestand nach dem Sündenfall seinen ursprünglichen Charakter der Freiheit und der partnerschaftlichen Gleichheit zwischen Mann und Frau verloren[97], zum infralapsarischen Rechtsbestand der Ehe als Institution des materiellen Naturrechts gehört der Machtanspruch des Familienoberhaupts – dies in deutlicher Differenz zur Herrschaftsmetaphysik des Thomas. Aber eben hierin bietet die Ehe das Urmodell aller gesellschaftlich-rechtlichen Machtverhältnisse in der unerlösten Menschheit im Reich zur Linken, aus der Urform der hausväterlichen Obrigkeit bilden sich alle anderen Formen der politischen Obrigkeit vom Fürsten bis zum Kaiser, und darin geht Luther mit Thomas durchaus überein. »Aus der eltern oberkeit fleusset und breitet sich aus alle andere.«[98] »Also das alle, die man herren heisset, an der eltern stad sind und von yhn krafft und macht zuregirn nemen müssen.«[99] Gilt dieses von der Ehe als Institution des materiellen Naturrechts für alle Menschen, Christen wie Nichtchristen, so ist die Ehe unter Christen darüber hinaus der Wurzelboden der Kirche. In der christlichen Unterweisung ihrer Kinder verwirklichen die Eltern das allgemeine Priestertum der geistlichen Kirche[100], lange bevor die Amtsträger der leiblichen Kirche sich der Kinder im kirchlichen Unterricht annehmen[101].

Was vom kirchlichen Predigtamt und vom Amt der Obrigkeit gilt, ist auch vom status oeconomicus zu sagen: auch hier ist Gott der primäre Träger und das primäre Subjekt. Denn alles, womit der Mensch wirtschaftet und sich erhält, sind Wohltaten und Gaben aus göttlicher Güte. Aber weil es sich hier um Dinge handelt, die immer zuhanden sind und darum für den mit ihnen wirtschaftenden Menschen selbstverständlich werden, ist er hier am wenigsten aufmerksam und stets in Versuchung zu vergessen, daß Gott das primäre Subjekt und der Mensch sekundär der Haushalter und Nutznießer ist. Das ist nicht nur ein Problem der inneren Einstellung, sondern es deformiert auch die Wirtschaftspraxis selbst und hindert den Menschen »an dem fröhlichen und friedlichen Gebrauch der allgemeinen Güter.« Die Dankbarkeit hält die Ökonomie im rechten Maß, sie ist das Grundmaß und die Maxime der Wirtschaftsethik. Wo sie vergessen wird, gerät die Wirtschaft ins Maßlose. Weil die natürlichen Güter die »allerverachtetsten« sind, »weil sie allgemein sind, danket Gott niemand dafür, sie nehmen sie und brauchen derselben täglich immer so dahin, als müßte es so sein und wir hätten volles Recht dazu ... fahren dieweil zu, haben was uns am Herzen liegt zu tun, sorgen, hadern, streiten, ringen und wüten um überflüssiges Geld und Gut ...« Nicht der Respekt vor einer wie auch

---

97   WA 42, S. 151, Z. 22.
98   Großer Katechismus, 1529, WA 30,1, S. 152, Z. 20.
99   WA 30,1, S. 152, Z. 26.
100 Kinder, WA 30,2, S. 531, Z. 1ff.
101 Vgl. J. Heckel, Lex charitatis, S. 107f.145f.

II Reich Gottes, Kirche und Gesellschaft

immer verstandenen Subjektivität der Natur hält die Ökonomie im wohltuenden Maß, sondern die Subjektivität ihres Urhebers und Erhalters und die Subjekte der Ökonomie, sofern die des primären Subjekts, des göttlichen Urhebers und Erhalters der Natur, eingedenk bleiben.»Er schaffet uns Leib und Seele, ... erhält uns ohne Unterlaß am Leben, läßt uns Sonne und Mond scheinen und den Himmel, Feuer, Luft und Wasser uns dienen, aus der Erde Wein, Korn, Futter, Speise, Kleider, Holz und alles, was wir brauchen, wachsen, gibt Gold und Silber, Haus und Hof, Weib und Kind, Vieh, Vogel, Fisch...«[102]

Damit ist bei Luther die Vorstellung von einer Wirtschaftsform verbunden, die sich möglichst nahe am natürlichen Objekt bewegt und in dieser Nähe verbleibt, in der möglichst unvermittelten Naturbearbeitung durch die menschliche Hand in handwerklicher und vor allem bäuerlicher Arbeit, die mit Mühe und Schweiß verbunden ist und so von selbst ihr natürliches Maß und ihre Grenzen findet.

Die Kehrseite dessen ist Luthers Mißtrauen, Kritik und – theoretisch – völliges Unverständnis gegenüber einem ökonomischen Faktor, der scheinbar die menschliche Arbeitskraft substituiert, der selber arbeitet und Nutzen, Gewinn und Güter bringt: dem Kapital. Und er hält mit seiner Kritik an den großen Kapitalgesellschaften nicht zurück: Den Fuggern und »dergleichen Gesellschaften« sollte man »einen Zaum ins Maul legen. Wie ist's möglich, daß es sollte göttlich und recht zugehen, daß bei eines Menschen Leben sollten auf einen Haufen so große, königliche Güter gebracht werden? Ich weiß die Rechnung nicht. Aber das verstehe ich nicht, wie man mit hundert Gulden mag des Jahres erwerben zwanzig, ja mit einem Gulden den andern; und das alles nicht aus der Erde oder von dem Viehe, da das Gut nicht in menschlichem Witz, sondern in Gottes Gebenedeiung stehet. Ich befehle das den Weltverständigen.«[103] Jedenfalls ist Luther insoweit mit Thomas von Aquin einig, daß es gut wäre, Handel und Kaufmannschaft auf ein Mindestmaß zu begrenzen. »Das weiß ich wohl, daß viel göttlicher wäre, Ackerwerk zu mehren und Kaufmannschaft zu mindern, und die viel besser tun, die der Schrift nach die Erde bearbeiten und ihre Nahrung draus suchen ... Es ist noch viel Land, das nicht umgetrieben und beackert ist.«[104] Zwar ist Kaufen und Verkaufen ein »notwendig Ding« und unentbehrlich zur Deckung der primären Lebensbedürfnisse. Insofern kann man sie auch wohl christlich »brauchen«[105]. Aber der Handel, insbesondere der internationale, weckt und deckt Bedürfnisse, die viel zu weit über den primären Bedarf hinausgehen, mit Ware, »die nur zur Pracht und keinem Nutzen dienet«, mit Seide, Goldschmuck und Gewürzen aus Indien u.s.w. Ein intaktes Regiment müßte nach Luthers Auf-

---

102 Confitemini, WA 31,1, S. 69, Z. 35 – S. 70, Z. 4; zit. L.D. Bd. 7, S. 262.
103 Adel, WA 6, S. 466, Z. 32–38; zit. M.A. Bd. 2, S. 80.
104 WA 6, S. 466, Z. 40 – S. 467, Z. 6; zit. M.A. Bd. 2, S. 80f.
105 Von Kaufshandlung und Wucher, 1524, WA 15, S. 293, Z. 30; zit. L.D. Bd. 7, S. 225.

fassung dergleichen unterbinden und die Frankfurter Messe, das »Silber- und Goldloch« Deutschlands, durch das der binnenwirtschaftlich erworbene Wohlstand abfließt, zustopfen.

Am Primärbedarf ist nicht nur Luthers Urteil über den internationalen Handel und den aufblühenden Frühkapitalismus orientiert, sondern auch seine Vorstellung über Preisgestaltung und Zinskauf. Man handelt ja mit Menschen und muß nach seinem Nächsten fragen, dessen materielle Lebensbasis betroffen ist. An seinem Primärbedarf und am Warenwert einschließlich des Arbeitswertes sollte die Preisgestaltung orientiert sein, aber nicht negativ in der Weise, daß der Bedarfswert dem Warenwert hinzugefügt wird und ein erhöhter Bedarf bei gleicher Angebotsmenge preissteigernd wirkt. Marktwirtschaft ist in Luthers Augen eine ganz unsittliche Angelegenheit.»Denn wo das Schalksauge und der Geizwanst hier gewahr wird, daß man seine Ware haben muß oder daß der Käufer arm ist und seiner bedarf, da macht ers sich zu Nutzen und Gewinn. Da sieht er nicht auf den Wert der Ware oder auf den Dienst für seine Mühe und Gefahr, sondern schlechtweg auf die Not und das Darben seines Nächsten, nicht um derselben abzuhelfen, sondern um dieselbe zu seinem Gewinn zu machen, seine Ware (im Preis) zu steigern ... Wird daselbst nicht des Armen Not ihm selbst zugleich mit verkauft?«[106] Denn es wird ihm nicht die »reine Ware« verkauft, »wie sie an sich selbst ist«, sondern die Ware und der Bedarf (die Not). Ein so zustande gekommener Marktwert nach der Regel der freien Marktwirtschaft: »Ich mag meine Ware so teuer verkaufen, wie ich kann« ist ein »Greuel« – unchristlich und unmenschlich zugleich, denn das geht »nicht allein wider die christliche Liebe, sondern auch wider das natürliche Gesetz«, dessen alle Vernunft voll ist und demgemäß »ich tun soll, was ich mir getan haben wollte«. Die Preisfestsetzung sollte nicht nach solchen Marktgesetzen, sondern nach »Recht und Billigkeit« vor sich gehen, d.h. die Deckung des eigenen Grundbedarfs, ausreichende Nahrung, muß gewährleistet sein, der Warenwert nach Materialkosten und der aufgewendeten Arbeit gewissenhaft berechnet werden. Hier wird die funktionale Differenzierung und Perfektion des Geldes am »Glaubenscode« gemessen und nicht umgekehrt, wird das Geld nach der Logik relationaler Maximen *kritisch* reflektiert.

Wer verleiht, um Gewinn zu machen, ist »ein öffentlicher und verdammter Wucherer«.[107] Für Christen gibt es hier nur vier Möglichkeiten des Handelns:

1. daß man nach der Bergpredigt handelt (Mt 5,40) und sich das Seine wegnehmen läßt, ohne es zurückzufordern,

2. daß man dem, der bedürftig ist, umsonst gibt, was er braucht,

3. daß man von seinem Besitz ausleiht und ihn zurücknimmt, wenn er zurückgebracht wird, aber verzichtet, wenn er nicht zurückgegeben wird –

---

106 WA 15, S. 295, Z. 4–14; zit. L.D. Bd. 7, S. 226f.
107 WA 15, S. 301, Z. 24; zit. L.D. Bd. 7, S. 232.

II Reich Gottes, Kirche und Gesellschaft 87

unter der Voraussetzung, daß man nur von dem ausleiht, was man übrig hat, und der Verlust nicht die eigene Existenz gefährdet,
4. daß man nur gegen bar verkauft. »So wäre nun das Borgen ein fein Ding, wo es unter den Christen geschähe: Da würde ein jeglicher gern zurückgeben, was er geborgt hätte, und der da ausgeliehen hätte, würde es gern entbehren, wo es jener nicht wiedergeben könnte. Denn Christen sind Brüder, und einer verläßt den andern nicht«[108], da dient der Besitzende dem Bedürftigen gern mit dem, was er entbehren kann. Ist der Empfänger kein Christ, so soll die Obrigkeit dazu antreiben, daß er seine Schulden zurückbezahlt. Tut ers nicht, so soll der Christ solchen Raub leiden. Denn in jedem Falle gilt für einen Christen, daß er mit allem, was er ist, kann und hat, dem Nächsten dienen soll.

Zusammenfassung Zum institutionalisierten Kernbestand des »status oeconomicus« gehört der Ehestand. Er ist Urtypus und Grundmodell aller gesellschaftlichen Machtverhältnisse und der Wurzelboden der Kirche.

Urheber und Erhalter aller natürlichen Güter, mit denen der Mensch wirtschaftet, ist Gott.

Luther hegt die Vorstellung von einer Wirtschaftsform, die sich möglichst nahe am natürlichen Objekt bewegt und in dieser Nähe verbleibt, in der möglichst unvermittelten Naturbearbeitung durch die menschliche Hand in handwerklicher und vor allem bäuerlicher Arbeit.

c) *Die horizontal verlegte Differenz*
α) *Das Problem des Corpus christianum*
Die Frage, ob – und wenn überhaupt, in welchem Sinne – Luther an der Vorstellung der geistlich-weltlichen Einheit einer »christlichen Gesellschaft«, an der Idee des »Corpus christianum« festgehalten habe, eröffnet ein höchst kompliziertes Problemfeld, und die Antworten sind kontrovers[109]. Wenn nun die oben gegebene Darstellung sich am Gedanken der horizontal verlegten Differenz orientierte und dementsprechend den Akzent darauf legte, daß der mittelalterliche doppelte metaphysische ordo hierarchicus von Luther umgelegt wird und auf diesem Wege die horizontale nichtmetaphysische Struktur eines einheitlichen weltlich-geistlichen ordo diaconicus herausspringt, so scheint darin die These von der geistlich-weltlichen Einheit des christlichen Körpers impliziert, indem eben die Struktur des Ganzen umgestürzt und seine Kohärenz inhaltlich neu bestimmt wird: An die Stelle der qualitativ-inhärenten ontologischen Ratio-

---

108 WA 15, S. 302, Z. 30-33; zit. L.D. Bd. 7, S. 233.
109 Bejahend u. a. *R. Sohm*, Kirchenrecht, Leipzig 1892, S. 55.558f.; *E. Troeltsch*, Soziallehren, S. 470.484f.; *K. Matthes*, Das Corpus Christianum bei Luther im Lichte seiner Erforschung, Berlin 1929; *E. Wolf*, Peregrinatio, Bd. 2, München 1965, S. 96ff.; verneinend *J. Heckel*, Lex charitatis, S. 167ff.; *K. Holl*, Luther, Tübingen 1923, S. 339-350.479-499; *W. Huber*, Kirche und Öffentlichkeit, S. 56f.

nalität im Verhältnis zwischen den Teilen und dem Ganzen in Kosmologie, Anthropologie und Gesellschaftslehre tritt die Konstituierung des Ganzen durch die arbeitsteilige Praxis der einzelnen in Ökonomie, Politik und Kirche. An die Stelle der Überordnung der geistlichen Stände über die weltlichen (im Sinne des »non destruit...«, »sed supponit...« »et peficit...«) tritt nun der *eine* geistliche Stand aller glaubenden Christen mit ihren geistlichen oder weltlichen Ämtern als Dienst vor Gott am Nächsten. J. Heckel fragt: »Besteht seine neue Konstruktion dieses Reiches der Christenheit etwa nur darin, daß er es unter Beibehaltung des alten Grundrisses architektonisch umgestaltet, indem er die Überordnung der geistlichen über die weltliche Gewalt beseitigt, beide einander gleichordnet und jede in ihrer Selbständigkeit von der andern unabhängig macht?«[110] Heckel antwortet mit »nein« und begründet dies im Rahmen seines Interpretationsschemas, das auf dem personalen Wesen und dem eschatologischen Dualismus von Gottesreich und Weltreich basiert. Demnach ist die Terminologie der Schrift an den Adel, wo Luther vom »christlichen Körper« oder »ganzen Körper der Christenheit« spricht, aus der Anlehnung an die Sprache der mittelalterlichen Kanonistik erklärbar, inhaltlich aber ist etwas ganz anderes gemeint: Es geht um »die Frage nach der rechten Verfassung der römischen Partikularkirche in der ecclesia universalis«[111]. Luther war von seiner ersten Vorlesung an zeitlebens mit der Spannung und dem rechten Verhältnis zwischen der verborgenen, geistlichen, universalen Kirche und der irdisch sichtbaren universalen Kirche beschäftigt. Die »Christenheit«, der »christliche Körper«, ist nichts anderes als die »Kirche in der Welt«, und diese ist nach Heckel die »ecclesia universalis.« Diese hat aber ihre Gestalt, Organisation und Verfassung an der göttlichen Rechtsordnung der ecclesia spiritualis auszurichten. Zur universalen Kirche gehören ausschließlich die »geistlichen Menschen«, die glaubenden »rechten Christen«. Die Scheinchristen und Ungläubigen unter den Getauften haben überhaupt kein Bürgerrecht in der Kirche und kein Mitspracherecht in Sachen Kirchenreform. Luther wendet sich demnach an die wahren Christen geistlichen Standes, damit sie ihre geistliche Verantwortung für die Entsprechung der Ordnung der universalen irdischen Kirche zur göttlichen Rechtsordnung der unsichtbaren geistlichen Kirche wahrnehmen – d. h. im Sinne der Verfassung der Kirche als eines corpus aequale von nach ius divinum gleichberechtigten Gliedern geistlichen Standes. »Mithin läßt sich der ›christliche Körper‹ sowohl von der ecclesia spiritualis als auch von der ecclesia universalis her definieren. Er ist sowohl die Gemeinschaft der gläubigen Christen (ecclesia spiritualis), insofern sie kraft des ihr zukommenden göttlichen Rechts des Christenstandes in der ecclesia universalis die Rechtsgewalt ausübt, als auch die ecclesia universalis in ihrer persönlichen Verbundenheit und freiwilligen Gefolgschaft zur ecclesia spiri-

---

110 *J. Heckel*, Lex charitatis, S. 167.
111 Ebd., 168.

II Reich Gottes, Kirche und Gesellschaft

tualis.«[112] Indem Luther die allgemeine Kirche und ihren Aufbau unter den Einfluß der geistlichen Kirche rückt, »stellt er sie auf einen anderen Rechtsboden als das weltliche Gemeinwesen«.[113] Das Wesen der universalen Kirche in der Welt ist durch ihre Beziehung zum Reiche Christi bestimmt, das der politia aber durch ihre Aufgabe in dem Reiche der Welt. Diese Dualität wird durch kein Drittes überbrückt und zusammengehalten, es gibt keinen gemeinsamen allgemeinen christlichen Rahmen des christlichen Körpers einer christlichen Gesellschaft, in dem dieser Gegensatz zusammengehalten und umgriffen wäre. »Eine res publica christiana im mittelalterlichen Sinn gibt es nicht mehr.«[114]

Dagegen spricht nach Heckels Ansicht auch nicht Luthers Lehre von den drei gesellschaftlichen Hierarchien oder Ständen des Priesteramts, Ehestands und der weltlichen Obrigkeit bzw. ecclesia, oeconomia und politia. Deren Sinn und polemische Spitze liegt nicht im Entwurf einer Theorie gesellschaftlicher Organisation, »es wird nichts ausgesagt über deren organisatorisches Verhältnis zueinander«[115], sondern in der Konzentration auf die *personale* geistliche Qualität des Handelns von Christen in den drei Hierarchien gegen die mittelalterliche Hierarchie der Vollkommenheitsstufen und die Wertschätzung des Kleriker- und Ordensstandes als status perfectionis. Der gläubige Christ kann in allen drei Ständen ein Werk von gleicher Heiligkeit erfüllen. Entscheidend ist nicht der jeweilige Ort des christlichen Handelns, sondern die Mitgliedschaft des Amtsträgers in der geistlichen Kirche; und wichtig ist nicht die Amtsinhaberschaft als solche, sondern der Geist, aus dem die Person das Amt ausübt. »Nicht auf die Institution also kommt es an, sondern auf die Person und nicht auf ihr äußeres Handeln, sondern auf ein Wirken aus einem gottförmigen Willen.«[116]

β) *Widerspruch und Entsprechung*
Die Fragen an Heckels dualisierende Interpretation sind folgende:
1. Kann man Personalität und Institutionalität bei aller Notwendigkeit ihrer strikten inhaltlichen Differenzierung so alternativ gegeneinander ausspielen? Luther sagt, jeder solle mit seinem Amt und Werk »den andern nützlich und dienstlich sein, daß also vielerlei Werke alle auf eine Gemeine gerichtet sind, Leib und Seele zu fördern, gleich wie die Gliedmaßen des Körpers alle eines dem andern dienen.«[117] Demnach soll man alle drei Werke, das kirchliche, das ökonomische und das obrigkeitliche, »lassen frei gehen unbehindert durch den ganzen Körper der Christenheit...«. Auch der Papst, Bischöfe, Priester und Mönche benötigen Schu-

---

112 Ebd., S. 172.
113 Ebd., S. 174.
114 Ebd.
115 Ebd., S. 175.
116 Ebd., S. 178.
117 WA 6, S. 409, Z. 8–10; zit. M.A. Bd. 2, S. 10.

he, Kleider, Häuser, Essen, Trinken, und die Versorgung mit diesen Gütern ist der institutionell-arbeitsteilige Zweck der gesellschaftlichen Organisation des ökonomischen Standes der Schuster, Schneider, Steinmetze, Bauern u.s.w. Derselbe institutionelle Sinn der arbeitsteiligen Organisation gesellschaftlicher Arbeit gilt auch für das obrigkeitliche Amt und das kirchliche Amt. Heckel verstellt sich diese institutionell-organisatorische Perspektive durch die ausschließliche Hervorhebung der im jeweiligen Amt handelnden Person und der geistlichen Verfassung, aus der heraus sie handelt, ohne aber an den Adressaten und Empfänger dieses Handelns zu denken. Gerade hierauf stellt Luther aber seine Argumentation ab, indem er bei dem Empfang von Leistungen der Schuster, Schneider, Steinmetze u.s.w. ansetzt, also auf dem ökonomischen Sektor, wo für die umstrittene Thematik überhaupt kein Problem besteht, sondern Leistung wie Leistungsempfang »selbstverständlich« funktioniert. Vom unkritischen ökonomischen Sektor schließt Luther auf den kritischen des Verhältnisses von Obrigkeit und Klerus: Auch für die weltliche Gewalt müsse gelten, was für Schuster und Schneider gilt, daß ihr Werk ungehindert durch den ganzen Körper der Christenheit geht. Nun ist aber der Zweck weltlicher Gewalt, die Frommen zu schützen und die Bösen zu strafen. Ein frommer Christ braucht aber keine Polizei, er tut aus eigenem Antrieb viel mehr, als das Gesetz verlangt. Ist also die Christenheit, die ecclesia universalis, Empfänger des obrigkeitlichen Dienstes nur im Sinne des Schutzes der Frommen und der öffentlichen Ordnung, in der Raum ist für die ungehinderte Predigt des Evangeliums? Luther hat hier durchaus auch den kirchlichen Stand als Empfänger der obrigkeitlichen Strafe der Bösen im Auge. Das obrigkeitliche Strafamt soll jeden treffen ohne Ansehen der Person, auch Papst, Bischöfe und Pfaffen und es geht nicht an, daß die »römischen Schreiber« sich der »weltlichen, christlichen Gewalt entziehen, »daß sie nur frei können böse sein«. »Wer schuldig ist, der leide.«[118] Läßt man also das Werk der weltlichen Herrschaft »frei unbehindert gehen in alle Gliedmaßen des ganzen Körpers, strafen und treiben, wo es die Schuld verdienet oder Not fordert«, so kommt das zu der Konsequenz, »daß die schuldigen Priester, so man sie in das weltliche Recht überantwortet, zuvor entsetzt werden priesterlicher Würden«.[119] Das zeigt, daß Luther beim status ecclesiasticus an ein corpus mixtum aus Frommen und Bösen denkt. In der »äußerlich, leiblich, sichtlich« Gemeinschaft der Kirche sind viele, »die äußerlich unverbannet des Sakraments frei nießen und doch innewendig der Gemeinschaft Christi ganz entfremdet und verbannet, ob man sie auch schon mit gülden Tüchern unter dem hohen Altar begrüb mit allem Brangen, Glocken und Singen . . .«[120] Hätte Luther bei seiner Rede vom »christlichen Körper«, der »Gemeinde« u.s.w. nur die Gemeinschaft der wahren

---

118   WA 6, S. 409, Z. 32f.; zit. M.A. Bd. 2, S. 10.
119   WA 6, S. 410, Z. 8–10; zit. M.A. Bd. 2, S. 11.
120   Ein Sermon von dem Bann, 1520, WA 6, S. 65, Z. 29–32.

Christen im Sinn und diese nur als in allen drei Ständen handelnde Personen, nicht aber als Empfänger der für die drei Stände spezifischen Leistungen – eben auch des strafenden obrigkeitlichen Handelns –, so bliebe ganz unverständlich, warum Luther im »schönen Confitemini« von 1530 die »drei Haufen« des ökonomischen Standes (dort »Gemeine« genannt), des weltlichen und des geistlichen Regiments von dem »vierten Haufen« der »auserwählten Kinder Gottes« unterschiedet. Im geistlichen Regiment »sind gar viele, die desselben zu ihrem Geiz, Lust und Ehre mißbrauchen«, die Ketzer, Rottengeister und die katholischen Geistlichen. Auch im Haufen des weltlichen Regiments mißbraucht »das größere Teil solche Gaben zu ihrem Trotz, Prahlen, Lust, Frevel und allem Mutwillen, ohne Scheu und Furcht Gottes«.[121] »Und im dritten Haufen der Gemeinde ist fast nichts anderes als lauter Mißbrauch, da ein jeglicher seinen Stand, Handwerk, Kunst, Geld, Gut und was er hat wider seinen Nächsten oder jedenfalls nicht zum Besten und Nutzen seines Nächsten braucht, wie es doch Gott haben will und weshalb er alles gibt und erhält.«[122] Unvermischt mit diesen drei Haufen und doch ungetrennt von ihnen lebt das »vierte Häuflein« als fromme Bischöfe und Pfarrer, als fromme Fürsten, Ratsherrn und Richter, als fromme Handwerksleute, Bauern, Knechte und Mägde. Unvermischt, denn die »andern drei Haufen« achten Gott nicht und dienen sich selbst. Ungetrennt, denn das vierte kleine Häuflein lebt incognito, ganz verborgen vor der Welt, als latente Minderheit auch sie »sub contrario« im durchaus christologischen Sinne, den es bei Luther hat – hier nun als signum der Christusnachfolger, *in* den drei Ständen, ist geradezu deren lebenserhaltendes Element. Und damit sind wir bereits beim zweiten Einwand.

2. Ist Luther angemessen interpretiert, wenn man wie Heckel das Verhältnis zwischen der Lebensordnung des Reiches Gottes und der des Reichs der Welt ausschließlich unter dem Gesichtspunkt der Differenz und des Gegensatzes auslegt, und wenn man dementsprechend die Kirche als ecclesia spiritualis und als ecclesia universalis wegen ihrer Beziehung auf das göttliche Reich gänzlich der politia und oeconomia mit ihren Aufgaben im Reich der Welt gegenüberstellt, damit die Kirche auch aus jeglichem Zusammenhang der gesellschaftlichen Institutionen herausnimmt? Muß man nicht zugleich mit der Wesensdifferenz auch die Beziehung, mit dem Widerspruch auch die Entsprechung bedenken, um Luther angemessen zu verstehen? Von da aus fällt auf den institutionellen Bereich ein neues Licht, bekommen die gesellschaftlichen Institutionen, die Luther als göttliche Stiftungen und Gaben versteht, in ihrer Verschiedenheit und ihrem Zusammenspiel eine größere Bedeutung[123]. Die Ambivalenz und ab-

---

121 Confitemini, WA 31,1, S. 88, Z. 1f.; zit. L.D. Bd. 7, S. 271.
122 Ebd.
123 Vgl. zum folgenden: *U. Duchrow*, Christenheit und Weltverantwortung, S. 439–596; *G. Forck*, Die Königsherrschaft Christi bei Luther, in: NZSTh 1, 1958, S. 165ff.; *G. Ebeling*,

gründige Zweideutigkeit, unter der Luther das regnum mundi und das menschliche Handeln in den gesellschaftlichen Institutionen sieht, kommt erst zutage, wenn das Gegenüber von Gottesreich und Weltreich nicht dualistisch polarisiert (und damit in gewissem Sinne neutralisiert) wird, sondern als doppeltes Verhältnis von Widerspruch *und* Entsprechung den Widerspruch als Selbstwiderspruch mitten *im* regnum mundi aufdeckt. Nach Ebeling liegt genau hierin die theologische Absicht und die Notwendigkeit der Lehre von den zwei Reichen: die innere Selbstwidersprüchlichkeit des regnum mundi aus der Konfrontation mit dem regnum Dei zu erweisen. Denn die Welt ist zugleich geglaubte göttliche Schöpfung *und* erfahrene widergöttliche Selbstbehauptung. Darum geht es in den Beziehungen des Widersprechens und des Entsprechens zwischen Gottesreich und Weltreich sowohl um die eschatologische Auseinandersetzung zwischen Göttlichem und Widergöttlichem als auch um die Wahrung und Wiederherstellung des Verhältnisses zwischen der Schöpfung und ihrem Schöpfer. Gott überläßt die Welt nicht sich selbst und ihrem Selbstwiderspruch. In Christus kommt Gottes Reich zur Welt, wird die Welt mit Gott versöhnt und ihr Selbstwiderspruch überwunden. »Wenn nun aber das regnum Christi nichts anderes ist als das Kommen des regnum Dei, dann ist die Relation des Widersprechens zwischen regnum mundi und regnum Christi vollends Ausbruch des Widersprechens zwischen gefallener Schöpfung und Schöpfer. Und die Relation des Entsprechens zwischen regnum mundi und regnum Christi ist Anbruch der Entsprechung von Schöpfung und Schöpfer.«[124]

Auf diesem Hintergrunde wird die tiefe Zweideutigkeit klar, unter der das menschliche Handeln in allen drei von Luther thematisierten gesellschaftlichen Institutionenbereichen steht – in allen wird gesündigt *und* geliebt, wird Gott widersprochen *und* Christus nachgefolgt. Die Institutionen, Stände, Ämter sind herrliche Gaben Gottes, »heilige Orden«, von Gott gestiftet[125], durch sie regiert und erhält Gott die Welt, läßt sie nicht an ihrem Selbstwiderspruch zugrunde gehen. Sie sind zugleich Instrumente menschlicher Bosheit, Herrschsucht, Heuchelei und Habgier, »aber dennoch bleibt es gleichwohl an sich selbst Gottes gute und nützliche Gabe« und ist »um ihres Mißbrauchs willen nicht verdammt«.[126]

γ) *Exzentrische Sprache und Systemsprache*
Man wird aus den genannten Gründen die Frage, ob es für Luther ein Corpus christianum gebe, weder mit einem einfachen »Ja« noch mit einem einfachen »Nein« beantworten können. Mit beidem hätte man die An-

---

Die Notwendigkeit der Lehre von den zwei Reichen, in: ders., Wort und Glaube, Tübingen 1960, S. 407–428; E. Wolf, Königsherrschaft Christi und lutherische Zwei-Reiche-Lehre, in: ders., Peregrinatio, Bd. 2, München 1965, S. 207–229.
124   G. Ebeling, Die Notwendigkeit der Lehre von den zwei Reichen, S. 421.
125   Vom Abendmahl Christi, 1528, WA 26, S. 504, Z. 30.
126   Confitemini, WA 31,1, S. 87, Z. 33f.; zit. L.D. Bd. 7, S. 271.

fechtung durch die Zweideutigkeit, der Luther in seinem großen Realismus standgehalten hat, sozusagen systematisch hinter sich gebracht. Genauer gesagt: Es ist die äußerst spannungsvolle Gegensatzeinheit von Ja *und* Nein, aus der überhaupt erst ersichtlich wird, *was* Luther mit »Corpus christianum« meint. Dies meint aber nicht eine Verlegenheitslösung, nicht ein kompro-mißliches »sowohl – als auch«, sondern eine durchaus reflektierte Sicht der Dinge, bei der die Schritte der theologischen Durchdringung und der systematischen Reflexion angebbar sind.

Es ist erstens die *Problematisierung* eines ordo (als Einheit von Position und Negation), zweitens die theologische und anthropologische *Aktualisierung* des gesellschaftlichen ordo (als Einheit von Komplexität und Reduktion), drittens im Blick auf die Lehre von der Kirche die *Differenzierung* (zwischen leiblicher und geistlicher Kirche).

Aus allem wird deutlich, wie Luther die Botschaft des Evangeliums *und* die geschichtliche Situation reflektiert in einem neuen Stadium gesellschaftlicher Differenzierung und Komplexität – aber dies in der Weise, daß die historisch-gesellschaftliche Situation theologisch verantwortet wird in einem Grade, der nur selten wieder erreicht wurde: nicht in einer religiösen Deutung von Wirklichkeit, bei der die historisch-gesellschaftliche Situation den Rang und den Wert eines theologischen Kriteriums mit offener oder heimlicher normativer Kraft bekäme, sondern in einer kritisch-theologischen Konfrontation zwischen den wesensverschiedenen Reichen Gottes und der Welt, der »Stimme des Evangeliums« und der »Situation«. Andererseits aber auch nicht in einer theologischen Distanzierung des geistlichen Ich gegenüber der »Welt«, bei der das theologische Kriterium den Rang eines Prinzips »von oben her« und auch ». . . herab« bekäme und »Welt« auf bloße Negativität fixiert bliebe, sondern mit leidendlichem theologischem Engagement für die Welt, die doch immer noch und längst schon Gottes Welt und Schöpfung ist, die er nicht aufgibt, sondern zum Ort seines Leidens im Kreuz und des Leidens der Nachfolger Christi gemacht hat. Und schließlich dies alles nicht in der ausgewogenen und in sich geschlossenen Form eines theologischen Systems, das zu jedem »einerseits« das »andererseits« parat hält, um im systematischen ceterum censeo die Logik ihres Zusammenspiels als Synthesis in der bloßen Vorstellung zu konstruieren – wissenssoziologisch gesprochen eine gesellschaftliche Konstruktion der Wirklichkeit, die die Widersprüche aufhebt, aber eben in der Vorstellung und als Vorstellung. Daß Luther insoweit *kein* Systematiker ist, daß die Wahl und Verwendung der Begriffe oft scheinbar beliebig und widersprüchlich ist, was sie so sperrig macht für die Interpretation und systematische Einordnung, ist vielfach kritisch vermerkt worden. »Man kann Luther den Vorwurf nicht ersparen, daß er durch ständig wechselnde *Begriffe* und terminologische Überschneidungen es seinen Lesern nicht leichtmacht . . .«[127] Man wird wohl dieses angebliche Defizit

---

127 *U. Duchrow*, Christenheit und Weltverantwortung, S. 525.

auch einmal in der Gegenrichtung bedenken müssen in problematisierender Gegenwendung zum System, in dem jeder Begriff seinen angebbaren Ort hat, systematisch definibel und abrufbar ist. Systemsprache und Systemlogik sind auch Möglichkeiten, sich die Dinge vom Leibe zu halten. So spricht der nicht, den es angeht. Sprachphänomenologisch ist eine solche Sprache, die wild, wenn auch nicht willkürlich mit Begriffen umgeht, nicht ohne weiteres defizitär, bloß weil sie unsystematisch ist. Es verrät sich darin vielmehr ein eigenes und tief begründetes Verhältnis zur »Sache« des Theologen, *von* der – und zur Situation, *in* der er lebt. Es ist Dynamik der Unmittelbarkeit darin, die Sprache eines Sprechenden, der spricht, weil er angegangen ist – von Gott und von der Welt. Systematik ist nicht möglich ohne Mittelbarkeit, und Begriffe ordnen, definieren und koordinieren kann einer, den es unmittelbar nicht angeht. Er ist der Distanz fähig, nicht in gleichem Maße des Wagnisses. Luthers Sprache ist sprachphänomenologisch ein Wagnis, und das darin enthaltene Verhältnis zur Wirklichkeit Gottes und der Welt ist wohl konstruktiv, aber nicht konstruiert, sondern das Verhältnis des Angegangen- und Angefochtenseins von immer mindestens zwei Seiten. Das steht mitten drin und vollzieht sich in Unmittelbarkeit, es will nicht unbedingt »richtig«, aber immer wahr sein. Und dies im ursprünglichen Sinne der Offenheit des Nichtverborgenen, demgegenüber sich das Subjekt nicht herausnimmt, um deskriptiv richtig aus der Distanz des Gegenübers die Wirklichkeit in der Begrifflichkeit der Theorie anzueignen, zu internalisieren und festzulegen, sondern auf das es sich im Gegenteil einläßt in exzentrischer Existenzweise. Exzentrisches Wirklichkeitsverhältnis reflektiert sich in exzentrischer Sprache. Daß diese hier und da aus dem Lot gerät, ist demnach sachgemäß und verdient es, auch einmal in dieser Richtung und gründlicher, als es hier geschehen kann, bedacht zu werden. Hier soll nun den drei genannten Gesichtspunkten hinsichtlich des Corpus christianum nachgegangen werden.

Zusammenfassung Die strittige Frage, ob Luther an der Vorstellung von einer christlichen Einheitsgesellschaft festhält, ist weder eindeutig positiv noch eindeutig negativ zu beantworten. In Luthers sehr differenzierter Behandlung des Problems des corpus christianum finden wir
  1. die *Problematisierung* der gesellschaftlichen Ordnung des »christlichen Körpers« (als Einheit von Position und Negation),
  2. die theologische und anthropologische *Aktualisierung* der gesellschaftlichen Ordnung (als Einheit von Komplexität und Reduktion),
  3. die *Differenzierung* im Kirchenbegriff (als Unterscheidung von leiblicher und geistlicher Kirche).

δ) *Problematisierung – Position und Negation*
(1) *Position*
Luthers Position stellt sich so dar, daß die drei großen gesellschaftlichen

II Reich Gottes, Kirche und Gesellschaft

Institutionenbereiche, die im thomistischen System eine von unten nach oben gestufte Hierarchie von Hierarchien bildeten, horizontal verlegt werden; aus den Ständen mit abgestufter je größerer Vollkommenheit werden Ämter und Dienste mit grundsätzlicher gleicher Vollkommenheit und Würde. Die Liebe und das Naturgesetz, das in der goldenen Regel seinen bekanntesten Ausdruck gefunden hat und »dessen alle Vernunft voll ist«, sagen jedem mit hinreichender Deutlichkeit, was er in seinem Amt als Dienst am Nächsten und am Gemeinwesen zu tun hat.

Zwar, das göttlich-geistliche Naturgesetz der Liebe, das dem geistlichen Menschen des Urstands unmittelbar ins Herz eingeschrieben war als die iustitia originalis vor allem Werk[128] (fuisset iustitia originalis ante omne opus nostrum bonum; oportet esse iustum in voluntate et sic in opus procedere[129]), ist durch den von Gott abgefallenen Menschen sehr verdunkelt worden. Der Mensch hat es instrumentalisiert im Dienste der iustitia activa und damit sehr pervertiert. Aber es ist doch nach dem Sündenfall nicht unwirksam geworden, immer noch haben »alle Menschen von Natur eine gewisse Erkenntnis des Gesetzes, wenn auch sehr unkräftig und verdunkelt« (habent omnes homines naturaliter quandam cognitionem legis, sed eam valde infirmam et obscuratam[130]), »das Naturgesetz ist dem Geist von Natur eingeprägt« (naturaliter impressa est menti lex naturae[131]). »Niemand ist, der nicht fulet und bekennen müsse, das es recht und war sey, da das natürlich gesetz spricht: Was du dyr gethan und gelassen willt haben, das thue und las auch eym andern, das liecht lebet und leucht ynn aller menschen vernunfft, und wenn sie es wollten ansehen, was durfften sie der bucher, lerer und eyns gesetzs? Da tragen sie eyn lebendig buch bey sich ym grund des hertzen, das wurde yhn alles reichlich genug sagen, was sie thuen, lassen, urteylen, annehmen und verwerffen sollten.«[132]

Nur ist das Naturgesetz bei Luther nicht die »participatio legis aeternae in rationali creatura«[133], wie es Thomas versteht. Bei Thomas ist die Lehre von der lex aeterna das augustinische Element der Rechtsmetaphysik, das ewige, das Universum durchwaltende Weltgesetz gab Thomas die Möglichkeit, das Verhältnis von Mannigfaltigkeit und Einheit mit Augustinus als ordo, pax und pulchrum zu umschreiben. Das Weltgesetz ist jenes, »durch das es gerecht ist, daß alle Dinge aufs beste geordnet sind« (... ea est, qua iustum est, ut omnia sunt ordinatissima[134]). Hier fallen also Rechtsordnung und Seinsordnung zusammen. Dieses ewige Weltgesetz, das die Naturgesetzeslehre des Aristoteles nicht kennt, wird aber nun von Thomas mit Hilfe der aristotelischen Entelechienlehre dynamisiert und

---

128 Dictata, 1513–1515, WA 4, S. 19, Z. 29.
129 Ebd., S. 19, Z. 24.
130 Erste Disputation gegen die Antinomer, 1537, WA 39,1, S. 361, Z. 19.
131 Römerbriefvorlesung, WA 56, S. 23, Z. 8.
132 Fastenpostille, 1525, WA 17,2, S. 102, Z. 8.
133 S. th. I-II, q. 91, a. 2 ad 1 u. 3; q. 93, a. 5; S. c. g. III, 114.
134 De lib. arb. I, 6,15.

teleologisiert. Leitete Augustinus mit Cicero »lex« von »legere« bzw. »eligere« ab[135], so Thomas sehr bezeichnend von »ligare« (dicitur lex a ligando, quia obligat ad agendum[136]), d.h. an die Stelle des Ordnens durch Auswählen und Einordnen tritt das aktive Hingeordnetsein auf Zwecke, die teleologische Bestimmtheit – das augustinische Erbe wird aristotelisiert[137]. Die lex naturalis als Quelle der lex humana ordnet die Dinge in der menschlichen Gemeinschaft durch Vermittlung der ratio zum Zwecke der Verwirklichung des gemeinsamen Wohls (bonum commune). Die Vernunft orientiert sich bei der Verwirklichung des ordo civilis wie des ordo ecclesiasticus am Modell des ordo universalis, seinem Frieden, seiner Schönheit und Vollkommenheit. Es ist bei aller *Dynamisierung*, die man von der noch zu besprechenden theologischen *Aktualisierung* des gesellschaftlichen ordo bei Luther streng unterscheiden muß, doch eine ontologisch-kosmische Stabilität des Ganzen, die es bei Luther nicht mehr gibt. Das zeigt sich schon darin, daß bei Luther eine Lex-aeterna-Lehre, die doch im Ockamismus wenigstens formell noch zu finden ist, nicht mehr vorkommt[138]. Dennoch bilden die drei großen gesellschaftlichen Institutionenbereiche ein in sich sinnvoll zusammenhängendes organisches Ganzes mit gegenseitiger Ergänzung und Durchdringung, und diese Kohärenz läßt die Rede vom »christlichen Körper« als inhaltlich begründet erscheinen, nicht nur formal als Übernahme einer geläufigen Terminologie[139], deren Gefäß mit einem ganz disparaten Inhalt gefüllt wird. Die Obrigkeit dient dem kirchlichen und dem ökonomischen Stand, indem sie für äußere Ruhe und zeitlichen Frieden sorgt, dadurch der Predigt des Evangeliums Raum schafft und ermöglicht, daß jeder in Frieden seiner Arbeit nachgehen kann; ja, der usus politicus legis im obrigkeitlichen Regiment dient indirekt der Wiederherstellung des geistlichen Friedens mit Gott, ist eine Art Vorschule der göttlichen Gerechtigkeit[140]. Das politische Rechtsleben der Gemeinschaft verhält sich zum göttlichen Naturgesetz der Liebe wie das »Zeichen« (signum) zur »Sache selbst« (res ipsa), wie das Gefäß (calix) zum geistlichen Inhalt[141]. Das Gesetz des irdischen Gemeinwesens ist »Abbild der Gerechtigkeit und des Friedens, der im Reiche Gottes ist und der die wahre Gerechtigkeit und der wahre Friede ist« (... figura iustitiae et pacis, que est in civitate dei, que est vera iustitia et vera pax[142]), und Gott

---

135 Vgl. *A. Schubert*, Augustins lex-aeterna-Lehre nach Inhalt und Quellen, BGPhMA, 1924.
136 S. th. I-II, q. 90 ad 1.
137 Vgl. *E. Wolf*, Zur Frage des Naturrechts bei Thomas von Aquin und bei Luther, in: ders., Peregrinatio, München 1954, S. 183–213.
138 Vgl. *F.X. Arnold*, Zur Frage des Naturrechts bei Martin Luther, München 1937.
139 Vgl. *J. Heckel*, Lex charitatis, S. 168.
140 Galaterbriefvorlesung, 1531, WA 15,1, S. 511, Z. 11.
141 Vgl. *E. Seeberg*, Luthers Theologie II, Stuttgart 1937, S. 321; *W. Maurer*, Von der Freiheit eines Christenmenschen, Göttingen 1949, S. 152.
142 Dictata, 1513–1515, WA 4, S. 16, Z. 26.

II Reich Gottes, Kirche und Gesellschaft

»ist aller beyder gerechtickeit, beyde geistlicher und lieblicher, stiffter, herr, meister, födderer und belohner«.[143]

Umgekehrt dient der kirchliche Stand der Obrigkeit und dem status oeconomicus, »denn ein Prediger bestätigt, stärkt und hilft erhalten alle Obrigkeit, allen zeitlichen Frieden, steuert den Aufrührerischen, ... unterrichtet das Vateramt, Mutteramt, Kinderamt, Knechtsamt und in Summa alle weltlichen Ämter und Stände«.[144] Insofern ist der »zeitliche Friede ... eigentlich eine Frucht des rechten Predigtamtes. Denn wo dasselbige recht geht, unterbleibt der Krieg, Hader und Blutvergießen wohl«.[145] Daß der ökonomische Stand den beiden anderen Ständen dient, liegt auf der Hand.

Wegen dieses von Gott geschaffenen Zusammenhangs, der eine menschliche Gemeinschaft als »corpus« qualifiziert, kann Luther jedes Gemeinwesen als »Gemeinde Gottes« bezeichnen und in der Auslegung des 82. Psalms sagen, daß der Psalmist »alle Gemeinen odder ordentliche Versammlung ›Gottes Gemeine‹ nennet ... Denn er hat alle Gemeinen geschaffen und schafft, bringet sie auch noch zu samen ...«[146] Ja, die ganze Menschheit ist ein »corpus«, und in ihr hat der einzelne die Stellung eines membrum corporis[147]. So soll jeder »mit seinem Amt oder Werk dem andern nützlich und dienstlich sein, daß also vielerlei Werke alle auf eine Gemeine gerichtet sind, Leib und Seele zu fördern, gleich wie die Gliedmaßen des Körpers alle eines dem andern dienen«.[148] Und da wir alle ein Körper des Hauptes Jesus Christus sind, gibt es keine »geistlichen« und »weltlichen« Glieder des Körpers. »Christus hat nicht zwei noch zweierlei Art Körper, einen weltlich, den andern geistlich: ein Haupt ist, und einen Körper hat er.«[149]

(2) Negation

Aber fragt man nun, worin denn die Christlichkeit des christlichen Körpers de facto bestehe, so stößt man bei Luther nicht nur ins Leere, sondern findet eine Vielzahl von in ihrer Radikalität sich überbietenden Negationen. Der Adel ist ungehorsam und räuberisch[150], mißbraucht das weltliche Regiment zu seinem »Trotz, Prahlen, Lust, Frevel und allem Mutwillen, ohne Scheu und Furcht Gottes«[151]. Das geistliche Regiment wird von vielen »zu ihrem Geiz, Lust und Ehre« mißbraucht[152], und auch im status

---

143 Kriegsleute, WA 19, S. 629, Z. 30.
144 Kinder, 1530, WA 30,2, S. 537; zit. L.D. Bd. 7, S. 199.
145 WA 30,2, S. 538, Z. 18–21; zit. L.D. Bd. 7, S. 199.
146 WA 31,1, S. 193, Z. 27.
147 Römerbriefvorlesung, WA 56, S. 175, Z. 2; 32. Brief 18. März 1531, WA Br. VI, S. 56, Z. 12; S. 15, Z. 19.
148 Adel, WA 6, S. 409, Z. 7–10; zit. M.A. Bd. 6, S. 10.
149 WA 6, S. 408, Z. 33–35; zit. M.A. Bd. 6, S. 9.
150 WA 31,1, S. 83.
151 WA 31,1, S. 88; zit. L.D. Bd. 7, S. 271.
152 Ebd.

oeconomicus ist »fast nichts anderes als lauter Mißbrauch«[153]. Sie alle folgen dem Gott der Welt, d. h. dem Teufel[154], der im Reich der Welt regiert. Die Welt ist das »corpus diaboli«[155], der Leib des Teufels sind die Nichtchristen, nicht nur die Heiden, sondern auch die, die dem Namen nach Glaubende sind, in Wirklichkeit aber Ungläubige[156]. »Die wellt und die menge ist und bleybt unchristen, ob sie gleych alle getaufft und Christen heyssen.«[157] Und zum Wesen des weltlichen Reichs gehört es, »zu sündigen und alles zu lästern, was Gottes ist« (regnum mundi est peccare et omnia blasphemare, quae dei[158]). Die wahren Christen sind auf Erden und auch in der Kirche eine ganz verschwindende Minderheit der Zahl nach: »Allezyt ist der Christen am wenigsten und sind mitten unter den unchristen«[159], und dem Raume nach sind sie weit verstreut, wenn auch in geistlicher Gemeinschaft miteinander, ihre civitas ist in coelestibus, non localiter[160], die Kirche Christi ist »per orbem diffusa«[161] und die Christen »wonen ... fern von eynander.«[162] In böser Eintracht verfolgen die »drei Haufen« des ökonomischen, politischen und kirchlichen Amtes »diesen kleinen Haufen ohne Unterlaß aufs höchste, können und wollen denselben nicht leiden, allein deshalb und um keiner andern Ursache willen, weil diese Gott fürchten und ihm vertrauen, das ist, daß sie Gottes Wort ehren und lehren, welches jene nicht hören noch sehen wollen«.[163]

(3) Problematisierung
Wenn auch das göttliche Naturgesetz noch im Sündenstande nicht ganz unwirksam ist, wie oben dargelegt, so ist doch das materielle weltliche Naturrecht vom ursprünglichen göttlichen Naturgesetz des Geistes und der Liebe weit entfernt. Gerade in diesem Abgrund, der für Luther zwischen der lex divina und der weltlichen lex humana klafft – »duplex est iustitia«! –[164], zeigt sich die große Distanz zur thomistischen Konzeption des Naturrechts.

War im Thomismus wohl klar unterschieden zwischen dem absoluten Naturrecht des Urstands und dem relativen Naturrecht des Sündenstandes, so wurde doch dort dieser relative Unterschied noch einmnal relativiert durch die grundlegendere und das ganze System strukturierende Dif-

---

153 Ebd.
154 Ebd., S. 279.
155 Der 117. Psalm ausgelegt, 1530, WA 30,1, S. 235, Z. 36; Dictata, 1513–1515, WA 3, S. 532, Z. 22; vgl. H. Obendiek, Der Teufel bei Martin Luther, Berlin 1931.
156 De captivitate, WA 6, S. 560, Z. 7.
157 Obrigkeit, WA 6, S. 251, Z. 35.
158 Galaterbriefvorlesung, 1531, WA 15,1, S. 97, Z. 7.
159 WA 6, S. 252, Z. 17.
160 WA 15,1, S. 662, Z. 7.
161 Adversus execrabilem Antichristi bullam, 1520, WA 6, S. 607, Z. 2.
162 Obrigkeit, 1523, WA 6, S. 251, Z. 37.
163 Confitemini, WA 31,1, S. 89; zit. L.D. Bd. 7, S. 272.
164 Galaterbriefvorlesung, 1516–1517, WA 17,2, S. 98, Z. 12.

II Reich Gottes, Kirche und Gesellschaft

ferenz und Beziehung zwischen Natur und Übernatur. Das Entscheidende war, daß Natur Natur ist. Die Kreatur als solche ist natürlich, übernatürlich ist allein Gott, und das Wesen der christlichen Religion ist, den Menschen am übernatürlichen Wesen Gottes teilhaben zu lassen. Die gnadenweise geschenkte Schau Gottes ist übernatürliche Religion, Überschreitung der Grenzen der Natur und zugleich ihre Vollendung. Die Aufgabe der Vermittlung liegt jetzt vor allem in der Differenz von Natur (sei es reiner oder verdorbener Natur) und Übernatur, nicht mehr wie in der alten Kirche in der Differenz von absolutem und relativem Naturrecht. Schon das absolute Naturrecht des Urstands hatte nur das bonum naturae zum Gegenstand, die »konnaturale« Vollkommenheit des Menschen in den Grenzen seiner Vernunftnatur, die streng zu unterscheiden ist von der die Natur »exzedierenden« Vollkommenheit, die schon im Urstand durch das reine Gnadenwunder, wenn auch ohne priesterlich-sakramentale Vermittlung, von Gott unmittelbar verliehen wurde[165]. Wenn auch der Sündenstand eine gradweise Störung und Minderung der natürlichen Vollkommenheit mit sich brachte, so tritt doch dieser Unterschied in den Schatten gegenüber der Ordnung, der Schönheit und dem Frieden, kurz: der Vollkommenheit, die der Natur als Natur so oder so ontologisch als qualitas inhaerens zu eigen ist.

Für Luther gibt es diese Differenz zwischen naturgesetzlich-konnaturaler Vollkommenheit und die Natur exzedierender übernatürlicher Vollkommenheit im Urstand gar nicht. Das Naturgesetz *ist* das göttliche Gesetz der vollkommenen Liebe und geistlich-unmittelbaren Gemeinschaft zwischen Gott und Mensch[166], in der Gott in der Liebe ganz dem Menschen und der Mensch in Freiheit vom eigenen Ich ganz Gott und dem Nächsten zugewandt war. Aus diesem göttlichen Naturgesetz der Liebe herauszufallen ist qualitativ ein ganz anderer Vorgang, geht es doch hier um ein Verhältnis, das nur bestehen oder nicht bestehen kann, das den Menschen ganz beansprucht im innersten Kern seines Wesens, die Person selbst vor allem Tun oder Unterlassen – und nicht um eine qualitas inhaerens, an deren Konstanz und Kontinuität gradweise Unterschiede nichts ändern, denn Natur bleibt Natur – in absoluter oder relativer Vollkommenheit. Wo es um ein Verhältnis geht, um Zuwendung oder Abwendung, steht mit einem alles auf dem Spiel, wird Kontinuität und Identität des »Natürlichen« diesseits und jenseits von Eden überhaupt erst als Problem thematisch. So wird verständlich, daß sich an der Frage eine breite Diskussion entzündet hat, ob man im Rahmen der lutherischen Rechtslehre überhaupt von einem »absoluten« und einem »relativen« Naturrecht sprechen könne[167]. Aber ebenso bleibt im Rückblick auf diese Diskussion

---

165 Vgl. *E. Troeltsch*, Soziallehren, S. 263ff.
166 Vgl. *J. Heckel*, Lex charitatis, S. 52ff.
167 Vgl. *E. Troeltsch*, Soziallehren, S. 486ff.; *ders.*, Das christliche Naturrecht, in: *ders.*, Ges. Schriften, Bd. IV, S. 156ff.; *K. Holl*, Luther, S. 481; *F. Lau*, »Äußerliche Ordnung« und

zu bedenken, ob die Frage wohl richtig gestellt ist. Denn wenn der Inhalt des Naturgesetzes ein Verhältnis ist und nicht eine natürliche Beschaffenheit und dieses Verhältnis als ein *Treue*verhältnis zu bestimmen ist, dann ist es wohl denkbar, daß ein Partner aus dem Treueverhältnis herausfällt und gleichwohl der primäre göttliche Partner seinem Geschöpf die Treue hält und es nicht fallen läßt, ja es wider dessen eigenen Willen nicht ganz und gar sich selbst und der vernichtenden Konsequenz seiner Schuld überläßt. Und dies ist m. E. die Richtung, in der Luthers qualifiziert theologische Antwort auf das genannte Problem von Relativität und Kontinuität einerseits und Totalität des Bruchs und Diskontinuität andererseits liegt. Luther bedenkt das Problem auf anderer Ebene als die Scholastik: Der Mensch läßt sich aus Gottes Hand fallen – aber Gott läßt ihn nicht fallen ganz und gar. Er bleibt auch im Reich des Zorns, im Reich zur Linken, in dem er für den pevertierten Menschen selbst pervertiert erscheint als zornig-tötender Rächer (cum perverso peverteris[168]), der verborgen Liebende, und sein Gesetz, das dem gottlosen Menschen als lex irae et mortis erscheint, ist gleichwohl die lex caritatis latens, in der »got seine gute und fruntschafft under dem zorn und straff verborgen hat und gibt«.[169]

Es bliebe aber unbefriedigend, wollte man in diesem Zusammenhang Luthers wichtige Unterscheidung von Person und Amt in der Weise verrechnen, daß man den Bruch und die Kontinuität, die Totalität der menschlichen Verderbnis und die Relativität der Güte menschlicher Erkenntnisse, Handlungen und Ordnungen auf die Bereiche der Personalität und der Institutionalität verteilte. Gewiß mißbrauchen die Menschen den geistlichen, den obrigkeitlichen und den ökonomischen Stand und bleibt trotzdem »der Stand nichtsdestoweniger gut, heilig und eine göttliche Gabe und um ihres Mißbrauchs willen nicht verdammt«.[170] Gewiß gilt besonders vom Schwertamt, das mit Zwang für äußeren Frieden und für Ordnung in der Welt sorgt: »Mißbrauch gehet das Amt nicht an«[171], er »ist nicht des Amtes, sondern der Person Schuld«. Aber ein schlicht binäres Schema, das die Totalität der Verderbnis der Personalität und die Relativität der Güte der Institutionalität zurechnete, würde ein Charakteristikum der Sichtweise Luthers beseitigen: das Spannungsverhältnis, das aus der nicht systematisierenden, sondern problematisierenden Durchleuchtung, der angefochtenen und anfechtenden Sicht der Wirklichkeit durch Luther resultiert. Denn einerseits ist doch auch der Mensch als Person im Sündenstand nicht einfach blind für die Erkenntnis und nicht ganz und gar unfähig zur Verwirklichung des Naturgesetzes. »Auch im Herzen des sündigen

---

»Weltlich Ding« in Luthers Theologie, Göttingen 1933, S. 62f.; *E. Brunner*, Gerechtigkeit, Zürich 1943, S. 324; *Ph.S. Watson*, Um Gottes Gottheit, Berlin 1952, S. 136; *W. Schönfeld*, Grundlegung der Rechtswissenschaft, Stuttgart 1951, S. 301; *J. Heckel*, Lex charitatis, S. 88.
168   Operationes in psalmos, 1519–1521, WA 5, S. 27, Z. 15.
169   Die sieben Bußpsalmen, 1517, WA 1, S. 160, Z. 27.
170   Confitemini, 1530, WA 31,1, S. 87; zit. L.D. Bd. 7, S. 271.
171   Kriegsleute, WA 19, S. 627; zit. L.D. Bd. 7, S. 57.

Menschen bleibt ... der göttliche Rechtswille als Naturgesetz eingeschrieben«[172], wenn auch verschwommen und verdunkelt, wenn es auch der Mensch nicht mehr geistlich versteht, sondern leiblich, nicht auf die ewige Seligkeit bezieht, sondern auf das irdische Glück[173]. Auch die Kinder der Welt können – wenigstens einigermaßen – das weltliche Naturrecht der zweiten Gebotstafel erfüllen[174], wenn auch die erste Tafel nur für die Kinder des Reiches Christi vollziehbar ist. Und andererseits sind auch die von Gott zur Erhaltung der Welt eingesetzten »Ämter, Stiftungen und Orden« nicht einfach exterritorial gegenüber menschlichem Mißbrauch und Versagen, vielmehr wird ihr Bestand dadurch aufs äußerste bedroht[175].

Nehmen wir nun die Position und Negation, wie sie sich bei Luther finden, zusammen, so ergibt sich das Bild eines Gesamtzusammenhangs der geistlich-weltlichen Einheit des gesellschaftlichen Lebens, der aufs höchste bedroht und angefochten ist. Die Kohärenz des Ganzen, die ihren Ausdruck im Corpus-Gedanken findet, besteht, aber sie ist äußerst problematisiert. Es ist ein Bestand, der gleichwohl aller ontologisch-kosmologisch inhärenten Stabilität als »Qualität« entbehrt. Es ist ein »gerade noch eben bestehen«, in dem das Problematisierte nur noch »in etwa bleibt«[176]. Ordo und pax des Ganzen halten noch, »wie wenig auch desselben tatsächlich vorhanden ist«.[177] Der jetzige »Friede und Stand« hängt »an einem seidenen Faden«, ja er schwebt »schlechterdings in der Luft«[178].

Kohärenz, wie gefährdet und problematisiert auch immer, ohne inhärente Stabilität des Gefüges – dies scheint allerdings ein Widerspruch in sich zu sein. Daß dies für Luther gleichwohl nicht der Fall ist, hängt mit seiner theologischen Verarbeitung des Problems zusammen, die sich von einer ontologisch-organologisch-hierarchischen fundamental unterscheidet. Nur unter Voraussetzung dieser fundamentalen Differenz läßt sich Luthers Antwort auf das oben genannte Problem von gleichzeitiger Kontinuität und Diskontinuität angemessen verstehen. Luthers Antwort besteht demnach eben nicht im Festhalten an einem »natürlichen«, Kohärenz gewährleistenden Kontinuum, das als »Eigenschaft« zu verstehen wäre, sondern in Gott selbst, seinem Willen und Tun, kraft dessen er das von ihm abgefallene Geschöpf und seine Welt gleichwohl nicht fallen läßt – sei es selbst wider Willen des Geschöpfs. Damit kommen wir zum zweiten Gesichtspunkt, der theologischen Aktualisierung des gesellschaftlichen ordo.

Zusammenfassung Die drei großen gesellschaftlichen Institutionsbereiche (Politik, Kirche und Ökonomie) bilden ein in sich sinnvoll zusam-

---

172 J. *Heckel*, Lex charitatis, S. 72.
173 Operationes in psalmos, 1519–1521, WA 5, S. 26, Z. 30.
174 WA 39,2, S. 70, Z. 31.
175 Vgl. WA 18, S. 294ff.; WA 30,2, S. 556; WA 31,1, S. 83.
176 WA 31,1, S. 84; zit. L.D. Bd. 7, S. 270.
177 WA 31,1, S. 83; zit. L.D. Bd. 7, S. 269.
178 Ebd.

menhängendes organisches Ganzes mit gegenseitiger Ergänzung und Durchdringung. Aufgrund dieser Kohärenz ist die Gesellschaft ein christlicher Körper, eine »Gemeine Gottes«.

In allen drei gesellschaftlichen Bereichen wird überwiegend gegen den Willen Gottes und gegen das gemeinsame Wohl gehandelt.

Nimmt man die Position und die Negation zusammen, so ergibt sich das Bild eines Gesamtzusammenhangs der geistlich-weltlichen Einheit des gesellschaftlichen Lebens, der aufs höchste bedroht und angefochten ist. Die Kohärenz des Ganzen, die ihren Ausdruck im Corpus-Gedanken findet, besteht, aber sie ist äußerst problematisiert. Es ist ein Bestand, der gleichwohl aller ontologisch-kosmologisch inhärenten Stabilität als »Qualität« entbehrt. Es ist ein »Gerade-noch-eben-Bestehen«.

ε) *Aktualisierung – Komplexität und Reduktion*
(1) Komplexität
Versteht man unter »Komplexität« eine »Eigenschaft von Systemen, die durch die Anzahl der Elemente des Systems und der zwischen den Elementen bestehenden Relationen bestimmt wird«[179], oder einfacher die »Einheit des Mannigfaltigen«[180], so zeigt die Bestimmung des Verhältnisses zwischen Einheit und Vielfalt bzw. zwischen Relation und Vielzahl von Elementen den grundlegenden Unterschied zwischen Thomas und Luther.

Bei Thomas ist dieses Verhältnis als Vollkommenheit gedacht: Die »perfectio« liegt in der teleologisch-hierarchisch geordneten Vielheit. Je größer die Vielheit ist, die ein gestuft-geordnetes Ganzes umfaßt, desto größer ist seine Vollkommenheit. In der Ordnung der Naturdinge findet sich die Vollkommenheit, die in Gott als Einfachheit und Gleichgestalt da ist, in der Vielgestalt und Mannigfaltigkeit der Allheit der Geschöpfe[181] und ihrer organisch-hierarchischen Relation. In Analogie zur natürlichen Ordnung versteht Thomas die durch ratio vermittelte Ordnung des Gemeinwesens[182], sie ist der natürlichen Ordnung nachgestaltet. Es ist bei Thomas eine die ganze Ordnung des Universums und auch die Ordnung der menschlichen Gemeinwesen durchwirkende Dynamik in der Hierarchie der Wirkursachen und in der die Wirklichkeitsstufen aufeinander hinordnenden Zweckmäßigkeit. Die Stabilität der Relation und Kohärenz, die die Mannigfaltigkeit durchwirkt, wird man demnach auch bei Thomas nicht als etwas Statisches verstehen dürfen.

Die radikale Problematisierung der Kohärenz, wie sie sich bei Luther findet, ist darum nicht zu verstehen als Dynamisierung eines statischen ordo. Es ist bei ihm eine gänzlich andere Bestimmung der Komplexität,

---

179 G. *Klaus*, Art. Komplexität, in: Philosophisches Wörterbuch, Bd. 1, 7. Aufl. Berlin (DDR) 1970, S. 587.
180 N. *Luhmann*, Art. Komplexität, in: Historisches Wörterbuch der Philosophie, Bd. 4, Basel 1976, Sp. 940.
181 S. th. II-II, q. 183, a. 2.
182 De reg. princ. I, 12.

II Reich Gottes, Kirche und Gesellschaft

des Verhältnisses von Vielheit und Zusammenhang: Sie wird theologisch aktualisiert, nicht mehr rational-metaphysisch, ontologisch-entelechetisch teleologisiert. Konkret gesagt: Daß die menschliche Gesellschaft nicht eine bloße Mannigfaltigkeit, ein Chaos divergierender Kräfte, Gruppen, Klassen und Stände ist, ist Gottes Tat und Werk. Darum ist jedes weltliche Gemeinwesen trotz seiner Weltlichkeit eine »Gemeine Gottes«[183]. In der Auslegung des 82. Psalms von 1530[184] sagt Luther, daß der Psalmist »alle Gemeinen odder ordentliche versammlung ›Gottes Gemeine‹ nennet, als die das Gottes eigen sind, und er sich derselben an nimpt als seines eigen wercks ... Denn er hat alle Gemeinen geschaffen und schafft, bringet sie auch noch zu samen ... Aber wie wol solchs die erfarung uns leren solte, so muß er doch solchs auch mit durren worten sagen und öffentlich bekennen und rhümen, das die Gemeinen sein sind, denn die tolle kluge vernunfft sampt allen welt weisen wissen gantz und gar nichts, das eine Gemeine Gottes geschepffe und ordnung sey, Sondern denckt nicht anders, es gerate ongefehr und plumbs weise also, das sich ein volck zu samen hellt und bey einander wonet ...« So liegt die Kohärenz der Vielfalt nicht eigentlich *in* der Vielfalt, d.h. in ihrer natürlich-gestuften Entelechie, sondern *über* ihr in Gottes Hand, der nicht »ablässet noch aufhöret wohlzutun«[185], der »mit aller Gewalt steuert, hilft« und das bewirkt, was menschliche Vernunft und Kraft nicht bewirken kann, was sogar »über und wider unsern Willen und Gedanken« beisammengehalten werden muß von Gott[186].

Zwar gilt auch nach Thomas, daß Gott der Urgrund alles Seins ist, »aus dem ersten Einen geht alles Einheitliche hervor, aus dem ersten Sein alles Seiende, aus dem ersten Guten alles Gute«[187]. Auch hier hängt die Einheitlichkeit des Geschöpflichen letztlich in Gott als dem ersten Ursprung und dem letzten Ziel von allem. Nicht darin liegt die spezifische Differenz, auf die hier aufzumerken ist, sondern darin, daß der universale ordo naturalis kraft seiner habituellen Zweitursächlichkeit sozusagen gar nicht anders kann, als sich in der Weise einer hierarchisch geordneten Vielfalt zu einer Einheit zu gestalten. Der als »hierarchia« im Grunde doch soziomorphe Kosmos und die als »Organismus« bei aller rationalbewußten Gestaltung doch kosmomorphe Gesellschaft werden belebt und durchwaltet vom Lebensatem der universal-natürlichen Ordnung, ihrem Frieden und ihrer Schönheit. Es ist eine große Dynamik in allem, aber – weil es die Dynamik eines ordo universalis ist, eine ebenso große natürliche Stabilität. Es ist ein unübersehbarer Schritt in der gesellschaftlichen Evolution zwischen Thomas und Luther in der De-Sozialisierung der Welt und in der De-Kosmi-

---

183 Vgl. *J. Heckel*, Lex charitatis, S. 112.
184 WA 31,1, S. 193, Z. 27ff.
185 WA 31,1, S. 77; zit. L.D. Bd. 7, S. 266.
186 WA 31,1, S. 83; zit. L.D. Bd. 7, S. 269.
187 Quaest. disp., de veritate, q. 5, a. 1.

sierung der Gesellschaft zu erkennen, durch den die Gesellschaft im Prozeß der Differenzierung in ganz neuer und eminent kritischer Weise in die Verantwortung der Humanität, des menschlichen Willens gelegt ist – und der Mensch ist ein solcher, der entweder aus Gott lebt oder aus dem Gott der Welt, ein Schritt auch, in dem die Kohärenz der Gesellschaft in ein prekäres Stadium tritt, das von Luther mit großer Sensibilität erlebt und theologisch reflektiert und verarbeitet wird – das hält nicht einfach »plumbs weise ... zu samen«.

(2) Reduktion
Die Komplexität der Vollkommenheit des Universums als Zusammenspiel von Vielfalt und Kohärenz kehrt bei Thomas auf der Ebene des geistlichen ordo der Kirche wieder. In der perfectio ecclesiae teilt Gott seine Gnadengaben in verschiedenen Stufengraden aus, darum werden im Leib Christi die Glieder unterschieden nach der Verschiedenheit der Ämter, Stände und Rangstufen, damit durch die Vielgestaltigkeit und Mannigfaltigkeit die Kirche vollkommen sei. Daß es also Unterschiede des Grades der Teilhabe am übernatürlichen Leben gibt – unter der Voraussetzung, daß die Gnade ein »zustandhaftes Geschenk«, eine eingegossene übernatürliche Form und Qualität der menschlichen Seele ist –, dies ist nicht nur kein Defizit, es ist vielmehr konstitutiv für die pefectio des geistlichen ordo. Denn Vollkommenheit liegt im Natürlichen wie im Übernatürlichen in der geordneten »Vielgestaltigkeit und Mannigfaltigkeit« (perfectio ... inveniri non potuit nisi difformiter et multipliciter[188]).

Dies begegnet nun bei Luther geradezu in der Umkehrung: Das Vollkommene ist das Einfache, Ungeteilte, Ganze. Das Gute, um das es im Glauben geht, »ist etwas Vollkommenes und Einfaches ...« (bonum est pefectum et simplex ...[189]). Denn die Wirklichkeit, auf die der Glaube bezogen und ausgerichtet ist, ist eine schlechterdings einfache und unteilbare: Jesus Christus selbst und das, was zu ihm gehört. Dies ist das Merkmal der Hochmütigen und der Häretiker, daß sie Christus zerteilen, »tatsächlich aber ›ist Christus nicht in Stücke zerteilet‹, wie der Apostel sagt« (1. Kor. 1,13 revera autem ›Christus non est divisus‹ ...[190]).

Was von der Bezugswirklichkeit des Glaubens gilt, das gilt ebenso von der Wirkmächtigkeit dessen, wodurch der Glaube hervorgerufen wird: vom Worte Gottes und der gepredigten Verheißung. »Das Wort Gottes ist in sich selbst sehr gut« (verbum Dei in seipso est optimum[191]), und Luther erläutert diese vollkommene Güte durch den Zusatz: als »das in sich selbst Unterschiedslose« (ipsum indifferens). Und diese beide: Jesus Christus und das ihn bezeugende Wort, sind selbst ein unteilbares Einfaches und Gan-

---

188 S. th. II-II, q. 183, a. 2.
189 Römerbriefvorlesung, WA 56, S. 253, Z. 10.
190 Ebd., S. 251, Z. 19.
191 Ebd., S. 428, Z. 18.

zes. Dies ist »Christus und das, was Christi ist«[192], Christus und die Kirche, Christus und das Wort seiner Jünger und Zeugen. »Denn in allem Wort ist Christus ganz; in jedem einzelnen Wort ist er ganz« (quia in omni verbo totus est Christus et in singuli totus[193]).

Es kann nun gar nicht anders sein, als daß, was von der Wirklichkeit, auf die der Glaube bezogen ist (Christus) und von der den Glauben zeugenden und bezeugenden Kraft des Wortes gesagt wurde, auch vom Glauben selbst zu sagen ist. Der Glaube »besteht in etwas Unteilbarem. Entweder ist er in seiner Ganzheit da und umfaßt glaubend alles, was man glauben muß, oder er ist überhaupt nicht da . . .« (fides enim consistit in indivisibile; aut ergo tota est et omnia credenda credit aut nulla . . .[194]).

Es ist in dem allen bei Luther eine resolute und theologisch auf das intensivste begründete und reflektierte Reduktion des überkommenen spirituellen Ordo in seinen vielfachen Abstufungen von Unvollkommenheit zu Vollkommenheit: Das Vollkommene ist überall, zu aller Zeit und für jeden Menschen nur Eines, das einfache Eine, was notwendig ist, was die fundamentale Not des Menschen wendet, indem es ihn *selbst* wendet und umkehrt von dem Weg der Krankheit zum Tode auf den Weg der Krankheit zum Leben; das von dem Leben, das den Tod gebiert, wegführt in den Tod, der das Leben gebiert. Der »Geist aber allein ist's, der es schafft, und nur Erfahrung führt hier zur Erkenntnis. Denn der Geist schafft, daß so viele Dinge plötzlich verschwinden und zu einem Nichts werden und von der Seele für nichts geachtet werden. Und sie selbst, die sich gänzlich von allen Dingen abgekehrt hat, sucht nur das eine, was not ist, mit Maria.« (Sed solius spiritus est efficere et solius experti cognoscere. Hic enim facit, ut tam multa subito dispareant et nihil fiant, nihil ab anima estimentur, et ipsa penitus aufera ab omnibus, unum tantum requirit necessarium cum Maria.[195]) Luther sagt mit Petrus Lombardus: »Es ist ein anderes, zu glauben, daß Gott sei, ein anderes, Gott Glauben zu schenken, und abermals ein anderes, sich glaubend an Gott hinzugeben« (aliud est credere Deum, aliud credere Deo, aliud credere in Deum[196]). Das ist das Eine, Einfache und Ganze des Glaubens: Hingabe an Christus, mit seinem ganzen Sein auf ihn hin ausgerichtet sein und »alles auf ihn beziehen«[197].

In einem längeren Exkurs über Röm 9,28[198] entfaltet Luther in besonderer Konzentration, was wir mit dem Terminus »Reduktion« in spezifischer Differenz zu Thomas als reductio in unum gegenüber der »perfectio . . .

---

192 Ebd., S. 251, Z. 21.
193 Ebd., S. 252, Z. 11f.
194 WA 56, S. 249, Z. 20f.; M.A. Erg.-Bd. 2, S. 137f.
195 WA 56, S. 363, Z. 3-6; M.A. Erg.-Bd. 2, S. 305.
196 WA 56, S. 252, Z. 3f.; M.A. Erg.-Bd. 2, S. 141; Petrus Lombardus, Sent. III, dist. 23,4 (Migne Bd. 192, S. 805).
197 WA 56, S. 252, Z. 6; M.A. Erg.-Bd. 2, S. 141.
198 In der Lesart der Koine, des Cod. Claromontanus, des Cod. Boernerianus und der Vulgata.

difformiter et multipliciter« zu kennzeichnen versuchen – es ist eine Passage, die für Luthers Weise, theologisch zu denken, höchst aufschlußreich ist, und für das, was es hier darzustellen gilt, erhellend[199].

Luther schöpft die Doppelsinnigkeit der Termini »consummare« und »abbreviare« im lateinischen Text von Röm 9,28 aus (verbum enim consummans et abbrevians in iustitia), indem er sie einmal im Sinne von »zusammenfassen«, »zusammenziehen« (consummare) und »abkürzen« (abbreviare) verwendet, dann wieder im Sinne von »vollenden«, »vervollkommnen« (consummare) und »abschneiden« (abbreviare).

Den Unterschied zwischen dem Vollkommenen, Zusammengefaßten, Abgekürzten und dem Unvollkommenen, Auseinandergezogenen, Verlängerten bezieht Luther erstens auf das Verhältnis von Vielfalt der der sinnlichen Anschauung gegebenen Gegenstände möglicher Erkenntnis (omnibus visibilibus[200]) und Einfalt der Klugheit des Glaubens, der auf nichts als nur das Wort hört (omni prudentia simplicem auditum intendere oportet verbo[201]). »Denn ›es ist ein Wort, vollendet und verkürzt in Gerechtigkeit‹, d.h. gerecht sind alle, die diesem Worte glauben. Sie glauben aber nur dann, wenn sie ihre Vernunft in die Fesseln des Unsichtbaren legen und sich vom Anschauen aller sichtbaren Dinge losmachen. Denn das Wort ist auch insofern ›verkürzt‹ (abbreviatum), als es abgetrennt und geschieden ist (precisum et separatum) von allen sichtbaren Dingen; nichts davon verheißt es oder reicht es dar, ja alles verweigert es, schneidet es ab (omnia abnegat, abbreviat) und lehrt, daß man sich davon losagen soll. Das tut es deswegen, weil es ein ›vollendetes‹, d.h. ein vollkommenes Wort ist (quod ideo facit, quia est ›consummatum‹ i.e. perfectum verbum), das nur etwas Fertiges und Völliges anzeigt. Jedes Wort nämlich, das etwas Sichtbares oder Geschaffenes anzeigt oder verkündigt (... quod significat aut nunciat visibile aut creatum), ist eben darum noch nicht vollendet oder vollkommen, weil es nur einen Teil ankündigt, nicht das Ganze, d.h. etwas, das nicht den ganzen Menschen befriedigt, sondern nur einen Teil von ihm ... Wenn es aber das verkündigen soll, was vollkommen ist und den ganzen Menschen satt macht, dann darf es notwendigerweise nichts von dem verkündigen, was das Fleisch befriedigt, d.h. nichts Geschaffenes oder Sichtbares, sondern Gott allein. Und so wird es eben damit, daß es vollendet wird, abgekürzt. Und umgekehrt: Indem es abgekürzt wird, wird es vollendet.«[202] Die »Häretiker und Eigenbrötler« machen aus dem vollkommenen und abgekürzten Wort für sich selbst ein unvollkommenes und langes (... verbum imperfectum et longum[203]), denn das Wort Christi kann nicht aufgenommen werden, solange des Menschen

---

199 Vgl. WA 56, S. 406–410; M.A. Erg.-Bd. 2, S. 370–375.
200 WA 56, S. 407, Z. 14–15.
201 WA 56, S. 417, Z. 10.
202 WA 56, S. 407, Z. 10–25; M.A. Erg.-Bd. 2, S. 371.
203 WA 56, S. 408, Z. 22f.

Denken von der Vielheit des sinnlichen Anschaubaren gefangengenommen ist, das die Aufmerksamkeit des Menschen teilt, anstatt sie zu versammeln auf das eine, das not tut. »Der Glaube ist also die Vollendung und die Abkürzung und die Summe des Heils. Denn allerdings ist das verkürzte Wort nichts anderes als der Glaube. Womit wollen wir das beweisen? Das verkürzte Wort ist für niemanden ›verkürzt‹, wenn es nicht als solches erkannt wird. Nur durch den Glauben aber wird es erkannt. Also ist der Glaube das Leben und das lebendige verkürzte Wort. Siehe, wie er ein kurzer ›Beweis ist dessen, das nicht scheinet‹ (vgl. Hebr 11,1), d. h. von allen Dingen trennt und schneidet er ab. So schneidet sich auch der Gläubige durch eben dieses Wort von allen Dingen ab, als der sich an das hält, was man nicht sehen kann.«[204] Luther kann den Unterschied zwischen Erkenntnis aus sinnlicher Anschauung und Erkenntnis Gottes, die er sonst »Weisheit des Fleisches« (sapientia carnis) und »Weisheit des Geistes« (sapientia spiritus)[205] oder »Weisheit Gottes«[206] nennt, auch durch einen differenten Wissensbegriff kennzeichnen, dann spricht er von Erkenntnis (scientia) und Weisheit (sapientia) und assoziiert sie mit »Kenntnis« (cognitio) und »Betrachtung« (contemplatio). »›Der Weisheit und der Erkenntnis‹, das ist nach der Meinung des seligen Augustinus die richtige Unterscheidung: Zur Weisheit gehört die Betrachtung ewiger Dinge, zur Erkenntnis aber gehört die Kenntnis zeitlicher Dinge. Darum hat die erschaffene Weisheit mit dem zu tun, was man nicht sehen noch begreifen kann, es sei denn allein durch den Glauben oder durch ein Entrücktwerden gen Himmel. Die Erkenntnis aber richtet sich auf das, was außerhalb Gottes und geschaffen ist. Die Weisheit Gottes also ist's, die alle Dinge bei sich selbst betrachtet, vor ihrem Werden und über ihrem Werden und in ihrem Werden. Die Erkenntnis aber ist es, durch die er die Dinge erkennt, so wie sie geschehen. Darum wird sie ›Erkenntnis des Anschauens‹ genannt.« (›Sapientiae et Scientiae‹ haec est recta distinctio secundum b. Augustinum, quod ad sapientiam pertinet aeternorum contemplatio, sed ad scientiam temporalium rerum cognitio. Ideo sapientia creata est eorum, que nec videntur nec percipiuntur nisi sola fide vel raptu anagogico. Scientia autem est eorum, que sunt extra Deum et creata. Ideo sapientia Dei est, qua in se ipso contemplatur omnia, antequam fiant et supra quam fiant et intra quam fiant, scientia vero, qua cognoscit, sicut fiunt; ideo vocatur ›scientia visionis‹[207].) Luthers Begriff des reinen »Werdens« wird uns noch gesondert beschäftigen.

Luther bezieht zweitens den Unterschied von Vollkommenem-Zusammengefaßtem und Unvollkommenem-Auseinandergezogenem auf das Verhältnis von Gesetz und Evangelium (das geistliche Gesetz): »So wie das

---

204 WA 56, S. 409, Z. 4–10; M.A. Erg.-Bd. 2, S. 373f.
205 WA 56, S. 409, Z. 17.
206 WA 56, S. 406, Z. 19.
207 WA 56, S. 440, Z. 10–17; M.A. Erg.-Bd. 2, S. 424.

Wort des fleischlich verstandenen Gesetzes ein unvollkommenes und auseinandergezogenes oder in die Länge gezogenes Wort war, so ist das Wort des Geistes, d.h. des geistlich verstandenen Gesetzes ein vollendetes und verkürztes Wort« (sicut verbum legis carnaliter intellectae fuit verbum imperfectum et dilatum seu prolongatum, ita verbum spiritus i.e. legis spiritualiter intellectae est verbum consummatum et abbreviatum[208]).

Dieser Unterschied zwischen dem Wort des fleischlich verstandenen Gesetzes und dem zusammengezogenen »Wort des Evangeliums« hängt drittens eng zusammen mit dem Unterschied und dem Beziehungsverhältnis zwischen dem Wort als »Zeichen« (signum) und dem mit dem Wort bezeichneten Inhalt (signatum). Das Zeichen ist nicht mit dem Bezeichneten identisch, aber dies bleibt latent, nicht eigentlich aufgrund eines dem Zeichen selbst innewohnenden Mangels, vielmehr aufgrund einer dem Menschen sozusagen natürlich einwohnenden Tendenz, die Zeichen in der falschen Richtung zu interpretieren, so daß sie nicht transparent werden, sondern reflexiv. So schieben sie sich, anstatt wie ein Fokus den Blick zu versammeln auf das eine Notwendige, wie ein Spiegel zwischen den Menschen und das Bezeichnete und werfen das Bild des Täters in seinem Werk auf ihn selbst zurück. So wird der Mensch als Werkmensch, als Täter der Gesetzeswerke auf ihn selbst reflektiert und zurückgebogen, und er nimmt das Zeichen für die Sache selbst. Das heißt, das Wort des Gesetzes fordert die Gerechtigkeit des Menschen vor Gott, als fleischlich verstandenes Gesetz fordert es Gesetzeswerke. Aber in den Werken des Gesetzes wird der Mensch seiner selbst ansichtig, nicht sofern er er selbst ist in der reinen Gegenwart des Ich-Seins, sondern sofern er der Herstellende und Vorstellende dieses seines Werks ist und sich im Hergestellten und Vorgestellten objektiviert, d.h. in der Vergangenheit des Gewordenen. So nimmt er den Schein der Wahrheit in der Wahrscheinlichkeit des bereits Bestehenden für die Wahrheit selbst. Freilich bleibt das Bewußtsein, daß das Werk des Gesetzes als *dieses* nicht *die* Gerechtigkeit ist, die Ins-Werk-Setzung ist nur ein Teil und nicht das Ganze. Sie ruft nach weiteren Werken, und auch diese sind nur Teile, so daß paradoxerweise gerade die Summierung ans Licht bringt, was sie doch überwinden sollte: die Unvollkommenheit, das Elend und das verzweifelte Auf-sich-selbst-Zurückbezogensein des Werkmenschen. Das zieht sich hin und zieht sich in der beständigen Ergänzungsbedürftigkeit des Gesetzeswerkes immer mehr auseinander und in die Länge. »Und darum wurde es auch auseinander- und in die Länge gezogen, weil es mehr und mehr zum Unvollkommenen und Fleischlichen hinleitete... So ist es mit dem Zeichen. Solange das Zeichen für das Bezeichnete genommen wird, hat man das, was bezeichnet wird, noch nicht im Besitz. Und so ist endlich dies Wort selber nicht ›zur Gerechtigkeit‹ gediehen, sondern mehr zur Ungerechtigkeit, Lüge und Nichtigkeit.« (Ac per hoc dilatum est et prolongatum, quia du-

---

208 WA 56, S. 408, Z. 2–4; M.A. Erg.-Bd. 2, S. 372.

cebat magis ac magis ad imperfectum et carnale ... Sicut quamdiu signum pro signato accipitur, signatum non habetur. Et sic tandem ipsum verbum non fuit ›ad iustitiam‹, sed magis ad iniquitatem, mendacium et vanitatem.²⁰⁹) Dies hat seinen Grund darin, daß das »fleischlich verstandene«, d. h. das im beschriebenen Sinne reflexiv fungierende Gesetz das, was es anzeigt, eben nur anzeigt und nicht mitteilt. »Unvollkommen war es, weil es nur anzeigte, aber nicht darbot, was es anzeigte« (imperfectum, quia significabat, sed non exhibebat, quod significabat²¹⁰).

Daß »das Wort des Evangeliums« nicht in Vielheit auseinandergezogen ist, sondern »zusammengefaßt« und auf Kürze gebracht ist seinem Wesen nach, ist unter dieser Perspektive der Ausdruck dafür, daß im Evangelium das Zeichen und das Bezeichnete, das Wort von der Gerechtigkeit und das Gerechtwerden, Gerechtfertigtsein selbst auf Eines zusammengezogen ist. Indem dem Menschen das Wort des Evangeliums, das Wort von der neuen und neumachenden Gerechtigkeit in Jesus Christus gesagt wird, *ist* er gerecht vor Gott. Hier ist das im Wort Bezeichnete im Geschehen des Zuspruchs der Gnade zu reiner göttlich-kreatorischer Gegenwart gebracht. Da gibt es nichts mehr zu unterscheiden zwischen Zeichen und Sache, da ist beides auf den Punkt gebracht. Das Wort schafft, was es sagt. »Das Wort, das geglaubt werden muß, ist kein anderes als dies: Christus ist gestorben und auferstanden. Darum schließen diese Redewendungen ... noch viel stärkere Bejahungen in sich ..., d. h. du kannst mit aller Bestimmtheit sagen: Christus ist hinauf gen Himmel gefahren und du wirst selig sein. Und zweifle in keiner Weise daran, daß er aufgefahren ist. Das ist nämlich das Wort, das dich selig machen wird. So lehrt die Gerechtigkeit des Glaubens. Das ist summarisch der kurze Weg zum Heil. Die Gerechtigkeit des Gesetzes aber ist ein langer Umweg und führt im Kreise herum.«²¹¹ Wenn Gott sein Wort aussendet, »ßo geets mit gewalt«²¹², da zählt die natürliche Hinneigung des Menschen und seine natürliche Sehnsucht nach dem Übernatürlichen, seine religiöse Veranlagung ebensowenig wie die von Luther ganz antischolastisch behauptete natürliche Feindschaft des Menschen gegen Gott: Gottes Wort wirkt, wovon es redet so, »daß es nicht nur die Freunde und die, die zustimmen, sondern auch die Feinde und die widerstreben umwandelt.«²¹³ Die »Weisheit des Fleisches«, die Erkenntnis (scientia) und die Kenntnis (cognitio) vieler Dinge machen nicht »den ganzen Menschen satt«²¹⁴, der Mensch internalisiert immer mehr Gegenständliches auf dem Wege wissensmäßiger Aneignung und kenntnisreicher Handhabung, d. h. auf dem Wege wissenschaftlicher und technischer Verwertung, und läuft paradoxerweise eben so sich selbst immer

---

209   WA 56, S. 408, Z. 7–12; M.A. Erg.-Bd. 2, S. 372.
210   Ebd.
211   WA 56, S. 414, Z. 27 – S. 415, Z. 5; M.A. Erg.-Bd. 2, S. 383f.
212   So überraschend deutsch mitten im lateinischen Text: WA 56, S. 422, Z. 8.
213   WA 56, S. 422, Z. 8f.; M.A. Erg.-Bd. 2, S. 394.
214   WA 56, S. 407, Z. 20; M.A. Erg.-Bd. 2, S. 371.

mehr davon. So wird nicht nur der Mensch selbst »nichtig«, sondern auch die Kreatur, wird nicht nur Humanität vernichtet, sondern auch Kreatürlichkeit, so wie beide von Gott gemeint und geschaffen sind. Denn alles, was Gott schuf, »war sehr gut« (Gen 1,31), und »alle Kreatur Gottes ist gut« (1Tim 4,4), Gras und Früchte und Tiere. Aber der Mensch mag die Dinge nicht sein lassen, wie sie in sich wirklich sind, und er erkennt sie nicht, wie sie »an sich«[215] sind, er läßt sie nicht gegenüber sein in ihrer gottgeschaffenen Güte. Er erträgt nicht die Externalität des Guten, was Wohltat ist, wird ihm zur Qual. Die »Weisheit des Fleisches«, die Wissenschaft (scientia) und die Kenntnis der Handhabung (cognitio) ruhen nicht eher, als bis sie alles nach ihrem Bilde verformt haben, nach dem Bilde des Menschen, der alles auf sich bezieht, auch Gott und sich selbst auf sich bezieht. Und nun sind es gerade »die Weisen und die Theologen«[216], die den »Philosophen und Metaphysikern«[217] auf den Leim kriechen und, »verseucht von dieser Klugheit des Fleisches aus den Dingen, die doch voll Trauerns sind, ... Wissen schöpfen, das ihnen Vergnügen macht« (nunc vero Sapientes et theologi eadem ›prudentia carnis‹ infecti in rebus tristantibus iucundam scientiam hauriunt...[218]). Die Kreatur wäre nicht nichtig, wäre der Mensch nicht, der alte eitle Mensch, der in die ihn umgebende kreatürliche Wirklichkeit projiziert, was sie in Wirklichkeit nicht ist, und der sie verwandelt und verwertet im Dienste von Bedürfnissen, für die sie nicht geschaffen ist. Er überfrachtet sie »lächelnd« durch »wunderlich mächtige Gedankengebäude« (... ridentes congerunt cognitiones mira potentia[219]) und überfordert sie, indem er mit ihr Bedürfnisse decken will, die auf diese Weise nicht zu stillen sind – im Gegenteil, der Hunger wird immer gefräßiger und breitet Nichtigkeit aus durch diesen »verkehrten Genuß« (perverse fruitioni...[220]). Er will Lebensfülle aus den Dingen ziehen, aber dort, wohin er sie zieht, ist nicht Leben, sondern die Krankheit zum Tode, ist nicht Weg und Ziel, sondern Kreislauf, Reflexion, Zurückbezogensein des Menschen, der in sich selbst hinein verkrümmt ist[221].

»Hinwiederum ist das Wort des Evangeliums zusammengefaßt. Denn es reicht das dar, was es bezeichnet, nämlich die Gnade. Darum ist es auch ›verkürzt‹. Denn es schiebt nicht das hinaus, was es ankündigt, sondern macht es vielmehr los von allem, was seinen Empfang verzögern und hindern kann. Darum ist es verkürzt in Gerechtigkeit, weil es denen zur Gerechtigkeit verhilft, für die es vollendet und abgekürzt wird. Das geschieht

---

215 WA 56, S. 373, Z. 7; M.A. Erg.-Bd. 2, S. 321.
216 WA 56, S. 372, Z. 14f.; M.A. Erg.-Bd., S. 320.
217 WA 56, S. 371, Z. 2f.; M.A. Erg.-Bd., S. 317.
218 WA 56, S. 372, Z. 14–16; M.A. Erg.-Bd., S. 320.
219 WA 56, S. 372, Z. 16f.; M.A. Erg.-Bd., S. 320.
220 WA 56, S. 373, Z. 7.
221 Was demnach von Luther im wissenschaftlich-technischen Zeitalter über die Verwüstung der objektiviert-verwerteten Welt und das Elend des vorstellend-herstellenden Menschen zu lernen wäre, ist noch lange nicht ausgeschöpft.

II Reich Gottes, Kirche und Gesellschaft

aber durch den Glauben.«[222] Das ist die Gerechtigkeit, in der Gott und die Kreatur und der Mensch gerechtfertigt werden – Gott, indem der Mensch ihm recht gibt gegen sich selbst und Gott den für ihn sein läßt, der er ist: der gerecht ist und gerecht macht (Röm 3,26); die Kreatur, indem sie nun endlich sein und bleiben darf, was sie von Gott her ist: »Denn die Dinge sind an sich gut, und die Gott erkennen, die erkennen auch die Dinge nicht in eitler Weise, sondern wahrhaft«[223] – der Mensch, indem er Gott glaubt und für sich selbst bekennt, daß er ein Sünder ist, Gott aber der, der gegen ihn im Recht ist. »Denn inwendig ist Gott sowohl wie sein Wort gerecht und wahr, aber in uns ist es noch nicht so geworden, solange nicht unsere Weisheit ihm das Feld räumt, glaubend ihm Raum gibt und es annimmt.«[224] So ist die »passive Rechtfertigung« Gottes, in der der Mensch Gott rechtfertigt, in anderer Richtung gesehen zugleich die »aktive Rechtfertigung« des Menschen, in der Gott den Menschen rechtfertigt. »Durch dieses ›Gerechtfertigtwerden Gottes‹ aber werden wir gerechtfertigt, und jene passive Rechtfertigung Gottes, durch die er von uns gerechtfertigt wird, ist unsere eigene Rechtfertigung, die Gott aktiv an uns vollzieht. Denn er erkennt eben jenen Glauben, welcher seine Worte rechtfertigt, als Gerechtigkeit an...«[225]

Durch das, was hier zwischen Gott und Mensch geschieht, wird zugleich die Kreatur befreit und entfrachtet vom Internalisierungs- und Verwertungszwang des Menschen; indem der Mensch Gott Raum gibt, gewinnt die Kreatur Raum zum Leben. So vermag es der Mensch, die Kreatur bleiben zu lassen, was sie ist: sie zu »gebrauchen« (uti), wie eben Kreatürliches des Kreatürlichen bedarf, um sein zu können, aber ohne sie zu »genießen« (frui), d.h. sie in den reflexiven, destruktiven Zwang der Internalisierung und Verwertung in infinitum zu pressen. Die Gott »aus ganz reinem Herzen lieben und brennend nach ihm dürsten«, »gebrauchen die Dinge, genießen sie aber nicht« (... utentes eis, non autem fruentes[226]).

Der Unterschied von Vollkommenem-Zusammengefaßtem und Unvollkommenem-Auseinandergezogenem wird von Luther viertens auf das Verhältnis von Herkunft und Zukunft bezogen. Darin liegt der Akzent auf dem aktuell-zeitlichen Charakter des Geschehens der Veränderung und Verwandlung, der Umkehr und Kehre des Menschen, das sich rein von Gott her allein durch die Gnade und allein durch den Glauben am Menschen vollzieht. Es ist eine göttliche Konzentration auf den Augenblick, in dem Gott *jetzt* vollzieht, was der Werkmensch Schritt für Schritt und stufenweise auf einem lang hingezogenen Wege zu erreichen trachtet. Genau der terminus ad quem des Werkmenschen, den er gleichsam auf dem We-

---

222 WA 56, S. 408, Z. 13–17; M.A. Erg.-Bd. 2, S. 372.
223 WA 56, S. 373, Z. 17f.; M.A. Erg.-Bd. 2, S. 321.
224 WA 56, S. 226, Z. 14–16; M.A. Erg.-Bd. 2, S. 105.
225 WA 56, S. 226, Z. 23–26; M.A. Erg.-Bd. 2, S. 105.
226 WA 56, S. 373, Z. 19; M.A. Erg.-Bd. 2, S. 321.

ge der schrittweisen Summierung der Teile intendiert, ist der terminus a quo des Glaubens, so daß man das aristotelisch-stufenweise Realisieren der pefectio bei Thomas geradezu umkehren kann: War dort sowohl in bezug auf die immanente pädagogische Ökonomie der lex humana als auch in bezug auf die immanent-transzendente heilsgeschichtliche Ökonomie der lex vetus kennzeichnend das »non subito, sed gradatim«[227], so gilt für Luther das »non gradatim, sed subito«.

Wenn wir hier von einer Konzentration auf den »Augenblick« sprechen, so darf dies jedoch nicht präsentisch-eschatologisch mißverstanden werden, als handelte es sich um einen abschließenden und alles einbeziehenden Augenblick als nunc perfectum, vielmehr meint Luther einen – wenn man einmal so kontrastieren darf – aufschließenden, nämlich nach vorn öffnenden Augenblick, und die etwas sterile moderne Alternative von präsentischer und futurischer Eschatologie ist ihm ganz fremd. Zwar schließt der konzentrierte Augenblick auch ab – und zwar nach hinten, aber eben darin schließt er auf, nämlich zu neuer Intentionalität, in der nicht mehr die Werke auf die Erfüllung und Vervollkommnung des Täters, des Werkmenschen zielen, sondern die Erfüllung und Vervollkommnung des Täters selbst den Werken vorangeht, hingegen der Werkmensch gestorben und abgetan ist, wie Luther so viele Male im Bild vom guten Baum und den guten Früchten zum Ausdruck bringt. Es ist die schwerste Mitte, auf die sich hier alles zusammendrängt und zusammenzieht und in der sich zugleich alles scheidet im Geschehen des Wortes Gottes, durch das der Mensch gerechtfertigt wird, durch das er aus einem für Gott toten zu einem von Gott her und zu Gott hin lebenden Menschen wird. Es ist die versammeltste Mitte, die in der Vergangenheit präsent ist als abgetane, erledigte und besiegte Vergangenheit, als Schuld, die vergeben ist: »Das ist das Zeugnis, das der heilige Geist unserem Herzen gibt: *dir* sind deine Sünden vergeben«[228]; und die in der Zukunft präsent ist als verheißene, zugesagte und real eröffnete Zukunft: »Du kannst mit aller Bestimmtheit sagen: Christus ist hinauf gen Himmel gefahren und du wirst selig sein ... Das ist nämlich das Wort, das dich selig machen wird.«[229] So kommt das Wort »mitten dazwischen hinein«, abschließend und eröffnend, vergebend und verheißend: »Denn das, was man sehen kann, das stellte er zurück, und das Zukünftige, das man nicht sehen kann, das reichte er noch nicht dar, sondern er gab uns nur sein Wort mitten dazwischen hinein. Darum, wer nicht glaubt, geht zugrunde« (quia rem visibilem repulit et rem futuram invisibilem non exhibuit, sed verbum tantummodo *inter medium* illarum dedit. Ideo qui non credit, perit[230]).

Als verdeutlichendes Beispiel für das, was wir hier als »Reduktion« und

---

227 S. th. I-II, q. 96, a. 2.
228 WA 56, S. 370, Z. 10f.; M.A. Erg.-Bd. 2, S. 316.
229 WA 56, S. 415, Z. 1–8; M.A. Erg.-Bd. 2, 384.
230 WA 56, S. 407, Z. 4–6; M.A. Erg.-Bd. 2, 371.

II Reich Gottes, Kirche und Gesellschaft

»Konzentration« kennzeichnen, bringt Luther das Bild von dem zu kurzen Mantel und der zu kurzen Decke: Mit dem Wort des Evangeliums, das verkürzt ist in Gerechtigkeit, verhält es sich so »wie mit einem verkürzten Mantel oder einer verkürzten Decke. Bedeckt sie den einen, dann läßt sie den andern nackt und bloß, Jes. 28,20: ›Denn das Bett ist so eng, daß der andere herabfällt, und die Decke so kurz; sie kann nicht beide decken‹. So ist auch das Wort des Glaubens eng, so daß nicht beide Menschen in ihm Ruhe finden können;, sondern einer von beiden, nämlich der alte Mensch fällt vollständig heraus, weil es ihn nicht faßt. Ein und derselbe Mantel deckt nicht beide, sondern nur den neuen Menschen. Sehr vollkommen also und vollendet ist das Wort, weil es in wunderbarer Weise und in überschwänglichem Maße den Menschen vollkommen macht.«[231] Das ist wie Neugeburt, nicht der alte Mensch wird gradatim erneuert und vervollkommnet in Richtung auf Tugend und Gnadenempfang, sondern der von Gott mit schöpferischer Kraft gezeugte Mensch *ist* schon, was er werden soll. Es ist eine ganz andere Form der Intentionalität. »Es ist also genügend klargestellt, daß jene beiden Worte sich auf verschiedene Seiten beziehen: ›vollendet‹ auf den Zielpunkt, ›abgekürzt‹ zeigt an, wohin ein solches Wort führt, nämlich zur vollkommenen Gerechtigkeit, ›verkürzt‹ aber zeigt, wovon eben dies Wort einen abwendig macht, nämlich von der Weisheit des Fleisches und der Ungerechtigkeit.« (Satis ergo patet, quod illa duo ad diversa referuntur, ›Consummatum‹ ad terminum ad quem, ›Abbreviatum‹ ad terminum a quo. Quia ›Consummatum‹ ostendit, quo quo perducat verbum huiusmodi, scil. ad perfectionem Iustitiae, ›Abbreviatum‹ vero, a quo avertat idem verbum, scil. a ›sapientia carnis‹ et Iniustitia.[232])

Der Unterschied zwischen Vollkommenem-Zusammengezogenem und Unvollkommenem-Auseinandergezogenem hat bei Luther fünftens auch einen quantitativen Aspekt. Es handelt sich um das Problem, das Luther immer wieder quälend beschäftigt hat: Warum glauben so wenige Menschen, warum gibt es so wenige Christen? Warum wird das kurze und vollkommene Wort der Gnade, »das Zeugnis, das der heilige Geist unserem Herzen gibt: dir sind deine Sünden vergeben«!, immer wieder entweder überhaupt nicht gehört, wie es bei den Gottlosen der Fall ist, oder – wenn es gehört wird – umgebogen und auf die lange Bank der Werke gezogen? Die »Gottlosen linker Hand« fragen gar nicht nach Gott, die Gottlosen »zur rechten Hand«[233] sind auf »ihre eigenen Gerechtigkeiten und Tugenden und Weisheiten bedacht«.[234] Diese gottlose Frömmigkeit ist eben darum gottlos, weil sie reflexiv ist, in ihr meint der Mensch im Grunde sich selbst und richtet seine Aufmerksamkeit auf sich selbst. So wird der

---

231 WA 56, S. 409, Z. 30 – S. 410, Z. 2; M.A. Erg.-Bd. 2, S. 374f.
232 WA 56, S. 410, Z. 23–27; M.A. Erg.-Bd. 2, S. 375.
233 WA 56, S. 239, Z. 5ff.; M.A. Erg.-Bd. 2, S. 123.
234 WA 56, S. 240, Z. 24f.; M.A. Erg.-Bd. 2, S. 125.

Mensch entweder »vermessen und sicher« (cito presumit et securus fit[235]) oder im Gegenteil »überängstlich«, »traurig, niedergeschlagen und verzweifelt« (nimis pusillanimes, ... ideo tristes, deiecti et desperati fiunt[236]). In ihrem überspannten Eifer und ungestümen Drängen sind sie der Gnade verschlossen und versuchen, »durch ihre eigenen Werke zu erreichen, daß sie ganz rein sind, und dabei werden sie aufs jämmerlichste zuschanden.« Allein im Glauben gilt es, daß wir Sünder sind, denn was wir wirklich sind, ist nicht identisch mit dem, was uns reflex bewußt ist und unser wirkliches Befinden vor Gott ist nicht identisch mit dem, was wir an uns selbst wahrnehmen. »Darum gilt es dem Urteil Gottes stille zu halten und seinen Worten zu glauben ...; denn er kann nicht lügen ... Darum findet sich so selten jemand, der es erkennt und glaubt, daß er ein Sünder ist ... Wirklich sich als ein Sünder geben, das will keiner oder nur selten einer.«[237] Darum sind die Christen ein kleines Häuflein und wohnen fern voneinander. Darum gilt nach Luther das »abbreviare« auch in diesem quantitativen Sinne, daß die Mehrheit der Menschen »abgeschnitten« wird. Es ist für die wenigen ein unbegreifliches aber nicht zu leugnendes Faktum, daß viele das gute Wort des Evangeliums hören, aber nur wenige glauben. »Voller Schmerz und Verwunderung darüber, daß die Gottlosen einem solchen guten Wort nicht Gehör schenken, sagen sie: ›Wer hat geglaubt unserer Predigt?‹, d.h. über die Maßen köstlich ist jene Predigt, die wir hören und glauben. Warum glauben nicht auch andere?« (Auditio illa optima, quam nos audimus et credimus, cur non credunt etiam alii?[238]) Die vielen »machen sich selber das vollkommene und abgekürzte Wort zu einem unvollkommenen und langen, d.h. zu einem eitlen, unbrauchbaren und lügenhaften. Denn das Wort Christi kann nur dann aufgenommen werden, wenn man allem entsagt und alles abtut, d.h. wenn man auch den Verstand gefangengibt und alles Sinnen und Denken demütig unterordnet. Aber weil die meisten in ihrem Hochmut verharren und das Wort nicht ergreifen oder besser durch das Wort nicht ergriffen werden, darum wird kaum ein Rest gerettet werden und es wird bei denen abgeschnitten, die zugrunde gehen, aber vollendet bei denen, die glauben.« (... Sed quia plurimi persistunt in superbia sua et verbum non capiunt, immo verbo non capiuntur, ideo vix reliquiae saluantur. Et abbreviatur in illis, qui pereunt, sed consummatur in iis, qui credunt.[239])

(3) Aktualisierung
Ist demnach die enorm gewachsene gesellschaftliche Komplexität eine von Luther gerade hinsichtlich ihrer empfindlich und labil gewordenen Kohä-

---

235 WA 56, S. 282, Z. 16; M.A. Erg.-Bd. 2, S. 183.
236 WA 56, S. 282, Z. 19; M.A. Erg.-Bd. 2, S. 183.
237 WA 56, S. 231, Z. 11f.24f.; S. 232, Z. 2; M.A. Erg.-Bd. 2, S. 111f.
238 WA 56, S. 428, Z. 24f.; M.A. Erg.-Bd. 2, S. 404.
239 WA 56, S. 408, Z. 25–28; M.A. Erg.-Bd. 2, S. 373.

renz höchst sensibel registrierte und intensiv reflektierte Realität, sind andererseits mit solcher Konsequenz, wie sie Luther verfolgt, Christenheit, Kirche und Glaube auf den Wesenspunkt konzentriert und reduziert, an dem es um alles oder nichts geht, um die enge Pforte und den schmalen Weg, der zum Leben führt und den nur wenige finden (Mt 7,14), dann ist nunmehr zu fragen, wie sich denn das gesellschaftliche komplexe Ganze und die solchermaßen auf die schwerste Mitte versammelte Christenheit zueinander verhalten, das umfassende und das ausschließliche Versammelte, Komplexität und Reduktion.

Liegt es nicht nahe, im Sinne der theologischen Kritik Luthers an der Vermischung des geistlichen und des weltlichen ordo an eine »Eigengesetzlichkeit« der Lebensbereiche zu denken, im Zuge der gesellschaftlichen Differenzierung an einen Dualismus der Wirklichkeiten göttlicher und weltlicher Zurechnung und dementsprechend auch an einen Dualismus zwischen dem Bereich personalen Seins und dem Bereich gesellschaftlicher Systeme, Institutionen und Organisationen – vermittelt allein in den Personen, insofern sie Glieder sowohl im Reich zur Linken als auch im Reich zur Rechten sind, jeweils als äußerer und innerer Mensch? Haben wir es demnach hier bereits – wenigstens in den Anfängen und im Grundsatz – mit der De-Humanisierung des Sozialen zu tun, wie sie die Systemtheorie mit Konsequenz theoretisiert?

Dann wäre in der Tat nicht nur von einer Wesensdifferenz zwischen geglaubter Kirche und realer Gesellschaft, zwischen geistlicher und weltlicher Ordnung auszugehen, sondern die *Differenz* der Bezugswirklichkeiten geistlicher und weltlicher Zurechnung wäre darüber hinaus als *Indifferenz* zu begreifen. Diese beiden Schritte in einen zusammenziehen heißt das Problem, das uns hier beschäftigt, überspringen, bevor es thematisiert ist. Denn es ist eines, die Wirklichkeit göttlichen Wirkens in Wort und Glaube strikt zu unterscheiden von weltlicher Wirklichkeit, es ist ein anderes, das Verhältnis der so unterschiedenen Wirklichkeiten zu bestimmen, und hier liegt die Genesis des immer noch unausgestandenen Problems. Ist dieses Verhältnis als ein Verhältnis der Differenz oder als eines der Indifferenz zu verstehen? Anders gesagt: Verhalten sich göttliche und weltliche Wirklichkeit zueinander oder auseinander? Im ersten Falle handelt es sich um ein Verhältnis, in dem sich göttliche und weltliche Wirklichkeit in Spannung kritisch zueinander verhalten, wo Widerspruch, Konflikt und Kampf jederzeit möglich ist; im zweiten Falle um ein solches, in dem sie sich nicht zueinander verhalten, also um ein Verhältnis der Beziehungslosigkeit.

Man mag einwenden, daß erstens eben mit der Beziehungslosigkeit Luthers Sicht der Dinge exakt wiedergegeben sei, denn Weltlichsein heiße eben Sündersein, ohne Beziehung zu Gott leben; und daß es zweitens ein Widerspruch in sich sei, Beziehungslosigkeit als ein »Verhältnis« zu bezeichnen. Aber erstens meint »Beziehung« nicht ohne weiteres eine reziproke Beziehung, und man müßte vergessen, mit welcher theologischen

Konsequenz Luther das Verhältnis Gottes zur Welt christologisch denkt, um zu übersehen, daß die Beziehungslosigkeit der Welt zu Gott die Beziehung Gottes zur Welt nicht aufhebt, daß Gottes Wort eben darin »mit Gewalt geht«, daß es nicht auf die angebliche menschliche Geneigtheit und Sehnsucht nach Gott angewiesen ist, um wirken zu können, daß Gottes Wort aus dem Nichts schafft und eben nicht das religiöse Bewegtsein des Menschen von der Gottes- oder Sinnfrage als conditio sine qua non voraussetzt. Es macht aus Gottes Feinden Gottes Freunde, es rechtfertigt die Gottlosen. Des Menschen Untreue hebt Gottes Treue zu Welt und Mensch nicht auf, dann »hinge ja Gottes Treue und Wahrhaftigkeit von menschlichem Belieben ab. Eben, als wäre Gott erst dann wahrhaftig, wenn sie geglaubt hätten und sein Wort hätten annehmen wollen.«[240]

Und zweitens ist es[241], auch wenn man eine Beziehungslosigkeit zwischen Reich Gottes und Reich der Welt postulieren will, kein Widerspruch, diese Beziehungslosigkeit als ein Verhältnis zu bezeichnen, was leicht übersehen werden kann. Es handelte sich in diesem Falle – und, wenn man Luther so verstehen müßte, bei Luther selbst – in dem Verhältnis der Indifferenz um ein Verhältnis der Widerspruchsfreiheit. Göttliches und Weltliches verhielten sich dann (aristotelisch ausgedrückt) wie ein anderes zu einem anderen, d. h. die prinzipielle Andersartigkeit ist so groß, daß aktuell gar kein Widerspruch bestehen oder entstehen kann.

Und hier eröffnet sich eine eigenartige Dialektik: Stimmt man den Luther-Interpreten zu[242], die Differenz mit Beziehung zusammendenken, also die Dualität von weltlicher und geistlicher Ordnung nicht zur Beziehungslosigkeit eines Dualismus auseinanderspannen, so setzt dies die Möglichkeit frei, die weltlichen und gesellschaftlichen Bedingungen kirchlich-geistlichen Daseins kritisch-theologisch zu bedenken. Denkt man dagegen Differenz mit Beziehungslosigkeit zusammen, so werden Kirche und Christentum mit jeder möglichen beliebigen gesellschaftlichen Bedingung ihrer Existenz in gleicher Weise kompatibel. Worauf wir hier abheben, ist der kontratendenzielle Effekt: Genau indem die geistlich-weltliche Differenz als Indifferenz gedacht und auf die Spitze getrieben wird, wird die Kirche dem jeweiligen historisch-kontingenten Bestand der gegebenen gesellschaftlichen, wirtschaftlichen und politischen Verhältnisse als ihren »äußeren« Bestandsbedingungen kriterienlos ausgeliefert. Ist ihr geistlich-inneres Sosein und We-

---

240 WA 56, S. 211, Z. 27f.; M.A. Erg.-Bd. 2, S. 86.
241 »Der verfassungsrechtliche Standort der ecclesia universalis ist durch ihre Beziehung zum Reich Christi, derjenige der politia durch ihre Aufgabe im Reich der Welt bestimmt, und dieser Unterschied ist durch keinen überhöhenden Begriff zu überbrücken« (J. Heckel, Lex charitatis, S. 175). Hier werden geistliche und weltliche Ordnung voneinanderweg bezogen.
242 Vgl. H. Bornkamm, Luthers Lehre von den zwei Reichen im Zusammenhang seiner Theologie, 2. Aufl. Gütersloh 1960; G. Gloege, Thesen zu Luthers Zwei-Reiche-Lehre, in: Kirche und Staat. Festschrift für Hermann Kunst, Berlin 1967, S. 79–90; G. Ebeling, Wort und Glaube, Tübingen 1960, S. 407–428; U. Asendorf, Eschatologie bei Luther, Göttingen 1967; U. Duchrow, Christenheit und Weltverantwortung.

II Reich Gottes, Kirche und Gesellschaft 117

sen solchermaßen nicht von dieser Welt, kann ihr weltlich-äußeres Dasein sich allen möglichen gesellschaftlichen Bedingungen, sofern diese sich nur rein weltlich und nicht selber religiös geben, äußerlich aufsetzen. Dies ist aber eine Fiktion. Es gab und gibt keine religiös wertneutrale Weltlichkeit von Gesellschaft.

Wird aber die geistlich-weltliche Differenz mit Beziehung zusammengedacht und darin Luthers neuartiger Kombination der von Augustinus überkommenen Civitates-Lehre mit der aus dem Mittelalter überkommenen Potestates-Lehre Rechnung getragen, so ist damit allerdings die Möglichkeit grundgelegt, das Verhältnis von Kirche-in-der-Welt und gesellschaftlicher Umwelt kritisch zu reflektieren und theologisch verantwortbar zu machen. Der kontratendenzielle Effekt liegt demnach darin, daß ein *grundsätzlicher* Dualismus zwischen geistlicher Ordnung und weltlicher Ordnung die wechselseitige Abhängigkeit von System (Kirche, Religion) und Umwelt (Gesellschaft) *und* die Grenzen zwischen System und Umwelt unthematisiert läßt, eben damit aber deren *faktischem* Zusammenspiel, ihrer »Vermischung« theorielos preisgegeben ist. Können die gesellschaftlichen Bestandsbedingungen des Systems nicht theologisch-kritisch thematisiert werden, dann hat die Kirche hinsichtlich ihrer gesellschaftlichen Verfaßtheit einen blinden Fleck, sie ist in ihrer Selbstwahrnehmung so eingeschränkt, daß gesamtgesellschaftliche Entwicklungen samt den (auch religiösen) Werten, die mit ihnen zusammenhängen (verursachend, begleitend und verursacht), sozusagen gar keinen Schlüssel brauchen, um Zutritt zum System zu erhalten. Sie etablieren sich geräuschlos und ohne angeklopft zu haben in der eigenen Mitte. Eine dualistisch verstandene Zwei-Reiche-Lehre bewirkt in solcher Weise gerade das, was sie vermeiden will: eine Vermischung von Geistlichem und Weltlichem.

Bemüht man sich aber um möglichst präzise Differenzierung, einmal in der Absicht, die differenten Bezugswirklichkeiten inhaltlich möglichst zureichend zu bestimmen (im Sinne der eschatologischen Differenz von civitas Dei und civitas terrena), zum andern in der Absicht, latente Bedingungsverhältnisse und Abhängigkeiten kritisch offenzulegen und so in Verantwortbarkeit zu überführen (im Sinne der Regimenter- bzw. Ämterlehre), so kommt in dieser Unterscheidung *und* Beziehung in ihrem Zusammenspiel erst zutage, was die spezifische und m. E. unverzichtbare Leistung der Zwei-Reiche-Lehre bei Luther ausmacht. In ihr wird der Unterschied zwischen Reich Gottes und Reich der Welt augustinisch-radikal als Gegensatz gedacht und zugleich die Kirche-in-der-Welt so in den Zusammenhang des gesellschaftlichen Lebens gesetzt, daß dessen Struktur, der Aufbau des »christlichen Körpers«, völlig verändert wird: der status oeconomicus, status politicus und status ecclesiasticus erscheinen nicht mehr in schichtspezifischer Differenzierung gestufter potestates, sondern in funktionsspezifischer Differenzierung als Ämter und Dienste. Der potestas-Charakter der geistlichen Gewalt wird von Luther zunächst zögernd²⁴³, aber seit etwa 1520 konsequent abgebaut. »Durch das Wort der Verheißung soll der Mensch, wenn er getauft wird und glaubt, die Gewißheit haben, daß er selig wird. Hier wird überhaupt nichts an Gewalt verliehen, sondern nur der Dienst eingerichtet an denen, die getauft werden« (... hoc promissionis verbo homo certus sit, si baptisaretur credens, salutem sese consecuturum, ubi *nihil* prorsus potestatis tributum, sed ministerium duntaxat baptisantium institutum sit ...²⁴⁴). Der Gewaltcharakter wird dem geistlichen Amt entzogen und einerseits umgewandelt, so daß »die augustinische civitas dei als Herrschaftsverband Gottes die mittelalterliche geistliche Gewalt ganz aufgesogen und sich angeglichen hat«²⁴⁵: Hier ist »Herrschaft« die Herrschaft des göttlichen Geistes – andererseits funktional ausdifferenziert als *ein* Spezifikum des Dienstes der weltlichen Obrigkeit; sie trägt das Schwert zur Sicherung des Friedens und zum Schutze des Gemeinwohls.

Im Blick auf die in unserem engeren Zusammenhang anvisierte Differenz von Komplexität der Gesellschaft und Reduktion des Christentums auf Christus, Wort und Glaube legt sich zur Charakterisierung der Beziehung zwischen Weltlichem und Geistlichem unter dieser Perspektive der Begriff der Aktualisierung nahe. Die gesellschaftliche Komplexität ist nicht mehr gekennzeichnet durch die der Ordnung des natürlichen Kosmos nachempfundene perfectio difformiter et multipliciter, wie bei Thomas, sondern sie ist »humanisiert«. Es ist die divergierende Vielheit der Interessen der einzelnen in der Gesellschaft, der Stände, der Berufsgruppen, der Klassen und der Institutionen. Das Ganze der Gesellschaft ist nicht mehr der natürliche Organismus, dessen Kohärenz sich aus dem organischen Zusammenspiel der Teile als der Glieder des Organismus gleichsam von selbst ergibt, sondern es ist der trotz der innergesellschaftlichen Interessenkonflikte und »von unten« her ständig wirksamen Zentrifugalkräfte gegenläufig von Gott her aktuell bewirkte Bestand, das »von oben« her Erhalten- und Gehaltenwerden. Daß Gesellschaft überhaupt noch Lebensraum für sinnvolles menschliches Dasein ist und nicht nur dessen Bedrohung, Gefährdung, Beseitigung, ist für Luther ein Wunder Gottes. Die »Gemeine« ist Gottes Geschöpf, und dies im Sinne einer fortwährend aktuellen kontinuierlichen Wirksamkeit Gottes, der das Gemeinwesen nicht den in ihm treibenden und auseinandertreibenden Kräften überläßt. »Weil denn Gott die welt nicht wil wüst und leer haben, sondern hat sie geschaffen, das menschen drauff wonen und das land erbeiten und füllen sollen, wie Gene. am ersten stehet, Und solchs alles nicht mag geschehen, wo kein Friede ist, wird er gezwungen als ein schepffer sein eigen geschepffe, werck

---

243 Vgl. WA 4, S. 403, Z. 27ff.; WA 56, S. 451, Z. 5ff.; aber auch noch 1520: WA 6, S. 39, Z. 23ff.
244 De captivitate, WA 6, S. 543, Z. 32–34.
245 *U. Duchrow*, Christenheit und Weltverantwortung, S. 484.

II Reich Gottes, Kirche und Gesellschaft

und ordnung zu erhalten . . .«[246] So sind solche »Gemeinen« allein »Gotes werck . . ., als die er teglich schafft, neeret und mehret«[247]. Gott läßt »jhm sein werck und stifft wol anfechten mit auffrur und ungehorsam, Aber nicht stürtzen noch umbkeren.«[248] Dies Tun Gottes ist schöpferisch wie die creatio ex nihilo, »eben so ein grosses wunder und gewalt Gottes, als das er aus nichts die wellt gemacht hat«[249].

Dieses auf den gesellschaftlichen Zusammenhang bezogene Wirken Gottes, in dem es aktuell begründet ist, »das sich ein volck zu samen hellt«[250] und das insoweit noch ganz im Rahmen des ersten Artikels denkbar ist, wird nun von Luther in der Weise mit der Theologie des dritten Artikels verknüpft, daß er sagt: Gott tut dies um der christlichen Gemeinde willen. Dieses »um willen« (propter) einer gläubigen kleinen Minderheit in der Menschheit, das der Grund dafür ist, daß Gott so handelt wie er handelt, daß er zu seiner Verheißung steht und seiner Schöpfung die Treue hält, findet sich bereits im Römerbriefkommentar 1515/16 in der Erklärung zu Röm 3,1: »Denn Gott sieht bei seiner Verheißung mehr auf seine Wahrhaftigkeit um der Gläubigkeit einiger weniger willen als auf die Menge der Ungläubigen, so daß sie seine Verheißung ungültig machen könnte. Gott lügt ja nicht, sondern er ist wahrhaftig« (plus enim Deus respicit veritatem suam in promissione *propter* paucorum credulitatem quam multitudinem incredulorum, ut irritam faciat suam promissionem, quia non mentitur Deus, sed est verax[251]). Die Existenz dieser verborgenen Minderheit in der Welt ist gleichsam das, was Gott bei seinem Verheißungswort, bei seinem Erhaltungswillen und bei der Welt festhält und behaftet: »Aber dis heufflin furcht Gott und ist frum und wird versamlet aus den dreyen vorigen hauffen (sc. dem status ecclesiasticus, status politicus und status oeconomicus), Denn man findet ia noch frume, Gottfurchtige, rechte bisschofe, Pfarher, Prediger und seel sorger, So find man auch, frume gott furchtige, fursten, herrn, Edle, Ratsherrn, richter, Und auch manchen frumen gottfurchtigen burger, handwercksman, baur, knecht, magd etc., sie seien gleich, wie wenig yhr sind, Ja umb dieser willen, erhellt Gott, die vorigen drey hauffen und die gantze wellt und waget so viel guete und gaben an sie, Und wenn sie selbigen thetten (d.h. wenn diese nicht wären), die wellt vergienge von stund an, wie Sodom und Gomorra.«[252]

Was Luther mit diesem merkwürdigen »um willen« der Gläubigen in der Welt meint, bleibt ganz unverständlich, solange man sich nicht vergegenwärtigt, in wie starkem Maße Luther in relationaler Kategorie denkt, in der Gotteslehre ebenso wie in der Anthropologie und in der Ethik. Gott

---

246 WA 31,1, S, 192, Z. 25ff.
247 WA 31,1, S. 194, Z. 13f.
248 WA 31,1, S. 410, Z. 22f.
249 WA 31,1, S. 78, Z. 12–14.
250 WA 31,1, S. 194, Z. 1.
251 WA 56, S. 210, Z. 14–19; M.A. Erg.-Bd. 2, S. 84.
252 WA 31,1, S. 88, Z. 10–18.

ist in sich wahrhaftig, gut, gerecht und treu, aber er will dies nicht in sich selbst bleiben. Gott ist eine ganz transeunte Wirklichkeit. Er trachtet danach, die Menschen »durch seine Wahrheit, Gerechtigkeit, Weisheit, Kraft und Reinheit wahrhaftig, gerecht, weise, stark und rein zu machen«.[253] Gott will nicht nur gerecht sein, sondern auch gerechtfertigt werden durch den Glauben, der ihm recht gibt. »Gott, der allein wahrhaftig und gerecht und mächtig an sich selbst ist«, will »nun auch außerhalb seiner selbst, d. h. in uns so sein ...«.[254] Gott kann nur »von außen her«[255], vom Menschen her gerechtfertigt werden, und so ist er außerhalb seiner selbst »in höchstem Grade veränderlich« (Deus est mutabile quam maxime)[256]. Wie der Mensch ist, so tritt Gott ihm gegenüber, ist der Mensch gerecht, so ist Gott gerecht, ist der Mensch ungerecht und ungläubig, so ist Gott ungerecht. Wenn kein Glaube da ist, der die Zusage Gottes annimmt, so gibt es auch keine Verheißung mehr. Ist keiner da, der Gott als Verheißenden annimmt, so kann Gott sich auch nicht als Verheißender geben. So kann Luther sagen: »Wenn Gott eine Verheißung gibt und niemand da ist, der seiner Verheißung Glauben schenkt, wenn er sie gibt, dann wird es auch weder eine Verheißung mehr geben noch eine Erfüllung, weil sie keinem verheißen wurde, da keiner sie angenommen hat.« Auch dies gehört zur Vollkommenheit des verkürzten und zusammengefaßten Evangeliums, von der oben die Rede war, daß dieser Zusammenhang eine untrennbare Einheit bildet: »Der Glaube also bestätigt die Verheißung, und die Verheißung erfordert Glauben bei dem, dem sie zuteil wird.«[257]

Auf diesem Hintergrund wird allererst verständlich, was das »um willen« der Gläubigen bei Luther meint: Sie lassen Gott durch den Glauben in der Welt und für die Welt Gott sein. Sie lassen Gott so sein, wie er sein will: nicht bei sich und für sich, sondern aus sich heraustretend (per suum exire[258]) und veränderlich werdend. »Hätte er sich selbst gefallen wollen und hätte er sich selbst geliebt, dann würde er wahrhaftig nicht so gehandelt haben. Nun aber hat er uns geliebt und hat sich selbst gehaßt und entäußert und hat sich für uns ganz und gar dahingegeben.«[259] Das »um willen« der Gläubigen ist also weit davon entfernt, theologische Rhetorik oder fromme Übertreibung zu sein.

Schließlich ist hier zu erinnern an das menschliche Mitwirken mit Gottes erhaltendem Schöpferwirken. Gott wirkt durch die Menschen, und sie wirken mit ihm zusammen in ihren verschiedenen von Gott gestifteten Ämtern. So sehr Luther in diesem Zusammenhang das obrigkeitliche Amt als gesellschaftlichen Kohärenz-Faktor hervorhebt, so ist doch die Bedeu-

---

253 WA 56, S. 216, Z. 29–31; M.A. Erg.-Bd. 2, S. 94.
254 WA 56, S. 229, Z. 15ff.; M.A. Erg.-Bd. 2, S. 108.
255 WA 56, S. 234, Z. 8; M.A. Erg.-Bd. 2, S. 115.
256 WA 56, S. 234, Z. 1.
257 WA 56, S. 46, Z. 13–16.
258 WA 56, S. 229, Z. 21.
259 WA 56, S. 519, Z. 24–26.

tung des status ecclesiasticus für das gesellschaftliche Zusammenleben unübersehbar. Luther kann sogar auch im Blick auf das geistliche Amt sagen, was oben von der Bedeutung der verborgenen gläubigen Minderheit gesagt wurde: »Und zwar die wellt allzumal stehet und bleibt, allein umb dieses standes willen, sonst were sie lange zu boden gegangen.«[260] Wie vom Glauben gesagt wurde, daß er Gott und seine Verheißung bei der Welt festhält, so gilt auch von der gesellschaftlichen Institution des Predigtamtes, daß es dafür sorgt, daß Gott und Gottes Wort »in der Welt bleibt«[261]. Im Blick auf seine gesellschaftliche Wirkung ist das geistliche Amt gleichsam die institutionalisierte Empfindlichkeit für das, was das gesellschaftliche Leben auseinandertreibt, gesellschaftliche Kohärenz paralysiert. Ein Pfarrer »kan die betrubten trosten, rat geben, bose Sachen schlichten, yrrige gewissen entrichten, friede helfen halten, Sunen, vertragen und der werck on zal viel und teglich ... Darumb, so man die warheit sagen wil, Der zeitlich friede der das grosseste gut auff erden ist, darinn auch alle andere zeitliche guter begriffen sind, ist eigentlich eine frücht des rechten predig amts«[262].

Zusammenfassung   »Komplexität« ist eine »Eigenschaft von Systemen, die durch die Anzahl der Elemente des Systems und der zwischen den Elementen bestehenden Relationen bestimmt wird«, sie ist die »Einheit des Mannigfaltigen«.

Wird gesellschaftliche Komplexität bei Thomas verstanden als Perfektion, als die natürlich-rationale Eigenschaft einer teleologisch-hierarchischen Ordnung, so begegnen wir bei Luther einem fundamental neuen Verständnis von gesellschaftlicher Komplexität. Der Zusammenhang des Vielfältigen ist bei ihm nicht mehr der Effekt der jeder Ordnung immanenten Entelechie, sondern er ist aktuell von Gott gewirkt – creatio continua gegen die immanenten Zerfallskräfte.

In dem unterschiedlichen Verständnis von Komplexität bei Thomas und Luther reflektiert sich ein entscheidender Schritt der gesellschaftlichen Entwicklung: die prägnantere Differenzierung von Natur und Gesellschaft. »Welt« wird de-sozialisiert, Gesellschaft wird de-naturalisiert, d. h. humanisiert. Wenn die Gesellschaft der Verantwortung des menschlichen Willens überantwortet wird, tritt ihre Kohärenz in ein prekäres Stadium. Gesellschaft hält nicht einfach »plumbs weise« zusammen.

Luther vollzieht eine resolute Reduktion des überkommenen geistlichen ordo in seinen vielfachen Abstufungen von Unvollkommenheit zu Vollkommenheit. Das Vollkommene ist überall, zu aller Zeit und für jeden Menschen nur eines. Und dieses ist einfach, ungeteilt und ganz: die Einheit

---

260 Kinder, WA 30,2, S. 527, Z. 11–13.
261 Ebd., S. 531, Z. 12.
262 Ebd., S. 537, Z. 5–9; S. 538, Z. 4–6.

von Wort und Glaube. An die Stelle von Vollkommenheit durch »Vielgestaltigkeit und Mannigfaltigkeit« tritt Vollkommenheit durch Einfachheit.

Luther verbindet die divergierende Vielfalt der komplexen Gesellschaft und die konzentrierte Einfachheit im Geistlichen in der Weise, daß die untrennbare Relation von Verheißungswort und Glaube Gott bei der Welt festhält: Um der Gläubigen willen steht Gott zu seinem Wort und erhält die Welt.

ζ) *Differenzierung – leibliche und geistliche Christenheit*
Aus dem bisher Dargelegten ist ersichtlich, daß Luther im Kirchenbegriff auf eine Art und Weise differenziert, die dem mittelalterlichen Denken ganz fremd ist. Wird der mittelalterliche weltlich-geistliche Stufenbau der Gesellschaft in der Weise umgelegt, daß die »Stände« nunmehr *nebeneinander* als Ämter und Dienste erscheinen und innerhalb der Ämter alle wahren Christen wahrhaft geistlichen Standes sind, der Bauer, die Hausfrau, die Magd im Inkognito ihres weltlichen Berufs so gut Priester, Bischof und Papst sind wie die »Geistlichen« selbst, sofern diese glauben, so erscheint darin die Differenz zwischen dem gesellschaftlichen manifesten Beruf im ökonomischen, politischen oder kirchlichen Amt und dem verborgenen allgemeinen Priestertum der Gläubigen, die als das »vierte Häuflein«, als latente Minderheit über die drei gesellschaftlichen Funktionsbereiche verstreut sind und in ihnen leben und wirken, als Glieder der einen unsichtbaren Kirche.

Wird zudem die Christlichkeit des solchermaßen horizontal verlegten »christlichen Körpers« so radikal problematisiert, wie es bei Luther der Fall ist, so daß das Corpus christianum schon eher als eine verlegte Verlegenheit erscheint denn als ein christlich-weltliches Einheitsgebilde, so tritt darin die Differenz zwischen der verborgenen wahren und unsichtbaren Kirche und der manifesten gesellschaftlichen Institution Kirche verschärft zutage. Einerseits unterscheidet sich die von Luther so oft aufs schärfste kritisierte manifeste Unchristlichkeit, die den kirchlich-institutionellen Bereich kennzeichnet, in nichts von der Unchristlichkeit, die in dominanter Weise das Bild der Realität im ökonomischen und politischen Bereich prägt – sie suchen fast alle das Ihre und nicht den Dienst am Nächsten, den eigenen Nutzen und das eigene Wohl, nicht Nutzen und Wohl der anderen, um derentwillen jedem sein Amt anvertraut ist. Und andererseits unterscheidet sich die Christlichkeit eines Glaubenden im geistlichen Amt in nichts von der Christlichkeit eines Glaubenden im ökonomischen oder politischen Amt – es ist für alle die Situation einer angefochtenen, leidenden und verfolgten Minderheit, in der jeder Christ in einem heimlichen Contra steht zum Lebensgesetz der ihn umgebenden gesellschaftlichen Institution, contra nicht zum »Stift« und »Orden«, wie er von Gott gemeint und eingesetzt ist, sondern zum Amt, wie es de facto in gesellschaftliche Praxis umgesetzt wird. Es ist eine Situation des Kampfes, in der der Christ

II Reich Gottes, Kirche und Gesellschaft

im göttlich gemeinten Sinne der Institution praktiziert gegen die gesellschaftlich vorherrschende Praxis, die den Sinn der Institutionen reflexiv-selbstbezogen pervertiert. Ein beständiger Kampf auch des Christen mit sich selbst, zwischen Glaube und Erfahrung, zwischen dem Gerechten, der man in Gottes Augen ist, und dem Sünder, als den man sich selbst immer wieder erfährt, eine zeitlebens währende Geschichte des Fallens und Aufstehens, des täglich neuen Aus-der-Taufe-Kriechens.

Wird schließlich die »Christenheit« so konsequent und fundamental auf das eine Vollkommene und Notwendige konzentriert und reduziert, wie wir es bei Luther finden, auf Christus, Wort und Glaube, so ist damit eine inhaltliche Neubestimmung dessen gegeben, was »Kirche« ist. Es ist Kirche als Gegenwart des Heils, »Gegenwart« aber nicht als Gegebensein von etwas, nicht einmal als eine sakramentale Gegebenheit im überkommenen Sinne des Sakraments als Zeichens einer heiligen Sache (sacramentum est sacrae rei signum[263]), sondern als Geschehen des Gegebenwerdens. Es ist ein ganz aktueller Kirchenbegriff, wie sich gerade an dem Punkt zeigt, an dem Luther mit seinen Antithesen ins theologische Zentrum der römischen Kirche traf: im Sakramentsverständnis, in dem Luther wie in der Sünden- und Gnadenlehre und in der Anthropologie den »ranzigen Philosophen Aristoteles«[264] statt des Evangeliums das Szepter führen sieht, die Theologen in der Transsubstantiationslehre »metaphysikalischen Grillen«[265] nachjagen sieht, während »der Glaube untergeht und das Wort vom Glauben stille wird.«[266] Fassen wir Luthers Kirchenbegriff etwas näher ins Auge.

Es handelt sich dabei eigentlich um eine »unerhörte Vereinfachung«[267]. Kirche ist die neue Kreatur Gottes: »Er hat uns geschaffen nach seinem Willen durch das Wort der Wahrheit, auf daß wir wären Erstlinge seiner Kreaturen« (Jak 1,18)[268]. Kirche als die neue Schöpfung ist aus Gott geboren, genauer gesagt: Sie ist das fortwährende aktuale kreative Geschehen des Aus-Gott-Geboren-werdens. Denn Luther versteht das Sein der Kirche nicht so, daß sie einmal von Gott geschaffen und ins Leben gerufen wurde und nun einfach vorhanden ist. Sie ist Schöpfung als Geburt und Bewahrung, beides dem Wesen nach der gleiche Vorgang: das Ereignis des lebenschaffenden göttlichen Wortes. »Die göttliche Geburt ist Schöpfung, in der wir aus Gott geboren werden. Denn so sagt Kap. 5 derselbe Johannes: Wir wissen, daß jeder, der aus Gott geboren ist, nicht sündigt, sondern die Schöpfung Gottes bewahrt ihn und der Böse wird ihn nicht anrühren.

---

263 Petrus Lombardus, Sent. IV, Dist. I,2.
264 M.A. Erg.-Bd. 2, S. 575, Anm. 56.
265 De captivitate, WA 6, S. 518, Z. 30f.; M.A. Bd. 2, S. 120.
266 WA 6, S. 520, Z. 10f.; M.A. Bd. 2, S. 122.
267 H.J. Iwand, Luthers Theologie, S. 243.
268 Jak 1,18 ist für Luther eine zentrale, oft zitierte Stelle. Der Gedanke der Geburt und Neuschöpfung wird zum erstenmal entfaltet im Sermo für den Probst von Lietzkau, Georg Mascov, 1512, über 1Joh 5,4f. (WA 1, S. 10ff.).

Es geschieht aber diese Schöpfung durch nichts anderes als durch das Wort Gottes, wie Jakobus Kap. 1 sagt« (nativitas Dei est generatio, qua ex Deo nascimur. Sic enim ait cap. 5 idem Johannes: Scimus, quoniam omnis, qui natus est ex Deo non peccat, sed generatio Dei conservat eum et malignus non tanget eum. Fit autem generatio haec nulla alia re quam verbo Dei, ut ait Iacobus cap. 1[269]). Hier ist also nicht nur ein Geschöpf, sondern hier ist Schöpfung im Vollzug.»Deshalb, wo auch immer das Wort Gottes gepredigt und geglaubt wird, dort ist der wahre Glaube, dort ist jener unerschütterliche Fels: Wo jedoch derGlaube ist, dort ist die Kirche: Wo die Kirche ist, dort ist die Braut Christi: Wo die Braut Christi ist, dort ist alles, was der Braut gehört. So hat der Glaube alles bei sich, was auf den Glauben folgt, die Schlüssel, die Sakramente, die Macht und alles andere« (quare ubicunque praedicatur verbum dei et creditur, ibi est vera fides, petra ista immobilis: ubi autem fides, ibi ecclesia: ubi ecclesia, ibi sponsa Christi: ubi sponsa Christi, ibi omnia quae sunt sponsi. Ita fides omnia secum habet, quae ad fidem sequuntur, claves, sacramenta, potestatem et omnia alia[270]).

Es ist also wohl so, wie oben dargestellt, daß Luther das Verhältnis von Wort und Glaube, promissio und fides, in ganz reziproker Weise bestimmen kann, so daß es nicht nur ohne Verheißung keinen Glauben gäbe, sondern auch umgekehrt: Ohne Glauben gäbe es keine Verheißung. Aber dies letztere ist für Luther eine ganz unmögliche Möglichkeit, und zwar nicht deshalb, weil der Glaube Glaube ist, sondern weil das Wort Gottes das Wort Gottes ist. Und hier zeigt sich, daß das wechselseitige Verhältnis von Wort und Glaube doch ein Verhältnis mit eindeutigem Gefälle und nicht umkehrbarer Priorität ist. Zwar wird es, wenn es keinen Glauben mehr gibt, auch keine Verheißung mehr geben, aber mit dieser Möglichkeit ernsthaft zu rechnen bedeutete für Luther, damit zu rechnen, daß Gott einmal nicht mehr Gott ist. Was nicht sein kann. Denn das Wort Gottes ist ein siegreiches, mächtiges, lebenspendendes Wort, das den Menschen umwandelt, Sünde und Tod überwindet. »Denn er rechtfertigt und siegt in seinem Wort, wenn er uns zu solchen Menschen macht, die so sind, wie sein Wort ist, nämlich gerecht, wahr, weise u.s.w. Und so wandelt er uns in sein Wort um, nicht aber sein Wort in uns. Er macht uns nämlich dann zu solchen Menschen, wenn wir glauben, daß sein Wort so ist: gerecht, wahr. Denn dann ist schon eine ähnliche Gestalt im Wort und im Glaubenden: Wahrheit und Gerechtigkeit«. (... Iustificat, vincit enim in verbo suo, dum nos tales facit, quale est verbum suum, hoc est Iustum, verum, Sapiens etc. Et ita nos in verbum suum, non autem verbum suum in nos mutat. facit autem tales tunc, quando nos verbum suum tale credimus esse, sc. Iustum, verum. Tunc enim Iam similis forma est in verbo et in credente i.e. veritas et Iustitia.[271]) So ist die Kirche, die Gemeinschaft der

---

269 WA 1, S. 10, Z. 24–27.
270 Resolutio Lutheriana de potestate papae, 1519, WA 2, S. 208, Z. 25–29.
271 Römerbriefvorlesung, WA 56, S. 227, Z. 2–7.

Glaubenden, eine Schöpfung des Wortes, und darin liegt ein eindeutiges Gefälle zwischen Wort und Glaube, Wort und Kirche: »Wenn auch das Evangelium ohne Kirche sein kann, ... so kann dagegen die Kirche ohne Evangelium nicht sein. Also ist das Evangelium der Kirche übergeordnet ... Die Kirche ist aus Gott, das Wort ist aus Gott, nicht aber ist die Kirche aus sich selbst, noch ist das Wort aus ihr, und das Wort ist Gottes, nicht der Kirche Wort ...«[272] Und hier setzt Luthers Kirchenkritik an: Die Kirche redet ihr Wort, wo sie Gottes Wort hören sollte, sie herrscht, wo sie dienen und gehorsam sein sollte, sie nimmt in eigene Gewalt und Verfügung, worüber Menschen doch niemals verfügen können. Die Kirche will das tragen, wovon sie doch ihrerseits getragen wird. »Das Wort Gottes ist von allem das erste; ihm folgt der Glaube, dem Glauben die Liebe, die Liebe schließlich tut alles gute Werk ... Auf keinem anderen Wege kann der Mensch mit Gott zusammenkommen oder handeln als nur durch den Glauben, das bedeutet, daß nicht der Mensch durch irgendwelche Werke, sondern Gott durch seine Verheißung der Urheber des Heils ist, damit alles hänge, getragen und erhalten werde im Wort seiner Kraft, durch das er uns gezeugt hat, damit wir der Anfang seiner neuen Schöpfung seien.«[273]

Darum ist die Kirche unsichtbar und verborgen ihrem Wesen nach, dergleichen kann der Mensch nicht in eigene Regie nehmen, sie ist creatura in Kraft fortwährender creatio. Das Vorhandene, Feststellbare, Sichtbare aber ist immer schon das Gewordene, es ist die Vergangenheit des schöpferischen göttlichen Tuns, nicht dieses selbst in reiner schöpferischer Gegenwart des Wortes. Die Kirche ist nichts ohne dieses Wort, ist als creatura verbi nichts ohne das gegenwärtige creari, das Geborenwerden aus dem, was für die anschauende Vernunft Nichts ist. Gegenwärtige, wahre, lebendige Kirche *ist* unsichtbare Kirche. Ihre Gegenwart, ihr Leben ist nichts anderes als die Gegenwart und das Leben Jesu Christi selbst. Wenn von potestas in der Kirche noch die Rede sein kann, dann ist es die potestas dieses Herrn; die Christenheit »mag unnd kan kein heubt auff erden haben, unnd sie von niemant auff erden, noch Bischoff, noch Bapst, regirt mag werden, sondern allein Christus ym hymel ist hie das heubt und regiret allein«.[274] Von diesem Haupt her fließt in den Leib, der die Kirche ist, das Leben, der »Glaube, und aller Sinn, Wille und Werk Christi«.[275] »Wer hat yhe ein thier lebendig gesehen mit einem todten kopff? das heubt musz das leben einflissenn, darumb ists clar, das auff erden keiner heubt ist der geistlichen Christenheit dan allein Christus ... Dan der leyp mag nit leben, wo das heubt tot ist.«[276]

Dieses Leben aus Gott, Leben in der Gegenwart des lebendigen Chri-

---

272 De potestate leges ferendi in ecclesia, 1530, WA 30,2, S. 682, Z. 10–13.16–19.
273 De captivitate, WA 6, S. 514, Z. 19–25.
274 Von dem Papsttum zu Rom wider den hochberühmten Romanisten zu Leipzig, 1520, WA 6, S. 297, Z. 38–40.
275 Ebd., S. 298, Z. 14.
276 Ebd., Z. 21–26.

stus, das ist die Kirche in ihrem gegenwärtigen Sein, die geistliche Einheit der Gemeinde der Heiligen. »Diesz gemeyne odder sammlung heysset aller der, die in rechtem glauben, hoffnung und lieb leben, also das der Christenheyt wesen, leben und natur sey nit leyplich vorsamlung, sondern ein vorsamlung der hertzen in einem glauben ... Alszo ob sie schon seyn leyplich voneinander teylet tausent meyl, heyssen sie doch ein vorsamlung ym geist, die weil ein iglicher prediget, gleubt, hoffet, liebet unnd lebet wie der ander ...«[277] Hier hat kein Mensch etwas zu regieren, denn woraus alle gleichermaßen leben, ist keinem zuhanden und verfügbar, wird niemals in irgendeines Menschen Hand ein handhabbares Mittel anderen gegenüber, »wie kann hie ein mensch regieren?«[278] Diese herrschaftsfreie communio ist »ynnerlich, geystlich, unsichtlich ym hertzen«, sie ist das »Eingeleibtsein« in die Gemeinschaft Christi und aller Heiligen. Das ist die »geistliche, innerliche Christenheit«, die allein die »wahrhaftige Kirche« ist, die aber ganz mißverstanden ist, wenn man sie subjektivistisch auffaßt als fromm-innerliche Befindlichkeit, private Moralität oder emanzipiertes Selbstbewußtsein. Luther geht es um das, was *jetzt* geschieht, was als rein Gegenwärtiges nicht feststellbar, aufweisbar, »sichtlich« ist.

Von hier aus versteht sich Luthers Kritik der römischen Sakramentstheologie und sein demgegenüber neues Verständnis des sakramentalen Zeichens (signum). Auch hier geht es im Kern darum, daß das, was doch niemals dem menschlichen Tun anheimgegeben sein kann, sondern vor allem Werk und ohne alles Werk ist, die Verheißung Gottes und der Glaube des Menschen, zu einem menschlichen Werk verfälscht wird, daß der Mensch hier als handelndes Subjekt auf den Plan tritt und die Dinge in seinen Griff nimmt. »Also ist es mit der Messe ergangen, die durch die Lehre ruchloser Menschen ist verändert worden in ein gutes Werk, das sie nennen ›das getane Werk‹ (quod ipsi vocant opus operatum), durch welches bei Gott alles zu vermögen sie sich vermessen.«[279] Es kann nicht sein, daß dort, wo der Werkmensch das Feld behauptet, zugleich die Verheißung und der Glaube stark sind. Eins oder das andere muß hier weichen: Entweder der Mensch feiert von seinen Werken, er hört und glaubt, oder die menschlichen Werke machen sich breit, dann steht das Wort vom Glauben still und der Glaube geht unter. Da hat der Mensch wieder die potestas, da ist er wieder der Herr im Haus der Kirche, ist er nicht der Bruder und die Schwester in der Gemeinschaft der Glaubenden. Der Angriff Luthers auf die Lehre von der Transsubstantiation ist das Rütteln am Fundament seiner Kirche, denn hier ist die Kirche als handelnde angegriffen in einem Werk, das ihr Macht und Autorität gibt. Das ist so, weil die katholische Theologie das Sakrament als »das Zeichen einer heiligen Sache«[280]

---

277 Ebd., S. 293, Z. 1–7.
278 Ebd., S. 298, Z. 1.
279 De captivitate, WA 6, S. 520, Z. 14; M.A. Bd. 2, S. 122.
280 Sacramentum est sacrae rei signum (Petrus Lombardus, Sent. IV, Dist. I,2).

II Reich Gottes, Kirche und Gesellschaft

versteht, und zwar als wirksames Zeichen (signum efficax), das das, was es bezeichnet, wirksam vergegenwärtigt – ex opere operato. Dagegen setzt Luther in scharfer Antithese: »Es kann nicht wahr sein, daß die Sakramente eine wirksame Kraft der Rechtfertigung enthalten oder daß sie wirksame Zeichen der Gnade seien« (ita nec verum esse potest, sacramentis inesse vim efficacem iustificationis seu esse ea signa efficatia gratiae[281]). Das Wesen der Messe ist nicht das opus, sondern genau das, was auch das Wesen der Kirche ist: die Gemeinschaft des Glaubens am Wort der Verheißung, »denn Gott ... hat mit den Menschen niemals anders gehandelt, handelt auch noch nicht anders mit ihnen denn durch das Wort der Verheißung. Hiergegen können wir mit Gott nicht anders handeln denn durch den Glauben an das Wort seiner Verheißung. Unserer Werke achtet er nicht, bedarf ihrer auch nicht, mit welchen wir vielmehr gegen die Menschen und mit Menschen und uns selbst handeln.«[282] Der Glaube rechtfertigt, nicht das Sakrament durch seinen wirksamen Vollzug als Zeichen einer heiligen Sache. Der Begriff der sacra res fällt bei Luther ganz weg, an seine Stelle tritt die promissio.

Damit ist aber nicht der Begriff des »signum« beseitigt, vielmehr wird er inhaltlich ganz anders gefüllt. Das Zeichen signifiziert nicht mehr eine Sache (res), sondern ein durch Verheißung konstituiertes Verhältnis. »Wenn mir zum Beispiel ein signum gegeben wird als Zeichen der Treue und ich das signum des anderen bewahre als seine Gabe und Geschenk, an dem ich das Zeichen seiner Treue habe, so wird mir dieses signum nur insofern etwas bedeuten, als ich wahrhaft glaube an die Treue des anderen. Ich werde niemals durch das signum zum Glauben kommen. Nur dem, der diesen Glauben hat, bedeutet das signum etwas. Das signum hat nicht mehr eine In-sich-Bedeutsamkeit, sondern ... nur noch eine Für-mich-Bedeutsamkeit. Das heißt, dieses signum tritt jetzt nur auf im Bereiche des Wortes selbst, wo Wort und Glaube ... zugleich sind.«[283] Zwar kann Luther sagen, es könne ein Mensch das Wort oder Testament haben ohne das Zeichen oder das Sakrament, es sei eine größere Kraft im Wort als im Zeichen (... maior vis sita est in verbo quam in signo[284]), es gelte, mehr das Wort als das Zeichen zu lernen, »mehr den Glauben als das Werk oder den Gebrauch des Zeichens in acht zu nehmen und wissen, daß, wo Gottes Verheißung ist, da der Glaube erfordert werde, und beides so nötig, so daß keines ohne das andere kräftig sein könne«[285]. Dies ist gesagt gegen die wirksame Kraft (efficacitas) des signifizierenden Werks als opus operatum, wodurch »aus dem Sakrament ein Gebot und aus dem Glauben ein Werk« gemacht wird[286]. »Denn es kann nichts geglaubt werden, es sei denn eine

---

281 De captivitate, WA 6, S. 533, Z. 14f.
282 WA 6, S. 516, Z. 30-34; M.A. Bd. 2, S. 117.
283 H.J. Iwand, Luthers Theologie, S. 261.
284 De captivitate, WA 6, S. 518, Z. 17; M.A. Bd. 2, S. 119.
285 WA 6, S. 533, Z. 29ff.; M.A. Bd. 2, S. 144.
286 WA 6, Z. 20f.

Verheißung da, und es wird auch die Verheißung nicht befestiget, sie werde denn geglaubet.« Umgekehrt gilt aber sehr wohl, daß, wo die Verheißung und der Glaube sind, diese dem Zeichen des Sakraments »eine wahre und sehr gewisse Kraft« machen (... faciunt veram et certissimam efficatiam sacramentis[287]). An die Stelle des scholastischen Verhältnisses von signum und res tritt bei Luther Verheißung und Glaube.

Von hier aus fällt nun auch Licht auf das Verhältnis von sichtbarer und unsichtbarer Kirche. Dabei müssen wir den Gedanken ganz fernhalten, der uns von Thomas her vertraut ist: das Verhältnis von unsichtbarer und sichtbarer Kirche nach Analogie der Menschwerdung Christi zu verstehen, indem von der primären instrumentalen Kausalität der menschlichen Natur Jesu Christi die sekundäre Instrumentalität und Kausalität der irdischen Kirche und ihrer Sakramente als Heilsinstitution abgeleitet wird. Dies ist Luther ganz fremd, sichtbare und unsichtbare Kirche im christologischen Gedanken der Inkarnation zu vermitteln. Die unsichtbare Kirche kann niemals Gestalt annehmen und sichtbar werden, manifest werden. Gewiß gilt, daß wir »Christum nicht tief genug ins Fleisch ziehen können«[288], dort sollen wir uns an Gott halten und nirgends sonst. Aber wo die Scholastik kausal-instrumental denkt, denkt Luther dialektisch-relational. Wo dort die Analogie der Kausalität der Heilsinstitution zur Kausalität der menschlichen Natur Jesu Christi steht, steht hier der »fröhliche Wechsel und Streit«, die »fröhliche Wirtschaft« (hic iam dulcissimum spectaculum prodit non solum communionis sed salutaris belli et victoriae et salutis et redemptionis[289]), in der der Bräutigam das »böse Hürlein« zur Ehe nimmt, sich in die Sünde ziehen läßt, um den Menschen zu Gott zu ziehen[290].

Wohl sind die Sakramente sichtbare Zeichen, an denen man die Kirche erkennen kann, aber die Tendenz, die Bewegungsrichtung in der Funktion der signa ist hier eine andere und damit ist ihr Sinn ein anderer. »An welchem Zeichen also mag ich die Kirche erkennen? Denn es muß ja irgendein sichtbares Zeichen gegeben werden, durch das wir in einen Ort versammelt werden zum Hören des Wortes Gottes. Ich antworte: Ein Zeichen ist nötig, das haben wir auch, nämlich die Taufe, das Brot und vor allem anderen das Evangelium. Denn wo du siehst, daß die Taufe, das Brot und das Evangelium da ist, an welchem Ort auch immer, bei welchen Personen auch immer, so sollst du nicht zweifeln, daß dort die Kirche sei. In diesen Zeichen nämlich will Christus uns versammeln (concordare)... Dies ist die Einheit des Geistes...«[291] So haben die signa, das Evangelium, und

---

287 WA 6, Z. 34.
288 Kirchenpostille, 1522, WA 10,1, S. 68, Z. 6f.
289 Tract. de libertate christiana, 1520, WA 7, S. 55, Z. 7f.
290 WA 7, S. 55, Z. 25ff.; M.A. Bd. 2, S. 231.
291 Ad librum eximii magistri nostri Mag. Ambrosii Catharini, 1521, WA 7, S. 720, Z. 32 – S. 721, Z. 3.

II Reich Gottes, Kirche und Gesellschaft

zwar das mündliche, gepredigte Evangelium (non de Evangelio scripto sed vocali loquor[292]), und die Sakramente zugleich eine soziale und eine theologisch-geistliche Funktion: Sie ziehen die Christen zusammen, und sie ziehen die Christen hinüber in die verborgene, geglaubte Kirche, die niemals und nirgends sichtbar in Erscheinung treten kann (... eam nusquam nunquam apparere[293]). Wie der Fischer die Fische im Wasser zieht in seinem Schleppnetz, aber nicht mit der Richtung ins Wasser hinein, sondern aus dem Wasser heraus, so zieht Christus in den Zeichen und durch die Zeichen, vor allem durch das mündliche Wort, die Christen heraus aus dem dinglich, örtlich und körperlich Feststellbaren, zieht sie heraus aus dem Kreatürlichen und Natürlichen, dessen Sein im Gewordensein liegt, dessen Werden (creari) also Vergangenheit ist, und hinein in die gegenwärtige Kirche, deren Sein im Werden (creari, nasci) verborgen liegt. Das ist der selige Tausch (commercium) und die fröhliche Hochzeit (connubium), daß es Gott in Christus in seiner Liebe zum gottlosen und verlorenen Menschen eben dort hingezogen hat, ins Fleisch der Sünde, von wo er in der Kirche die Menschen herauszieht. »Christus mit allen heyligen durch seyne liebe nympt unßer gestalt an, streit mit unß widder die sund, tod und alles ubel, davon wir in lieb entzundet nemen seyn gestalt, vorlassen unß auf seyn gerechtickeit, leben und selickeit, und seyn also durch gemeynschafft seyner guter und unßers unglucks eyn kuche, eyn brott, eyn leyb, ein tranck, und ist alles gemeyn.«[294]

Hier liegt m.E. der Kern des Gegensatzes der Ekklesiologie Luthers zum scholastischen Kirchenverständnis: In Umkehrung der Richtung, in der eine kausal-instrumental konzipierte Ekklesiologie denkt – in Analogie zur Menschwerdung Christi –, denkt Luther die Kirche relational-dialektisch, und deshalb beschreibt er die Funktion der signa in *Gegen*-bewegung zur Bewegung Gottes in der Fleischwerdung des Wortes. Die Zeichen sind nichts anderes als die Einladung zum Glauben: Hier, hier ist Gott, hier will er sich finden lassen und dich zu sich ziehen.

Die sakramentalen Zeichen haben also in der Tat eine Art Brückenfunktion zwischen der sichtbaren und der unsichtbaren Kirche: Sie ziehen den Menschen aus der »leiblichen, äußerlichen Christenheit«, die »gemacht« ist, hinüber in die »geistliche, innerliche Christenheit«, die »natürlich, gründlich, wesentlich und wahrhaftig« ist[295]. Sie ziehen den Menschen aus dieser bestimmten partikularen lokalen Einzelkirche in die universale Kirche. Sichtbare Kirche und unsichtbare Kirche werden demnach keineswegs voneinander getrennt, sie werden vielmehr zusammengebunden in dem, was geschieht, wenn sich Kirche ereignet, sie binden sich

---

292 Ebd., S. 721, Z. 15.
293 Ebd., S. 722, Z. 9.
294 Ein Sermon von dem hochwürdigen Sakrament des heiligen wahren Leichnams Christi und von den Bruderschaften, 1519, WA 2, S. 748, Z. 14–18.
295 Von dem Papsttum zu Rom..., 1520, WA 6, S. 296, Z. 39 – S. 97, Z. 3.

zueinander wie der terminus a quo und der terminus ad quem. »Nit das wir sie vonn einander scheydenn wollen, sondern zu gleich, als wen ich von einem menschen rede und yhn nach der seelen ein geistlichen, nach dem leyp ein leyplichen menschen nenne, oder wie der Apostel pflegt ynnerlichen und euszerlichen menschen zunennen, also auch die Christlich vorsamlung, nach der seelen ein gemeyne in einem glauben eintrechtig, wie wol nach dem leyp sie nit mag an einem ort vorsamlet werdenn, doch ein iglicher hauff an seinem ort vorsamlet wird«.[296]

So kann man eigentlich nicht sagen, für Luther gebe es zwei Kirchen oder er habe einen doppelten Kirchenbegriff, sondern indem er im Kirchenbegriff differenziert und insofern in der Tat von »zwo Kirchen« sprechen kann dem Begriff nach, geht es doch dem Geschehen und der Sache nach um den Zusammenhang dessen, was geschieht, wenn Kirche geschieht, um die auseinandergespannten Pole des »Woher« und des »Wohin« dieses Geschehens, und dazwischen halten die sakramentalen Zeichen gleichsam die Mitte. Sie sind, so kann Luther sagen, die Brücke, das Schiff, die Tür vom einen zum andern: »Also ist uns das Sakrament eine Furt, eine Brücke, eine Tür, ein Schiff und Tragbahre, in welcher und durch welche wir von dieser Welt fahren ins ewige Leben. Darum liegt es gar am Glauben; denn wer nicht glaubt, der ist gleich dem Menschen, der übers Wasser fahren soll und so verzagt ist, daß er nicht trauet dem Schiff, und muß also bleiben und nimmermehr selig werden, dieweil er nicht aufsitzt und überfahren will, das macht die Sinnlichkeit und der ungeübte Glaube, dem die Fahrt sauer wird über des Tods Jordan.«[297]

Zusammenfassung   Sind alle wahren Christen geistlichen Standes und ist dieser Stand als verborgene Minderheit quer durch die gesellschaftlichen Ämter in Politik, Kirche und Ökonomie verstreut, so ist darin eine neuartige Differenzierung im Kirchenbegriff angelegt. »Kirche« wird verstanden als fortwährend aktuale Schöpfung des Wortes Gottes. Sie ist ihrem Wesen nach unsichtbar als Versammlung der Herzen im Geist, als »geistliche Christenheit«.

Das Verhältnis von sichtbarer und unsichtbarer Kirche deutet Luther nicht (wie die Scholastik) kausal-instrumental, sondern dialektisch-relational, in *Gegen*bewegung zur Bewegung Gottes in der Fleischwerdung des Wortes. Die Sakramente haben eine vermittelnde Funktion zwischen sichtbarer und unsichtbarer Kirche.

---

296   WA 6, S. 297, Z. 3–9.
297   Ein Sermon von dem hochwürdigen Sakrament des heiligen wahren Leichnams Christi und den Bruderschaften, 1519, WA 2, S. 753, Z. 17–23, umgeschr. v. Vf.

2 Vertikale Ersetzung der schichtspezifischen Differenzierung durch die Coram-Relationen

a) Kontingenz und Nezessität
Luther hat die vertikale Strukturierung der Gesellschaft in natürlich-übernatürliche Seins-, Wert- und Rangstufen horizontal verlegt, die schichtenspezifische geistlich-weltliche Differenzierung der Gesellschaft durch die funktionale ersetzt. Dadurch wird der Sinn der »Stände« qualitativ verändert. Sie sind nicht mehr das wertstufenhafte Ordnungsprinzip in der Komplexität der Gesellschaft, durch das die soziale Vielheit gegliedert und teleologisch geordnet wird in der Form vertikal gestufter potestates, sondern sie sind »Ämter« mit dem Sinn des arbeitsteiligen Dienstes der Glieder der Gesellschaft füreinander. So wird der Sinn der mittelalterlichen potestates-Lehre gänzlich verändert. Einerseits, insofern es sich um geistliche potestas handelt, wird sie theologisiert, ganz in den Herrschaftsverband des Reiches Gottes hineingezogen und ist dort die Herrschaft des göttlichen Geistes selbst. Andererseits, insofern es sich um weltliche potestas handelt, wird sie funktional ausdifferenziert als *ein* Spezifikum der weltlichen Obrigkeiten (Gewaltmonopol) – hier bleibt die vertikale Stufung erhalten in der Weise der übereinandergeschichteten nichtreziproken Allgemeinheiten.

Nicht mehr »Natur« und »Kausalität« sind die das ganze theoretische Gerüst strukturierenden Ordnungsbegriffe, wie wir es bei Thomas sahen in seiner großen Lehre von Natur und Übernatur und ihrer Vermittlung in der Zuordnung von Selbständigkeit und Beziehungshaftigkeit, sondern Wort und Glaube, Gesetz und Evangelium, Person und Werk, Glaube und Liebe, Freiheit und Unfreiheit, Gottes Wille und des Menschen Wille, Reich Christi und Reich der Welt. Die Einheit des natürlichen ordo universi, und des ordo societatis in ihm, tritt zurück, das in allem waltende göttlich-ewige Weltgesetz ist für Luther kein Thema mehr. Darin reflektiert sich ein neues Stadium gesellschaftlicher Ausdifferenzierung und Komplexität: »Gesellschaft« wird aus dem natürlichen Kosmos ausdifferenziert, sozusagen denaturiert, »Natur« wird des soziomorphen Ordnungsmodells (ordo est hierarchia) entkleidet, also desozialisiert. In systemtheoretischer Formulierung: Die Grenzen zwischen System und Umwelt werden prägnanter.

Damit greift zugleich eine immense Ausweitung der innergesellschaftlichen Komplexität Platz. Das Mehr an Möglichkeiten, das den Menschen zur Wahl ihres Handelns offensteht, stellt der Ethik ganz andere Anforderungen – nach der Regel künstlerisch-rationaler Imitation der Natur ist dergleichen nicht mehr zu bewältigen. Aber wer ist der Mensch, der so oder anders *handeln* kann[298], kann er auch so oder anders *sein* und wollen? Und ist er frei, mit den ihm zur Verfügung stehenden Handlungsmöglich-

---

298 Vgl. *G. Ebeling*, Luther, S. 250.

keiten das Gute zu wollen und das Böse nicht zu wollen? Die Humanisierung, die De-Naturierung der Gesellschaft enthält ein ungeheures Maß an Ambivalenz, als natürlich-vernünftiges Regel- und Balancesystem mit natürlicher Stabilität ist das nicht mehr begreifbar, und Abgründe tun sich unterhalb und oberhalb auf – das kann zum Teufel gehen oder zu Gott. Luther hat sich diesem Problem der Ambivalenz in unvergleichlicher Radikalität gestellt.

Wo Möglichkeiten überhandnehmen, wird Wirkliches kontingent. Je mehr Möglichkeiten manifest werden, desto stärker tritt Kontingenz ins Bewußtsein. »Leben« heißt: immer jetzt handeln, und »handeln« heißt: diese Möglichkeit zur Verwirklichung wählen und andere verwerfen, »dieweil das menschliche Wesen und Natur keinen Augenblick kann sein ohne Tun oder Lassen«.[299] In der Tat ist im Blick auf den Zusammenhang zwischen Täter, Möglichkeiten und Akt der Verwirklichung *alles* kontingent, Luther sagt: im Blick »nach unten« (ad inferna spectantibus[300]), d.h. im Blick vom Täter auf seine auswählenden Realisierungen von Möglichkeiten. Aber Luther thematisiert das Problem noch auf einer anderen Ebene, indem er den Täter selbst oder das Wählen des Wählens in den Blick nimmt. So wird das einfache Wählen durch Handeln auf die Ebene der Faktizität gesetzt: Leben ist faktisch immer ein gegenwärtiger Akt der Wahl. Auch wenn ich nichts tue, ergreife ich eine Möglichkeit, nämlich die, bestimmte Möglichkeiten nicht zu verwirklichen. Auf dieser Ebene wird die Frage nach Freiheit oder Unfreiheit des menschlichen Handelns noch gar nicht thematisch. Sie tritt in das Blickfeld, wenn gefragt wird, ob der Mensch sein Wählen denn wählen könne. Und die Antwort auf diese Frage ist nach Luther eine Sache des Glaubens oder Unglaubens. Dem Glauben ist alles reine Notwendigkeit, dem Unglauben ist alles reine Kontingenz. Der Unglaube sagt, der menschliche Wille könne sein Wählen frei wählen, der Glaubende sagt, der Wählende müsse immer wählen, aber es sei nicht Sache des Willens, zu entscheiden, ob der Wählende gesund oder krank sei, er sei also nicht frei, zwischen einer gesunden Wahl und einer kranken Wahl zu wählen[301]. Darum, wo für den sich frei dünkenden Willen lauter Kontingenz ist, ist für den Glauben lauter Notwendigkeit, denn er sieht den Täter in Relation zu der ihn und alles bestimmenden Wirklichkeit. »Es täuscht die elenden Menschen die Unbeständigkeit oder, wie man sagt, Kontingenz der menschlichen Angelegenheiten; denn sie versenken ihre törichten Augen in die Dinge selbst und in das Wirken im Bereich der Dinge und heben nicht die Augen einmal empor zum Anblick Gottes, um über den Dingen, in Gott, die Dinge zu erkennen. Denn uns, die wir nach unten in die Tiefe blicken, erscheinen die Dinge als willkürlich

---

299 Von den guten Werken, 1520, WA 6, S. 212, Z. 32–33; M.A. Bd. 2, S. 16.
300 Assertio omnium articulorum M. Lutheri per bullam leonis X, hovissimum damnatorium, 1520, WA 7, S. 146, Z. 30.
301 Von den guten Werken, 1520, WA 6, S. 213, Z. 8ff.; M.A. Bd. 2, S. 17.

und zufällig, aber denen, die emporblicken, ist alles notwendig. Denn nicht, wie wir wollen, sondern wie er will, so leben, handeln, leiden wir alle und geschieht überhaupt alles. Gott gegenüber entschwindet der freie Wille, der bloß uns und dem Zeitlichen gegenüber in Erscheinung tritt.«[302]

Freilich, daß überhaupt der menschliche Wille solchermaßen ins Zentrum des Denkens rückt, ist selbst bereits ein Indiz der genannten Humanisierung (De-Naturierung) der Gesellschaft. Ihre Ambivalenz wird im Streit um den freien Willen thematisch entweder als Ambivalenz der Freiheit der menschlichen Wahl oder als Ambivalenz der Relation, in der der Wählende immer schon steht: Er lebt aus Gott oder aus dem Gott dieser Welt. Was in unserer bisherigen Darstellung als horizontale Verlegung der vertikalen Ständeordnung, als radikale Problematisierung und als theologische Aktualisierung der nunmehr funktional, nicht mehr schichtspezifisch differenzierten christlichen Gesellschaft, schließlich als Differenzierung im Kirchenbegriff in den Blick trat, gewinnt allererst seine Tiefenschärfe durch die Profilierung dieser Relationen.

Zusammenfassung Luther hat die schichtenspezifische geistlich-weltliche Differenzierung der Gesellschaft durch die funktionale ersetzt. Die Einheit des natürlichen ordo universi und des ordo societatis in ihm, das in allem waltende göttlich-ewige Weltgesetz (lex aeterna) tritt zurück. Darin reflektiert sich ein neues Stadium der gesellschaftlichen Entwicklung: Die Grenzen zwischen Gesellschaft und Natur werden prägnanter, Gesellschaft wird de-naturalisiert, Natur wird de-sozialisiert.

Damit expandiert zugleich die gesellschaftliche Komplexität, es entsteht ein erhebliches Mehr an gleichzeitig gesellschaftlich Möglichem. In dem Maße, wie Möglichkeiten überhandnehmen, wird Wirkliches kontingent. Je mehr Möglichkeiten manifest werden, desto mehr tritt Kontingenz ins Bewußtsein.

Nach Luther gibt es gegenüber Gott keine Kontingenz, gegenüber der Welt keine Nezessität. Die Ambivalenz der Wahl des menschlichen Willens zwischen Möglichkeiten wird bei Luther zur Ambivalenz der Relation, in der der Wählende immer schon steht.

b) Das komparative Verhältnis von Gottesbeziehung und Weltbeziehung bei Thomas von Aquin
Inwiefern Luthers Denken der Coram-Relation eine neue Dimension der theologischen Problemverarbeitung darstellt, nämlich des Problems der Differenz und Beziehung zwischen göttlich-eschatologischem Heil und weltlich-praktischem Wohl und damit der theologisch-kritischen Verantwortung gesellschaftlicher Wirklichkeit, eine neue Dimension, deren Ent-

---

302 Assertio omnium articulorum M. Lutheri per bullam leonis X, novissimum damnatorium, WA 7, S. 147, Z. 27–33; übers. von *G. Ebeling*, Luther, S. 246f.

deckung man mit Recht eine »epochale Bedeutung« zugeschrieben hat[303], kann plastisch vor Augen treten, wenn wir zuvor einen Blick auf Thomas von Aquins entelechetische Seins- und Wertstufenordnung werfen.

Im Zusammenhang des thomistischen Systems bekommt das Verhältnis zwischen dem aktiven und dem kontemplativen Leben mit Konsequenz und innerer Notwendigkeit einen komparativen Charakter.

Die für das ganze System grundlegende Lehre von Materie und Form, von Potenz und Akt entwickelt Thomas mit Aristoteles auf dem Boden einer Phänomenologie der Kunst einerseits, einer Phänomenologie der Naturerscheinungen andererseits. Künstlerisches Gestalten ist Formung einer Materie, künstlerische Arbeit formt z.B. den Marmorblock oder das Erz zur Statue. Die »erste Materie« ist reine Potenz, ganz ungestalte Möglichkeit zu allem Möglichen, »infinitum secundum quid« und insofern das unvollkommenste Denkbare. Von der Kunst schließt Aristoteles durch Analogie auf die Natur: Wie ein Kunstding durch Formung einer Materie entsteht, so jegliches natürliche Einzelding durch das Zusammentreten von Potenz und Akt. Im organischen Werdeprozeß ist der Keim das Lebewesen in potentia, es wird in Wirklichkeit überführt, d.h. aktuiert, im Prozeß des Werdens. Indem nun Materie mit Möglichkeit und Form mit Akt gleichgesetzt wird, sind die grundlegenden Kategorien gewonnen, mit deren Hilfe jedes denkbare Werden, vom einfachsten physikalischen Prozeß bis zum höchsten geistigen Erkenntnisprozeß, zugeordnet werden kann als Übergang von der Potenz in den Akt und jedes denkbare einzelne Seiende als der Veränderung unterworfene Einzelsubstanz, die zusammengesetzt ist aus den zwei Seinsbestandteilen der Materie und der Form. »Die erste Materie ist nämlich zuerst in Potenz zur Form des Elements. Unter der Form des Elements existierend ist sie in Potenz zur Form des gemischten Körpers, weil die Elemente die Materie der gemischten Körper bilden. Unter der Form des gemischten Körpers betrachtet ist sie in Potenz zur vegetativen Seele, denn die Seele ist der Akt eines solchen Körpers. Ebenso ist die vegetative Seele in Potenz zur sensitiven Seele und die sensitive Seele wiederum zur Vernunftseele ... Das höchste Ziel also des gesamten Werdeprozesses ist die menschliche Seele, und dahin strebt die Materie als zu ihrer höchsten Form.«[304]

Jede geformte Materie, jede aktuierte Potenz ist somit als »Substanz« zu begreifen. Aber schon selbst die beiden Komponenten des Seins eines Einzelseienden haben Substanzcharakter: Die Materie ist Substanz als Substrat des Werdens, als Aufnehmerin der Form. Sie wird »Substanz der Möglichkeit« genannt[305]. Die Form aber als das, was ein Seiendes zu diesem bestimmten Seienden macht, ist »Substanz im Sinne der Wirklich-

---

303 *U. Duchrow*, Christenheit und Weltverantwortung, S. 508.
304 Thomas von Aquin, S. c. g. III, 22, 2030b–c.
305 Aristoteles, Metaphysik VII,3; VIII,1–2; XIV,1.

keit«[306]. Die Materie ist somit Substanz im Sinne der Möglichkeit, die Form ist Substanz im Sinne der Wirklichkeit, und das Einzelseiende ist Substanz im Sinne des Kompositums aus beiden. Das Wesensmerkmal der Substanz liegt in ihrer Subsistenz, d. h. darin, daß sie in sich selbst und durch sich selbst ist. Das In-sich-begründet-Sein (subsistens in suo esse[307]) einer jeden Einzelsubstanz widerspricht keineswegs dem, daß sie der Veränderung unterworfen ist, eingebettet ist in den kosmischen Werdezusammenhang, daß also jedes Seiende in Potenz ist zu einer höheren Stufe von subsistierendem Seienden. Im Gegenteil: Gerade *als* das bestimmte Diese ist es ein Baustein des Werdeprozesses, das identische Substrat, an dem das Werden sich vollzieht. Denn jedes Wirkliche ist erst wirklich begriffen, wenn man es im Koordinatenkreuz der vier Ursachen begreift: Form- und Materialursache einerseits, Wirk- und Zweckursache andererseits. Man kann nicht, so sagt Aristoteles, wie die Platoniker einfach alle Dinge aus Gegenteilen hervorgehen lassen (aus Form und Materie) und diese dann als durch »Teilhabe« verbunden denken. »Aber es hat hier weder mit ›allen Dingen‹ noch mit dem Hervorgehen ›aus Gegenteilen‹ seine Richtigkeit; alle diese Denker sagen uns auch nichts darüber, wie denn nun die Dinge, an denen Gegenteile bestehen, aus diesen Gegenteilen entstehen können: denn Gegenteile können einander nicht affizieren«[308]. Es muß also etwas Drittes geben, und dieses Dritte ist die Bewegung: »Bei den Entstehungen, bei den Handlungen und bei allen Veränderungen sprechen wir uns dann Wissen zu, wenn wir die Quelle der Bewegung kennen; diese aber ist vom Endziel verschieden und ihm entgegengesetzt«[309]. Die höchste Stufe der natürlichen Substanzen ist das vernunftbegabte Subsistierende: der Mensch, auch er also als ens per se verstanden *und* als ens in potentia.

Der Mensch als Vernunftwesen ist demnach das vollkommenste Naturwesen, in den Rangstufen des Natürlichen auf der Erde die Spitze des Möglichen. Im Blick auf das gesamte Universum ist er das Geschöpf der Mitte, in ihm ist der vollkommenste Körper – vermittelt über die Zwischenglieder der Vegetation und der Sensation – verbunden mit dem unvollkommensten Geist zur Leib-Geist-Person. Er ist ein Mikrokosmos, in dem sich die Seinslinien des Universums kreuzen, denn »im Menschen ist in gewisser Weise das All enthalten... Die Vernunft teilt er mit den Engeln, die Sinnlichkeit (vires sensitivas) mit den Tieren, die vegetativen Kräfte (vires naturales) mit den Pflanzen und den Körper selbst mit den unbelebten Dingen«.[310] So baut sich das Universum auf als eine Rangfolge von Seinsstufen. Schon die Elemente bilden eine Rangordnung je nach

---

306 Aristoteles, Metaphysik VII,1+3; VII,4; VII,17.
307 Thomas von Aquin, S. th. I, q. 45, a. 4.
308 Aristoteles, Metaphysik 1075a/28–31.
309 Ebd., 996b/23–25.
310 Thomas von Aquin, S. th. I, q. 96, a. 2.

ihrer Lage, vollkommener als die Elemente sind die zusammengesetzten Körper, vollkommener als die Mineralien sind die Pflanzen, vollkommener als die Pflanzen sind die Tiere, vollkommener als die Tiere sind die Menschen. Und innerhalb des menschlichen Seins ist die sensitive Seele vollkommener als die vegetative, die intellektive wiederum vollkommener als die sensitive. Oberhalb des Menschen setzt sich das Stufenreich fort in der Sphäre der Himmelskörper und der reinen Geister. Das Höchste und Alles in allem ist Gott.

Ist der Mensch solchermaßen als mikrokosmische anthropologische Hierarchie in den Zusammenhang der kosmischen Hierarchien gesetzt, als Mitte und zugleich »Brücke«[311] zwischen körperhaftem und geisthaftem Sein, so ist die Frage nach der Rangfolge zwischen aktivem und kontemplativem Leben implizit bereits entschieden. Der Mensch kann sich auf zweierlei Weise in diesem Leben befinden: dem Akt nach, »indem er sich tatsächlich der Sinne des Leibes bedient.« Hier ist er gleichsam nach unten orientiert auf das, was bereits ist. »Auf andere Weise kann sich jemand in diesem Leben befinden der Möglichkeit nach (potentialiter): insofern nämlich seine Seele dem sterblichen Leibe als Formkraft verbunden ist (corpori mortali conjuncta ut forma[312]), so jedoch, daß sie sich der Sinne des Leibes oder auch der Einbildungskraft nicht bedient, wie es bei der Entrückung zutrifft. Und so kann die Beschauung dieses Lebens zur Schau des göttlichen Wesens gelangen. Darum ist die höchste Stufe der Beschauung des gegenwärtigen Lebens jene, die Paulus innehatte in der Entrückkung (in raptu); auf dieser Stufe befand er sich in der Mitte zwischen dem Stand des gegenwärtigen und dem des zukünftigen Lebens.«[313] Hier ist der Mensch in potentia auf das orientiert, was noch nicht ist.

Damit sind die Gewichte für den »Vergleich zwischen tätigem und beschaulichem Leben« (de comparatione vitae activae ad contemplativam[314]) gesetzt und die Frage, »ob das aktive Leben wichtiger sei als das beschauliche« (utrum vita activa sit potior quam contemplativa[315]), bereits negativ entschieden. Von besonderem Interesse ist hierbei für uns erstens der Komparativ: Es geht um das Verhältnis von Wichtigem und Wichtigerem, und zweitens das gleichzeitig damit gesetzte Konkurrenzverhältnis zwischen vita activa und vita contemplativa. Denn der Mensch muß sich entscheiden, er kann nicht das Wichtige und das Wichtigere gleichzeitig realisieren wollen; die Zeit und Mühe, die er dem einen zuwendet, zieht er dem anderen ab.

Für den Komparativ, »daß das kontemplative Leben schlechthin besser ist als das tätige Leben«[316], fürt Thomas neun Gründe an:

311 H. Meyer, Thomas von Aquin, S. 269.
312 S. th. II-II, q. 180, a. 5.
313 S. th. II-II, q. 180, a. 5.
314 S. th. II-II, q. 182.
315 S. th. II-II, q. 182, a. 1.
316 S. th. II-II, q. 182, a. 1.

II Reich Gottes, Kirche und Gesellschaft   137

1. »Das beschauliche Leben kommt dem Menschen zu im Hinblick auf das, was das Beste in ihm ist, nämlich im Hinblick auf seinen Intellekt« und dessen Gegenstände, die geistigen Wahrheiten.
2. Das beschauliche Leben kann stetiger sein (potest esse magis continua).
3. Die Wonne (delectatio) des beschaulichen Lebens ist größer.
4. Im beschaulichen Leben ist der Mensch mehr selbstgenügsam (magis sibi sufficiens).
5. Das kontemplative Leben wird mehr um seiner selbst willen geliebt, »das tätige Leben wird auf etwas anderes hingeordnet«.
6. Das beschauliche Leben besteht in einem gewissen Frei- bzw. Leersein und Ruhen (consistit in quadam vacatione et quiete).
7. »Das beschauliche Leben geht auf das Göttliche, das tätige Leben hingegen auf das Menschliche.«
8. Das beschauliche Leben entspricht mehr dem, was dem Menschen in höherem Maße eigentümlich ist: der Vernunft.
9. Schließlich hat Christus selbst gesagt (Lk 10,42): »Maria hat den besten Teil erwählt.« Und Thomas fügt mit Augustins Worten hinzu: »Nicht du hast einen schlechten Teil erwählt, sondern jene den bessern. Höre, warum den bessern: weil er von ihr nicht wird genommen werden. Von dir wird dereinst die Last der Not genommen; ewig ist die Süßigkeit der Wahrheit.«

Was nun das Konkurrenzverhältnis zwischen aktivem und kontemplativem Leben angeht, so unterscheidet Thomas zwischen der Beschäftigung mit den äußeren Handlungen selbst (quantum ad ipsam occupationem exteriorum actuum[317]) und den äußeren Handlungen in bezug auf die Wirkung, die mit ihnen für die eigene Seele erzielt wird (. . . quantum ad effectum, qui est moderatio passionum). Durch solche Übung des tätigen Lebens wird das beschauliche Leben gefördert, »indem es die inneren Leidenschaften, aus denen beschauungshindernde Vorstellungsbilder aufsteigen, beruhigt.« Dies ist dann eine Art Vorschule, die der Mensch hinter sich läßt, und ihr den Rücken kehrend, »wieder zu sich selbst nach innen zurückkehrt«, keinerlei »Schatten körperlicher Dinge« mit sich schleppend. Aber grundsätzlich (quantum ad ipsam) gilt, »daß das tätige Leben das beschauliche hindert, insofern es unmöglich ist, daß sich jemand zugleich mit äußeren Handlungen befaßt und frei ist für die göttliche Beschauung.«

Wegen der Unmöglichkeit der Gleichzeitigkeit von aktivem und kontemplativem Leben ist verständlich, daß – auf das Individuum gesehen – ein allenfalls temporäres Überwechseln nach »unten« unter gleichzeitig vorausgesetzter »Rückkehr« nach innen zu einem späteren Zeitpunkt möglich ist und – auf die Gesellschaft gesehen – sich die vita activa und die vita contemplativa schichtmäßig ausdifferenzieren auf die Stände der Un-

---

317 S. th. II-II, q. 182, a. 3.

vollkommenheit und die Stände der Vollkommenheit mit ihrem Leben nach den evangelischen Räten. Das tätige Leben ist allen Menschen gemeinsam, und es genügt für sie auch, um in die »himmlische Heimat« einzugehen, sofern sie das Gute, das sie vermögen, nicht vernachlässigen: das, was nötig ist zu jeglicher Nächstenliebe. Über diesem tätigen Leben der Allgemeinheit erheben sich die Stände der Vollkommenheit, die im beschaulichen Leben das verwirklichen, »was den Vollkommenen eigentümlich ist«.[318]

Zusammenfassung   Auf dem Hintergrund der aristotelischen Lehre von Materie und Form, Potenz und Akt ist das Verhältnis von aktivem und beschaulichem Leben
  1. komparativisch zu bestimmen: Das beschauliche Leben (vita contemplativa) ist besser als das aktive (vita activa),
  2. als Konkurrenzverhältnis zu bestimmen: Das tätige Leben hindert das beschauliche. Man kann sich nicht gleichzeitig mit äußeren Handlungen befassen und frei sein für die »göttliche Beschauung«.
  Das aktive und das beschauliche Leben werden schichtungsmäßig ausdifferenziert auf die Stände der Unvollkommenheit und die Stände der Vollkommenheit.

c) *Das einlinige Bedingungsverhältnis der Coram-Relationen bei Luther*
Die Präposition »coram«, die G. Ebeling mit Recht als »Schlüsselwort« für Luthers Seinsverständnis, als das »Stichwort, das Luthers Art zu denken von der Wurzel her zu charakterisieren vermag«, bezeichnet hat[319], meint eine Ortsbestimmung des Menschen, »die als solche Zeitbestimmung ist.«[320] Es meint das Sein des Menschen »im Angesicht von ...«, als Sein »in Gegenwart von ...« Um diese fundamentale Bestimmung des menschlichen Seins angemessen zu verstehen, ist es von zentraler Bedeutung, dies ganz von allen substanzontologischen Prämissen freizuhalten und nicht als eine akzidentelle Bestimmung zu begreifen. Dies würde nämlich bedeuten, daß der Mensch zu bestimmen ist als mit einer Vernunftseele begabtes Naturwesen, das dann als so qualifiziertes subsistierendes Seiendes sich handelnd bezieht auf Natürliches (actualiter) oder auf Übernatürliches (potentialiter). Damit wäre das Verständnis Luthers im Ansatz verfehlt. Das Sein des Menschen im Angesicht Gottes, in der Gegenwart Gottes ist vielmehr im strengsten Sinne das Ursprüngliche, nicht das Hinzukommende, sondern das Konstitutierende überhaupt. Gottes Angesicht, das Geschehen, in dem er sich etwas oder jemand ersieht und ansieht, in dem er von diesem dann daraufhin, indem es ihm sein Angesicht zuwendet, angesehen wird, ist kreative, gegenwärtig machende Gegenwart. Dies

---

318   S. th. II-II, q. 182, a. 4 ad 2.
319   G. *Ebeling*, Luther, S. 220.
320   Ebd.

II Reich Gottes, Kirche und Gesellschaft

ist nicht hinzukommende Qualifizierung von Seiendem, sondern selber Sein im Ursprung, Ursprung im Hervorgebracht- und Ersehenwerden. Was immer wir tun, all unser »Werk«, ist darin voraussetzungsvoll, daß der Handelnde schon dasein muß. Das Werk baut auf das Gewordene. Was wir tun werden, steht uns bereits jetzt als Möglichkeit vor Augen, jeder Akt ist in uns der Potenz nach, bevor er geschieht. »Immer geht es so zu, daß wir unser eigenes Werk begreifen, bevor es geschieht; Gottes Werk aber begreifen wir nicht, bis es geschehen ist ... Dabei geht dann notwendigerweise Gestalt und Vorstellung, wie wir sie in uns tragen, zugrunde.«[321] Und in diesem Zusammenhang verweist Luther zur Verdeutlichung auf Gen 1,2: »Der Geist Gottes schwebte auf dem Wasser und Finsternis war über dem Angesicht der Tiefe«, dabei unterstreicht er, daß es nicht heiße: »über der Tiefe«, sondern »über dem Angesicht der Tiefe«. Das Angesicht Gottes als gegenwärtig machende Gegenwart seines Ansehens und das Gesicht-Bekommen des Angesehenen im Angesehenwerden *ist* Genesis, schöpferisch-göttlicher Akt. Was demnach der Mensch coram Deo ist, ist nicht das in dieser Relation Vorausgesetzte, sondern *ist* in Kraft dieses gegenwärtigen Augenblicks Gottes, in Kraft des Von-Gott-angesehen-Werdens[322].

»Gerecht sein bei Gott« ist keine Eigenschaft, kein habitus des Menschen, sondern es ist ein Ereignis in relatione, es ist identisch mit dem »Gerechtfertigtwerden bei Gott«.[323] Denn »nicht, weil er gerecht ist, wird er von Gott für gerecht angesehen, sondern weil er von Gott für gerecht angesehen wird, darum ist er gerecht«.[324] Als gerecht aber wird nur der angesehen, der das Gesetz »mit der Tat« erfüllt. Die »Tat« jedoch, von der Luther hier spricht, ist nicht ein singulärer Akt oder auch eine Reihe von Akten, sondern es ist das neue Sein des Menschen, der aus sich heraus versetzt ist, der sein Zentrum außer sich hat, d.h. der in Christus ist. Im Glauben wird das Gesetz erfüllt, darin tritt der Mensch aus sich selbst heraus, sieht nicht sich an, sondern das, was Gott für ihn tut in Christus. Er tritt in die gegenwärtig machende Gegenwart Gottes, vor sein Angesicht. Es ist dieses lebendige, lebendig machende Hin und Zurück in dem, daß Gott den Menschen ansieht und der Mensch von sich weg auf Gott sieht, worin sich der selige Wechsel zur Gerechtigkeit vollzieht, das Sterben des alten und das Geborenwerden des neuen Menschen. Was immer der Mensch

---

321 Römerbriefvorlesung, WA 56, S. 377, Z. 24–26; S. 378, Z. 8f.; M.A. Erg.-Bd. 2, S. 328.
322 Diese Radikalität des Ursprungsproblems wird im systemtheoretischen Äquivalenzfunktionalismus, der Strukturen und Prozesse funktional gleichsetzt, ebenso übersprungen wie in der aristotelisch-substanzontologischen Zuordnung von Form und Materie, weshalb Luther meinte, Aristoteles habe mit einer so konzipierten Seelenlehre wohl »Dozenten und Studenten zum Besten haben« wollen (Disputatio de homine, 1536, WA 39, 1, S. 175, Z. 34f.).
323 Römerbriefvorlesung, WA 56, S. 12, Z. 23; M.A. Erg.-Bd. 2, S. 67.
324 WA 56, S. 12, Z. 25f.; M.A. Erg.-Bd. 2, S. 67f.

vor sich selbst und vor den Menschen ist (coram se et hominibus[325]), seine Gerechtigkeit, Wahrheit, Weisheit und Tugend, das muß sterben und vor Gott zu Sünde, Lüge und Torheit werden. »Auf solche Weise werden wir in uns, was wir außerhalb von uns selbst, nämlich vor Gott, sind« (ac sic tales efficimur in nobis ..., quales sumus extra nos – i.e. coram Deo[326]). Darin wird Gott außerhalb seiner selbst so, wie er in sich ist: Wahrhaftig, gerecht und mächtig, daß der Mensch in sich zu dem wird, was er außerhalb seiner selbst ist: zum Sünder.

In dieser Beziehung auf den Menschen im Angesicht Gottes hat keinerlei Streben oder Tun des Menschen irgendeinen Platz und damit keinerlei Metaphysik und Moral. Hier ist nur die Verheißung Gottes und der Glaube, und damit ist im Angesicht Gottes alles auf einmal gegenwärtig. Dies ist radikal gedacht, während Metaphysik und Moral komparativisch denken. Der Glaube »ist unter allen anderen das vortrefflichste und wichtigste Werk, durch welches allein, ob du schon der anderen allen entraten müßtest, du wirst selig sein. Denn es ist ein Werk Gottes und nicht des Menschen ... Alle anderen Werke wirket Gott mit uns und durch uns, allein dieses wirkt er in uns und ohne uns«.[327] Das metaphysisch-moralische Denken der Gesetzesmenschen ist darauf bedacht, komparativisch in Steigerungen in Richtung auf Gott zu denken, sie »zerquälen sich mit vielen Anstrengungen und mühen sich, ihre Werke zu ändern«[328], die Sünden zu beseitigen und zu ändern, während der Mensch selbst als der Ursprungsgrund der Akte »unversehrt erhalten« bleibt (conservare ipsum hominem[329]). Sowohl in der vita activa als auch in der vita contemplativa erscheint der Mensch als ein solcher, der handelnd tätig ist, nur eben mit verschiedenem Richtungssinn – actualiter oder potentialiter, je nachdem, ob er körperlich oder geistig tätig ist. Luther statuiert nun ausdrücklich mit Berufung auf Paulus einen Gegensatz zwischen metaphysischer oder moralischer Theorie des Handelns und der »geistlichen und theologischen« Rede vom Gesetz[330]: »Die Weise des Redens des Apostels und die metaphysische oder moralische Weise sind entgegengesetzt« (modus loquendi Apostoli et modus metaphysicus seu moralis sunt contrarii[331]). Denn coram Deo wird nicht das menschliche Handeln verändert durch Vervollkommnung und Reinigung von Sünden, vielmehr der Mensch selbst, indem er »hinweggenommen wird« (hominem potius auferri[332]), aufgehoben und umgewandelt wird durch die Gnade und die geistliche Gerechtigkeit (quia gratia et spiritualis iustitia ipsum hominem tollit et

---

325 WA 56, S. 229, Z. 27f.
326 WA 56, S. 229, Z. 13f.
327 De captivitate, WA 6, S. 530, Z. 14–18; M.A. Bd. 2, S. 139.
328 Römerbriefvorlesung, WA 56, S. 335, Z. 16f.; M.A. Erg.-Bd. 2, S. 260.
329 WA 56, S. 335, Z. 1.
330 WA 56, S. 334, Z. 1ff.
331 WA 56, S. 334, Z. 14f.
332 WA 56, S. 334, Z. 15f.

II Reich Gottes, Kirche und Gesellschaft

mutat et a peccatis avertit[333]). Dies ist eine qualitativ andere theologische Bestimmung des Gottesverhältnisses: Gott liebt den Menschen, er wendet sich ihm zu, indem er ihn ansieht. Und als so Angesehener sieht der Mensch Gott an und wird durch den Geist Gottes zu einem, der zu Gott hingewendet ist und Gott liebt.»Von dem, was du dahinten läßt, wirst du ihr Angesicht nach vorne richten, denn du machst, daß sie den Rücken kehren.«[334] Zentral ist hierbei, daß vom Menschen immer im Passiv geredet wird (auferri, expurgari, tollitur, mutatur), denn dies allein wirkt nur Gott »in uns und ohne uns«. Auf solche Weise nimmt Luther jegliches Tun und Handeln aus dem Gottesverhältnis heraus und setzt es ganz in das Verhältnis zur Welt und zum Mitmenschen. Von Gott angesehen werden und im Glauben das Angesicht aufheben und Gott zuwenden, dies ist ein Geschehen, in dem der Mensch verwandelt, neu geboren, neu *wird*. Kein Werk hat hier einen Ort. »Denn welcher Art ist, was wir lieben, solcher Art werden wir selbst. Liebst du Gott, dann bist du Gott, liebst du die Erde, dann bist du Erde. Der selige Augustinus sagt: ›Die Liebe ist eine einigende Kraft, die aus dem Liebenden und dem Geliebten ein Einziges schafft‹.«[335] Die Liebe ist kein Tun, sondern das Angesehenwerden und das Ansehen der Person.

Wenn aber mit solcher Radikalität das Handeln im Gottesverhältnis des Menschen ortlos geworden ist, dann ist auch der oben beschriebene Komparativ ortlos geworden, damit ist schließlich dem genannten Konkurrenzverhältnis zwischen Gottesbeziehung und Weltbeziehung des Menschen der Boden entzogen. Diese negative Feststellung in bezug auf das Verhältnis von Gottes- und Weltbeziehung ist die Voraussetzung für die positive Bestimmung des Verhältnisses zwischen beiden, die nun zu entfalten ist.

Die unerhörte Befreiung liegt darin, daß dem Menschen die Sorge um sein Heil abgenommen ist. Seine Hände, sein Herz und sein Kopf sind nunmehr frei, das zu wirken, zu wollen und vernünftig auf das bedacht zu sein, was sein Auftrag als Mitarbeiter Gottes im Reiche Christi und in der Welt als Schöpfung Gottes ist. Die Freiheit des Glaubens coram Deo *ist* die Befreiung der Werke. Des Menschen Meinung soll »in allen Werken frei und nur dahin gerichtet sein, daß er andern Leuten damit diene und nütze sei, nichts anderes sich vorstelle, denn was den andern not ist. Das heißt dann ein wahrhaftiges Christenleben ...«[336]. Die Werke sind nunmehr in Wahrheit das, was der Christ »übrig« hat, er braucht sie nicht mehr für sich selbst. »Alle Werke sollen gerichtet sein dem Nächsten zugute, dieweil ein jeglicher für sich selbst genug hat an seinem Glauben und alle andern Werke und Leben ihm übrig sind, seinem Nächsten damit aus freier Liebe

---

333 Römerbriefvorlesung, WA 56, S. 334, Z. 24–26.
334 WA 56, S. 334, Z. 23f.; M.A. Erg.-Bd. 2, S. 259.
335 WA 56, S. 241, Z. 1–5; M.A. Erg.-Bd. 2, S. 125.
336 Freiheit 1520, WA 7, S. 34, Z. 29–33; M.A. Bd. 2, S. 242.

zu dienen.«³³⁷ Ein Christenmensch ist »voll und satt«³³⁸ an seinem Glauben, »der gibt ihm alles, was Christus und Gott hat«.³³⁹ Ist der Mensch im Glauben von seinem göttlichen Vater mit überschwänglichen Gütern so überschüttet, so ist er seinerseits frei, Gott gegenüber »fröhlich und umsonst« zu tun, was Gott wohlgefällt: nun eben nicht in Richtung auf Gott aktiv zu werden, sondern in Richtung auf die Welt und den Mitmenschen, »und meinem Nächsten auch werden ein Christ, wie Christus mir geworden ist, und nichts mehr tun, denn was ich nur sehe, das ihm not, nützlich und selig sei, dieweil ich doch durch meinen Glauben aller Dinge in Christo genug habe«.³⁴⁰ Grundlegend ist, daß die Werke »übrig« sind, weil sie im Gottesverhältnis keinen Platz mehr haben. Denn immer ist der Mensch darin wirklich, daß er bezogen ist, daß er heraustritt aus seinem Zentrum und exzentrisch wird.

Dies gilt auch dann, wenn der Mensch in sich selbst verkrümmt ist und reflexiv lebt: Er bezieht sich entweder in der vita activa auf Gegenstände seines Handelns oder in der vita contemplativa auf Gegenstände der spekulativen Erkenntnis (speculabilibus³⁴¹), aber beides in der Weise, daß er aus sich heraustritt, um zu sich zurückzukehren und das empirische oder spekulative andere, auf das hin er sich transzendiert hat, dorthin mitzunehmen, von wo er ausging. Das heißt, die Bezogenheit des in sich verkrümmten Menschen vollzieht sich immer in der Modalität des Aneignens, insofern es das Außerhalb und die Gegenständlichkeit des externen anderen betrifft, und in der Modalität des Vorläufigen und nach weiterer Wiederholung und Ergänzung Rufenden, insofern es das Temporäre des Aus-sich-Heraustretens betrifft. Jede temporäre Erfüllung im Akt des handelnden oder spekulativen Aneignens manifestiert zugleich den Mangel, jeder Gewinn zeigt die Armut, jede Sättigung provoziert den Hunger. Der Komparativ des »mehr«, mit dem der Mensch zu sich zurückkehrt, ist nach unten und nach oben hin, also empirisch und metaphysisch, offen, er ruft nach weiterer Ergänzung. Darin ist er zugleich ein Komparativ des immer stärkeren Auf-sich-selbst-Zurückbezogenseins. Im Kern des Selbst sitzen der Mangel, der Hunger und die Angst. Es ist das unerlöste Selbst, das im Maße seines Aus-sich-Heraustretens um so stärker sich auf sich selbst einkreist. Auf sich selbst »verkrümmt und eingebogen« (in nos ipsos inflexi et incurvi³⁴²), liebt und sucht der Mensch nur sich selbst. Der Mensch wird sich selbst zum Endzweck und zum letzten Ziel (... hominem esse sibiipsi obiectum finale et ultimum³⁴³), auf diesen reflexiven Endzweck bezieht er alles, sowohl die Dinge als auch Gott selbst.

---

337 WA 7, S. 35, Z. 10–12; M.A. Bd. 2, S. 242.
338 WA 7, S. 35, Z. 21; M.A. Bd. 2, S. 243.
339 WA 7, S. 35, Z. 23.
340 WA 7, S. 35, Z. 34 – S. 36, Z. 2; M.A. Bd. 2, S. 243.
341 Römerbriefvorlesung, WA 56, S. 361, Z. 7.
342 Ebd., S. 258, Z. 28.
343 Ebd., S. 361, Z. 15.

II Reich Gottes, Kirche und Gesellschaft

Diese fundamentale theologische Bestimmung des menschlichen Seins-in-der-Tat als Sündersein wird nun von Luther kühn und ganz direkt auf seine sozialethische Konsequenz hin bedacht: Der in sich verkrümmte Mensch »verwirft das, was dem allgemeinen Besten frommt, und erwählt das, was der Allgemeinheit Schaden bringt« (... reprobatio boni communis et electio mali communis[344]). Das heißt, das Handeln in der Modalität des Aneignens setzt immer die Sozialität in den Modus des Konkurrenzverhältnisses. Hier ist demnach nicht nur eine Konkurrenz im Blick auf den einzelnen und im Blick auf die Stände zwischen vita activa und vita contemplativa, wie wir bei Thomas sahen. Die Konkurrenz wird von Luther universalisiert: Es ist nicht nur eine Konkurrenz zwischen weltlichen und geistlichen Ständen, sondern auch eine entgrenzte Konkurrenz zwischen allen einzelnen, sei es gleichen oder verschiedenen Standes. Der Selbstzweck des Einzeldaseins verhält sich grundsätzlich antinomisch und praktisch paralytisch zum gesellschaftlich-gemeinsamen Wohl.

Die Veränderung, die stattfindet, wenn der Mensch durch die Kraft des Heiligen Geistes, durch Wort und Glaube eine neue Kreatur wird, ist darin radikal, daß sich mit dem Selbst des Menschen ein Orts- und Zeitwechsel vollzieht. Coram Deo ist der Mensch selbst »hinweggenommen« (hominem potius auferri[345]) von dem Ort, an dem er die Stelle des letzten Endzwecks besetzt hatte. Coram Deo ist der Mensch selbst aus dem Zwang der Gegenwart genommen, die beständig Vergangenheit hervorbringt, indem seine Handlungen auf dem Wege der Aneignung Externes (spekulatives und empirisches) fortwährend in Vergangenheit verwandelt; der Zwang der Zeit des Sünders liegt darin, daß der Mensch immer wieder Vergangenheit produzieren muß, um Gegenwart zu gewinnen, um der unbefriedigten Verhaftung ins Vergangene, ins Produkt seiner Tätigkeit, zu entkommen. Coram Deo wird der Mensch »getötet und hinweggenommen« (homine ... mortificato et ablato[346]), wird er dem Zwang des Aneignens und des gehabten Vergangenen entnommen, wird er aus sich selbst heraus versetzt in die gegenwärtig machende Gegenwart Gottes, in der Externes nicht vernichtet wird, sondern gegenwärtig bleibt. Dies ist die Predigt des Evangeliums, »welche soll sein und ist also angetan, daß du hörest deinen Gott zu dir reden, wie all dein Leben und Werke nichts seien vor Gott«.[347] Der Christ bedarf keines Werkes, um zur Frömmigkeit und zur Seligkeit zu gelangen. »Siehe da, glaube an Christum, in welchem ich dir zusage alle Gnade, Gerechtigkeit, Friede und Freiheit; glaubst du, so hast du, glaubst du nicht, so hast du nicht. Denn was dir unmöglich ist mit allen Werken der Gebote, deren viele und doch keines nütze sein müssen, das wird dir leicht und kurz durch den Glauben. Denn ich habe kurz in den Glauben

---

344 Ebd., S. 361, Z. 11–12; M.A. Erg.-Bd. 2, S. 303.
345 WA 56, S. 334, Z. 15f.; M.A. Erg.-Bd. 2, S. 259.
346 WA 56, S. 235, Z. 7f.; M.A. Erg.-Bd. 2, S. 259f.
347 Freiheit, WA 7, S. 22, Z. 25–27; M.A. Bd. 2, S. 227.

gestellet alle Dinge, daß, wer ihn hat, soll alle Dinge haben und selig sein; wer ihn nicht hat, soll nichts haben.«[348]

Sind in solcher Weise die Werke des Menschen aus dem Gottesverhältnis herausgenommen, ist der Mensch kraft der gegenwärtig machenden Gegenwart Gottes nicht mehr der terminus ad quem, sondern der terminus a quo seines Handelns, weil er »alles« hat und »satt« ist, so sind in der Tat die Werke frei und übrig. Das entscheidende hierbei ist, daß damit nicht nur der Komparativ zwischen Gottes- und Weltverhältnis des Menschen ortlos geworden ist und daß zwischen beiden in gar keiner Weise mehr ein Konkurrenzverhältnis aufkommen kann, sondern daß eines durch das andere positiv *bedingt* ist.

Erst im Angesicht Gottes kommt dem Menschen das Angesicht des Mitmenschen zu Gesicht und das Angesicht der Welt als Gottes Schöpfung. So kommt allererst der Mensch zu seiner wahren Bestimmung als Gottes Mitarbeiter, indem er im Glauben unterscheiden lernt, was Gott allein tut an uns und in uns, und was der Mensch mit Gott zusammen tut. Gott allein schafft den Menschen als Kreatur, Gott allein erhält ihn, daß er als Kreatur bestehen kann. Da tut der Mensch nichts dazu. Ebenso ist es Gott allein, der den Menschen durch die Wiedergeburt aus dem Geist erneuert zur neuen Kreatur im Reiche Christi und der ihn im Glauben erhält, so daß er im Reich des Geistes bleibt. Aber beides, Schöpfung und Erneuerung des Menschen, wirkt Gott mit dem Ziel, »daß er in uns wirke und wir mit ihm zusammenwirken«.[349] Und Luther konkretisiert dieses Zusammenwirken im Blick auf die im Reiche Christi Erneuerten: »So predigt er durch uns, erbarmt sich der Armen, tröstet die Betrübten.« Wenn Gott dem Menschen alles gegeben hat und der Mensch genug hat am Glauben, so ist er frei, *ganz* auf Gott ausgerichtet zu sein im Glauben, und eben *deshalb* auch frei, *ganz* auf Welt und Mitmensch ausgerichtet und bezogen zu sein in seinem Werk. »Siehe, also müssen Gottes Güter fließen aus einem in den andern und gemein werden, daß ein jeglicher sich seines Nächsten also annehme, als wäre er's selbst. Aus Christo fließen sie in uns, der sich unser hat angenommen in seinem Leben, als wäre er das gewesen, was wir sind. Aus uns sollen sie fließen in die, so ihrer bedürfen, auch so ganz, daß ich muß auch meinen Glauben und Gerechtigkeit für meinen Nächsten setzen vor Gott, seine Sünden zudecken, sie auf mich nehmen und nicht anders tun, denn als wären sie mein eigen, eben wie Christus uns allen getan hat.«[350] Der Christenmensch ist frei geworden, mit seinem Nächsten zu verfahren und zu handeln, »wie Gott mit ihm durch Christus gehandelt hat«.[351]

---

348 WA 7, S. 24, Z. 12–17.
349 De servo arbitrio, 1525, WA 18, S. 754, Z. 14–16.
350 Freiheit, WA 7, S. 37, Z. 32 – S. 38, Z. 2; M.A. Bd. 2, S. 246.
351 De servo arbitrio, 1525, WA 18, S. 25, Z. 27; M.A. Bd. 2, S. 243. Es erscheint mir fraglich, ob man die Dimension der Personalität in der Weise aus der ethischen Sinnbestimmung der Werke ausklammern kann, daß man sagt: »Die Person ist deshalb nicht Aus-

II Reich Gottes, Kirche und Gesellschaft

Ist der Mensch durch Gottes Gnade von sich befreit, von seiner Verkrümmtheit in sich selbst, so ist er frei, sich auf Gott hin (im Glauben) und auf Welt und Mitmensch hin (im Werk der Liebe) zu verlassen. Er lebt exzentrisch, so daß Luther sagen kann, »daß ein Christenmensch lebt nicht in sich selbst, sondern in Christo und seinem Nächsten, in Christo durch den Glauben, im Nächsten durch die Liebe; durch den Glauben fähret er über sich in Gott, aus Gott fähret er wieder unter sich durch die Liebe«.[352] Dies steht nun nicht mehr in komparativischem Verhältnis zueinander wie das Wichtigere zum weniger Wichtigen, wie das bessere zum weniger guten, auch nicht mehr in Konkurrenz zueinander, so daß das tätige Leben das beschauliche Leben hindert, sondern es steht in einem einlinigen Bedingungs- und Begründungsverhältnis. Darum gilt von dem Menschen, der »unter sich fährt« durch die Liebe ins aktive Leben für die Welt und den Mitmenschen, in strikter Gleichzeitigkeit: Er *bleibt* »doch immer in Gott und göttlicher Liebe«[353].

Und auch dies setzt Luther direkt in Beziehung zum gesellschaftlichen Leben: »Die Klugheit des Geistes ist die Wahl des gemeinsamen Wohls und das Vermeiden des gemeinsamen Übels. Denn sie regiert die Liebe, die nicht ›das Ihre sucht‹, sondern das, was Gottes ist und aller Kreaturen. Und sie allein sieht das als gut an, was Gott und allen gut ist, und das als böse, was Gott und allen böse ist.«[354] Hier ist das »mein« getilgt. Denn das ist die Stimme der »Klugheit des Fleisches«: »Mein, mein, sagt sie. Tilge

---

gangspunkt der Weltverantwortung, weil diese sich allein von den Bedürfnissen der Mitkreatur her bestimmt« (*U. Duchrow*, Christenheit und Weltverantwortung, S. 536). Dies leuchtet ein, insoweit es sich auf die Ausrichtung und den Zweck des Handelns bezieht. Aber darin, daß die Person in ihren Werken als vorausgesetzt gedacht werden muß, indem sie nicht durch Werke konstituiert wird, indem »der Christenmensch als solcher in unaufhörlicher Beziehung zum wirksamen Wort Gottes als der Quelle und dem Grund seines Seins und Lebens zu denken ist« (*E. Wolf*, Peregrinatio, S. 235) und gerade deshalb die Werke »übrig« sind, liegt doch, daß die Person die transzendentale Bedingung der Möglichkeit der Werke in diesem intentionalen Sinne ist. »Und die Person ist deshalb nicht Ziel der Weltverantwortung, weil die Sorge um die Person des Menschen von Gott selbst wahrgenommen wird« (*U. Duchrow*, ebd.). Mir scheint, daß u. a. aus der angeführten Passage aus »De servo arbitrio« und aus »Von der Freiheit eines Christenmenschen« zu ersehen ist, daß Gott die Sorge auch um die Person des Mitmenschen nicht ohne uns wahrnimmt. Wenn Gott durch uns die Betrübten tröstet, so geht dies m. E. doch auf die Person des Nächsten, erst recht, wenn in christologischer Kategorie vom commercium zwischen der eigenen Glaubensgerechtigkeit und der Sünde des Nächsten die Rede ist – ein überaus kühner Gedanke, der, denkt man ihn zu Ende, ja besagt, daß der Glaubende und Gerechtfertigte nicht nur alle seine guten Werke »übrig« hat, sondern sogar seine Glaubensgerechtigkeit. Freilich wird man dies nicht so verstehen dürfen, daß dadurch die Person vor Gott, der Glaube des Nächsten konstituiert wird. Der Glaube des Nächsten ist ausschließlich Gottes Wirken im Menschen. Aber der Glaubende glaubt am Nächsten nicht das, was er empirisch wahrnimmt: seine Sünde und Schwachheit, sondern er glaubt sozusagen präsumptiv das, was Gott auch für ihn tut und tun will, und so bekleidet er ihn »gleichsam mit einem fremden Gewand« (Kleiner Galaterkommentar, 1519, WA 2, S. 606, Z. 12f.).
352 Freiheit, WA 7, S. 38, Z. 6–9; M.A. Bd. 2, S. 246.
353 Freiheit, WA 7, S. 38, Z. 10; M.A. Bd. 2, S. 246.
354 Römerbriefvorlesung, WA 56, S. 362, Z. 28–32.

dies ›mein‹ und sag dafür: Ehre sei dir, Herr!, und du wirst selig sein.«[355] Indem die Werke aus dem Gottesverhältnis herausgenommen werden und ganz frei sind von der Beziehung auf das eigene Heil des Menschen, kommen sie zu ihrem Recht und zu ihrer wahren Bestimmung im Dienst an Welt, Gesellschaft und Mitmensch.

Mit dieser Bestimmung von Christentum als Sein im Angesicht Gottes und im Angesicht der Welt erreicht Luther eine neue Dimension der Problembewältigung bezüglich des Verhältnisses von geistlich-eschatologischem Wesen und Weltbezogenheit des Christentums. Das allein pneumatologisch-eschatologisch bestimmbare Gottesverhältnis ist wesensverschieden vom ethisch-praktischen Weltverhältnis. Aber eben die klare Wesensunterscheidung ermöglicht eine neue und stringente Verknüpfung. Das Thema »Differenz und Einheit« bleibt somit auf der Tagesordnung der Theologie, wie bei Thomas – und nun doch ganz anders als bei Thomas.

Die Differenz wird ganz anders bestimmt: nicht mehr als Differenz von Natur und Übernatur, sondern als Differenz von Person und Werk, Glaube und Werk.

Und weiter: Damit wird sie ganz abgelöst von schichtspezifischer sozialer Differenzierung. Sie wird sozial universalisiert in der fundamentalen Differenz von Tun Gottes und Tun des Menschen. Damit bekommt die Beziehung zwischen den differenten Bezugswirklichkeiten einen radikal anderen Charakter: Es ist ein einliniges Bedingungsverhältnis. Die Befreiung, Erlösung des sündigen, in sich selbst verkrümmten Menschen ist das ursprunghafte und ursprunghaft bleibende Geschehen, in keiner Weise zu vergegenständlichen, anfänglich seinem Wesen nach – das fängt *immer* an oder es *ist* nicht; diese göttlich-kreative Gegenwart des Angesichts Gottes setzt Freiheit für die Welt und die Mitmenschen frei.

Es ist nicht mehr die Beziehung von der Welt weg zu Gott hin, sondern das Von-Gott-Her Gottes zum Menschen hin als Grund und Bedingung des aktiven und freien Zur-Welt-Hin des Menschen. Aus Polen einer Bewegung, die für diese den terminus a quo als Natur und den terminus ad quem als Übernatur beschreiben, einer wesentlich metaphysischen Bewegung also, wird ein im Wesen ganz unmetaphysisches Konstitutionsverhältnis: Was ist, kann wirken. Aber das göttlich-ursprunghafte Wirken, das reine Werden, die gegenwärtig machende Gegenwart, das Angesicht Gottes, ist immer der Grund, das Apriori des menschlichen Arbeitens, Tuns, Sorgens u.s.w. Und dieses wird gesellschaftlich differenziert in funktionaler Arbeitsteilung der (nunmehr weltlich verstandenen) »Berufe«, der Ämter und Dienste, die vor Gott allesamt gleiche Qualität, gleichen »Stand« und Rang bekommen als Dienst für Welt, Gesellschaft und Mitmensch zur Verwirklichung des gemeinsamen Wohls, sei es der Dienst der Magd, des Bauern, des Schusters, sei es der Dienst des Advokaten, des

---

355 Ebd., S. 386, Z. 15f.; M.A. Erg.-Bd. 2, S. 339f.

Fürsten, des Kaisers, sei es der Dienst des Pfarrers, des Bischofs, des Papstes.

Zusammenfassung   Das »coram Deo« besagt die kreatorische, gegenwärtig machende Gegenwart des Ansehens und Angesehenwerdens Gottes. In diesem Verhältnis hat menschliche Aktivität überhaupt keinen Platz, hier wirkt Gott allein. Demgegenüber erscheinen das aktive und das beschauliche Leben als verschiedene Formen menschlicher Tätigkeit – körperlicher oder geistiger. Wird so das menschliche Handeln aus der Gottesbeziehung ganz herausgenommen und ganz in die Weltbeziehung gesetzt, dann hat der Komparativ zwischen Welt- und Gottesbeziehung keinen Ort mehr und ist dem Konkurrenzverhältnis zwischen beiden der Boden entzogen.

Die Freiheit des Glaubens coram Deo ist die Befreiung der Werke, sie sind »übrig« für den Mitmenschen und für die Welt. Die Gottesbeziehung ist hier nicht mehr eo ipso Beziehung von der Welt weg, sie ist vielmehr Bedingung eines befreiten Handelns im Dienste für Mensch und Gesellschaft.

3   Horizontale Einbettung: Geschichte und Eschatologie

a) Der ganze Mensch

Um die fundamentale Neuerung, die Luther vollzieht, den essentiellen Gegensatz zwischen seinem Verständnis vom Menschen und der thomistisch-aristotelischen Anthropologie möglichst genau in den Blick zu bekommen, legt sich ein Text nahe, der von seiner Terminologie her die Rede von einem Gegensatz zu widerlegen scheint: Luthers Thesen aus der Disputatio de homine aus dem Jahre 1536[356]. Frappierend an diesem äußerst dichten Text ist, daß Luther sich hier ganz schulmäßig der aristotelisch-thomistischen Begrifflichkeit bedient – um eben in dieser Sprache das Gegenteil von dem zu sagen, was sie ehedem besagte. Mit der philosophischen und theologischen Tradition geht er von der Definition des Menschen als des vernunftbegabten Lebewesens aus: »Die Philosophie, die menschliche Weisheit, definiert den Menschen als vernunftbegabtes, mit Sinnen und Körperlichkeit ausgestattetes Lebewesen« (philosophia, sapientia humana, definit hominem esse animal rationale, sensitivum, corporeum [These 1][357]). Mit der aristotelisch-scholastischen Tradition spricht er von »Materialursache« (causa materialis [These 12], materia [These 35.36.37]) und »Formursache« (formalis causa [These 15], forma

---

356   WA 39,1, S. 175–177.
357   Zum Bedeutungswandel der aristotelischen Definition: »Das Lebewesen, das Sprache hat« (Polit. I,2, 1253a, 9f.; VI,13, 1332b, 5) in der lateinischen Tradition, der nicht nur ein Wandel, sondern auch eine »Verengung und Verarmung« war, vgl. G. *Ebeling*, Lutherstudien, Bd. 2, Disputatio de Homine, 1. Teil, Tübingen 1977, S. 72–89.

[These 35.36.37.38]), von »Wirkursache« (causa efficiens [These 13.14]) und »Zweckursache« (causa finalis [These 14]). Und nun ist es so, daß die Philosophie, was die klassische Definition des Menschen angeht, durchaus im Recht ist. In der Tat ist die Vernunft die »Hauptursache« von allem (omnium rerum res et caput [These 4]). Wenn die aristotelisch-thomistische Entelechienlehre die Vernunftseele als das höchste Ziel des natürlichen Werdeprozesses und als die höchste Form der Materie ansieht, so ist ihr darin zuzustimmen. Nicht einmal darin will Luther ihr widersprechen, daß die Vernunft geradezu »etwas Göttliches« (divinum quiddam [These 4]) im Menschen ist. Die Vernunft ist die »Erfinderin und Lenkerin aller Künste, der medizinischen Wissenschaft, der Rechtswissenschaft und alles dessen, was in diesem Leben an Weisheit, Macht, Tüchtigkeit und Herrlichkeit vom Menschen besessen wird« (These 5). In der Vernunft wird mit Recht der Wesensunterschied des Menschen gegenüber allen anderen Kreaturen gesehen, sie soll eine Sonne und »gewissermaßen eine Gottheit« (sol et numen quiddam [These 8]) sein, eingesetzt zur Herrschaft über die Erde, um alle Dinge zu verwalten. Und auch nach dem Fall des Menschen ist ihr diese Herrlichkeit nicht genommen worden, im Gegenteil: Gott hat sie bestätigt.

Luthers kritische Frage bezieht sich demnach nicht auf die Würde, die Majestät der Vernunft als solcher, sondern auf das menschliche Vernehmen der Vernunft; nicht auf das Wissensvermögen als solches, sondern auf das Wissen des Wissens[358]. Es geht hierbei keineswegs um eine erkenntnistheoretische Spezialfrage, sondern weil die Vernunft dasjenige ist, was den Menschen vor allen Kreaturen als Menschen auszeichnet, um die Frage, ob der Mensch überhaupt um *sich* wissen kann – und wenn dies der Fall wäre, in welchen Grenzen und unter welchen Bedingungen. Diese beiden Aspekte der Frage werden von Luther sehr genau unterschieden, und wenn er feststellt, »daß wir über den Menschen *nahezu nichts* wissen« (These 11), dann gibt er genau Rechenschaft, in welcher Hinsicht das »nahezu« (nos de homine paene nihil scire [These 11]) und in welcher das »nichts« gilt.

Das »nahezu« bezieht sich auf die Formal- und die Materialursachen. Die Materialursache des Menschen »scheinen wir kaum hinreichend zu sehen« (ut qui vix materialem eius causam videamur satis videre [These 12]), über die formale Ursache »wurde nie und wird nie Einigkeit erzielt unter den Philosophen« (... nunquam convenit, nunquam conveniet inter philosophos [These 15]). Überhaupt kein Wissen aber hat der Mensch in bezug auf die Wirkursache und die Zweckursache des Menschen (These 13).

Luthers kritische Unterscheidung und sein Widerspruch setzen also nicht an bei der Herrlichkeit der Vernunft und des Wissens – die steht ihm

---

358 Es ist der Struktur nach die gleiche Denkfigur, die wir bei Luther in bezug auf das Problem des menschlichen Wählens fanden.

außer Frage, sondern bei der Vernunft der Vernunft bzw. beim Wissen des Wissens. Denn was vom menschlichen Willen gilt, das gilt auch von der Vernunfterkenntnis: Der Mensch hat über seine Gedanken keine volle und zuverlässige Gewalt (These 18). Er kann denken, ohne Zweifel, aber ist er auch Subjekt des Denkens? Luther sagt: nein. Sondern hierin ist das Subjekt das Objekt des Zufalls und der Nichtigkeit (subiecta est casui et vanitati [These 18]). Wie der Mensch *ist*, so denkt er, und keine Anstrengung der Vernunft kann jemals das einholen, was immer schon die Bedingung ihres Vollzuges ist: das Sein des Menschen als ein dem Zufall und der Nichtigkeit ausgeliefertes, als ein der Sünde, dem Tod und dem Teufel unterworfenes. Der Mensch ist elend und dürftig, und er denkt elend und dürftig (haec vita ... exigua [These 19]). Könnte er nicht nur elend denken, sondern auch sein Elend denken, so könnte er sich selbst verändern, er könnte seine Grundbefindlichkeit nicht nur denkend einholen, sondern sogar transzendierend überholen. Die ihn bestimmende Wirklichkeit der Sünde und des Todes könnte auf solche Weise vergegenständlicht und insofern habhaft gemacht werden. Der Mensch könnte sich aus ihr, die ihn hatte, heraussetzen. So wäre die Wirklichkeit – Luther sagt: die »Macht« (potestati diaboli [These 22]) der Wirklichkeit –, der er ausgesetzt ist, selber ausgesetzt, storniert, wirkungslos gemacht, wenigstens im Akt der Erkenntnis, und dies in Kraft der Souveränität der Vernunft, durch die der Mensch sich über sich setzt. Demnach bezöge sich die Aktuierung der Vernunft nicht allein auf das, was unter ihr ist, auf Erde, Vögel, Fische, Vieh u.s.w. (These 7), sondern auch – und dies real verändernd – auf die Person selbst. Und mag es sich auch nur um ein schrittweises und allmähliches Vervollkommnen der Person durch die Aktuierung der ihr eigenen Vernunftbegabung handeln – die allgemeine Richtung des Schrittes über-hinaus (meta) über seine augenblickliche natürliche Befindlichkeit (physis) muß doch der Vernunftnatur eingezeichnet sein, so daß jeder einzelne Akt der Vernunft sein Telos in sich hat. Kraft dieser Entelechie ist es Gott, zu dem der menschliche Geist strebt und hingeneigt ist, freilich (nach Thomas) so, daß er gleichzeitig ganz unfähig ist, dieses Ziel aus eigener Kraft zu erreichen.

Luther sagt: Dies kann nicht sein. Der Mensch wird sich durch seine Vernunft nicht als Person gegenständlich, er ist auch durch seinen Geist nicht Herr über sich. Er kann sich nicht denken. Er kann wohl *an* sich denken. Ja, er kann dies nicht nur, sondern muß dies fortwährend tun, so daß die Entelechie seines Sichüberschreitens genau in der Rückkehr zu sich liegt und der Akt des Aus-sich-heraus-Gehens seinen Sinn im Hereinholen, Heranziehen und Aneignen des Externen hat. Aber dies ist kein Fortschreiten mit echter externaler Teleologie in sich und echtem externen Telos vor sich, sondern es ist Selbstwiederholung, es ist Verdammnis, die sich in der konzentrischen Bewegung des Ich fortwährend verdeckt, was wirklich ist: daß die Person sich nicht bewegt, sondern festgelegt ist auf die Vergangenheit der Produkte ihres Tuns, auf ihre Werke, auf ihre Schuld.

Der Mensch ist nicht frei, er ist »nach Adams Fall der Macht des Teufels unterworfen ..., nämlich der Sünde und dem Tod – beides Übel, die durch seine Kräfte nicht zu überwinden und ewig sind« (These 22). Aber dessen kann die Vernunft nicht ansichtig werden. Sie ist verliebt ins Positive, ins Setzen und seine Setzungen, das gegenständlich Gesetzte – das Produkt. Sie holt die Person nie ein, ist sie doch deren Tätigkeit und durch das bestimmt, wodurch die Person bestimmt ist.

So ist die Vernunft das Allerschönste und Herrlichste von allem, und sie bleibt dies auch nach dem Sündenfall und ist dennoch »unter der Macht des Teufels« (sub potestate diaboli tamen esse concluditur [These 24]). »So ist und bleibt der Mensch ganz und ausnahmslos, er sei König, Herr, Knecht, weise, gerecht und durch welche Güter auch immer er sich sonst noch hervortun kann, dennoch der Sünde und dem Tode verhaftet, unterdrückt unter den Teufel« (These 25). Daß der ganze Mensch, »aus Fleisch und lebendiger Seele bestehend« (These 21), Sünder ist, dies ist zum einen eine universale Bestimmung, d.h. sie gilt ausnahmslos von allen Menschen. Es ist zum andern eine relationale Bestimmung: Sie sagt, was der Mensch vor Gott ist. Gott selbst ist die Wirkursache und die Zweckursache des Menschen. Weil die Vernunft von diesem Ursprung und Ziel gar nichts weiß, kann sie auch nicht wissen, daß der Mensch ein Sünder ist. Er ist ja nicht »an sich« Sünder. Sünde ist nicht ein Mangel als Eigenschaft an seiner Substanz. Sondern der Mensch *wird* coram Deo zum Sünder. Bei allem Vermögen in bezug auf die Welt ist die Vernunft ganz unfähig zur Gottes- und Selbsterkenntnis.

Der »ganze Mensch« (homo totus [These 25.20]) ist der Mensch vor Gott, der solchermaßen ganz – als Körper und Geist – aus dem begriffen wird, zu dem er in Beziehung ist, in völligem Gegensatz zur substanzontologischen Auffassung, die den Menschen begreift als ein in sich selbst und durch sich selbst subsistierendes Kompositum aus Materie und Form, aus Leib und Vernunftseele. Menschliches Sein ist nicht ein »Sein in sich«, sondern ein »Sein im Angesicht von ...«. Aus dieser theologisch-anthropologischen Grundentscheidung heraus kommt Luther zu einer kühnen Umstürzung des aristotelischen Koordinatenkreuzes:

Einerseits werden die Wirk- und die Zweckursache vollkommen theologisiert – sie sind mit Gott identisch. Andererseits wird das Zueinander von Formursache und Materialursache ganz in das Zueinander von göttlichem Ursprung und göttlichem Ziel integriert.

Auf diese Weise wird die vertikale und temporäre Koinzidenz von Form und Materie einerseits gleichsam horizontal umgelegt und andererseits zeitlich auseinandergezogen. Die substanzontologische Zusammenbindung von Form und Materie wird entsubstantialisiert, positiv gesagt: Sie wird eschatologisiert. Materie ist das Gegenwärtige und Form das Göttlich-Zukünftige.

Das Ergebnis dieser Reformation, der theologischen Wiedergeburt des aristotelischen Koordinatenkreuzes ist ein für scholastisch geübtes Den-

II Reich Gottes, Kirche und Gesellschaft

ken ungeheuerlicher und unmöglicher Satz: »So ist denn der Mensch dieses Lebens die bloße Materie Gottes zu dem Leben seiner zukünftigen Form« (quare homo huius vitae est pura materia Dei ad futurae formae suae vitam [These 35]). Es fällt nicht schwer, sich die Provokation vorzustellen, die dies für ein metaphysisch geschultes Denken bedeuten mußte. War doch hier auf ungeahnte Weise *der* Philosoph posthum aus der Taufe gekrochen und zu evangelischen Ehren gekommen. Der ganze Mensch als Materie Gottes, das meint, daß auch die Vernunft des Menschen Materie ist. Die Auffassung, daß die Vernunftseele die Form des menschlichen Körpers ist, hat Luther ausdrücklich und oft bestritten[359]. »Da her ists kummen, das newlich zu Rom furwar meisterlich beschlossen ist der heylig Artickel, das die seele des menschen sey unsterblich, denn es war vorgessen in dem gemeinen glawben, da wyr alle sagen: ›ich glewb ein ewigs leben‹. Item, es ist auch beschlossen durch hilff Aristoteles, des großen liechts der natur, das die seele sey ein wesentlich form des leybes, und derselben feiner artickel viel mehr, dye auffs aller zymlichst wol anstehen der Bebstlichen Kirchen, auff das sie menschen trewm und teufels lere behalte, die weil sie Christus lere und den glawben mit fussen tritt und vortilget.«[360]

Ist mit solcher theologischer Konsequenz das Sein des Menschen als Sein vor Gott verstanden, so tritt damit zugleich an die Stelle der substanzontologischen Dynamik der Entelechien die beziehungshafte Aktualität der Geschichte des Menschen vor Gott. Was der Mensch ist, wird somit ganz aus der Geschichte mit Gott begriffen, aus der und in der er sein Wesen hat. Es ist die Geschichte der Schöpfung, in der Gott den Menschen schafft, »aus Fleisch und lebendiger Seele bestehend, von Anbeginn zum Bilde Gottes gemacht ohne Sünde, mit der Bestimmung, Nachkommenschaft zu zeugen und über die Dinge zu herrschen und niemals zu sterben« (These 21); es ist die Geschichte des menschlichen Schuldigwerdens, in der er unter die Macht der Sünde und des Todes gerät (These 22); es ist die Geschichte der Befreiung (creatura ... per filium Dei Christum Jesum liberanda [These 23]) und Erlösung durch Gottes Gnade in Jesus Christus, die Geschichte der Glaubenden, die mit der Ewigkeit des Lebens durch die Verheißung Christi beschenkt werden. Die Geschichte des Menschen im Angesicht Gottes ist nichts anderes als das Geschehen und das Offenbarwerden von Gottes herrlicher Schöpfermacht und Liebesmacht. Gottes schöpferische Kraft war am Anfang siegreich, als die Erde wüst und leer war, Gottes Materie, die er brachte zur vollendeten Gestalt; sie wird am Ziel der Geschichte siegreich sein, wenn er sein Ebenbild in uns wieder herstellt und der Mensch vollendet sein wird im Leben seiner zukünftigen

---

359 Vgl. z.B. Operationes in psalmos, 1519–1521, WA 5, S. 652, Z. 29f.; De captivitate, WA 6, S. 509, Z. 32; Assertio omnium articulorium M. Lutheri..., 1520, WA 7, S. 132, Z. 1f.; Grund und Ursach aller Artikel, 1521, WA 7, S. 425, Z. 26.
360 Ebd., Z. 22–29. Es ist darum ganz konsequent, daß sich Luther gegen das kreatianische und für das traduzianische Verständnis der menschlichen Seele entschieden hat. Vgl. *G. Ebeling*, Das Leben – Fragment und Vollendung, in: ZThK 72, 1975, S. 324ff.

Gestalt in der ewigen Seligkeit; sie ist jetzt siegreich als gegenwärtig machende Gegenwart, in der der alte Mensch, der vor Gott tot ist und vor sich selbst lebendig, sterben muß und der neue Mensch, der vor Gott lebt und vor sich selbst in den Tod gegeben wird, geboren wird.

Diese lebendigmachende Gegenwart Gottes widerfährt ihm nicht als einem einsamen, nun quasi doch als exzeptionelle Person-Substanz inmitten der teilnahmslosen Universalität einer rein objektiven Ding-Welt lebenden Ich. Coram Deo wird der Mensch offenbar als Kreatur unter Kreaturen, wird auch deren ängstliches Harren und Sehnen (Röm 8,19.22) zum Stöhnen der Materie, die auf die Offenbarung »ihrer herrlichen künftigen Gestalt« wartet. Nicht allein »der Mensch dieses Lebens« ist Gottes Materie zum Leben seiner zukünftigen Form, sondern »auch die Kreatur überhaupt, die jetzt der Nichtigkeit unterworfen ist« (sicut et tota creatura, nunc subiecta vanitati, materia Deo est ad gloriosam futuram suam formam [These 36]). Ein Glaubender denkt anders von den Dingen als »die Philosophen und Metaphysiker«[361]. Sie versenken sich in den gegenwärtigen Zustand der Dinge, spekulieren über ihr »Wesen« und ihre »Eigenschaften«. So spricht der Apostel Paulus nicht von den Dingen, nicht feststellend von »Wesen« und »Tätigkeit« und »Bewegung« u.s.w., sondern vom »sehnsüchtigen Harren der Kreatur«[362]. Der Glaubende, der sich und alles im Angesicht Gottes sieht, bekommt ein Ohr für das Harren der Kreatur, für ihren stummen Schrei nach Erlösung, so daß er »nicht mehr darauf sein Augenmerk richtet und das zu ergründen sucht, was die Kreatur *ist*, sondern worauf sie *wartet*.«[363] Wer dieses Seufzen und Warten der Kreatur nicht wahrnimmt, ist töricht und blind, er forscht lieber nach dem Wesen und Wirken der Dinge (creaturarum essentias et operationes[364]) und weißt nicht, »daß auch die Kreaturen Kreaturen sind«.[365] Wer Gott erkennt, erkennt auch die Dinge, und christlicher Glaube schließt die Hoffnung ein, daß alle Kreatur nicht vernichtet und beseitigt, sondern befreit und verherrlicht werden wird[366]. Sie liegt in Wehen wie eine Gebärende, sie bittet für die Gerechten und fleht seufzend um ihre eigene Erlösung, »und eben damit schreit sie gegen die Ungerechten« (et eo ipso contra iniustos clamet[367]). Coram Deo wird die Welt zu ihrer geschöpflichen Kenntlichkeit verändert, hier wird sie allererst unterscheidbar von der »Welt« als dem Reich des Bösen. Coram Deo tritt überhaupt erst der Widerspruch zutage zwischen der erfahrenen Wirklichkeit der Welt als widergöttlicher Selbstbehauptung und der geglaubten Wirklichkeit der Welt als Gottes geliebter Schöpfung.

---

361   Römerbriefvorlesung, WA 56, S. 371, Z. 1f.
362   Ebd., Z. 8f.
363   Ebd., Z. 9f.; M.A. Erg.-Bd. 2, S. 318.
364   WA 56, S. 372, Z. 22f.
365   Ebd., S. 372, Z. 24f.
366   Ebd., S. 80, Z. 10ff.
367   Ebd., S. 81, Z. 21f.

Die Geschichte der Herkunft des Menschen als ursprüngliche Schöpfung Gottes, Schuldigwerden vor Gott und Befreiung von Schuld durch Gott in Christus; die Geschichte der Zukunft des Menschen als eschatologische Schöpfung Gottes, Erlösung und Vollendung; die Geschichte der Gegenwart des Menschen als schöpferische Gegenwart Gottes im rechtfertigenden und zum Glauben erweckenden Wort: Dies alles kann nicht mehr begriffen werden als zur in sich aus Materie und Form subsistierenden Substanz Hinzukommendes (Akzidens). Das steht nun ganz anders zueinander, indem der ganze Mensch und die ganze Kreatur außer sich stehen: als Materie alles in allem zur strikt zukünftigen Form der Vollendung in Gott alles in allem. So steht des Menschen Sein wesentlich außer sich, nicht in sich. Des Menschen Sein *ist* seine eschatologische Zukunft, er ist nicht das, was er »in sich« ist, sondern das, was Gott mit ihm im Sinne hat.

Zusammenfassung Der ganze Mensch nach Leib und Seele wird von Luther verstanden als »die bloße Materie Gottes zu dem Leben seiner zukünftigen Form«. Damit tritt an die Stelle der substanz-ontologischen Entelechien die beziehungshafte Aktualität der Geschichte des Menschen und der Kreatur vor Gott. Der Mensch ist – exzentrisch – das, was er vor sich hat.

b) Das Externe als Herkunft und Zukunft
Ist der Mensch darin wirklich, daß er wirklich *außer* sich ist und, insofern sein irdisches Leben die Materie zur eschatologischen Vollendung ist, daß er wirklich *vor* sich ist, dann ist des Menschen Sein-in-Wirklichkeit als Sein-in-Hoffnung zu begreifen. Als Substanz in gegenwärtiger Koinzidenz von Materie und Form begriffen, *hat* der Mensch Sein, und Gottes Tun für ihn und an ihm ist außerwesentlich, eine hinzukommende Bestimmung dessen, was der Mensch schon hat, es ist ein darüber hinaus gegebenes Geschenk. Ein in solcher Weise wirkend vorgestelltes Göttliches nennt Luther »die falschen Götter« (falsos deos[368]). »Die falschen Götter nämlich sind Götter über das, was man schon hat; sie nehmen Besitz von denen, die nichts von Hoffnung wissen, weil sie sich auf das verlassen, was sie schon haben. Denn wer sich auf den wahrhaftigen Gott verläßt, der läßt alle Dinge fahren und lebt allein durch Hoffnung.«[369] Der wahre Gott ist ein Gott der Hoffnung. An diesen Gott glaubend wird der Mensch ausgespannt zwischen dem, was ist, und dem, was noch nicht ist. So wird aus dem Hoffenden und dem Erhofften eine Einheit, aber eben nicht in der Weise des Habens, die lediglich dem, was schon ist, die Intention auf ein »mehr« beifügt, sondern in der Weise des Liebens, indem der Liebende sich selbst verläßt und sich auf das Geliebte hin von sich selbst fortbewegt. So hat der

---

368 Ebd., S. 522, Z. 9f.
369 Ebd., S. 522, Z. 10–12; M.A. Erg.-Bd. 2, S. 541.

Mensch sein Sein nicht in sich, sondern vielmehr außer sich im »zwischen« zwischen dem, was (noch) ist, und dem, was (noch) nicht ist, aber als von Gott Verheißenes heraufkommen soll. Die Einheit zwischen Materie und Form ist gerade nicht ihre Koinzidenz, sondern die nunmehr geschichtlich begriffene Differenz, die sie auseinander- und zusammenspannt. Es ist die ausgespannte und »hochgespannte« Hoffnung (per intensam spem[370]). Luther sagt mit Augustinus: »Die Seele ist mehr dort, wo sie liebt, als dort, wo sie beseelt.«[371] In der Hoffnung wird der Glaubende außer sich versetzt, die Hoffnung »trägt ihn hinüber in das Erhoffte« (spes transfert in speratum[372]), aber dieses wird durch die Hoffnung nicht herbeigezwungen, sondern gerade in seiner Abständigkeit erfahren, als das fernste externe Zukünftige. »Das Erhoffte erscheint nicht«[373], es ist das Unbekannte und Verborgene. So rührt das fernste Externe ans Innerste des Menschen und führt ihn in »innere Finsternisse«[374].

Die »Hoffnung der Menschen« (spes hominum[375]) in der Welt unterscheidet sich darin von der Hoffnung der Christen, daß sie das Erhoffte in Analogie setzt zu dem, was *jetzt* ist. Gegenwart und Zukunft verhalten sich zueinander wie Wirkliches und Mögliches, und Hoffnung erscheint hier insoweit als begründet, als sie am gegenwärtig Wirklichen einen gewissen Anhalt hat, von dem sie sich sozusagen nach vorne abstoßen kann. Das erhoffte Zukünftige muß keimhaft im erfahrenen Gegenwärtigen enthalten sein als ein »sicherer Anfang« (certis ... initiis[376]), in dem das Zukünftige antizipierbar ist und von dem aus das Mögliche als das erscheint, was leicht zu verwirklichen ist (de facili possibilem fieri[377]). Ist dieser Anhalt nicht gegeben, dann wird die Hoffnung als unbegründet angesehen.

Und genau dies ist Hoffnung im christlichen Verstande: Im Blick auf den Anhalt in gegenwärtig erfahrbarer Wirklichkeit ist sie strikt unbegründet, sie ist »Hoffnung wider die Hoffnung« (Röm 4,18). Sie hat keine sichere Bürgschaft im Wirklichen, auf das sie sich stützen könnte, »sondern hier ist alles allzusehr verborgen, und das Gegenteil tritt in Erscheinung.«[378] Der Glaube richtet sich auf das Gegenteil dessen, was man sieht, auf das, was dem Menschen so vorkommt, als könne es ganz unmöglich in Erfüllung gehen[379].

Wollte man dies alles so verstehen, als bräche sich in solchen Sätzen die

---

370 Römerbriefvorlesung, WA 56, S. 374, Z. 9; M.A. Erg.-Bd. 2, S. 323.
371 Ebd., S. 374, Z. 10f.
372 Ebd., S. 374, Z. 14f.
373 Ebd., S. 374, Z. 15.
374 Ebd., S. 374, Z. 16.
375 Ebd., S. 295, Z. 18.
376 Ebd., S. 295, Z. 21f.
377 Ebd., S. 295, Z. 18f.
378 Ebd., WA 56, M.A. Erg.-Bd. 2, S. 202.
379 Ebd., S. 48, Z. 18ff.

II Reich Gottes, Kirche und Gesellschaft

Lust am absoluten Paradox Bahn, als ginge es hier um die Verabsolutierung des Risikos einer als solcher real grundlosen Glaubensentscheidung, so vergäße man die theologische Stoßrichtung der Argumentation. Diese liegt in der konsequenten Entsubstantialisierung und Theologisierung. Daß die christliche Glaubenshoffnung nach unten hin, d. h. im Blick auf die erfahrbare Realität in der Tat bodenlos ist, bedeutet nicht, daß sie grundlos und ohne Anhalt ist. Sie hat ihren Grund *über* sich. Sie gründet im Glauben. Sie gründet darin, daß Gott Gott ist und daß niemand Gott hindern kann (quia Deum nemo potest impedire[380]). »Hier ist nichts Sichtbares, nichts Erfahrbares, weder innen noch außen, auf das man vertrauen, das man lieben oder fürchten könnte, sondern über alles hinaus wird der Mensch in den unsichtbaren, unerfahrbaren, unbegreiflichen Gott hineingerissen, d. h. mitten in die inneren Finsternisse.«[381]

Wer aber Gott in Wirklichkeit ist, dies erkennen wir nur in dem, was er getan hat: Jesu Christi Leben, Sterben und Auferweckung offenbart uns den Vater der Barmherzigkeit. Im Angesicht dieses Menschen leuchtet uns Gottes Angesicht, durch das, was wir im Leben Christi geschehen sehen (que in Christo agi videmus[382]), werden wir vor Gott geführt, zur Erkenntnis Gottes in actu, die sich darin vollzieht, daß wir Gott lieben, ehren und preisen. In der Erinnerung dieser Geschichte, in der betonten Abständigkeit des »damals« und »dort« extra nos Geschehenen liegt die Herkunft der Hoffnung des Glaubens. Die Herkunft der Glaubenshoffnung ist demnach nicht substanz-ontologisch, sondern geschichtlich zu begreifen. Sie kann nicht auf den Bestand erfahrener oder erfahrbarer Wirklichkeit begründet werden, insofern ist sie in der Tat bodenlos und unter dem Gegenteil verborgen. Darin liegt aber gerade nicht, daß sie unbegründet ist. Sie ist anders begründet. Sie faßt Fuß in der Menschheit Christi, und dies so, »daß wir nicht den Fuß festhaften lassen in der Menschheit Christi (pedem figamus in humanitate Christi[383]), durch die uns die Barmherzigkeit aufgedeckt wird, sondern durch sie hindurchgerissen werden in den unsichtbaren Vater, daß wir ihn solch große Dinge mit uns hören tun durch diese Menschheit Christi«.[384]

Darin, daß die Hoffnung des Glaubens im Widerspruch steht zu dem, was als erfahrbare Wirklichkeit in Erscheinung tritt, daß sie unter ihrem Gegenteil verborgen ist, verrät sich der Grund, aus dem der Glaube herkommt. Die Erkenntnis Gottes im Kreuz Jesu Christi steht selbst im Zeichen des Gegensatzes: Gott offenbart sich, indem er sich unter seinem Gegenteil verbirgt, seine Herrlichkeit in der Schmach, sein Leben im Tod. Keine wahre Erkenntnis Gottes ist möglich unter Absehung von dem

---

380 Ebd., S. 295, Z. 26f.
381 Ebd., S. 307, Z. 5–8.
382 Brief an Spalatin, 12.2.1519, WA Br. I, Nr. 145, S. 328, Z. 40.
383 Ebd., Z. 42.
384 Ebd., Z. 41–44.

Satz, den Luther den »absoluten Satz« nennt, der allen anderen Sätzen der Theologie vorhergeht und sie begründet: »›Ich bin der Weg, die Wahrheit und das Leben, niemand kommt zum Vater denn durch mich‹. Du hörst den absoluten Satz: Daß niemand zum Vater kommt, es sei denn durch Christus. In diesem Wege übe dich, und du wirst bald ein gegründeterer Theologe sein als alle Scholastiker, die diese Tür und diesen Weg nicht nur nicht kennen, sondern sich verschließen durch ihren unseligen Dünkel, durch die Listen ihrer Spekulationen.«[385] Der Weg, der von der Erkenntnis der Menschheit Christi herkommt, ist allein der Weg, der zur Gotteserkenntnis führt, die Wege der absoluten Spekulationen über die Gottheit an der Menschheit Jesu vorbei, in denen die Sentenzenlehrer sich geübt haben, sind Schleichwege, die ins Dunkle führen. »Darum wiederhole ich es und ermahne noch und noch: Wer auch immer heilsam über Gott denken und spekulieren will, der setze geradewegs alles hinter sich außer der Menschheit Christi. Diese aber stelle er sich vor, wie sie sich erhebt oder wie sie leidet, bis ihm ihre Gütigkeit süß wird. Dann bleibe er dort nicht stehen, sondern dringe durch und denke: Siehe, nicht aus seinem, sondern aus Gottes des Vaters Willen hat er dies und dies getan. Dort wird der allerlieblichste Wille des Vaters anfangen, ihm zu gefallen, den er in der Menschheit Christi zeigt.«[386]

Wird in dieser Weise gegen die spekulativ-ontologische Gotteserkenntnis der Metaphysik die Gotteserkenntnis aus der Geschichte Jesu Christi gesetzt, so könnte immer noch der Einwand naheliegen, hier sei eben an die Stelle der substanz-ontologischen Metaphysik eine Geschichtsmetaphysik getreten. Es bleibt ein Schein von Willkür darin, daß der Mensch sich in einen geschichtlichen Ereigniszusammenhang versetzen könnte, in einem Akt retrospektiver Imagination, um eben auf diesem Wege das Geschichtliche in der Gestalt Jesu von Nazareth zu suchen *und* zu transzendieren – dies nunmehr als geschichtsmetaphysischer »modus cognoscendi Dei«[387]. Dies liegt Luther ganz fern und würde das von ihm Gemeinte weit verfehlen.

Vielmehr versteht Luther die Geschichte Jesu Christi als Sakrament, und zwar nicht, insofern es sich um Geschichte handelt, sondern sofern es sich um die Geschichte des Lebens, Sterbens und Auferstehens Jesu Christi handelt. Ist aber diese Geschichte als Sakrament zu verstehen, dann kann es nicht darum gehen, diese Geschichte übersteigend zur Erkenntnis Gottes zu gelangen. Vielmehr handelt Gott *in* ihr und *durch* sie, und darum ist der ganze und wahre Gott in der ganzen und wahren Menschheit dieses Menschen zu finden. Wohl sollen wir uns von der Menschheit Jesu Christi zu seiner Gottheit »fortreißen« lassen und nicht »mit den Füßen an der

---

385 Ebd., S. 329, Z. 60–65.
386 Ebd., Z. 50–55.
387 Ebd., S. 328, Z. 45.

II Reich Gottes, Kirche und Gesellschaft

Menschheit Christi haften bleiben«[388]. Aber eben hierin wird die Geschichte Jesu Christi nicht deutend transzendiert, sondern genau als das wahrgenommen, was sie in sich ist: als Handeln der Barmherzigkeit Gottes. Dies ist es, »was wir in Christus geschehen sehen« (que in Christo agi videmus[389]). Das Leben, Sterben und Auferstehen Jesu Christi ist in sich ein sakramentales Geschehen.

Dieser sakramentale Charakter macht, daß es sich im Leben, Sterben und Auferstehen Jesu Christi um eine nach vorne, zur Zukunft hin offene Geschichte handelt. Das ist keine »Historie« oder »Chronikengeschichte«[390], die man erzählen kann wie etwas, das in der Vergangenheit anhob und endigte. Christi Leben und Werk kann nur gepredigt werden, d. h. es will und muß so zur Sprache gebracht werden, daß die Glauben erweckende und Glauben erhaltende Kraft dieses Geschehens herauskommt. »Aber er soll und muß also gepredigt sein, daß mir und dir der Glaube daraus erwachse und erhalten werde, welcher Glaube dadurch wächst und erhalten wird, wenn mir gesagt wird, warum Christus gekommen sei, wie man seiner gebrauchen und genießen soll, was er mir gebracht und gegeben hat...«[391] Dies ist kein erbauliches Überspringen des hermeneutischen Problems, vielmehr genau dessen tief begründete sakramentale Beantwortung. Die rechte Predigt, von der Luther hier spricht, fügt dem damals Geschehenen keine Bedeutsamkeit bei, sie bringt zur Sprache, was geschehen ist. Und eben dies, was da geschehen ist, ist ein Sakrament. »Denn er war mit einem sterblichen Leibe bekleidet und starb darin allein und erstand in ihm allein und stimmt nun in ihm allein mit uns nach dieser doppelten Seite überein; denn in ihm wurde er zum Sakrament für den inneren Menschen.«[392] Daß Christi Tod das Sakrament »für« den inneren Menschen ist, begründet Luther mit Röm 6,6: »Denn wir wissen, daß unser alter Mensch zugleich gekreuzigt ist mit ihm, damit der Leib der Sünde zerstört werde.«[393] Dafür, daß sich »die Auferstehung des Leibes des Herrn auf das Sakrament für den inneren Menschen bezieht«, verweist Luther auf Kol 3,1: »Wenn ihr mit Christus zusammen auferstanden seid, so sucht, was droben ist.«[394]

Luther versteht demnach offensichtlich die Geschichte Jesu Christi, den Grund und die Herkunft des Glaubens, als eine zugleich vollendete *und* unvollendete Geschichte. Vollendet insofern, als in ihr alles vollbracht ist, was zum Heile des Menschen notwendig ist. Unvollendet insofern, als sie nach vorne offen ist und immer noch die Kraft hat und haben wird herauszubringen, was in ihr steckt, bzw. andersherum gesehen: einzubezie-

---

388   Ebd., Z. 41f.
389   Ebd., Z. 40.
390   Freiheit, WA 7, S. 29, Z. 9; M.A. Bd. 2, S. 235.
391   WA 7, S. 29, Z. 13–16; M.A. Bd. 2, S. 235.
392   Römerbriefvorlesung, WA 56, S. 321, Z. 25–27; M.A. Erg.-Bd. 2, S. 239.
393   WA 56, S. 321, Z. 29 – S. 322, Z. 1.
394   Ebd., S. 322, Z. 3–5.

hen, was vor und außer ihr ist – das »für dich« und »für mich« zu realer Präsenz zu bringen. So wendet Luther das von ihm so heftig kritisierte sakramentale Prädikat der »Wirksamkeit« (efficax) in aufregender und großartiger Weise ins Positive, indem er es christologisch faßt: »Die Auferstehung und das Leben Jesu Christi ist nicht nur ein Sakrament, sondern auch eine Ursache, das heißt ein wirksames Sakrament unserer geistlichen Auferstehung und unseres geistlichen Lebens, denn sie *schaffen*, daß die daran glauben, auferstehen . . .« (resurrectio et vita Christi est non tantum sacramentum, sed et causa i.e. efficax sacramentum nostrae spiritualis resurrectionis et vite, *quia facit* resurgere et vivere credentes in eam . . .[395]). Der Tod Christi ist Sakrament als real bewirkende Ursache des Todes des Sünders, die Auferstehung Christi ist Sakrament als real bewirkende Ursache der Geburt des gerechtfertigten Menschen, der im Angesicht Gottes lebt und seiner Vollendung in Gerechtigkeit in der Ewigkeit entgegengeht. »Der Tod Christi ist der Tod der Sünde, und seine Auferstehung ist das Leben der Gerechtigkeit. Denn durch seinen Tod hat er für unsere Sünden genug getan, und durch seine Auferstehung hat er die Gerechtigkeit zu uns gebracht (contulit nobis iustitiam). Und so bedeutet sein Tod nicht nur, sondern er wirkt auch die Vergebung der Sünden als die allergenugsamste Genugtuung. Und seine Auferstehung ist nicht nur ein Sakrament unserer Gerechtigkeit, sondern bewirkt sie auch in uns, wenn wir an sie glauben, und ist ihre Ursache.«[396]

Zusammenfassung   Das wirkliche Sein des Menschen ist als ein Sein in Hoffnung zu begreifen. Die Einheit zwischen Materie und Form ist nicht ihre substanz-ontologische Koinzidenz, sondern die geschichtlich begriffene Differenz, die sie auseinander- und zusammenspannt. Die christliche Hoffnung ist nicht begründet in gegenwärtig erfahrbarer Wirklichkeit, sie hat ihren Grund *über* sich im Glauben an Gott. Dieser Glaube hat seinen Ursprung in der sakramentalen Wirksamkeit des Lebens, Leidens und Sterbens Jesu Christi.

Darin, daß die christliche Hoffnung »unter dem Gegenteil« verborgen ist, spiegelt sich die Offenbarung Gottes in Christus sub contrario wider.

c) Gegenwart als christförmiges sub contrario
Ist die Herkunft des Menschen, wie wir sahen, die Geschichte Jesu Christi, und ist diese eine kräftige, übergreifende, wirksame Geschichte, eine in Kraft ihres sakramentalen Charakters auf uns zukommende und in diesem Sinne zukünftige Geschichte; ist ferner die Zukunft des Menschen und aller Kreatur das Leben der vollendeten »Form«, im Verhältnis zu dem alle gegenwärtige Wirklichkeit »Materie« Gottes ist, wie am Anfang des ersten Schöpfungstages, als das Chaos aus seiner ganz unbestimmten

---

395   Ebd., S. 51, Z. 20–23; M.A. Erg.-Bd. 2, S. 219f.
396   WA 56, S. 296, Z. 17–22; M.A. Erg.-Bd. 2, S. 203.

II Reich Gottes, Kirche und Gesellschaft

Komplexität noch nicht heraus war zu seiner vollendeten Gestalt am siebten Tage, als diese bestimmte »sehr gute« Welt für den Menschen vor Gott; ist solchermaßen der Mensch und die gegenwärtige Wirklichkeit im Glauben eingespannt und ausgespannt zwischen Herkunft und Zukunft, so stellt sich nun die Frage, was denn Gegenwärtiges als Wirkliches bestimmbar sein läßt, noch einmal radikal. Ist dies vielleicht doch so zu verstehen, daß im großen Licht des in Christus offenbarten Reiches Gottes und des eschatologischen neuen Schöpfungstages alles Jetzige und Vorläufige wie im Dämmergrau verschwimmt und gleich-gültig wird? Gerät nun doch die gegenwärtige Wirklichkeit der geschöpflichen Welt, die doch auch als gefallene Welt unter der Herrschaft des Teufels immer noch Gottes Schöpfung ist, angesichts des heilsgeschichtlich-eschatologischen Kampfes zwischen dem Reich Gottes und seinem absoluten Gegensatz, dem Reich des Teufels, ins Unwirkliche und Indifferente? Wären demnach christlicher Glaube und christliche Hoffnung darin, daß sie an der Welt vorbei- und über sie hinweggehen, eine Form von verzweifelter Weltverachtung, wie sie sich so gern mit christlicher Rede von »dieser argen Welt« verbunden hat oder allenfalls ihr unterstellt worden ist? Mit Luther ist hier zu sagen: »So siehe zu, daß du dann ein guter Dialecticus seiest.«[397]

1. Denn in der Tat gibt es in Wirklichkeit nichts, das unberührt wäre und abseits stünde vom Kampf zwischen Gott und dem Satan, Leben und Tod, Gerechtigkeit und Sünde. Dieser Kampf charakterisiert die ganze Geschichte, angefangen beim Paradies[398], über die Geschichte des Volkes Gottes, der Synagoge[399], bis zur Geschichte der Kirche der Heiden bis heute hin[400]. »Und dies ist der höchste Grundsatz des Teufels und der Welt von Anbeginn: Wir wollen nicht dafür angesehen sein, als ob wir übel täten, sondern alles, was wir tun, das muß Gott gefallen, und alle seine Propheten müssen dem beistimmen. Tun sie das nicht, so müssen sie sterben. Hinweg mit Abel, Kain soll leben! Das ist unser Gesetz. Und so geschieht es.«[401] Es ist der eschatologische Kampf zwischen Gottes Reich und des Teufels Reich, in dessen universalen Gegensatz die ganze Geschichte hineingerissen ist.

Die Welt ist des Teufels Reich[402], und der Mensch mag tun, soviel er will, »du bist in dieser gegenwärtigen und argen Welt, nicht in Christi Reiche. Wenn Christus nicht gegenwärtig ist, so ist sicher, daß die arge Welt und das Reich des Teufels gegenwärtig ist.«[403] Und »Reich der Welt, das ist: sündigen und alles lästern, was Gottes ist« (regnum mundi est peccare et

---

397 Großer Galaterkommentar, 1535, WA 40,1, S. 50, Z. 29; W IX, Sp. 26.
398 WA 40,1, S. 34, Z. 1ff.; W IX, Sp. 9.
399 WA 40,1, S. 34, Z. 16ff.; W IX, Sp. 10.
400 WA 40,1, S. 34, Z. 27ff.; W IX, Sp. 10ff.
401 WA 40,1, S. 34, Z. 22–26; W IX, Sp. 10.
402 WA 40,1, S. 97, Z. 1; W IX, Sp. 64.
403 WA 40,1, S. 95, Z. 13f.; W IX, Sp. 64.

omnia blasphemare quae dei[404]). Alles, was in dieser Welt ist, ist der Bosheit des Teufels unterworfen, der die ganze Welt regiert. Alle Gaben, geistige und leibliche, Weisheit, Gerechtigkeit, Gewalt, Schönheit und Reichtum, sind seine Waffen und müssen dem Teufel dienen und »sein Reich fördern und mehren«.[405] Dies ist die Welt als Gegenstand der Erfahrung, als erfahrene widergöttliche Schöpfung.

Und zugleich gilt: Die Welt *ist* in Wirklichkeit nicht das, als was sie erfahren wird, und »die Sünden sind in Wirklichkeit nicht dort, wo sie wahrgenommen und gefühlt werden« (ideo peccata non sunt re vera ibi, ubi cernuntur et sentiuntur[406]). Denn Christus hat weltliche Gestalt (larvam[407]) und menschliche Natur angenommen, in dieser Gestalt hat er die Sünden der ganzen Welt getragen, er hat gelitten, wurde gekreuzigt, ist gestorben und »für uns zum Fluch gemacht worden«.[408] Darum »lehrt die wahre Theologie, daß keine Sünde mehr in der Welt ist«[409]. Dies ist die Welt als Gegenstand des Glaubens, die Welt, in die Christus gekommen ist und die Gott liebt.

Es gilt demnach beides: Die Welt ist das Reich des Bösen; die Welt ist ohne Sünde. Und beides gilt nicht teils-teils, so daß sich der Erfahrung der gegenwärtige Zustand der Welt als ein Zustand der Unvollkommenheit darstellte, aber immerhin mit soviel Komparativ in sich, soviel innewohnender Tendenz zum Besseren, daß der Erfahrung Grund und Anhalt genug gegeben wäre, um der Verzweiflung zu wehren und die Hoffnung zu nähren. Vielmehr gilt beides ganz, je nachdem, woraufhin man die Welt ansieht. Sieht man sie reflexiv auf sich selbst hin an, so ist sie die ans Böse verlorene Welt und gebiert Verzweiflung. Sieht man sie auf Christus hin, so ist sie erlöst und ohne Sünde. Was gegenwärtig wirklich ist, steht somit im Kampf zwischen Segen und Fluch, zwischen Glaube und Erfahrung. »Es kämpft also der Fluch mit dem Segen und will ihn verdammen und ganz und gar zunichte machen, aber er kann nicht. Denn der Segen ist göttlich und ewig, darum muß ihm der Fluch weichen. Denn wenn der Segen in Christo überwunden werden könnte, so würde Gott selbst besiegt. Aber dies ist unmöglich.«[410]

2. Ebenso gilt vom Menschen, daß er von Gott in den Kampf gesetzt ist zwischen Geist und Fleisch. Wohl ist es wahr, daß der Mensch, der an Jesus Christus glaubt, ganz und gar gerechtfertigt ist. Der Glaube ist alle Dinge[411], in ihm ist dem Menschen alles zu eigen, was Gott und Christus hat, »alle Gnade, Gerechtigkeit, Friede und Freiheit; glaubst du, so hast du,

---

[404] WA 40,1, S. 97, Z. 7f.
[405] Ebd., S. 95, Z. 17f.
[406] Ebd., S. 445, Z. 19; W IX, Sp. 380.
[407] WA 40,1, S. 443, Z. 28.
[408] Ebd., S. 443, Z. 30f.
[409] Ebd., S. 445, Z. 28f.; W IX, Sp. 380.
[410] WA 40,1, S. 440, Z. 17–21; W IX, Sp. 375.
[411] Freiheit, WA 7, S. 29, Z. 36 – S. 30, Z. 1; M.A. Bd. 2, S. 236.

II Reich Gottes, Kirche und Gesellschaft

glaubst du nicht, so hast du nicht ... Denn ich habe kurz in den Glauben gestellt alle Dinge, daß, wer ihn hat, soll alle Dinge haben und selig sein.«[412] Der Glaube rechtfertigt »im Überfluß«, so daß die Glaubenden »nichts mehr bedürfen, daß sie gerecht und fromm seien.«[413]

Und gleichzeitig ist vom Menschen zu sagen, daß er Sünder bleibt und nur »teilweise« gerecht ist (ac sic *partim* sumus iusti et non toti[414]). Solange wir leben, bleiben wir ungerecht, haben wir Sünde und Schuld, und wenn wir um die Vollendung der Gerechtigkeit und um die völlige Aufhebung der Sünde bitten, so bedeutet dies, daß wir um das Ende dieses Lebens bitten. »Denn in diesem Leben wird jener Hang zum Bösen nicht vollkommen geheilt.«[415] So ist also der Mensch nicht vollkommen gerecht, sondern »zugleich Sünder und Gerechter« (... sed simul peccator et iustus[416]). Und auch dieses »partim« ist nicht als Zustand von Unvollkommenheit zu begreifen, dem eine teilweise Vollkommenheit beigemischt wäre, so daß die Wirklichkeit unseres Daseins, wie wir sie erfahren, wie ein Buch wäre, aus dem man die ihm innewohnende Tendenz zum Besseren ablesen könnte. Das Hören auf die Erfahrung bringt keine immanente Entelechie ans Licht. Vielmehr gilt beides ganz: Der Mensch ist gerecht. Und: Der Mensch ist Sünder. Das simul-simul ist keine Einebnungsformel, kein Erfahrungssatz, der auf beiden Seiten, bei der Sünde und bei der Gerechtigkeit, ein wenig abzieht, um sich so einem real-erfahrungsgemäßen Mittelmaß anzunähern. Die Erfahrung lehrt vielmehr, daß kein Lebendiger gerechtfertigt wird vor Gott, daß des Menschen Herz immer ohnmächtig ist zum Guten und immer geneigt zum Bösen. Es kann von Natur nicht anders als Gott und den Nächsten hassen[417]. Daß der Mensch zugleich Sünder und Gerechter ist, daß beides ganz gilt und Luther doch scheinbar widersprüchlich von einem »teilweise« sprechen kann, hat darin seinen Grund, daß hier ein Erfahrungssatz mit einem Glaubenssatz zusammenkommt. Im Hinblick auf die erfahrbare und erfahrene Wirklichkeit ist der Mensch ganz Sünder, im Hinblick der Hoffnung des Glaubens ist er vollkommen geheilt (sanus perfecte est in spe[418]). Und das »partim« spricht die Situation der Anfechtung und des Kampfes zwischen erfahrener und geglaubter Wirklichkeit aus. Ebendies ist nicht entschieden, sondern steht immer gegenwärtig auf dem Spiel: Von was lasse ich mich bestimmen, vom Glauben oder von der Erfahrung? »Aber hier muß aus Christo und meinem Gewissen ein Leib werden, so daß ich nichts anderes vor Augen behalte als den gekreuzigten und auferweckten Christus. Wenn ich aber nur auf mich schaue und Christum ausschließe, so ist es um mich

---

412 WA 7, S. 27, Z. 12–17; M.A. Bd. 2, S. 229.
413 WA 7, S. 23, Z. 21f.; M.A. Bd. 2, S. 228.
414 Römerbriefvorlesung, WA 56, S. 260, Z. 23.
415 Ebd., Z. 25f.; M.A. Erg.-Bd. 2, S. 154.
416 WA 56, S. 272, Z. 17; M.A. Erg.-Bd. 2, S. 172.
417 WA 56, S. 260, Z. 18ff.
418 Ebd., S. 272, Z. 19.

geschehen. Denn dann fällt mir sofort dieser Gedanke ein: Christus ist im Himmel, du bist auf Erden; auf welche Weise kannst du nun zu ihm kommen? Ich will heilig leben und das tun, was das Gesetz erfordert, und so werde ich ins Leben eingehen. Wenn ich nun so zu mir mich wende und mich betrachte, wie ich beschaffen bin oder beschaffen sein sollte, desgleichen, was ich tun sollte, so verliere ich Christum aus den Augen, welcher allein meine Gerechtigkeit und mein Leben ist. Wenn ich den verloren habe, gibt es keinen Rat noch Hilfe mehr...«[419] So dient ein und derselbe Mensch dem Gesetz Gottes und dem Gesetz der Sünde, ist er gerecht und Sünder zugleich[420], ist er in die »zwiefache Dienstbarkeit« (utranque servitutem[421]) zwischen Geist und Fleisch gesetzt. Und dies ist ein beständiges Geschehen, in dem der Mensch immer in Bewegung ist, in dem er immer anfängt, fällt und aufsteht, in dem nicht das volle Licht des Glaubens alles auf einmal erleuchtet und Gott gibt, was Gottes ist, sondern in dem das »Fünklein« des Glaubens[422] gerade eben zu leuchten beginnt. Wir haben die Erstlingsgaben des Geistes empfangen, noch nicht die Fülle. Die Gerechtigkeit fängt zwar an durch den Glauben[423], aber der Glaube ist schwach (fides infirma est[424]) und anfänglich, solange der Mensch auf dieser Erde lebt. Es ist ein täglich neues Aus-der-Taufe-Kriechen; denn wohl bedeutet die Taufe den Tod des alten Menschen, der mit Christus begraben wird, und das Auferstehen der neuen Kreatur. Aber die Sünde stirbt nicht ganz, und »es ersteht auch die Gnade nicht völlig, bis der Leib der Sünde, den wir tragen, in diesem Leben zerstört wird.«[425] Indem wir anfangen zu glauben, fangen wir an, dieser Welt zu sterben und für Gott zu leben. »Also bist du einmal sakramentierlich getauft, aber du mußt allezeit getauft werden durch den Glauben, allezeit sterben und wieder leben.«[426] Darum ist die Taufe nicht ein geschwind vergehender Handel, sondern ein »beständig währender«.[427]

Luther kann dieses Sein des Christen, das eigentlich immer das Geschehen des Anfangs des Christseins ist, das tägliche Getauftwerden, auch in ganz aristotelischer Begrifflichkeit entfalten und, nachdem er die aristotelische Lehre von Form und Materie aus der Taufe gezogen hat, meinen, daß Aristoteles ganz richtig über diese Dinge philosophiert habe, normalerweise verstehe man ihn halt nur nicht in diesem Sinne[428]. Denn wie es in den natürlichen Dingen fünf Stufen gibt, so ist es auch im Geiste: Wie Ari-

---

419 Großer Galaterkommentar, WA 40,1, S. 282, Z. 21–29; W IX, Sp. 225.
420 Römerbriefvorlesung, WA 56, S. 347, Z. 1ff.; M.A. Erg.-Bd. 2, S. 281f.
421 WA 56, S. 347, Z. 6.
422 Großer Galaterkommentar, WA 40,1, S. 364, Z. 17.
423 Ebd., Z. 25.
424 Ebd., Z. 26.
425 De captivitate, WA 6, S. 534, Z. 12f.; M.A. Bd. 2, S. 239.
426 WA 6, S. 535, Z. 10f.; M.A. Bd. 2, S. 240.
427 WA 6, S. 534, Z. 32; M.A. Bd. 2, S. 240.
428 Römerbriefvorlesung, WA 56, S. 442, Z. 13f.; M.A. Erg.-Bd. 2, S. 428.

stoteles von der »Entblößtheit« (non esse, privatio), von der »Materie« (fieri, materia), der »Form« (esse, forma), der »Wirksamkeit« (actio, operatio) und vom »Leiden« (passio) spricht[429], so ist es auch mit dem geistlichen Sein des Menschen. Das »Nichtsein« ist der Mensch in den Sünden, das »Werden« ist die Rechtfertigung, das »Sein« ist die Gerechtigkeit, das »Wirken« ist das rechtschaffene Handeln und Leben, das »Erleiden« ist das eschatologische Vollkommen- und Vollendetwerden. »Und diese fünf Dinge sind beim Menschen gleichsam immer in Bewegung. Und was sich nun auch im Menschen finden mag – abgesehen von dem ersten ›Nichtsein‹ und dem letzten ›Sein‹; denn zwischen diesen beiden, zwischen dem ›Nichtsein‹ und dem ›Leiden‹, bewegen sich immer jene drei, das Werden nämlich und das Sein und das Handeln –, durch die neue Geburt geht er von der Sünde zur Gerechtigkeit über und so vom ›Nichtsein‹ durchs ›Werden‹ zum ›Sein‹ . . . Doch von diesem neuen Sein, das in Wahrheit ein Nichtsein ist, schreitet er weiter und geht über in ein anderes neues Sein durch das Leiden, d. h. durch ein ›Anderswerden‹ in ein besseres Sein und von hier wiederum in ein anderes. Darum ist es wirklich so, daß der Mensch immer im Zustand der Entblößung ist, immer im Werden oder im Zustand der Möglichkeit (in fieri seu potentia) und der Materie, und immer in der Tätigkeit (in actu).«[430]

Hier ist bereits voll entwickelt, was zwanzig Jahre später den Thesen de homine ihre aufregende Fassung geben wird: die eschatologische Umstürzung des aristotelischen Koordinatenkreuzes und eine ganz neue, eine theologische Fassung der aristotelischen Lehre von Materie und Form. Hier ist zugleich aufs dichteste zusammengefaßt, was des Menschen Sein in der Gegenwart ausmacht als zugleich Sünder und Gerechter: Es ist die »Mitte zwischen der Ungerechtigkeit und der Gerechtigkeit, . . . in der Sünde, sofern man auf den Ausgangspunkt sieht, und in der Gerechtigkeit, sofern man auf den Zielpunkt sieht.«[431] So ist des Menschen Sein ein Sein in Bewegung, weil es täglich aufs neue eine Buße und Erneuerung des Sinnes ist, Anfechtung, Kampf und Erneuerung aus dem Glauben.

3. Die Gegenwart des Lebens steht darum ganz im Zeichen der absconditas sub contrario. Die Gegenwart des Lebens ist die Gegenwart Gottes selbst. Der Herr selbst ist die Sonne, die »diesen Tag« macht[432], und das ist »ein solcher Tag, dem keine Nacht folgt«.[433] Diese Gegenwart coram Deo, erfüllt von Gnade, Friede, Vergebung der Sünden, ist eine solche Gegenwart, der keine Vergangenheit folgt. Aber das leuchtet nicht in die leiblichen Augen, zeigt keine äußerlichen »Werke und Rechte«.[434] Vielmehr gibt es nach äußerem Ansehen keinen Tag, der finsterer wäre, und er

---

429 WA 56, S. 442, Z. 1f.
430 Ebd., Z. 5–13; M.A. Erg.-Bd. 2, S. 427f.
431 WA 56, S. 442, Z. 18–20; M.A. Erg.-Bd. 2, S. 428.
432 Confitemini, WA 31,1, S. 175, Z. 32.
433 Ebd., S. 175, Z. 32f.
434 Ebd., Z. 35.

»scheinet (wie man spricht) wie ein Kot in der Laterne«[435]. Coram mundo muß der Tag, mit dem Luther hier die durch die Gegenwart Gottes in Christus erleuchtete Zeit meint, »eine Finsternis, Irrtum, Ketzerei und des Teufels Nacht heißen und schlechterdings verworfen sein, gleichwie seine Sonne, der edle Eckstein, auch verworfen sein muß, von welchem er seinen Glanz hat. Deshalb ist auch die Freude und Friede, davon er hier singet (Ps 118,26), mehr eine Trübsal, Unfriede und alles Unglück, weil er so schändlich von aller Welt gehasset und verfolget wird, wie er selbst, Christus, unsre liebe Sonne, Matth. 10,22 sagt: ›Ihr müsset von allen Menschen gehasset werden um meines Namens willen‹.« Dieses Tages Licht, dieser Gegenwart Leben muß heimlich und vor der Welt verborgen sein und als das gerade Gegenteil dessen erscheinen, was es in Wirklichkeit ist.

Wie mit dem Christen, so verhält es sich auch mit der Kirche. Wir bekennen im Glaubensbekenntnis, daß wir eine heilige christliche Kirche glauben. Das bedeutet, daß wir die Heiligkeit der Kirche gar nicht anders wahrnehmen können als eben im Glauben, sie ist nichts Feststellbares, Sichtbares. Sie »wohnt im Geiste« (habitans in spiritu[436]), an einem Ort, zu dem empirische Wahrnehmung keinen Zutritt hat, »darum kann ihre Heiligkeit nicht gesehen werden«.[437] Aber es ist nicht nur die Andersartigkeit, wie sich empirische Wahrnehmung von geistlicher Wahrnehmung, Sichtbares vom Unsichtbaren unterscheidet, aufgrund derer die wahre Kirche als unsichtbare Kirche zu beschreiben ist. Es ist auch hier die Gegensätzlichkeit, in deren Zeichen erst zutage tritt, was Kirche wirklich ist. »Denn Gott hat sie so verborgen und überschüttet mit Gebrechen, Sünden und Irrtümern, mit verschiedenen Gestalten des Kreuzes und Ärgernissen, daß sie, was die Wahrnehmung anbetrifft, niemals in Erscheinung tritt.«[438] Die Kirche steht im Zeichen des Kreuzes, und das bedeutet: Sie ist als heilige Kirche immer verborgen unter ihrem Gegenteil.

Aber es ist nicht nur dies, daß vor der Welt und in ihren Augen das Licht Gottes als Finsternis, sein Leben als Tod erscheint, daß die Menschen sehen, wie Christenmenschen »in ihrem ganzen Leben nicht Frieden, sondern Kreuz und Leiden ihr eigen nennen«.[439] Sondern auch der Innenaspekt des Christenlebens ist nicht anders als sein Außenaspekt, auch hier erscheinen Gottes Licht, Gottes Leben, Gottes Wahrheit unter der Gestalt ihres Gegenteils. Denn vor Gott sind *alle* Menschen Lügner, und darum »kann die Wahrheit niemals anders zu uns kommen als in gegenteiliger Gestalt« (...nunquam potest veritas venire ad nos nisi adversaria specie[440]). Wenn Gott zum Menschen spricht, widerfährt ihm dies immer so, als sei Gott gegen ihn, als wolle er den Menschen ablehnen, verneinen, tö-

---

435 Ebd., S. 176, Z. 27f.
436 Großer Galaterkommentar, WA 40,2, S. 106, Z. 20.
437 Ebd., Z. 20f.
438 Ebd., Z. 21–23.
439 Römerbriefvorlesung, WA 56, S. 246, Z. 15; M.A. Erg.-Bd. 2, S. 133.
440 WA 56, S. 250, Z. 9.

II Reich Gottes, Kirche und Gesellschaft   165

ten. Gottes Begegnung widerfährt dem Menschen immer als Anfechtung und nur der Glaube hält sie aus, nimmt sie an und dringt durch die Larve, die den Tod verheißt, zum Wort, das das Leben bringt. Der Glaubende lernt es, gerne auf das zu hören, was gegen ihn gerichtet ist (discat libenter audire, que sunt contra eum[441]), und das zu lieben, wodurch alles, was er als sinnvoll ansehen kann, angefochten und zurückgewiesen wird. Alles, was von Gott kommt, wird von den Menschen verworfen, das kann man an Christus sehen, der von den Menschen verworfen wurde wie der Stein von den Bauleuten[442], darum muß, was vom Menschen kommt, von Gott verworfen werden. Es ist Gottes Art, zuerst zu zerstören und zunichte zu machen, was in uns ist, bevor er das Seine gibt[443]; er kann nicht kommen, bevor unsere Lebensentwürfe schweigen und unsere Aktivitäten ruhen. »Notwendigerweise muß nämlich Gottes Werk verborgen und unverstanden sein eben dann, wenn es geschieht. Es ist aber nicht anders verborgen als unter einer Gestalt, die unserem Begreifen und Denken widerspricht.«[444] Die Notwendigkeit, die in diesem Satz ausgesprochen ist, ist eine christologisch begründete Notwendigkeit, nicht eine aus der Erfahrung abgeleitete, und die Verborgenheit unter einer widersprechenden Gestalt ist nur kreuzestheologisch angemessen zu begreifen. Zuerst in seinem eigenen, eigentlichen Werk (in opere suo proprio[445]) handelte Gott so, und dieses Werk ist das erste und urbildliche unter allen seinen Werken (quod est primum et exemplar omnium operum suorum[446]): Jesus Christus. »Ihn hat er, als er ihn verherrlichen und in sein Reich einsetzen wollte, zuhöchst im Gegenteil sterben lassen, zuschanden werden lassen und in die Hölle fahren lassen.«[447] So war es damals (tunc)[448], als Gott kam und sein erstes Heilswerk vollbrachte, so geschieht es seitdem immer, wenn Gott kommt und Leben schenkt. Sein Kommen in Christus ist zugleich das Beispiel, das Urbild, die Form überhaupt seines Kommens zum Menschen. Wenn Gott kommt, ist der Mensch in diesem Geschehen nicht mehr das, was er vor sich selbst, in seiner eigenen Idee und Vorstellung ist (idea cogitationis nostrae[449]): eine Substanz als beseelter Leib. Sondern darin ist der ganze Mensch als Leib und Geist die Materie, deren Stöhnen und Sehnen, deren »stumme Bitte« um die Form (insensata oratio pro forma[450]) Gott erhört, indem er kommt und beginnt, ihr die Form seiner Kunst und seines Ratschlusses aufzudrücken (incipit ... formam imprimere[451]). Was als

441 Ebd., Z. 22.
442 Ebd., Z. 27–29.
443 Ebd., S. 375, Z. 18f.; M.A. Erg.-Bd. 2, S. 325.
444 WA 56, S. 376, Z. 31 – S. 377, Z. 1.
445 Ebd., S. 377, Z. 1.
446 Ebd., Z. 4–5.
447 Ebd., Z. 6–8.
448 Ebd., Z. 5.
449 Ebd., Z. 9.
450 Ebd., Z. 4.
451 Ebd., Z. 8.

Sterben widerfährt, ist die Qual der Materie, wenn der Meister über sie kommt, um sie nach seinem Bilde zu gestalten. Es ist das Leiden der Materie, die ihr Leben bewahren will als die Gegenwart des bereits Gewordenen, die an sich festhalten will als an dem Resultat einer schon geschehenen Schöpfung und sich dem Leben ihrer zukünftigen Form widersetzt. Der Glaube ist über diese Schmerzschwelle geschritten, durch diese enge Tür gegangen. Der Glaubende liebt sich nicht mehr »in sich selbst, sondern in Gott, der alle Sünder, d.h. uns alle, haßt und verdammt und ihnen das Böse wünscht. Denn unser Gut ist verborgen, und zwar so tief verborgen, daß es unter seinem Widerspiel verborgen ist. So ist unser Leben verborgen unter dem Tode, die Liebe zu uns unter dem Haß wider uns, die Herrlichkeit unter der Schmach, das Heil unter dem Verderben, das Reich unter dem Exil, der Himmel unter der Hölle, die Weisheit unter der Torheit, die Gerechtigkeit unter der Sünde, die Kraft unter der Schwachheit und überhaupt und allgemein all unsere Bejahung eines Gutes, was es auch immer sei, unter seiner Verneinung, damit der Glaube Raum habe in Gott, der die negative Wesenheit und Güte und Weisheit und Gerechtigkeit ist, von dem man nicht Besitz ergreifen, zu dem man nicht hingelangen kann, es sei denn durch Verneinung aller unserer Bejahungen.«[452]

4. Gegenwärtig machende Gegenwart, das ist zuhöchst und alles in allem commercium, der fröhliche Tausch und Wechsel zwischen Christus und dem Sünder. Durch den Glauben wirst du so eng mit Christus verbunden, »daß aus dir und ihm gleichsam eine Person werde, welche von ihm nicht getrennt werden könne, sondern ihm beständig anhangen, so daß du zuversichtlich sagen könntest: Ich bin Christus, das heißt, Christi Gerechtigkeit, Sieg, Leben ist mein; und Christus wiederum sage: Ich bin jener Sünder, das heißt: Seine Sünden, Tod u.s.w. sind mein, weil er an mir hangt und ich an ihm, denn wir sind durch den Glauben zu einem Fleisch und Bein verbunden.«[453]

Commercium ist die Mitte und der Kern, hier ist der Knotenpunkt, in dem sich die Fäden zusammenknüpfen.

a) Commercium ist der Kampf, in dem Christus zum Sünder wird und Welt und Mensch von Sünde frei werden und gerecht vor Gott. Kampf, das ist der Weg durch die sechs Schrecknisse[454], den Christus in der Passion geht bis zur Gottverlassenheit. Und in diesem »Bilde« ist uns jener »letzte Kampf« abgemalt, den wir im Tod »mit dem Teufel, ja sogar mit Gott selbst und der ganzen Kreatur kämpfen«[455]. Es ist der Kampf der Hoffnung und des Glaubens, in dem der Teufel die Hoffnung als etwas verlacht, was längst dahin ist (velut iam diu victam spem irridens[456]). Da sto-

---

452 Ebd., S. 392, Z. 25 – S. 393, Z. 3.
453 Großer Galaterkommentar, WA 40,1, S. 285, Z. 25 – S. 286, Z. 15; W IX, Sp. 228.
454 Operationes in psalmos, 1519–1521, WA 5, S. 619ff.
455 Ebd., Z. 26f.
456 Ebd., Z. 29f.; W IV, Sp. 1260.

II Reich Gottes, Kirche und Gesellschaft

ßen Himmel und Hölle aufeinander. »Da diese Agonie gegenwärtigt (praesente hac agonia[457]), sieht man nichts als die Hölle, und keine Erlösung erscheint: ewig, meint man, ist alles, was man spürt. Der Zorn nämlich eines sterblichen Menschen endet einmal, aber der des ewigen Gottes, so spürt man hier, endet niemals ... Da treibt sich auch alles, was in der Hölle sich treibt. Nicht viel fehlt zu Haß und Blasphemie gegen Gott – als nur, daß ›Liebe stark wie der Tod und hart wie der Hölle Eifern‹ hier endlich im Lob Gottes vormachtet. Im übrigen kämpft Liebe mit Haß, Hoffnung mit Verzweiflung, Barmherzigkeit mit Zorn, Lob mit Blasphemie, Durchharren mit Flucht, kurz Himmel mit Hölle, härtest, schärfstens, ausgesuchtest in unglaublicher Folter der Seele.«[458]

b) Commercium ist der Sinn dessen, daß der Mensch zugleich Sünder und Gerechter ist. Denn nicht zuerst vom Menschen, sondern von Christus gilt, daß in ihm die höchste Freude und die höchste Traurigkeit, daß in ihm Kraft und Schwachheit, Ehre und Schmach, Friede und Unfriede, Leben und Tod war. Von Christus ist zu sagen, daß er »zugleich aufs höchste gerecht und aufs höchste Sünder sei, zugleich aufs höchste ein Lügner und aufs höchste wahrhaftig, zugleich aufs höchste frohlockend und aufs höchste verzweifelnd, zugleich aufs höchste selig und aufs höchste verdammt.«[459] Und so hat er, der von Natur Gerechte und Sündlose, uns von der Sünde befreit, indem er sie auf sich nahm, als wären sie die seinen, indem er unsere Verdammnis durchlitt, als hätte er sie verdient.

c) Commercium ist der Sinn der »Verborgenheit unter dem Gegenteil«, denn es ist zunächst Gott in Christus, der dort in seinem »eigentlichen Werk« unter seinem Gegenteil erscheint und so handelt, daß es aussieht, als wolle er nicht die Errettung, sondern die Verdammnis des Menschen. War Gott in Christus unter seinem Widerspiel verborgen, so erscheint auch der Austausch zwischen Christus und dem Glaubenden im Zeichen des Kreuzes. »Das Gute« Christi, die Spendung der Gnade und der Gaben, steht unter dem Kreuz (sub cruce sunt ista bona[460]). Christus, der von Natur und wesentlich Gott ist[461], ist nicht nur eingehüllt in unser Fleisch und Blut (involutum ... ut carne et sanguine[462]), sondern er hat »meine, deine und der ganzen Welt Sünden angezogen und sich da hineingewickelt«[463]. »So glückselig mit uns tauschend nahm er unsere sündige Person an und gab uns seine unschuldige und siegreiche Person.«[464] »Wer mag wohl diese königliche Hochzeit genug begreifen? ... Wo der göttliche und gute Bräutigam Christus diese kleine Arme, die gottlose

---

457 WA 5, S. 310, Z. 13.
458 Ebd., Z. 13–23, übers. von E. Przywara, Humanitas, Nürnberg 1952, S. 381.
459 WA 5, S. 602, Z. 28–35.
460 Ebd., S. 425, Z. 8.
461 Großer Galaterkommentar, WA 40,1, S. 441, Z. 27.
462 Ebd., S. 434, Z. 27.
463 Ebd., S. 436, Z. 24f.
464 Ebd., S. 443, Z. 23f.

kleine Hure, als Gemahl führt und sie erlöst von allen ihren Übeln und schmückt mit all seinen Gütern. Denn es ist ganz unmöglich, daß ihre Sünden sie verdammen, da sie auf Christus gelegt sind und in ihn verschlungen ... ›Wenn ich auch gesündigt habe, aber mein Christus hat nicht gesündigt. An den glaube ich, alles, was sein ist, das ist mein, und alles, was mein ist, das ist sein‹, wie es im Hohenlied heißt: ›Mein Geliebter ist mein und ich bin sein‹.«[465]

Zusammenfassung 1. Die wirkliche gegenwärtige Welt ist zugleich das erfahrene widergöttliche Reich des Bösen und die geglaubte, in Christus erlöste, gute göttliche Schöpfung. Ihre Gegenwart ist der Kampf zwischen Fluch und Segen.
2. Der wirkliche gegenwärtige Mensch ist zugleich Gerechter im Glauben und Sünder in der Erfahrung. Seine Gegenwart ist der Kampf zwischen dem Sterben des Sünders und dem Geborenwerden des Gerechten.
3. Das gegenwärtige Leben des Glaubenden und der Kirche aus Gott ist verborgen unter dem Gegenteil.
4. Die gegenwärtig machende Gegenwart ist Austausch (commercium) zwischen Christus und Welt und Mensch
a) im Kampf zwischen Fluch und Segen der Welt;
b) im Kampf zwischen Sünde und Gerechtigkeit des Menschen;
c) in der Verborgenheit unter dem Gegenteil.

III Coram Deo

So *ist* der Mensch, indem Gott kommt und den Menschen vor sein Angesicht stellt. Und indem Gott kommt, kommt der Mensch zu voller wirklicher Gegenwart. Jene von der substanzontologischen Perspektive her gesehen absonderliche, unmögliche, »monströse«[466] Definition des Menschen steht also im vollen Ernst ihres wörtlichen Sinnes: »Paulus faßt Röm 3: ›Wir erachten, daß der Mensch durch Glauben ganz ohne Werke gerechtfertigt wird‹ in Kürze die Definition des Menschen dahin zusammen: Der Mensch wird durch den Glauben gerechtfertigt.«[467] Sein Ort ist das Gegenüber zu Gott, seine Zeit darin wirklich und erfüllt, daß er von Gott angesehen wird.

Vor Gott, im großen Lichte seiner Gegenwart, dunkeln Welt, Gesellschaft und Mensch nicht weg ins Dämmergrau der Adiaphora, vor der Fülle seines kommenden eschatologischen Reiches des vollendeten Friedens und der vollendeten Gerechtigkeit wird die Gegenwart nicht leer. Daß das »vor Gott« allererst deutlich macht, was die Wirk- und Zweckur-

---

465 Freiheit, WA 7, S. 55, Z. 24–33.
466 G. *Ebeling*, Lutherstudien, Bd. 2, S. 42.
467 Disputatio de homine, 1536, WA 39,1, S. 176, Th. 32, Z. 33–35.

sache von allem ist, was ist, daß in dieser eschatologischen Perspektive erst Materie und Form in ihr richtiges Verhältnis gesetzt werden, daß auf diese Weise alle Kreatur und die Menschen und ihr gesellschaftliches Zusammenleben als »Materie« des Lebens ihrer zukünftigen Gestalt verstanden sind, dies alles wertet das gegenwärtige Leben nicht ab als »bloß« Materie. Das ist in seinem Sinn erst wahrgenommen, wenn man das Positive darin wahrnimmt, das Bewahrende und Verändernde, das Belebende und Erleuchtende. Was in seinem Wesen noch nicht heraus ist, ist alles andere als gleichgültig. Was von Gott angesehen wird und, weil von Gott angesehen, schöpferisch auf das hin angesehen wird, was Gott mit ihm im Sinne hat, wird ganz erfüllt mit Würde und Wert. In allem ist Hoffnung das Treibende, Erneuernde und Gegenwart Stiftende, gegen die Vernichtung, das Böse, den Fluch, den Tod Kämpfende.

Gott war in Christus. Nun ist alles, was lebt, unter dem »überaus weiten Himmel der Vergebung«[468], wird durch den Kampf, den er gekämpft hat, die ganze Kreatur verändert (mutari totam creaturam[469]). Wie die Erde keine Früchte hervorbringen kann, wenn sie nicht zuvor vom Himmel herab befeuchtet und fruchtbar gemacht worden ist, »denn die Erde kann nicht den Himmel meistern, erneuern und regieren, sondern umgekehrt, der Himmel meistert, erneuert, regiert und befruchtet die Erde«[470], so können auch wir nicht fruchtbar produktiv sein, es sei denn, wir lassen es uns gefallen, als »Materie« vor Gott den seligen Schmerz seines Handelns an uns geschehen zu lassen. »So tun auch wir nichts, wenn wir durch die Gerechtigkeit des Gesetzes vieles tun, und erfüllen das Gesetz nicht, wenn wir das Gesetz erfüllen, es sei denn, daß wir zuvor ohne unser Werk und Verdienst gerechtfertigt seien durch die christliche Gerechtigkeit, welche gar nichts zu tun hat mit der Gerechtigkeit des Gesetzes oder der irdischen und tätigen Gerechtigkeit. Diese aber ist die himmlische und leidende Gerechtigkeit (iustitia coelestis et passiva), die wir nicht haben, sondern vom Himmel empfangen, nicht tun, sondern durch den Glauben ergreifen, durch welchen wir über alle Gesetze und Werke emporsteigen.«[471] Die leidende Gerechtigkeit aber ist die, in der der Mensch *jetzt* im Glauben ergreift, was zukünftig ist. »Wie wir das Bild des irdischen Adam getragen haben‹, sagt Paulus (1Kor 15,49), ›also werden wir auch tragen das Bild des himmlischen‹, welcher ein neuer Mensch in einer neuen Welt ist, wo kein Gesetz ist, keine Sünde, kein Gewissen, kein Tod, sondern ganz ungestörte Freude, Gerechtigkeit, Gnade, Friede, Leben, Seligkeit und Herrlichkeit.«[472]

---

468 Großer Galaterkommentar, 1531, WA 40,1, S. 367, Z. 13f.; W IX, Sp. 307.
469 WA 40,1, S. 440, Z. 29f.; W IX, Sp. 375.
470 WA 40,1, S. 46, Z. 23f.
471 WA 40,1, S. 46, Z. 25–30; W IX, Sp. 22.
472 WA 40,1, S. 46, Z. 31 – S. 47, Z. 2.

Diese Zukunft ist präsent in den Erstlingen des Geistes, im kleinen Funken des gegenwärtigen Glaubens – nicht eigentlich vorweggenommen, sondern vorweg gekommen. Auch diese Gegenwärtigkeit hat streng die Form des Zukünftigen als des strikt Zukommenden. Darum ist der Glaube nicht die subtilste Form von Aktivität als Flucht aus dem, was ist, und Zuflucht zu dem, was noch nicht ist und noch keinen Ort hat. Er ist vielmehr die alleinige Form, in der das Zukünftige jetzt zukommen kann. Sie gibt zugleich den Menschen der Erde und der Gegenwart neu und erneuert zurück. Für ihn ist der Ort seines Lebens und Arbeitens der Raum der praktischen Treue zu Gottes Schöpfung, der verbindlichen praktischen Bejahung des Lebens. Diese vollzieht sich nicht mehr in der Form von Sozialität, deren Grundtrieb die durch Gesetze kanalisierte Aneignung ist, deren Grundmodalität die universale materielle und spirituelle, durch Gesetze geregelte Konkurrenz, sondern in der Form von Sozialität, deren Grundtrieb als Zueignung durch Subjekte zu charakterisieren ist, die ihre Subjektivität nicht erst durch ihre Praxis zu konstituieren haben, weil sie bereits als transzendentale Bedingung ihrer gesellschaftlichen Praxis in Wirtschaft, Politik und Kirche *vorausgesetzt* ist, deren Grundmodalität darum Bejahung des anderen im anderen – sei es der Mensch, sei es die außermenschliche Kreatur – sein kann. »Wenn ich diese Gerechtigkeit im Herzen habe, so steige ich vom Himmel hernieder gleichsam als ein Regen, der die Erde befruchtet, das heißt, ich trete hinaus in ein anderes Reich und tue gute Werke, soviel mir nur vorkommen.«[473] Und dies in der ganzen äußeren Unscheinbarkeit des »Berufes«, in der der Diener des Wortes predigt, die Kleinmütigen tröstet und die Sakramente verwaltet, der Hausvater sein Haus verwaltet und seine Kinder erzieht, die Obrigkeit ihr Mandat wahrnimmt. Dies ist die Klugheit des Geistes, die aus der Kraft der Rechtfertigung des Gottlosen lebt und deshalb das gemeinsame gesellschaftliche Wohl wählt und das gemeinsame Übel verwirft[474], im Unterschied zur Klugheit des Fleisches, die aus der Kraft zur Selbstrechtfertigung lebt, das gemeinsame Wohl verwirft und das wählt, was der Allgemeinheit Schaden bringt[475].

Luthers Definition des Menschen, die besagt, »daß der Mensch durch Glauben gerechtfertigt wurde«[476], und die inhaltlich so gefüllt wird, daß »der Mensch dieses Lebens die reine Materie Gottes zu dem Leben seiner zukünftigen Form« ist[477], beinhaltet, wie oben dargestellt, die eschatologische Umstürzung des aristotelischen Koordinatenkreuzes der vier Ursachen. Die gleiche Denkfigur, wie sie hier im Blick auf den Menschen durchgeführt ist, begegnet in Luthers Auslegung des 127. Psalms[478] in be-

---

473 Ebd., Z. 21–23; W IX, Sp. 27.
474 Römerbriefvorlesung, WA 56, S. 362, Z. 28ff.
475 Ebd., S. 361, Z. 11ff.
476 Disputatio de homine, 1536, WA 39,1, S. 176, Z. 34f., Th. 32.
477 Ebd., S. 177, Z. 3f., Th. 35.
478 WA 40,3, S. 202–269; W IV, Sp. 1912–1973.

zug auf die gesellschaftlichen Institutionen des Staatswesens und der Familie.

Über die materiale und die formale Ursache (materialem et formalem causam[479]) haben die heidnischen Philosophen und Staatsmänner, Xenophon, Demosthenes, Plato, Cicero und andere, nicht schlecht gedacht und geschrieben. Aber von der Zweckursache und der Wirkursache (finalem ... et efficientem causam[480]) wußten sie gar nichts. Sie haben die zweiten, die instrumentalen Ursachen (instrumentalis causa[481]) mit der ersten Ursache, der Wirk- und Zweckursache, verwechselt. Gott selbst ist die Wirk- und Zweckursache der gesellschaftlichen Institutionen. In ihnen sind die Menschen als Zweitursachen, als dienende Ursachen Diener und Mitarbeiter Gottes (ministri et cooperatores Dei[482]), und »wenn die erste Ursache nicht da ist, so richtet die zweite Ursache für sich allein nichts aus«.[483] Gottes Geben ist der Ursprung, Gottes Ehre und Dienst ist das Ziel der menschlichen Mitarbeit in den gesellschaftlichen Institutionen. Die Menschen sind nicht Eigentümer im Hause der Gesellschaft, sondern Treuhänder und Verwalter. Denn hier geht es um Menschen und ihr Zusammenleben. Und ist auch dem Menschen die Herrschaft »eingeräumt« (dominium homini concessum est[484]) in bezug auf das, was unter ihm ist, über die Tiere des Feldes, die Fische im Meer, die Vögel unter dem Himmel, so ist es doch eine Vermessenheit und der Versuch, weise und mächtig zu sein in den Dingen, die über der Weisheit und Macht der Menschen lieben[485], wenn der Mensch über den Menschen regieren will (gubernare[486]), der ihm doch gleich ist. Wir wollen Götter sein, achten nicht das Gegenwärtige und nehmen es nicht wahr, sind immer auf Zukünftiges aus und verlieren das Gegenwärtige[487]. Das ist »der Entwurf und das Bild der ganzen Welt«[488]: Zukunft soll gewonnen, im produktiven Entwurf herangezwungen werden, der Entwurf stützt sich auf das Gewordene und stößt sich von ihm ab, er übergeht die Gegenwart und geht zugleich über die Gegenwärtigen, die Mitmenschen, hinweg. Es ist ein beständiger Wirklichkeitsverlust als Verlust von Gegenwart. Darin wird Gott als abwesend erfahren; die Menschen handeln, als ob Gott nicht dabei, nicht anwesend wäre.

Aber Gott geht nicht weg, er bleibt bei seiner Kreatur – auch wider ihren Willen. »Denn Gott hat den Ehestand und das Staatswesen nicht so ge-

---

479 WA 40,3, S. 303, Z. 30.
480 Ebd., Z. 31.
481 Ebd., S. 210, Z. 35.
482 Ebd., Z. 34f.
483 Ebd., S. 211, Z. 22f.
484 Ebd., S. 245, Z. 15f.
485 Ebd., S. 243, Z. 23–26.
486 Ebd., S. 245, Z. 16f.
487 Ebd., S. 240, Z. 33ff.
488 Ebd., S. 245, Z. 19.

macht wie ein Baumeister ein Schiff, der, nachdem er sein Werk fertiggestellt hat, von demselben weggeht und dem Schiffer das Schiff zu regieren überläßt. Sondern Gott ist bei seiner Kreatur und regiert sowohl das Staats- als auch das Hauswesen.«[489] Die Treue Gottes, der bei seiner Schöpfung bleibt, findet ihre Entsprechung in der Treue der Gerechtfertigten, die »unter sich fahren« in der Liebe zum Nächsten und in der Förderung des gemeinsamen Wohls im gesellschaftlichen Zusammenleben.

Zusammenfassung   Der Mensch ist, indem Gott kommt. Indem Gott kommt, kommt der Mensch zu voller, wirklicher Gegenwart. »Vor Gott« werden Welt, Gesellschaft und Mensch auf das hin angesehen, was sie von Gott her werden.

Der Glaube ist die alleinige Form, in der das Zukünftige gegenwärtig zukommen kann. Darin wird der Mensch neu und erneuert der Erde und der Gegenwart zurückgegeben, wird eine neue soziale Praxis freigesetzt, die nicht mehr auf Aneignung und Konkurrenz basiert, sondern auf Zueignung und Bejahung. Die Treue Gottes zur Schöpfung findet ihre Entsprechung in der Treue der Gerechtfertigten zu Welt und Gesellschaft.

---

[489] Ebd., S. 232, Z. 17–20; W IV, Sp. 1940.

Kapitel 3
Das konkrete Universale: Karl Barth

I Einleitung: Differenzierung, Abstraktion, Konkretion

1 Differenzierung in der Perspektive der Subjektivität

a) Das Individuum in der Situation der leeren Freiheit
Der Prozeß der zunehmenden gesellschaftlichen Differenzierung wird von F.X. Kaufmann beschrieben als »Prozeß zunehmender Arbeitsteilung, zunehmender Interdependenz immer größerer Lebensräume, zunehmender Spezialisierung, Komplexität und Unüberschaubarkeit der für das Individuum tatsächlich relevanten Lebensbezüge«[1].

Der Vergleich mit der Sozialstruktur des Mittelalters läßt die fundamentalen Veränderungen plastisch hervortreten. Der größte Teil der europäischen Bevölkerung lebte innerhalb eines einheitlichen und umfassenden Lebens-, Wirtschafts-, Herrschafts- und Sinndeutungsverbandes, einer soziologischen Struktur, die O. Brunner als Lebensform des »*oikos*« beschrieben hat[2]. Dementsprechend vollzog sich die Ausbreitung des Christentums nicht als Bekehrung im Zum-Glauben-Kommen des einzelnen Menschen, sondern primär als Bekehrung des »Hauses«. Individualethik und Gruppenethik liegen noch weithin ineinander. »Die christliche Moral nistete sich sozusagen in der Gruppenmoralität ein.«[3] In die strukturelle Einfachheit einer agrarischen Kultur wird die christliche Ethik so eingeschmolzen und integriert, daß Sakrales und Profanes einen einheitlichen Kosmos ergeben, einen unicus ordo naturalis et supernaturalis. Dieses differenziert sich im Hochmittelalter und findet in der thomistischen konzeptionellen Einheit von Selbstsein und Bezogensein eine großartige theologisch-metaphysische Verarbeitung. »Solange die religiösen Bezüge des Einzelmenschen im Grunde durch eine nahezu die Gesamtheit seiner Lebensbezüge umfassende Gemeinde getragen wurden, die gleichzeitig wirtschaftliche, politische, kulturelle und religiöse Funktionen wahrnahm, erschien ›Kirche‹ kaum als eine selbständige Größe. Es gab auch kaum einen spezifisch profanen Erfahrungsbereich; vielmehr war die gesamte Lebens-

---

1 F.X. *Kaufmann*, Theologie in soziologischer Sicht, Freiburg/Basel/Wien 1973, S. 72.
2 O. *Brunner*, Das ›ganze Haus‹ und die alteuropäische Ökonomik, in: ders., Neue Wege der Sozialgeschichte. Vorträge und Aufsätze, Göttingen 1956.
3 F.X. *Kaufmann*, Theologie in soziologischer Sicht, S. 72.

führung in einer ›christlichen‹ Weise geordnet, wie eine Vergegenwärtigung der früheren gesellschaftlichen Funktionen des Kirchenjahres deutlich macht.«[4]

Aus der Perspektive des Individuums zeigt sich der Prozeß der gesellschaftlichen Differenzierung als eine zunehmende Segmentierung der Lebensbezüge. »Der einzelne erfährt sich nun nicht mehr als Teil einer (umfassenden) Gruppe, sondern erwirbt nahezu notwendigerweise mehrere Gruppenmitgliedschaften, und zwar in Gruppen, die untereinander nur wenig verbunden sind: Familie, Pfarrei, Betrieb, Verein usw. Er steht außerdem relativ vereinzelt den Großorganisationen (Verwaltungen, Massenmedien, Wirtschaftsunternehmen, Krankenhäuser etc.) gegenüber, als Rechtsuchender, Steuerzahler, Konsument, Kranker usw.«[5]

Die gesellschaftliche Differenzierung setzt einschneidend veränderte Bedingungen frei für die Konstitution personal-individueller Identität. Sie setzt einerseits Individualität frei. Gleichzeitig bringt sie andererseits in historisch analogielosem Ausmaß eine Gefährdung individueller Identität und der Möglichkeiten von Identitätsfindung mit sich.

Gesellschaftliche Differenzierung bedeutet Freisetzung von Subjektivität. »Freiheit« meint hier »die Emanzipation von der *umfassenden* sozialen Kontrolle *einer* Gruppe.«[6] Das Postulat der Aufklärung: »Freiheit des Individuums« ist sozialgeschichtlich und sozialpsychologisch verbunden mit urbanen Lebensverhältnissen, in denen der einzelne als einzelner konfrontiert wird mit verschiedenen, auch untereinander konkurrierenden Handlungsanweisungen und Handlungsangeboten, zwischen denen er sich entscheiden und wählen muß. So ist er aufgefordert, Subjekt zu sein oder zu werden als ein in »sich kreuzenden sozialen Kreisen« stehender Mensch[7]. Was ehedem die vorgängig geleistete Arbeit des »ganzen Hauses« war: die Auswahl, Festlegung und Definition des für alle verbindlichen Sinn-, Wert- und Handlungssystems, das durch die gesellschaftliche Totalität garantiert und dessen Durchsetzung durch Sanktionen gesichert wird, wird jetzt zur subjektiven Leistung. Der einzelne muß von Fall zu Fall entscheiden, die Komplexität der ihn umgebenden Wirklichkeit stellt ihn vor eine Vielzahl von Möglichkeiten und verlangt von ihm die Arbeit der subjektiven Selektion, die dem »eingeordneten Menschen« das »Haus« abgenommen hatte. Er kann nur noch Person sein, indem er sich als Subjekt findet. Die kollektive Subjektivität einer sich als Sinnganzes definierenden homogenen sozialen Umwelt, in der das einzelne »Ich« in hohem Maße ein integriertes Teil des kollektiven »Ich« war, sicherte spontan den Aufbau einer konsistenten Person, es besteht eine Art gewachsener organischer Ver-

---

4 Ebd.
5 Ebd., S. 73.
6 Ebd.
7 Vgl. *G. Simmel*, Soziologie. Untersuchungen über die Formen der Vergesellschaftung, 5. Aufl. Berlin 1968, S. 305–344.

I Einleitung: Differenzierung, Abstraktion, Konkretion

wandtschaft zwischen dem kollektiven »Ich« und dem partiellen »Ich«. Die gesellschaftliche Differenzierung mit ihrer Segmentierung der Lebensbezüge entläßt die Subjektivität als ihr anderes aus sich und definiert damit die Bedingungen der Konstitution personaler Identität von Grund auf neu. Wir versuchen dies noch etwas schärfer auszuleuchten anhand des soziologischen Begriffs der »Rolle«.

Die wachsende Komplexität von Sozialsystemen, die wachsende Prägnanz ihrer Ausdifferenzierung und Innendifferenzierung läßt den Umfang des jeweils gleichzeitig Möglichen in solcher Weise expandieren, daß individuelle Motive erforderlich werden, die begründen, *warum* jemand jetzt so handelt oder erlebt, und daß Individualität erforderlich wird, die es ermöglicht, zuzurechnen, *wer* es ist, der jeweils so oder anders handelt oder erlebt. Ist der Mensch in segmentär differenzierten Gesellschaften und auch noch in schichtspezifisch differenzierten Gesellschaften jeweils Mitglied eines multifunktionalen Teilsystems, das zugleich eine politische, wirtschaftliche, kulturelle und religiöse Einheit ist, so wird er in funktional differenzierten Gesellschaften Mitglied einer Mehrzahl von Teilsystemen: des politischen als Mandatsträger oder Wähler, des wirtschaftlichen als Arbeiter, Sparer, Eigentümer, des kulturellen als Theaterabonnent, des familiären als Mutter, des religiösen als Gemeindeglied usw. Alle diese funktionalen Kreise schneiden sich in einem Punkt – dem »Ich«, das ihnen allen jeweils in spezifischer Rolle zugehört. In ihnen ist der Mensch nicht mehr Teil des »ganzen Hauses«, sondern Rollenträger. Darin also setzt funktionale Differenzierung Individualität frei, daß nunmehr ein Identisches gedacht werden können muß, das »dahinter« ist, das nicht mit dem Wähler, dem Arbeiter, dem Zuschauer, dem Vater, dem Predigthörer identisch ist, sondern *auf das* diese rollenspezifischen Tätigkeiten beziehbar sind.

Solche Freisetzung von Subjektivität geschieht aber in höchst ambivalenter Weise. Denn die Bedingungen der Möglichkeit von Gewinnung personaler Identität als Subjektivität sind zugleich deren Gefährdung und Infragestellung. Sie stellen verschiedene Normensysteme weitgehend unvermittelt nebeneinander. Ethische Verbindlichkeit ist in solchem Kontext nichts Vorgegebenes, sie muß allererst gefunden werden, man möchte fast sagen: erfunden werden in einem Akt der Wahl, in dem sich das Subjekt »festlegt«. »Gewissen« ist unter solchen Lebensverhältnissen nicht mehr bloßes Korrelat äußerer Normen, sondern es wird zur Instanz der Wahl, mit deren Hilfe das Subjekt aus der Vielfalt der Möglichkeiten, die wegen ihrer Gleichzeitigkeit das Subjekt überfordern, die Möglichkeiten aussucht, die *jetzt* zu ihm passen. Dies ist eine spezifisch neue Anforderung mit ebenso spezifischen Risiken, an sich aber noch nicht problematisch.

Anthropologische Problematik aber tritt deutlicher ins Gesichtsfeld, wenn wir auf den mit all dem erzwungenen kognitiven Defekt achten. Die dauernde Präsenz des Bewußtseins der eigenen kognitiven Defizienz, des fehlenden Durchblicks, wirkt destabilisierend. Die im Subjekt sich kreuzenden sozialen Kreise sind so komplex, daß sie dem einzelnen nicht durchschaubar sind und ihm nur partiell bekannt sein können. Er erfährt das Problem der persönlichen Daseinsführung als angstauslösenden Konflikt, die Umwelt suggeriert ihm permanent den Eindruck, ihm fehle Information und Erfahrung, um kompetent wählen und entscheiden zu können, er sei gar nicht dazu ausgerüstet, sein Dasein als ein selbständig handelndes Ich führen zu können. Die innergesellschaftliche Transzendenz anderer, unbekannter und nicht integrierbarer Möglichkeiten und Wirklichkeiten rückt ihm mit einer ständigen Gesetzespredigt verunsichernd auf den Leib: Du weißt weniger, als du wissen müßtest, du bist weniger, als du sein könntest. »Denn die mit des Gesetzes Werkes umgehen, die sind unter dem Fluch« (Gal 3,10). Die Thematisierung von Angst und Hinausgehaltensein ins Nichts als Grundbefindlichkeiten des Menschen, wie sie die Existentialphilosophie vornahm, spiegelt die Situation des Individuums in überkomplexen Gesellschaften. Sie ist die Situation der leeren Freiheit. Das Individuum ist in die Einzelheit der Subjektivität gestoßen, »Gesellschaft« rückt so überhaupt erst von ihm ab und wird ihm gegenständlich. Dies aber zugleich in der Weise, daß die Willkür der lebensbestimmenden gesellschaftlichen Verhältnisse als Zwang lediglich historisch-faktischer und nur dem Schein nach naturwüchsiger und naturnotwendiger »Sachzwänge« um so stärker ins Bewußtsein zurückschlägt. »Willkür« ist hier nicht ethisch-wertend gemeint, sondern bedeutet Kontingenz, bezeichnet mit P. Bourdieu und J.C. Passeron als »kulturelle Willkür« den Umstand, daß die Struktur und Funktion der Kultur einer bestimmten Gesellschaft »nicht von irgendeinem universalen, physikalischen, biologischen oder geistigen Prinzip abgeleitet werden können, da sie durch keinen wie auch immer gearteten Zusammenhang mit der ›Natur der Dinge‹ oder einer menschlichen Natur verbunden sind.«[8] Demnach sind die kulturellen Lebensbedingungen durch historische Voraussetzungen rein kontingenter Art bedingt und an sie gebunden, zugleich sind sie als solche erst möglicher Gegenstand von Erkenntnis auf dem Hintergrund des Abrückens der Subjektivität von der gesellschaftlichen Objektivität, deren Konstitutionsbedingungen so überhaupt erst in den Blick kommen können.

Diese gesellschaftliche Objektivität hat nun aber die Eigenart, daß sie, während sie als Objektives für Subjekte allererst zur Erscheinung kommt, auch wieder diffus wird und verschwindet, d.h. ihren Charakter als Objektivität verliert. Das ist anscheinend ein paradoxes, gleichwohl nicht zu leugnendes Faktum. Objektivität, die sich im Gegenüber zur entstehenden neuzeitlichen Subjektivität konstituiert, löst sich in dem Maße auf, wie sie als überkomplexe Objektivität sich präsentiert, deren Grenzen verschwimmen und sich auflösen. Denn im Blick auf tendenziell Unbegrenzbares verliert der Begriff der Objektivität seinen Sinn. Das Verhältnis des Menschen dazu bekommt einen transzendentalen Charakter, und es ist

---

8 P. *Bourdieu*, J.C. *Passeron*, La Reproduction, Paris 1970, S. 22f.

I Einleitung: Differenzierung, Abstraktion, Konkretion

demnach kein Zufall, daß in diesem Zusammenhang der Begriff des Transzendentalen eine wichtige Rolle spielt[9].

Der Begriff der Objektivität verändert als gesellschaftliche Objektivität seine Qualität für das Subjekt, zu dessen Konstitutionsbedingungen der Anhalt, das Widerlager einer als Objektivität *begreifbaren*, d.h. in ihren Grenzen bestimmbaren Realität gehört. Hier aber begegnet etwas Unbestimmtes, in bezug auf seine Grenzen Diffuses, gleichwohl als ein die Existenz des Individuums durchgängig Bestimmendes. Ich nenne darum die Situation des Individuums in überkomplexen Gesellschaften die Situation der leeren Freiheit und bezeichne die überkomplexe Gesellschaft als das unbestimmte Bestimmende. Das unbestimmte Bestimmende aber ist in den Kategorien von Subjektivität und Objektivität nicht mehr zureichend denkbar und beschreibbar. Insofern kann Subjektivität im Gegenüber zum unbestimmten Bestimmenden nur *als Gefährdetes* erscheinen.

So wird die Frage verständlich: »Kann sich der Mensch, der nicht mehr durch die fraglosen Gewißheiten einer Institution getragen ist, sondern einer Vielzahl von untereinander nicht koordinierten Einflüssen ausgesetzt ist, überhaupt noch als Identität entwickeln?«[10] Einen ähnlichen Ansatz vertritt der Kulturpessimismus, den A. Gehlen so zum Ausdruck bringt: »Unsere Kenntnisse, Informiertheiten und Meinungen..., ja sogar unsere wirklichen oder vermeintlichen Verpflichtungen sind unverhältnismäßig weiter gezogen, als daß wir ihnen mit verantwortlichen Handlungen überhaupt noch nachkommen könnten. Das wäre, jenseits des Atheismus, die eigentlich gottferne Situation: in großen Zusammenhängen leben müssen, die man weder geistig noch moralisch noch affektiv integrieren kann.«[11]

Das Subjekt muß seiner ansichtig werden können in dem, was es *nicht* ist, was jedoch als das zureichend bestimmbare andere gegenüber ist, als das bestimmbare »dieses«, von dem es sich gleichsam immer wieder abstoßen kann und zurückstoßen kann im Modus der Selbsterfahrung. Dies ist aber nicht möglich, wenn die Objektivität an den Grenzen ins Unbestimmbare zerfließt. Das war zwar von jeher der Fall, aber die Grenzen lagen näher, das Darüberhinaus, das ausgegrenzte transzendente andere focht darum nicht in dieser Weise an. Genaugenommen zerfließt hier die Objektivität *jenseits* der Grenze. Die Anfechtung der ausgesetzten Subjektivität aber erwächst aus dem Zerfließen der Grenze selbst, aus der sich entobjektivierenden Objektivität, die an ihren Rändern ausfranst und die sie angehende Subjektivität resonanzlos verpuffen läßt.

Die Humanverträglichkeit der gesellschaftlichen Umwelt, ihre anthro-

---

9 Vgl. N. *Luhmann*, Die Organisierbarkeit von Religionen und Kirchen, in: *J. Wössner* (Hg.), Religion im Umbruch, Stuttgart 1972, S. 247.
10 F.X. *Kaufmann*, Theologie in soziologischer Sicht, S. 117.
11 A. *Gehlen*, Das Ende der Persönlichkeit?, in: *ders.*, Studien zur Anthropologie und Soziologie, Soziologische Texte, Bd. 17, Neuwied/Berlin 1963, S. 338.

pologische Qualität, hängt aufs engste zusammen mit ihrer Resonanzfähigkeit. Das damit benannte Problem der *Qualität* der Gefährdung von Subjektivität in modernen hochkomplexen Gesellschaften wird m.E. nur unzureichend gesichtet, wenn es als Problem eines Komplexitätsgefälles zwischen gesellschaftlicher Umwelt und Personen thematisiert wird. Das Problem wird dann einlinig konzeptioniert und mit dem Postulat der kognitiven Adaption des Subjekts an seine Umwelt verknüpft – das Bewußtsein muß in dem Maße komplexer werden, wie sich die Sozialbezüge eines Individuums differenzieren. Die Problemstellung müßte dadurch komplizierter und konflikttrachtiger konzipiert werden, daß nicht nur die Problematisierung der begrenzt komplexen Subjektivität durch eine überkomplexe Umwelt, sondern auch die Problematisierung der gesellschaftlichen Umwelt durch die Subjektivität bedacht wird. Resonanzfähige soziale Umwelt ist eine Konstitutionsbedingung menschlicher Subjektivität. Das darin liegende sozialethische Problem läßt sich nicht dadurch beantworten, daß man die Subjekte in die Zwangsjacke des Einbahnverkehrs kognitiver Adaption an die Umwelt steckt. Wenn das doppelte Problem der Umweltkapazität des subjektiven Bewußtseins und der Humanverträglichkeit der Umwelt transformiert wird zu einem bloßen Problem der Reduktion des Komplexitätsgefälles zwischen Umwelt und Person, dann wird die reale Problematik nicht nur halbiert, sondern auch aus einem qualitativen zu einem quantitativen Problem transformiert.

Zusammenfassung Zunehmende gesellschaftliche Komplexität und Differenzierung setzt Subjektivität frei. Der einzelne ist nicht mehr Glied des »ganzen Hauses«, sondern Rollenträger in segmentierten Lebensbezügen. In dem Maße, wie die gesellschaftliche Umwelt in der Neuzeit überkomplex wird, ist die Freisetzung der Subjektivität zugleich deren Gefährdung.
 Die Gefährdung liegt in der strukturellen Resonanzunfähigkeit der gesellschaftlichen Umwelt.
 Die Situation des Individuums in überkomplexen Gesellschaften ist die Situation der leeren Freiheit.
 In bezug auf den einzelnen ist die überkomplexe Gesellschaft das unbestimmte Bestimmende.

b) Von der Ordnung des ganzen Hauses zur subjektiven Wahl
Die religionssoziologische und kirchensoziologische Konsequenz aus der gesellschaftlichen Differenzierung liegt auf der Hand: Lehre und religiöse Praxis der Kirche einerseits und religiöse Lebenspraxis der Gläubigen andererseits treten auseinander. Die Grenzen zwischen kirchengebundener Gläubigkeit und außerkirchlicher Religiosität werden fließend, denn es verselbständigen sich auf der einen Seite die Bedingungen der sinnhaften Konsistenz des kirchlichen Wissenssystems und auf der anderen Seite die Bedingungen der subjektiven Sinnkonstitution des einzelnen. Das ist der

1 Einleitung: Differenzierung, Abstraktion, Konkretion

Grund dafür, daß das Dogma als eine problematische und problematisierbare Größe, als etwas, was mit Fremdheitserfahrung verbunden ist, überhaupt ins Bewußtsein treten kann. Die Selektion und Konstitution einer homogenen Sinnwelt, die in elementaren Gesellschaften das geistlich qualifizierte *oikos* relativ fraglos vorgab, wird eine Leistung des Individuums. »Der Modus der Sozialisation religiöser Sinngehalte wandelt sich grundsätzlich, je nachdem, ob sie als Bestandteil einer einheitlichen, herrschenden Kultur und mittels einer dominierenden, alle wesentlichen Lebensbezüge sichernden Bezugsgruppe erfolgt oder ob das Individuum inmitten einer Vielzahl ›sich kreuzender sozialer Kreise‹... steht und seine Religiosität im Zuge einer als subjektiver Prozeß erlebten Selbstfindung aufbaut – oder darin scheitert.«[12] Die einheitliche symbolische Sinnwelt, in der sich die Gesamtheit der in einer Gesellschaft anerkannten Lebensvollzüge deutet, in der alles, was in einer Gesellschaft als wahr, wert und erlaubt gelten darf, artikuliert ist und die als eine das Ganze integrierende Klammer wirkt, löst sich auf und verliert mit der Möglichkeit der negativen Sanktion im Falle der Normenverletzung die soziale Integrationskraft. Die symbolische Sinnwelt wird im Zuge der gesellschaftlichen Differenzierung privatisiert zur persönlichen »Überzeugung« und zunehmend verdrängt durch die »anonyme Sinnwelt«[13], gekennzeichnet durch vergleichsweise inhaltsarme Begriffe wie »Pluralismus, Toleranz, Effizienz, Rationalität, Bedürfnisbefriedigung, Autonomie oder Demokratie«. Wenn aber der eigentiche »Sitz im Leben« von symbolischen Sinnwelten der Gesamtzusammenhang einer Lebenswelt ist, wenn ihre Funktion die symbolische Darstellung, die für jeden im Rahmen dieser Totalität Lebenden plausible Vereinfachung ist, dann bedingt das ihre globale Übernahme. Und dies einerseits in inhaltlicher Hinsicht: Die symbolisierte Welt will als Systemeinheit übernommen werden. Andererseits auch in demoskopischer Hinsicht: Sie will tendenziell von allen Mitgliedern einer Gesellschaft akzeptiert sein. Darum gefährdet die selektive Übernahme (sowohl inhaltlich als auch demoskopisch) den Bestand einer christlichen symbolischen Sinnwelt, den Bestand des Christentums als einer gesellschaftsintegrierenden »Weltanschauung« überhaupt. Die aus der wachsenden gesellschaftlichen Komplexität folgende Sinnkrise besteht darin, daß die das gesellschaftliche Leben bestimmenden Teilbereiche von Wirtschaft, Wissenschaft, Politik, Erziehung usw. relativ autonom fungieren und nicht durch ein vorgängiges religiöses Sinn-, Wert- und Normensystem integriert sind, das als allgemeine Vorgabe gesamtgesellschaftlich geteilt wird. Religiös-Sein, Christsein, Gläubig-Sein wird zu einem Akt der Wahl auf dem Hintergrund anderer Möglichkeiten. So verändert das Christentum seine Relevanz, die aus der Objektivität einer gesamtgesellschaftlichen Vorgabe in die wählende Subjektivität wandert, aus der umgreifenden Ordnung des

---

12 F.X. *Kaufmann*, Theologie in soziologischer Sicht, S. 122.
13 Ebd., S. 144.

»ganzen Hauses« und seiner symbolischen Sinnwelt (Weltanschauung) in die subjektiven Auswahlkriterien, aus der die Wahrheit repräsentierenden Institution in die nach Wahrheit suchende Person, die in Auseinandersetzung mit ihrer Umwelt steht, die den kognitiven Druck anderer gesellschaftlicher Möglichkeiten aushalten und verarbeiten muß. Die Zeit der christlichen Weltanschauung ist vorbei.

Zusammenfassung Die Konstitution einer homogenen religiösen Sinnwelt, die in elementaren Gesellschaften »das ganze Haus« dem einzelnen relativ fraglos vorgab, wird in hochkomplexen Gesellschaften zu einer Leistung des einzelnen: Er muß auf dem Hintergrund präsenter anderer Möglichkeiten wählen, was er als Wahrheit glauben will.

c) Verlust der Selbstverständlichkeit
In dem Maße, wie Möglichkeiten überhandnehmen, wird das Notwendige eingeschränkt. Je mehr Alternativen sich bieten für Erleben oder Handeln, desto weniger versteht sich von selbst. Die Selbstverständlichkeit erfährt eine Ortsveränderung: Nicht mehr *was* einer wählt, versteht sich von selbst (weil die alternativen Möglichkeiten fehlen), sondern *daß* er wählt, weil die Präsenz von alternativen Möglichkeiten Bestandteil der Normalität in der Situation der Moderne geworden ist[14]. In der neuzeitlichen Gewichtsverlagerung von der fides quae creditur auf die fides qua creditur zeigt sich die Veränderung und ebenso in der Tatsache, daß die Begriffe »Dogma« und »Dogmatik« einen vormodernen Klang bekommen haben. Scheint doch hier eine alternativenlose Plausibilität der religiösen Vorstellungswelt unterstellt oder postuliert zu werden, die als System den einzelnen vereinnahmt, bevor dieser noch die Möglichkeit hatte zu wählen.

Die Lebenssituation des einzelnen in modernen hochdifferenzierten Gesellschaften ist gekennzeichnet durch eine historisch beispiellose Expansion des gleichzeitig Möglichen – der einzelne hat die Wahl. Aber darin, daß er wählen muß, hat er keine Wahl. Die Geschichte der neuzeitlichen Subjektivität ist als aufklärerisch-emanzipatorischer Prozeß, als Freiheitsgeschichte der autonomen Subjektivität interpretiert worden, sie ist aber auch als Geschichte der Entfremdung, der Bedrohung, der Überforderung und des Zerfalls interpretiert worden. Beides zusammen erschließt die ganze Ambivalenz.

Karl Barths Theologie ist darin ein exemplarisch neuzeitliches Modell der Problemverarbeitung[15], daß in ihr die Autonomie der neuzeitlichen Subjektivität theologisch konsequent und differenziert verarbeitet ist. In dieser Grundthese ist m.E. T. Rendtorff zuzustimmen. Der Verlust der Selbstverständlichkeit ist in ihr ebenso konstitutiv wie das Gewicht der subjektiven Wahl. Die Freiheit des wählenden menschlichen Selbstseins

---

14 Beispiele dazu vgl. *P. Berger*, Der Zwang zur Häresie, Frankfurt/M. 1980, S. 24ff.
15 Vgl. *K.G. Steck, D. Schellong*, Karl Barth und die Neuzeit, München 1973.

1 Einleitung: Differenzierung, Abstraktion, Konkretion

ist ebenso nicht unterschreitbare Grundbedingung, wie die Ambivalenz der leeren Freiheit der theologischen Kritik anheimfällt. Nicht die theologische Chiffrierung des neuzeitlichen Autonomiegedankens, sondern die *kritische* theologische *Verarbeitung* der radikalen Ambivalenz der neuzeitlichen Situation der autonomen Subjektivität ist in der Theologie der differenzieren Einheit von Gottes freiem Erwählen und des Menschen freiem Wählen impliziert[16]. Die theologische Bedeutung der freien Subjektivität gewinnt darin ihr deutlichstes Profil, daß an die Stelle der sakramentalen Instrumentalität bezüglich des Mediums der Kommunikation des Heils das prophetische Amt Jesu Christi tritt, seine Selbstvermittlung. Barth hat am Anfang seiner Lehre vom munus propheticum diese bewußt in den Zusammenhang der neuzeitlichen Differenzierung gestellt und gemeint, es könne »doch wohl kein Zufall sein, daß Calvin gerade an der Schwelle dieser christlichen Neuzeit die Lehre vom munus Christi propheticum wieder entdecken konnte und mußte«.[17] Christi Wort und des Menschen Antwort ist die Relation, die nunmehr genau den Platz hält, den traditionell die sakramental-instrumentale Kommunion und Kommunikation des Heils besetzt hielt.

Zusammenfassung In dem Maße, wie Möglichkeiten überhandnehmen und Alternativen sich bieten, nimmt der Umfang des Selbstverständlichen ab. Selbstverständlich ist nicht mehr der Gegenstand der Wahl, sondern das Faktum des Wählens.

Karl Barths Theologie ist darin ein exemplarisch neuzeitliches Modell der Problemverarbeitung, daß die radikale Ambivalenz der freigesetzten neuzeitlichen Subjektivität in ihr konsequent und differenziert verarbeitet ist. Dies wird am deutlichsten in der Kritik der sakramentalen Instrumentalität und in der Theologie des prophetischen Amtes Jesu Christi.

2   Differenzierung in der Perspektive der Gesamtgesellschaft

a) Rekonstruktion des offenen Chaos
Der vielfach vermerkte ungeheure Expansionsschub gesellschaftlicher Komplexität, der mit der Neuzeit einsetzt und zu einer solchen Ausweitung der Grenzen des gesellschaftlich gleichzeitig Möglichen führt, daß die Bestimmbarkeit dieser Grenzen überhaupt problematisch wird, macht es unmittelbar einleuchtend, daß nicht nur, wie erwähnt, das Verhältnis zwi-

---

16   Deshalb versucht die folgende Darstellung einen anderen Weg als den von *T. Rendtorff* beschrittenen zu gehen und der Einheit von Modernität und Kritik der Moderne in K. Barths Theologie Rechnung zu tragen. Vgl. *T. Rendtorff*, Theorie des Christentums. Hist.-theol. Studien zu seiner neuzeitl. Verfassung, Gütersloh 1972. Sie orientiert sich damit an der Einheit von Relevanz der Moderne und Kritik der Moderne, wie sie D. Schellong m.E. wegweisend gezeigt hat.
17   KD IV,3,1, S. 40.

schen Person und Gesellschaft zu einem zentralen Problemthema wird, sondern auch das Verhältnis von Gesellschaft und Welt (als dem Gesamten des überhaupt Möglichen). Geht es erstens um die Grenzen zwischen Person und Gesellschaft, die das Reden von Dependenz, *Inter*dependenz und Relation überhaupt erst sinnvoll machen, so sind zweitens die Grenzen von Gesellschaft überhaupt angesprochen. Der dritte Problemkomplex, der im nächsten Abschnitt angezeigt werden soll, ist in der Mitte zwischen diesen beiden Perspektiven angesiedelt, in ihm geht es um die Grenzen und Relationen zwischen den gesellschaftlichen Teilbereichen, mit besonderer Hinsicht auf den Teilbereich Religion.

Grenzen ermöglichen überhaupt erst die Bestimmbarkeit von etwas. Was nicht als Dieses auf angebbare Weise unterscheidbar ist von anderem, was Dieses nicht ist, d.h. wo nicht Unterscheidung möglich ist durch Negation, ist alles Mögliche möglich, ist alles Wirkliche auch anders möglich, d.h. beliebig negierbar. Wo Bestimmung und Negation äquivalent sind, ist das totale Unbegrenzte präsent, und dieses ist das Chaos, das *apeiron*. Denn wo Möglichkeit zu allem ist, gibt es kein Argument gegen die Möglichkeit, daß alles Nichts sei. Wenn es ein Grundmerkmal der Moderne ist, daß ihr »Zustand« die permanente Bewegung ist, begriffen als Entwicklung zu immer mehr Möglichkeiten durch Differenzierung und Strukturbildung, durch die bestehende Grenzen überwunden werden, so ist es konsequent und von innerer Notwendigkeit, daß in der Theorie der Moderne das Problem der Grenze zentral thematisiert wird, daß zugleich damit das Problem der Überkomplexität, das Problem der radikalen Kontingenz aller gesellschaftlichen Bestände und damit auch das Bestandsproblem selbst zu Schlüsselproblemen werden.

Die Theoriekonzeption, in der das Problem der Bestimmbarkeit von Grenzen, das Problem der Komplexität und der Kontingenz so zentral verhandelt wird, daß sie für den Zusammenhang unserer Fragestellung problemerschließend fungieren kann, ist die Systemtheorie. Freilich in der Weise, daß, was dort als Problem*lösung* in der Form von »System« erscheint, hier durch theologisch-anthropologische Reflexion in potenzierter Weise als *Problem* auftritt. Es handelt sich also hier nicht um eine der Systemtheorie adäquate theologische Verarbeitung der Systemtheorie, und m.E. ist eine solche auch nicht möglich ohne Übernahme des konsequenten Äquivalenzfunktionalismus. Aber die Anerkennung der Beliebigkeit der *inhaltlichen* Bezugsgrößen der Theologie und der einzigen und ausschließlichen Nichtbeliebigkeit ihrer Funktionalität käme einer Selbstaufhebung der Theologie gleich. Und zwar u.a. aus folgendem Grund: Die Erfassung der Funktionalität von etwas ermöglicht allererst eine reflexive Differenzierung zwischen Funktion und Funktionsträger und somit grundsätzlich auch die Substituierung eines Funktionsträgers durch einen anderen bezüglich einer bestimmten Funktion. In einer funktional-strukturellen Theorie wie der Systemtheorie werden mithin Religion, Christentum, Kirche, Theologie oder auf was immer die funktionale Analyse

I Einleitung: Differenzierung, Abstraktion, Konkretion 183

sich beziehen mag, nicht auf das hin reflektiert, was sie selber sind, sondern auf das hin, worin sie ersetzbar, d.h. *nicht* sie selber sind[18]. Einfacher gesagt: In dem Moment, da ich annehme, daß mein Glaube an Gott funktional austauschbar ist, kann ich nicht mehr an Gott glauben.

Das Ausgangs- und Kernproblem der Systemtheorie, gleichsam das Urproblem, das vor allen Problemen der Bestimmbarkeit von etwas liegt, ist einerseits die unbestimmte Komplexität (= Welt) und andererseits die Stabilisierung von Grenzen, durch die ein Komplexitätsgefälle fixiert wird zwischen Innen und Außen, System und Umwelt/Welt. Die Grenze ist sowohl Differenzlinie, die sich zwischen Innen und Außen, System und Umwelt/Welt schiebt, als auch die Kontaktlinie, durch die Möglichkeiten aus dem Überschuß von Welt/Umwelt rationiert werden und reduziert eingelassen werden – abgestimmt auf das Selektionspotential der Strukturen und Prozesse des Systems.

Wenn sich soziale Systeme kommunikativer Handlungen bilden, so geschieht das immer durch Selektion einer Struktur, durch die – scheinbar paradox – ein doppeltes geleistet wird: Einmal wird der Umfang dessen, was in der Welt möglich ist, wird also Komplexität reduziert, so daß im System weniger möglich ist als in der Welt. Ein System, in dem man »alles Mögliche« erleben und tun könnte, wäre dessen Selbstauflösung. Zum anderen aber wird auf diese Weise Weltkomplexität auch gesteigert: durch Strukturbildung. D.h. durch die Ausdifferenzierung eines Sozialsystems aus der Welt werden im System neue Möglichkeiten freigesetzt, es verdichtet sich, wenn man so will, im System etwas, was es vorher nicht gab – die Welt wird komplexer.

Strukturbildung durch Selektion ist also Grenzziehung, eine Art Wasserscheide der Bestimmbarkeit von etwas. Was jenseits der Grenze liegt, verschwimmt ins Unbestimmbare und Beliebige. Es ist dort kein »Etwas« oder »Dieses«, welches man auf angebbare Weise erleben oder in bezug auf das man in angebbarer Weise handeln kann. »Sinn« hat keinen Anhaltspunkt. Und da Erleben und Handeln immer sinnhaftes Erleben und Han-

---

18 Die Systemtheorie wird hier also anders, ihrem eigenen Problemhorizont entfremdet, aufgenommen und damit direkter und sozusagen naiver beim Wort genommen als in der ausgesprochen differenzierten, geistreichen und problematisierbaren Interpretation durch *T. Rendtorff*, Gesellschaft ohne Religion?, München 1975; ferner: *ders.*, Religion – Umwelt der Gesellschaft, in: *ders.*, Erneuerung der Kirche. Stabilität als Chance, Berlin 1975, S. 57ff. Ich teile die Einwände *M. Welkers* in: *ders.* (Hg.), Theologie und funktionale Systemtheorie. Luhmanns Religionssoziologie in theologischer Diskussion, Frankfurt/M. 1985, der bezweifelt, ob man Luhmanns Theorie auf subjektivitätstheoretischer Ebene angemessen begegnen kann, vgl. ebd., S. 106f. *M. Welker* rät m.E. zu Recht dringend davon ab, »der Theorie Luhmanns eine direkte Einflußnahme auf die systematisch- und praktisch-theologische Arbeit sowie auf kirchenleitendes Handeln einzuräumen« (ebd., S. 8), weil man damit einen »organisierten Zerrüttungsprozeß« (ebd., S. 14) in Kirche und Theologie fördere. Vgl. die für die Verarbeitung der Luhmannschen Herausforderung von Theologie und Kirche außerordentlich hilfreichen Studien von *G. Geisthardt, B. Kasprzik, M.J. Raden, J. Cornelius, W. Kasprzik, A. Schloz, U. Möller, H. Niedermeier, D. Werner* und *M. Welker*, in: *ders.* (Hg.), ebd.

deln sind und Gesellschaften sinnkonstituierende und sinnhaft konstituierte Systeme sind, bleibt das Unbestimmbare außerhalb der Kapazität, gleichwohl aber ständig präsent als umgebende Bedrohung und Gefährdung. »Jenseits« ist das, was »nicht zu fassen« ist[19]. »In den System/Umweltbeziehungen der Gesellschaft muß man, da die Erlebnisverarbeitungskapazitäten des Systems begrenzt sind, mit Grenzen der Zugänglichkeit rechnen, die bei sinnhaftem Erleben die Form von ›Horizonten‹ annehmen, das heißt in der Begrenzung ein ›Darüber-Hinaus‹ anzeigen.«[20]

Das Problem liegt nun darin, und es gilt, dies möglichst genau zu fassen, um den systemtheoretischen Ansatz angemessen zu verstehen, daß mit der Ausbildung von Strukturen und Systemgrenzen das andere, was »hinter« der Grenze der Systemkapazität liegt, präsent *bleibt* und problematisierend, destabilisierend wirken kann. Jedwede Sozialsysteme als Auswahl aus mehr als einer Möglichkeit sind »gleichsam ins sozial Voraussetzungslose gebaut. Sie leisten die grundlegenden Strukturselektionen menschlichen Zusammenlebens, wie Sprache, allgemeine Wertmuster, Gesichtspunkte der Systemdifferenzierung. Sie sind, wenn diese formelhafte Kontrastierung zur alteuropäischen Tradition erlaubt ist, in einem transzendentalen Sinne autark, nämlich in der Konstitution von Sinn.«[21] Sie sind kontingent, aber sie chiffrieren ihre eigene Kontingenz und machen sie dadurch tragbarer. Interpretierende Chiffrierung ist der Ausdruck dafür, daß Sozialsysteme ihre eigene offene Kontingenz sozusagen nicht »aushalten«[22]. In ein Bild übersetzend möchte man sagen: Das offene Meer der unbegrenzten anderen Möglichkeiten, dessen Horizont im Unbestimmbaren zerfließt, d.h. das Chaos, läuft beständig auf die Grenzen der Inseln reduzierter Komplexität und Wirklichkeit auf, stürmt auch gegen sie an und läßt die Deiche wackeln. Es veranlaßt darum das Sozialsystem zur Konstituierung von Einrichtungen, durch die das Unbestimmte bestimmbar wird, Kontingenz chiffriert und motivfähig interpretiert wird. An diesem Punkt wird systemtheoretisch die Funktion von Religion festgemacht.

Es ist exakt dieser von Luhmann als Verhältnis von System und Welt gefaßte Sachverhalt, den Erich Przywara in seiner Aristoteles-Interpretation als Begründung der analogia entis im Satz vom Widerspruch entwickelt[23]. Was N. Luhmann »Unbestimmbarkeit von Weltkomplexität« nennt, heißt bei E. Przywara »Selbigkeit der Gegensätze«[24]. Es ist die »stete

---

19   Das hier in Anführungsstriche Gesetzte ist nicht Zitat, sondern verwendet umgangssprachliche Wendungen, derer wir uns hier zum Zweck der Veranschaulichung bedienen.
20   *N. Luhmann*, Die Organisierbarkeit von Religionen und Kirchen, S. 250.
21   Ebd., S. 246f.
22   Vgl. Anm. 19.
23   *E. Przywara*, Analogia entis, Schriften Bd. III, Einsiedeln 1962, S. 104–141.
24   Ebd., S. 113.

I Einleitung: Differenzierung, Abstraktion, Konkretion

›Möglichkeit zu allem‹ als ›Dynamik zu allem‹«.[25] Im Horizont der reinen »*dynamis*«[26], der systemtheoretisch sogenannten »Welt«, ist die ontische Differenz von Sein und Nichts unbestimmbar, ebenso wie die noetische zwischen Wahrheit und Unwahrheit. »Nichts« ist ebenso möglich wie »Etwas«, und es fehlt jegliche Bestimmbarkeit. Es ist das Chaos. Hier gilt also der Satz vom Widerspruch nicht, der besagt: »Weil nicht etwas unter der gleichen Rücksicht zugleich ›sein‹ und nicht sein kann, so kann es auch ebenso nicht unter der gleichen Rücksicht als wahr und nicht wahr ›gelten‹.«[27] Das ist aber anders, wenn es sich um »ins Werk gesetzte Möglichkeit«, um »*energeia*« bzw. mit Luhmann: um reduzierte Komplexität handelt. »Wirklichkeit als ins ›Werk gesetzte Möglichkeit‹ ... besagt die vollzogene, scheidende Auswahl einer Möglichkeit vor der anderen. Die ›ins Werk gesetzte Möglichkeit‹ ist als ›ins Werk gesetzte‹ Ausschluß ihrer Gegenmöglichkeit: ist von den Gegensätzen gesund – krank das jeweils Erste zur Verwirklichung gewählt, so ist das jeweils Zweite ausgeschlossen. Das heißt es gibt keine ›Selbigkeit der Gegensätze‹ in der Sphäre der ins Werk gesetzten Möglichkeit ... Mithin gilt, noetisch wie ontisch, der Widerspruchssatz a fortiori: mit der Ins-Werk-Setzung und damit Wirklichkeit einer Möglichkeit ›ist (gilt)‹ sie und ›ist (gilt) nicht nicht‹. Denn darin besteht das Entscheidende der Ins-Werk-Setzung und damit Wirklichkeit ... gegenüber reiner Möglichkeit ...«[28] Was Luhmann mit Bezug auf E. Husserl »Verweisung« auf andere Möglichkeiten nennt, thematisiert E. Przywara als »Rhythmik« und »Analogie«: »Wirklichkeit ... und Möglichkeit ... tragen aber in ihrer inneren Beziehung zueinander eine hinüber und herüber schwingende Rhythmik, die Aristoteles direkt als Analogie bezeichnet (Met. VIII 6, 1048 B 6-7). Sie liegt, im formalsten Sinn, darin, daß Wirklichkeit, als ›die‹ ins Werk gesetzte Möglichkeit, und Möglichkeit wie Bauen und baubar sich verhalten ... Auf der anderen Seite besagt die Sphäre der reinen Möglichkeit die ›unbegrenzbare Weite‹ *(apeiron)* nicht nur im Nebeneinander der entgegengesetzten Möglichkeiten, sondern, kraft der ›Selbigkeit der Gegensätze‹ ..., die ungeheure echte Dynamik eines ›Alles in jedem‹ (Met. X 6, 1063 B 29). Die Sphäre der Wirklichkeit als Ins-Werk-Setzung ist demgegenüber ›Eingrenzung von Fall zu Fall‹ *(peras)*. Sie ist wie ein schwankender Staudamm gegenüber dem Ungestüm des Ozeans der Möglichkeiten, und das ›rationiert‹ eingelassene Meer selber bebt innerhalb der Grenzen und macht sie beben.«[29]

Das Problem der Transformation unbestimmter Komplexität in bestimmbare kompliziert sich dadurch, daß die unbestimmbare Komplexi-

---

25 Ebd.
26 Aristoteles, Metaphysik IV 12, 1019 A 35ff.; 1019 B 22ff.; VIII 8, 1050 B 8-9.11-12.
27 Aristoteles, Metaphysik X 5, 1061 B 36 – 1062 A 20, übers. von *E. Przywara*, Analogia entis, S. 104f. Die umgekehrte Begründungsfolge von noetischer und ontischer Aussage findet sich Metaphysik II 3, 1005 A 19-24.
28 *E. Przywara*, Analogia entis, S. 113f.
29 Ebd., S. 114.

tät, diese ambivalente Widerspruchseinheit von drohend-zerstörerischem Chaos und unerschöpflichem Meer der Möglichkeiten, nicht nur in der Außenbeziehung des Systems ihren Ort hat, sondern auch in der Innenbeziehung. Auch nach innen gibt es Grenzen, jenseits derer Bedingungen liegen, ohne die das System nicht denkbar ist, die aber gleichwohl der Reflexion nicht zugänglich sind, sondern – wenn das quantifizierende Bild erlaubt ist – ebenso ins Kleine zerfließen wie der Welthorizont ins Große.

»Da System und Umwelt für das System unterscheidbar sind, gibt es solche Horizonte in doppeltem Sinne: als Welthorizont und als Innenhorizont, als unausschöpfbares ›Und so weiter‹ des Außen und als in der Reflexion nicht erreichbares, weil in ihr schon vorausgesetztes Innen. Sieht man ... Gesellschaft selbst als System, dann folgt daraus, daß es auch und gerade für Gesellschaft interpretationsbedürftige Außen- und Innenhorizonte gibt, deren Transzendieren ins Unbestimmbare führt. Durch das Gesellschaftssystem werden die Unbestimmbarkeiten für alle sozialen Systeme ›verwaltet‹ und ins Bestimmbare transformiert. Eben darin hat Gesellschaft als System ihre Einheit, daß sich Unbestimmbares nicht weiter differenzieren und sektoral abarbeiten läßt. In diese Beziehung von externen und internen Unbestimmbarkeiten müssen alle Bestimmbarkeiten, vor allem die Systemstrukturen und die durch Systeme konstituierten Weltentwürfe, eingebaut werden.«[30]

Gilt das Gesagte für jedes denkbare Gesellschaftssystem als kontingente Selektion von Struktur, als ins Voraussetzungslose gebaute Insel reduzierter Komplexität mit bebenden Grenzen, deren »Dahinter« durch Chiffrierung und symbolhafte Interpretation abgedeckt (diskretiert) und auf diese Weise tragbar gemacht wird, so potenziert sich das Bestandsproblem im Blick auf die überkomplexen Gesellschaften der Moderne. Nunmehr steht das Chaos verstärkt ins Haus des Systems, und dies ist leicht zu begreifen daraus, daß es das Hauptmerkmal der Modernität von Sozialsystemen in der Moderne ist, daß sie ihre eigenen Grenzen als flexibel, expandierbar, überhaupt als beweglich behandeln. War das Hauptproblem vormoderner Gesellschaften die Stabilisierung des Komplexitätsgefälles zwischen System und Umwelt/Welt, so ist das Hauptproblem moderner Gesellschaften die im Begriff der »Entwicklung« angezeigte permanente Angleichung der Systemkomplexität an die Weltkomplexität: Durch die zum Gesetz der Moderne erhobene Mobilisierung von Grenzen werden diese selbst unbestimmbar, werden diffus, zerfließen.

N. Luhmann nennt fünf Hauptmerkmale der durch Komplexitätsexpansion gekennzeichneten und problematisierten modernen Gesellschaft: »(1) Die funktionale Differenzierung ihrer primären Teilsysteme wie Wirtschaft, Politik, Familie, Wissenschaft, Religion, Erziehung usw., die sämtlich für spezifische Funktionen relativ autonom konstituiert sind und so im Hinblick auf je ihre Funktion einen Überhang an Möglichkeiten produ-

---

30   N. *Luhmann*, Die Organisierbarkeit von Religionen und Kirchen, S. 250ff.

I Einleitung: Differenzierung, Abstraktion, Konkretion

zieren, die sich als offene Zukunft abzeichnen, aber nie allesamt realisiert werden können; (2) der Verlust gemeinsamer Außengrenzen der Gesellschaft, in denen alle Teilsysteme konvergieren, so daß die Gesellschaft kaum noch durch ihre Grenzen, sondern nur noch durch Lösung der Folgeprobleme funktionaler Differenzierung integriert werden kann; (3) das hohe Maß an Interdependenz aller funktional spezifizierten Leistungen, das jede Änderung in ihren Auswirkungen potenziert, die Gesellschaft aus sich heraus dynamisiert und ein immer rascheres Tempo struktureller Änderungen erzeugt; (4) die zunehmende Abstraktion und Variabilität der Sinngrundlagen des Erlebens mit entsprechendem Alternativenreichtum, wodurch sich die Belastung der selektiven Mechanismen, zum Beispiel der Entscheidungsprozesse, vergrößert; (5) der Verlust der angstregulierenden Funktion der normativen Moralen, der dadurch eintritt, daß nicht mehr nur verwerfbares, sondern zunehmend auch erlaubtes, strukturell vorgesehenes Handeln gefährlich wird, und weiter dadurch, daß die angstrelevanten Unsicherheiten selbst sich differenzieren und nicht mehr für alle dieselben sind. All das deutet darauf hin, daß unsere Gesellschaft sich durch ein auf ihrer Ebene strukturell nicht mehr zureichend absorbiertes Maß an Komplexität auszeichnet, das sie zwar weltadäquater und leistungsfähiger, intern aber um so problematischer und risikoreicher macht.«[31]

Der resolute Abschied von jeglicher Form der »alteuropäischen« Ontologie, der die erklärte Voraussetzung der Luhmannschen Konzeption der Systemtheorie ist, muß trotz aller berechtigten Fragen an die innere Konsistenz der Theorie in ihrer bisher vorliegenden Form[32], wie sie u.a. von J. Habermas vorgebracht worden sind[33], m.E. insofern ernst genommen werden, als in seiner Voraussetzung und in seinem Ausgehen von »Chaos« und nicht mehr von »Sein« in der Tat ein theoretischer Reflex der tatsächlichen Praxis moderner Sozialsysteme erkennbar wird.

In unserem Zusammenhang, in dem es uns auf eine Situationsangabe und Ortsangabe von Kirche und Theologie in modernen überkomplexen Gesellschaften ankommt, genügt es, den Eigenanspruch der Systemtheorie beim Wort zu nehmen: Sie definiert sich als Praxis – eben als theoretische Form gesellschaftlicher Praxis, mit der sie sich eins weiß. »Komplexität ist ... dasjenige Problem, im Hinblick auf welches soziologische Theorie sich als Praxis begreift; wir können beziehungsweise auch formulieren:

---

31 N. Luhmann, Die Praxis der Theorie, in: ders., Soziologische Aufklärung, Bd. 1, S. 259.
32 Die bisher vorliegenden Schriften Luhmanns, nimmt man sie in ihrer zeitlichen Abfolge, zeigen einen Prozeß der ständigen Selbstperfektionierung der Theorie. Dies ließe sich an den Arbeiten über die Funktion der Religion leicht belegen. Die Systemtheorie hat m.E. ihre endgültige Gestalt als Theorie noch vor sich. Ebenso unzweifelhaft erscheint mir, daß das Verhältnis zwischen dieser Form von Sozialwissenschaft und Theologie in ein äußerst diffiziles und prekäres Stadium tritt.
33 Vgl. u.a. J. Habermas, N. Luhmann, Theorie der Gesellschaft oder Sozialtechnologie? Was leistet die Systemforschung?, Frankfurt/M. 1972.

sich mit der Praxis eins weiß. Ihre eigenen Aussagen formuliert sie praktisch als Reduktion ihrer Komplexität, ihre Komplexität aber ist die Komplexität ihres Themas, die Komplexität der Gesellschaft. Die praktische Lage der Theorie wird für den Theoretiker begreifbar, indem er sie zur Theorie macht, indem er seine Theorie auf das Problem der Komplexität bezieht.«[34] Ist aber das Komplexitätsproblem moderner Gesellschaften, genauer das Problem ihrer *Über*komplexität, der Verlust gemeinsamer Außengrenzen der Gesellschaft, mit anderen Worten: der permanente Import von Chaos ins System, so leuchtet es ein, daß die Theorie des Systems das Chaos wieder vergegenwärtigt, indem sie dieses als ultimatives Problem der Theorie anzeigt und die Bestimmbarkeit von Grenzen, die ein Komplexitätsgefälle stabilisieren, als ultimative Problemlösung.

Zusammenfassung »Gesellschaften« sind soziale Systeme begrenzter Komplexität, konstituiert durch kontingente Selektion von Strukturen. Sie sind m.a.W. ins Voraussetzungslose gebaute Inseln reduzierter Komplexität.

Grundmerkmal moderner Gesellschaften ist die permanente Bewegung, die Entwicklung von immer mehr Möglichkeiten durch Differenzierung und Strukturbildung, durch die bestehende Grenzen expandiert werden.

Behandelt aber »Gesellschaft« ihre eigenen Grenzen als beweglich, so führt dies zunehmend zum Verlust gemeinsamer Außengrenzen, zu Selbstüberforderung durch Überkomplexität, zu permanentem Import von Chaos (d.h. unbegrenzter Komplexität, Möglichkeit zu allem) ins System.

Auf diesem Hintergrund ist es verständlich, daß die soziologische Theorie im Gegensatz zur »alteuropäischen« Ontologie von »Chaos« und nicht mehr von »Sein« ausgeht.

b) Ausdifferenzierung und Innendifferenzierung der Gesellschaft
In differenzierungstheoretischer Sicht stellt sich die sozialgeschichtliche Entwicklung in drei globalen Schritten als Prozeß zunehmend prägnanter Ausdifferenzierung des Gesellschaftssystems aus der für es relevanten Umwelt dar[35]. Im ersten Stadium, in archaischen, wenig differenzierten Gesellschaften, wird die ganze Welt vorgestellt nach dem Modell sozialer Beziehungen. Auf dem Wege der Projektion werden der Welt im ganzen soziomorphe Ordnungsmodelle unterstellt. Auch außerhalb der menschlichen Sozialsphäre erlebt man eine Fülle resonanzfähiger Partner. Sie haben einen Willen, haben Emotionen usw. und können dem Menschen entsprechend begegnen. Die Welt ist ein soziomorpher Kosmos.

---

34 *N. Luhmann*, Die Praxis der Theorie, S. 262.
35 Vgl. *N. Luhmann*, Selbst-Thematisierungen des Gesellschaftssystems, in: *ders.*, Soziologische Aufklärung, Bd. 2, S. 72–102, bes. S. 88ff.

I Einleitung: Differenzierung, Abstraktion, Konkretion

Das zweite Stadium ist die allmähliche De-Sozialisierung der Welt zusammen mit einer steigenden Abstraktion und Generalisierung der religiösen Vorstellungswelt, die eng mit ihr zusammenhängt. Denn die außermenschliche Sozialität des magisch-mythischen Realismus wird nun zwar der Welt entzogen – aus dem kosmisch-partnerhaften »Du« wird Welt als »Es«, sie wird aber zugleich in religiös generalisierter und dogmatisierter Form als außermenschliche Sozialität aufbewahrt: Gott ist »Person«, er will, liebt, zürnt usw. Dieser Prozeß, in dem der Welt Sozialität entzogen wird, in dem die Welt entgöttlicht, entdämonisiert und vergegenständlicht wird, ist zugleich eine Einschränkung von Sozialität – eben auf zwischenmenschliche Beziehungen, und sie ist zugleich eine innerhalb des Gesellschaftssystems ungeheuer folgenreiche Ausweitung. Die Binnenstruktur des Gesellschaftssystems wird komplexer, sie enthält und erzeugt ein Mehr, einen Überschuß an Möglichkeiten, aus dem der Mensch nun auszuwählen hat. Die zwischenmenschlichen Beziehungen als Beziehungen zwischen kontingent-selektiven einzelnen entwickeln eine solche Eigendynamik und Eigengesetzlichkeit, daß sie sich nunmehr deutlich von der »Natur« abheben. Luhmann nennt drei Folgen dieser Reduktion des Sozialen auf das Menschliche:

1. »Eine neuartige Prägnanz der Ausdifferenzierung des Gesellschaftssystems aus der für es relevanten Umwelt.«[36] Natur oder Übernatur oder andere Gesellschaften werden jetzt vom eigenen System deutlich unterscheidbar.

2. »Eine neuartige Humanisierung der Gesellschaft.«[37] Das bedeutet nicht, daß die Menschen humaner miteinander umgehen, sondern daß sie sich als »ichgleiche selbstselektive Handlungssysteme«, als entscheidungsfähige Individuen erkennen können und als solche sich dann auch bejahen oder verneinen können.

3. »Eine weitgehende Verselbständigung von Sachdimension und Zeitdimension gegeneinander und gegen soziale Sinnbezüge.«

Das dritte Stadium nach der sozialen Projektion der Welt und der De-Sozialisierung der Welt kommt als die Phase der »De-Humanisierung des Sozialen« in den Blick. »Inzwischen mehren sich die Anzeichen dafür, daß die gesellschaftliche Evolution über eine Lage hinausgeführt hat, in der es sinnvoll war, soziale Beziehungen auf den Menschen zu beziehen. Neuere Systemtheorien gehen in Anerkennung dieser Situation vielfach, wenn auch nicht unumstritten davon aus, daß Menschen im Sinne individualisierter Personalität nicht als Elemente, sondern als Umwelt sozialer Systeme (also auch der Gesellschaft, also auch des Religionssystems) angesehen werden müssen. Darin liegt eine Weiterführung der Spezifikation des Sozialen über eine bloße Desozialisation der außermenschlichen Welt hinaus

---

36 *N. Luhmann*, Religiöse Dogmatik und gesellschaftliche Evolution, in: *K.-W. Dahm, N. Luhmann, D. Stoodt*, Religion – System und Sozialisation, Darmstadt/Neuwied 1972, S. 34.
37 Ebd., S. 35.

auf eine Differenzierung personaler und sozialer Systeme im Sinne wechselseitig-interdependenter System/Umwelt-Verhältnisse. Hier liegen vielleicht die einschneidensten Konsequenzen der neueren Systemtheorie für die religiöse Dogmatik, die nicht gezwungen ist, aber sich entscheiden muß, ob sie eine solche De-Humanisierung des Sozialen mitmachen will oder nicht.«[38]

Die Ausdifferenzierung personaler und sozialer Systeme, m.a.W. das Verständnis von Humanität als Umwelt von Gesellschaft und umgekehrt: der Gesellschaft als Umwelt von Humanität, bedeutet nicht einfach deren Trennung. System-Umwelt-Differenzierung ist die Stabilisierung eines Komplexitätsgefälles durch Systemgrenzen. Daß die Abkoppelung der Gesellschaft von der Humanität nicht nur ein Faktum oder eine faktische evolutive Tendenz ist, sondern durch diese Theorie eine Art systemlogischer Nezessität bekommt, dies scheint durch die Korrelation von Mensch und Gesellschaft als *wechsel*seitig-interdependentem Umwelt-System-Verhältnis eine gewisse, die Härte der Theorie mildernde Relativierung zu erfahren. Aber diese Relativierung relativiert sich zusehends, wenn man bedenkt, daß der reduktive Primat bei der Gesellschaft liegt. Im System-Umwelt-Verhältnis liegt die Differenz im Grad der Komplexität. Und alle selektiven Bestimmungen gehen vom System aus und hängen von ihm ab. »Gesellschaft« ist dasjenige Sozialsystem, das seine eigene Selektivität begründet, indem es die Generalisierung von Möglichkeiten auf das Selektionspotential der eigenen Strukturen und Prozesse abstimmt[39]. Aus der Perspektive eines durch Überkomplexität gefährdeten Bestandes eines Systems reduzierter Komplexität, aus der Perspektive der dehumanisierten Gesellschaft erscheint Personalität als ein schwer kalkulierbarer Risikofaktor in der Selbststeuerungsproblematik einer selbstsubstitutiven Ordnung, die bei Strafe der systemgefährdenden Störung Möglichkeiten auszuselektieren hat, die nicht funktional die Selbstfortsetzung der Ordnung im gleichen Typus garantieren: ein gigantisch-hypertropher Betrieb ohne Subjekte, der sich als reine Subjektivität der Funktion an die Stelle der Subjekte, die ihn instituierten, gesetzt hat[40]. Zwischen der wachsenden

---

38   Ebd., S. 35.
39   Vgl. ebd., S. 19.
40   T. *Rendtorff* sieht im Gegensatz zu dem hier vorgetragenen Verständnis der Dehumanisierungsthese in ihr eine systemtheoretische Verschlüsselung des religiösen Bewußtseins: Personen sind die Transzendenz sozialer Systeme, das »Jenseits in deren Diesseits« (Gesellschaft ohne Religion?, S. 42). Das sachliche Gewicht der Kritik Rendtorffs am historisierenden Epochenschema, an der Vergegenständlichung des Religionsbegriffs, an der Tendenz von Theologen zur »massiven« Vergegenständlichung gesellschaftlicher Prozesse und auch an der soziologischen Tendenz zur gegenständlichen Zuordnung von Religion und Gesellschaft ist m.E. unbezweifelbar, ebenso das sachliche Recht des Rendtorffschen Insistierens auf Präsenz, Produktivität und Tätigkeit, sein beharrlicher Hinweis auf das Bedenken des Hervorbringenden in allem gegenwärtigen Werden gegenüber der Gegenständlichkeit des Hervorgebrachten. Der kritische Punkt ist m.E. Rendtorffs Versuch, die Systemtheorie als eine soziologisch chiffrierte Form von Theologie (im engeren Sinne von Gotteslehre) zu

I Einleitung: Differenzierung, Abstraktion, Konkretion

Prägnanz der Ausdifferenzierung des Gesellschaftssystems und der expandierenden Innendifferenzierung besteht, wie erwähnt, ein enger Zusammenhang. Von zentraler Bedeutung für das Verständnis der gesellschaftlichen Evolution ist die Tatsache, daß es sich in ihr nicht lediglich um einen Prozeß immer größerer Differenzierung handelt, sondern daß es primär die Veränderung des Prinzips der Differenzierung ist, die die großen evolutiven Schübe kennzeichnet.

Nach dem systemtheoretischen Modell der System-Umwelt-Relationierungen lassen die drei Typen der Innendifferenzierung sich folgendermaßen charakterisieren[41]:

Segmentäre Differenzierung vollzieht sich auf der Basis der Gleichheit von Systemen und Umwelten. Diesen Typus finden wir in archaischen Gesellschaften vor in der Form einer Mehrzahl von gleichen und multifunktional strukturierten Einheiten (Sippen, Stämme usw.).

Der Typus der *schichtenmäßigen* Differenzierung aufgrund von vertikaler Selektivität vollzieht sich auf der Basis von rangmäßiger Gleichheit im System und rangmäßiger Ungleichheit im Verhältnis zur Umwelt. Dieser Typus liegt in den Hochkulturen vor. Er hat seine angemessene theoretische Artikulierung gefunden im Verständnis der Gesellschaft als eines sozialen Körpers, der sich aus verschiedenen Teilen mit unterschiedlicher Repräsentanz des Ganzen zusammensetzt. Seine systemadäquate Projektion liegt im theokratisch-pyramidenhaften Bau des Weltbildes, das sich von den niedersten bis zur höchsten Seinsstufe aufschichtet[42].

Der jüngste Typus gesellschaftlicher Differenzierung ist der *funktionale*, der sich vollzieht auf der Basis von funktionaler Gleichheit im System und funktionaler Ungleichheit im Verhältnis zur Umwelt. Dieses Differenzierungsprinzip ermöglicht die größte Komplexität, weil es auf sekundärer bzw. tertiärer Ebene auch Möglichkeiten der segmentären Differenzierung und der Schichtung offenläßt. Der Übergang zur modernen bürgerlichen Gesellschaft ist die »Epochenwende«[43], in der die funktionale Differenzierung gesellschaftlich dominant wird unter Führung durch das geld- und marktorientierte Wirtschaftssystem, das den funktionalen Primat der Politik ablöst.

Das funktionale Differenzierungsprinzip unter Dominanz der Geldwirtschaft war insofern evolutionär erfolgreich, als es einen beispiellosen Differenzierungsschub, eine theoretisch schwer einholbare Expansion von

---

interpretieren – und die Krisentheorie J. Habermas' als eine verschlüsselte Form von Glaubenslehre.
41 Vgl. *N. Luhmann*, Systemtheorie, Evolutionstheorie und Kommunikationstheorie, in: ders., Soziologische Aufklärung, Bd. 2, S. 193–203.
42 Man kann das systemtheoretische Unternehmen geradezu als den Versuch verstehen, die soziologische Theoriebildung aus den ihr immer noch anhaftenden Fesseln der »alteuropäischen Tradition«, ihrer Ontologie und Ethik, konsequent zu befreien und damit den Grad von Komplexität theoretisch zu erreichen, den die soziale Realität bereits erreicht *hat*.
43 *N. Luhmann*, Systemtheorie, Evolutionstheorie und Kommunikationstheorie, S. 200.

gesellschaftlicher Komplexität freisetzte. Andererseits ist damit ebenso ein globaler Prozeß der Formalisierung, der Abstraktion und der Vergegenständlichung freigesetzt. »Abstraktion« meint hier ganz wörtlich das Sich-Abziehen des wirtschaftlichen Funktionssystems – im engen Verbund mit Wissenschaft und Technik – von allem, was sich zu dieser Funktionalität wesensmäßig fremd verhält: Religion, ethische Normen, Politik – insofern sie als ein ethisch integriertes Handlungssystem verstanden wird (mit der ethischen Norm z.B., die unantastbare Würde des Menschen zu schützen), Personalität, Recht – insofern dieses auf überpositiver Begründung aufruhend verstanden wird, Tradition, Natur, Christentum. Ich formuliere deshalb die These, daß die globale Tendenz permanent expandierender Komplexität und Differenziertheit moderner Gesellschaften, wie sie in der Systemtheorie thematisiert wird, im Gegenzug eines komplementären und bestandserhaltenden Korrektivs bedarf: Es wird in immer stärkerem Maße eine Komplexität im reinen Typus – im funktional differenzierten wirtschaftlich-wissenschaftlich-technischen Monotypus. Wachsende Innendifferenzierung des Systems führt nur dann nicht zu einem Kollaps aufgrund von Hypertrophie, wenn im strukturellen Gegenzug immer mehr Elemente des Systems zu Umwelten des Systems werden. Das *will* nicht unmenschlich sein, das kann nur nicht anders.

Versteht man unter selbstsubstitutiven Ordnungen solche Ordnungen, die nicht durch Ordnungen anderen Typs ersetzt, sondern nur im gleichen Typus fortentwickelt werden können[44], und bedeutet die Zunahme von Komplexität die Expansion der Systemgrenzen, so führt die funktionale Dominanz der Geldwirtschaft als einer selbstsubstitutiven Ordnung unausweichlich dahin, daß Grenzen des Möglichen, die ehedem anders gesetzt waren, z.B. durch »Humanität«, negiert werden. »Das wirtschaftliche Streben wird nicht durch Bedingungen wechselseitiger Achtung eingeschränkt ... Unter diesen Umständen wird es schwierig, die Gesellschaft noch als das sozial Ganze zu denken; geschweige denn, sie durch Prämissen zu integrieren, für die noch eine moralische Bedeutung für die Fremd- bzw. Selbstachtung der Menschen postuliert werden könnte.«[45]

Die evolutive Tendenz der Ausdifferenzierung des Gesellschaftssystems, in der letzten Phase begriffen als De-Humanisierung, und die evolutive Tendenz der Innendifferenzierung, in der jüngsten Phase begriffen als funktionale Differenzierung im wirtschaftlich-wissenschaftlich-technischen Monotypus – beides führt zu einem Problem, das ebenso ein reales wie ein theoretisches[46] ist: die Ortlosigkeit des Menschen. Es ist real die Heimatlosigkeit des Menschen inmitten eines Sozialsystems als des

---

44 N. *Luhmann,* Funktion der Religion, Frankfurt/M. 1977, S. 133.
45 N. *Luhmann,* Selbst-Thematisierungen des Gesellschaftssystems, S. 80f.
46 Das anthropologische Defizit der Systemtheorie ist nicht zu übersehen.

1 Einleitung: Differenzierung, Abstraktion, Konkretion

unbestimmten Bestimmenden, das sich – theoretisch scheinbar paradox, aber real – auf bedrängende Weise vom Menschen entfernt.

Zusammenfassung Die sozialgeschichtliche Entwicklung läßt sich als Prozeß zunehmend prägnanter Ausdifferenzierung des Gesellschaftssystems aus der für es relevanten Umwelt begreifen: vom soziomorphen Kosmos zur De-Sozialisierung der Welt und Humanisierung der Gesellschaft bis zur De-Humanisierung der Gesellschaft.

Nach dem systemtheoretischen Modell der System-Umwelt-Relationierungen lassen sich drei Haupttypen der gesellschaftlichen Innendifferenzierung unterscheiden:

a) Segmentäre Differenzierung basiert auf der Gleichheit von Systemen und Umwelten.

b) Schichtenmäßige Differenzierung basiert auf rangmäßiger Gleichheit im System und rangmäßiger Ungleichheit im Verhältnis zur Umwelt.

c) Funktionale Differenzierung basiert auf funktionaler Gleichheit im System und funktionaler Ungleichheit im Verhältnis zur Umwelt.

Die globale Tendenz moderner Gesellschaften zu immer größerer Komplexität und Differenziertheit bedarf im Gegenzug eines komplementären und bestandserhaltenden Korrektivs: Es wird in immer stärkerem Maße eine Komplexität im reinen Typus, und zwar im funktional differenzierten wirtschaftlich-wissenschaftlich-technischen Monotypus, in dem Humanität keinen Ort mehr hat.

c) Funktionaler Primat und Abstraktion – das gesellschaftlich lokalisierbare Gerücht, daß Gott tot und der Mensch entfernt sei
In der Neuzeit revolutioniert die Ausdifferenzierung eines »nach Art und Umfang neuartigen, geld- und marktorientierten Wirtschaftssystems«[47] das gesamte alte Gesellschaftsgefüge. »Was jetzt als ›bürgerliche Gesellschaft‹ bezeichnet wird, ist ein Gesellschaftssystem neuen Typs, in dem *jede* Struktur einen höheren Grad an Selektivität und Unwahrscheinlichkeit erhält und damit neu bestimmt werden muß. Der funktionale Primat der Politik wird durch einen Primat der Wirtschaft abgelöst. Der Potentialbegriff der potestas wird durch den Potentialbegriff der Produktion ersetzt. Die dafür erforderliche Kommunikation wird an Geld, nicht an Macht orientiert.«[48]

Seitdem kann »Gesellschaft« nicht mehr im »alteuropäischen« Sinne als ein handlungsfähiger »Körper« begriffen werden, in dem Teile, die »maiores partes«, *für* das Ganze stehen und handeln. »Niemand kann für die Wirtschaft zu handeln beanspruchen, auch wenn Unternehmer oder Unternehmerverbände gelegentlich so auftreten. Das Wirtschaftssystem ist eine sich selbst regulierende Ordnung individuellen Handelns, die nie-

---

47 N. Luhmann, Selbst-Thematisierungen des Gesellschaftssystems, S. 79.
48 Ebd.

manden braucht und niemanden hat, der sie als System vertritt und verpflichtet.«[49] Genau hierin liegt seine Abstraktheit. Rational ist jetzt nicht mehr, wie im früheren Wirtschaftsdenken, die einfache Vermehrung der Erträge, sondern das Kriterium der Wirtschaftlichkeit, d.h. die optimale Relationierung von Aufwand und Ertrag. »Das Kriterium der Wirtschaftlichkeit nimmt nunmehr genau den Platz ein, den vordem das Kriterium der Gerechtigkeit gehalten hatte, nämlich den Platz der wertindifferenten Mitte. Es definiert das Reflexionsprinzip der bürgerlichen Gesellschaft, das *alle* ihre Werte und Bestrebungen zu vermitteln in der Lage sein soll: das Prinzip der Relationierung ihrer Relationierungen.«[50]

Ein solches Maß an Ausdifferenzierung und funktionaler Dominanz des Wirtschaftssystems basiert vor allem auf der Funktionalität des in der Neuzeit erfolgreichsten Kommunikationsmediums[51]: des Geldes. »Ausdifferenzierung« bedeutet nicht »Unabhängigkeit« des Teilsystems Wirtschaft, wohl aber ein hohes Maß an Autonomie, d.h. Selbststeuerung. »Funktionale Dominanz« besagt den gesellschaftlichen Vorrang des Bezugsproblems, dem das Teilsystem dient[52]. »Vor allem mit Hilfe des Geldmechanismus bildet die Wirtschaft eigene Werte, eigene Zwecke, Normen, Rationalitätskriterien und eigene Abstraktionsvorrichtungen aus...«[53] Der hohe Wirkungsgrad des Kommunikationsmediums »Geld« ist begründet erstens in der unwahrscheinlichen Leistung des Geldmechanismus, durch die es möglich wird, Komplexität zu reduzieren *durch* Erhaltung und Bewegung von Komplexität, zweitens darin, daß das Geld das am stärksten reflexiv perfektionierte Medium ist, drittens darin, daß es das generalisierteste, abstrakteste Medium ist.

Das Geld ist das funktional generalisierteste Medium auf der Ebene formaler Symbole, es kann nicht spezifiziert werden z.B. auf die Möglichkeit des Erwerbs von bestimmten Gütern oder Dienstleistungen. Es ist für eine unbestimmte Vielzahl und Qualität von kursierenden Gebrauchssymbolen als Regelsymbol geeignet im Blick auf an- oder zueignende Kombinationen, es läßt eine unbegrenzte Vielzahl der möglichen Kombinationen von Gebrauchssymbolen offen und funktioniert trotzdem als Regelsymbol, und zwar durch die denkbar formalste Regel: durch Selbstverknap-

---

49 Ebd., S. 80.
50 Ebd.
51 Kommunikationsmedien sind funktional spezifizierte symbolische Codes, die der Übertragung von Selektionsleistungen dienen, z.B.: Wahrheit, Liebe, Kunst, Macht, Glaube, Geld.
52 Funktionale Dominanz oder auch funktionaler Primat ist gewiß nicht auf das Teilsystem »Wirtschaft« zu beschränken. Es ist m.E. aber wohl sinnvoll, sie mit N. Luhmann auf die Trias Wirtschaft – Wissenschaft – Technik einzugrenzen. Wir beschränken uns in unserem Zusammenhang auf das Teilsystem Wirtschaft, zum einen aus Raumgründen, zum andern aufgrund der Annahme, daß innerhalb der genannten Trias der Wirtschaft wiederum ein relativer funktionaler Primat zukommt.
53 *N. Luhmann*, Wirtschaft als soziales System, in: *ders.*, Soziologische Aufklärung, Bd. 1, S. 210.

I Einleitung: Differenzierung, Abstraktion, Konkretion

pung. Es ist für alles geeignet und verfügbar – aber in begrenzter Menge. Es fungiert also in einzigartiger Weise als komplexitätsreduzierender *und* komplexitätserhaltender Mechanismus. »Die Komplexität offener Möglichkeiten braucht weder, wie im Falle der Macht, in der Position, noch wie im Falle der Liebe, in der Person des Verfügenden regeneriert zu werden, da sie ja im Akt für das System nicht verlorengeht, sondern übertragen wird. Der Geldmechanismus hat seine Besonderheit somit darin, daß er Komplexität im Sinne eines begrenzt freien Zugangs zu Bedürfnisbefriedigungen in Bewegung setzt und dadurch im System erhält, während alle anderen Medien reduzierte Komplexität übertragen und dadurch in Gefahr sind, Komplexität im Sinne eines freien Zugriffs auf andere Möglichkeiten zu verlieren. Mit Hilfe von Geld wird Verfügung über Komplexität in der Weise möglich, daß jeder die Vorteile einer *Reduktion* erlangen kann *durch* Herstellung von *Freiheit* für andere«, einfach dadurch, daß er Geld ausgibt. »Im Gesamtsystem der Wirtschaft bleibt dadurch permanente Komplexität von Möglichkeiten der Auswahl trotz laufender Reduktion erhalten. Die paradoxe ›Moral‹ des Geldes ist die, daß jeder aus den insgesamt verfügbaren Möglichkeiten auswählen darf, sofern und soweit dadurch die insgesamt verfügbaren Möglichkeiten nicht verkleinert werden. Um dieser Erhaltung der Komplexität willen wird Geld unter der abstrakten Bedingung einer Summenkonstanz institutionalisiert.«[54]

Geld ist das am stärksten reflexiv perfektionierte Medium. Luhmann konstatiert vier Stufen sich jeweils generalisierend-übersteigender Reflexivität, demnach eine mehrfache Perfektion der Perfektion.

Ein nichtreflexiver, einfacher Tausch ist der Vorgang des Eintauschens von Sachen, z.B. Uhren gegen Lebensmittel. Der Tausch gegen Geld aber ist ein reflexiver Vorgang: Hier werden Tauschmöglichkeiten eingetauscht. »Geld ermöglicht dank der ... generalisierenden Abstraktionen ein Reflexivwerden von Tauschprozessen, nämlich ein Eintauschen von Tauschmöglichkeiten.« Das ist die einfache Stufe der Reflexivität als Tausch von Tauschpotential. »Damit sind die Möglichkeiten jedoch nicht erschöpft. Auf einer weiteren Stufe kann nicht nur das Tauschen, sondern das Geld selbst reflexiv werden; man kann den Geldmechanismus auf den Geldmechanismus anwenden, das Geld selbst bezahlen, indem man es auf verzinslichen Kredit erwirbt. Auf dieser dritten Stufe des Eintauschens der Möglichkeit des Eintauschens der Möglichkeit des Tauschens können breitere Möglichkeiten der Verhaltenssteuerung durch Wirtschaftsrechnung angesetzt werden, die nicht nur unter dem Gesichtspunkt vergleichen, was Sachen kosten, sondern darüber hinaus unter dem Gesichtspunkt, was Geld kostet. Außerdem ergibt sich auf dieser Stufe eine strukturell neuartige Möglichkeit der Differenzierung, nämlich der Differenzierung von Finanzierung per Kredit und Finanzierung per Geldschöpfung ... Im übrigen kann dank dieser Differenzierung eine vierte Stufe von Reflexivität gebil-

---

54 Ebd., S. 214.

det werden in der Form, daß die Möglichkeiten der Geldschöpfung benutzt werden, um die Bedingungen des Eintauschens der Möglichkeit des Tauschens zu regulieren.«[55] Es handelt sich also hier um eine vierfache Perfektionierung der Perfektion durch Reflexivität.

Geld ist das generalisierteste, abstrakteste Symbol. Es ist erstens *zeitlich* generalisiert, indem es jederzeit verfügbar ist. »Damit wird das Geld zu einem relativ zeitunabhängigen Bestand, den man haben, aber auch nicht haben kann.«[56] Es ist gegen Zeitunterschiede neutralisiert, Symbol eines wirtschaftlichen Potentials, das dauerhaft gesichert ist und darum Zukunft sichern kann, und es ermöglicht, die Entscheidung über die Befriedigung von Bedürfnissen zu vertagen. Es ist zweitens *sachlich* generalisiert, d.h. nicht nur neutral gegenüber Zeitunterschieden, sondern auch gegenüber den speziellen Eigenschaften von Dingen oder Leistungen, die man sich mit Geld kaufen kann. Es ist drittens *sozial* generalisiert, d.h. es ist als universell verwendbares Tauschmittel neutral gegenüber den Partnern, zwischen denen der Tausch stattfindet. Sein Tauschwert ist unabhängig etwa vom persönlichen Charakter des Tauschpartners, von Sympathie ihm gegenüber usw. Mit anderen Worten: Geld ist Symbol für perfekte Substitution, es ist »god term« der Wirtschaftsgesellschaft, weil mit ihm
1. jederzeit
2. alles
3. mit jedem Partner einlösbar ist.

Es ist aber nicht nur dieser letzte Grad von funktionaler Formalisierung, den wir unter dem Begriff »Abstraktheit« in den Blick nehmen. Es ist vielmehr auch das *Geschehen*, der Prozeß der Abstraktion, dem unser Interesse gilt. In diesem Prozeß zieht das Geld bzw. die Geldwirtschaft Bedeutungen ab von den Trägern, an denen diese Bedeutungen bisher hafteten, es zieht Prädikate von ihren angestammten Subjekten ab und zieht sie eben damit auf sich. Wir verdeutlichen an zwei für die Theologie zentralen Topoi – an der Vollkommenheit Gottes und am Vertrauen der Person –, daß das Geld theologische und anthropologische Qualitäten auf sich zieht.

Die These, daß Begriff und Vorstellung von »Vollkommenheit« seit dem 18. Jahrhundert ihre selbstverständliche Plausibilität verloren haben, weil der gesellschaftlich-kommunikative Kontext, in dem sie vorher beheimatet waren, sich grundlegend geändert hat, ist gut begründbar. Die selbstsubstitutive Ordnung, die nun ganz eindeutig zu dominieren beginnt, ist nicht mehr am Kriterium der Vollkommenheit orientiert, sondern am Kriterium der Entwicklung. Der moderne Imperativ des Wandels tritt an die Stelle der ontologischen Orientierung am vollkommenen göttlichen Sein als einem von jeher bereits Wirklichen. Der Imperativ der Verwirklichung durch permanente Veränderung der Bestände fordert andere Orientierungen und setzt solche frei. »Damit verliert nicht ohne weiteres

---

55 Ebd., S. 216.
56 Ebd., S. 214.

I Einleitung: Differenzierung, Abstraktion, Konkretion

der Glaube an Gott seine Bedeutung, wohl aber die Vorstellung der Perfektion an Selbstverständlichkeit. Das Geld fungiert selbst in ganz anderem Sinne als perfekte Substitution innerhalb einer selbstsubstitutiven Ordnung, der die Perfektion offensichtlich fehlt. Kontingenz kann nicht mehr überzeugend in Perfektionen spezifischer oder universeller Art aufgehoben werden, an die Stelle der Perfektion tritt daher in gleicher Funktion ... das Prinzip der Entwicklung. Eine Theologie, die Kontingenz nach wie vor in einem Gottesbegriff aufhebt, der die (unanalytisierte) Begriffsform der Perfektion verwendet, gerät nun in einen Gegensatz zu allen evolutionär orientierten Wissenschaften ... Was bleibt? Die Behauptung, Gott sei tot, mag eine bewußt inkongruente Chiffrierung dieser Frage gewesen sein ...«[57] Der Imperativ des Wandels, der vom prioritären Funktionsbereich der Wirtschaft(-Wissenschaft-Technik) ausgeht, expandiert nicht in sozusagen unbesetztes Niemandsland, er setzt neue Erlebens-, Handlungs-, Denk- und Erwartungsstrukturen frei und löst vorhandene ab.

Der hier anvisierte Zusammenhang zwischen der verbreiteten Rede vom Tode Gottes und dem funktionalen Primat der Geldwirtschaft ist so unwahrscheinlich nicht, wie er zunächst anmutet. Dem Geld werden in der Tat religionsersetzende Qualitäten zugeschrieben. Geld ermöglicht die Vertagung der Befriedigung von Bedürfnissen und stellt die Befriedigung trotzdem gegenwärtig schon sicher. So ermöglicht Geld vom einzelnen her gesehen »eine Konzentration der Vorsorge für die Zukunft. Man braucht im Grunde nur noch für Geld zu sorgen, um der Zukunft im Rahmen des technisch und gesellschaftlich Möglichen gewachsen zu sein. Geld löst in dieser Hinsicht religiöse Sicherungsmittel ab, wird zum *god term* im Bereich der Wirtschaft.«[58] Aber nicht nur dort. Denn insofern die These vom gesamtgesellschaftlichen funktionalen Primat des Wirtschaftssystems berechtigt ist, läßt sich mit zureichendem Grund sagen, daß das Geld zum gesamtgesellschaftlichen »god term« wird.

Das folgende Paradigma eines theologischen Lernprogramms für die religiöse Interaktion eines Geistlichen verliert in diesem Zusammenhang den unernsten Schein extremer Außenlage. »Man könnte sich ... ein Rahmenprogramm denken, das dem Geistlichen aufgibt, den Menschen zu helfen, sich selbst eine nachhaltige Antwort auf die Frage, wer bin ich, zu geben, und dies durch die Konfrontierung mit Gott (und nicht z.B. durch Vermittlung einer Chance, Geld zu verdienen) zu erreichen. Vielleicht macht er dann die Erfahrung, daß bei voll und ungebrochen in der Gesellschaft lebenden Menschen nicht mehr unmittelbare Kommunikation mit Gott, sondern nur noch Geld Identität vermittelt – und daß er deshalb eine Theologie braucht, in der das Geld einen anderen Stellenwert als bisher bekommt.«[59]

Das Geld zieht theologische Qualitäten auf sich und auch anthropolo-

---

57 *N. Luhmann*, Religiöse Dogmatik und gesellschaftliche Evolution, S. 61f.
58 *N. Luhmann*, Wirtschaft als soziales System, S. 214.
59 *N. Luhmann*, Die Organisierbarkeit von Religionen und Kirchen, S. 281.

gisch-personale, es zieht diese eben damit vom Menschen ab. Es etabliert »ein System für sich mit eigenem Naturrecht, eigenen Gesetzmäßigkeiten, eigener Entscheidungslogik«, es bildet eigene Werte, Zwecke, Normen, Rationalitätskriterien aus, »an denen sich die Verhaltenswahlen... orientieren«.[60]

Vertrauen in Geld ist konstitutive Bedingung dafür, daß Geld überhaupt als Kommunikationsmedium fungieren kann. »Der Mechanismus setzt... für seine Funktionsfähigkeit voraus, daß das Geld selbst Vertrauen genießt. Der einzelne muß davon ausgehen können, daß er mit dem Geldsymbol auch wirklich die Möglichkeiten in der Hand hält, die er verspricht, so daß er getrost seine Entscheidung über die endgültige Verwendung des Geldes vertagen und die Komplexität der in ihm repräsentierten Möglichkeiten als solche in abstrakter Form genießen oder ausnutzen kann.«[61] Vertrauen ermöglicht erst Liquidität des Geldes, denn würde jeder die ihm verfügbare Liquidität opfern, z.B. aus Mißtrauen in die Konstanz des durch das Geldsymbol repräsentierten Wertes, und in statt dessen vertrauenswürdigere Sachwerte fliehen, so würde der Geldmechanismus zusammenbrechen. »Alles, was nicht aus dem Glauben heraus geschieht, ist Sünde.« Wer also sein Geld nicht ausgibt, sondern Liquidität spart, vertraut darauf, daß die Vertagung von Investitionen das Möglichkeitspotential nicht vermindert, sondern vermehrt, mindestens aber aufbewahrt. Und er kann dieses Vertrauen nur leisten im Vertrauen darauf, daß andere dieses Vertrauen auch haben und nicht etwa beabsichtigen, alle Liquidität zu opfern. »Der rationale Grund für das Vertrauen in Geld ist, daß andere Geldvertrauen haben.«[62] Geldvertrauen ist also nicht möglich ohne das Vertrauen, daß das System funktioniert. »Wer in die Stabilität des Geldwertes und in die Kontinuität einer Vielfalt von Verwendungschancen vertraut, setzt im Grunde voraus, daß ein System funktioniert, und setzt sein Vertrauen nicht in bekannte Personen, sondern in dieses Funktionieren.« So wird »persönliches Vertrauen unter Zivilisationsbedingungen zu einer Art Systemvertrauen«, und die Umstellung des Sozialsystems von Personvertrauen auf Systemvertrauen erhöht nicht nur die Komplexität der Gesellschaft in historisch unwahrscheinlichem Maße, sondern sie erleichtert auch das Erlernen von Vertrauen. Das Vertrauen in das Ganze baut sich aus kleinsten Quantitäten gleichsam von selbst auf, alltägliche Erfahrungen mit kleinen Mengen bestätigen kontinuierlich, daß das Symbol den Wert tatsächlich hat, den man ihm zutraut, darum ist es »unvergleichlich viel leichter zu lernen als persönliches Vertrauen in immer wieder neue Personen«.[63] Persönliches Vertrauen ist das Vertrauen

---

60   N. *Luhmann*, Wirtschaft als soziales System, S. 210.
61   N. *Luhmann*, Vertrauen. Ein Mechanismus der Reduktion sozialer Komplexität, Stuttgart 1968, S. 46.
62   T. *Parsons*, Some Reflections in the Place of Force in Social Process, New York / London 1964, S. 45.
63   N. *Luhmann*, Vertrauen, S. 46.

I Einleitung: Differenzierung, Abstraktion, Konkretion

darauf, daß ich mich auf einen Menschen verlassen kann, wenn Situationen, die ich noch nicht kenne, das Vertrauen auf die Probe stellen. Im Blick auf die gleiche Person, der vertraut wird, liegt das Wagnis in der Zeitdifferenz, die ich nicht überspringen kann. Denn Zukunft ist unkalkulierbar und kann überraschend die Probe aufs Exempel bringen. Das Vertrauen überspringt trotzdem die Zeitdifferenz, indem es wagend voraussetzt, daß es sich bewähren wird und differenzlos bleiben kann, wie es ist: Die Zeitdifferenz bewirkt dann keine Vertrauensdifferenz. Im Blick auf weitere Personen, mit denen noch keine Erfahrungen vorliegen, noch keine Geschichte des Vertrauens im Gange ist, liegt das Wagnis in der Personendifferenz, die ich ebenfalls nicht überspringen kann. Denn ich weiß nicht, ob sich mit anderen bewähren wird, was sich bei diesen, mit denen ich Erfahrungen teile, bewährt hat. Das Vertrauen überspringt trotzdem die Personendifferenz, wenn der Entschluß dazu fällt. Die Personendifferenz bewirkt in diesem Falle keine Vertrauensdifferenz. In beiden Hinsichten ist Vertrauen ein *Akt*, in dem Differenzen übersprungen werden und in dem immer wieder das Ganze auf dem Spiel steht. Geldvertrauen und Systemvertrauen lernen sich dagegen nebenher durch Gewöhnung und durch Akkumulation von Erfahrung in einer unendlichen Zahl und kontinuierlichen Folge von kleineren und größeren operationalen Schritten, vom Kauf von Brötchen bis zum Bau eines Hauses. Umgekehrt ist es aber um so schwieriger zu kontrollieren: »Zwar gibt es gerade in bezug auf das Geldwesen zahlreiche Ereignisse, die symptomatische Bedeutung für die Vertrauensfrage haben, Warnfunktionen für die Wissenden ausüben und spezifische Defensiven oder Anpassungsreaktionen nahelegen. Deren Beherrschung stellt aber höchste Anforderungen an Wachsamkeit und Zeitaufwand, gelerntes Wissen und Intelligenz, so daß sie nur wenigen gelingt. Durch Umstellung von Personvertrauen auf Systemvertrauen wird das Lernen erleichtert und die Kontrolle erschwert. So kommt es typisch zu einem gleichsam automatisch gelernten Geldvertrauen, indem der Vertrauende sich abhängig weiß vom Funktionieren eines hochkomplexen Systems, das er nicht durchschauen kann, obwohl es an sich durchschaubar ist. Der Vertrauende weiß sich korrekturunfähig, fühlt sich damit Unvorhersehbarem ausgeliefert und muß trotzdem wie unter Zwangsvorstellungen weiter vertrauen.«[64] Wirtschaftswissenschaftler und Bankfachleute sind das neue Priestertum, in der Verantwortung dieser neuen Arkandisziplin, für nur wenige zugänglich und handhabbar, liegt die rationale Kontrolle der vorrationalen kollektiven Rückbindung (religio) der vielen im vorrationalen Vertrauen in die undurchschaute Rationalität des Ganzen. Stabilität des Systems setzt demnach Systemvertrauen voraus, und umgekehrt setzt Systemvertrauen Stabilität des Systems voraus. Und beides hängt davon ab, daß die einen nichtdurchschauend darauf vertrauen,

64 Ebd.

daß die anderen ebenso wie sie nichtdurchschauend vertrauen, also Vertrauen in das Vertrauen anderer setzen.

Latenzen sind konstitutiv für den Systembestand. Geld löst in dieser Weise nicht nur »religiöse Sicherungsmittel« ab, es zieht auch persönliche Vertrauensqualitäten auf sich. Es wird nicht nur zum »god term«, sondern auch zum »person term« in der Gesellschaft. Es macht, wenn man denkend etwas vor seinem Tempel verweilt, als der alle Relationen in der Gesellschaft relationierende Wert, das Gerücht etwas greifbarer, daß in der so relationierten Gesellschaft Gott tot und der Mensch entfernt sei. Es bestätigt so per nefas und per negationem, was der christlichen Gemeinde von Anfang an Gegenstand des Credo und Inhalt ihrer Botschaft war und ist: daß der lebendige Gott vom toten Menschen nicht zu trennen sei – gekreuzigt, gestorben und begraben. Was der Systemtheorie ein »besonderer und besonders folgenreicher Sonderfall« ist[65], ist der Christenheit, ihrem Bekenntnis, ihrer Botschaft, ihrer Theologie exklusiver *und* inklusiver Bezugspunkt. Die alleinige Mitte ihres Glaubens ist zugleich der alles einfassende Umkreis, das Zentrum zugleich die Peripherie des Horizonts. Sie weiß nur Jesus Christus, den Gekreuzigten (1Kor 2,2), aber diese *eine* Mitte als Erlösung (Röm 3,24) und Geschenk (Röm 8,32), als Versöhnung der Welt (2Kor 5,19), als universal übergreifende und das »für uns« einbeziehende Mitte. Es ist zwar nicht die zur Mündigkeit erwachte »Welt«, wie D. Bonhoeffer sie heraufziehen sah, die ohne »Gott als moralische, politische, naturwissenschaftliche Arbeitshypothese« auskommt, sondern es ist die Gesellschaft, die Unmündigkeit als konstitutive Bedingung ihres Bestandes auf Dauer stellt. Aber gerade so behält Bonhoeffers Antwort auf die Frage: »Wo behält nun Gott noch Raum?« und mit der gleichzeitig die Frage zu stellen ist: Wo behält nun der Mensch noch Raum? prophetische Gültigkeit: »Gott läßt sich aus der Welt herausdrängen ans Kreuz, Gott ist ohnmächtig und schwach in der Welt und gerade und nur so ist er bei uns und hilft uns. Es ist Mth. 8,17 ganz deutlich, daß Christus nicht hilft kraft seiner Allmacht, sondern kraft seiner Schwachheit, seines Leidens! Hier liegt der entscheidende Unterschied zu allen Religionen. Die Religiosität des Menschen weist ihn in seiner Not an die Macht Gottes in der Welt, Gott ist der Deus ex machina. Die Bibel weist den Menschen an die Ohnmacht und das Leiden Gottes; nur der leidende Gott kann helfen.«[66] Gott bleibt beim Menschen. Indem er sich herausdrängen läßt aus der Welt, bleibt er bei ihm. Aber die »Welt sieht das nicht, denn die Welt verachtet den Menschen.«[67]

Im Kontext des damit angedeuteten globalen sozialen Trends zur formal-funktionalen Abstraktion repräsentiert K. Barths Kirchliche Dogma-

---

65 N. *Luhmann,* Religiöse Dogmatik und gesellschaftliche Evolution, S. 46.
66 D. *Bonhoeffer,* Widerstand und Ergebung, 2. Aufl. München/Hamburg 1965, S. 178.
67 M. *Luther,* Großer Galaterkommentar, WA 40,1, S. 79, Z. 5f.

I Einleitung: Differenzierung, Abstraktion, Konkretion

tik eine kontratendenziell-widerständige Theologie des Konkreten. Und dies in mehrfacher Hinsicht.

Eine ihrer grundlegenden Entscheidungen liegt in der theologisch-axiomatischen Priorität der Wirklichkeit vor der Möglichkeit. Und ebendiese theologische Grundentscheidung im Ausgang nicht von Possibilität, sondern von Realität ist der Kernpunkt der kritischen Differenz sowohl gegenüber dem römischen Katholizismus als auch gegenüber dem Neuprotestantismus. Sie ist auch der Grund dafür, daß eine Rekonstruktion des offenen Chaos real undenkbar bleibt. Was hier als im Zentrum konkreteste Mitte, als zentrale und dichteste Wirklichkeit theologisch-inhaltlich entfaltet wird, ist eben der terminus a quo, von dem aus auch der ganze Umkreis, die universale Grenze von Wirklichkeit zureichend bestimmbar wird. Die Exklusivität der konkretesten Mitte *ist* die Bedingung und der Grund ihrer inklusiven Kraft. Die wirkliche Mitte in der Einheit von Gott und Mensch in Jesus Christus zusammenzudenken mit dem komprehensiven Universalen, genauer: *als* das komprehensive Universale theologisch zureichend zu denken, dies gehört zum atemberaubenden Zentralen dieser Theologie, die so streng auf ein einziges bedacht ist und zugleich so ins Weite ausgreift, daß ihre in zwölf großvolumigen Bänden dokumentierte Bewegung Fragment bleiben mußte.

Dies alles steht quer zur oben skizzierten globalen Tendenz der Abstraktion und Formalisierung einer sozialen Realität, die sich als subjektlose Subjektivität der reinen Funktionalität von Gott und vom Menschen abzieht, die niemanden braucht und niemanden hat, die sich an den real existierenden Subjekten vorbei, von ihnen weg und über sie hinweg etabliert als dehumanisierte Ordnung »individuellen Handelns« mit eigenem Naturrecht, eigenen Normen, Werten und Zwecken. In diesem Kontext der Moderne wird der theoretische und praktische Status eines Satzes zu bedenken sein, der den Widerspruch und die radikale Kritik formuliert: »Nachdem Gott selbst Mensch geworden ist, ist der Mensch das Maß aller Dinge...«[68] Auf dem Hintergrund der gesellschaftlichen Evolution mit ihrer eindeutigen Tendenz zu immer prägnanterer funktionaler Ausdifferenzierung relativ autonomer Teilsysteme wird der theologische Protest gegen die »Eigengesetzlichkeit« abzuhorchen sein auf die darin steckenden Möglichkeiten einer kritischen theologischen Verantwortung der christlichen Botschaft in der gegebenen gesellschaftlichen Realität. Soll es sich dabei nicht nur um einen theoretisch konzipierten Widerspruch und kann es sich dabei nicht um religiöse Interpretation der gesellschaftlichen Wirklichkeit bzw. um die Interpretation der gesellschaftlichen Wirklichkeit als einer religiösen handeln, sondern um praktische Kritik mit praktischer Begründung in der Praxis Gottes und mit praktischer Absicht, so ist dieser Anspruch nur im Zusammenhang der Ekklesiologie einlösbar. Darin geht

---

68 K. *Barth*, Christengemeinde und Bürgergemeinde, ThSt[B] 20, Zürich 1946, S. 68.

es um die soziale Wirklichkeit der Kirche als der irdisch-geschichtlichen Existenzform Jesu Christi.

Zusammenfassung   In der Neuzeit revolutioniert die Ausdifferenzierung eines neuen geld- und marktorientierten Wirtschaftssystems das gesamte überkommene Gesellschaftsgefüge.

Der funktionale Primat und die Leistung des Teilsystems »Wirtschaft« basieren auf dem hohen Funktionalitätsgrad des Kommunikationsmediums »Geld«.

Der hohe funktionale Wirkungsgrad des Geldes liegt
a) in seiner Leistung, Komplexität zu erhalten *durch* Reduktion von Komplexität;
b) in seiner reflexiven Perfektion;
c) in seiner Abstraktheit.

Das Geld zieht theologische und anthropologische Qualitäten auf sich: Vollkommenheit und Vertrauen; es wird zum »god-term« und »personterm« der Gesellschaft. Es macht das Gerücht lokalisierbar, daß Gott tot und der Mensch entfernt sei.

Im Kontext der globalen Tendenz zu Abstraktion, Formalisierung und Funktionalisierung repräsentiert Karl Barths Dogmatik eine kontratendenziell-widerständige Theologie des Konkreten.

3   Differenzierung in der Perspektive der Kirche

a)   Ausdifferenzierung des Religionssystems

In frühen, wenig differenzierten Gesellschaften fungierte Religion direkt und unvermittelt in der gesellschaftlichen Lebenswelt. Verunsicherungen, die das Auftauchen anderer Möglichkeiten hervorruft, z.B. Enttäuschungen, die dadurch entstehen, daß Erwartetes nicht eintritt, oder Überraschungen, die dadurch entstehen, daß Nichterwartetes eintritt, oder Ängste, die dadurch entstehen, daß man nicht weiß, was man erwarten soll, werden unmittelbar und lebensnah religiös verarbeitet. Das andere, das Fremde, das, was »außer der Reihe« ist und nicht einzuordnen, wird sakralisiert und tabuisiert. So wird Komplexität reduziert und Kontingenz bewältigt. Diese Vorgänge sind ursprünglich sehr nah und konkret im gesellschaftlichen Zusammenhang der Lebenswelt beheimatet, die Verarbeitung verunsichernder Widerfahrnisse ist sozusagen gesellschaftlich geregelt, ist noch nicht individuelle Leistung der Sinnvergewisserung des einzelnen. Gegen Einbrüche des Unwahrscheinlichen, die die Regeln der sozialen Interaktionsmuster durcheinanderbringen könnten, gibt es kollektive Sicherungen, denen »man« sich anvertraut.

Dieses ändert sich im Verlauf der gesellschaftlichen Evolution zu immer größerer Komplexität und Differenziertheit: Religion muß eine größere Variationsbreite entwickeln, muß mehr Möglichkeiten zulassen und zu-

I Einleitung: Differenzierung, Abstraktion, Konkretion

gleich interpretieren und integrieren können. Ihr Medium muß allgemeiner werden und zugleich bezogen bleiben. Ein in sich spannungsvoller Prozeß von Entfernung und Rückbezug setzt ein. Wird das Medium der Religion nicht generalisiert, so wird es unverträglich mit der expandierenden gesellschaftlichen Komplexität und damit zum historischen Relikt; wird es nicht respezialisiert, wozu es der Fachleute bedarf, die sich auf dergleichen verstehen – »Auslegen gehört Gott zu, doch erzählt mirs« (Gen 40,8) –, verliert es seinen Bezug zur gesellschaftlichen Lebenswelt und wird bedeutungslos, d.h. der Prozeß zunehmender gesellschaftlicher Differenzierung und Komplexität führt zur Generalisierung der Religion und – komplementär dazu – zur Ausbildung von Einrichtungen, die darauf spezialisiert sind, das durch Verallgemeinerung Entfernte zurückzubeziehen. Daß damit zugleich der Übergang von einer unmittelbaren und direkten religiösen Verfaßtheit der gesellschaftlichen Lebenswelt zu einer indirekten und vermittelten gegeben ist, so daß zunehmend die Pflege der Religion zu einer Angelegenheit eines Teilsystems der Gesellschaft wird und doch eine gesamtgesellschaftliche Funktion zu erfüllen hat, ist evident. Ebenso, daß Generalisierung und Respezifikation eigentümliche neue Risiken beinhalten, denn die evolutionär erzwungene Distanzierung der Gesellschaft von Religion muß situationsweise »immer wieder« eingeholt werden und abgearbeitet werden – das kann gelingen, kann aber auch mißlingen. Das Risiko ist noch relativ gering, wenn die Respezifikation sakramental-instrumental fungierend gedacht wird, sie steigert sich immens, wenn sie über das »Wort« geleistet werden soll. Dies ist eben die Steigerungstendenz, die vom Mittelalter über die Reformation, in der beides kombiniert ist, bis zur Neuzeit erkennbar wird. Die umgangssprachlich auffallend verbreitete Partikel »noch« in Verbindung mit »Religion« (was Religion »noch« zu bedeuten habe) spiegelt dieses Risiko ebenso wie – auf der Ebene theologischer Theoriebildung – die hermeneutische Thematisierung von »Bedeutsamkeit«. Die Vermutung liegt nahe, daß immer, wenn in der theologischen Themenbildung die Hermeneutik prioritären Rang bekommt, Respezifikation in ein prekäres Stadium getreten ist.

Hat demnach Religion in vorneuzeitlichen Gesellschaften noch eine unmittelbare, sozusagen praxis- und lebensnah gestreute gesellschaftliche Relevanz, da noch »keiner den andern noch ein Bruder den andern« lehrt und sagt: »Erkenne den Herrn« (Jer 31,34), so werden mit gesteigerter Komplexität des Gesamtsystems an die religiösen Funktionen Anforderungen gestellt, die nur noch durch Ausdifferenzierung besonderer Einrichtungen zu bewältigen sind. Diese Ausdifferenzierung geschieht schrittweise, zuerst phasenweise durch Aussonderung »besonderer« kultischer Zeiten, dann durch Rollendifferenzierung. Die Aussonderung von Religion aus der ehemals diffus-unmittelbaren religiösen Verfaßtheit der Lebenswelt geschieht hier nicht mehr auf der Basis von Zeit, etwa in der Weise zyklisch wiederkehrender Erntefeste, sondern auf der Basis von Personen, mit denen als Statusträgern bestimmte Verhaltens- und Leistungserwartungen verknüpft werden[69]. Von ihnen wird z.B. erwartet, daß sie aufgrund ihres professionellen Know-how in der Lage sind, religiöse Themen, die auf dem Wege der Generalisierung situationsfrei zu fungieren beginnen, so zu interpretieren und zu respezifizieren, daß sie dem »Klienten« in seiner Situation hilfreich sein können. Die Kontinuität liegt hier nicht in der phasenweisen Wiederkehr religiös verdichteter Zeiten, sondern in der Ansprechbarkeit von religiös verdichteten Personen durch andere Personen in religiös qualifizierten oder qualifizierbaren Problemlagen.

Schließlich führt die Evolution zur Ausdifferenzierung eines permanent fungierenden Teilsystems, in dem spezifisch religiöse Funktionen durch Institutionalisierung auf Dauer für die Gesamtgesellschaft bereitgestellt werden. Hier liegt die Kontinuität in der Dauer der Institution, die die Abrufbarkeit spezieller Leistungen als organisierte Kirche permanent sicherstellt, etwas salopp ausgedrückt: die ihren Sinn nicht darin hat, daß sie dauernd gebraucht und frequentiert wird (es widerspricht dem institutionellen Sinn von Kirche, daß alle Kirchenmitglieder beständig »zur Kirche gehen«), sondern scheinbar paradox darin, daß sie *nicht* dauernd gebraucht wird, bzw. darin, daß sie immer *da ist*, für den Fall, daß sie gebraucht wird. Diese Konstellation von Religionssystem und gesellschaftlicher Umwelt ist sehr voraussetzungsreich, implikationsreich und folgenreich – sowohl im Hinblick auf die Funktion des Teilsystems für das Gesamtsystem als auch im Hinblick auf die Leistung des Religionssystems für seine Umwelt als auch für religiöse Interaktion und schließlich für das Selbstverständnis von institutionalisierter Religion. Man wird auf ausdifferenzierte Religionssysteme übertragen können, was im Blick auf funktional differenzierte Systeme überhaupt gilt: Sie behalten evolutionär überholte Differenzierungsprinzipien wie Segmentbildung und Schichtenbildung auf sekundärer oder tertiärer Stufe bei. So gilt zweifellos auch von Religionssystemen, daß sie phasenspezifische und rollenspezifische Differenzierungen beibehalten. Das wäre am Beispiel der Funktion des Kirchenjahres als Phasendifferenzierung und am Beispiel der Verhaltens- und Leistungserwartungen an Statusträger im kirchlichen Amt als Rollendifferenzierung leicht zu belegen.

Zusammenfassung   In einfach strukturierten Gesellschaften fungiert Religion direkt und unvermittelt in der gesellschaftlichen Lebenswelt.

Der Prozeß der gesellschaftlichen Differenzierung führt zur Generalisierung der Religion und zur Ausbildung von Einrichtungen zum Zweck der Respezifizierung auf der Basis von Zeit (Perioden-Differenzierung),

---

[69] Wir verstehen hier »soziale Rolle« mit J. Wössner als Organisationsform von Verhaltensschemata, »insofern sie die Erfüllung bestimmter Erwartungen ... von einem Statusträger verlangt.« *J. Wössner*, Soziologie, 5. Aufl. Wien/Köln/Graz 1973, S. 85f.

I Einleitung: Differenzierung, Abstraktion, Konkretion

auf der Basis von Personen (Rollen-Differenzierung) und auf der Basis von Institutionen (Institutionen-Differenzierung).

b) Das Problem der Säkularisierung

Angesichts der weitgefächerten Diskussion über die Säkularisierungstheorie ist der Theologe hinreichend gewarnt, durch Generalisierung und Abstraktion von soziologischen Theorien kleiner oder mittlerer Reichweite, von empirisch-demographischen kirchensoziologischen Erhebungen oder gar von sozialen Primärerfahrungen aus zu Festlegungen nach der Art eines historischen Epochenschemas oder einer global-historisch eindeutig gerichteten Prozeßvorstellung zu kommen und diese dann stante pede mit einer theologischen Wertung zu versehen. Das Problem der Säkularisierung ist inzwischen theoretisch schwer hantierbar geworden. Das liegt nicht nur am enormen Umfang der einschlägigen Literatur, sondern auch an erheblichen theoretischen Unschärfen hinsichtlich des Bezugsproblems. Bezieht sich die Säkularisierungsdiskussion auf Prozesse der Entkirchlichung oder der Entchristlichung oder der Entreligionisierung von Gesellschaften? Oftmals wechseln diese Problemperspektiven bei demselben Autor, überschneiden sich oder werden stillschweigend identifiziert. Hat die Diskussion die zureichende Kapazität der Theorie als Bezugsproblem angesichts eines Gegenstandsbereiches, der so komplex ist, daß der Theorie ein hohes Maß an Flexibilität und Weite abverlangt wird und zugleich ein ebenso hohes Maß an Konsistenz reduktiver Bestimmungen, weil die Theorie sonst keine Erklärungskraft hätte? Ist demnach das Problem die zureichende theoretische Bestimmung dessen, *was* »Säkularisierung« ist? Oder ist das das Problem, *ob* es überhaupt »Säkularisierung« als soziale Realität gibt? Auch hier geht oft die Kritik bisheriger theoretischer Konzeptionierungen des Säkularisierungsproblems zusammen mit der Kritik *der* Säkularisierungsthese, d.h. mit der Bestreitung, daß es das, was die Säkularisierungsthese thematisiert, überhaupt gibt, bzw. mit der Behauptung, es sei nicht eigentlich das mit der Säkularisierungsthese bezeichnete Faktum das bemerkenswerte, sondern das Faktum der Säkularisierungsthese an sich, die in einer Art permanent selbstverstärkender Selbstreferenz ihre Dauerwirkung erziele.

Es ist offensichtlich, daß der Begriff der »Säkularisierung« so facettenreich und perspektivisch verschieden besetzt ist, daß man versucht ist, auch hier von einem »Irrgarten«[70] zu sprechen, und man mit Grund von einem »semantisch verkorksten Titel« gesprochen hat[71]. »Säkularisierung« wird definiert als ein Begriff generalisierter Primärerfahrung[72], erwachsen aus den seelsorgerlichen und sozialethischen Erfahrungen kirchlicher Mit-

---

70 Vgl. J. Heckel, Im Irrgarten der Zwei-Reiche-Lehre, München 1957.
71 N. Luhmann, Funktion der Religion, S. 232.
72 J. Matthes, Zur Säkularisierungsthese in der neueren Religionssoziologie, in: D. Goldschmidt u.a. (Hg.), Probleme der Religionssoziologie, 3. Aufl. Opladen 1971, S. 67.

arbeiter im Zusammenhang mit den sozialen Problemen der Industrialisierung im 19. Jahrhundert[73]. »Säkularisierung« wird aber auch bestimmt als eine der drei fundamentalen Säulen sozialwissenschaftlicher Theoriebildung: Die Kompensationsthese bezieht sich auf die mikrosoziologische Ebene, die Integrationsthese auf die makrosoziologische Ebene, die Säkularisierungsthese auf die Ebene des sozialen Wandels[74]. »Säkularisierung« wird als ideenpolitischer Kampfbegriff verstanden[75]. Demnach zeigt die begriffsgeschichtliche Forschung, »wie gewisse Begriffe, jedenfalls in gewissen Situationen, weniger die Theoriefähigkeit der Vernunft als die Bereitschaft des Willens steigern, sich ideenpolitisch zu engagieren und Stellung zu nehmen. Sie läßt erkennen, daß gewisse Begriffe weniger durch ihre wirklichkeitsaufschließende Kraft als durch die Provokation zur ideenpolitischen Frontenbildung, die von ihnen ausgeht, philosophie- und geistesgeschichtlich bedeutsam geworden sind.«[76] »Säkularisierung« ist in der handlungstheoretischen Konzeption Max Webers neben »Sakralisierung« und »Gesinnungsethik« tragender Begriff einer universalen Theorie der gesellschaftlichen Entwicklung als Differenzierung und Rationalisierung des menschlichen Handelns. Schließlich aber wird dem Begriff der »Säkularisierung« ein so theorie-zentraler Status, wie er z.B. bei F. Fürstenberg und M. Weber erkennbar ist, geradezu abgesprochen. Er bekommt dann den Status einer vorwissenschaftlichen, weitverbreiteten und wirkungsvollen Vermutung oder eines »Vorurteils«[77]. »Säkularisierung« kann »nicht aus dem theoretischen Vorfeld bloßer Hypothesen in die Zone einer Theorie wenigstens mittlerer Reichweite und Geltungskraft übernommen werden, so sehr der Anschein weiter Verbreitung in der religionssoziologischen Diskussion das sonst nahegelegt hätte.«[78]

Schon diese eklektische Auflistung zeigt, daß problemerschließendes theoretisches Profil aus dem bloßen Begriff oder Faktum nicht zu gewinnen ist. Eindeutig ist nur der Bedeutungs- und Deutungswandel von »Säkularisierung«. In seiner rechtlichen Verwendung taucht er nach H. Lübbe erstmals bei den Vorverhandlungen zum westfälischen Friedensvertrag 1648 auf, »geistlich« und »weltlich« (säkular) werden unterschieden im Zusammenhang mit der Einziehung kirchlicher Vermögenswerte. Aus seiner rechtlichen Verwendung wandert der Begriff über seine kirchengeschichtliche Deutung in die soziologische und theologische Theorie. Auf-

---

73 Vgl. *F. Fürstenberg,* KZS 4, 1961; ders., Art. Religionssoziologie, in: RGG Bd. V, 3. Aufl. 1961, Sp. 1027–1032.
74 *F. Fürstenberg,* a.a.O.
75 *H. Lübbe,* Säkularisierung. Geschichte eines ideenpolitischen Begriffs, Freiburg/München 1965, S. 21f.
76 Ebd.
77 *T. Rendtorff,* Christentum außerhalb der Kirche, Hamburg 1969, S. 20ff.
78 *J. Hach,* Gesellschaft und Religion in der Bundesrepublik Deutschland, Heidelberg 1980, S. 173.

I Einleitung: Differenzierung, Abstraktion, Konkretion

fällig ist die seltsame Echolosigkeit der theologischen Beiträge, z.B. F. Gogartens »Verhängnis und Hoffnung der Neuzeit«[79].

Andererseits zeigt die bisherige Säkularisierungsdiskussion, daß im Rahmen einer umfassenden Theorie der gesellschaftlichen Entwicklung zum einen der Begriff der Säkularisierung offensichtlich unvermeidbar ist, zum andern, daß er so viel Struktur und Eindeutigkeit gewinnen kann, daß seine zentrale theoretische Stellung begründbar wird.

Im Zusammenhang des differenzierungstheoretischen Konzepts[80] erscheint »Säkularisierung« als ein Strukturproblem neuzeitlicher Gesellschaften, durch das sich sowohl die Soziologie wie die Theologie vor neue theoretische Ansprüche gestellt sieht. Auf zwei zentrale Strukturprobleme, die auf das Problem der Säkularisierung durchschlagen, soll im folgenden im Anschluß an T. Parsons und N. Luhmann hingewiesen sein: die veränderte Struktur gesamtgesellschaftlicher *Integration* und die veränderten *Rollenstrukturen*.

Wenn es zutrifft, daß die gesellschaftliche Entwicklung nicht nur durch wachsende Komplexität und Differenzierung, durch die Vermehrung der Anzahl der Elemente und der Beziehungen zwischen Elementen gekennzeichnet ist, sondern auch und sehr wirkungsvoll durch die Veränderung des Differenzierungsprinzips, so leuchtet es ein, daß sich damit auch die Form ändern muß, in der sich die Gesellschaft als eine Gesamtheit integriert. Die Gesamtgesellschaft reagiert auf kompliziertere Anforderungen an ihre Integrationsleistung durch abstraktere, formalere, generalisiertere Integrationsformen. Sind also segmentär oder schichtenmäßig differenzierte Gesellschaften über Normen und Werte weltbildhaft integriert, so leisten funktional differenzierte Gesellschaften Integration durch nichtbeliebige Relationierung der möglichen Relationen zwischen funktionalen Teilsystemen. Die Integrationsleistung besteht dann darin, daß alle Teilsysteme füreinander eine verträgliche Umwelt darstellen, oder negativ formuliert: darin, daß kein Teilsystem Funktionen entwickelt, die in anderen Teilsystemen zu unüberwindbaren Problemen führen. Dies ist eine ganz formale Art der Integration, eben deshalb für hochkomplexe Gesellschaften leistungsfähig. Sie besteht einfach darin, daß »anderes« in einer für »dieses« verträglichen Weise woanders geschieht: Produktion oder Forschung oder politische Entscheidung oder Erziehung oder Rechtsprechung oder Lob Gottes. Die Anhäufung mehrerer Funktionen in einem Teilsystem ist eine Anforderung, die bei höher entwickelten Ansprüchen nicht mehr erfüllbar ist. Die Teilsysteme nehmen sich gegenseitig die Arbeit ab, indem

---

79 Stuttgart 1953.
80 Vgl. *H. Pfautz*, The Sociology of Secularization, in: AJS 61, 1955, S. 120–128; *R.K. Fenn*, The Secularization of Values: An analytical Framework for the Study of Secularization, in: JSSR 8, 1969; *N. Luhmann*, Funktion der Religion, S. 225–271; *H. Ludwig*, Die Kirche im Prozeß der gesellschaftlichen Differenzierung. Perspektiven für eine neue sozialethische Diskussion, München/Mainz 1976.

sie ihre spezielle Aufgabe leisten können, *weil* in der innergesellschaftlichen Umwelt anderes geleistet wird.

Beschreibt man in dieser Weise die Integration funktional differenzierter Teilsysteme als Relationierung von System-Umwelt-Relationen, dann ist damit implizit schon das Problem der Säkularisierung präsent. Das Religionssystem fungiert religiös, *weil* anderes woanders geschieht – d.h. allemal: nichtreligiös. Funktionale Differenzierung *ist* hinsichtlich des Verhältnisses von Religionssystem und innergesellschaftlicher Umwelt Säkularisierung – und dies nicht nur aus der gleichsam teilsystematisch-subjektiven Sicht der Religion, sondern auch aus der Sicht der Gesellschaft, insofern Religion in ihr auf öffentlich wahrnehmbare Weise präsent ist. Die Kirche ist nicht mehr durch einen gesamtgesellschaftlich geteilten Glaubens-, Wert- oder Normenkonsens von außen her abgedeckt. Umgekehrt können ihre normativen Glaubensinhalte oder ihre rituellen Symbole nicht als Ausdruck gesamtgesellschaftlicher Integriertheit dienen, denn »sie tragen die Integration gar nicht«.[81] Kirche ist nicht mehr vom Vorhof gesamtgesellschaftlicher Selbstverständlichkeit umgeben. Fraglose Geltung ist dort nicht mehr möglich, wo es jederzeit möglich ist, die Grundlagen des Glaubens abzulehnen, ohne daß der religiöse Dissident in anderen funktionalen Kontexten seine Handlungs- und Erwartungsgrundlagen verliert. Für den Inhaber eines dörflichen oder kleinstädtischen Lebensmittelgeschäfts (sog. »Kolonialwarenladen«) war es bis vor nicht allzu langer Zeit ökonomisch äußerst riskant, aus der Kirche auszutreten, für den Teilhaber eine Supermarkt-Kette existiert dieses Problem nicht.

Funktionale Differenzierung setzt innerhalb der einzelnen Funktionsbereiche unwahrscheinliche Steigerungsmöglichkeiten frei. Jedes Teilsystem entwickelt mehr Möglichkeiten, als gesamtgesellschaftlich abgenommen werden können. Dadurch entsteht das Problem, daß interne Steigerungen in anderen Teilsystemen zu unlösbaren Problemen führen: Wird z.B. das Bildungssystem zu leistungsfähig, erzeugt es Arbeitslosigkeit in der Wirtschaft; wird z.B. der »religiöse Eifer«[82] zu stark, führt das zu Konsensschwierigkeiten in der Politik; wird z.B. die Technik zu leistungsfähig, wird das medizinische Versorgungssystem überlastet durch Kreislauferkrankungen aus Mangel an körperlicher Bewegung usw. Eine zusätzliche Komplizierung tritt dadurch ein, daß funktionale Differenzierung die gesellschaftlichen Entwicklungschancen nicht – gleichsam mechanisch – auf alle Teilbereiche der Gesellschaft gleichmäßig verteilt. Funktionale Differenzierung bevorzugt kognitiv orientierte Funktionssysteme und benachteiligt normativ orientierte Systeme. Wirtschaft, Wissenschaft und Technik arbeiten primär mit kognitiven Prozessen. Die neuzeitliche Expansion gerade in diesen Teilbereichen ist demnach nicht zu-

---

81 N. *Luhmann*, Funktion der Religion, S. 248.
82 Ebd., S. 245.

I Einleitung: Differenzierung, Abstraktion, Konkretion

fällig. Das Prinzip funktionaler Differenzierung hat sozusagen einen angeborenen Hang zum funktionalen Primat.

Hier liegt m.E. das Kernproblem von Religion in hochkomplexen Gesellschaften – nicht nur im negativen Sinne des Bestandsproblems und der Bestandsgefährdung. Unter diesem Aspekt wird das Problem zumeist verhandelt als Frage nach den Zukunftschancen der Religion bzw. der Kirche. Dies ist der Problemimport aus der gesellschaftlichen Umwelt ins Religionssystem. Unter der Perspektive des Problemexports wird die Konstellation noch kaum zureichend bedacht. Diese *aktive*, positive Problematisierung funktional dominanter Teilbereiche durch ein Religionssystem in der geschichtlichen Form des Christentums, das in seiner gesellschaftlichen Umwelt strukturell fremd und funktional quer liegt, konnte lange Zeit dadurch verdeckt werden, daß es gelang, sich – normativ lückenfüllend – auf Folgeprobleme der die gesellschaftliche Entwicklung dominant antreibenden Funktionssysteme zu konzentrieren. Und es wird darauf ankommen, diese Fremdheit auszuhalten und nicht durch verstärkte Importe von Abstraktion und Funktionalität einzuebnen. Es wird darauf ankommen, Grenzen zu stabilisieren, die das Abstraktions- und Funktionalitätsgefälle halten.

Verheißung liegt im Annehmen des Fremdheitsstatus, der andere Möglichkeiten bereithält, der Antworten auf Fragen impliziert, die noch nicht gestellt werden. Der einzige mir bekannte soziologische Text im Zusammenhang der funktional-strukturellen Theorie, in dem die hier angedeutete Persepktive aufscheint[83], bezieht sich auf das Problematische an der seit gut 200 Jahren die gesellschaftliche Evolution dominierenden Maximierungsidee und an dem alle gesellschaftlichen Funktionsbereiche – außer der Religion – bestimmenden Steigerungsinteresse. »Seit dem Umbruch zur bürgerlichen Gesellschaft, seit etwa der Mitte des 18. Jahrhunderts, sind alle anderen Kontingenzformeln neu gefaßt und dabei mit Steigerungsinteressen identifiziert worden. Das gilt sehr deutlich für die Kontingenzformel der Moral: die Freiheit des Individuums; ebenso für das Umdeuten von Gemeinwohl in politische Freiheit; ebenso für die dialektisch-temporalisierte Fassung des Problems der Limitationalität, und natürlich für Knappheit. Auch Lernfähigkeit gilt den Pädagogen nicht als höchst dubiose, jedenfalls ambivalente Sache, die Gutes und Schlechtes, Brauchbares und Unbrauchbares sozusagen unterschiedslos konsumiert, sondern als förderungswürdiges Systemziel. Kontingenzformeln werden in all diesen Fällen so behandelt, als ob es gälte, ein unlösbares Problem als ein lösbares erscheinen zu lassen... Lediglich im Religionssystem haben sich Reserven gegenüber diesen die letzten beiden Jahrhunderte überschwemmenden Interpretationen gehalten. Die hier akzeptierte Kontingenzformel Gott wird nicht als gänzlich unbestimmbare Kontingenz vorgestellt, aber auch nicht auf ein Steigerungsinteresse oder eine Maximierungsidee hin verdichtet. Unabhängig von aller theologischen Aufberei-

---

83 N. *Luhmann*, Funktion der Religion, S. 207f.

tung ist schon die ›Lage‹ der Formel im Zwischenbereich von unbestimmter und bestimmter Kontingenz bemerkenswert. Und es ist nicht auszuschließen, daß hier eine Position gehalten wird, die ein Scheitern der Steigerungsformeln überdauern und darauf reagieren kann.«

Funktionale Differenzierung steht in einem engen Zusammenhang mit einer grundlegenden Veränderung der Rollenstrukturen und erst die Beachtung dieses Zusammenhangs leuchtet das Phänomen der Säkularisierung genauer aus. T. Parsons hat vier Aspekte des Steigerungsprozesses der gesellschaftlichen Entwicklung unterschieden[84]: »adaptive upgrading«, »differentiation«, »inclusion« und »generalization«. Daran anschließend hat N. Luhmann »Säkularisierung« – auf den ersten Blick befremdlich, aber m.E. theoretisch überaus hilfreich und weiterführend – bestimmt als »Mobilisierung von Ressourcen (= adaptive upgrading) (zum Beispiel Aufmerksamkeit, Anwesenheitszeit, Unterstützungsbereitschaft) für funktional stärker spezifizierte Ziele eines ausdifferenzierten Religionssystems (= differentiation), das zugleich für die Gesellschaft höher generalisierte (weil Differenzierungen übergreifende) Werte vertreten muß (generalization) und dabei auf Inklusion immer größerer Personenkreise angewiesen ist (= inclusion).«[85] Unser Interesse gilt aus theologischen Gründen, die noch deutlich werden, dem für die Theorie der gesellschaftlichen Differenzierung und für die Theorie der Säkularisierung zentral werdenden Begriff der »Inklusion«.

Inklusion ist nach T. Parsons ein Erfordernis funktional differenzierter Gesellschaften, d.h. jede Person muß grundsätzlich die Möglichkeit des Zugangs und der Teilnahme an jedem gesellschaftlichen Funktionsbereich haben. Das hängt damit zusammen, daß es unmöglich ist, Personen so mit bestimmten einzelnen gesellschaftlichen Funktionen zu verbinden, wie sie z.B. in geschichteten Gesellschaften bestimmten Ständen exklusiv zugeordnet werden konnten. Solche Exklusivität der Zuordnung von Personen muß in funktional differenzierten Gesellschaften aufgegeben werden. »Im Prinzip muß also jeder an politischen Entscheidungsprozessen teilnehmen können, muß jeder erzogen werden, jeder heiraten und eine Familie bilden können, jeder den Wissensgewinn durch Wissenschaft miterleben, jeder seine Bedürfnisbefriedigung in den durch die Wirtschaft eröffneten Zukunftshorizonten sicherstellen können, jeder Zugang zu den Heilsgütern der Religion haben können – wenn auch nicht jeder in jedem Moment und nicht jeder in gleicher Weise. Dies ist nicht zuletzt eine unabdingbare Voraussetzung dafür, daß für immer unwahrscheinlichere Strukturbildungen im Bereich der Funktionssysteme und für immer feiner differenzierte Organisationen in diesen Systemen noch Ressourcen, Interessen, Fallmen-

---

84 T. Parsons, The System of Modern Societies, Englewood Cliffs (N.J.) 1971, S. 11.26f.
85 N. Luhmann, Funktion der Religion, S. 234; die Einführung der Parsonsschen Termini ist vom Vf.

I Einleitung: Differenzierung, Abstraktion, Konkretion

gen, Anwesenheitszeiten in hinreichender Größenordnung bereitgestellt werden können.«[86]

Mit Grund wird hier von Inklusion als einer prinzipiellen Möglichkeit gesprochen, denn deren restlose Realisierung wäre eine von keiner Person und keiner Organisation zu bewältigende Überforderung. Niemand hat hinreichend Wissen, um kompetent, und genügend Zeit, um kontinuierlich, und so breit gestreutes Interesse, um engagiert an allen Funktionsbereichen teilnehmen zu können.

Auf dieses Problem reagiert in funktional differenzierten Gesellschaften ein weiteres neues Differenzierungsprinzip: Berufe und Komplementärrollen werden getrennt entwickelt. Auf diese Weise ist für jede Person jeweils nur ein Beruf vorgesehen, der sachkundig und kontinuierlich ausgefüllt wird. Die Inklusion hingegen bezieht sich auf die Komplementärrollen. Durch sie ist der Person grundsätzlich der Zugang zu allen Funktionsbereichen offen. De facto kann sie sich eben deshalb selektiv verhalten, die Stärke des Interesses, den Einsatz an psychischer oder intellektueller Kraft, die Aufwendungen von Zeit oder Geld dosieren, sei es durch gleichmäßige Verteilung und Streuung, sei es durch Schwerpunktbildung mit der Möglichkeit der Variation der Schwerpunkte in zeitlicher Sequenz, d.h. einige Male im Jahr »ist« Wahl und die Person in der Komplementärrolle Vorstands-, Kommunal-, Landes- oder Bundeswähler. Am Sonntagvormittag »ist« Kirche und die Person in der Komplementärrolle Predigthörer. Am Feierabend »ist« Feuilleton, am Wochenende »ist« Familie usw. Das Zusammenspiel von Berufsarbeit und Komplementärrollen ist demnach solcher Art, daß berufliche Leistungen kontinuierlich erbracht und angeboten werden und kontinuierlich abgerufen werden *können*. Durch das Prinzip der Inklusion wird die Diskontinuität, in der de facto die Person in der Komplementärrolle Leistungen abruft, so gestreut und verteilt, daß die Wahrscheinlichkeit eines völligen Leerangebotes gering bleibt. Durch Inklusion werden die Ressourcen so breit gestreut, daß es für jeden Funktionsbereich und die in ihm beruflich Arbeitenden statistisch gesehen genügend Publikum gibt. Real ist das freilich ein Kampf mit hohen Risiken um Ressourcen, um Aufmerksamkeitsmengen, Anwesenheitsmengen, Interessenmengen usw.

Da es sich nicht nur bei den beruflichen Rollen, sondern auch bei den Komplementärrollen um funktionale Differenzierung handelt, bedeutet das grundsätzlich, daß im Bereich der Komplementärrollen die funktionale Differenzierung durchgehalten werden muß. Die Person muß jeweils ihre Inklusion in die verschiedenen Funktionskreise funktional trennen, sie darf z.B. nicht als Wähler religiös urteilen, als Patient lernen, als Kirchgänger politisch oder wissenschaftlich urteilen usw. Eben dies ist aber real schwerlich möglich. Die Person, die auf solche Weise im Zentrum sich kreuzender funktionaler Kreise steht, ist der Ort, an dem die funktionale

---

[86] Ebd., S. 236.

Rollentrennung diffus wird, wo durch personelle Rollenzusammenhänge antidifferentielle und funktionsgefährdende Effekte entstehen, wo Zufälle jederzeit möglich sind. Das Kontingenzproblem erscheint nicht nur an den äußersten Makro-Grenzen des Gesellschaftssystems, sondern auch an den inneren Mikrogrenzen.

Dieses gesellschaftsfunktionale Risiko wird ausgeglichen durch ein funktionales Äquivalent, das für das Säkularisierungsproblem von großer Bedeutung ist: durch die »Privatisierung des Entscheidens«.[87] Die nicht mehr hinreichend funktional differenzierbaren Entscheidungen, die die Person in ihren Rollenzusammenhängen trifft, sollen nur für *diese* Person gelten, d.h. die Person *kann* so entscheiden, *weil* andere *anders* entscheiden können.

Die Konsequenzen für Religion, Christentum und Kirche liegen auf der Hand. Privatisierung ist eine in der gesellschaftlichen Evolution entwickelte Struktur. »Privatisierung ist ... keine Privatsache.«[88] Von hier aus läßt sich der o.g. Verlust der Selbstverständlichkeit schärfer ausleuchten. Beteiligung am kirchlichen Leben, das überzeugungsmäßige Teilen von Inhalten der christlichen Verkündigung wird zu einer Sache der individuellen Entscheidung. *Ob* jemand glaubt und *was* er glaubt, versteht sich nicht mehr von selbst, es ist nicht mehr in einem gesellschaftlich vorgegebenen, formulierten und institutionalisierten Konsens aufgehoben und durch die Umwelt abgestützt. Es ist also gar nicht so selbstverständlich, was dem Zeitgenossen mittlerweile als selbstverständlich erscheint: daß das Ganze, das System der christlichen Glaubenslehre, von den einzelnen selektiv behandelt wird, daß z.B. jemand an Gott glaubt, aber nicht an die Gottessohnschaft Jesu, daß jemand an die Gottessohnschaft Jesu glaubt, aber nicht an die Jungfrauengeburt usw., und daß das Postulat, *alles* zu glauben, was die Kirche lehrt, geradezu nur noch als dogmatistischer und autoritärer Glaubens*zwang* interpretierbar wird. Ebenso unleugbar ist, daß die Kirche sich auf die selektive Behandlung der Inhalte ihrer Botschaft in der Praxis der Hermeneutik, der Homiletik, der Katechetik und der Seelsorge längst eingestellt hat; daß im Blick auf die theologische Wissenschaftspraxis ein erheblicher Teil der vorliegenden neueren dogmatischen Literatur verstehbar ist als ein Feld der Bemühung um exemplarische Selektivität. Hier wird sachkundig und sanktioniert durch die Autorität theologischer Wissenschaft vorexerziert, wie man mit dem als Überforderung erfahrenen Ganzen der christlichen Überlieferung selektiv und doch verantwortlich und verantwortbar umgehen kann.

Die Privatisierung des Entscheidens hat ihren Ort *neben* dem beruflichen Lebensbereich: im Freizeitbereich. Und dieser hat eigene Tendenzen und Gesetze. Unterhaltende und mühearme Aktivitäten haben einen natürlichen Vorsprung vor anspruchsvollen und arbeitsähnlichen. Die Kir-

---

[87] Ebd., S. 232ff.
[88] Ebd., S. 239.

I Einleitung: Differenzierung, Abstraktion, Konkretion

che geht mit »Freizeiten« in den Freizeitbereich – und hier wiederholt sich das Gesetz der Freizeit, bedrängend für den anspruchsvollen Anspruch, mit dem die Kirche auch hier ihrem Auftrag gerecht werden will und muß[89].

Der strukturelle Zusammenhang zwischen funktionaler Differenzierung und Inklusion, zwischen Inklusion und Differenzierung von beruflichen und komplementären Rollen, zwischen Interdependenz der Komplementärrollen und Privatisierung des Entscheidens zeigt außer den genannten auch Wirkungen in einer Schwerpunktverlagerung, die üblicherweise nicht im Zusammenhang mit Säkularisierung thematisiert wird: in der Verlagerung von geistlicher Kommunikation auf soziale Aktivität der Kirche. Kirchliche Kapazitäten wandern sozusagen unter dem motorischen Sog der Säkularität dorthin, wo allgemeiner Konsens und verbreitete Plausibilität vorausgesetzt werden können bzw. mit relativ geringer Mühe hergestellt werden können.[90]

Das von K.-W. Dahm mit Recht angemerkte »Defizit der Säkularisierungsthese«[91] ist, wenn »Säkularisierung« auf der abstrakteren Ebene der Theorie der gesellschaftlichen Differenzierung verhandelt wird, insofern kein Gegenargument mehr, als genau die gesellschaftliche Funktion von Religion und Kirche, um die es Dahm geht, thematisiert wird – im Blick auf die sozialstrukturellen Bedingungen, Risiken und Chancen funktionaler Differenzierung. »Säkularisierung« ist demnach ein unvermeidbares Thema, nicht trotz –, sondern *wegen* der gesellschaftlichen Funktion von Religion und Kirche.

Zusammenfassung Im Zusammenhang des differenzierungstheoretischen Konzepts ist »Säkularisierung« zu verstehen *als* funktionale Differenzierung zwischen dem Religionssystem und seiner innergesellschaftlichen Umwelt. Dies wird verdeutlicht durch die veränderte Struktur gesamtgesellschaftlicher Integration und durch die veränderte Struktur der Rollen.

Integration wird formal geleistet durch nichtbeliebige Relationierung der möglichen Relationen zwischen gesellschaftlichen Teilsystemen.

Die Differenzierung von beruflichen und komplementären Rollen ermöglicht die Inklusion, d.h. die Möglichkeit der Teilnahme an jedem gesellschaftlichen Funktionsbereich für jede Person in ihren Komplementärrollen. Diese Möglichkeit ist gesellschaftlich funktional und nur tragbar unter der Bedingung der Privatisierung des Entscheidens.

c) *Kirchliche Strategien der Verarbeitung des Säkularisierungsproblems*
Um die Komplexität der Problematik im Verhältnis zwischen Kirche und

---

89 Vgl. *H.-O. Wölber*, Religion ohne Entscheidung, 2. Aufl. Göttingen 1960, S. 125ff.
90 Vgl. *K.-W. Dahm*, Religiöse Kommunikation und kirchliche Institution, in: *K.-W. Dahm, N. Luhmann, D. Stoodt*, Religion, S. 142ff.
91 Ebd., S. 144ff.

gesellschaftlicher Umwelt und Gesamtgesellschaft in den Blick zu bekommen, um kirchengeschichtliche und gesellschaftsgeschichtliche Abläufe nicht zu vereinfachend und ebenenfixiert zu typisieren und zu generalisieren, ist es m.E. hilfreich, den in der Theorie sozialer Systeme neuerdings verwendeten Begriff der »Ebenendifferenzierung« einzubeziehen[92]. »Ebenendifferenzierung« besagt, daß Gesellschaften, die sich primär nach dem Prinzip der funktionalen Differenzierung strukturieren, nicht nur Teilsysteme funktional ausdifferenzieren, sondern auch für jedes Teilsystem die *Ebenen* der Systembildung auseinanderziehen und deutlicher voneinander unterscheiden. Dies ist eine Fähigkeit großer, hochkomplexer Gesellschaften: Sie bringen die Systemebenen 1. der Gesellschaft, 2. der Organisation, 3. der Interaktion auf Abstand.

Demnach ist weder die Gesellschaft im ganzen, noch sind Wissenschaft, Wirtschaft, Politik, Religion bzw. Kirchen Organisationen. Es handelt sich hier nicht um ein Identitätsverhältnis zwischen Sozialsystem und Organisationssystem, sondern um ein Implikationsverhältnis.

Gesellschaftssysteme sind soziale Systeme des größten Komplexitätsgrades, sie leisten als Gesamtsysteme »letzte, fundierende Reduktionen«[93] und begründen soziale Ordnung als Bereich reduzierter Weltkomplexität bzw. leisten als Teilsysteme bereichsspezifische Reduktionen und begründen so die soziale Teilsystemordnung.

Organisierte Sozialsysteme sind Systeme mittlerer Komplexität. Ihr spezifisches Merkmal ist die nichtkontingente Verknüpfung kontingenter Relationsgrößen: von Personen und Programmen, Mitgliedern und Mitgliedschaftsregeln, Mitgliedschaft (Entscheidung über Eintritt und Austritt) und Strukturmerkmalen (Zweckdefinition, hierarchisch gestaffelte Weisungsbefugnis, Arbeitsentgelt u.a.).

Einfache Sozialsysteme sind Systeme mit geringer Komplexität. Ihre Hauptmerkmale sind 1. wechselseitige Wahrnehmung unter Anwesenden, 2. sprachliche Thematisierung. Sie sind »einfach« nicht im strikten Sinne des Wortes, so daß ihnen jegliche Kompliziertheit durch Komplexität fehlte, sondern in dem Sinne, daß sie für alle Beteiligten unmittelbar überschaubar sind. Deshalb ist »Anwesenheit« hier ein definierendes Kriterium. Als Anwesende können sich die Beteiligten gegenseitig wahrnehmen, darin liegt bereits doppelte Selektivität und somit der Anfang von Systembildung. Wahrnehmung ist immer Selektion aus anderen Möglichkeiten, mit Husserl: Alles Wahrgenommene wird in einem Verweisungshorizont erlebt, in dem anderes dahingestellt bleibt. *Doppelte* Selektivität entsteht in dem Moment, wo andere Personen und deren Wahrnehmungen wahrgenommen werden und bei diesen ebenfalls die Wahrnehmung

---

[92] Vgl. *N. Luhmann*, Interaktion, Organisation, Gesellschaft, in: *ders.*, Soziologische Aufklärung, Bd. 2, S. 9–20; *ders.*, Funktion der Religion, S. 272–316; *ders.*, Die Organisierbarkeit von Religionen und Kirchen, S. 245–286.
[93] *N. Luhmann*, Die Organisierbarkeit von Religionen und Kirchen, S. 246.

I Einleitung: Differenzierung, Abstraktion, Konkretion

von anwesenden Personen und deren Wahrnehmungen einsetzt. Was und wie erlebend wahrgenommen wird, ist bei der einen wie bei der anderen Person kontingent, es ist eine Auswahl aus Möglichem, die auch anders ausfallen könnte. Wenn aber das Erleben des einen von einem anwesenden anderen miterlebt wird, entsteht eine Verknüpfung zwischen Beliebigem, die ihrerseits nicht mehr beliebig ist, ein Relationennetz, das Selektivität nicht beliebig festlegt. Reziprokes Erleben von Erleben, reflexive Selektivität *ist* Systembildung. Sie geschieht auch schon in elementarer Interaktion, dem Feld wechselseitiger Wahrnehmung von Wahrnehmungen zwischen zwei oder mehr Personen. Wahrnehmung ist indes eine sehr indirekte, unscharfe und unzuverlässige Art von elementarer Interaktion, die Selektivität bleibt ziemlich diffus. »Wahrgenommenwerden diszipliniert, aber Angesprochenwerden setzt unter Antwortzwang; die Erfordernisse der ›Rollenkomplementarität‹ sind, mit anderen Worten, im Sprachgebrauch enger definiert und strikter einzuhalten als im Wahrnehmungsprozeß, und zwar deshalb, weil die Möglichkeiten des Sprechens (im Sinne der Zahl unterscheidbarer möglicher Akte) viel größer sind als die Möglichkeiten des Wahrnehmens je Situation. Im Vergleich zum Wahrnehmungsprozeß hat der Sprechakt eine weit höhere Selektivität.«[94] Ob die Kommunikation nur über Wahrnehmung oder auch über Sprache vermittelt ist, in jedem Falle ist das einfache System elementarer Interaktion gekennzeichnet durch das Strukturmerkmal der Anwesenheit.

Es ist nun zu beobachten, daß in Deutschland im 19. Jahrhundert die beiden Großkirchen die gesellschaftliche Situation der Säkularisierung einerseits in signifikanter Weise übereinstimmend, andererseits in signifikanter Weise unterschiedlich verarbeiten. Dabei scheint die Art und Weise, wie hier auf Säkularisierung reagiert wird, quer zu liegen zu dem erläuterten Modell der Ebenendifferenzierung, und dies wird zu erklären sein.

Übereinstimmend verarbeiten die katholische und die evangelische Kirche die neue gesellschaftliche Situation in der Form eines tripolaren Schemas, in dem zwei Pole auf der gleichen Ebene fungieren und der dritte Pol auf einer unteren Ebene gegenüberliegt. Auf der ersten Ebene stehen Kirche und Staat gegenüber und zusammen, dies ist die Ebene des aktiven, wirklichkeitsgestaltenden gesellschaftlich-politischen Handelns. Auf der zweiten Ebene steht »Gesellschaft« der Kirche und dem Staat gegenüber, und zwar als passive Empfängerin gesellschaftlich-politischen Handelns. Wir illustrieren dies am Beispiel der Enzyklika »Diuturnum illud« vom 29. 6. 1881 einerseits, an der Denkschrift des Zentralausschusses der Inneren Mission mit dem Titel: »Die Aufgabe der Kirche und ihrer inneren Mission gegenüber den wirtschaftlichen und gesellschaftlichen Kämpfen der Gegenwart« aus dem Jahre 1885, verfaßt von Theodor Lohmann, andererseits.

---

94 *N. Luhmann*, Einfache Sozialsysteme, in: *ders.*, Soziologische Aufklärung, Bd. 2, S. 22.

In »Diuturnum illud« werden die Kirche, der Staat und die »Gesellschaft« auf sehr einfache und klare Weise in Relation gesetzt:
1. Kirche und Staat werden als »sakraler« und »bürgerlicher« Bereich voneinander unterschieden.
2. Kirche und Staat werden als zwei unterschiedene Formen von potestas einander auf gleicher Ebene zugeordnet (eben auf der Ebene der potestas)[95]. Sakrale und zivile Gewalt stehen zueinander im Verhältnis der wohltuenden »concordia«, die von seiten der Kirche eine kritische concordia ist: Sie mahnt die Herrschenden zur Gerechtigkeit und zum anbefohlenen Dienst am Gemeinwesen[96], und sie stärkt und bestätigt zugleich ihre Autorität.[97]
3. »Gesellschaft« steht beiden auf anderer Ebene gegenüber, einer Ebene, die nicht *durch* potestas gekennzeichnet ist, sondern als *Objekt* von potestas charakterisiert wird. Entsprechend diffus wird »Gesellschaft« benannt als Mehrzahl von »Menschen«, als »Menge« und »Vielheit«[98]. Diese diffuse Vielheit wird erst durch das Zusammenspiel mit der Ebene der potestas zu einem geordneten Gemeinwesen[99], einer strukturierten »Gesellung«[100] von Menschen. »Gesellschaft« gewinnt erst Struktur, wird zu einem handlungsfähigen Körper durch die gemeinsame Wirkung der sakralen und der zivilen Gewalt. Das ist es dann eo ipso auch, was sie als christlichen Körper qualifiziert. Mag auch »in gewissen Fällen« Herrschaft vom Volk nach oben delegiert werden, so berührt dies nicht das grundsätzliche Herrschaftsrecht: Dieses wird nicht vom Volk übertragen, sondern von Gott eingesetzt[101]. Jede politische Herrschaft geht von Gott aus[102]. Die Idee des Gesellschaftsvertrages wird ausdrücklich als erdichtet und erlogen abgelehnt. Sie untergräbt die Kraft, Würde und Festigkeit, ohne die die politische Gewalt ihre Obhut und Fürsorge für das Gemeinwesen nicht erfüllen kann. Die Weigerung, jede Befehlsgewalt auf Gott als Urheber zurückzuführen, zerstört politische Herrschaft überhaupt. Was Ungehorsam ist, nennen sie Reformation. Ihre Förderer streiten wider die sakrale *und* die bürgerliche Gewalt, und daraus entstehen die plötzlichen Unruhen und waghalsigen Aufstände, »besonders in Deutschland«; »tutela rei publicae« ist das Schlüsselwort, Fürsorge *für* das Gemeinwesen, deren aktive Träger und Garanten Kirche und Staat sind, deren Empfänger die Gesellschaft ist.

---

95 H. *Denzinger,* Enchiridion symbolorum et declarationum de rebus fidei et morum, 36. Aufl. Freiburg 1976, 1858.
96 »monet sequi iustitiam nullaque in re ab officio declinare«.
97 »... simul eorum roborat multisque rationibus adiuvat auctoritatem«.
98 »multitudo«, *H. Denzinger,* Enchiridion, 1855.
99 »communitas«.
100 »consociatio«.
101 »neque mandatur imperium, sed statuitur«.
102 »Ceterum ad politicum imperium quod attinet, illud a Deo proficisci recte docet ecclesia«, *H. Denzinger,* Echiridion, 1856.

Demgegenüber erscheinen Kommunismus, Sozialismus und Nihilismus vereint als »schreckliche Ausgeburten«[103] der »bürgerlichen Gesellschaft«. Die o.g. Denkschrift des Zentralausschusses der Inneren Mission ist der Struktur nach ein genaues protestantisches Pendant zu »Diuturnum illud«. Auch hier sind es Staat und Kirche, die als öffentliche Ordnungsmächte dem »wirtschaftlichen und gesellschaftlichen Leben«[104] gegenüberstehen. Die sozialen Probleme werden bezogen auf die Obhuts- und Fürsorgepflicht von Staat und Kirche. Beide haben sich »Unterlassungssünden« zuschulden kommen lassen. Ursache allen Übels ist der »feinere oder gröbere Materialismus«, der sowohl die Besitzenden als auch die Besitzlosen ergriffen hat. Er hat die Besitzenden zu denen gemacht, die ökonomisch herrschen. Der »Optimismus und die nackte Selbstsucht des individualistischen Liberalismus« im besitzenden Bürgertum ruft so von selbst eine »natürliche Gegenströmung« hervor in der sozialistischen Bewegung, in der der Materialismus »von den höheren Klassen zu den breiten Schichten des Volkes« durchdringt. Die sozialistische Richtung will »durch eine radikale Umwälzung der wirtschaftlichen Ordnung die Herrschaft des Besitzes beseitigen und eine neue, in allen ihren Lebensäußerungen von dem bewußten Willen der Gesamtheit beherrschte Ordnung des wirtschaftlichen Lebens aufrichten, in welcher die Arbeit zum allein entscheidenden Faktor für die Verteilung des Genusses der irdischen Güter gemacht wird. In dem Bestreben wendet sie sich zugleich gegen die bestehende *Staatsordnung*, in welcher sie das Mittel der beherrschenden Klassen zur äußeren Aufrechterhaltung ihrer Herrschaft, und gegen *Christentum* und *Kirche*, in welchen sie nur das Mittel, der bestehenden Gesellschaftsordnung eine religiöse Grundlage in den Gemütern zu geben, erblickt.« Demgegenüber sieht die Denkschrift in dieser Tripolarität von Staat und Kirche einerseits und Gesellschaft andererseits kein Problem. Das gesellschaftliche Problem wird fixiert als ein moralisch-sittlicher Defekt, aus dem sowohl der Liberalismus als auch der Sozialismus ihre Kräfte ziehen. Die Tripolarität steht evangelischerseits ebenso wie katholischerseits außer Frage.

Aber genau an diesem Punkt der konfessionellen Übereinstimmung tritt auch die Differenz zutage. Denn auf der Ebene des Verhältnisses von geistlicher und weltlicher Gewalt hat die katholische Kirche aufgrund des großen Eigengewichts ihrer hierarchischen Organisation die erforderliche Kraft, durch die die Differenz von Kirche und Staat stabilisiert wird, durch die die potestates ausbalanciert werden. Eben diese organisatorische Geschlossenheit fehlt dem Protestantismus von Anfang an. Gegenüber dem landesherrlichen Kirchenregiment, wie es 1555 ratifiziert wurde, brachten die Festlegungen des westfälischen Friedens insofern eine Verstärkung der staatlichen Einbindung der Kirche, als die Einführung des konfessionellen Territorialprinzips und der Basis des »Normaljahres« 1624 im *Effekt* genau

---

103 »civilis ... societatis teterrima portenta«, H. Denzinger, Echiridion, 1857.
104 Zit. nach F. Naumann, Werke Bd. I, 1964, S. 172.

zur Abschwächung des konfessionellen Prinzips und zum Staatskirchentum führte. Kontingenz wird sozusagen öffentlich wahrnehmbar, wenn der Aggregatzustand der konfessionellen Segmentierung in einem bestimmten Jahr als Rechtsgrundlage bis auf weiteres festgeschrieben wird: die »zufällige« konfessionelle Situation des Jahres 1624. »Das konfessionelle Moment wird weniger wichtig als die Leistung der Religion für die öffentliche Ordnung im Staate. Seinen Zwecken hat die Kirche als ihm untergeordnete Einrichtung zu dienen.«[105] Diese Entwicklung konnte auf das protestantische Kirchentum ungehinderter und stärker durchschlagen, weil hier das organisatorische Widerlager fehlte, das der katholischen Kirche in Hierarchie und Papsttum ihr Eigengewicht verlieh über die Ländergrenzen hinaus. »Die Rechtslehre ging davon aus, daß der jeweilige Landesherr in die Rechte eingetreten sei, die bis zur Reformation den Bischöfen zustanden (Summepiskopat). Damit blieb der deutsche Protestantismus bis 1918 ohne eine übergreifende kirchliche Institution, die ... eine gewisse Gegenposition gegen das Staatskirchentum der Territorialstaaten dargestellt hätte.«[106] Zwar kam es auch katholischerseits zu staatskirchlichen Ausprägungen, wie die Religionspolitik Kaiser Josephs II. zeigt. Aber diese mußte eben gegen päpstliche Ansprüche durchgesetzt werden.

Diese konfessionelle Differenz führt zu einer unterschiedlichen Strategie kirchlich-gesellschaftlichen Handelns unter den Bedingungen der Säkularisierung.

Wir kennzeichnen sie evangelischerseits als *Strategie der funktionalen Selbstintegration in die Gesellschaft*, katholischerseits als *Strategie der subkulturellen organisatorischen Segregation von der Gesellschaft*. Darin spiegelt sich die oben dargestellte Ebenendifferenzierung wider, gemäß der sich gesellschaftliche Teilsysteme in hochkomplexen Gesellschaften als Gesellschaftssysteme, Organisationssysteme und einfache Systeme verstärkt auseinanderziehen.

Die These besagt demnach, daß
– die evangelische Kirche auf die Säkularisierung primär als Gesellschaftssystem reagiert,
– die katholische Kirche primär als Organisationssystem.

Wenn wir des weiteren davon ausgehen, daß es sinnvoll ist, für jedes gesellschaftliche Teilsystem drei Systemreferenzen zu unterscheiden: 1. die Beziehung zur Gesamtgesellschaft, 2. die Beziehung zu anderen Teilsystemen in der sozialen Umwelt, 3. die Beziehung zu sich selbst, und daß diese drei Systemreferenzen 1. als Funktion, 2. als Leistung und 3. als Reflexion zu begreifen sind[107], dann liegt die Folgerung nahe, daß das protestantische

---

105   E.G. Mahrenholz, Die Kirchen in der Gesellschaft der Bundesrepublik, Hannover 1969, S. 16.
106   Ebd.
107   Vgl. N. Luhmann, Systemtheorie, Evolutionstheorie und Kommunikationstheorie, S. 198.

I Einleitung: Differenzierung, Abstraktion, Konkretion

Kirchentum eine Tendenz zur Funktionalität hat, die katholische Kirche eine Tendenz zur Leistung. Dabei kann es sich selbstverständlich nicht um exklusive Bestimmungen handeln, sondern nur um solche von tendenzieller Art. Dies müßte u.a. daran zu belegen sein, daß das protestantische Kirchentum eine stärkere Kreativität entfaltet hat in der religiösen Artikulation bzw. Interpretation und Verstärkung gesamtgesellschaftlicher, einheitsstiftender Sinnformeln (konzentriert z.B. auf »Nation«, »Volk«, »Staat«), die katholische Kirche dagegen stärker kreativ war in der Ermöglichung und Erhaltung sozialer Interaktionsmuster über sozialrevolutionär verursachte Verunsicherungen hinweg (z.b. durch die Organisation des katholischen Verbandswesens).

In der These von der Strategie der funktionalen Selbstintegration einerseits, der subkulturellen organisatorischen Segregation andererseits ist sowohl »Selbstintegration« wie auch »Segregation« auf *»Gesellschaft«* bezogen.

In dem dargestellten Modell der Tripolarität aber stehen Kirche und *Staat* zusammen auf der sozialen Handlungsebene, und beiden gegenüber steht »Gesellschaft« auf der sozialen Empfängerebene. Müßte nicht dementsprechend von einer Selbstintegration in den Staat bzw. von einer Segregation vom Staat gesprochen werden? Dies ist erklärungsbedürftig.

Daß sich die bürgerliche Gesellschaft hinsichtlich ihrer Gesamtheit als »Staat« definierte, impliziert dreierlei: Einmal ist darin der gesellschaftlich-funktionale Primat der Politik postuliert. Zum andern versteht sich die bürgerliche Gesellschft darin als handlungsunfähiges – seit der Romantik[108] als organismusartiges Ganzes, das aus Teilen besteht. Drittens versteht sie sich eben damit als Einheit. Dieser Staatsbegriff ist nun keineswegs die einfache begriffhafte Abbildung der gesellschaftlichen Realität.

Er ist vielmehr erstens Ausdruck des *Willens* der Gesellschaft, sich *als Einheit* zu begreifen, eines politischen Willens, der sich gerade daran entzündet und immer wieder wachruft, daß er an der gesellschaftlichen Wirklichkeit seinen permanenten Widerpart findet.

Er ist zum andern Ausdruck eines unlösbaren Problems, eines bleibenden *Widerspruchs*, der eben deshalb den im Staatsbegriff sich äußernden politischen Willen so beharrlich am Leben erhält. Der Widerspruch liegt darin, daß »Einheit« einerseits nicht denkbar ist und nicht möglich ist ohne hinreichend bestimmbare stabile Grenzen; daß aber andererseits die in der bürgerlichen Gesellschaft entwicklungsdominanten Teilbereiche der Wirtschaft, der Wissenschaft und der Technik eben dadurch charakterisiert sind, daß keine jeweils erreichten Grenzen jeweils bestimmbarer Einheiten als definitiv behandelt werden können. Merkmal der bürgerlichen Gesellschaft unter dem funktionalen Primat von Wirtschaft, Wissenschaft und Technik ist *Entwicklung*, ist die Flexibilisierung von Grenzen, deren Expansion und fallweise Negation – auch der durch Religion oder norma-

---

108 Vgl. W. *Schweitzer*, Der entmythologisierte Staat, Gütersloh 1968, S. 255.

tive Moralen gesetzten Grenzen[109]. Was Hegel »die Richtung des gesellschaftlichen Zustandes auf die unbestimmte Vervielfältigung ...« nennt, ist darum ein unlösbares Problem, weil es unmöglich ist, daß eine Gesellschaft ihre eigenen Grenzen grundsätzlich als beweglich behandelt *und* sich gleichzeitig auf hinreichend angebbare Weise als Einheit verstehen kann.[110]

Der bürgerliche Staatsbegriff ist schließlich Ausdruck der *Notwendigkeit*, den Widerspruch zwischen politischem Willen zu stabilisierbarer Einheit und gesellschaftlicher Entwicklung als Negation bzw. Expansion von Grenzen beständig neu reproduzieren zu müssen.

In der Vorstellung von »Gesellschaft« als einem handlungsfähigen Sozial»körper« ist die Gesellschaft ein als Einheit gedachtes Ganzes, eine »civitas sive societas civilis«, wie die von Aristoteles aus[111] in die abendländische Tradition eingehende klassische Formulierung lautet. Handlungsfähigkeit erreicht die als Sozialkörper gedachte Gesellschaft nur in der Weise, daß einer oder einige, die zur Machtausübung legitimiert sind, das Ganze repräsentieren und *für* das Ganze handeln, dies aber innerhalb angebbarer und gesamtgesellschaftlich getragener Grenzen religiöser, rechtlicher und moralischer Normen. Politik, Wirtschaft, Wissenschaft, Familie, Religion, Recht und Moral bilden ein System, das die Grenzen möglichen Handelns der Mitglieder innerhalb der Gesellschaft und *der* Gesellschaft, vermittelt durch die Träger der politischen potestas in ihr, absteckt.

Auch die bürgerliche Gesellschaft begreift und interpretiert sich noch im Rahmen der abendländischen Tradition und ihres durch Ethik integrierten politischen Denkens als durch legitimierte Machtausübung handlungsfähiger Körper – im Widerspruch zu ihrer eigenen Realität. Denn in der Realität wird der funktionale Primat der Politik durch den Primat der Ökonomie (Wissenschaft, Technik) abgelöst. »Der Potentialbegriff der potestas wird durch den Potentialbegriff der Produktion ersetzt ... Nach dem Dominantwerden der Geldwirtschaft kann das soziale Ganze nicht mehr ernsthaft als handlungsfähiger ›Körper‹ begriffen werden ... Das Wirtschaftssystem ist eine sich selbst regulierende Ordnung ... Entsprechend tritt – nach vorübergehenden, die Überleitung ermöglichenden Symbiosen von Profit und Moral – die moralische Integration der Wirtschaft zurück. Das wirtschaftliche Streben wird nicht mehr durch Bedingungen wechselseitiger Achtung eingeschränkt ...«[112] »Heute definieren Wirtschaft, Wissenschaft und Technik die in der Gesellschaft zu lösenden

---

109 Vgl. *B. Groethusen*, Die Entstehung der bürgerlichen Welt- und Lebensanschauung in Frankreich, Bd. I: Das Bürgertum und die katholische Weltanschauung, Frankfurt/M. 1927; *L. Goldmann*, Der christliche Bürger und die Aufklärung, Neuwied/Berlin 1968; *D. Schellong*, Bürgertum und christliche Religion. Anpassungsprobleme der Theologie seit Schleiermacher, München 1975; *H. Gollwitzer*, Die kapitalistische Revolution, München 1974.
110 *G.W.F. Hegel*, Grundlinien der Philosophie des Rechts, Leipzig 1930, S. 162.
111 Pol. 1252 A 6–7.
112 *N. Luhmann*, Selbst-Thematisierungen des Gesellschaftssystems, S. 79f.

I Einleitung: Differenzierung, Abstraktion, Konkretion

Probleme mitsamt den Bedingungen und Grenzen ihrer Lösungsmöglichkeit...«[113] Funktionaler Primat der Politik als System legitimierter Herrschaft ist für primär schichtungsmäßig differenzierte Gesellschaften plausibel. Ob es deshalb erforderlich ist, für funktional differenzierte Gesellschaften auf den Begriff der »Herrschaft« zu verzichten[114], erscheint mir zweifelhaft. Ich halte es aber für richtig, den Staatsbegriff im Rahmen der bürgerlichen Gesellschaft als Ausdruck eines gesellschaftlich-politischen Willens (1), eines gesellschaftlichen Widerspruchs (2) und einer gesellschaftlichen Notwendigkeit (3) zu begreifen und darum die Strategie der funktionalen Selbstintegration protestantischerseits und der subkulturellen Segregation katholischerseits auf »Gesellschaft« zu beziehen.

Auf diesem Hintergrund heben sich dann die lehramtlichen, kirchenoffiziellen und theologisch-dogmatischen Festlegungen, in denen sich die Kirche bis in die sechziger Jahre dieses Jahrhunderts primär auf den Staat bezogen hat, deutlich ab als Ausdruck eines kirchlich-gesellschaftlichen *Willens*, an der Vorstellung von Gesellschaft als einem Corpus festzuhalten, geleitet – auch noch im Abschied – von der Idee einer christlichen Gesellschaft, eines »corpus christianum«. Auf dem Hintergrund dieser retroversen Orientierung wird die gängige Vorstellung von »Säkularisierung« als »Entchristlichung« der Gesellschaft allererst plausibel ebenso wie deren Kritik, die am Postulat einer »christlichen Gesellschaft« festhält[115].

Abschließend bleibt die Strategie der subkulturellen Segregation und der funktionalen Selbstintegration historisch zu konkretisieren.

Die subkulturelle Organisation des Katholizismus und die Thomas-Renaissance im 19. Jahrhundert gehen Hand in Hand. Das 19. Jahrhundert brachte zum ersten Male eine Bedrohung des personalen Bestandes der Kirchen in den Kerngebieten Europas. »Die tendenzielle ›Trennung von Kirche und Staat‹, die Verbindung von Nationalismus, Laizismus und bürgerlicher Gesellschaft sowie die Integration katholischer Gebiete in unter protestantischer Führung stehende Staaten (wie in Deutschland) brachten nicht nur eine grundlegende Veränderung des Verhältnisses von Kirche und Staat, sondern auch eine solche des Verhältnisses von Kirchenhierarchie und Kirchenvolk mit sich. Zum erstenmal eröffneten sich legitime ›kirchenfreie Räume‹, deren Ausdehnung angesichts gleichzeitig steigender Mobilitätschancen befürchtet werden konnte. Erstmals seit über 1500 Jahren schien eine massive Kirchenaustrittsbewegung möglich.«[116] Der Verlust des Kirchenstaates unter Pius IX. brachte den Verlust der völkerrechtlichen Souveränität des Papsttums mit sich. Die Wiederbelebung des

---

113   N. *Luhmann*, Die Weltgesellschaft, in: ders., Soziologische Aufklärung, Bd. 2, S. 58.
114   So N. *Luhmann*, Die Weltgesellschaft, S. 58.63f.; ders., Selbst-Thematisierungen des Gesellschaftssystems, S. 78f.; anders z.B. T. *Parsons*, N. *Smelser*, Economy and Society, Glencoe (Ill.) 1956, S. 15f.
115   Vgl. T. *Rendtorff*, Christentum außerhalb der Kirche, S. 19f.23ff.31.33.36f.43f. 91.
116   F.X. *Kaufmann*, Theologie in soziologischer Sicht, S. 86.

Thomismus durch Pius IX. und seine Kanonisierung durch Leo XIII. in der Enzyklika »Aeterni Patris« vom 4. 8. 1879 ersetzte, so E. Rosenstock-Huessy, den Verlust weltlicher Machtstellung durch nunmehr geistige Mittel[117]. In der gegebenen Lage der politischen Ohnmacht des Papsttums mußte es einerseits das Ziel sein, die Kirchenmitglieder gegenüber den modernistischen Zeitströmungen zu immunisieren und zu bewirken, daß sie der anti-modernistischen Distanzierung des Klerus folgten. Andererseits mußte aber vermieden werden, daß dies zu einer gesellschaftspolitischen Selbstamputierung des Katholizismus führte durch Abstinenz von allen staatlich-politischen Aktivitäten.

Hierzu war das thomistische System vorzüglich geeignet. Denn erstens ist das Naturrecht von ontologischer Qualität: Es resultiert aus der allen Menschen gemeinsamen geschöpflichen Natur. Es ist zweitens als solches mit den Mitteln der natürlichen Vernunft erkennbar, auch der sündige Mensch ist nicht blind gegenüber der göttlich-vernünftigen Schöpfungsordnung. Aus der ontologischen Qualität und der natürlichen Erkennbarkeit des Naturgesetzes folgt konsequent drittens seine universale Gültigkeit an allen Orten und zu allen Zeiten. Nur seine Ausformung im positiven Recht ist zeitbedingt und variabel. Aufgrund der göttlichen Offenbarung besitzt die Kirche viertens die volle Erkenntnis der göttlichen Schöpfungsordnung und ist darum die legitime und definitive Interpretin des Naturrechts[118].

Mit diesem naturrechtlichen Instrumentarium konnten unerwünschte modernistische Zeitströmungen als Abirrungen von den immergültigen Grundwerten aufgezeigt werden, konnte innerkirchlich der Anspruch auf kirchlichen Eingriff und Einfluß auch im weltlichen Bereich begründet werden und schließlich nach außen natürlich-vernünftig argumentiert werden. Damit ging Hand in Hand der Aufbau spezifischer sozialer Bindungen für Kirchentreue, die Organisation des katholischen Verbandswesens, die besonders gründlich und politisch wirksam in Deutschland vollzogen wurde. Beides zusammen wirkte gleichzeitig im Sinne einer Abgrenzung zwischen Kirche und Gesellschaft, d.h. es wirkte förderlich für die Wahrung der kirchlichen Identität, *und* im Sinne einer Verbindung und Beziehung zwischen Kirche und Gesellschaft, d.h. es wirkte förderlich für die politisch-gesellschaftliche Wirkung und Einflußnahme des Katholizismus (Zentrum). Die Segregation führte zur Bildung einer katholischen Subkultur, die Verbindung manifestiert sich im politischen Katholizismus.

Seit dem II. Vaticanum nimmt die Bedeutung der neuthomistischen Naturrechtsdoktrin ab. In den Dokumenten des Konzils spielt sie keine Rolle mehr. Bereits die Enzyklika »Pacem in terris« Johannes XXIII. beruft

---

117 *E. Rosenstock-Huessy,* Religio depopulata. Zu Josef Wittigs Ächtung, Berlin 1926, S. 10.
118 Vgl. *E. Troeltsch,* Die Sozialehren der christlichen Kirchen und Gruppen, S. 52ff. 144ff.253ff.

I Einleitung: Differenzierung, Abstraktion, Konkretion

sich nicht mehr auf das scholastische Naturrecht, sondern auf die Idee der Menschenrechte und damit eher auf Zusammenhänge aus dem Naturrechtsdenken der Aufklärung.

Die Strategie der Segregation ermöglicht es, die Strukturen der Kirche, d.h. »›das Ganze‹ der Kirche unter dem Gesichtspunkt der Sozialformen von als kirchlich bezeichnetem Handeln«[119], in hohem Maße unflexibel zu halten. Und umgekehrt führt die strukturelle Invarianz der Kirche zu ihrer Abkapselung von der Gesellschaft und zu einer Auswanderung der kirchlich definierten Normen aus den täglichen Handlungs- und Erfahrungszusammenhängen ihrer Mitglieder. Dadurch kommt es zu einer personellen Austrocknung der kirchentragenden Kerngruppen. Die Strategie der Erhaltung kirchlicher Strukturen wird von vielen negativ als Unbeweglichkeit erlebt und sie distanzieren sich von der Kirche. Bezüglich der noch verbleibenden Gruppe der aktiven Kirchenglieder wird die Gefahr der Marginalisierung immer deutlicher: Sie rekrutiert sich überwiegend aus sozialen Schichten, »die durch die gesellschaftliche Entwicklung als benachteiligt erscheinen und in kirchlichen Bezügen eine Art kompensatorischer Selbstbestätigung suchen«.[120] Und in dem Maße, wie kirchenbezogenes Handeln nur noch für gesellschaftlich marginale Gruppen von Bedeutung ist, verstärkt sich der Effekt im Wege der Segregation, auf dem die Kirche selbst zu einer marginalen gesellschaftlichen Institution wird.

Hält man Schleiermachers großes Plädoyer gegen das Bündnis von Staat und Kirche in der vierten Rede über die Religion von 1799 neben das, was Metternich 1816 an den päpstlichen Staatssekretär Kardinal Consalvi schrieb, so kann kein Zweifel sein, welche Linie im Laufe der weiteren Entwicklung dominierte. Schleiermacher hat »die Kirche konstruiert aus dem Begriff ihres Zwecks«[121] als die religiöse Gesellschaft, verstanden als die Realisierung herrschaftsfreier und zweckfreier Kommunikation. Dies ist die »vollkommene Republik«, ein »priesterliches Volk«[122], als gesellige Realisierung von Religion zugleich die Realisierung der in Wahrheit humanen, der freien, gleichen und brüderlichen Gesellschaft. Eben diese Kirche wird durch das Bündnis von Staat und Kirche verhindert. »So oft ein Fürst eine Kirche für eine Korporation erklärte, für eine Gemeinschaft mit eigenen Vorrechten, für eine ansehnliche Person in der bürgerlichen Welt..., war das Verderben dieser Kirche unwiderruflich beschlossen und eingeleitet.«[123] Es ist die Funktionalisierung der Kirche durch den Staat im Sinne einer Agentur sittlicher Grundwerte, gesellschaftsintegrierender

---

119 *F.X. Kaufmann*, Theologie in soziologischer Sicht, S. 147.
120 Ebd., S. 149. Allerdings wird in der »kompensatorischen Selbstbestätigung« kaum eine konfessionsspezifische Differenz hinsichtlich der Struktur von Kerngemeinden zu erkennen sein.
121 *F. Schleiermacher*, Über die Religion, zit. nach: Phil. Bibl. Bd. 255, Hamburg 1958, S. 106.
122 Ebd., S. 102.
123 Ebd., S. 117.

Normen, im Sinne eines Garanten, Trägers und Förderers der öffentlicen Moral, die der Kirche die Freiheit nimmt, ihr eigenes Wesen zu verwirklichen. Der Staat braucht eine »moralische Bildungsanstalt«[124]. »Begnüge sich der Staat, wenn es ihm so gut deucht, mit einer religiösen Moral: die Religion aber verleugnet jeden moralisierenden Propheten und Priester; wer sie verkündigen will, der tue es rein.«[125] Denn es ist ausgemacht, »daß man ein höchst verständiger Pädagog und ein sehr reiner trefflicher Moralist sein kann, ohne von der Religion das bitterste zu verstehen... Hinweg also mit jeder solchen Verbindung zwischen Kirche und Staat!«[126] Die Kirche braucht nichts anderes auf Erden »als eine Sprache, um sich zu verstehen, und einen Raum, um beieinanderzusein...«[127]

Metternich schreibt: »Das beruhigende Schauspiel einer engen Union zwischen Thron und Altar kann die Geister zu Prinzipien und einer Moral zurückführen, deren Fehlen so traurige Folgen gehabt hat und die die sicherste Grundlage der sozialen Ordnung bilden.«[128]

Und *dies* war die Maxime der staatlichen Neuordnung nach den napoleonischen Kriegen. Die Kirche hatte eine wichtige politische Funktion in dieser Zeit der Restauration: die Legitimierung obrigkeitlicher Herrschaft durch religiöse Begründung des »Legitimitätsprinzips«, wonach der Monarch sein Amt von Gottes Gnaden hat. Eben deshalb hat umgekehrt der Staat »Christentum und die christliche Kirche zu seiner Angelegenheit zu machen«, wie der bedeutendste konservative Staatstheoretiker dieser Epoche, Friedrich Julius Stahl, formuliert[129]. Davon unablösbar ist die Erziehungsfunktion der Kirche. Kirche und Schule gehören zusammen, denn das Erziehungsziel der Schule ist der christliche Mensch, »der als Staatsbürger Untertan der von Gott gesetzten Obrigkeit ist«.[130] Der Liberalismus konnte gegenüber dieser funktionalen Integration der Kirche als Staatskirche kein wirksames Gegengewicht bilden, schon aufgrund der inneren Distanziertheit des gebildeten Bürgertums gegenüber der Kirche, wenn es auch an warnenden Stimmen nicht gefehlt hat. So bei dem großen K.B. Hundeshagen, der vor den verderblichen »Solidaritäten« zwischen Staat und Kirche warnte und es zur Gewissenspflicht erklärte, »dem Protestantismus seine politische Objektivität zu revindizieren«.[131] Der Liberalismus konnte zum andern das Gegengewicht nicht bilden aufgrund seiner bedrängten Lage zwischen den Konservativen einerseits und den auf soziale Demokratie drängenden revolutionären Kräften andererseits. Die

---

124 Ebd., S. 124.
125 Ebd., S. 123.
126 Ebd., S. 121f.124.
127 Ebd., S. 121.
128 Zit. nach: *E.G. Mahrenholz*, Kirchen, S. 18f.
129 *F.J. Stahl*, Die Philosophie des Rechts, Bd. 2, 2. Aufl. Heidelberg 1846, S. 144f.
130 *E.G. Mahrenholz*, Kirchen, S. 19.
131 Zit. nach: *F.W. Kantzenbach*, Christentum in der Gesellschaft, Bd. 2, Hamburg 1975, S. 304.

I Einleitung: Differenzierung, Abstraktion, Konkretion

bürgerlichen konstitutionellen Bestrebungen für das Kirchenwesen, begünstigt durch die Revolution von 1848, als der kurzfristige Kultusminister, Graf Schwerin, sogar an Urwahlen für eine Generalsynode dachte, mußten ein Interim bleiben.

Dagegen wurde der Effekt der funktionalen Selbstintegration des Protestantismus verstärkt und auf große gesellschaftliche Breitenwirkung gebracht durch die Bewegung des deutschen Nationalprotestantismus mit seinen drei Höhepunkten zur Zeit der Freiheitskriege gegen Napoleon, zur Zeit des deutsch-französischen Krieges 1870/71 und zur Zeit des Ersten Weltkriegs. Die Einheit von Volk und Kirche, Volk und Christentum, Volk und Religion, wie ihr Fichte und E.M. Arndt Ausdruck verliehen, die Einheit von christlich-religiösem Geist und Volksgeist, wie sie in der Begeisterung von 1870/71 von Adolf Stöcker und dem Hofprediger Kögel gepriesen wird, die Einheit von Nationalgeschehen und Heilsgeschehen, wie sie in der Kriegspredigt von 1914–1918 dokumentiert ist – dies alles zieht, soziologisch betrachtet, das Schwergewicht auf die Relation zwischen Kirche und gesellschaftlicher Gesamtheit, trotz der nicht zu unterschätzenden Gegenwirkung und Korrektur, die von der Erweckungsbewegung ausging.

Darum liegt protestantischerseits der Hauptakzent auf der gesamtgesellschaftlichen *Funktion*, wenn nach dem Sinn des gesellschaftlichen Daseins von Kirche gefragt wird. Auf *Organisation* konnte er aufgrund der summepiskopalen staatskirchlichen Verfaßtheit des Protestantismus nicht liegen, auf *Interaktion* lag er de facto nicht: 1867 z.B. gingen in Berlin weniger als 2% der Protestanten zur Kirche, und 1914 war es nicht anders. Was mit »Funktion« gemeint ist, dokumentiert der Erlaß des preußischen Evangelischen Oberkirchenrats vom 16. 12. 1895: »Aufgabe der Kirche und der einzelnen Diener derselben ist es, durch eindringliche Verkündigung des göttlichen Wortes, durch treue Verwaltung ihrer Gnadenschätze, durch hingebende Seelsorge an den anvertrauten Seelen alle Angehörigen der Kirche ohne Unterschied des Standes so mit dem Geiste christlicher Liebe und Zucht zu erfüllen, daß die *Normen* des christlichen *Sittengesetzes* in Fleisch und Blut des Volkes übergehen und damit die christlichen Tugenden erzeugt werden, welche die *Grundlagen* unseres *Gemeinwesens* bilden: Gottesfurcht, Königstreue, Nächstenliebe! Dahin allein muß die Arbeit der Kirche gerichtet sein.«[132] Man sollte die sakramentalen Sprachanklänge nicht übersehen: Die sakramentale materia dieses politischen Sakraments ist Fleisch und Blut des Volkes, die sakramentale res sind die gesellschaftsintegrierenden Normen.

Nach der Überwindung des Schocks, den der Fortfall des landesherrlichen Kirchenregiments 1918 verursachte, entdeckten die evangelischen

---

[132] Erlaß des ev. Oberkirchenrates über die Beteiligung der Pfarrer an der sozialpolitischen Bewegung, zit. nach: K. *Kupisch* (Hg.), Quellen zur Geschichte des deutschen Protestantismus 1871 bis 1945, Göttingen 1960, S. 90.

Landeskirchen die neuen Möglichkeiten, die die Weimarer Verfassung mit ihrer »hinkenden Trennung« von Kirche und Staat bot, und sie entwickelten ein neues und starkes landeskirchliches Selbstbewußtsein. Doch dieses landeskirchliche Selbstbewußtsein warf »in vieler Hinsicht auch Probleme auf. Es verhinderte in Verbindung mit den stark betonten konfessionellen Unterschieden einen engeren Zusammenschluß der Kirchen und ließ als Gesamtvertretung nur den lockeren Deutschen Evangelischen Kirchenbund von 1922 zu. Und es führte, trotz aller synodalen Verfassungselemente, doch eher wieder zu Behördenkirchen als zu lebendigen Gemeindekirchen...«[133] Das heißt, funktionale Orientierung bleibt erhalten bei bis zur Gründung der Deutschen Evangelischen Kirche 1932 stärker segmentierter Leitung.

Die funktionale Orientierung am gesellschaftlichen Ganzen und die funktionale Selbstintegration des Protestantismus finden ihren Ausdruck in der modernen »politischen Theologie« der zwanziger Jahre mit ihrer Konzentration auf das »Volk« als göttliche Schöpfungsordnung. In welchem Ausmaß diese politische Theologie sich über den ganzen deutschen Protestantismus ausgebreitet hat und ihn prägt, dokumentiert die »Vaterländische Kundgebung« des Deutschen Evangelischen Kirchentages in Königsberg am 21. 6. 1927. Darin heißt es, daß Gott wohl ein Gott der Völker sei, daß aber auch die Verschiedenheit der Völker von Gott geordnet sei. Das »Volkstum« ist eine Gabe Gottes. »Christentum und Deutschtum sind seit mehr als einem Jahrtausend eng miteinander verwachsen.« Der Wille, Christentum und Deutschtum auseinanderzureißen, »bedeutet eine tödliche Gefahr für unser Volk. Die Kirche kann dazu nicht schweigen ... Sie läßt und gibt dem Staat, was des Staates ist. Der Staat ist uns eine Gottesordnung mit eigenem wichtigen Aufgabenkreis. Getreu den Weisungen der Schrift tut die Kirche Fürbitte für Volk, Staat und Obrigkeit... An ihre Glieder stellt die Kirche drei Forderungen. Sie will, daß jeder nach bestem Wissen und Gewissen dem Staatsganzen dient und für das Wohl der Gesamtheit Opfer bringt. Sie will, daß jedermann um des Wortes Gottes willen der staatlichen Ordnung untertan ist. Sie will, daß jeder sich seiner Mitverantwortung bewußt ist und sich für alles einsetzt, was Volk und Staat stärkt, bessert und fördert. Solcher Vaterlandsdienst ist auch Gottesdienst.«[134]

Die Zerschlagung der verfassungsmäßigen Organe der DEK 1933, die politische Gleichschaltung der Kirche, diese konsequente funktionale Integration und Subsumierung der Kirche in die und unter die totalitäre nationalsozialistische Doktrin fand den Widerstand der Bekennenden Kirche. Die Barmer Bekenntnissynode setzte darum ganz konsequent ein mit

---

133 K. *Scholder*, Kirche und Staat in der 1. Hälfte des 20. Jahrhunderts (1918–1948), in: *G. Denzler* (Hg.), Kirche und Staat auf Distanz. Historische und aktuelle Perspektiven, München 1977, S. 106.
134 Zit. nach: K. *Kupisch*, Quellen, S. 164ff.

I Einleitung: Differenzierung, Abstraktion, Konkretion

der fundamentalen theologischen Kritik der funktionalen Integration der Kirche in eine als göttlich-offenbarungshaft qualifizierte gesellschaftliche Totalität. Gegen diese Totalität wird die Exklusivität des Wortes Gottes (These 1) und die Universalität der Herrschaft Jesu Christi gesetzt (These 2). War die gesamtgesellschaftlich-funktionale Selbstintegration des Protestantismus nicht zu begreifen ohne den Zusammenhang mit seiner eigenorganisationslosen staatskirchlichen Verfassung, so mußte die Kritik der funktionalen Integration in die gesellschaftliche Totalität mit gleicher Konsequenz in einem theologisch-produktiven Entwurf kirchlicher Organisation ihr Pendant finden. So erscheinen Botschaft und Organisationsform (»Ordnung«) der Kirche auf gleicher Ebene als zwei Weisen des Zeugnisses der Kirche (Thesen 3 und 4). Kirche und Staat werden desintegriert und – ganz im Sinne der Zwei-Reiche-Lehre – differenziert und aufeinander bezogen wie anderes auf anderes, wie »besonderer Auftrag« auf »besonderen Auftrag«. An die Stelle der religiös qualifizierten »staatlichen« Totalität mit integrierter kirchlicher Funktion tritt das Gegenüber von partikularem Staat und partikularer Kirche (These 5). Aber die gesellschaftlich partikulare Kirche hat einen umfassenden, nicht-partikularen »Auftrag« »an *alles* Volk«. An die Stelle von »Kirche« als öffentlicher Ordnungsmacht, wie sie im tripolaren Modell des Gegenübers von staatlich-kirchlicher Handlungsweise und gesellschaftlicher Empfängerebene erscheint, tritt die »Kirche« als die »Gemeinde von Brüdern« in der vollen Kenntlichkeit ihrer sozialen Partikularität innerhalb der Gesellschaft.

Die Absicht, nach 1945 den Abschied der Bekennenden Kirche von der gesamtgesellschaftlich-funktionalen Selbstintegration einschließlich der organisatorischen Konsequenzen, die dieser Abschied mit sich bringen mußte, in der Neuordnung der Evangelischen Kirche in Deutschland durchzuhalten, scheiterte bereits im Ansatz im August 1945 auf der Konferenz in Treysa. Ein großer Teil derer, die in der Bekennenden Kirche eine zentrale Rolle spielten, verfolgte das Ziel einer Neukonstituierung der Kirche als »Gemeindekirche« und einer konsequenten Abkehr von der »Behördenkirche«. M. Niemöller sagte: »Wir wollen eine Kirche aus lebendigen Gemeinden, und daß die Kirche Gemeinde ist, soll auch in ihrem Aufbau und ihrer Organisation zum Ausdruck kommen.«[135] Soziologisch umformuliert hieße das: Die evangelische Kirche sollte sich nicht von der gesamtgesellschaftlichen Funktionsebene her begreifen und gestalten. Sie sollte sich auch nicht von der mittleren, der organisatorischen Leistungsebene her begreifen und gestalten. Sie sollte vielmehr das Potential ihrer infrastrukturellen, personellen, materiellen und theologischen Ressourcen auf die untere Realisationsebene einfacher Interaktion konzentrieren. Vom Wort her, von der kommunikativ geteilten Botschaft des Evangeliums aus sollte sich die Kirche aufbauen, ihre organisatorischen Strukturen entwickeln und auch ihre Beziehung auf die Ebene der gesamtgesellschaft-

---

135 Zit. nach: *F.W. Kantzenbach*, Christentum, Bd. 2, S. 413.

lichen Totalität begreifen und gestalten lernen. Ein Interview mit Hermann Diem in Radio Stuttgart am 14. 2. 1946 zeigt die Richtung sehr deutlich an[136]. Angesprochen auf das »wohlwollende Interesse«, das die Öffentlichkeit der Kirche entgegenbringt, sagt H. Diem: »Die Bekennende Kirche hat nach zwei Fronten gekämpft, einmal gegen den Einbruch der nationalsozialistischen Fremdherrschaft in die Kirche, zugleich aber, was in der Öffentlichkeit weniger bekannt war, gegen die alte Behördenkirche ... Als ... nach der Revolution von 1918 der Kirche die Möglichkeit gegeben war, ... nahm sie diese Gelegenheit nicht wahr. Sie begab sich vielmehr gegenüber der in Bewegung geratenen Welt in eine ausgesprochene Abwehrhaltung. Mit Hilfe des ›Evangelischen Volksbundes‹ mobilisierte sie die ›kirchlichen Kreise‹ zur Wahrnehmung der kirchlichen Interessen. Sie band sich wieder an bestimmte politische Parteien, von denen sie für die Belange der Kirche Unterstützung erhoffte. Von der Nationalversammlung in Weimar forderte und erhielt sie die Rechte einer Körperschaft des öffentlichen Rechts; und so blieb damals in der Kirche alles beim alten: In der innerkirchlichen Ordnung herrschte nach wie vor die auf staatliche Privilegien gestützte kirchliche Bürokratie, die jede geistige und geistliche Selbstbesinnung der Kirche verhinderte. Finanziell lebte die Kirche von den Staatsbeiträgen und in völlig unevangelischer Weise von der Zwangsbesteuerung mit Hilfe des Gerichtsvollziehers.« Im Kirchenkampf fand in bezug auf diese Fragen eine Selbstbesinnung der Kirche statt. »Man konnte nicht die Einführung des Führerprinzips in die Kirche durch den nationalsozialistischen Reichsbischof als Angriff auf die Lehre und Ordnung der Kirche bezeichnen – und zugleich die Kirche weiterhin durch eine Bürokratie regieren, die sich in ihrem formalen Recht durch das Evangelium genausowenig anfechten ließ wie die Nationalsozialisten mit ihrem Machtstreben.« Auf der Kirchenkonferenz in Treysa gelang es zum erstenmal, die Vertreter der Bekennenden Kirche und der Kirchen, die bei den staatlichen Konsistorien geblieben waren, unter einer Leitung zu vereinigen. »Kirchenpolitisch betrachtet hat die Bekennende Kirche in diesem Bündnis wenig Aussichten. Die Restauration der alten Kirche, die ... an den Zustand vor 1933 anknüpfen will, hat für sich den Vorteil des leichteren Weges, auf dem nichts gewagt werden muß und der den meisten Gemeindegliedern sehr einleuchten wird ... Da heute die Kirche von seiten des Staates in keiner Weise in Frage gestellt oder an der Erfüllung ihrer Aufgaben gehindert wird, wäre die Gelegenheit für die Kirche denkbar günstig, sich aus bestimmten Bindungen zu lösen, die ihrem Wesen nicht entsprechen. Sie müßte darauf verzichten, sich durch den Staat ihre Rechte und Ordnungen garantieren und sich obrigkeitliche Gewalt geben zu lassen. Sie müßte jetzt freiwillig das tun, wozu sie durch den nationalsozialistischen Terror gezwungen wurde, nämlich in eigener geistlicher Voll-

---

136 H. *Diem*, Ja oder Nein. 50 Jahre Theologe in Kirche und Staat, Stuttgart/Berlin 1974, S. 161ff.

I Einleitung: Differenzierung, Abstraktion, Konkretion   229

macht, die das Wort Gottes ihr gibt, sich selbst regieren und eine Ordnung geben, die nicht von der staatlichen Anerkennung lebt. Sie müßte jetzt freiwillig auf das staatliche Steuerrecht und den Gerichtsvollzieher verzichten und sich auf die finanzielle Beisteuer ihrer Glieder als ein freies Opfer des Glaubens verlassen . . . .« Daß die Kirche durch den Verzicht auf öffentlich-rechtliche Positionen Gefahr läuft, gesellschaftlich marginalisiert zu werden, daß sie ins Abseits einer Sekte oder eines privaten Frömmigkeitsvereins gedrängt wird, ist nicht zu befürchten. Denn »ob die Kirche eine Sekte wird, hängt weder von ihrer Größe ab noch von den ihr vom Staat verliehenen Rechten, sondern ob sie damit Ernst macht, daß Christus der Herr der ganzen Welt ist. Das muß sich daran zeigen, ob die Verkündigung der Kirche sich an alle Welt wendet und sich für das gesamte öffentliche Leben verantwortlich weiß . . . Sie kann umgekehrt den Herrschaftsanspruch Christi auf die Welt nicht glaubwürdig verkündigen, wenn sie selbst nur mit Hilfe der ihr vom Staat übertragenen Rechte leben zu können glaubt.«

Es kam zur Restauration des Bundes Evangelischer Kirchen in Anknüpfung an die Form, die das protestantische Kirchentum in der Weimarer Zeit gefunden hatte. Dies ist nur zum Teil erklärlich aus der konfessionellen Situation in Deutschland[137]. Es war vor allem das gesellschaftliche Chaos nach Kriegsende, das die protestantische Tendenz auf gesamtgesellschaftliche Funktionalität gleichsam mit dem unausweichlichen Zwang der Notlage aktualisierte. Dies war die überaus starke Kontinuität, die die Periode der Bekennenden Kirche, ihr Verständnis von Kirche und Gesellschaft beinahe insulär erscheinen läßt – ein Interim, das schon deshalb in historisierender Betrachtung hinreichend begreifbar erscheinen konnte[138].

Zwar versteht sich die EKiD laut Grundordnung vom 13. Juli 1948 »als bekennende Kirche«, die sich verpflichtet weiß, »die Erkenntnisse des Kirchenkampfes über Wesen, Auftrag und Ordnung der Kirche zur Auswirkung zu bringen«[139]. De facto aber wirkte die Not der Stunde in die Richtung der funktionalen Selbstintegration der evangelischen Kirche in die Gesellschaft. So stellte H. Thielicke fest, daß »die Kirche als einer von den wenigen Vertrauensfaktoren des öffentlichen Lebens den Zusammenbruch des unmenschlichen Zeitalters überlebt« habe, daß sie nun gefragt sei nach ihrem Beitrag zum Wiederaufbau des öffentlichen Lebens und zur Bildung einer politischen Struktur[140]. Der gesamtgesellschaftliche Erwartungsdruck an die Kirche ging in die Richtung einer gesellschaftsintegrierenden Sinnformel, einer das Vakuum der gesellschaftlichen Identitätslosigkeit nach der politischen Katastrophe ausfüllenden identitätsstif-

---

137 Vgl. F.W. *Kantzenbach*, Christentum, Bd. 2, S. 413.
138 Vgl. E. *Wolfs* berechtigte Kritik an der Historisierung von Barmen, in: Barmen. Kirche zwischen Versuchung und Gnade, 2. Aufl. München 1970, S. 156ff.
139 *Merzyn*, Das Verfassungsrecht der EKiD, Bd. I, Grundbestimmungen, Art. 1.
140 H. *Thielicke*, Kirche und Öffentlichkeit, Tübingen 1947, S. 33.

tenden Wertgrundlage. Sie ersparte damit zugleich der Öffentlichkeit die notwendige Trauerarbeit und machte Buße überflüssig. Das öffentliche Bewußtsein tut nicht gern Buße und erweist sich als nur begrenzt lernfähig.

Die Kirche hat einen »Öffentlichkeitsauftrag«, darin war man mit der Barmer Erklärung einig. Aber inhaltlich war nicht so eindeutig, ob man »die Botschaft von der freien Gnade Gottes ... an alles Volk« meinte oder nicht vielmehr dies: daß es Aufgabe der Kirche sei, in der Gesellschaft eine »christliche Atmosphäre« zu schaffen[141]. Und der Struktur nach ist es recht eindeutig, daß die staatliche Anerkennung eines kirchlichen Öffentlichkeitsauftrages nicht auf das staatliche Verständnis für die Lernerfahrungen des Kirchenkampfes zurückging, sondern daß »Öffentlichkeitsauftrag« zu interpretieren ist im strukturellen Kontext des tripolaren Schemas: Staat und Kirche stehen der Gesellschaft in gemeinsamer Verantwortung des öffentlichen Handelns gegenüber.

Dies kennzeichnet die seit 1955 abgeschlossenen Staatskirchenverträge[142]. Wenn auch die patriarchalisch-obrigkeitliche Formulierung der Präambel des Loccumer Vertrages, in der vom »Bewußtsein der gemeinsamen Verantwortung für den evangelischen Teil der niedersächsischen Bevölkerung« die Rede ist, in den weiteren evangelischen Staatskirchenverträgen nicht übernommen wurde, so zeigt sie doch, wie die »Loccumer Formel« gemeint war, die von der »Übereinstimmung über den Öffentlichkeitsauftrag der Kirchen und ihre Eigenständigkeit« spricht. W. Conrad versteht die Loccumer Formel als Ausdruck dessen, daß der Staat sich »die Kirche in ihrer Funktion als Mitträgerin der freiheitlichen Gesellschaftsordnung dienstbar gemacht hat«.[143] W. Huber spricht von dem »System einer Dyarchie der öffentlichen Gewalten von Staat und Kirche, das 1945 nach dem Zusammenbruch der staatlichen Ordnung in Deutschland errichtet wurde. In diesem dyarchischen System traf sich das Interesse des Staates an der herrschaftslegitimierenden Funktion der Kirche mit einem ›Öffentlichkeitswillen‹ der Kirche ...«[144] Und K. Scholder faßt 1958 das Ergebnis der staatlich-kirchlichen Entwicklung noch kritischer zusammen: »Die Kirche ist jene Institution des perfekten Staates, die seine Perfektion über den Bereich des Irdisch-Sichtbaren hinaus ins Metaphysische erweitert.«[145]

Es ist die strukturelle Kontinuität dieser funktionalen Selbstintegration der Kirche und ihrer Relationierung auf Gesamtgesellschaft, der unser In-

---

141 So *M. Plieninger*, Der Öffentlichkeitsauftrag der Kirche, in: Auf dem Grunde der Apostel und Propheten, Festschrift für Th. Wurm, Stuttgart 1948, S. 258.
142 Vgl. *W. Huber*, Kirche und Öffentlichkeit, S. 119ff.511ff.620ff.
143 *W. Conrad*, Der Öffentlichkeitsauftrag der Kirche. Eine Untersuchung über den Rechtscharakter der Einigungsformel der deutschen Staatskirchenverträge, Göttingen 1964, S. 59.
144 *W. Huber*, Kirche und Öffentlichkeit, S. 621.
145 *K. Scholder*, »Kirche, Staat, Gesellschaft«, in: EvTh 18, 1968, S. 247.

I Einleitung: Differenzierung, Abstraktion, Konkretion

teresse gilt. Der Versuch der totalitären Funktionalisierung der Kirche und die damit drohende Vernichtung der christlichen Identität der Kirche rief die theologische und organisatorische Gegen-Struktur der Bekennenden Kirche auf den Plan: funktionale und organisatorisch-institutionelle Desintegration von Kirche und Staat und Öffentlichkeitsauftrag der Kirche als gemeindlicher Zeugnisauftrag. Die Entwicklung des Verhältnisses von Staat, Kirche und Gesellschaft in der Bundesrepublik blieb orientiert an einer vom potestas-Begriff geprägten Idee der christlichen Gesellschaft. Solange die gesamtgesellschaftliche Situation der Kirche Affinität hat zum tripolaren Schema, wird darin »Gesellschaft« verobjektiviert: als Gegenstand staatlichen wie kirchlichen Handelns. Das uneingelöste Versprechen der Bekennenden Kirche wird dann in Theorie und Praxis aktuell werden, wenn das gesellschaftliche Bewußtsein der bürgerlichen Gesellschaft ihre Realität eingeholt haben wird.

In K. Barths Kirchlicher Dogmatik finden wir einen Typus von Theologie, der resolut Abschied nimmt vom Gedanken der funktionalen Integration von Christentum und Kirche in die Gesellschaft. Kirche und Gesellschaft werden funktional desintegriert. Nicht die gesellschaftliche Totalität ist der umfassende Horizont, dem die Kirche ultimativ zu- und eingeordnet wird, sondern das Reich Gottes, die universale Herrschaft Jesu Christi.

Dem widerspricht scheinbar, in Wirklichkeit aber korrespondiert dem, daß der Gedanke der Inklusion von zentraler Bedeutung ist. Die Wirklichkeit des Bundes Gottes mit dem Menschen in der Gestalt der Versöhnung in Jesus Christus ist von übergreifender und universal umgreifender Art. Alles, Mensch und Gesellschaft, ist real in der real-inklusiven Gegenwart Gottes in Jesus Christus. Darum ist die Differenz von Kirche und Welt bzw. Gesellschaft keine Differenz von Heil und Unheil, Erwählt- und Verworfensein. Die Prädestinationslehre findet von da aus eine neue theologische Fassung. Darum ist »Kirche« nicht in instrumental-sakramentaler Kategorie vom Geschehen der Vermittlung, der Repräsentation, Vergegenwärtigung und Reaktualisierung des Heils her zu begreifen. Die Kirche »hat« nichts, was die Welt bzw. die Gesellschaft nicht auch hätte.

Wir finden bei Barth insofern einen ganz säkularen Kirchenbegriff bzw. umgekehrt: einen ganz geistlichen Welt-Begriff. Ihm korrespondiert ein ebenso säkularer Begriff von Gesellschaft. Es ist der radikale Abschied von der Idee der christlichen Gesellschaft, »der wirksame theologische Protest gegen die religiöse Interpretation der Wirklichkeit...«[146] Die in der Konzeptionierung der Kirche als »Volkskirche« enthaltenen Elemente des Corpus-christianum-Gedankens treten im tripolaren Schema Kirche – Staat – Gesellschaft deutlich zutage. Der Zusammenhang von Kirche und Staat fand seine theologische Fundamentierung im Zusammenhang von richtendem Gottesgesetz und politischem Staatsgesetz, er fand seine moderne

---

146 B. Klappert, Promissio und Bund, Göttingen 1976, S. 282.

Formulierung im christlichen »Sittengesetz« bzw. in den christlichen »Grundwerten« als dem Fundament der sozialen Ordnung. Barths Umkehrung von »Gesetz und Evangelium« in »Evangelium und Gesetz bzw. Gebot«[147] ist die theologische Formulierung der Abkehr von diesem Zusammenhang. »Es gibt also keinen ... christlichen Staat«[148] und keine christliche Gesellschaft.

In alldem repräsentiert K. Barths Dogmatik einen Typus von Theologie unter der Bedingung der vollendeten Säkularisierung und unter Voraussetzung der realen Säkularität von Kirche *und* Welt bzw. Gesellschaft. Die in diesem Begriff von »Kirche« enthaltene Verarbeitung der Situation der Moderne bzw. Postmoderne ist von einer erst noch einzulösenden Aktualität.

In bezug auf die Problematik der ambivalenten Freiheit der Subjektivität in der Moderne (Verlust der Selbstverständlichkeit), auf die Problematik der gesamtgesellschaftlichen Evolution (Formalisierung, Abstraktion, Expansion), auf die Problematik kirchlicher Existenz in modernen überkomplexen Gesellschaften (Säkularisierung) enthält Karl Barths Theologie theoretische Hilfestellungen und praktische Alternativen, deren Möglichkeiten zur Erschließung noch vor uns liegen, deren Aktualität in den fetten Jahren des Wiederaufbaus der Gesellschaft in Vergessenheit geraten konnte – doch wohl nur vorübergehend.

Zusammenfassung Funktional differenzierte Gesellschaften differenzieren nicht nur Teilsysteme funktional aus, sondern auch für jedes Teilsystem
a) die gesellschaftliche Ebene,
b) die organisatorische Ebene,
c) die Interaktionsebene.

Auf dem theoretischen Hintergrund der Ebenendifferenzierung läßt sich die Strategie kirchlich-gesellschaftlichen Handelns unter den Bedingungen der Säkularisierung schärfer ausleuchten. Es ist
a) evangelischerseits die Strategie der funktionalen Selbstintegration in die Gesellschaft;
b) katholischerseits die Strategie der subkulturellen organisatorischen Segregation von der Gesellschaft.

Die evangelische Kirche reagiert auf die Säkularisierung primär als Gesellschaftssystem, die katholische primär als Organisationssystem.

Dementsprechend hat das protestantische Kirchentum eine Tendenz zur Funktionalität, das katholische Kirchentum eine Tendenz zur Leistung.

Übereinstimmend verarbeiten die katholische und die evangelische Kirche die neue gesellschaftliche Situation in der Form eines tripolaren

---

147 Vgl. *B. Klappert*, Promissio und Bund, S. 89.
148 *K. Barth*, Christengemeinde und Bürgergemeinde, S. 58.

Schemas. In ihm stehen Staat und Kirche zusammen auf der Handlungsebene der »Gesellschaft« als der Empfängerebene gegenüber.

In Karl Barths Dogmatik finden wir einen Typus von Theologie, der resolut Abschied nimmt vom Gedanken der funktionalen Integration von Christentum und Kirche in die Gesellschaft. Darin ist die Situation der vollendeten Säkularisierung vorweggenommen.

II Exklusivität und Universalität des Reiches Gottes in Jesus Christus

1 Christengemeinde und Bürgergemeinde – das Modell der Inklusion

Karl Barths Vortrag von 1946 »Christengemeinde und Bürgergemeinde« ist eine ausführliche Kommentierung der 5. Barmer These. Diese bezieht sich auf das Verhältnis von Kirche und *Staat*. Obwohl es uns im folgenden um die Selbstverortung von Theologie und Kirche auf der umfassendsten Komplexitätsebene, nämlich der von *Gesellschaft*, geht, knüpfen wir bei dem genannten Vortrag an in der Überzeugung, daß zum einen, wenn es sich in »Christengemeinde und Bürgergemeinde« tatsächlich nur um das Verhältnis Kirche – Staat handelte, das hier von Barth entwickelte theologische Denkmodell sich ohne weiteres auf die Verhältnisbestimmung von Kirche und Gesellschaft übertragen ließe; zum anderen, daß Barth hier in Wirklichkeit mit »Bürgergemeinde« die »Gesellschaft« meint, was er »das Gemeinwesen aller Menschen eines Ortes, einer Gegend, eines Landes ...«[149] nennt mit besonderer Betonung der politisch-rechtlichen Ordnung, also des gesellschaftlichen Subsystems Politik. »Gemeinwesen« ist der gebräuchliche Ausdruck für »societas«.

Barth betont in einem ersten Gedankengang die *Differenz* zwischen Christengemeinde und Bürgergemeinde. Dabei ist die Christengemeinde *als* christliche Gesellschaft verstanden und nicht etwa als eine zu einer religiösen Organisation ausdifferenzierte *Funktion der* als christlich verstandenen *Gesamtgesellschaft*. Diese Unterscheidung ist wichtig, weil ohne sie der radikale Abschied vom Corpus-christianum-Gedanken in jeder denkbaren Spielart gar nicht in den Blick käme, mindestens aber unverständlich bliebe. Das Barthsche Modell der Zuordnung von Theologie, Kirche und Gesellschaft, das wir mit dem Begriff der Inklusion kennzeichnen werden, bezieht sich auf eine Situation, in der der Prozeß der Säkularisierung als abgeschlossen zu betrachten ist. Es ist ein theologisches Theoriemodell, das nur im Kontext der vollen Säkularität plausibel ist[150], unter der Voraussetzung, daß die Säkularisierung als Problem diese Theologie nicht mehr beschäftigt, sondern hinter ihr liegt. Wenn wir aber aus der um-

---

149 K. *Barth*, Christengemeinde und Bürgergemeinde, S. 50.
150 Hier liegt die Hauptdifferenz dieser Darstellung gegenüber denjenigen von *T. Rendtorff, W.-D. Marsch, P. Berger* u.a.

fangreichen Säkularisierungsdiskussion mit zureichender Begründung folgern, daß Säkularisierung als Prozeß und Problem noch im Schwange ist, daß es also durchaus gegenwärtig sinnvoll ist, von »Säkularisierung« zu sprechen und nicht nur von »Säkularität«, wenn wir also mit Recht davon ausgehen, daß die Säkularisierungsdiskussion nicht gegenstandslos ist, dann ergibt sich in der Tat eine gewisse Asynchronität. Insoweit ist m.E. den Kritikern Barths zuzustimmen, die seiner Dogmatik Abständigkeit attestieren. Nur – es handelt sich um eine Abständigkeit nach vorne, nicht nach hinten. Darum ist das theologische Theoriemodell der Inklusion eine Form von kritischer Theologie, kritischer Theorie der Gesellschaft und kritischer Ekklesiologie.

Die Christengemeinde ist das »Gemeinwesen«, dessen Besonderheit und dementsprechende Ausgesondertheit aus der gesellschaftlichen Umwelt in der Erkenntnis Jesu Christi liegt und im Bekenntnis zu Jesus Christus. Das Leben dieser christlichen Sozietät ist die Kraft und das Geschenk des Heiligen Geistes. Der Vollzug dieses Lebens besteht nach innen im Hören auf das Wort Gottes und in der Antwort des Glaubens, der Liebe und der Hoffnung, nach außen im Bekenntnis des Wortes Gottes.

Die »Bürgergemeinde« – mit diesem Helvetizismus bezeichnet Barth das Gemeinwesen, das gekennzeichnet ist durch kontingent festgelegte, Barth sagt: von Menschen »erfundene«[151] Grenzen. Die Bürgergemeinden sind Systeme kommunikativer Handlungen, Handlungsräume, deren Grenzen des Möglichen hinreichend klar abgesteckt sind. »Hinreichend« heißt positiv, daß die gesellschaftlich definierten Grenzen des gesellschaftlich Möglichen soweit stabil sind, daß sie die Differenz von Chaos und Ordnung festhalten können, Chaos ausgrenzen können und die Bandbreite der alternativen Wahlmöglichkeiten des Handelns auf das gesellschaftlich verträgliche Potential abstimmen können. »Hinreichend« heißt aber auch einschränkend, daß die Grenzen des Systems immer nur relativ stabil sind. Sie sind de facto beweglich und einem Prozeß historischer Veränderungen unterworfen. Sie sind aber auch, und dies ist ein sozialethisches Postulat, das bei Barth im Vordergrund steht, Gegenstand der gesellschaftlichen Verantwortung im permanenten Fragen und Suchen nach ihrer besseren Verfassung. Das »sachgemäßeste System des politischen Wesens«[152] ist niemals einfach gegeben, es ist vielmehr eine jeder gegebenen Gesellschaft gegebene Aufgabe. Schließlich sind die Grenzen labil, ständiger Bedrohung durch das Chaos ausgesetzt und ständig in Gefahr, durchlässig zu werden für gesellschaftlich unmögliche Möglichkeiten, durch die den Menschen der Schutz des Raumes der relativen Freiheit, des relativen Friedens, der relativen Sicherheit und der relativen Humanität abhanden käme[153], durch die den Menschen die Zeit genommen würde, die ihren

---

151 *K. Barth*, Christengemeinde und Bürgergemeinde, S. 58.
152 Ebd.
153 Ebd., S. 50.55.

Sinn eben daraus empfängt, daß sie der Verwirklichung möglicher Möglichkeiten dient. Eines der wesentlichen Merkmale gesellschaftlich relativ stabilisierter Grenzen, durch das sich diese von der Ordnung der Christengemeinde grundlegend unterscheiden, ist die Erzwingbarkeit der Einhaltung der Grenzen durch jedes Mitglied der Gesellschaft. Dies ist das Element der Zwei-Reiche-Lehre, das unverändert in die Lehre von der »Königsherrschaft Christi« übernommen wurde und dementsprechend in der 5. Barmer These, in »Christengemeinde und Bürgergemeinde« und schließlich in der ganzen Sozialethik Barths eine fundamentale Rolle spielt. »Die Schrift sagt uns, daß der Staat nach göttlicher Anordnung die Aufgabe hat, in der noch nicht erlösten Welt, in der auch die Kirche steht, nach dem Maß menschlicher Einsicht und menschlichen Vermögens unter Androhung und Ausübung von Gewalt für Recht und Frieden zu sorgen ...«

Allerdings unterscheidet sich Barths Charakterisierung der Labilität des Gesellschaftssystems grundlegend von derjenigen, die die Systemtheorie vornimmt. Es ist bei ihm nicht die Selbstüberforderung des Systems durch Überkomplexität, die das Resultat des Prozesses gesellschaftlicher Differenzierung ist. Bei ihm ist das Problem ganz anthropologisch-ethisch konzipiert: Es ist des Menschen unüberwindlicher Hang zur unmöglichen Möglichkeit, zum Bösen, das den Raum der Freiheit gefährdet, diese unbegreifliche und durch nichts begründbare ungründige Verliebtheit des Menschen ins offene Chaos, der innere Zug ins Nichts.

Die hiermit beschriebene wesensmäßige *Differenz* zwischen Christengemeinde und Bürgergemeinde ist der eine Aspekt der Konstellation. Der andere ist die *Beziehung* zwischen beiden. Diese ist schon negativ daraus ersichtlich, daß die Grenzen zwischen dem Gemeinwesen »Kirche« und dem Gemeinwesen »Gesellschaft« beweglich und durchlässig sind. Die Differenz ist nur eine relative. Dies gilt gerade in bezug auf das, was der Christengemeinde innerlich und wesentlich ist: auf das Bewußtsein des Verhältnisses zu Gott, das Wort und den Geist Gottes. Diese sind »unverfügbare Größen«[154], in der Kirche ebensogut wie in der Gesellschaft. Es handelt sich hier um keinen fixen, durch stabile Außengrenzen eingrenzbaren Wesensbestand, um kein »Haben« dessen, was Gesellschaft definitionsgemäß nicht »hat«. Wichtiger aber ist die positive Beziehung: Auch die Christengemeinde ist gesellschaftlich verfaßt, die »konstitutiven Elemente« des gesellschaftlichen Zusammenlebens sind auch ihr unentbehrlich. Ihr Leben als geistliche Gesellschaft bedarf der Organisation, diese regelt die Mitgliedschaft in einer für alle Mitglieder verbindlichen Rechtsordnung. Arbeitsteilung, Differenzierung in haupt-, nebenberufliche und komplementäre Rollenfunktionen usw. finden sich in ihr wie in anderen gesellschaftlichen Organisationen.

Mit alldem ist der wichtigste Beziehungsfaktor noch nicht genannt: Die

---

154 Ebd., S. 51.

Existenz bereits der gesellschaftlichen Ordnung, also die pure Tatsache, daß es so etwas wie »Gesellschaft«, verstanden als Raum von Freiheit und Stiftung von Zeit mit relativ stabilen Außengrenzen, überhaupt gibt, ist von theologischer Relevanz. Konkret formuliert: *Daß* es Gesellschaft gibt, ist nicht weniger eine Wirkung göttlichen Willens und Handelns als die Tatsache, daß es Christengemeinde gibt[155]. Das Faktum gesellschaftlicher Ordnung ist wie das Faktum der Ordnung gemeindlichen Lebens »Ordnung der göttlichen Gnade«. Beide sind »göttliche Anordnung«, Einsetzung, Stiftung. Hierin liegt eine fundamentale Differenz zur Systemtheorie, gemäß der Strukturbildung, also die Fixierung von Systemgrenzen, in voller Kontingenz erscheint, während nach Barth an diesem Punkt differenziert werden muß: Die Modalität ist kontingent, die Faktizität ist nichtkontingent. *Wie* die Grenzen eines gesellschaftlichen Systems inhaltlichkonkret in gegebenen historischen Situationen gesellschaftlich bestimmt werden, dies ist kontingent, Sache »menschlicher Erfindungen«, auf dieser Ebene sind jeweils andere Möglichkeiten präsent. Man wird insofern genau beachten müssen, daß es sich hier nicht um eine Art von Gesellschaftsmetaphysik handelt, die sich eignen könne zur theologischen Begründung einer gleichsam sakrosankten Gesellschaftstheorie[156]. *Daß* es jedoch überhaupt Systemgrenzen gibt, die funktionsfähig sind als Stabilisatoren eines Gefälles zwischen dem Raum von Freiheit und der Welt des beliebig Möglichen, dies hat den Charakter theologischer Nezeßität. Insofern denkt Barth ganz in der Bahn der reformatorischen Väter.

Nachdem wir erstens auf die Differenz von Christengemeinde und Bürgergemeinde hingewiesen haben und zweitens Aspekte ihrer Beziehung aufwiesen, ist nunmehr in einem dritten Gedankengang der Fundamentalsatz ins Auge zu fassen, aus dem die Einheit von Satz 1 (Differenz) und Satz 2 (Beziehung) allererst ihre Plausibilität erhält. Es ist der theologische Satz von der Inklusion. Sagt der erste Satz: Kirche und Gesellschaft sind verschieden, der zweite Satz: Kirche und Gesellschaft sind bezogen, so besteht der dritte Satz von der Inklusion in einer der vielen von Barth formulierten Varianten in der lapidaren Aussage, daß »die ... Bürgergemeinde *im* Reiche Christi ist«.[157] Die Konstanz von Grenzen menschlicher Gesellschaften, d.h. die Tatsache, daß überhaupt so etwas wie »Gesellschaft« existiert, dies ist nicht ins Voraussetzungslose gebaut, es hat seine Legitimität nicht in der puren Faktizität, es ist nicht die letzte Grenze der Bestimmbarkeit von etwas. Die »Konstanten der göttlichen Vorsehung« sind *im* Reiche Christi. Daß Gesellschaft als ein System mit relativ stabilen Außengrenzen einen Raum der relativen Freiheit erstellt, »darin steht sie un-

---

155   Ebd., S. 54.
156   Vgl. die entsprechende Kritik *E. Wolfs*, Die Königsherrschaft Christi und der Staat, TEH 64, S. 42ff. und *W. Krecks* in: Barmen II. Zum politischen Auftrag der christlichen Gemeinde, Gütersloh 1974, S. 70f. am Versuch einer christologisch begründeten Staatsmetaphysik.
157   *K. Barth*, Christengemeinde und Bürgergemeinde, S. 61, vgl. S. 58.

abhängig von dem Ermessen und Wollen der beteiligten Menschen faktisch in diesem bestimmten Dienst der Vorsehung und des Heilsplanes Gottes«.

Dies ist der Grund des theologischen Protestes gegen das Postulat der »Eigengesetzlichkeit« der Lebensbereiche. Gesellschaft »hat keine vom Reich Jesu Christi abstrahierte, eigengesetzlich begründete und sich auswirkende Existenz, sondern sie ist – außerhalb der Kirche, aber nicht außerhalb des Herrschaftskreises Jesu Christi – ein Exponent dieses seines Reiches. Sie gehört eben nach neutestamentlicher Erkenntnis zu den ›Gewalten‹, die *in* ihm geschaffen und durch ihn zusammengehalten sind (Kol 1,16f.), die uns von der Liebe Gottes darum nicht scheiden können (Röm 8,37f.), weil sie, wie in der Auferstehung Jesu Christi offenbar geworden ist, in ihrer Gesamtheit ihm übergeben und zur Verfügung gestellt sind (Mt 28,18)«.

Dieser Satz gegen die Eigengesetzlichkeit der Lebensbereiche, wie er in der zweiten Barmer These seinen bekanntesten Ausdruck gefunden hat, ist freilich kein empirisch-analytischer Satz, sondern ein Glaubenssatz, ein im präzisen Sinne theologischer Satz. Er ist demnach kontrafaktisch im Kern: Er richtete sich in der historischen Situation des Kirchenkampfes gegen die funktionale Differenzierung von christlicher Verkündigung und Kirchenpolitik, gegen die der Auffassung von einer Eigengesetzlichkeit der Kulturgebiete entsprechende Ausdifferenzierung von Glauben und Handeln, Rechtfertigung und Heiligung, gegen die »Entkonfessionalisierung« des öffentlichen Lebens, d.h. gegen die Ausdifferenzierung einer religiös-christlichen Privatsphäre und einer Sphäre des öffentlichen Lebens[158]. Dieser Satz steht aber grundsätzlich ebenso kontratendenziell zum Zusammenhang des globalen Prozesses gesellschaftlicher Differenzierung in seiner erfolg-, folgen- und ambivalenzenreichsten Phase: in der Epoche der funktionalen Differenzierung. In diesem Kontext gesellschaftlicher Evolution steht das biblische Chritentum, die christliche Gemeinde, grundsätzlich und unaufgebbar kontradifferentiell. Insofern hat Christengemeinde, wo sie ihrem Ruf treu ist, unvermeidlich den Geruch von Ostern um sich, geht sie als Zeugin ihres auferstandenen Herrn durch verschlossene Türen, ohne anzuklopfen, ohne Eintritt zu bezahlen bzw. ohne die Legitimation für ihre Anwesenheit anders als durch die pure Faktizität ihrer Anwesenheit in der qualifizierten Form als Zeugin Jesu Christi als des offenbarten Reiches Gottes erbringen zu können. Sie wird immer wieder dort gegenwärtig sein, wo sie nach gesunder gesellschaftlicher Ratio nichts zu suchen hat.

Das in Jesus Christus erschienene Reich Gottes ist die universal umgreifende Wirklichkeit. Nichts Wirkliches ist denkbar, was nicht immer schon im Horizont des wirklichsten Wirklichen wäre, was es ist. Etwas außerhalb

---

158 Vgl. *E. Wolf*, Barmen. Kirche zwischen Versuchung und Gnade, 2. Aufl. München 1970, S. 113ff.

und abgesehen davon begreifen zu wollen, daß es immer schon vom Reiche Gottes umgriffen ist, heißt: etwas abstrakt begreifen. Abstrakt wäre es aber auch, den »Horizont« bloß negativ als Grenze oder Ende zu begreifen, jenseits derer bestimmbar Wirkliches nicht mehr ist, sondern nur noch Möglichkeit zu allem und zu nichts. Ausgegrenztes und abgewehrtes Chaos, von Gott nicht zum Sein erwähltes Außerhalb spielt zwar in dem Text, den wir zur ersten Annäherung an den Gedanken der Inklusion heranziehen, in »Christengemeinde und Bürgergemeinde«, eine nicht zu übersehende Rolle, aber doch nur eine sekundäre und nachträgliche. Konstitutiv ist dies nicht, konstitutiv ist die Mitte und das Herz aller Dinge, der Punkt der größten Dichte, der wirklichsten Wirklichkeit im Zentrum von Schöpfung und Welt: der Ort, wo Gott und Mensch eins werden. Dieses Zentrum konstituiert die Peripherie, diese Mitte bestimmt nicht nur den Umkreis, sondern auch alles, was innerhalb des von diesem Horizont umschlossenen Raums sein Wesen hat.«... Wenn das ganze menschliche Leben im Herzen der Schöpfung und mithin auch die ganze Schöpfung in ihrem Verhältnis zum menschlichen Leben in ihrer Mitte von der Wirklichkeit des göttlichen Reiches in Jesus Christus umschlossen und durchdrungen wird, dann besteht diese alles umfassende und alles durchdringende Grenze auch für die Gesamtheit des weltlichen Daseins...«[159] H.U. von Balthasar hat mit Recht als Hauptmerkmal der Barthschen Denkweise das »Pathos der ›Wirklichkeit‹..., der ›Eigentlichkeit‹..., der ›Verwirklichung‹...« genannt[160]. Der wirkliche Gott und der wirkliche Mensch zusammen sind das eine Concretissimum, das den Namen Jesus Christus trägt. Dies ist der Ort der höchsten Intensität, der wirklichsten Wirklichkeit. Von hier aus muß das, was Barth den »intensiven Universalismus« nennt[161], begriffen werden.

Diese gedanklich zunächst schwer zu realisierende Einheit von komprehensiv-extensiver Universalität und exklusiv-intensiver Einmaligkeit des Reiches Jesu Christi wird in »Christengemeinde und Bürgergemeinde« durch das geometrische Bild von den konzentrischen Kreisen veranschaulicht. Jesu Christus ist der Mittelpunkt, der den äußersten Kreis des größten Umfangs konstituiert. Innerhalb dieses äußersten Kreises finden zwei weitere konzentrische Kreise Platz: der äußere Kreis der Bürgergemeinde und der innere Kreis der Christengemeinde. So kann Barth sagen, die Christengemeinde existiere »als innerer Kreis inmitten jenes weiteren – im Schutz der Bürgergemeinde...«[162] Die Existenz von Gesellschaft, hier also im oben beschriebenen Sinne verstanden in der vollen Säkularität der

---

159 H.-G. *Geyer*, Einige vorläufige Erwägungen über Notwendigkeit und Möglichkeit einer politischen Ethik in der evangelischen Theologie, in: *A. Burgsmüller* (Hg.), Zum politischen Auftrag der christlichen Gemeinde (Barmen II), Gütersloh 1974, S. 184.
160 *H.U. von Balthasar*, Karl Barth. Darstellung und Deutung seiner Theologie, 2. Aufl. Köln 1962, S. 203.
161 K. *Barth*, Das Wort Gottes und die Theologie, München 1924, S. 210.
162 K. *Barth*, Christengemeinde und Bürgergemeinde, S. 54.

II Exklusivität und Universalität des Reiches Gottes ...

Funktionalität eines Systems mit relativ stabilen Außengrenzen, als Raum möglicher relativer Freiheit, ist demnach durchaus notwendige, wenn auch nicht ausreichende Bedingung der Existenz von Kirche. Der »weitere Kreis« der Gesellschaft wiederum ist innerhalb des äußersten Kreises der universalen Herrschaft Jesu Christi. Indem die Gemeinde »an Jesus Christus glaubt und Jesus Christus verkündigt, glaubt und verkündigt sie ja den, der wie der Herr der Kirche so auch der Herr der Welt ist«.[163] Darum hat die Bürgergemeinde »keine vom Reich Jesu Christi abstrahierte, eigengesetzlich begründete und sich auswirkende Existenz, sondern sie ist – außerhalb der Kirche, aber nicht außerhalb des Herrschaftskreises Jesu Christi – ein Exponent dieses seines Reiches«.[164]

Diese geometrische Chiffrierung des theologischen Gedankens kann gewiß eine anfängliche Verstehenshilfe sein: Sie setzt einen Mittelpunkt und einen umfassendsten Umkreis und chiffriert damit den theologischen Gedanken der universalen Reichweite einer einmalig-kontingenten Geschichte. Sie setzt in dieses Feld des größten Umfangs zwei Kreise kleinerer und größerer Reichweite und chiffriert damit einerseits die Selbstverortung von Theologie und Kirche im Kontext der Gesellschaft als der komplexeren Umwelt, andererseits das Einbezogensein von Theologie, Kirche und Gesellschaft in die alles umgreifende Wirklichkeit des Reiches Christi und ihre gemeinsame Zentrierung um die für alle gleichermaßen konstitutive Mitte: Jesus Christus konstituiert die Kirche als seinen Leib; die Gesellschaft ist als System kommunikativer Handlungen nach Regeln, deren Einhaltung erzwingbar ist, göttliche Stiftung und Exponent des Reiches Christi. Die geometrische Chiffre signalisiert drittens die Differenz von Kirche und Gesellschaft nicht nur als Differenz der Komplexität, sondern auch als Differenz der Nähe zum Zentrum.

Freilich hat das geometrische Bild seine Grenzen[165], und es kann den gemeinten theologischen Sachverhalt eher verdunkeln als erhellen, wenn man sich zu lange daran festhält. Denn zum einen ist das Medium des geometrischen Zeichens der Raum, und die Gleichzeitigkeit des Neben-, Über- und Umeinanders suggeriert die Vorstellung von statischen und invarianten Strukturen. Das Medium des signalisierten Sachverhalts aber ist die Zeit, die Verwirklichung der bezeichneten Wirklichkeit vollzieht sich als Geschichte. Der Begriff der Inklusion meint Geschichte: Das Futurum eines Perfekts läßt das Dazwischen einer Geschichte frei, der Geschichte der zweiten Parusie Jesu Christi im Heiligen Geist. Zum andern kann die Einfachheit der geometrischen Sprache des Zeichens, dessen Medium der Raum ist, die Schwierigkeiten des theologischen Gedankens, dessen Medium die Sprache ist, verdecken und suggerieren, mit dem Zeichen sei bereits gedacht, was doch vielmehr erst durch das Zeichen als zu Denkendes

---

163   Ebd., S. 56f.
164   Ebd., S. 55.
165   Vgl. *H.-G. Geyer,* Erwägungen, S. 177.

angezeigt ist. Wenn z.B. von der universal-inklusiven Wirklichkeit des Reiches Christi im geometrischen Bild als dem Umkreis und der Grenze gesprochen wird, die alles umfaßt und alles durchdringt, so ist deutlich, daß die Sprache das Zeichen verläßt und sprengt, um ihr Eigenes sagen zu können: daß die alles einbeschließende auch die alles *bestimmende* Wirklichkeit ist. Wenn der Zentralgedanke der Theologie der Inklusion die Einheit von Exklusivität und Inklusivität des Reiches Gottes in Jesus Christus ist, eine Einheit, die als »intensiver Universalismus« wohl am besten gekennzeichnet ist, so wird erst die Mühe der theologisch-inhaltlichen Explikation entzerren können, was hier zunächst als eine geballte Widerspruchseinheit, als Paradox erscheint.

Durch den theologischen Gedanken der Inklusion bekommt die Bestimmung des Verhältnisses von Kirche und Gesellschaft eine neue Fassung, sowohl was die Differenz als auch was die Beziehung zwischen beiden anbetrifft. Die Differenz liegt hier nicht mehr auf der Ebene der Wirklichkeit des Reiches Gottes, des Heils in Jesus Christus. Es ist nicht die Präsenz des Heils, es ist erst recht nicht ein »Haben« von etwas, was die »Welt« nicht hat und was die Kirche der Welt voraus »hat« bzw. an dem sie im Unterschied zur säkularen Welt Anteil »hat«. Die grundlegende Differenz liegt hier vielmehr auf der noetischen Ebene: Die Gemeinde anerkennt, erkennt und bekennt, was für sie und mit ihr gemeinsam für ihre Umwelt und die ganze Welt die zentrale und universal umgreifende Wirklichkeit ist: der dem Menschen gnädig zugewandte Gott, der Bund Gottes mit dem Menschen, der gegen des Menschen Fall, Elend und Verdammnis in der Geschichte der Versöhnung durchgesetzt und zu seinem herrlichen Ziel geführt wird. Die gegenüber dem »weiteren« Kreis der Gesellschaft größere Nähe des »inneren«[166] Kreises zum Zentrum kennzeichnet demnach den kognitiven Vorsprung der Gemeinde. Nur wird man sich einerseits hüten müssen, die kognitive Differenz zu verabsolutieren. Denn wohl wird *das* »Licht des Lebens« in der Gemeinde erkannt[167], aber auch außerhalb der Gemeinde gibt es »Lichter« und »Offenbarungen«. Und andererseits wird man sich auch hüten müssen, von einer »nur« kognitiven Differenz zu sprechen. Dies legt sich zwar wie von selbst nahe angesichts der Reduktion, die Barth gegenüber der mächtigen ekklesiologischen Tradition mit ihrem sakramental-medial-repräsentativen Verständnis der Kirche vollzieht. Dies könnte aber leicht dazu verführen, daß man die erhebliche theologische Auffüllung, die der Begriff des »Kognitiven« oder »Noetischen« besonders im Zusammenhang der Theologie des munus propheticum erfährt, übersieht.

Mit diesem Vorbehalt, der zu explizieren sein wird, kann man sagen, daß die Reduktion der Systemgrenze zwischen Kirche und Gesellschaft von der ontischen auf die noetische Differenz in der Konsequenz des In-

---

166 *K. Barth*, Christengemeinde und Bürgergemeinde, S. 54.
167 *K. Barth*, KD IV,3, S. 40–188.

klusionsgedankens liegt. Er ermöglicht es theologisch, einerseits auf einen kognitiven »Handel mit der Modernität«[168] zu verzichten, Gesellschaft in voller Säkularität zu begreifen, und andererseits die Differenz zwischen Kirche und Gesellschaft nicht als eine Differenz zwischen Sakralität und Profanität zu verstehen. Die Ekklesiologie im Rahmen des Inklusionsgedankens wird demnach ebenfalls säkularisiert, indem der Kirchenbegriff entsakralisiert wird. Der Gedanke der Repräsentation wird funktionslos und somit überflüssig. Die unterschiedliche Funktion schließlich von Kirche und Gesellschaft einschließlich Staat kann ganz im Sinne der Zwei-Reiche-Lehre begriffen werden: Sie verhalten sich zueinander wie »besonderer Auftrag« zu »besonderem Auftrag«[169] und dürfen weder vermischt noch verwechselt werden.

Eine weitere zentrale Folge des Inklusionsgedankens ist der konsequente Abschied vom Naturrecht. Wird die Theologie des universal-inklusiven Reiches Gottes so beherrschend, wie das bei Barth der Fall ist, dann wird das Naturrecht als selbständige Erkenntnisquelle für Sein und Sollen des Menschen gleichsam bodenlos. Für Thomas von Aquin war »Natur« der Inbegriff der den Dingen innewohnenden Entelechie, der den Dingen von Gott eingestifteten Kunst, wodurch sie »von sich aus zu einem bestimmten Ziel gelenkt werden«[170], und das Naturgesetz die Summe aller Verhaltensformen und -normen, die aus der menschlichen Wesensnatur hervorgehen, die »Teilnahme am ewigen Gesetz in einem vernunftbegabten Geschöpf.« Luther hat die Naturgesetz-Theorie in einem gewissen Maße

---

168 Vgl. P. Berger, Der Zwang zur Häresie. Religion in der pluralistischen Gesellschaft, Frankfurt/M. 1980, S. 112ff. »Handel« ist hier im Sinne von »Feilschen« zu verstehen.
169 Barmer Theologische Erklärung, These 5. Von Interesse ist hierbei die situationsbedingte Akzentverschiebung in »Christengemeinde und Bürgergemeinde« gegenüber der Barmer Erklärung. Diese wehrte die Vermischung von kirchlicher und staatlicher Ordnung in beiden Richtungen ab: Die Kirche darf »die Gestalt ihrer Botschaft und ihrer Ordnung« nicht durch Import von Weltanschauungen oder Ordnungsmodellen aus Politik, Staat und Gesellschaft regeln (These 3). Dies bezieht sich insbesondere auf das sog. Führerprinzip. Sie darf sich nicht staatliche Art, Aufgaben und Würde aneignen und damit zu einem »Organ des Staates« werden (These 5). Und umgekehrt darf der Staat nicht »über seinen besonderen Auftrag hinaus die einzige und totale Ordnung menschlichen Lebens werden und damit auch die »Bestimmung der Kirche« erfüllen wollen. In »Christengemeinde und Bürgergemeinde« spielt die Gefahr des totalitären Übergriffs des Staates keine Rolle, um so mehr dagegen – in der Situation des Jahres 1946 – die Gefahr der Klerikalisierung des Staates oder des Parteienwesens. (Die Kritik der Männer der Bekennenden Kirche an der Gründung einer Christlich-Demokratischen Union war sehr deutlich.) Demgegenüber und gegenüber dem betont proklamierten »Öffentlichkeitsanspruch« der Kirche betont Barth, daß der Weg, auf dem die Bürgergemeinde ihren besonderen Auftrag erfüllen kann, »der natürliche, der *weltliche*, der *profane* Weg der Aufrichtung des Rechtes, der Sicherung von Freiheit und Frieden nach dem Maß menschlicher Einsicht und menschlichen Vermögens« ist (S. 62f.). »Es geht also gerade nach dem göttlichen Sinn der Bürgergemeinde durchaus nicht darum, daß sie selbst allmählich mehr oder weniger zur Kirche werde. Und so kann das politische Ziel der Christengemeinde nicht darin bestehen, den Staat allmählich zu verkirchlichen, d.h. ihn soweit als möglich in den Dienst ihrer eigenen Aufgabe zu stellen.«
170 II Phys. 1,14.

theologisiert und damit entnaturalisiert, indem er die lex aeterna wegfallen läßt und die lex naturalis mit der lex Dei identifiziert. Dadurch wird aus einem von einem qualitativ geprägten Naturbegriff gespeisten Gesetzesverständnis ein viel stärker relational gefaßter Begriff vom Naturgesetz. Aber dies gilt insoweit mit Einschränkung, als Luther auch in bezug auf das zerbrochene Gottesverhältnis des Menschen in der Sünde an einer Kenntnis des göttlichen Rechtswillens als Naturgesetz (goldene Regel) festhält[171]. In Barths Dogmatik hat die Lehre vom Naturgesetz keinerlei theologische Relevanz mehr. An seiner Stelle steht das im Bund Gottes mit dem Menschen implizierte Gebot. Es ist der in Israel verheißene, in Jesus Christus erfüllte Bund, in dem sich Gott dem von ihm erwählten menschlichen Partner zuwendet, damit dieser sich seinerseits in der Antwort des Gehorsams dem ihn erwählenden Gott zuwende, um eben so sein Selbstsein in Freiheit zu realisieren. Gegenüber der »Konstruktion eines Zusammenhangs von allgemeinem Naturgesetz (lex naturalis), schriftlichem Mosegesetz (lex renovata), von Jesus verkündigtem Gesetz (lex interpretata) und durch Christus erfülltem Gesetz (lex impleta) setzt Barths Kritik ein mit der Gegenthese, daß Jesus Christus nicht die bestätigende Erfüllung des Allgemeinen der lex naturalis, sondern die Universalisierung des in ihm erfüllten besonderen Bundesgebotes an Israel sei.«[172] Durch die Universalität des Gebotes als Form des in Christus erfüllten Gnadenbundes ist die lex-naturalis-Lehre theologisch ortlos geworden.

Die Durchführung des Gedankens der Inklusion in der Versöhnungslehre ist schließlich Barths reifste Verarbeitung des Problems, das in den Turbulenzen des Aufbruchs der sogenannten »dialektischen Theologie« nur scheinbar verschwunden war, das aber beharrlich an der Wiege der neugeborenen Bewegung stehenblieb und auf angemessene Beantwortung wartete: des Vermittlungsproblems. Denn mochte es im ersten radikalen Aufreißen der Diastase zwischen Gott und Welt, Gott und Mensch, in der ersten Radikalität des Bruchs mit der liberalen theologischen Tradition so scheinen, als sei mit der Kritik an der liberal-kultur-protestantischen Verarbeitung des Vermittlungsproblems auch dieses selbst ad acta gelegt, so zeigte sich doch nicht nur an den recht verschiedenen Wegen, die die Dialektiker sehr bald einschlugen (z.B. R. Bultmann, F. Gogarten, E. Brunner, K. Barth), sondern auch im Vollzug der Dialektik selbst, daß im offengehaltenen reinen Widerspruch die Sachlichkeit der theologischen Arbeit nur sehr bedingt gedeihen kann. Versteht sich die Dialektik nicht nur als Korrektiv, sondern als *die* theologische Methode, so wird dieses Beharren auf dem »mathematischen Punkt«, der kein Standpunkt sein will und soll, leicht zur Perpetuierung eines Taumels zwischen absolutem Widerspruch und reiner Identität. »Wo Dialektik sich als das Absolute versteht, werden lauter (statische oder dynamische) Identifikationen vorge-

---

171 Vgl. *B. Klappert*, Promissio und Bund, Göttingen 1976, S. 52ff.
172 Ebd., S. 53f.

II Exklusivität und Universalität des Reiches Gottes ... 243

nommen: zunächst Gottes (in seiner reinen aktualen Aseität) mit seiner Offenbarung, dann des Geschöpfs mit dem reinen Gegensatz zu Gott und somit mit dem Nichts und schließlich, da das Geschöpf in der Offenbarung von Gott eingeholt und durch die dynamische Bewegung (die eine absolute, weil göttliche ist) zu Gott zurückgebracht wird, die Gleichsetzung des Geschöpfs mit Gott selbst, zumindest in seinem Ursprung und Ziel.«[173] Barth vollzog die Wendung von der Dialektik zur Analogie und verarbeitete darin das Vermittlungsproblem auf seine Weise. Die Theologie der Inklusion ist das ausgeformte Ergebnis dieser Verarbeitung, und Barth weist darauf hin, daß dies »weithin in intensivem, in der Hauptsache stillem, Gespräch mit Rudolf Bultmann«[174] vor sich gegangen sei. Im folgenden soll der Gedanke der Inklusion 1. in seiner trinitätstheologischen, 2. in seiner christologischen und 3. in seiner ekklesiologischen Dimension entfaltet werden.

Zusammenfassung   K. Barth entfaltet in »Christengemeinde und Bürgergemeinde« zunächst die Differenz zwischen Kirche und Gesellschaft, dann die Beziehung zwischen beiden, schließlich das Umschlossensein beider vom Reiche Christi. Durch das theologische Modell der Inklusion bekommt die Differenz zwischen Kirche und Gesellschaft eine andere Fassung: Sie wird von der Ebene der Wirklichkeit auf die Ebene der Erkenntnis verlagert.
Durch den Inklusionsgedanken wird das Naturrechtsdenken überflüssig.
In der Durchführung des Inklusionsgedankens wird das (liberale) Vermittlungsproblem neu verarbeitet.

2   Bund und Versöhnung

a)   Der Bund als Gottes ursprüngliche Selbstbestimmung
α)   *Intensiver Universalismus – Christologie und Anthropologie*
Die ganze hochdifferenzierte, weit ausgreifende und gleichzeitig doch so homogene und konzentrierte Architektur der Barthschen Versöhnungslehre läßt sich begreifen als die theologische Rechenschaft von der Einheit der strikten Exklusivität und der universalen Inklusivität des göttlichen Heils für den Menschen in Jesus Christus[175].

---

173   *H.U. von Balthasar*, Karl Barth, S. 91f.
174   *K. Barth*, KD IV,1, Vorwort.
175   Vgl. *W. Kreck*, Grundentscheidungen in Karl Barths Dogmatik, Neukirchen-Vluyn 1978, S. 6. Kreck spricht hier von »dem notwendigen Zusammenhang zwischen der schlechthinnigen Exklusivität Jesu Christi und seiner ebenso schlechthinnigen Universalität« als dem Leitgedanken und der charakteristischen Intention der Theologie Karl Barths. Vgl. *H.-G. Geyer*, Erwägungen, S. 172–212, bes. S. 182ff.; *B. Klappert*, Promissio und Bund,

Der jeweils erste und grundlegende Abschnitt in den drei großen Teilbänden entfaltet die Christologie, die jeweils folgenden drei Abschnitte beziehen sich auf die Hamartiologie, die Soteriologie und die Pneumatologie. Dies sind die vier horizontalen Perspektiven.

Diese werden nun aber nicht – und hier liegt die alles entscheidende theologisch-systematische Absicht – nacheinander verhandelt in der Weise, daß der Fokus zunächst auf Christus liegt, um alsdann zu wechseln von der Christologie auf die Anthropologie, d.h. zunächst ist der Blick auf die Lehre vom Menschen in der Sünde gerichtet, dann auf den Menschen bezüglich der ihm geltenden Zueignung des Heils und schließlich auf den Menschen hinsichtlich seiner Aneignung des Heils. Vielmehr sind die vier Perspektiven einander in der Weise zugeordnet, daß die christologische Perspektive das Fundament und der Schlüssel für die drei großen Themenkreise der Sündenlehre, der Soteriologie und der Pneumatologie ist. Die Christologie ist das Fundament, das bestimmend bleibt, sie ist der Schlüssel, der die hier liegenden Probleme aufschließt. Die Christologie wird demnach nicht als ein Bereich für sich thematisiert, der, nachdem er durchschritten ist, verlassen wird, um zu einem anderen, dem anthropologischen Bereich, überzugehen. In diesem Falle wäre die dritte theologische Aufgabe noch zu leisten, nachdem die erste und die zweite abgeschlossen ist: die Aufgabe der Vermittlung zwischen beiden. Dagegen ist die Versöhnungslehre so konzipiert, daß das dritte Problem bereits im ersten Themenkreis enthalten und implizit beantwortet ist. Was demnach in den drei Perspektiven des zweiten (anthropologischen) Themenkreises noch zu leisten ist, ist die Explikation der Antworten, die im christologischen Themenkreis implizit enthalten sind. Das dritte Problem der Theologie, das Problem der Vermittlung, ist mithin in der Anlage des ersten (christologischen) Themenkreises bereits in der Weise präsent, daß es in der Form der Explikation seine Beantwortung finden kann. Das Vermittlungsproblem wird hier, auf den Inhalt gesehen, als christologisches Problem gefaßt, und – auf die Methode der Darstellung gesehen – in ein Problem der Sprache transformiert: Das Medium sprachlicher Darstellung ist die Zeit. Man kann nicht alles in einem Augenblick sagen, die komplexe Dichte zieht sich notwendig auseinander in der zeitlichen Sequenz aufeinander folgender Sätze. »Daß unser christologischer Grund auch das – und damit schlicht uns selbst: unsere Teilnahme an jenem Ereignis – in sich enthält, daß die Wendung von Jesus Christus zu uns selbst in ihm schon vollzogen, schon wirklich ist, daß in und mit ihm selbst auch wir selbst da sind als die, für die er ist und handelt, das ist für *uns*, in unserem *Nach*vollzug seiner Wahrheit, die Sache eines besonderen, zweiten Schrittes.«[176]

An der Nahtstelle zwischen dem ersten und dem zweiten Themenkreis

---

S. 156ff.; *H. Küng*, Rechtfertigung. Die Lehre Karl Barths und eine katholische Besinnung, Einsiedeln 1957.
176   K. Barth, KD IV,1, S. 314.

sagt Barth: »Es ist wahr: Er *ist* schon zu uns gekommen und wir *sind* schon bei ihm. Was besagte seine Menschwerdung und das τετέλεσθαι des Gekreuzigten, wenn damit nicht auch gesagt wäre: sein Sein bei uns, unser Sein bei ihm?«[177] Christi Sein und Tun ist per definitionem ein Sein pro nobis. Es ist bereits eine theologisch nicht zu rechtfertigende Abstraktion, dieses Sein Jesu Christi pro nobis possibilistisch anstatt realistisch zu verstehen. Hier liegt die von Barth schon in den Prolegomena scharf markierte Differenz zum »in der mittelalterlichen Mystik und in der humanistischen Renaissance wurzelnden pietistisch-rationalistischen Modernismus[178]: in der These vom ontologischen Vorrang der Möglichkeit vor der Wirklichkeit. Dann wird das Heilswerk Christi als der Erwerb der *Möglichkeit* der Versöhnung zwischen Gott und Mensch verstanden, die allererst durch die Zueignung durch die Kirche und ihre Gnaden-Mittel und durch die Aneignung von seiten des Menschen im Glauben in Wirklichkeit zu überführen ist[179].

177 *K. Barth*, KD IV,1, S. 312.
178 *K. Barth*, KD I,1, S. 33.
179 So z.B. bei *Thomasius*, Christi Person und Werk, Bd. 2, 1888, S. 206: »Mit der objektiven Versöhnung, durch welche die Menschheit Gegenstand der göttlichen Gnade geworden ist, ist den einzelnen Gliedern der Menschheit nur erst die reale *Möglichkeit*, d.h. das Recht und die Macht, auch ihrerseits mit Gott versöhnt zu werden, erworben. Aber diese Möglichkeit soll zur *Wirklichkeit* werden. Was durch Christus dem ganzen Menschengeschlecht ein für allemal ausgewirkt und in Ihm für Alle vorhanden ist, soll nun auch auf diese herüberkommen, es soll zur wirklichen Gemeinschaft auch der Menschen mit Gott kommen; darauf ist es mit der ganzen objektiven Heilsvermittlung abgesehen, und darin erreicht sie ihr Ziel.«
R. Bultmann, Theologie des Neuen Testaments, 3. Aufl. Tübingen 1958, schreibt entsprechend: »Durch Christus ist also nicht mehr beschafft worden als die *Möglichkeit* der ζωή, die freilich bei den Glaubenden zur sicheren Wirklichkeit wird« (S. 253). Dies geschieht im Wort der Verkündigung. Hier wird das Heilsgeschehen präsent, d.h. »daß sich das Heilsgeschehen in der Verkündigung des Wortes weiter vollzieht.« Im Wort vollzieht sich das Heilsgeschehen »als ein auf den Menschen gerichtetes, ihn treffendes, an ihm sich vollziehendes...«, d.h. daß »Tod und Auferstehung Christi im Wort der Verkündigung zur Möglichkeit der Existenz werden, der gegenüber die Entscheidung fallen muß, und daß der Glaube sie ergreift und sich zu eigen macht als die die Existenz des Glaubenden bestimmenden Mächte« (S. 302). Im Ergreifen und Zu-eigen-Machen des Glaubens wird dann die Möglichkeit der Existenz zur Wirklichkeit.
Ähnlich spricht *M. Schmaus* von der Weitereignung des Heilsgeschehens in Wort und Sakrament der Kirche: »Wie die heile menschliche Existenz zu verstehen ist, wurde in der Lehre von der Gnade dargestellt. Nun kann man fragen, auf welchem Wege die von Christus aufgerichtete Gottesherrschaft für den einzelnen Menschen und für die gesamte Schöpfung wirksam wird. Im allgemeinen läßt sich sagen, daß dies durch die Teilnahme am Leben und am Tode Jesu Christi geschieht. Hier erhebt sich indes ein schweres Problem. Es ist in der Gechichtlichkeit Jesu Christi begründet. Geschichtlichkeit bedeutet, daß das Leben Christi in das Damals und das Dort eingeengt ist. Da fragt es sich, wie der jetzt und hier lebende Mensch an dem auf das Damals und Dort eingeengten Leben Jesu Christi Anteil gewinnen kann... Wort und Sakrament sind die zwei Medien, durch welche die Vergangenheit zur heilsmächtigen Gegenwart wird. Die Gegenwartsetzung erfolgt in der Kirche... Sie hat repräsentative Funktion. Sie wird nicht mit Unrecht der in der Zeit... fortlebende und fortwirkende Christus genannt« (Kath. Dogmatik IV,1, 3. und 4. Aufl. München 1932, S. 1f.).

Demgegenüber beharrt Barth auf der theologischen Priorität der Wirklichkeit vor der Möglichkeit. Die theologische Reflexion der Möglichkeit von etwas ist demnach immer ein sekundärer Schritt. Das gilt generell, das gilt im besonderen auch in bezug auf das Vermittlungsproblem. Erst nachdem die Vermittlung als eine in Wirklichkeit schon vollzogene und geleistete wahrgenommen worden ist, kann dem nachgedacht werden, wie dies möglich sei. Es wird also bei dem »Übergang« von der Christologie zur Anthropologie »nur um *Explikationen* dessen gehen können, was von seinem Sein und Tun, von seiner Person und seinem Werk per definitionem zu sagen ist: um Explikationen der von Haus aus konkreten, *komprehensiven* Gestalt seines Seins und Tuns ... Es wird ... unsere Frage nach dem Recht der in jenen Entfaltungen zu vollziehenden Wendung von ihm zu uns dies nicht in Frage stellen, sondern nur bestätigen können: daß *er selbst* es ist, in welchem diese Wendung schon *vollzogen* und *wirklich* ist.«[180] In allen drei Durchgängen der Versöhnungslehre gibt Barth an der Nahtstelle zwischen dem christologischen Themenkreis und den anthropologischen Themenkreisen Rechenschaft, was unter der genannten Voraussetzung der »Übergang« von der Christologie zur Anthropologie bedeutet[181]. Denn daß die Vermittlung als eine durch Inklusion bereits wirkliche zu verstehen ist und nicht als eine erst noch zu realisierende Möglichkeit, dies ist die eine Seite des Problems.

Die andere und nicht weniger gewichtige ist die, daß es sich in den anthropologischen Themenkreisen nicht um bloße Epiphänomene der Christologie handeln kann. Durch einen Christomonismus in der Versöhnungslehre, mit welchen Einschränkungen und Vorbehalten er auch immer versehen sein mag, wird das Problem der Vermittlung nicht beantwortet, sondern übersprungen[182], gleichsam christologisch zugedeckt. Der Begriff des »Übergangs« in den »Übergangsüberlegungen« hat insofern eine negative und eine positive Seite.

Die negative Seite liegt darin, daß von einem »Übergang« aus einem christologischen Bereich in einen ihm äußerlichen anthropologischen nicht die Rede sein kann, wenn man den Gedanken der Inklusion ernstnimmt. Die positive liegt darin, daß im Begriff des »Übergangs« die unaufhebbare Differenz zwischen Christologie und Anthropologie festgehalten ist, wodurch zwar in keiner Weise die Modalität der Vermittlung praedisponiert ist, wohl aber die zentrale theologische Relevanz des Vermittlungsproblems überhaupt thematisiert ist. »Künstlich wäre hier ... eine

---

180 K. *Barth*, KD IV,1, S. 313.
181 K. *Barth*, Das Urteil des Vaters, KD IV,1, S. 311–394; K. *Barth*, Die Weisung des Sohnes, KD IV,2, S. 293–422; K. *Barth*, Die Verbindung des Geistes, KD IV,3,1, S. 317–424.
182 Zum Problem des Christomonismus bei Barth vgl. *H.U. von Balthasar*, Karl Barth, S. 253ff. Balthasar kritisiert hier die »christologische Engführung« in Barths Dogmatik, die Gefahr der Deduktion, durch die alles »übrige Menschsein« ein »Epiphänomen Christi« zu werden drohe.

...›christomonistisch‹ zu nennende Lösung, laut derer das *in nobis*, die Befreiung des Menscen selbst als ein unselbständiger Annex, als bloße Spiegelung der von Jesus Christus in seiner Geschichte und also extra nos vollbrachten Befreiungstat verstanden würde – laut derer also Jesus Christus als das eigentlich allein handelnde und wirkende Subjekt im Grunde einsam auf dem Plan stünde. Eine *Antwort* auf das in seiner Geschichte gesprochene Wort der Treue Gottes könnte dann die Treue des von ihm verschiedenen Menschen *nicht* sein ... Alle Anthropologie und Soteriologie wäre dann verschlungen in die Christologie.«[183] Das Selbstsein und die Freiheit des von Gottes Versöhnungswerk betroffenen Menschen sollen durch die christologische Verarbeitung des Vermittlungsproblems, die ihren Ausdruck im Denkmodell der Inklusion findet, genau *nicht* reduziert oder gar beseitigt werden.

Das komprehensive Verständnis der Christologie soll im Gegenteil als der kreative Ursprung menschlicher Freiheit und spontanen Selbstseins zur Sprache und zur Geltung gebracht werden. Die Anthropologie steht hier also nicht solchermaßen in Konkurrenz zur Christologie, daß dem einen in dem Maße Freiheit und Selbstsein weggenommen werden muß, in dem es dem anderen zugeschrieben wird. Der komprehensive Heilsgrund, der das Thema der drei großen christologischen Teile ist, steht vielmehr zur Anthropologie in einem unumkehrbaren Bedingungs- und Begründungsverhältnis. Es ist die gleiche Konstellation, wie wir sie bei Luther in bezug auf das Zueinander von Gottes- und Weltverhältnis des Christen beobachtet haben. Hatte Luther die Welt- und Gottesbeziehung aus der metaphysisch-komparativischen Zuordnung und aus der praktischen Konkurrenz zwischen vita activa und vita contemplativa herausgenommen und sie statt dessen in ein einliniges Bedingungsverhältnis gesetzt, so verfährt Barth analog mit dem Verhältnis zwischen Theologie bzw. Christologie und Anthropologie. Soviel zur »horizontalen« Struktur der Versöhnungslehre: dem Verhältnis der drei anthropologischen Themenkreise zum grundlegenden christologischen Teil.

Was es mit dem theologischen Gedanken der Inklusion auf sich hat, seiner theologischen Begründung und Durchführung und der Stringenz von beidem, dies entscheidet sich freilich in dem, was die »vertikale« Struktur der Versöhnungslehre ausmacht. Denn dies kann nicht die Meinung sein, daß es sich in dem, was der traditionellen Dogmatik kritisch anzumerken ist: die relative Selbständigkeit und Abstraktheit, in der sich die Lehre vom Heilserwerb in Christus und die Lehre von der Heilszueignung und Heilsaneignung gegenüberstanden, um eine rein methodische Schwäche der Darstellung gehandelt habe. Daß also demgegenüber durch das methodische Prinzip der Inklusion die formale Möglichkeit einer komprehensiven Darstellung sich eröffnet. Wenn in der Dogmatik die Christologie »als eine an Hand von Schrift und Tradition etwas willkürlich konstruierte Ontolo-

---

[183] K. Barth, KD IV,4, S. 20f.

gie und Dramatik« erscheinen konnte[184] und andererseits die Soteriologie und Pneumatologie sich als die Loci nahelegten, in denen Theologie existentiell relevant zu werden beginnt, so ist dadurch ein Problem nicht nur formaler, sondern zutiefst inhaltlich-theologischer Qualität angezeigt. Demnach muß an dieser Stelle die Diskussion mit der dogmatischen Tradition inhaltlich in einer Punkt-für-Punkt-Auseinandersetzung geführt werden. Die zentralen Weichenstellungen seien hier in möglichster Knappheit genannt.

1. Die Christologie ist so zu entfalten, daß die differenzierte Einheit von Person und Werk Jesu Christi gewahrt bleibt, d.h. es muß einerseits Jesus Christus als dieses besondere, einmalige *Subjekt*, das in der Versöhnungsgeschichte handelnd auf dem Plan ist, in seiner vollen Exklusivität im Blick sein. Und es muß andererseits immer gleichzeitig im Blick sein, daß Jesus Christus niemals anders als im Vollzug der *Versöhnung* der ist, der er ist; daß demnach das Besondere, das Jesus Christus in Person ist, niemals das Abgesonderte ist, sondern sich realisiert in seinem Werk. Dieses Werk ist aber die Erfüllung des *Bundes* zwischen Gott und Mensch als des universalen Raumes der Freiheit. Darum ist genau die Besonderheit Jesu Christi der Grund und die Bedingung des Komprehensiven. Diese Einheit von Exklusivität und Inklusivität ist aber nur dann nicht als Paradox, sondern als gegenseitiges Bedingungsverhältnis aussagbar, wenn die Einheit (nicht: Identität!) von Person und Werk Jesu Christi hinreichend bedacht wird. Dies ist nicht möglich, wenn man zuerst die Lehre von der Person Jesu Christi für sich behandelt – in Entfaltung der Zwei-Naturen-Lehre, und dann die Lehre vom Werk Jesu Christi ebenfalls für sich – in der Entfaltung der in der Reformationszeit aufgekommenen Anordnung des dreifachen Amtes Christi. Wird die Einheit von Person und Werk ernst genommen, dann muß die Zwei-Naturen-Lehre durch die Lehre vom munus triplex interpretiert werden – und umgekehrt.

2. Soll die Einheit von Person und Werk Jesu Christi hinreichend gedacht werden können, so muß die Zwei-Naturen-Lehre anders als in der dogmatischen Tradition üblich auf die Zwei-Stände-Lehre bezogen werden und die Zwei-Stände-Lehre von der Zwei-Naturen-Lehre her neu interpretiert werden. In der altlutherischen Dogmatik hatte die Zwei-Stände-Lehre ihre Funktion in der Interpretation des »vere homo«. Denn wenn, gemäß der lutherischen Lehre von der communicatio idiomatum in genere maiestatico, durch den Akt der Inkarnation die menschliche Natur Jesu Christi aller Attribute der Gottheit teilhaftig wurde, so stand die Frage offen, inwiefern dann noch von einem »vere homo« die Rede sein konnte, von der wirklichen Menschlichkeit Jesu Christi unter den Bedingungen der Zeitlichkeit, der Räumlichkeit, der Leiblichkeit. Die Antwort lag in der Lehre von den zwei Ständen, wonach Christus von den göttlichen Attributen seiner menschlichen Natur im Stande der Erniedrigung, für die Zeit-

---

[184] K. Barth, KD IV,1, S. 136.

spanne zwischen seiner Geburt und seinem Tod, keinen Gebrauch gemacht hat, sei es, daß er sich ihrer real entäußerte (die »Kenosis«, die mit M. Chemnitz die Gießener Theologen des 17. Jahrhunderts lehrten), sei es, daß er sie nur verbarg (die »Krypsis«, die mit J. Brenz die Tübinger vertraten). Wird aber die Zwei-Stände-Lehre auf die Zwei-Naturen-Lehre bezogen und nicht nur auf die Interpretation des »vere homo«, so verändert sich ihre ganze dogmatische Funktion: Es handelt sich dann erstens nicht mehr um zwei aufeinander folgende Phasen des Seins Jesu Christi, sondern um die Gleichzeitigkeit von zwei Seiten bzw. Gestalten des Versöhnungswerks Jesu Christi. »Erniedrigung« und »Erhöhung« sind dann nicht als zwei statische Weisen des *Seins* zu verstehen, sondern als zwei Perspektiven des *Werks* Jesu Christi. Die Zwei-Stände-Lehre wird zweitens auf diese Weise aber auch geeignet zur inhaltlich-materialen Verklammerung der Lehre von der Person und der Lehre vom Werk Jesu Christi. Die zwei Naturen werden dann von den zwei »Ständen« her interpretiert und umgekehrt. So wird es möglich, die altkirchliche Zwei-Naturen-Lehre beizubehalten und sie gleichzeitig ihres statisch-ontologischen Charakters, wie er dem »Natur«-Begriff anhaftet, zu entledigen. Aus den »Natur«-Begriffen werden dann Geschichts-, Bewegungsbegriffe, so daß »man Jesus Christus nicht zwei ›Naturen‹ und dann unabhängig davon auch noch zwei ›Stände‹ zuzuschreiben hat, sondern so, daß das, was Jesus Christus als wahrer Gott und wahrer Mensch *ist*, und das, was in seiner Erniedrigung und Erhöhung als Gottes Versöhnungswerk *geschieht*, sich gegenseitig zu erklären haben.«[185] Die Dynamik dieses Ereignis-Charakters kommt nun drittens durch die Art der Verklammerung von Zwei-Naturen-Lehre und Zwei-Stände-Lehre zustande. Und zwar dadurch, daß im Unterschied zur dogmatischen Tradition der status exinanitionis auf die Gottheit Jesu, der status exaltationis auf die Menschheit Jesu bezogen wird. Die wahre Gottheit Jesu Christi ist darin zu erkennen, daß hier Gott offenbar wird als der, der niedrig sein kann, ins Elend gehen und sterben kann, ohne daß er damit aufhört, Gott zu sein. Und die wahre Menschheit Jesu Christi ist darin zu erkennen, daß hier der Mensch offenbar wird als der königliche, aus dem Elend befreite und als Partner Gottes an die Seite Gottes erhobene Mensch.

3. Ist also das Besondere der Person Jesu Christi (zwei Naturen) zugleich das Komprehensive seines Werks (drei Ämter) und sind Person und Werk Jesu Christi in der Weise inhaltlich aufeinander zu beziehen (zwei Stände), daß von der Tat der Erniedrigung her zu begreifen ist, wer Gott ist, und vom Geschehen der Erhöhung her, wer der Mensch ist, so ergibt sich nunmehr aus der Verknüpfung von Zwei-Naturen-Lehre, Drei-Ämter-Lehre und Zwei-Stände-Lehre die gesamte Struktur der Christologie in der Einheit ihrer ontischen und noetischen Dimensionen.

Jesus Christus ist als wahrer Gott der sich erniedrigende Herr, der Herr

---

[185] K. *Barth*, KD IV,1, S. 146.

als Knecht. Das ist sein hohepriesterliches Amt[186]. Jesus Christus ist als wahrer Mensch der von Gott erhöhte Mensch, der Knecht als Herr. Das ist sein königliches Amt[187]. Jesus Christus ist in der Einheit seiner Gottheit und Menschheit der eine Mittler zwischen Gott und Mensch, der wahrhaftige Zeuge. Das ist sein prophetisches Amt[188]. Die Wirklichkeit des in Jesus Christus erfüllten Bundes als Versöhnung zwischen Gott und Mensch und die Kundgabe dieser Wirklichkeit sind so wenig voneinander zu trennen, wie das Werk Jesu Christi von seinem Wort zu trennen ist. Ebenso wie der Wirklichkeit der Versöhnung der Charakter eines intensiven Universalismus eignet, so ist auch die Wahrheit der Versöhnung von übergreifender und umgreifender Kraft. Jesus Christus ist der versöhnende Gott, er ist der versöhnte Mensch, und er ist in der Einheit beider der sich selbst vermittelnde Mittler.»Jesus Christus ist die Wirklichkeit und eben als solche die für sich selbst sprechende Wahrheit der Versöhnung.«[189] Erst die Einheit der ontischen Inklusivität des Versöhnungsgeschehens mit der noetischen Inklusivität setzt die Konsequenzen frei, die dann für die Sündenlehre und die Soteriologie ebenso kennzeichnend sind wie für die Ekklesiologie. Das der historischen Realität vorauseilende theologische Verständnis von Kirche als nichtsakramentaler (und nicht volkskirchlicher) Gemeinde mit sozial und ethisch bestimmbarer Identität im Kontext der theoretisch vorweggenommenen vollendeten Säkularität der hochdifferenzierten modernen Gesellschaft ist ohne diese Einheit von ontischer und noetischer Inklusivität der in Christus realen Versöhnung nicht verstehbar.

Zusammenfassung   Die systematische Architektur der Versöhnungslehre Karl Barths erwächst aus einem zentralen theologischen Gedanken: der Einheit von Exklusivität und Inklusivität des Heils in Jesus Christus.

In vier horizontalen Einheiten wird
a) die Christologie;
b) die Hamartiologie;
c) die Soteriologie;
d) die Pneumatologie entfaltet.

Das Problem der Vermittlung (des »Übergangs«) zwischen Christologie und Anthropologie wird so verarbeitet, daß es implizit im christologischen Teil schon beantwortet ist und in der Hamartiologie, Soteriologie und Pneumatologie seine Explikation erfährt. Auf diese Weise wird die Christologie nicht possibilistisch, sondern realistisch behandelt.

---

186   K. *Barth*, KD IV,1, S. 171–394.
187   K. *Barth*, KD IV,2, S. 1–422.
188   K. *Barth*, KD IV,3, S. 1–424.
189   K. *Barth*, KD IV,1, S. 150.

Das inklusive Verständnis der Christologie darf aber nicht christomonistisch mißverstanden werden.
Die Christologie wird in drei Einheiten entfaltet, orientiert
a) am »vere Deus«,
b) am »vere homo«,
c) am »vere Deus homo«.
Das Besondere der *Person* Jesu Christi (Zwei-Naturen-Lehre) ist zugleich das Komprehensive seines *Werks* (Drei-Ämter-Lehre). Person und Werk sind so aufeinander zu beziehen (Zwei-Stände-Lehre), daß von der Tat der Erniedrigung her zu begreifen ist, wer Gott ist, und vom Geschehen der Erhöhung her, wer der Mensch ist.
Aus dieser Verknüpfung von Zwei-Naturen-Lehre, Drei-Ämter-Lehre und Zwei-Stände-Lehre erwächst die Christologie in der Einheit ihrer ontischen und noetischen Dimensionen als Lehre vom exklusiven *und* inklusiven Heilsgrund.

β) *Die theologische Differenz – die Welt als Gottes Transzendenz*
Wenn es richtig ist, den Gedanken der Komprehensivität und der Inklusivität für die Versöhnungslehre Karl Barths so zentral zu veranschlagen, wie das im obigen Abschnitt geschehen ist, dann muß dies darin belegt werden können, daß der Gedanke der Inklusion dem Gottesgedanken selbst nicht äußerlich bleibt[190]. Dieses ist sehr voraussetzungsvoll, denn »Inklusion« besagt, zunächst ganz formal gefaßt, Identität und Anderssein und Raumgebung innerhalb dieser Differenz. Mit anderen Worten: Gott bleibt nicht bei sich, er transzendiert sein Sein-in-sich auf ein anderes, ihm entgegenstehendes hin. Aber dies nicht in der Weise der Selbstnegation, nicht so, daß er sich selbst dabei verliert, vielmehr in der Weise, daß er selbst im Akt des Überschritts anderes findet, so daß Gott hier ist und dort ist und der Akt der Selbsttranszendenz Gottes Raum schafft zwischen Gott und Gott.
Der durch eine so allgemeine Formulierung selbstverschuldete Schein freischwebender Spekulation verschwindet in dem Moment, in dem man sich klarmacht, daß der theologische Satz von der universalen Reichweite, der von Hause aus komprehensiven Qualität des Christusgeschehens in der Tat daran hängt, daß wirklich *Gott* in Christus war, die Welt mit ihm

---

190 Vgl. zum folgenden: *K. Barth*, KD IV,1, S. 171–231. Die Darstellung versucht in diesem und den folgenden Abschnitten implizit durch Selektivität (z.B. hinsichtlich protologischer und eschatologischer Aussagen, durch deren Akzentuierung der Eindruck einer trinitarischen Deduktion entstehen konnte), durch den Versuch einer Reformulierung, die nicht auf »Objektivität« und »Gegenständlichkeit« abhebt (die den Anschein eines von Barth weder gemeinten noch ihm ernsthaft unterlaufenen »Offenbarungspositivismus« zu vermeiden sucht), durch Variation der Akzentuierung, die sich aus dem erkenntnisleitenden Interesse dieser Arbeit ergibt, kritische Einwendungen, bes. von *H.U. von Balthasar, H. Bouillard, E. Przywara* katholischerseits, von *H. Brunner, G.C. Berkouwer, R. Bultmann, D. Bonhoeffer* evangelischerseits zu berücksichtigen.

selbst versöhnend (2Kor 5,19). Daß Gott sich selbst verläßt und anderes außerhalb von ihm findet, das Menschsein des historisch-kontingenten Menschen Jesus von Nazareth, ohne sich selbst dabei zu verlieren – dies bleibt theologisch uneigentliche Rede mit einem blinden Fleck im theologischen Zentrum, solange überhaupt Differenz als dem Wesen Gottes fremd und äußerlich gedacht wird.

Den Ernst dieser Möglichkeit, daß es sich um uneigentliche theologische Rede handelt, wenn gesagt wird, Gott sei in der Höhe *und* in der Niedrigkeit, bei sich *und* in der Fremde, in ewiger Herrlichkeit und im Leiden des Verklagten, Verurteilten, Geschlagenen und Getöteten von Golgatha, Gott sei der, der »in der Höhe thront und bei den Zerschlagenen und Gedemütigten« (Jes 57,15), ist in der alten Kirche durchgeprobt worden. Einerseits in der subordinatianischen Christologie, zum anderen in deren Gegenkonzeption, der modalistischen Christologie. Paul von Samosata oder Sabellius, mit ihnen stand die Alternative zur Disposition: Entweder ist die Rede von der Göttlichkeit des Menschen Jesus eine uneigentliche oder die Rede von der Menschlichkeit Gottes in Jesus. Wenn gesagt wird, es handle sich in Jesus Christus, dem gehorsam sich Erniedrigenden, um ein von Gott verschiedenes niederes Wesen, wird die Frage nach dem handelnden Subjekt im Versöhnungsgeschehen ebenso umgangen, wie wenn gesagt wird, es handle sich dabei um eine bloße Erscheinungsform Gottes. In beiden Fällen wird die reale Niedrigkeit, das Leiden, das Kreuz vom Begriff der Gottheit ferngehalten, bleibt die Frage nach der theologischen Tragkraft des Satzes von der Versöhnung der *Welt* durch *Gott* im Kreuz Jesu Christi im letzten unbeantwortet.

Die rigorose Entschlossenheit, mit der sich andererseits die Theologie der Schwierigkeit des Satzes von der Versöhnung, der Gott selbst mit dem Kreuz in unlösbaren Zusammenhang bringt, stellte, indem sie sie als Schwierigkeit und Problem artikulierte und im unaufgelösten Widerspruch auf Dauer stellte, ist die andere Möglichkeit. Wird im Subordinatianismus die Selbsttranszendenz *Gottes* in die Welt hinein fraglich und das weltlich handelnde göttliche Subjekt theologisch halbiert, wird im Modalismus die reale Selbst*transzendenz* Gottes in die Welt hinein fraglich und die reale Weltlichkeit des handelnden göttlichen Subjekts theologisch halbiert, so sucht die Theologie des absoluten Paradoxes die Ruhe der Antwort auf die beunruhigende Frage in der paradoxen Unruhe des offengehaltenen Widerspruchs. Hier liegt der theologisch-blinde Fleck in der noetisch-ontischen Ambivalenz. Ist der Widerspruch auf der kognitiven Ebene beheimatet, weil das Mysterium der Versöhnung nur als Widerspruch zwischen Gott und Gott erkennbar und nur als Paradox aussagbar ist, so bleibt Versöhnung zwar als real dahingestellt, ihr Vollzug aber wandert gleichsam von der ontischen Ebene auf die noetische Ebene. Mit anderen Worten: Die Versöhnung wird real vollzogen nicht im christologischen, sondern im soteriologischen Sinne. Es ist der absolute Sprung des *Glaubens* ins absolute Paradox, in dem der Abgrund des Widerspruchs

II Exklusivität und Universalität des Reiches Gottes ... 253

übersprungen wird. Sören Kierkegaard hat genau gegen die subordinatianisch-modalistische Alternative das Paradox, das Ärgernis und den Glauben gesetzt[191]: Der Subordinatianismus nimmt das Ärgernis weg an der Hoheit Christi, an seiner Göttlichkeit, der Modalismus das Ärgernis an der Niedrigkeit Christi, an seiner Menschlichkeit. Auf der Ebene der Lehre, der direkten Mitteilung, mag man so das Ärgernis verarbeiten, aber das bedeutet: seinem Ernst ausweichen. »Aber der Gott-Mensch, das Zeichen des Widerspruchs, verweigert die direkte Mitteilung – und fordert den Glauben.«[192] Hier ist es nicht Gott, der real spricht und das Widersprechende, den Fall, das Elend, die Verdammnis, den Tod des Menschen einholt, überholt und einbezieht, der das Verlorene findet und versöhnt mit sich, ohne sich selbst zu verlieren. Hier ist es nicht Gott, der real *der* Fall des Menschen wird, worin dann allererst sichtbar wird, was der Fall ist. Hier ist es der Glaubende, der glaubend in den Widerspruch springt – und *dies* ist die Versöhnung als Präsens in actu. Es ist die Versöhnung im noetisch blinden Akt des Glaubens. Will man aber nicht den Weg Kierkegaards gehen, sondern Versöhnung als reale voraussetzen und das Paradox auf die kognitive Ebene ziehen, als Paradox in direkter Mitteilung für die Wahrnehmung der menschlichen Vernunft, so führt dies zu der Aporie, daß die Versöhnung theologisch halbiert wird: Sie ist real, aber in sich verschlossen. Versöhnung wird so zwar nicht soteriologisch transplantiert, sie wird aber noetisch diskretiert. Dies ist aber nur die Verlängerung des Widerspruchs, denn eine Versöhnung, die nur als Widerspruch, d.h. als nicht-realisierte Versöhnung wahrnehmbar ist, ist eine theologische Verlegenheit.

Ist ebionitische Christologie ebensowenig wie die doketische in der Lage, Versöhnung hinsichtlich des göttlichen Subjekts des Versöhnungsgeschehens theologisch zureichend zu denken, sind auch die feineren christologischen Varianten des Subordinatianismus und des Modalismus unzureichend in bezug auf die Theologie des Kreuzes, führt andererseits die Theologie des Paradoxes in die noetisch-ontische Aporie, so ist es theologisch unvermeidlich, mit einem Unterschied in Gott Ernst zu machen. Das

---

191 »Das Ärgernis im strengsten Sinne, das Ärgernis κατ' ἐξοχήν bezieht sich also auf den Gott-Menschen und hat zwei Formen. Entweder bezieht es sich auf die Hoheit, indem man Ärgernis daran nimmt, daß ein einzelner Mensch sagt, er sei Gott, und auf eine Weise spricht und handelt, durch die Gott verraten wird ..., oder das Ärgernis bezieht sich auf die Niedrigkeit, daß der, welcher Gott ist, dieser geringe Mensch sei, der als ein geringer Mensch leide ... In der ersten Form entsteht das Ärgernis dadurch, daß ich mich keineswegs an dem geringen Menschen ärgere, sondern darüber, daß er haben will, ich solle glauben, er sei Gott. Und habe ich daran geglaubt, so kommt das Ärgernis von der anderen Seite, daß er Gott sein solle – dieser geringe, ohnmächtige Mensch, der, wenn es darauf ankommt, gar nichts vermag. In dem einen Falle geht man von der Bestimmung Mensch aus, und das Ärgernis entsteht aus der Bestimmung Gott, im andern Fall geht man von der Bestimmung Gott aus, und das Ärgernis entsteht aus der Bestimmung Mensch. Der Gott-Mensch ist das Paradox, absolut das Paradox.« *S. Kierkegaard*, Einübung im Christentum, Köln/Olten 1951 (hg. von *W. Rest*), S. 133f.
192 Ebd., S. 200.

bedeutet, horribile dictu, das theologische Andenken daran zu wagen, daß real ein einzelner kontingent-historischer Mensch in seinem Leben, Leiden und Sterben auf eine Weise gesprochen und gehandelt hat, »durch die Gott verraten wird«. Im Leiden Christi wird ein unausdenkliches Geheimnis verraten. Hier verrät Gott sich selbst, aber er gibt sich nicht preis.

Ist es demnach unumgänglich zu sagen, daß Gott in der Weise das Subjekt des Versöhnungsgeschehens ist, daß sein Sein und Wirken als Versöhner der Welt identisch ist mit der Existenz des leidenden und getöteten Menschen Jesus, so bleibt dies solange eine theologisch uneigentliche Rede, wie Leiden und Niedrigkeit als dem Wesen Gottes äußerlich, als mit seiner »Natur« im Widerspruch stehend gedacht wird. Ist aber, wer Gott wirklich ist, abzulesen an dem, was er tut, so ist ein Gottesbegriff, der es ausschließt, daß Gott hoch *und* niedrig sein kann, ewig *und* zeitlich, allmächtig *und* schwach, herrlich *und* leidend, kritisch zu revidieren. Das Wesen Gottes verrät sich uns genau in dem, was er in Jesus Christus tut. In der Konsequenz dessen kommt der trinitätstheologische Satz aus der theologischen Wahrnehmung des Zentrums des Versöhnungsgeschehens: Gott ist in sich einer und ein anderer in der Einheit seiner Göttlichkeit. Gott ist Vater, Sohn und Heiliger Geist. Andersheit ist demnach primär nicht eine kreatürliche Bestimmung, auch nicht primär eine Bestimmung des Verhältnisses von Gott und Kreatur, sondern eine Bestimmung Gottes selbst.

Dies zu denken ist in sich sehr konsequenzenreich. Denn nicht zuerst zwischen Es und Es ist Andersheit, nicht zuerst zwischen Ich und Es und nicht zuerst zwischen Ich und Du, sondern zwischen Gott. Nicht die objektive Andersheit in der Vielfalt der Natur als Raum natürlichen Lebens, nicht die objektiv-subjektive Andersheit im Zusammenspiel zwischen Natur und Kultur als Raum arbeitender Freiheit, nicht die subjektive Andersheit zwischen Mensch und Mensch als Raum spontaner Humanität ist der theologische terminus a quo, von dem aus Gott in der metaphysischen via negationis als das gegenüber diesem allen in sich differenzlose andere zu denken ist. Die offenbarungstheologisch-christologische Umkehrung setzt die primäre Andersheit in Gott selbst, dessen Sein als das Sein des in Freiheit Liebenden[193] nicht zu denken ist ohne Verschiedenheit und den dadurch aufgespannten Raum für Freiheit und Beziehung.

Gott ist nicht einsam. Er ist in sich das ursprüngliche und kreative Anderssein. »Zuerst, original, eigentlich ist nicht der Kosmos, nicht der Mensch der Andere, Gottes Gegenüber, der mit Gott Koexistierende. Zuerst, original und eigentlich ist Gott das Alles sich selber ... Der eine Gott selber ist – nicht in ungleicher, sondern in gleicher, nicht in getrennter, sondern in seiner einigen Gottheit – einer und *auch* ein anderer, *auch* sein eigenes Gegenüber, *auch* koexistent.«[194] Alle andere Andersheit hat in der göttlichen den Grund und die Grenze ihrer Möglichkeit: den *Grund*, inso-

---

193 K. Barth, KD II,1, S. 288.
194 Ebd., S. 220.

fern »der Mensch sein Dasein und Sosein mit aller von Gott verschiedenen Wirklichkeit zusammen der Schöpfung Gottes zu verdanken hat«[195], der in keiner anderen Nötigung als der der Freiheit seiner Liebe eine von ihm verschiedene Wirklichkeit wollte und setzte und damit eine äußere Entsprechung seines inneren Gegenüberseins. Schöpfung ist dieser Akt des »Überströmens seiner inneren Herrlichkeit«[196]; die *Grenze*, insofern das in Gottes Sein nicht begründete andere, das Nichtige, das Chaos, durch Gottes Schöpferwillen und Schöpfertat ausgegrenzt ist. Der Mensch kann wohl im Akt einer unmöglichen Wahl die Grenze des durch die geschöpfliche Andersheit eröffneten Raumes des Möglichen in Frage stellen und die unmögliche Möglichkeit wählen. Er kann aber damit nicht die Grenze aufheben zugunsten der total beliebigen Andersheit, zugunsten des Chaos. Er kann nicht die Schöpfung rückgängig machen[197]. Der Versuch der Transzendierung dieser Grenze ist ein Akt unbegreiflicher Selbstgefährdung, aber er ist nicht stärker als die durch Gott vollzogene Grenzziehung. Die Sünde ist nicht kreativ. Sie kann den Menschen wohl gottlos, sie kann aber niemals Gott menschenlos machen. Der Mensch kann Gott nicht entfliehen (Ps 139,1–12). »Es gibt für den Menschen, den Gott geschaffen und dem er sich verbündet, keinen Schlupfwinkel, in welchem er nicht mehr für ihn da wäre, in welchem Gottes Hand ihn nicht von hinten und von vorn umschlossen hielte, ... in welchem er nicht vor seinem Angesicht wäre.«[198]

Zusammenfassung   Der inklusive Charakter des Christusgeschehens kann theologisch nur zureichend begründet und gedacht werden, wenn der Gedanke des Andersseins, der Differenz, vom Gottesbegriff nicht ferngehalten wird. In der trinitarischen Wirklichkeit des Andersseins liegt die Möglichkeit begründet, daß Gott sich selbst auf die Welt und den Menschen hin transzendiert *und* in seiner Weltlichkeit und Menschlichkeit nicht aufhört, Gott zu sein. In offenbarungstheologisch-christologischer Fundierung wird die primäre Andersheit in Gott selbst gesetzt. In ihr hat alles geschöpfliche Anderssein den Grund und die Grenze seiner Möglichkeit.

Die subordinatianische und die modalistische Christologie, aber auch die dialektische Theologie des Paradoxes erreichen nicht die Wirklichkeit der Versöhnung zwischen Gott und Welt in Christus.

---

195 *K. Barth*, KD III,1, S. 1.
196 Ebd., S. 15.
197 Ob dies heute noch so sagbar ist angesichts der »exterministischen« nuklearen Möglichkeiten zur totalen Vernichtung des menschlich-irdischen Lebensraumes, ist die Frage und die fürchterliche Anfechtung, der sich die Schöpfungstheologie heute zu stellen hat. Zweifellos gewinnen die obigen Sätze heute an Unwahrscheinlichkeit. Ob sie ihre Wahrheit verlieren, wage ich nicht zu denken. Wenn alles Unmögliche denkbar wird, also auch das Ende jeder Möglichkeit, lohnt es sich nicht mehr, auch nur noch etwas zu denken.
198 *K. Barth*, KD IV,1, S. 536.

γ) *Der Bund als Raum der Freiheit*
Die Freiheit, in der Gott lebt in der Einheit seines inneren Gegenüberseins, ist nicht abstrakt, ist keine Willkürfreiheit. Der christliche Begriff von Gott darf nicht in der Weise göttliche Eindeutigkeit chiffrieren, daß das in ihm chiffrierte Sein Gottes selbst eine nicht erreichte und nicht erreichbare Ambivalenz des Seins und Wollens Gottes freiläßt. Der Begriff des Wählens darf nicht verabsolutiert werden. »Ist schlechthinnige Wahlfreiheit oder eine schlechthin freie Wahl als solche das Eigentliche und Letzte, was von Gott zu sagen ist, dann wird es mühsam sein, diese Freiheit von Willkür, sein Geheimnis von der Finsternis solcher Willkür zu unterscheiden, seine Gerechtigkeit anders als in Form einer bloßen Behauptung geltend zu machen. Es wird dann schwer sein, einleuchtend zu machen, daß Gott kein seiner Laune lebender Tyrann, kein blindes Fatum, daß er etwas Anderes als der Inbegriff der Rätselhaftigkeit allen Daseins ist. Man wird nicht gut leugnen können, daß ein solches Verabsolutieren des Begriffes des Wählens oder seiner Freiheit und damit die Einwirkung eines nichtchristlichen Gottesbegriffes in der Geschichte der Prädestinationslehre, hier mehr, dort weniger, aber ziemlich durchgehend die Klarheit der Aussagen mindestens trübend, tatsächlich stattgefunden hat.«[199]

Wenn in Jesus Christus, und zwar ausschließlich in ihm zu erkennen ist, wer Gott ist, dann wird seine Freiheit als die Freiheit seiner Liebe, sein Wählen als das Wählen seiner Gnade zu verstehen sein. »Prädestination« ist darum »ursprünglich und letztlich gerade nicht dialektisch, sondern undialektisch«[200], sie besagt nicht die Ambivalenz eines decretum absolutum, das Erwählung und Verwerfung, Leben und Tod bestimmten Menschengruppen zuteilt. Hatte traditionell die Prädestinationslehre ihren dogmatischen Ort im Zusammenhang der Lehre von der Vorsehung als Entfaltung einer doppelten Entscheidung in Gott selbst, um dann wiederzukehren im Zusammenhang der Soteriologie, wo die Ambivalenz des göttlichen Urdekrets sich wiederholt im Gegenüber der glaubenden Glieder der Kirche Christi und der Welt der Ungläubigen, so bekommt sie bei Karl Barth als Lehre von der Gnadenwahl eine grundlegend neue und entsprechend umstrittene[201] Fassung.

1. An die Stelle der universalen Ambivalenz der göttlichen Bestimmung der Menschen zum Heil oder zur Verdammnis tritt die universale Eindeutigkeit der göttlichen Gnadenwahl.

2. An die Stelle der realen Differenzierung der Menschheit in Erwählte und Verworfene tritt ihre reale Integrierung in dem einen Erwählten, der der für alle Verworfene ist.

3. An die Stelle des binären Schemas im Gleichgewicht zwischen Er-

---

199 K. *Barth*, KD II,2, S. 25.
200 K. *Barth*, KD II,2, S. 12.
201 Vgl. W. *Kreck*, Grundentscheidungen, bes. S. 215ff.; H.U. *von Balthasar*, Karl Barth, S. 186ff.255ff.

II Exklusivität und Universalität des Reiches Gottes...

wählung und Verwerfung tritt ihre teleologische Zuordnung. Die Verwerfung des Menschen Jesus am Kreuz steht im Dienste der Erwählung. Daß damit die Schleusen für eine wahre Flut theologischer Probleme geöffnet sind, unter denen die Fragen des Supra- bzw. Infralapsarismus und der Apokatastasis nur solche von besonderem Gewicht sind, ist evident. Ebenso ist nicht zu bestreiten, daß Barth in der inhaltlichen Durchführung der Erwählungslehre, wie geblendet vom großen Licht der eindeutigen, undialektischen Positivität des Evangeliums, wie überwältigt von der darin bezeugten Kraft der göttlichen Bejahung des Menschen, hier und dort eine gewisse Tendenz zur »Grenzüberschreitung«[202] erkennen läßt. Wir konzentrieren uns im Blick auf den Gedanken der Inklusion auf die Universalität der gnädigen Zuwendung Gottes zum Menschen: Das Ja Gottes zum Menschen ist der Anfang und das Ziel und der Inhalt aller seiner Wege mit der von ihm geschaffenen Wirklichkeit. »Er sorgt für sein Geschöpf als für sein Eigentum. Und indem er dessen Bestes sucht, macht er seine eigene Ehre groß. In dieser königlichen Gerechtigkeit, die von seiner Barmherzigkeit nicht zu unterscheiden ist, die er also um seiner Barmherzigkeit willen nicht zu verleugnen braucht, sagt er im Geheimnis seiner Freiheit jenes Ja zu seinem Geschöpf. Und eben dies macht dieses Ja so bewegend als Gehorsamsforderung und so unerschütterlich als Grund eines gewissen Vertrauens, in welchem das Geschöpf leben darf. Es nimmt die Anklage weg von uns, und es macht doch Gott selbst nicht klagbar, sondern ist die Offenbarung der Sinnhaftigkeit seines Tuns, in der wir es als begründet erkennen und hinnehmen und uns als Gutes – als *das* Gute, das er uns getan hat – gefallen lassen dürfen... Es handelt sich um das unvergleichlich und unerschöpflich Gute für jeden Menschen, der davon hören darf.«[203]

Jesus Christus als der erwählende Gott und der erwählte Mensch in einem ist sowohl der Seins- als auch der Erkenntnisgrund der gnädigen Erwählung aller Menschen durch Gott. Dieser besonders auf johanneische Texte sich berufende Fundamentalsatz der Barthschen Prädestinationslehre impliziert einerseits eine entschlossen-kritische Distanzierung von der überlieferten Prädestinationslehre, andererseits deren positive Verarbeitung. Kritisch wird vor allem vermerkt, daß Jesus Christus wohl durchgängig als Erkenntnisgrund der Erwählung zur Geltung kommt[204], aber dies in der Weise, daß erstens mit »Erwählung« die je eigene Erwählung des durch die kirchliche Verkündigung Angesprochenen gemeint sei; die Partikularität der Versöhnung, die die Erwählung der anderen fraglich er-

---

202 *H.U. von Balthasar*, Karl Barth, S. 255; vgl. *W. Kreck*, Grundentscheidungen, S. 236; *E. Brunner*, Die christliche Lehre von Gott, Dogmatik Bd. I, Zürich 1946, S. 375ff.; *G. Gloege*, Zur Prädestinationslehre Karl Barths, in: KuD 1956, S. 212f.; *ders.*, Heilsgeschehen und Welt, Theol. Traktate, Göttingen 1965, S. 77ff.; *G.C. Berkouwer*, Der Triumph der Gnade in der Theologie Karl Barths, Neukirchen-Vluyn 1957, S. 352ff.
203 *K. Barth*, KD II,2, S. 35.
204 *K. Barth*, KD II,2, S. 64ff.114ff.

scheinen läßt, stellt hier letztlich auch die eigene Erwählung in Frage; daß zweitens die Erwählung des Menschen Jesus der Spiegel, das Medium sei, in dem die so verstandene »private« Erwählung zu erkennen sei, daß es aber theologisch im Zwielicht bleibe, ob dieser Hinweis auf Christus als speculum seelsorgerlicher Rücksicht entspringe oder etwas Eindeutiges über die Wirklichkeit des göttlichen Subjekts der Erwählung aussage[205]. Das Verständnis Jesu Christi als des noetischen Grundes der Erwählung stellt hier den ontischen Grund der Erwählung in Frage; daß drittens die Erwählung des Menschen Jesus das Mittel zur Durchführung dessen sei, was Gott über alle von ihm Erwählten beschlossen hat[206], daß es aber unklar bleibt, ob Jesus Christus als erster Gegenstand der göttlichen Erwählung und als Haupt aller anderen Erwählten zugleich Autor der Erwählung ist. Die Menschlichkeit Jesu als Objekt der Erwählung durch Gott stellt hier die Göttlichkeit Jesu Christi als Subjekt des Erwählungshandelns in Frage.

Bei Athanasius[207], bei Augustinus[208] und bei Polanus[209] findet Barth die theologische Perspektive, die aus dem Dilemma der drei genannten Fragen herausführt: Jesus Christus ist als der erwählte Mensch der Spiegel und das Licht zur Erkenntnis unserer Erwählung, dies ist in Übereinstimmung mit dem breiten Strom der überlieferten Prädestinationslehre festzuhalten – *und* er ist als der erwählende Gott der reale Grund und Ursprung unserer Erwählung, dies ist die – mit den genannten Ausnahmen – in der Tradition nicht angemessen zum Zuge gekommene theologische Grunderkenntnis. Es geht demnach um die Einheit von Seins- und Erkenntnisgrund der Erwählung in Jesus Christus.

Allererst unter dieser Voraussetzung ist theologisch zureichend begründbar, daß es sich in der Prädestination nicht um das pure Faktum göttlichen Entscheidens handelt mit offen bleibender formal-binärer Struktur, sondern daß das Faktum gleichursprünglich inhaltlich-wesensmäßig bestimmt ist: als gute Entscheidung, als Bejahung. »Die Gnadenwahl ist die Summe des Evangeliums ... Sie ist der Inbegriff aller guten Nachricht ... Daß Gott ist in seinem Wesen als der in der Freiheit Liebende, das wird als ein uns zugewandtes Gutes offenbar in der der Wahrheit dieses seines Wesens zugeordneten Tatsache, daß Gott in seiner Gnade wählt, daß er sich dem Menschen zuwendet, indem er handelt in jenem Bunde mit dem einen Jesus von Nazareth und dem von ihm vertretenen Menschenvolk. Alle Freude, alle Wohltat seines ganzen Werkes als Schöpfer, Versöhner und Erlöser, alles göttlich Gute und damit wirklich Gute, die ganze Verheißung des explizierten Evangeliums ist darin begründet und beschlossen, daß Gott der Gott der ewigen Wahl seiner Gnade ist.«[210]

---

205   K. *Barth*, KD II,2, S. 68.
206   K. *Barth*, KD II,2, S. 118.
207   Or. II c. Arianos, cap. 75–77.
208   De civitate Dei XII,16.
209   Synth. Theol. chr. 1609, col. 1574.1596.1570.1568f.
210   K. *Barth*, KD II,2, S. 13.

II Exklusivität und Universalität des Reiches Gottes...

Unter dieser Voraussetzung wird ferner allererst begründbar, inwiefern es sich in der Gnadenwahl um das erste und ursprüngliche opus trinitatis ad extra handelt. Es ist die Wahl, in der Gott seine innergöttliche Andersheit transzendiert und ein außergöttliches anderes, das Sein der Schöpfung und des Menschen, erwählt zu seinem Gegenüber, zum Sein in Gemeinschaft mit ihm und in Teilhabe an ihm. Es ist »freie Gnade Gottes, daß Gott dies wählt: in ihm selber Mensch zu sein, in ihm sich selbst dem Menschen zu vermitteln und zu verbinden. Er, Jesus Christus, ist die freie Gnade Gottes, sofern diese nicht nur mit Gottes innerem, ewigem Wesen identisch bleibt, sondern in Gottes Wegen und Werken nach außen kräftig ist«[211]: im Werk der Schöpfung als äußerem Grund und Raum für das Geschehen des Bundes; in der Stiftung des Bundes als des begrenzten Raumes des Andersseins, d.h. als des Gegenüberseins nach den Regeln der Freiheit in Gemeinschaft und der Gemeinschaft in Freiheit – des Menschen mit dem Menschen und der Menschen mit Gott; im Werk der Versöhnung, in dem Gott in Überwindung der Sünde und der Gottesfeindschaft des Menschen seinem Gnadenwillen treu bleibt und den Bund dadurch erfüllt und herrlich überbietet, daß er selbst in seiner Person an des Bundbrechers Stelle tritt, ihn dadurch richtend, daß er gnädig ist und der Welt Sünde trägt und wegträgt im Kreuz; im Werk der Erlösung, dem Ziel aller Wege Gottes, in dem vor aller Augen ans Licht kommt, was in der Zeit sub contrario verborgen und nur dem Glaubenden erkennbar ist: Das universale Reich Jesu Christi als Reich der Liebe und des Friedens in Freiheit und Gerechtigkeit.

Es ist dies – in Umkehrung aller Metaphysik – ein theologischer Begriff von Transzendenz. Die Welt, Schöpfung und Natur, Mensch und Gemeinschaft der Menschen sind die Transzendenz Gottes. Sie haben, wenn man so sagen darf, ihren ontologischen Grund im Interesse Gottes. Sie sind Transzendenz Gottes also nicht nur in dem Sinne, daß es sich darin dem Begriff nach um das Sein von außergöttlichem Seienden handelt. Auch nicht nur in dem Sinne, daß dieses außergöttliche Seiende der Ort ist, zu dem hin Gott sich transzendiert, des Menschen Gemeinschaft im Geschehen des Bundes suchend, diese Gemeinschaft herrlich zum Ziele führend, indem er selbst in der Versöhnung an die Stelle des verlorenen menschlichen Bundespartners tritt. Sondern in dem unmittelbar kreativen Sinne, daß alles außergöttliche Dasein sich dem Akt des kreativen göttlichen Selbsttranszendierens verdankt. Es ist dies, daß die innergöttliche Andersheit in der gott-geschöpflichen Andersheit kreatorisch nach außen übergreift.

Was wir hier kreatorische Selbsttranszendenz Gottes nennen, entfaltet Barth in seiner Interpretation von Anselms Proslogion 2–4[212] als den

---

211 K. *Barth*, KD II,2, S. 101f.
212 K. *Barth*, Fides quaerens intellectum. Anselms Beweis der Existenz Gottes im Zusammenhang seines theologischen Programms, 2. Aufl. Zollikon 1958.

theologischen Begriff des Seins in der Wahrheit. »Existenz heißt allgemein: Dasein eines Gegenstandes auch abgesehen davon, daß er als daseiend gedacht wird. Die Wahrheit eines Gegenstandes und seines Gedachtseins bedingt, daß er existiert. Aber eben die *Wahrheit* bedingt seine Existenz *und* das wahre Gedachtsein seiner Existenz. Er ist da und er ist als daseiend wahr gedacht, weil und sofern er zuerst in der Wahrheit ist. Nicht in ihm selbst und durch ihn selbst, sondern in jenem dritten umfassenden Kreis, in der Wahrheit und durch die Wahrheit selber fällt die Entscheidung über seine Existenz und über die Wahrheit ihres Gedachtseins. Diese entscheidende Wahrheit ist Gott.«[213] Gott ist in sich das ursprunghafte Anderssein in Einheit. Er ist der, der in Wahrheit ex-sistiert. Und seine Existenz ist die »eigentlich und erstlich einzige, alle anderen Existenzen begründende Existenz.«[214] Dieser Begriff des Seins in Wahrheit wird dann in der Schöpfungslehre in der systematischen Form der analogia relationis zu breiter Entfaltung gebracht auf dem Grunde des Begriffs des »*reinen*, d.h. prinzipiellen, alles Erkennen und Sein begründenden und also ihm vorangehenden *Werdens*.«[215] Es ist der Akt der freien, subjektiven Selbstbestimmung Gottes[216], in dem er sich entscheidet für das Sein eines kreatürlichen Gegenübers, dieses Gegenüber ins Dasein ruft und sich selbst bestimmt zum Dasein für dieses Gegenüber. »Diese Wahl war am Anfang. Und als Subjekt *und* Gegenstand dieser Wahl war Jesus Christus am Anfang. Er war nicht am Anfang Gottes: Gott hat ja keinen Anfang. Er war aber am Anfang aller Dinge, am Anfang alles Handelns Gottes mit der von ihm verschiedenen Wirklichkeit. Er war die Wahl der dem Menschen zugewendeten Bundesgnade. Er war die Wahl des Bundes Gottes mit dem Menschen.«[217]

Die Gnadenwahl ist das grundlegende, alles anderen vorangehende Werk des dreieinigen Gottes nach außen. Darum »darf und muß das regnum Christi nicht als ein Reich neben anderen, das dann wohl auch das Reich einer bloßen Idee sein könnte –, sondern als das Reich aller Reiche erkannt werden.«[218] Die göttliche Urentscheidung als gleichursprünglich inhaltlich bestimmte und darum nicht binäre Erwählung hat ihre universale Reichweite genau aufgrund ihres exklusiv innertrinitarischen Charakters. Darum kann der Mensch, gleich unter welcher Perspektive, sei er als Geschöpf, sei er als Sünder oder als Gerechtfertigter, Geheiligter und Berufener betrachtet, niemals anders als gleichsam von Gott umgeben, niemals anders als immer schon im Bereich der göttlichen Gnadenwahl seiend verstanden werden. Von Gottes Urentscheidung kommt er immer schon her, in seiner Zuwendung lebt er, was ihm von Gott in Zukunft wi-

---

213 Ebd., S. 92.
214 Ebd., S. 94.
215 K. *Barth*, KD III,1, S. 390.
216 K. *Barth*, KD II,2, S. 107.
217 Ebd., S. 109.
218 Ebd., S. 97.

derfährt, wird niemals etwas anderes sein können als die Bewährung der Treue, in der Gott seiner Gnadenwahl treu bleibt. Er ist »in keiner Schöpfungshöhe, aber auch in keiner Sündentiefe außerhalb des Bereichs der ewigen göttlichen Entscheidung und also, wenn wir diese in Gottes Gnadenwahl zu erkennen haben, nicht außerhalb des Bereiches dieser Gnadenwahl, nie und nirgends neutral gegenüber der Entschlossenheit und Bestimmtheit, die dem Willen Gottes kraft der zwischen dem Vater und dem Sohne von Ewigkeit her gefallenen Entscheidung eigen ist.«[219]

Daß Jesus Christus als erwählender Gott und als erwählter Mensch in einem der Seins- und der Erkenntnisgrund der Erwählung ist, also nicht nur Instrument und Mittel, durch das Gott bestimmte Menschen zum Heil erwählt, und auch nicht nur Licht und Spiegel, in dem bestimmte Menschen ihre Prädestination zum Heil erkennen können, diese Einheit von Seins- und Erkenntnisgrund macht es möglich, die Erwählung ganz universal-inklusiv zu begreifen. Eben daß Jesus Christus exklusiv, allen Menschen gegenüber allein, der erwählende Gott ist, macht die komprehensive Kraft der Erwählung aus. So kommen Menschen nicht nur *durch* ihn als Exemplar und Urbild des erwählten Menschen zum Bewußtsein ihres eigenen Erwähltseins, so werden Menschen nicht nur *durch* ihn als Mittel der göttlichen Erwählung real teilhaftig, sondern sind real »*in* ihm« (Eph 1,14) alle anderen real Erwählte und real als solche erkennbar. Ausschließlich von Jesu Christi Erwähltsein gilt, »daß es das ursprüngliche und das *komprehensive* Erwähltsein ist: das schlechthin einzigartige und gerade in dieser Einzigartigkeit universal bedeutsame und wirksame Erwähltsein dessen, der selbst der Erwählende ist.«[220] Will man also von »Grenzüberschreitung« sprechen[221], so wäre zuerst an diejenige zu denken, in der Gott selbst die Grenze seines innertrinitarischen Andersseins überschreitet und in diesem Akt von Selbsttranszendenz Raum schafft für außergöttliches Anderssein, Raum als Schöpfung mit Grenzen, die das beliebige Anderssein als Chaos ausgrenzen und fernhalten; Raum, in dem nicht alles möglich ist und darum auch das Nichts, in dem nicht Unendlichkeit alternativer Möglichkeiten jegliche Bestimmbarkeit negierbar macht; Raum, in dem jegliches Daseiende und jegliche Beschaffenheit von Daseiendem seine Bestimmung hat in der Freiheit, als anderes für anderes und mit anderem da zu sein.

Der Freiheitsbegriff, mit dem wir hier zu schaffen haben, ist demnach ein »extrem augustinischer«[222]. Freiheit ist: Raum haben in der Freiheit der

---

219 K. *Barth*, KD II,2, S. 97.
220 K. *Barth*, KD II,2, S. 125.
221 H.U. *von Balthasar*, Karl Barth, S. 255.
222 Ebd., S. 248. Zum augustinischen Freiheitsbegriff vgl. K. *Adam*, Die geistige Entwicklung des Heiligen Augustinus, 2. Aufl. Darmstadt 1958; H. *Barth*, Die Freiheit der Entscheidung im Denken Augustins, Basel 1935; M.T.C. *Clark*, Augustine. Philosopher of Freedom, New York/Tournai/Rom/Paris 1958; H. *Jonas*, Augustin und das paulinische Freiheitsproblem, 2. Aufl. Göttingen 1965; H. *de Lubac*, Die Freiheit der Gnade, Bd. I, Das Erbe Augu-

Gnade Gottes. Sie ist nicht bestimmbar aus der Extrapositionalität einer als neutral begriffenen Subjektivität im Gegenüber zu einer objektiv gegebenen Mehrzahl von Möglichkeiten, von denen eine durch die Entscheidung der Auswahl zur Verwirklichung kommt. Freiheit ist hier vielmehr die Intrapositionalität des Subjekts der Freiheit im Raum der schon wirklichen Freiheit, die im Ergreifen als die je eigene gewählt und damit zur eigenen Möglichkeit wird, oder die verfehlt wird, wobei aber das Verfehlen der Freiheit nicht als Ergreifen einer alternativen Möglichkeit, sondern als Verfehlung von Wirklichkeit zu verstehen ist, demnach genau als Verunmöglichung von wirklicher Freiheit.

Die Freiheit des Menschen ist also nicht absolute Freiheit der Wahl alternativer Möglichkeiten, sie ist nicht in dem Sinne ursprünglich, daß sie Ursprung von Verwirklichung wäre am Scheidewege, auf der Grenze zwischen Etwas und Nichts, mit herrscherlich-richterlicher Befugnis der Entscheidung, was sein soll und was nicht, oder noch radikaler: Ob überhaupt etwas sein soll oder nicht vielmehr nichts. Die Grenze zwischen Chaos und Kosmos ist der Ort nicht, wo Freiheit leben kann. Geschöpfliche, menschliche Freiheit ist vielmehr immer schon relationierte Freiheit, sie hat die in der Grenzziehung zwischen Chaos und Kosmos realisierte Entscheidung hinter sich. Sie ist die antwortende, verantwortliche, in eigener Entscheidung übernommene Wahl der Wahl. Das Mißverständnis einer in solcher Weise relationierten Freiheit gegenüber einer absoluten Freiheit schleicht sich leicht in dem Moment ein, in dem man beide in ein diminuatives Verhältnis setzt. Relationierte Freiheit wäre demnach weniger Freiheit als absolute Freiheit. Das Maß der Freiheit bemißt sich dann am Grade der Intensität, in dem sie vor bzw. außerhalb des Raumes ihr Wesen hat, der durch die Einheit von Sosein und Anderssein, d.h. durch die Relationierung von Andersseiendem konstituiert wird. Das volle Maß der Freiheit wäre dann das vollkommene An-sich-Sein. Wird dann dieser Begriff von Freiheit als der Inbegriff göttlicher Freiheit verstanden, so wird deutlich, daß mit der gradweisen Unterscheidung von relativer und absoluter Freiheit nicht auf *mehr* Freiheit hin gedacht wird, sondern auf etwas anderes als Freiheit. Denn hier wird aus dem Gottesbegriff das Anderssein herausgenommen bzw. das Anderssein Gottes selbst als im Widerspruch zu seiner Freiheit stehend gedacht und deshalb als theologisch unmöglicher Gedanke verstanden. Genau in diesem absoluten Sinne ist aber auch die vollkommene göttliche Freiheit nicht absolut. Sie ist ursprünglich relationierte Freiheit. Sie hat ihr Wesen in der theologischen Differenz, im göttlichen Sein als vollkommener Einheit des Andersseins. Gott ist der ursprunghafte Raum der Freiheit, die darum nirgends, sei es im Geschöpflichen, sei es im Verhältnis zwischen Gott und dem Geschöpflichen, sei es in Gott selbst, anders gedacht werden darf denn als relationierte Freiheit. Der Un-

stins, Einsiedeln 1971; *H. Greshake*, Gnade als konkrete Freiheit. Eine Untersuchung zur Gnadenlehre des Pelagius, Mainz 1972, S. 193ff. Bei Greshake weitere Lit. zum Thema.

terschied zwischen göttlicher und geschöpflicher Freiheit liegt dann nicht in der Differenz von absoluter und relativer Freiheit, sondern in der Wesensdifferenz zwischen göttlicher Relationierung als kreatorisch-ursprunghafter Freiheit der Wahl und kreatürlicher Relationierung als antwortend-verantwortlicher Freiheit der Wahl der Wahl. Nachdem Gott gewählt hat in der Freiheit seiner Liebe, hat der Mensch wirklich schon (nicht etwa: »nur noch«) die Wahl der Wahl. Alles andere, was noch bezüglich des Freiheitsbegriffs relevant werden mag, ergibt sich hieraus.

Barth sagt mit Bezug auf Gen 3: »Der Mensch soll wissen, daß er von daher und *darin* sein Leben hat, daß Gott bejaht und damit verneint, gewählt und damit verworfen, das Eine gewollt und damit ein Anderes nicht gewollt hat. Menschliches Leben soll sich in der Weise vollziehen, daß sich der Mensch nicht unbewußt, sondern bewußt ... auf den Boden dieser göttlichen Entscheidung stellt, daß er sie als solche annimmt, daß er Gott als den erkennt und preist, der in seiner Souveränität eben dies und nichts Anderes gewollt hat ... Es ist der der Offenbarung Gottes konfrontierte Mensch – erst er als solcher – dem jene Freiheit damit zukommt, daß Gott ihm in seinem Wort gegenübertritt. Damit und erst damit wird seine Erschaffung nach dieser Seite vollendet, daß Gott sich ihm als der souveräne Richter über Gut und Böse zu erkennen gibt und daß er ihm gebietet, sich an ihn als diesen Richter zu halten, ihm verbietet, in irgendeinem Sinn selber dieser Richter sein zu wollen. Kraft dieser Anrede und Aufforderung, in der ihm damit zugesprochenen Verantwortlichkeit wird und ist der Mensch frei: frei für eben das, was von ihm erwartet und gefordert wird – frei dazu, nicht sich selbst, wohl aber Gottes in und mit seiner Erschaffung vollzogene Entscheidung seinerseits zu bewähren ... Hat er ihn zu jener Gemeinschaft, ja Einheit berufen, war die Bestimmung des Menschen zum Gehorsam seine Bestimmung zum Gehorsam im Bunde mit Gott, dann mußte er ihm die Freiheit geben, die er ihm offenbar gegeben hat: nicht um ihn zu versuchen, nicht um ihn zu prüfen, sondern um ihm *Raum* zu geben, entsprechend seiner Erschaffung selber, von sich aus gehorsam zu sein.«[223] Menschliche Freiheit ist: Raum haben in dem durch Gottes gnädige Entscheidung geschaffenen Raum der Freiheit, ist das gute Wählen der guten Wahl Gottes.

Zwar, die Menschen sind real nicht die, die diese Freiheit ergreifen, die in der Wirklichkeit der durch Gottes gute Wahl geschaffenen Freiheit die Möglichkeit ihrer eigenen antwortenden Freiheit ergreifen; die den Raum der Schöpfung und des Bundes den ihnen zugeeigneten Raum sein lassen, aus dem Gott das Chaos, das Nichtige, das Böse ausgegrenzt hat, lediglich im Gegensatz von Licht und Finsternis Zeichen der Erinnerung an die Scheidung setzend, die er in seiner guten Wahl vollzogen hat. Sie sind alle und ausnahmslos die Ungehorsamen, die die sie umgebende Hege der Freiheit nicht ihre Freiheit sein lassen, in ihrer Wirklichkeit nicht die ein-

---

223 K. Barth, KD III,1, S. 296ff. (Hervorh. v. Vf.).

zig mögliche Möglichkeit erfüllten Daseins ergreifen, sondern sich grundlos und unbegründbar der unmöglichen Möglichkeit zuwenden und das von Gott ausgeschlossene böse Nichtige wählen. Zwar, sie können damit Gottes Wahl und Entscheidung nicht rückgängig machen, nicht die Grenze vernichten, die die Welt der Schöpfung und des Bundes vom Chaos trennt. Die Sünde ist nicht schöpferisch, hat nicht die Macht einer Gegenpotenz zur schöpferischen Potenz Gottes. Wohl ist sie als nicht relationierte, neutrale Wahlfreiheit äußerste Bedrohung und Gefährdung des Geschöpfs, seine Selbstauslieferung an die Gottverlassenheit, die Verlorenheit, den ewigen Tod. Die Verwerfung der wirklich umgebenden Freiheit ist der nicht auslotbare Abgrund, einzig in der Verwerfung Jesu Christi am Kreuz, im abgründigsten Gericht durchmessen, durchlitten und verwunden. Gott überläßt seine zur Freiheit erwählten Menschen nicht ihrer selbstgewählten Verwerfung. Sie sind alle Verworfene, aber in der Verwerfung Jesu Christi überwundene, gerettete Verworfene. In Jesus Christus ist aller Menschen Erwählung ebenso umgreifend universal real wie die Verwerfung ihrer Verwerfung. »Die Gerechtigkeit Gottes in seiner Wahl bedeutet also, daß er als gerechter Richter die verlorene Sache seines Geschöpfs als solche sieht und zu Ehren bringt, daß er ihm Recht gibt und verschafft gegen seinen eigenen Widerspruch. Sie bedeutet, daß Gott es nicht zuläßt, daß das Geschöpf als sein eigener Feind sich selber verderbe. Er sorgt dafür, daß sein eigener primärer Anspruch auf sein Geschöpf und damit der echte Lebensanspruch dieses Geschöpfs selber nicht zunichte gemacht werde.«[224] Wie die Erwählung der Menschen in Jesus Christus die sie alle umgreifende Wirklichkeit ist, so die Verwerfung ihrer Verworfenheit, und sowenig der Glaube zum schon wirklichen Heil in Christus beiträgt, sowenig kann der Unglaube der Gottlosen die Verwerfung der Verworfenheit revozieren.

Signal der Wirklichkeit des Heils ist der Glaube, Signal des im Kreuz ein für allemal gerichteten Falls, des Elends, der Verdammnis des Menschen ist der Unglaube. Und bezeugen müssen also beide auf ihre Weise, was in Christus komprehensiv wirklich ist: der Glaube das Heil, das realpräsent ist, der Unglaube die Verlorenheit, deren Drohung als im Kreuz abgewendete ebenso realpräsent ist. Und die komprehensive Kraft des Heils und die Verwerfung der Verworfenen, beides liegt genau in der exklusiven Wirklichkeit des einen, der Gott und Mensch war. »Eben um der Erwählung *aller* Verworfenen willen steht er vielmehr ihnen allen einsam gegenüber: eben für sie ist er *der* Verworfene ... in seiner Verwerfung Raum schaffend für sie als Erwählte Gottes!«[225]

Zusammenfassung   Von der »Inklusion« her bekommt der Freiheitsbegriff seine Struktur. Auf dem Grunde der Eindeutigkeit des göttli-

---

224   K. Barth, KD II,2, S. 35.
225   K. Barth, KD II,2, S. 389.

chen Wählens als Gnadenwahl, also im Raum des schon wirklichen Bundes zwischen Gott und Mensch, hat der Mensch schon die Freiheit der Wahl dieser Wahl.

b) Die Versöhnung als die Verwirklichung von Gottes Gnadenwillen
Die Versöhnung ist die Erfüllung des vom Menschen gebrochenen Bundes. Sie ist die Gestalt, in der der Bund Gottes mit dem Menschen Wirklichkeit wird, nachdem der Mensch die Freiheit des selbstverantwortlichen Wählens der Wahl Gottes nicht ergriff, sondern verfehlte, indem er sie verabsolutierte, d.h. aus der Relation, in der sie ihr Wesen hat, loslöste. Gottes »Menschenfreundlichkeit« (Tit 3,4), in der er sich diesem Geschöpf unter allen seinen Geschöpfen in so qualifizierter Weise zuwendet, daß er es zu seinem selbstverantwortlich antwortenden Gegenüber erwählt, sie ist die ewige Wahrheit des Bundes. Es ist die Wahrheit der Wahl der Gnade, in der Gott nicht Gott sein will ohne den Menschen. Und es ist die Wahrheit des Wählens der Wahl, d.h. konkret: die auf die Gnade antwortende Dankbarkeit, in der des Menschen Sein zu eben der Wahrheit kommt, in der er vom erwählenden Gott her schon ist. »Gnade und Dankbarkeit gehören zusammen wie Himmel und Erde.«[226] »Ich will euer Gott sein«, das ist die Verheißung des Bundes. »Ihr sollt mein Volk sein«, das ist das Gebot des Bundes. Und so ist die Verheißung dem Gebot vorgeordnet wie die Gnade der Dankbarkeit. Beides zusammen in der Einheit dieser unumkehrbaren Zuordnung ist die Wahrheit des Bundes.

Der Mensch ist aber der Bundbrecher, der sich der Gnadenwahl versagende, der Zerstörer der Wahrheit des Bundes von seiner Seite. Zwar hebt des Menschen Untreue Gottes Treue nicht auf. Aber eben hierin liegt das theologische Gewicht einer sorgfältigen Unterscheidung und Beziehung von Bund und Versöhnung, daß in der *Wirklichkeit der Versöhnungsgeschichte die Wahrheit* des vom Menschen gebrochenen Bundes zu ihrer Erfüllung kommt, bzw. daß die Wirklichkeit der Versöhnung in Jesus Christus die Wahrheit des Bundes zur Voraussetzung hat. Beides darf nicht identifiziert, aber auch nicht getrennt werden. Wollte man hier identifizieren, so bliebe theologisch unbegreiflich, warum die Erfüllung des Bundes in der Wirklichkeit der Versöhnung die Gestalt der *Fleisch*werdung des Wortes, der Kreuzigung und der Auferstehung Jesu Christi hat. Wollte man Wahrheit des Bundes und Wirklichkeit der Versöhnung trennen, so bliebe theologisch unbegriffen, inwiefern es sich in de Wirklichkeit der Versöhnung um ein Werk der *Treue* Gottes handelt. Versöhnung müßte dann verstanden werden als eine bloße Reaktion Gottes auf die Aktion des sündigen Menschen. Die Sünde bekäme dann die theologische Würde und das Gewicht eines terminus a quo des Heilsgeschehens, sie wäre das movens, das Gott als Versöhner auf den Plan ruft. Die Sünde ist aber ihrem Begriff nach nichts Schöpferisches. Die Versöhnung ist demnach zwar in-

---

226 K. Barth, KD IV,1, S. 43.

sofern die Reaktion Gottes auf den bösen Bundesbruch des Menschen, als sie die *Gestalt* ihrer Verwirklichung hat in der Überwindung der Sünde in dem Lamm Gottes, das der Welt Sünde trägt (Joh 1,29). Sie ist aber insofern mehr als Reaktion auf den Zwischenfall der Sünde, als es in ihr um die Aktion der Treue Gottes geht, der zu der Wahrheit seiner von urher getroffenen Gnadenwahl steht und sie durchsetzt für sein erwähltes Geschöpf wider dessen bösen Willen und wirkliche Verdammnis. Versöhnung ist »gerade in dieser ihrer besonderen Gestalt die Vollstreckung seines Bundeswillens, mehr noch: die Bewährung und Durchführung der von ihm schon in und mit der Schöpfung tatsächlich vollzogenen Bundesstiftung zwischen sich und dem Menschen.«[227]

Mit Recht hat B. Klappert auf das theologische Gewicht der genauen Unterscheidung und Beziehung von Wahrheitsbegriff in bezug auf den Bund und Wirklichkeitsbegriff in bezug auf die Versöhnung hingewiesen[228]. Diese Differenzierung ist für unseren Zusammenhang darum von Bedeutung, weil in allen folgenden Explikationen der Versöhnungsgeschichte die Relevanz der theologischen Differenz, der göttlichen Selbstunterscheidung und Selbsttranszendenz, und der darin wurzelnde theologische Gedanke der Inklusion als grundlegend präsent bleiben muß.

Zusammenfassung Die Versöhnung ist die Erfüllung des vom Menschen gebrochenen Bundes. In der Wirklichkeit der Versöhnungsgeschichte kommt die Wahrheit des vom Menschen gebrochenen Bundes zu ihrer Erfüllung. Sie ist nicht nur Gottes Reaktion auf die Sünde, sondern auch die Aktion der Treue Gottes.

α) *Inklusion und Zwei-Naturen-Lehre*
Jesus Christus ist wahrer Gott und wahrer Mensch. An dem »und« in diesem christologischen Fundamentalsatz hatte und hat die Theologie ihre Arbeit. Und dies nicht nur in der Weise, daß das Fragen dem nachgeht, wie die Kopula die Nominativergänzungen im Prädikat, zwischen denen sie steht, verbindet, sondern auch so, daß das theologische Fragen sich in dem potenziert, *was* unter den Nominativergänzungen im Prädikat zu verstehen sei. Und beides zusammen, der Sinn der Kopula in der Nominativergänzung und der Sinn der Nominativergänzungen im Prädikat, ergibt al-

---

227 *K. Barth,* KD IV,1, S. 37.
228 *B. Klappert,* Promissio und Bund, bes. S. 59f.109ff.124ff. Die Unterscheidung von Wahrheitsgeschichte und Wirklichkeitsgeschichte ist von Bedeutung »1) für die Fassung der Christologie und Versöhnungslehre Barths, 2) für die Verhältnisbestimmung von Erniedrigung und Erhöhung in Kreuz und Auferweckung, 3) für die Verhältnisbestimmung von christologischer oboedientia activa und passiva, 4) von promissio als Verheißung des Bundes und promissio als remissio peccatorum, 5) für das Verständnis von Christus als maxima persona des Bundes und maximus peccator im Kreuz, 6) für die Unterscheidung des Ontischen und Noetischen in der Auferweckung...« (S. 60), schließlich für die bundestheologische Vorordnung der Verheißung vor dem Gebot gegenüber der exklusiv christologischen Vorordnung des Gesetzes vor dem Evangelium.

lererst den Sinn des Prädikatskerns, die Bedeutung des »ist«. Die seit dem christologischen Ringen des 4. und 5. Jahrhunderts in der kirchlichen Lehre herrschend gewordene Rede von der einen Person und ihren zwei Naturen konnte dahin mißverstanden werden, daß das eigentliche theologische Problem das Verständnis der personalen Einheit der zwei Naturen sei, nicht aber die Frage, *was* denn das Wesen der göttlichen und der menschlichen »Natur« ausmache. Dies unter der stillschweigenden Voraussetzung, das Wesen der göttlichen »Natur« sei ebenso wie das der menschlichen a priori bekannt oder erkennbar, eine fraglose und inhaltlich unproblematische Vorgabe, die, eben weil sie allgemein geteilt wird oder doch geteilt werden kann, theologische Gültigkeit beanspruchen könne vorgängig zur Existenz und Geschichte Jesu Christi. Aber: latet periculum in generalibus. Wer Gott wirklich ist und was demnach göttliche »Natur« meinen kann, in gleicher Strenge aber auch: Wer der Mensch ist und was menschliche »Natur« bedeutet, das ist in Jesus Christus zu erkennen und nirgends sonst. In strikter Einhaltung dieses theologischen Grundsatzes der Einheit von Seinsgrund und Erkenntnisgrund kommt Barth zu einer gründlichen Neufassung der altkirchlichen Christologie – ohne auch nur eines ihrer inhaltlichen Grundelemente preiszugeben. Die Bedeutung dieser Neufassung für den Gedanken der Inklusion soll im folgenden in freier Paraphrase des 2. Abschnittes des § 64 aufgezeigt werden.

Das Vermittlungsproblem in der Zwei-Naturen-Lehre ist nach dem oben Gesagten vom Inhaltsproblem gar nicht zu trennen. Und zwar nach beiden Seiten, der theologischen und der anthropologischen. Denn es gibt keinen archimedischen Punkt, kein principium ex quo ... für die Anthropologie, ebensowenig wie für die Theologie. Es ist unmöglich, bestimmen zu wollen, was die Wesensnatur des Menschen ist unter Absehung davon, was er von Gott her ist. Und was er von Gott her ist, das ist an dem abzulesen, was Gott in der Versöhnung für ihn tut. Anthropologie, die außerhalb dieser Relation ansetzt, bleibt ebenso abstrakt wie ein nicht relationierter Freiheitsbegriff.

»Gott war in Christo ...« (2Kor 5,19), »das Wort ward Fleisch« (Joh 1,26), dies sagt einerseits: Gott wurde uns ganz *gleich*, ein Mensch wie alle anderen Menschen auch. Und dies in doppelter Hinsicht: Er wurde uns gleich hinsichtlich des Wesens unseres Menschseins, unserer guten geschöpflichen »Natur«, wie sie von Gott gewollt und geschaffen wurde. Und er wurde uns gleich hinsichtlich der konkreten Verfassung unseres Wesens, der Verfallenheit an das Nichtige, der Verlorenheit und Verdammnis unseres Menschseins. Das heißt: Der Logos wurde »Fleisch«.

Dies sagt aber andererseits: Jesus Christis ist uns anderen Menschen auch ganz *ungleich*. Und das nicht nur, weil er zugleich göttlicher »Natur«, weil er wahrer Gott ist, so daß die Gleichheit seiner Menschheit und die Ungleichheit seiner Gottheit zuzuschreiben wäre. Das ist gewiß richtig. Aber seine Ungleichheit uns allen anderen Menschen gegenüber ist auch auf sein Menschsein zu beziehen, insofern er der *wahre* Mensch ist. Es ist

Barths exegetische Grundthese, daß es keine Schicht der neutestamentlichen Überlieferung gibt, in der Jesus von Nazareth nicht als der allen Menschen gegenüber qualitativ andere erscheint[229].

Es ist also festzuhalten und wird zu explizieren sein, daß Gott in Jesus Christus Mensch wie alle anderen Menschen wird ohne Alterierung oder gar Aufgabe seiner Gottheit, *und* daß er als Mensch allen anderen Menschen gegenüber ganz ungleich ist ohne Alterierung oder gar Aufgabe seiner mit allen Menschen geteilten Menschlichkeit. Jesu Anderssein meint nicht seine Individualität, in der er sich von allen anderen Menschen unterscheidet wie wir uns als Individuum von allen anderen unterscheiden; diese gehört vielmehr zu seiner Gleichheit mit allen Menschen. Es meint auch nicht (jesulogisch) eine graduelle Ungleichheit uns gegenüber, sehe man diese in der Intensität des Gottesbewußtseins (Schleiermacher) oder des Gottvertrauens im Kreuz (Gogarten)[230]. Der qualitative Unterschied seiner Menschlichkeit liegt darin, daß die Jesus Christus und allen anderen Menschen gemeinsame Menschlichkeit allein in ihm zu ihrer Wahrheit kommt, indem sie erhoben wird zur vollkommenen Gemeinschaft mit Gott, zum Dienst Gottes, zum vollkommenen Gehorsam Gott gegenüber, zur realisierten Freiheit. Diese Erhöhung bedeutet keine Beseitigung, auch keine Veränderung seiner Menschlichkeit. Die völlige Ungleichheit seines *wahren* Menschseins hebt die völlige Gleichheit seines *Menschseins* nicht auf. Es wird vielmehr dieses menschliche Wesen (Natur), das Jesus Christus mit uns teilt, im realen Vollzug, in der Geschichte seiner Existenz in Bewegung versetzt, erhöht zum Frieden mit Gott, zur vollkommenen Gemeinschaft des Bundes, die nun in ihm allein auch von des Menschen Seite zu ihrer Erfüllung kommt. Wie die christologische Inklusion zu denken ist, inwiefern das Geschehen der Versöhnung zwischen Gott und Mensch in Jesus Christus eine von Hause aus inklusive, auf uns alle anderen Menschen übergreifende, uns einbegreifende und so immer schon betreffende und umschließende Geschichte ist, dies wird als Aufgabe theologischen Denkens erst sichtbar auf dem Grunde dieser doppelten Ungleichheit *und* doppelten Gleichheit zwischen ihm und uns: Ungleichheit in bezug auf seine wahre Gottheit und wahre Menschheit, Gleichheit in bezug auf seine Menschlichkeit in ihrer kreatürlichen und in ihrer fleischlichen Bestimmtheit.

Jesus Christus ist wahrer Gott und wahrer Mensch. Das »und« in der Prädikatsergänzung dieses Satzes wurde in der ganzen alten Dogmatik unter Berufung u.a. auf Phil 2,7 und Hebr 2,16 als »assumptio«, als Hinzunahme des menschlichen Seins in die Einheit seines göttlichen Seins interpretiert. Der Gedanke der theologischen Differenz, des Andersseins in Gott (d.h. die Trinitätslehre) hat eben hierin sein sachliches Gewicht, daß

---

229 K. *Barth*, KD IV,1, S. 174ff.; IV,2, S. 173ff.
230 Vgl. F. *Gogarten*, Die Verkündigung Jesu Christi. Grundlagen und Aufgabe, Heidelberg 1948; B. *Klappert*, Die Auferweckung des Gekreuzigten, S. 6f.64ff.

es unmöglich ist zu denken, daß Gott aus sich heraustritt, sich auf Anderes hinbewegt, sich in dieses hineinbegibt, es »annimmt« und also real anders wird, d.h. endlich, schwach, leidend wird und eben darin seine Göttlichkeit nicht nur nicht vermindert oder gar aufgibt, sondern verherrlicht und offenbart, wenn das Anderssein etwas seinem eigenen Wesen Fremdes ist. Ist es wahr und wirklich, daß Gott sich in Jesus Christus zum verlorenen Menschen erniedrigt, so muß in dieser Wirklichkeit die Möglichkeit vorausgesetzt werden können, kraft derer dieses nichts dem Wesen Gottes Widersprechendes oder Fremdes ist. Daraus folgt, daß Gott, der Vater Jesu Christi, der Gott Abrahams, Isaaks und Jakobs niedrig sein kann ohne Preisgabe, vielmehr in Bewährung seiner inneren Herrlichkeit. Damit ist das theologische Denken als Rechenschaft vom christlichen Glauben nicht der Mühe des denkenden Nachvollzugs enthoben, ist ihm vielmehr die Aufgabe allererst präzis gestellt.

Wurde die Gottmenschheit Jesu Christi in der alten Dogmatik mit Recht als assumptio der Menschheit in die Einheit seines Seins als Gottessohn bezeichnet und somit als »Vereinung« (unitio), so kann dies nicht meinen, daß ein bestimmter Mensch, eine »Person«, das integrierende Prinzip sei und auch nicht, daß die Einheit ein neues Drittes über der Gottheit und der Menschheit sei. Wollte man davon ausgehen, daß Gott in einen Menschen als in eine bestimmte existierende Person eingeht, dann würde das entweder bedeuten, daß der Sohn Gottes, seine eigene Existenz aufgebend, sich verwandelte in eine menschliche Existenz; dann wäre die Wahrung des »vere homo« zugleich die Preisgabe des »vere Deus«. Oder es würde bedeuten, daß in Jesus Christus mit einer Doppelexistenz zu rechnen ist, einem Nebeneinander menschlichen und göttlichen Seins. Damit wäre scheinbar das »vere homo« und das »vere Deus« gewahrt – unter Preisgabe der realen unio[231]. Und es würde in beiden Fällen bedeuten, daß der Gedanke der Inklusion aller Menschen ins Versöhnungsgeschehen theologisch unvollziehbar bliebe: Sowohl die persönliche Existenz eines Menschen, in die der Logos, sich verwandelnd oder gar sich aufgebend, eingegangen wäre, als auch die binäre Existenz eines gottmenschlichen Doppelwesens könnte nur eine bloß exklusive Bestimmung sein – eine mirakulöse Einmaligkeit. Ein übergreifendes, komprehensives »für alle« und »für allemal« ist so undenkbar. Sollte aber die unio gedacht werden als ein neues, übergreifendes Drittes über Gottheit und Menschheit, so wäre sowohl die Gottheit als auch die Menschheit spekulativ transzendiert, die unio wäre gewahrt – unter Preisgabe des »vere« nach beiden Seiten; und Inklusion in die die Menschen freimachende Wahrheit wäre real ebenso undenkbar.

---

231 Und auch nur scheinbar, da Gott hier seine Wahrheit nicht in realer Selbsterniedrigung bewährt, sondern irgendwie dem Geschehen äußerlich und oberhalb bliebe, und da des Menschen Wahrheit nicht zur Erfüllung kommt in ihrem Erhöhtwerden, sondern irgendwie dem Geschehen äußerlich und unterhalb bliebe.

Aus dem allen folgt, daß die christologische Näherbestimmung des Chalcedonense, wie sie nach Chalcedon in der Lehre von der Anhypostasie der menschlichen »Natur« Jesu Christi und ihrer Enhypostasie in der göttlichen Hypostasis erfolgte, sachlich unumgänglich und gerechtfertigt ist. Was demnach der Sohn Gottes in die Einheit seines göttlichen Seins aufnahm, war nicht die Existenz einer Menschenperson, sondern *das Menschliche*, das, was die Menschlichkeit aller Menschen ausmacht. Dies aber nicht abstrakt verstanden als »Idee« des Menschlichen, sondern konkret als in der realen Existenz immer schon ergriffene *Möglichkeit* des Menschseins. Sie ist in gleicher Weise die Möglichkeit der Existenz aller Menschen wie die Möglichkeit der menschlichen Existenz Jesu Christi. Dem hier zu erhebenden und oft erhobenen Einwand, die Lehre von der Anhypostasie der Menschheit Jesu Christi sei eine sublime Form von Doketismus, weil eben wirkliches Menschsein ohne selbständige persönliche Existenz nicht denkbar sei, ist dann zureichend zu begegnen, wenn man das menschliche Wesen als Möglichkeit von Existenz nicht seinerseits zu einer Kollektivhypostase aufhöht, die in bestimmten Personexistenzen exemplarisch wird oder auch nicht, sondern als niemals von der realen Existenz von Menschen ablösbare Möglichkeit. Diese Möglichkeit kommt immer nur *in* der realen Existenz von Menschen vor.

Was diese Möglichkeit des Menschseins anbetrifft, ist zwischen Jesus und allen anderen Menschen kein Unterschied. Der ihm gegenüber allen anderen zukommende qualitative Unterschied betrifft die Einheit seiner personalen Existenz, die darin besteht, daß er nur *als* Sohn Gottes auch ein wirklicher Mensch ist. Die Lehre von der Anhypostasie besagt, daß seiner Menschlichkeit keine selbständige Existenz zukommt, daß vielmehr – enhypostatisch – seine Menschlichkeit ihre vollkommen wahre Existenz in der Einheit der Existenz des Sohnes Gottes hat. Die Lehre von der An- und Enhypostasie der menschlichen Natur Jesu Christi besagt demnach 1., daß wir es im Menschen Jesus Christus mit der unverminderten und unverwandelten Gottheit Gottes selbst zu tun haben; 2. daß wir es in Jesus Christus mit der unzertrennbaren Einheit zu tun haben, in der Gottes Sohn Mensch ist; 3. daß wir es in Jesus Christus mit der wahren Göttlichkeit Gottes und dem wahren Menschsein des Menschen zu tun haben; 4. daß in dem Menschsein Jesu Christi das Menschliche aller Menschen inkludiert ist.

In Jesus Christus wurde die Existenz des Sohnes Gottes auch die Existenz eines Menschen in persönlicher Einheit. Dies fand traditionell seinen Ausdruck im Begriff der unio hypostatica[232].

---

232 Hier wandten die Reformierten im Zeitalter der Orthodoxie ihr primäres Interesse der unio personalis zu, während die Lutheraner primär an der communio naturarum interessiert waren. Aber dies waren Akzente, nicht Gegensätze, denn die communio naturarum als Konsequenz und »effectus« der unio personalis lehrten auch die Reformierten, z.B. Bucanus oder Polanus, und die unio personalis als Voraussetzung der communio naturarum galt auch den Lutheranern fraglos, z.B. Quenstedt, Hollaz, Chemnitz oder J. Gerhard. Der dog-

II Exklusivität und Universalität des Reiches Gottes ... 271

Aber wie ist diese hypostatische Union zu denken? Die Vielzahl der Analogien und Metaphern, die man hier zum besseren Verständnis seit den Kirchenvätern herangezogen hat, zeigt die außerordentliche Schwierigkeit[233]. Es liegt nahe, in Umkehrung der theologischen Argumentationsrichtung des 16. und 17. Jahrhunderts, die hypostatische Union nach Analogie des göttlichen Wirkens in den Sakramenten zu begreifen. Hatte man dort zur theologischen Fundierung des Sakramentsbegriffs auf die Fleischwerdung des Wortes verwiesen, so ließe sich die christologische unio hypostatica als unio sacramentalis verstehen: Hier geschieht das innere, unsichtbare, göttliche Wirken der Gnade in, mit und unter dem äußeren, sichtbaren, menschlichen Vollzug, in dem die Gnade empfangen wird, Gottes kräftig wirkende Realpräsenz in dieser bestimmten, sichtbaren Menschengestalt, in unaufhebbarer »sakramentaler« Einheit des Wirkens und des Empfangens.

Das theologische Problem kehrt sich hier allerdings um und wird zu einer Frage an die Sakramentstheologie. Denn angenommen, die Vereinigung von Gott und Mensch in Jesus Christus darf nach Analogie der sakramentalen Einheit von göttlichem Wirken und sichtbarem bzw. hörbarem Zeichen (Wasser, Brot und Wein, Wort) verstanden werden, mit welchem theologischen Recht wird die christologische unio als eine solche verstanden, die sakramentale Fortsetzungen, Wiederholungen, in der Kirche hat und haben muß? Wird die Vereinigung von Gott und Mensch komprehensiv verstanden im oben entfalteten Sinne, so daß real unser Menschsein in Christus angenommen ist, so daß Realpräsenz streng eine Kategorie christologischer Inklusion ist, dann ist damit der Gedanke einer sakramentalen Prolongatur der Inkarnation ortlos geworden, d.h. theologisch überflüssig. Denn die Fleischwerdung des Wortes ist ihrem eigensten Wesen nach realpräsent, und umgekehrt: Unser reales Menschsein ist realpräsent im Geschehen der Versöhnung in Jesus Christus.

Faßt man das Argument sachlich noch strenger, so ist zu fragen, wie die Christologie inhaltlich begriffen wird, wenn die Einheit von Gott und Mensch in Christus als ihrem Wesen nach partikular verstanden wird – ein »Damals« und ein »Dort«, an dem unser menschliches Wesen von Hause aus nicht beteiligt ist, an dem es actualiter erst beteiligt wird durch die sakramentalen Re-präsentationen der Kirche. Der Plural inkarnatorischer Ereignisse als Wieder-Holungen der einen Inkarnation stellt allererst weg, bringt auf fragwürdige Entfernung, was seinem eigenen Wesen nach nicht »weg«, nicht entfernt sein kann. Denn es *ist* das Nahekommen, mehr: das Einswerden *Gottes* mit unserem Menschsein. Wird aber die In-

---

matische Dissens brach vielmehr in der Lehre von der communicatio idiomatum auf, und auch hier nur in bezug auf das sog. zweite genus, das genus maiestaticum.
233 So verglich man das Sein des Wortes im Fleisch mit der Art, wie ein Mensch in seinem Kleid, der Schiffer in seinem Schiff, die Glut im Eisen ist. Calvin verglich die unio hypostatica mit der unio von Seele und Leib im Menschen, Institutio II,14,1.

karnation als kirchlich-fortgesetzter Repräsentationen bedürftig angesehen, so ist die Frage unumgänglich, ob hier nicht im Kern der Christologie eine letzte doketische Schwelle geblieben ist. Erst unter dieser Voraussetzung, daß Gott in Christus unser reales Menschsein nicht wirklich erreicht, auf- und angenommen hat, ist das Postulat fortgesetzter inkarnatorischer Repräsentationen plausibel.

Die theologische Alternative ist unausweichlich und zeitigt weitreichende Konsequenzen in der Soteriologie und der Penumatologie, nicht zuletzt auch in der Bestimmung des Verhältnisses von Kirche und Gesellschaft: Ist der theologische Gedanke der universalen christologischen Inklusion zureichend begründet, so ist der theologische Gedanke der sakramentalen Repräsentationen grundlos. Sind aber sakramentale Realpräsentationen heilsnotwendig, weil ohne sie das Heil Gottes nicht präsent ist, so ist darin die doketische Prämisse impliziert, daß Gott in Jesus Christus unser Menschsein nicht real erreicht.

Wurde die Fleischwerdung des Wortes als assumptio und darin als Tun Gottes verstanden (1.), wurde die Einheit von Gott und Mensch in Jesus Christus als unio hypostatica verstanden (2.), so folgt daraus notwendig der chalcedonensische Satz von den zwei Naturen, dem göttlichen und dem menschlichen Wesen, die in der Person Jesu Christi vereinigt wurden (3.). Chalcedon hat in der vierfachen Negation das christologische Geheimnis wie ein Arkanum umschritten und umgrenzt: In Richtung zur alexandrinischen Theologie wird mit dem ἀσυγχύτως und ἀτρέπτως die bleibende Wesensdifferenz zwischen Göttlichem und Menschlichem betont. Göttliches und menschliches Wesen werden in Jesus Christus vereinigt, aber nicht vereinheitlicht, nicht identifiziert. Gott hört nicht auf, Gott zu sein, er verwandelt sich nicht in einen Menschen. Mit solcher Aufhebung des Anderssseins wäre die theologische Inklusion bodenlos. Und der Mensch hört nicht auf, Mensch zu sein, er wird nicht in Göttliches verwandelt. Auch dies wäre Aufhebung des Andersseins und würde die komprehensive Kraft des Christusgeschehens auslöschen, nämlich die den unendlichen qualitativen Unterschied zwischen Gott und Mensch-Sünder nicht vernichtende, sondern vermittelnde Reichweite des Versöhnungsgeschehens. In Jesus Christus ist beides in unvermischter und unverwandelter Verschiedenheit.

In Richtung zur antiochenischen Tradition wird mit dem ἀδιαιρέτως und ἀχωρίστως auf das eine Subjekt verwiesen, das Jesus Christus selbst ist. Er ist kein göttlich-menschliches Doppelwesen, sondern göttliches und menschliches Wesen sind in ihm ganz und real vereinigt. Weder die göttliche noch die menschliche Natur ist das in der Versöhnung handelnde Subjekt. Wie menschliches Wesen an sich nicht vorkommt, sondern nur an real existierenden Menschen als deren immer schon mit allen anderen gleichen Wesens geteilte Möglichkeit, so kommt auch Göttlichkeit, göttliches Wesen an sich nicht vor, sondern immer nur an Gott. Gott ist göttlich. Das Prädikat hat Wirklichkeit durch das Subjekt. Jesus Christus selbst, der

Sohn Gottes, nicht sein göttliches oder menschliches Wesen, ist das in der Versöhnung handelnde Subjekt. Wird diese unteilbare und unzertrennbare Einheit des handelnden Subjekts im Versöhnungsgeschehen nicht wahrgenommen, so führt das ebenso wie auf der anderen Seite die Vermischung und Verwandlung der Verschiedenheit zur Aufhebung der inklusiven Qualität der Versöhnung, die ihre Kraft daraus zieht, daß hier ein handelndes göttliches Subjekt sich selbst menschlich-weltlich erschließt: Jesus Christus gestern und heute und derselbe auch in Ewigkeit als der selber in seiner Person Gott und Mensch Versöhnende (Hebr 13,8).

Der christologische Satz von Chalcedon hat in vierfacher Negation den Raum abgegrenzt, in dem göttliches und menschliches Wesen unverändert und untrennbar zusammen sind. Er hat damit zugleich im Ungesagten gelassen, *was* damit der göttlichen und der menschlichen »Natur« widerfährt, daß sie in Jesus Christus zusammenkommen. Der Satz von Chalcedon ist die Ortsangabe eines Geheimnisses.

Es bleibt nun zu fragen, ob darüber hinaus theologische Explikationen möglich sind bezüglich der Bestimmung, die der göttlichen wie auch der menschlichen Natur damit widerfährt, daß beide in Christus vereinigt werden (4.). Solche Explikationen dürften freilich nicht bewirken, daß das Christusgeschehen seinen Geheimnischarakter verliert. Würde die Theologie hier das ehrfürchtige Staunen verlernen, um statt dessen Gnosis oder Spekulation zu pflegen, würde ihr das nicht gut bekommen. Andererseits kann es an dieser kritischen Schwelle auch nicht verboten sein zu fragen, ob nicht die Weigerung bzw. Unfähigkeit zu weiterer theologischer Auskunft ihren Grund *auch* darin haben könnte, daß nicht das Christusgeheimnis, sondern bestimmte substanzontologische Vorgaben, die mit dem Begriff der »Natur« gegeben waren und mit der ihm anhaftenden Statik, die Grenzen des Sagbaren fixierten.

Die altprotestantische Dogmatik hat an diesem Punkt in der Tat weitergedacht, wie die Begriffe der communicatio idiomatum, der communicatio gratiarum und der communicatio operationum anzeigen. Und diese Begriffe sind für den Gedanken der christologischen Inklusion von zentraler Bedeutung.

Im Begriff der communicatio idiomatum kommt zum Ausdruck, daß in Jesus Christus das göttliche Wesen ganz dem menschlichen Wesen mitgeteilt wird und daß das menschliche Wesen das göttliche mit allem, was es ausmacht, empfängt. Es handelt sich dabei um ein unumkehrbares Gefälle: Das göttliche Wesen ist das dem Sohne Gottes ursprünglich eigene, das menschliche ist das »hinzugenommene« (assumptio). Der Sohn Gottes *gibt* dem menschlichen Wesen Anteil an seinem göttlichen, das menschliche Wesen ist das Empfangende. Die Unumkehrbarkeit des Verhältnisses von göttlichem und menschlichem Wesen verstärkt sich noch darin, daß wohl der Sohn Gottes menschlich wird, aber nicht der Mensch göttlich wird. Gott wird Mensch, damit der Mensch zu Gott komme, nicht damit er vergöttlicht werde.

Hier ist nun wiederum eine kritische Schwelle erreicht, an der sich die Geister scheiden. Denn während sich die reformierten Dogmatiker mit der Feststellung begnügten, *daß* in Christus eine beiderseitige Mitteilung der Eigenschaften der göttlichen und der menschlichen Natur stattfinde, ging die lutherische Orthodoxie einen wesentlichen Schritt weiter, indem sie inhaltlich bestimmte, *was* in dieser Mitteilung aus der menschlichen Natur wird. Es komme zu einer Aneignung aller göttlichen Eigenschaften durch die menschliche Natur, so daß Jesus nach seiner menschlichen Natur in der Lage war, der Menschenwelt göttliches Leben mitzuteilen.

Dies ist das zweite Genus der communicatio idiomatum, das genus maiestaticum, das besagt, »daß der Sohn Gottes seine göttliche Majestät dem angenommenen Fleisch mitteilte.«[234] Indem hier die Menschlichkeit

---

234 M.D. *Hollaz*, Examinis Theologici Acromatici, Rostock/Leipzig 1718, Part. III, sect. I, Cap. III, S. 126 d. 45. Hollaz unterscheidet die drei genera communicationis folgendermaßen: »Praedicantur quippe vel proprietates utriusque naturae de tota Christi *persona* ab alterutra, vel utraque natura denominata, unde est primum genus; vel perfectiones divinae in humanam Christi *naturam* collatae; unde est secundum genus: vel opera officii secundum utramque naturam; unde resultat tertium genus« (S. 119, q. 39). Hollaz definiert dann die drei genera so: »Primum genus communicationis idiomatum est, quando propria divinae, vel humanae naturae vere et realiter tribuuntur toti personae Christi ab alterutra vel utraque natura denominatae.« »Secundum genus idiomatum est, quod Filius Dei Majestatem suam divinam assumptae carni communicavit« (S. 120, q. 39). Schon an der Ausführlichkeit der Entfaltung des zweiten Genus zeigt sich das hier konzentrierte Interesse. Hollaz führt aus, der menschlichen Natur Christi sei mitgeteilt 1. die göttliche Allmacht ([omnipotentia] S. 138, q. 56), 2. die göttliche Allwissenheit ([omniscientia] S. 140, q. 57), 3. die göttliche Allgegenwart ([omnipraesentia] S. 142, q. 58). Hollaz beruft sich auf die griechischen Kirchenväter, die von »Vergottung« der menschlichen Natur sprachen: »Θέωσιν, ἀποθέωσιν, θεωποίησιν, Deificationem: quam Damascenus Lib III de O.F. cap. 12 explicat.« Wobei Hollaz, wohl merkend, daß hier der Sündenfall der Alexandriner in der Luft lag, sich beeilt, sofort hinzuzufügen, diese Vergottung bedeute keinesfalls eine Verwandlung (transmutatio) und Vermischung (confusio) der Naturen, sondern die Ökonomie der hypostatischen Union.

Aber diese Abweisung kann nur dann tragfähig sein, wenn es tatsächlich dasselbe ist zu sagen: »Subjectum cui data est Majestas divina, est Christus secundum humanam naturam« *und:* »Subjectum est ... humana *natura* in ὑπόστασιν τοῦ λόγου assumpta«. Hollaz sagt kurz und bündig: »quod idem est«.

Und dies ist eben die Frage. Es ist eben die »Einwohnung« der göttlichen Eigenschaften im Fleisch Christi, ihr »Besitz« durch das vergöttlichte Fleisch, »communicata sunt carni Christi qua inhabitationem et possessionem« (S. 133, q. 52), so daß doch trotz aller Einschränkungen nicht zu übersehen ist, daß hier das vergottete Fleisch Christi zum Subjekt und Träger der Heilswirklichkeit wird.

Zwar habe dem Menschen Christus im Stande der Erniedrigung der *Besitz* der Allmacht (κτῆσις) nicht gefehlt, er habe aber deren *Gebrauch* (χρῆσις) bzw. vollen Gebrauch (seu plenum usum) ausgesetzt (suspendebat), um uns durch seinen Tod mit Gott zu versöhnen (S. 139, q. 56, III). Auch habe Christus nicht zu jeder Zeit von seiner Allmacht Gebrauch gemacht. Aber solche und ähnliche Einschränkungen können doch nicht vermeiden, daß hier der Besitz und die Einwohnung göttlicher Qualitäten im Fleisch der Menschheit als solcher eine verwandelte Zuständlichkeit verleihen und diese Zuständlichkeit der vergotteten Menschheit ein selbständiges Interesse auf sich zieht.

Auch ist auffällig, daß in den drei Genera der Kommunikation der Eigenschaften, dem genus idiomaticum, dem genus maiestaticum und dem genus apotelesmaticum, das dem gein sich als Zuständlichkeit zu einer vergotteten Substanz wurde, als der eigentlich interessante Effekt der unio hypostatica, war der erste Schritt getan auf einem Wege, an dessen Ende die anthropologische Beseitigung des christologischen Geheimnisses winkte, die Gottmenschheit Jesu Christi als Ausdruck des absoluten religiösen Selbstbewußtseins, als Ausdruck der Gotteskindschaft des Menschen-überhaupt verstehbar wurde[235].

Ist damit ein Weg beschritten, der nicht zum angemessenen Bedenken sondern zur spekulativen Beseitigung des christologischen Geheimnisses führt, so ist doch das Recht der hinter dieser theologischen Denkarbeit stehenden Frage damit weder erledigt noch abgewiesen: Was geschieht mit dem göttlichen und dem menschlichen Wesen, indem sie in Christus zusammenkommen? Gott wendet sich im Geschehen der Menschwerdung dem Menschen zu, er bestimmt sich selbst dazu, des Menschen Gott zu sein, sich des Menschen in seiner Endlichkeit, Niedrigkeit, Verlorenheit anzunehmen. Er bestimmt sich selbst damit zur Erniedrigung. Gott wird niedrig, und dies ist als genus tanpeinoticum in den Begriff der Göttlichkeit aufzunehmen: Gott selbst wird Mensch, ohne Verminderung seiner Gottheit.

Die in dieser Selbstbestimmung Gottes stattfindende Bestimmung des menschlichen Wesens ist nicht dessen Vergöttlichung, nicht Identifikation durch Verwandlung der Menschlichkeit in Göttlichkeit, sondern deren Aufnahme in die *Beziehung* zu Gott, ohne Veränderung ihres menschlichen Wesens. Das menschliche Wesen kommt zu seiner Wahrheit, indem es durch die Gnade Gottes erwählt wird zur Gemeinschaft mit Gott und nur in ihr und aus ihr seine Bestimmung erhält. Die Bestimmung des menschlichen Wesens geschieht als Erhebung durch die erwählende Gnade zum Sein für Gott in der Begegnung mit Gott. Es ist die Bestimmung der menschlichen Natur Jesu Christi zur Freiheit im antwortenden Wählen des Erwähltseins. Es ist Freiheit, die sich konkret als Dankbarkeit realisiert. Es ist die Qualifizierung der menschlichen Natur Jesu Christi zum Organ und Instrument des Handelns des Sohnes Gottes als des Mittlers zwischen Gott und den Menschen: Seiner Menschlichkeit wird die Vollmacht zuteil, das Wirken Gottes zu bezeugen, das geschöpfliche Medium zu sein, das dem Wirken Gottes dient. Es ist alles in allem die Erhöhung des menschlichen Wesens Jesu Christi an die Seite, in die Gemeinschaft

---

nus maiestaticum entsprechende genus tapeinoticum *nicht* vorkommt. Daß in der Menschwerdung eine Bestimmung des menschlichen *und* des göttlichen Wesens stattfindet, daß hier real etwas auch mit dem göttlichen Wesen geschieht, stand unter dem Denktabu eines offensichtlich vorausgesetzten Gottesbegriffs, mit dessen wesensmäßiger Unveränderlichkeit derlei ganz unverträglich war.
Das dritte genus communicationis definiert Hollaz so: »Tertium genus communicationis idiomatum est, quando in actionibus officii utraque natura Christi agit, quod suum est, cum alterius communicatione in agendo« (S. 155, q. 61).
235 Vgl. *A.E. Biedermann*, Chr. Dogmatik, Bd. 2, 1885, § 788ff. Christologie wurde hier verstehbar als *das* Modell der spekulativen Anthropologie der Einheit von absolutem und endlichem Geist im absoluten religiösen Selbstbewußtsein.

Gottes, und dieses ist als genus maiestaticum in den Begriff der Menschheit aufzunehmen.

Es ist *ein* Geschehen: die Erniedrigung des Sohnes Gottes *ist* die Erhöhung des Menschensohnes. »Des wahren Gottes in seinem Sohn ins Werk gesetzte und offenbarte Ehre, Würde und Majestät besteht darin, Gott im Fleische zu sein und also das menschliche Wesen bei sich ... zu haben ... Sofern nun aber Gott nach diesem seinem Willen und Dekret und in dieser seiner Tat in dieser Weise *mit uns* ist, sind wir in derselben Weise – in dem menschlichen Wesen dieses Einen aus unserer Mitte nämlich – *mit ihm*.«[236] Indem in dieser Weise die communicatio idiomatum, die communicatio naturarum, die unio hypostatica konkret gefüllt wird durch die als Geschichte von Selbsterniedrigung Gottes und in eins damit Erhöhung des Menschen verstandene communicatio gratiarum, wird das Wesen der christologischen Inklusion theologisch gewahrt. Indem der Sohn Gottes in die Fremde unseres Elends geht und eben darin wahrhaft göttlich ist, kehrt der Menschensohn heim und in ihm unser durch ihn nicht verwandeltes, sondern aufgehobenes und zu seiner wahren Menschlichkeit gebrachtes menschliches Wesen.

Versteht man in solcher Weise die unio hypostatica, die communio naturarum und die communicatio idiomatum als *Geschehen* der gnädigen Zuwendung Gottes zum Menschen, des Zugewendetwerdens des Menschen zu Gott, so führt dies dahin, daß die gesamte Christologie im Sinne der communicatio operationum interpretiert wird. Diese hatte in der alten lutherischen Dogmatik ihren Ort im dritten Genus der Idiomenkommunikation[237]. Akzentuierte das erste Genus die Eigenschaften der beiden Naturen Christi im Blick auf die eine ganze Person des Erlösers, ging es im zweiten Genus um die Mitteilung der Eigenschaften der göttlichen Natur an die menschliche, konzentrierte das dritte Genus den Blick auf die Absicht und das Ziel der Vereinigung von Gottheit und Menschheit, so wird in Barths Christologie das dritte Genus aus seiner randständigen dogmatischen Position ins Zentrum geholt und damit zum Formgesetz des ganzen christologischen Denkens. Die Statik von zwei Naturen mit gegensätzlich bestimmten Eigenschaften, die durch das »und« zu einem in sich unbewegten, erstarrten Zusammensein zweier Elemente des Logos verbunden sind, die Statik von zwei Ständen, die als zwei zeitlich aufeinanderfolgende Zuständlichkeiten erschienen, wird hier gleichsam verflüssigt und in geschichtliche Geschehenskategorien übersetzt. Damit wird wohl *auch* die altkirchliche Inkarnationslehre aktualisiert, aber das Ergebnis im ganzen ist nicht eine revidierte Inkarnationschristologie, son-

---

236 K. Barth, KD IV,2, S. 111f.
237 »A Damasceno vocatur κοινωνία ἀποτελεσμάτων communio operum officii; quia natura Christi in actionibus officii, non divisim, sed conjunctim et unite agit ad prodicendum unum ἀποτέλεσμα, quod ad utramque naturam refertur« (*M.D. Hollaz*, Examinis Theologici Acromatici III, I, III, S. 155, q. 61).

dern eine Christologie der communicatio operationum als Geschichte Jesu Christi, zentriert in Kreuz und Auferstehung.

In einem christologischen Chiasmus werden die zwei Naturen und die zwei Stände Jesu Christi so aufeinander bezogen, daß der status exinanitionis die Gottheit und der status exaltationis die Menschheit auslegt. So wird aus der Zuständlichkeit von »Ständen« die Dynamik von gleichzeitigen Bewegungsrichtungen: *Indem* Gott sich zum Menschen erniedrigt, wird der Mensch zu Gott erhöht. Die Frage, wer Christus ist, ist dann nicht mehr stellbar und beantwortbar unter Absehung von dem, was er tut und was dann in der Lehre von den drei Ämtern zu entfalten ist.

Jesus Christus *ist* die Geschichte der Versöhnung des Menschen mit Gott, nichts abseits davon. Jesus Christus *ist* das Geschehen der Gechichte, in der Gott Mensch wird und der Mensch zu Gott kommt. Er *ist* die Versöhnung der Welt mit Gott, die in seiner Geschichte geschieht: Er leidet die Verlorenheit, stirbt den Tod des von Gott verworfenen Sünders und lebt das Leben des von Gott erwählten und freigesprochenen Menschen. Darin ist seine Geschichte aller Menschen *Rechtfertigung* als der Übergang und die Umkehrung, in der des Sünders Tod zu seiner Vergangenheit und des Gerechtfertigten Leben zu seiner Zukunft wird. Gott richtet sein Recht auf, indem er als der sich im Gericht erniedrigende Gott gnädig ist und den Menschen rechtfertigt. »Die Geschichte, in der wir ohne allen Zweifel, in der wir schlechterdings und unmittelbar – eben als in unserer eigensten Geschichte bei uns selbst sind – ist gerade die Geschichte von des Menschen Rechtfertigung durch Gott in der unabgeschwächten Gegensätzlichkeit jenes Übergangs aus unserem unter Gottes Nein stehendem Gestern in unser unter Gottes Ja stehendes Morgen ... Seine Geschichte ist als solche unsere Geschichte und nun eben (unverhältnismäßig viel direkter und intimer als alles, was wir als unsere eigene Geschichte zu kennen meinen) unsere *eigenste* Geschichte. Er, Jesus Christus, geht uns an.«[238]

Er ist der Mensch, der von Gott zum Leben in der dienenden Teilnahme am Leben und der Herrschaft Gottes erhöht wird, darin ist seine Geschichte aller Menschen *Heiligung*. In ihm sind alle Menschen in die Gemeinschaft mit Gott aufgenommen, »so daß da keiner ist, der in Ihm nicht nur der Zuwendung Gottes teilhaftig, sondern selbst schon in der Zuwendung zu ihm begriffen ist: mit ihm auch er erhoben und erhöht zum wahren Menschsein. ›Jesus lebt, mit ihm auch ich‹ ... Wir sind eingeladen und aufgefordert, die Botschaft von dem Sohn Gottes, der unseresgleichen wurde, und also von der Existenz des königlichen Menschen Jesus *inklusiv* zu verstehen: unsere Existenz als umschlossen von der seinigen.«[239]

Er ist in seiner Einheit als sich erniedrigender Gott und als erhöhter Mensch das Licht des Lebens, darin ist seine Geschichte aller Menschen *Berufung*. Die Geschichte der Versöhnung ist in einem auch die Geschichte

---

238 K. Barth, KD IV,1, S. 611ff.
239 K. Barth, KD IV,2, S. 300.302.

ihrer Selbstmitteilung. Jesus Christus spricht für sich selbst, er ist sein eigener authentischer Zeuge. »So gibt es ... keinen Menschen, der der Geschichte Jesu Christi gegenüber neutral existieren würde, über dessen eigene Geschichte nicht vielmehr in der Geschichte Jesu Christi entschieden wäre: in dem Sinn nämlich, daß, was immer sich in seiner Geschichte ereigne oder nicht ereigne, so oder so ereigne, im Verhältnis dazu und gemessen daran geschehen wird, daß in Jesus Christus auch er gerechtfertigt und geheiligt – und nun eben: auch berufen ist.«[240]

Barth ist sich dessen bewußt, daß eine solche aktualisierende Reformulierung der altkirchlichen Christologie die Anstößigkeit und die logischen Härten, die schon der alten Christologie eigneten, nicht etwa beseitigt, sie vielleicht eher noch potenziert. Denn immerhin hatte jene Konzeption den Vorteil einer »verhältnismäßig übersichtlichen Pragmatik«[241], z.B. in der Zuordnung von einmal in Christus verwirklichtem Heil und dessen sakramentaler Vergegenwärtigung als der Vermittlung eines Heilsgutes durch die »canales gratiae«. Aber »wie kann ein Sein als Akt, ein Akt als Sein, wie kann Gott, wie kann der Mensch, wie können beide in ihrer Einheit in Jesus Christus als *Geschichte* interpretiert werden? Wie kann Erniedrigung zugleich Erhöhung sein? Und wie kann von einer damals geschehenen Geschichte gesagt werden, daß sie als solche noch heute geschieht und als die damals geschehene und heute geschehende wieder geschehen wird?«

Hingegen: Wie anders kann dem Geschehenscharakter des λόγος σάρξ ἐγένετο theologisch angemessen Rechnung getragen werden als durch das Zusammendenken von Person und Werk als Geschichte? Wie anders kann der Widerspruch der Statik aufeinanderfolgender »Stände« zur Einheit des Seins Jesu Christi als des Gottes- und zugleich Menschensohnes überwunden werden? Wie anders kann der heute lebendige und als der kommende im Glauben erwartete Christus verstanden werden in Einheit mit dem gekommenen irdischen Jesus, und also die Zukunft Jesu Christi heute und im Ziel der Zeit als »die Zukunft des Gekommenen«[242]? Ist es doch der Mann mit den Nägelmalen, der als der Auferstandene den Jüngern erschien, an den die Gemeinde als an den heute lebendig Gegenwärtigen glaubt und auf den als den Wiederkommenden sie hofft.

Die Geschichte der Selbsterniedrigung Gottes, der Erhöhung des Menschen, der Selbstvermittlung von Erniedrigung und Erhöhung in ihrer Einheit *ist* das Sakrament des Seins Jesu Christi[243]. Sie ist dies als *seine* Geschichte, nicht als Geschichte im allgemeinen. Eben *als* geschehene Geschichte ist sie nicht eingeschlossen ins Gewesensein, sondern eine uns an-

---

240 *K. Barth*, KD IV,3,2, S. 559.
241 *K. Barth*, KD IV,2, S. 120.
242 Vgl. *W. Kreck*, Die Zukunft des Gekommenen. Grundprobleme der Eschatologie, 2. Aufl. München 1966.
243 Vgl. *K. Barth*, KD IV,2, S. 118.

gehende Geschichte – aufgeschlossen und *einschließend.* »Jesus Christus lebt« heißt: diese Geschichte geschieht heute wie die, ja als die, die gestern geschehen ist.«[244] Sie ist perfectum praesens.

Zusammenfassung   Die Vereinung (unitio) von Gotheit und Menschheit in Jesus Christus, der wahrer Gott und wahrer Mensch ist, wurde in der altkirchlichen Christologie verstanden als »Annahme« (assumptio) des Menschseins in die Einheit seines göttlichen Seins. Die »Einheit« (unio) wurde des näheren bestimmt als »hypostatische Union« der göttlichen und der menschlichen »Natur« – unvermischt und unverwandelt, ungeteilt und unzertrennt (Chalcedon). Die personale Union bedingt, daß dem Menschsein Jesu Christi keine selbständige personale Existenz zukommt (Anhypostasie), daß vielmehr seine Menschlichkeit ihre wahre Existenz in der Existenz des Sohnes Gottes hat (Enhypostasie).

Die in der Lehre von der Idiomenkommunikation treibende Frage nach dem »wie« der Vereinigung von göttlicher und menschlicher »Natur« hat ein sachliches Recht. Barth verarbeitet sie in der Weise, daß er auf dem Grunde der Einheit von Person und Werk das genus tapeinoticum in den Begriff der Gottheit, das genus majestaticum in den Begriff der Menschheit aufnimmt und die hypostatische Union, die Vereinigung der Naturen, und die Mitteilung der Eigenschaften als Geschichte der Selbsterniedrigung Gottes und der Erhöhung des Menschen interpretiert – als communicatio operationum. Damit wird die Geschichte Jesu Christi als die inklusive Geschichte der Rechtfertigung, Heiligung und Berufung aller Menschen verstanden. Jesus Christus ist die Geschichte der Versöhnung des Menschen mit Gott. Diese Geschichte greift auf uns über und umgreift uns. Sie ist das Sakrament des Seins Jesu Christi.

β)   *Inklusion, Kreuz und Auferstehung*
Im Zusammenhang seines Berichts über die Auseinandersetzungen in Antiochia mit Petrus und den Jakobusleuten (Gal 2,11–21) stellt Paulus der Identität des Menschen, für die die Gesetzeswerke eine konstitutive Bedeutung haben, mit einem betont vorangestellten ἐγὼ γάρ (Gal 2,19) die neue Identität des Ich als eine vom Gesetz freie entgegen. Genauer gesagt: Das Leben nach dem Gesetz repräsentiert die Vergangenheit der Existenz, insofern sie ihre Identität durch gesetzeskonforme Praxis herzustellen bemüht war. Hier wird Vergangenheit zur Gegenwart gestellt. Paulus lenkt demnach in seiner Argumentation die Aufmersamkeit ganz auf seine Person. Er tut dies jedoch in der Weise, daß nicht die persönlichen Erfahrungen dieses Ich thematisiert werden, sondern das Kreuzesgeschick Jesu[245].

---

244   K. *Barth,* KD IV,2, S. 119.
245   In Gal 2,19ff. handelt es sich nicht um einen Rekurs auf persönliche Erfahrung (vgl. *A. Oepke,* Der Brief des Paulus an die Galater, bearb. von J. Rohde [ThHK IX], 3. Aufl. Berlin 1973, S. 94; *D. Lührmann,* Der Brief an die Galater [ZBK 7], Zürich 1978, S. 45; *H.D. Betz,*

Dort, im Kreuz Jesu ist dem Ich des Paulus eine fundamentale Umkehrung widerfahren: »Ich bin mit Christus gekreuzigt« (Gal 2,19c). Was existenzbestimmende Gegenwart war, wird *dort* Vergangenheit, wird solchermaßen vom »ich« abgerückt und so als »unser alter Mensch« (Röm 6,6) dem gegenwärtigen Menschen überhaupt erst gegenständlich. »Die Logik der Sätze beruht nicht primär auf seiner individuellen Erfahrung, die höchstens Vorbild sein könnte, sondern auf der Christologie.«[246]

Inwiefern der Kreuzestod Jesu der Tod des »Ich« ist, wird an dem erkennbar und aussagbar, *was* in Jesu Kreuzigung geschah: Es ist das Zugleich des Tötens und des Todes des Gesetzes (Gal 3,13). Das Gesetz bringt Jesus zum Tode und damit wird das Gesetz selber an sein Ende gebracht. In Jesu Tod kommt es an den Tag, was es mit dem Gesetz auf sich hat, daß es nicht das Leben, sondern den Fluch bringt. Jesus ist der, der das Gesetz für alle und für alle Zeit abgilt und ausbezahlt, der die Forderungen des Gesetzes zufriedenstellt[247]. Indem Jesus den Fluchtod gestorben ist, ist das Gesetz ausbezahlt, es hat nie und von keinem Menschen mehr etwas zu fordern. Sein Anspruch, durch Gesetzeserfüllung das Leben zu erwerben, ist beseitigt und so sind wir von dem Fluch befreit, der darin besteht, daß die, deren Leben der Erfüllung des Gesetzes der Selbstverwirklichung durch Praxis gilt, das Leben verlieren. Christus wird zum »Fluch für uns« (Gal 3,13). Damit wird das Gesetz nicht in sein Recht gesetzt, sondern als Fluch offenbar gemacht und zugleich als solcher *aus* seinem Recht gesetzt. Es hat im Kreuz seinen letzten Sieg errungen, es hat sich radikal ausgewirkt und darin selbst seinen Tod für alle in diesem einen Getöteten gefunden.

Im kontingenten Ereignis des Kreuzes kommt Gott in schlechterdings überraschender Weise zur Welt, wo sie am weltlichsten ist[248]. An der Kontingenz dieses geschichtlichen Ereignisses hängt hier alles Verstehen: Das Kreuzesgeschehen zieht ja seinen Sinn gerade nicht aus einer höheren Allgemeinheit, es ist nicht ableitbar, nicht einzuordnen in einen größeren Zusammenhang. Vielmehr wird der universale Zusammenhang zwischen Identität und Praxis, der Fluch des Menschen, der nur er selbst sein kann, indem er etwas aus sich macht, im Kreuz unterbrochen. Der sich im konkreten Ereignis des Kreuzes vollziehende Einbruch Gottes, der den konstitutiven Zusammenhang der Welt zwischen Identität und herstellender Praxis unterbricht, spricht seine eigene Sprache im »Wort vom Kreuz« (1Kor 1,18) gegen die alles in eine allgemeinere Notwendigkeit einordnende Sprache der Welt. Das Kreuz in einen allgemeineren Zusammenhang von Sinn und Notwendigkeit einordnen wollen und so seine »Torheit« beseitigen wollen, läuft darauf hinaus, es »zunichte« zu machen (1Kor 1,17).

Galatians. A Commentary on Paul's Letter to the Churches in Galatia, Philadelphia 1979, S. 122; F. *Mußner*, Der Galaterbrief [HThK IX], Freiburg/Basel/Wien 1974, S. 179).
246   D. *Lührmann*, Brief an die Galater, S. 45.
247   Vgl. F. *Mußner*, Galaterbrief, S. 232.
248   Vgl. H. *Weder*, Das Kreuz Jesu bei Paulus. Ein Versuch, über den Geschichtsbezug des christlichen Glaubens nachzudenken, Göttingen 1981, S. 234ff.

An die Stelle unseres wirklichen Selbstseins durch Selbstverwirklichung, an die Stelle des unser Dasein bestimmenden Zusammenhangs zwischen Identität und Praxis tritt der neue Zusammenhang zwischen der im Kreuz verwirklichten Liebe Christi und uns als den Geliebten. Daß Christus »für alle« gestorben ist, heißt darum: »Die Liebe Christi beherrscht uns« (2Kor 5,14). »Demnach sind sie ja alle gestorben« (2Kor 5,14). Dies ist radikal inklusiv, so »daß niemand sich davon ausnehmen kann«[249]. Das eigene Ich ist konkret in das Kreuzesgeschehen einbezogen, dort wird, was unsere wirkliche Identität ausmacht, erledigt und zur Vergangenheit gemacht, dort wird unser aller Zukunft eröffnet in der Freiheit der Wahl des Lebens für den, der uns zum Gegenstand seiner Liebe erwählt hat. »Und er ist darum für alle gestorben, damit die Lebenden nicht mehr sich selbst, sondern ihm leben, der für sie gestorben und auferweckt ist« (2Kor 5,15).

Fragt man also, was Gal 2,19 meint: »Ich bin mit Christus zusammen gekreuzigt«, so ist damit dem denkenden Nachvollzug die Aufgabe gestellt, die schwerste Mitte zu finden zwischen zwei scheinbar naheliegenden alternativen Möglichkeiten. Denn welches ist nun der Ort des Sterbens unseres »alten Menschen« und unseres Heraufgeführtwerdens als einer »neuen Kreatur« (2Kor 5,17)? Ist es der sakramentale Vollzug unserer Taufe, wie man mit Bezug auf Röm 6,3f. gemeint hat?[250] Wenn aber solcher Sakramentalismus der konstitutiven Bedeutung der kontingenten Geschichtlichkeit des Kreuzesgeschehens nicht gerecht werden kann[251], so ist andererseits ein »heilsgeschichtlicher Historismus«, der das Ereignis unseres Sterbens historisierend auf die Kreuzigung Jesu festlegt, offensichtlich ebenso unzureichend. Denn darin wird verobjektiviert, was als Hingabe »für mich« (Gal 2,20) seinem Wesen nach nicht objektivierbar, nicht historisch feststellbar und nicht auf Entfernung abstellbar ist. »Objektiv« ist ja erst das, demgegenüber ich mich als historische »Fakten« feststellendes Subjekt herausnehmen kann. Hier hingegen ist von einer Wirklichkeit die Rede, der gegenüber ich mich gerade nicht herausnehmen kann, sondern von der ich hineingenommen und einbezogen bin. Was demnach bleibt, ist die Aufgabe, das Unwahrscheinlichste als Hereinleuchten der Wahrheit Gottes theologisch ernst zu nehmen und das »Törichte Gottes« (1Kor 1,25) als das, was weiser ist als die Menschenweisheit, beim Wort zu nehmen. Was mithin über die Alternative von ungeschichtlichem Sakramentalismus und heilsgeschichtlichem Historismus hinausführt, ist der Versuch, die Geschichte Jesu Christi selbst *als* Sakrament zu denken.

---

249 H. *Köster*, ThWNT Bd. VII, S. 882, Anm. 63.
250 Vgl. u.a. *E. Brandenburger*, Σταυρός, Kreuzigung Jesu und Kreuzestheologie, in: WuD 10, S. 40; *F. Mußner*, Galaterbrief, S. 180f.; *H. Schlier*, Der Brief an die Galater (KEK VII), 5. Aufl. Göttingen 1971, S. 99; *F. Hahn*, Das Gesetzesverständnis im Römer- und Galaterbrief, in: ZNW 67, 1976, S. 53f.
251 Wie *E. Käsemann* mit Recht betont (An die Römer [HNT 8a], Tübingen 1973, S. 158).

Die theologische Wahrnehmung des unwahrscheinlichsten Hereinleuchtens der Wahrheit geschieht nicht darin angemessen, daß die Vernunft ins absolute Paradox springt. Denn der Sprung mißt sich am Wahrscheinlichen und hält dieses gegenwärtig als sein principium ex quo. Dies geschieht auch darin nicht angemessen, daß sich das Denken abstellt ins Verstummen, denn das Kreuz soll im Wort vom Kreuz zu Wort kommen und somit auch unsere Gedanken gefangennehmen in den Gehorsam Christi. Es wird dann darum gehen, den kontingenten Einbruch Gottes im Kreuzesgeschehen als Aufbruch zu verstehen: Gott bricht auf in die Welt und handelt vollkommen überraschend in dem, »was kein Auge gesehen hat und kein Ohr gehört hat und ins Herz des Menschen nicht aufstieg« (1Kor 2,9).

Er bricht die Welt auf im Unterbrechen des universalen Konnexes zwischen Selbstsein und Tat. Er bricht die Verschlossenheit der Zukunft auf und schafft Raum zum Leben in Gemeinschaft mit ihm. »Ich bin mit Christus zusammen gekreuzigt« (Gal 2,19), »und nun ist unsere Gegenwart ein Mitgekreuzigtsein mit ihm. Damit ist ausgedrückt, daß das Kreuz Jesu zu meiner eigenen Vergangenheit gehört und nun (als Vergangenes) meine gegenwärtige Identität bestimmt. In der Geschichte des Kreuzes Jesu wird mir meine Identität *präsentiert* ... Das Kreuz Christi bezeichnet demnach einen *Raum*, in welchem ich der sein kann, der ich wirklich bin, einen Raum, der nicht durch Lüge gezimmert werden muß.«[252] Wird in dieser Weise das Kreuzesgeschehen als eine selbsttranszendierende, als auf uns übergreifende und uns umgreifende Geschichte verstanden, so ist dies nur möglich, wenn Kreuz und Auferweckung in dem unlösbaren Zusammenhang gelassen werden, den sie in der paulinischen Theologie haben.

Das Ärgernis und die Torheit des Wortes vom Kreuz (1Kor 1,23), das Gottes Kraft und Herrlichkeit in Zusammenhang bringt mit dem Sklaventod des Menschen Jesus, ist dadurch auf den Weg durch die Zeiten geschickt, daß Gott im Tode Jesu nicht endet. Das Wort vom Kreuz präsentiert demnach nicht das Gewesene, Vergangene, sondern es bezeugt, was von ihm selbst her präsent ist: Im Gekreuzigten läßt sich Gott heute in die Welt ein und schafft Raum für unsere Freiheit zum Leben für ihn. Denn der Gekreuzigte *ist* der Auferweckte und der Auferweckte *ist* der Gekreuzigte. In der Auferweckung wird die Geschichte Jesu, seine Geburt, sein Leben, sein Leiden und Sterben, nicht verlassen. Sie wird nicht übergangen. Sie geht selbst über. Sie wird zum Sakrament-für-uns. Ist diese Geschichte schon in sich das Sakrament des Seins Jesu Christi[253], so wird sie in der Auferweckung Jesu durch Gott als solches offenbar und real ausgeteilt. Der Zusammenhang von Kreuz und Auferweckung wird demnach als der Ort auszulegen sein, an dem der Raum unserer Freiheit vom tötenden Gesetz und der Freiheit zum Leben für Gott eröffnet ist.

---

252 *H. Weder*, Das Kreuz Jesu bei Paulus, S. 179 (Hervorh. v. Vf.).
253 *K. Barth*, KD IV,2, S. 118.

II *Exklusivität und Universalität des Reiches Gottes...* 283

Wird Röm 4,25 die Dahingabe Jesu am Kreuz als ein Geschehen um unserer Sünde willen und die Auferweckung Jesu als ein Geschehen um unserer Rechtfertigung willen benannt, so ist darin der jetzt zu bedenkende Zusammenhang aufs kürzeste umschrieben. Es ist dies zugleich der Zusammenhang zwischen Christologie und Rechtfertigungslehre. Der Tod Jesu Christi ist das Gericht über den einen, der die Sünde nicht kannte und für uns zur Sünde gemacht wurde (2Kor 5,21). Darin erweist sich Gott als der in seinem Gericht über den Sünder Gerechte. Die Auferweckung Jesu Christi ist die Offenbarung des göttlichen Urteils, das in diesem Gericht vollzogen wird. In ihm erweist sich Gott als der in seinem Gericht den Sünder gerechtmachende (Röm 3,26). Es haben demnach sowohl das Kreuz als auch die Auferstehung einen negativen, absprechenden und einen positiven, zusprechenden Sinn. Negativ darin, daß Gott in seinem Gericht und seinem Urteil sich selbst treu bleibt und den Sünder verwirft, positiv darin, daß Gott in seinem Urteil und Gericht dem Menschen treu bleibt und sein Geschöpf nicht dem Chaos, dem Nichtigen überläßt. Man wird also nicht einfach das Verneinende auf die Seite des Kreuzes und das Bejahende auf die Seite der Auferstehung ziehen dürfen. Das Gericht ist als an Christus ὑπὲρ ἡμῶν vollzogenes ein Akt der Gnade, in dem sich Gott treu bleibt als der Liebende. Die Auferstehung ist als Offenbarung des Urteils Gottes auch die Offenbarung dessen, was Gott verneint, was als Fluch des Gesetzes und Herrschaft der Sünde im Leben für Gott keinen Platz mehr hat.

Real um unsere Übertretungen geht es im Kreuz, um unsere Rechtfertigung in der Auferweckung Jesu (Röm 4,25). Diese beiden »Grundereignisse«[254] in ihrem differenzierten Zusammenhang sind die Geschichte der Versöhnung der verkehrten Welt, der Umkehrung der von Gott abgewendeten Menschheit. Die Auferweckung des Gekreuzigten, die darin vollzogene Rechtfertigung des Menschen besiegelt und bringt an den Tag, daß und inwiefern Gott im Tode Jesu Christi Recht hatte – ohne uns, gegen uns und eben darin für uns. Ohne uns, insofern es Gott allein ist, der hier gerecht ist und Recht schafft (Röm 3,26), und alle anderen als die Ungerechten auf dem Plan sind, so daß im Versöhnungswerk kein »mit uns« in Frage kommt. Gegen uns, insofern Gott hier unserem Widerspruch seinen Widerspruch siegreich entgegensetzt, so daß im Versöhnungswerk auch kein neutral-zuschauerhaftes »vor uns« eines Heilsdramas in Frage kommt. Das »*für* uns« bekommt eben darin seinen vollen Klang, daß es exklusiv die in der Passion dieses einen vollzogene Versöhnung ist, nicht nur ohne Mitwirkung, sondern auch ohne Duldung unsererseits des hier auf den Plan geführten Rechtes Gottes. Die Auferstehung offenbart Gottes Recht *gegen* die sündige Menschheit, die im Tode des Gekreuzigten als ihres Stellvertreters an ihr Ende kommt, als Gottes Recht *auf* diese Menschheit als seine Schöpfung, die er in der Rechtfertigung als neue Kreatur zum Leben ruft. In der Realisierung dieses doppelten Rechtes Gottes, in der Ge-

---

[254] K. *Barth*, KD IV,1, S. 341.

schichte mit dem terminus a quo des Endes des alten Menschen und dem terminus ad quem der Auferweckung Jesu ist der Raum eröffnet, in dem die Welt als versöhnte ihr neues Dasein hat, in dem das Wort von der Versöhnung aufgerichtet ist (2Kor 5,19). In ihm sind die Menschen darauf anzusprechen, was für sie und für alle schon wirklich ist, sie sind zu ermahnen und zu bitten (2Kor 5,20), sich einzulassen auf das, was schon sie alle von hinten und von vorn umgebende Wirklichkeit ist: Denn »einer ist für alle gestorben. So sind ja sie alle gestorben« (2Kor 5,14). Die Zeit des Gesetzes, die Zeit der Herrschaft der Sünde, des Zwangs zur Selbstidentifizierung durch Praxis, ist vorbei. Das *ist* Vergangenheit aller. Und einer ist um unserer Rechtfertigung willen auferweckt (Röm 4,25), so kommt die Gerechtigkeit des Lebens auf alle Menschen zu (Röm 5,18). Die Zeit des Lebens der Gerechtfertigten, des neuen Lebens der neuen Kreatur, des Lebens mit Christus (Röm 6,8) ist als Zukunft eröffnet. Das *ist* Zukunft aller. Der terminus a quo dieser Vergangenheit und der terminus ad quem dieser Zukunft eröffnet das Zwischen als die Situation aller Menschen, die von der Gemeinde Jesu als solche anerkannt, erkannt und bekannt wird. Sie weiß im Glauben um die Situation als Situation »in Christus«, sie hat in Christi Tod ihren eigenen und das Ende der alten Menschheit bewußt hinter sich, sie hat im Auferstehungsleben Jesu ihr Leben und das Leben der zukünftigen Welt Gottes auch im Modus des Bewußtseins vor sich. Sie lebt in der Situation des Zwischen, die eine universale Situation ist, deren Bewußtsein aber das Merkmal der Partikularität des sozialen Subjekts »Gemeinde« ist, ihrer Existenz im Glauben, in der Liebe, in der Hoffnung. Sie weiß um die Situation im differenzierten Zusammenhang von Kreuz und Auferweckung Jesu als Situation des »Zwischen«, als Situation des irreversiblen Einbezogenseins in diese Geschichte mit ihrem eindeutigen Woher und Wohin, als Situation des Umgriffenseins von dieser ein für allemal erledigten Vergangenheit und dieser universal eröffneten Zukunft.

Die Verwegenheit, mit der solche komprehensive Christologie überrascht, darf nicht verwechselt werden mit spekulativer Lust. Es ist die Verwegenheit der Sprache des Glaubens, des Wortes vom Kreuz und des Wortes von der Versöhnung im immer noch ärmlichen Versuch, der überraschenden Wirklichkeit der Kontingenz des Einbruchs und Aufbruchs Gottes in Kreuz und Auferstehung Jesu Christi nachzukommen. Gefahr der spekulativen Übertreibung ist da nicht, wo Kontingenz die Analogien sprengt, wo das geschichtlich Einmalige und Unableitbare Gegenstand des sprachlich gebundenen Zeugnisses ist. Möglicher Gegenstand des Erkennens ist immer nur ein Partikulares, ein bestimmtes Dieses, nicht das Umgreifende. So ist es umgekehrt sachgemäß, daß das Erkennen ἐκ μέρους ist (1Kor 13,12) und hinter dem Glauben und der ihm sich mitteilenden Wirklichkeit zurückbleibt. Mögliche Wirkung der Sprache ist die Vorstellung, das Komprehensive aber wird in der Vorstellung zum Verschwinden gebracht. So ist es umgekehrt sachgemäß, daß die Sprache zum Rätselwort (αἴνιγμα 1Kor 13,12) wird, das nicht vorstellt, sondern den Angeredeten einstellt auf und in die schon umgebende Wirklichkeit in dankbarem Staunen, das die angemessene Antwort ist auf die Kontingenz göttlichen Handelns.

Im Blick auf das durch Kreuz und Auferstehung konstituierte »Zwischen« ist es zum einen unabdingbar, den Zusammenhang von Kreuz und Auferstehung als differenzierten Zusammenhang zweier Ereignisse zu verstehen und sie nicht einander zuzuordnen wie ein Interpretandum und ein Interpretament. Damit würde nämlich das »Zwischen« zum Verschwinden gebracht[255]. Die Differenz zweier kontingenter Ereignisse schnellt auf solche Weise gleichsam zusammen auf die Punktualität *eines* Ereignisses (Interpretandum) und die Artikulation seiner Bedeutsamkeit (Interpretament).

Zum anderen ist es von zentraler Bedeutung, diesen differenzierten Zusammenhang in der Perspektive der zeitlichen Differenz zu sehen: Es handelt sich um ein zeitliches Nacheinander. Wird dies nicht beachtet, so ist es unmöglich, die Inklusion als eine komprehensive *Geschichte* zu verstehen. Die Auferweckung Jesu Christi als eine zweite, neue kontingente Tat Gottes war die göttliche Bestätigung des Gehorsams des Sohnes bis zum Tode am Kreuz, sie war die Antwort der gerechtmachenden Gnade des Vaters auf den Gehorsam des Sohnes.

Durch die zeitliche Differenzierung dieses Geschehens wird es erst möglich, die Zeit der Gemeinde und der Welt, unsere eigene Zeit als die Zeit des »Zwischen« zwischen den Zeiten Jesu Christi zu verstehen[256]. Es ist die Zeit, in der wir das Leben, Leiden und Sterben Jesu Christi als unsere eigene Vergangenheit *hinter* uns haben, in der wir selber als die Sünder, als die vom Gesetz Verfluchten, als die von Gott Abgewendeten uns hinter uns haben und vergangen sind. Und es ist die Zeit, in der wir das Leben des Auferstandenen als unser eigenes zukünftiges Leben *vor* uns haben (Röm 6,4f.), in der die Erkenntnis Jesu Christi noch partikular ist und nicht allgemein und dort, wo sie ist, bruchstückhaft und nicht vollkommen. Es ist die Zeit, in der die in Christus antizipatorisch erschienene universale Veränderung der menschlichen Situation noch Zukunft ist, Tränen noch nicht abgewischt, der Tod noch nicht hinter uns, der Schmerz und Jammer der gequälten Kreatur noch volle Gegenwart und das Seufzen und Stöhnen der außermenschlichen Kreatur noch begründet genug.

Ist demnach die zeitliche Differenzierung als Nacheinander im Zusammenhang zwischen Kreuz und Auferstehung grundlegend für die Extensität der komprehensiven Geschichte, für das reale Auseinandergespanntsein von Vergangenheit und Zukunft, mit den Ausdrücken der chalcedonensischen Christologie: unvermischt und unverwandelt, so ist andererseits der Zusammenhang des zeitlichen Miteinanders von Kreuz und Auf-

---

255 Vgl. B. *Klappert*, Die Auferweckung des Gekreuzigten, S. 43ff.382.
256 Vgl. K. *Barth*, KD IV,1, S. 356.

erstehung ebenso grundlegend für das Verständnis der Intensität dieser komprehensiven Geschichte: unzertrennt und unzerteilt. Der Auferstandene *ist* ja der Gekreuzigte, der Mann mit den Nägelmalen. Das Leben, die Passion, der Tod Jesu sind vergangen, und darin gründet der paulinische Indikativ, da wir als die Sünder vergangen sind, das Imperfekt des »Gott war in Christo und versöhnte die Welt mit ihm selber« (2Kor 5,19). Aber das Geschehensein, die Vergangenheit von Leben, Leiden und Tod Jesu heben diese Geschichte des irdischen Jesus nicht auf. Sie ist wohl vergangen, aber nicht verschwunden. Denn er selbst, der Auferstandene, ist kein anderer als der, der in Palästina lebte, litt und in Jerusalem starb. Die Auferweckung ersetzt nicht die Geschichte des Lebens, Leidens und Sterbens des Christus im Fleisch, sie setzt diese vielmehr in ihrer unersetzbaren und unwiederholbaren Relevanz in Kraft. Die Auferweckung ist dasjenige Geschehen, das die Geschichte des Christus im Fleisch, die Versöhnungsgeschichte als ein für allemal geschehen offenbar macht und das die zeitlichen Grenzen des damals und dort Geschehenen sprengt. Die geschichtliche Kontingenz und Exklusivität der damals und dort geschehenen Erniedrigung des Gottessohnes und Erhöhung des Menschensohnes wird dadurch nicht aufgehoben oder vermindert, sie wird vielmehr *als* solche zu zeitüberschreitender und die Zeiten inkludierender Kraft gebracht. Denn der Auferstandene lebt, sein Leben ist seine Präsenz, und diese trägt sein Geschick als ganzes von der Krippe bis zum Kreuz mit sich.

Ist seine Geschichte, wie oben entfaltet, das Sakrament des Seins Jesu Christi, so wird durch die Auferstehung die Geschichte Jesu Christi zum Sakrament für uns. Der Auferstandene selbst läßt uns gegenwärtig in der durch ihn als den Lebendigen präsentierten Geschichte schmecken und sehen, wie freundlich der Herr ist. »Eben das besagt ja die Auferweckung Jesu Christi, eben darüber ist ja in dieser zweiten Gottestat ... entschieden: daß er als der Gekreuzigte ›lebt und regiert in Ewigkeit‹ (Luther), als der laut seines Begräbnisses Gewesene kein Vergangener, nicht in die Schranken seiner durch seine Geburt und sein Sterben befristeten Zeit eingeschlossen blieb, sondern als der, der er in dieser seiner Zeit war, der Herr aller Zeit, ewig wie Gott selber wurde und ist und also jederzeit gegenwärtig ist. Eben daß er auferstanden ist, um nicht mehr zu sterben, um der Herrschaft des Todes entnommen zu sein (Röm 6,9), schließt in sich: sein *damaliges* Leben, Reden und Handeln, sein Sein auf dem Weg vom Jordan bis nach Golgatha, sein Sein als der dort Leidende und Getötete wurde und ist als solches sein ewiges und also auch sein an jedem Tag unserer Zeit *heutiges* Sein. Eben was am dritten Tag nach seinem Tode geschah, erhob ja das ganze zuvor Geschehene in seiner ganzen Einmaligkeit (nicht trotz, sondern wegen seiner Einmaligkeit!) zum ein für allemal Geschehenen. Es ist in der Kraft des Ereignisses dieses dritten Tages gerade das Ereignis des ersten – als damals und dort geschehenes – kein vergangenes, kein erst durch Erinnerung, Überlieferung, Verkündigung zu vergegenwärtigendes

–, sondern als solches ein gegenwärtiges, ja das alle Gegenwart erfüllende und bestimmende Ereignis.«[257]

Ist es wahr, daß der gekreuzigte und in den Tod gegebene Jesus Christus, in dem der Mensch, der wir sind als solche, die vor Gott nicht bestehen können, gekreuzigt und gestorben ist, auferweckt ist und lebt, dann ist es ebenso wahr, daß wir als die mit ihm Gekreuzigten und Getöteten dem Auferstandenen entgegengehen und in ihm unsere Zukunft haben. Dann ist darüber entschieden, »daß Christus ohne die Seinigen ... gar nicht Christus wäre, daß es also keine exklusive, sondern nur eine *inklusive* Christologie geben darf.«[258]

In der Geschichte von Kreuz und Auferstehung in ihrer unaufhebbaren Differenz *und* Einheit geschieht die Rechtfertigung des Gottlosen, negativ als Abkehr von seinem Unrecht und von ihm selbst als dem Täter des Unrechten, positiv in seiner Umkehrung zu Gott hin, anfangend mit dem Tode des Sünders und der Vernichtung des Nichtigen, zum Ziel kommend in der Aufrichtung des menschlichen Rechts und im Leben des Gerechten.

Der Zusammenhang ist unauflösbar: Der neue Mensch und sein Leben in Gerechtigkeit für Gott gewinnt Möglichkeit und bekommt Raum nur durch das Verschwinden des alten Menschen und seiner Logik der Praxis der Selbstbehauptung, des Hochmuts, der Trägheit und der Lüge. Im Tode Christi, des um unserer Übertretungen willen Dahingegebenen, wird dem alten Menschen der Raum genommen, wird der Raum freigemacht für das Dasein des neuen Menschen, des Trägers der von Gott geschenkten neuen Gerechtigkeit, der von Gott in der Auferstehung neues Leben empfängt, um unserer Rechtfertigung willen, der wir als unserer Zukunft entgegengehen.

Die Teleologie dieser Geschichte in ihrem differenzierten Zusammenhang ist unumkehrbar: Was im Kreuz Christi pro nobis abgetan ist, kann nicht, nie mehr unsere Zukunft werden. Was Jesus Christus in seiner Auferstehung pro nobis empfangen hat, kann nicht, nie mehr unsere Vergangenheit werden. »In ihm ist uns also ein terminus a quo und ein terminus ad quem gesetzt, zwischen denen wir nun unterwegs sind.«[259]

Zusammenfassung   Der Versuch, die Geschichte Jesu Christi als Sakrament zu denken, führt über die unbefriedigende Alternative von ungeschichtlichem Sakramentalismus und heilsgeschichtlichem Historismus hinaus.

Ist die Geschichte des Lebens, Leidens und Sterbens Jesu Christi das Sakrament seines Seins, so wird sie in der Auferweckung Jesu durch Gott als solches offenbar und real an uns ausgeteilt. Der Zusammenhang von Kreuz und Auferstehung ist als der Ort auszulegen, an dem der Raum un-

---

257 K. *Barth*, KD IV,1, S. 345.
258 K. *Barth*, KD IV,1, S. 391.
259 K. *Barth*, KD IV,1, S. 623.

serer Freiheit vom tötenden Gesetz und der Freiheit zum Leben für Gott eröffnet ist.

Ist Christus um unserer Sünden willen dahingegeben ans Kreuz und um unserer Rechtfertigung willen auferweckt (Röm 4,25), dann ist der Zusammenhang von Kreuz und Auferstehung seinem Wesen nach inklusiv. Darin ist die Zeit des Lebens unter der Herrschaft des Gesetzes und der Sünde zur Vergangenheit gemacht, die Zeit des neuen Lebens des Gerechtfertigten für Gott als Zukunft eröffnet.

γ) *Inklusion und munus propheticum*
Verstehen wir, wie oben dargelegt, die Geschichte Jesu Christi als das Sakrament seines Seins, dann ist sie damit 1. als geschichtlich realisierte Kommunion zwischen Gott und Mensch begriffen. Die Wirklichkeit Jesu Christi in ihrer Einheit von Person und Werk *ist* diese Geschichte der Kommunion.

2. Diese Geschichte als das Sakrament des Seins des Sohnes Gottes ist jedoch kein im historischen Tabernakel eines heilsgeschichtlich objektivierenden Historismus eingeschlossenes Sakrament. Die Geschichte Jesu Christi ist das ausgeteilte Sakrament seines Seins. Sie ist als Geschichte sich realisierende Kommunikation zwischen Gott und Mensch. Die Geschichte ist hier selbst in einem das Geschehen *und* das zeigende Zeichen, die Wirklichkeit des die Gemeinschaft des Menschen suchenden Gottes, des zur Gemeinschaft mit Gott aufgerichteten Menschen *und* deren kognitive Selbsterschließung. Sie ist einmal, aber für allemal realisierte Kommunion zwischen Gott und Mensch, *und* sie ist für allemal, aber einmal kommunizierte Kommunion zwischen Gott und Mensch. Kurz: Der Seinsgrund der Versöhnung ist auch ihr Erkenntnisgrund. Die Wirklichkeit ist ebenso ursprünglich ihre Mitteilung. Das Leben ist auch das Licht der Menschen (Joh 1,14).

3. Ist aber die Geschichte der Versöhnung strikt als kontingentes Geschehen zu begreifen, in keine übergeordnete Nezessität einzuordnen, aus keiner übergreifenden Allgemeinheit ableitbar, so gilt dies in gleicher Strenge auch von ihrer Erkenntnis. Die Wahrnehmung der Wahrheit der Kommunion Gottes und des Menschen ist ebenso kontingent wie ihr Vollzug. Kontingent ist demnach die Geschichte Jesu Christi als reale Kommunion *und* als kognitive Kommunikation. Die kognitive Dimension des Versöhnungsgeschehens als einer sich selbst kommunizierenden Geschichte findet ihre Entfaltung in der Lehre vom prophetischen Amt Jesu Christi[260].

Die Rede von einem dreifachen Amt Jesu Christi und damit eine selbständige Thematisierung auch des prophetischen Amtes begegnet vereinzelt in der alten Kirche und im Mittelalter: im 4. Jahrhundert bei Euseb von Caesarea[261] und im 5. Jahrhundert bei Petrus Chrysologus, im Mittel-

---

260 Vgl. zum folgenden: K. Barth, KD IV,3, bes. § 69, Die Herrlichkeit des Mittlers.
261 Ev. dem. IV,15.

alter bei Thomas von Aquin[262]. Bei ihm bezeichnet es Christus als legislator. Aber wenn man bedenkt, wie sehr sich dieses Theologumenon von Joh 6,14; 14,6; 18,37; 1Tim 2,5f.; 1Kor 1,30 u.a. her nahelegte und daß die Zusammenstellung dieser drei Titel sich bereits bei Josephus[263] findet in bezug auf den Makkabäer Johannes Hyrkanus, ist dies doch selten genug und ohne zentrale lehrmäßige Bedeutung.

Tragendes theologisches Gewicht bekam die Lehre vom munus propheticum erst in der Reformationszeit, und zwar in den späteren Auflagen von J. Calvins Institutio[264], im Genfer Katechismus[265] und im Heidelberger Katechismus[266], um dann zu einem festen Bestandteil der lutherischen und auch der katholischen Dogmatik zu werden[267].

Allerdings war erstens nicht recht klar, worauf sich inhaltlich die prophetische Lehre Jesu Christi beziehen sollte: auf die Kommunikation der in ihm selbst sich vollziehenden Kommunion zwischen Gott und Mensch oder auf eine allgemeine göttliche Wahrheit bzw. ein allgemeines göttliches Gesetz. Findet sich die Unklarheit und Mißverstehbarkeit schon seit Calvin in der ganzen alten Dogmatik, so wird die Unklarheit in der Aufklärungstheologie resolut beseitigt und das Mißverständnis zum System erhoben in der Lehre von Christus als dem Lehrer des göttlichen Moralgesetzes.

Der Lehre vom munus propheticum haftete zweitens die Schwäche an, daß sie das prophetische Amt mit dem hohepriesterlichen und dem königlichen historisierend in eine zeitliche Reihenfolge brachte. Jesu prophetisches Lehren fiel demnach in die Zeit seines öffentlichen Auftretens, sein hohepriesterliches Amt wurde auf die Passion bezogen, sein königliches Amt auf die Auferstehung und die Himmelfahrt. Dadurch wurde nicht nur die Einheit des Versöhnungsgeschehens verdeckt, sondern das munus propheticum bekam auch den Charakter einer gewissen Vorläufigkeit.

Es war drittens der Sinn des Superlativs nicht ganz klar. Was bedeutet es, Christus als den »obersten« Propheten und Lehrer zu bezeichnen? Ist darin die Einheit der Kontingenz von Kommunion *im* Versöhnungsgeschehen und Kommunikation *des* Versöhnungsgeschehens in ihrer Exklusivität hinreichend gedacht, oder setzt nicht vielmehr der Superlativ die Möglichkeit auch anderweitiger, sei es auch weniger vollkommener Erkenntnis und Lehre des Gottesgesetzes bzw. der göttlichen Wahrheit voraus?

Ein viertes Problem in der alten Lehre vom munus propheticum ergab sich aus der Unterscheidung einer unmittelbaren Ausübung dieses Amtes durch Christus und einer mittelbaren durch von ihm beauftragte Zeugen.

---

262 Petrus Chrysologus, Sermo 45; Thomas von Aquin, S. th. III, q. 22, a. 1 ad 3.
263 Bell. I 2,8.
264 Institutio christianae religionis II,15.
265 Genfer Katechismus 39,44,265.
266 Frage 31.
267 So im Cat. Rom. 1566, q. 194f.

Dabei wollte die protestantische Dogmatik aus kontroverstheologisch naheliegenden Gründen die mittelbare Prophetie auf die alt- und neutestamentlichen Zeugen beschränkt wissen[268], während die katholische Dogmatik hier das Lehramt der Nachfolger Petri ins Zentrum rückte. Hier bleibt auf beiden Seiten unklar, wie Jesus Christus als die unmittelbar für sich selbst sprechende Wahrheit sich zu dem seiner Selbstbezeugung *dienenden* (dies in Richtung auf das unfehlbare Lehramt) Zeugnis verhält, zu dem *alle* Christen (dies in Richtung auf die altprotestantische Engführung auf die kanonischen Schriften und zugleich auf die katholische Engführung im päpstlichen Lehramt) berufen sind.

Schließlich ist fünftens zu fragen, an *wen* sich die Prophetie Jesu Christi richtet. Spricht hier das Neue Testament deutlich genug in universaler Entgrenzung von Jesus Christus als dem »Licht der Menschen« (Joh 1,3), das »alle Menschen erleuchtet, die in diese Welt kommen« (Joh 1,9), von dem »Licht der Welt« (Joh 8,2; 9,5), von der nicht auf einen bestimmten Personenkreis der Adressaten eingrenzbaren Botschaft an Christi Statt, durch die Gott alle ermahnt: »Laßt euch versöhnen mit Gott!« (2Kor 5,20), so waren die Fesseln, die sich in dieser Beziehung durch die Lehre von der gemina praedestinatio um die Lehre vom munus propheticum legten, unübersehbar. Nun sollte es nur das Gottesvolk der Erwählten sein, an das sich die Prophetie Jesu Christi richtete.

Versucht man aber, das Versöhnungsgeschehen hinsichtlich des materialen und des formalen Aspekts, hinsichtlich der ontischen und der noetischen Vermittlung als Einheit zu verstehen, so wird darin erstens der radikalen *Kontingenz* dieses Geschehens Rechnung getragen und der problematischen Subsumierung unter eine ungeschichtlich verstandene Allgemeinheit gewehrt; wird zweitens der *Einheit* des Versöhnungsgeschehens Rechnung getragen und einer problematischen Aufteilung in einander ablösende historische Phasen gewehrt; wird drittens der *Exklusivität* des Erkenntnisgrundes in Einheit mit der Exklusivität des Seinsgrundes der Versöhnung von Gott und Mensch Rechnung getragen und der problematischen Ausweitung des prophetischen Amtes auf andere Lehrer der göttlichen Wahrheit bzw. des Sittengesetzes gewehrt; wird viertens dem Verhältnis zwischen Christus als dem authentischen Zeugen seiner Wahrheit und allen Christen mit ihrem dienenden Zeugnis als einem *Inklusionsverhältnis* Rechnung getragen und einer problematischen (kanonischen oder lehramtlichen) Verengung des christlichen Zeugnisauftrags gewehrt; wird schließlich fünftens der *Universalität* der Ausrichtung der Prophetie Jesu Christi an alle Menschen Rechnung getragen und einer problematischen Verengung auf einen Kreis von Erwählten gewehrt.

Jeder Satz über das prophetische Amt Jesu Christi lebt von der Wahr-

---

268 Vgl. *J. Gerhard*, Loci theologici, Tübingen 1762, Bd. 1, Loc. V, Kap. 8, De officio Christi, S. 365ff., bes. § 187, S. 371; Loc. I, Kap. 4, De traditionibus, S. 22ff.; Kap. 19, De traditionibus non scriptis, S. 307ff.

heit der Botschaft von der Auferstehung, von dem Einmaligen und Universalen, das in ihr zu Sprache kommt. Jesus Christus in seiner Einheit als wahrer Gott und wahrer Mensch ist ja die realisierte Kommunion nicht nur der unendlichen Andersheit, die Vereinigung, das Zusammensein des Schöpfers aller Dinge und eines endlichen Geschöpfs. Er ist als der Fleischgewordene, zur Sünde Gemachte auch die Einholung, Überholung, Wiederholung und Heimholung des denkbar Widersprüchlichsten, Widersetzlichsten: des im Aufstand, im Abfall, in der Lüge, in dieser einzigen Bewegung *gegen* Gott begriffenen Menschen. Indem dieser von Gott im Fleische heimgesucht wird, wird der Widerspruch überwunden und abgetan, wird der von Gott abgekehrte, für Gott tote Mensch im Kreuz für immer in den Tod gegeben, wird der Mensch umgekehrt und als der neue, Gott zugewandte, zur Gemeinschaft mit Gott aufgerichtete Mensch ins Leben gerufen. Wohl wird also der Widerspruch abgetan, nicht aber die große Andersheit, die in Jesus Christus als dem wahren Gott und dem wahren Menschen zusammenkommt. Wird also von diesem Jesus Christus gesagt, daß er als der auferweckte Gekreuzigte lebt, so ist damit zugleich gesagt, daß die wiederhergestellte Schöpfungsordnung als die natürliche Ordnung des Zusammenseins von Gott und Mensch in der unverminderten Weite ihres großen Andersseins Gegenwart ist *und* daß die Überbietung der Schöpfungsordnung in der neuen Versöhnungsordnung, d.h. in der Beseitigung des Widerspruchs, ebenso Gegenwart ist. Gott ist nun nicht und niemals mehr anders gegenwärtig als in der Vereinung mit dem Menschsein. Gott ist wirklich und als wirklich erkennbar nur noch im Zusammensein mit dem Menschen, d.h. in Jesus Christus. Wahres Menschsein ist nun nicht und niemals mehr anders gegenwärtig als in der Vereinung mit Gott. Der wahre Mensch ist wirklich und wirklich erkennbar nur noch im Zusammensein mit Gott, d.h. ebenfalls: in Jesus Christus.

Das Zusammensein von Gott und Mensch als Gegenwart in Christus und so als wiederhergestellte und überbotene Schöpfungsordnung begreifen heißt, die Welt als Gottes Transzendenz, d.h. eo ipso auch: als nicht durch uns transzendierbare Transzendenz zu begreifen, als Raum der Freiheit im Gegenüber, als Einheit von Zusammensein und Anderssein, von Gerechtigkeit und Freiheit. Der Schöpfer ist nicht anders da und erkennbar als zusammen mit Jesus Christus, der auch Mensch ist. Die geschaffene Welt und alle Menschen in ihr sind nicht anders da und erkennbar als zusammen mit Jesus Christus, der auch Gott ist. Das Besondere Jesu Christi ist mithin das Umfassendste, das Einmalige zugleich das Universale. Ein Mensch kann jetzt nicht und niemals mehr anders dasein als zusammen und immer schon umgriffen vom Zusammensein von Schöpfer und Geschöpf.

Der Widerspruch gegen dieses Zusammensein ist nicht ausgeschlossen, die unmögliche Wahl, den schon eröffneten Raum der Freiheit und der Gerechtigkeit nicht als den Raum des eigenen Daseins zu wählen, ist möglich, so wahr das Eschaton Futurum und nicht Präsens ist, da *aller* Zungen bekennen werden, daß Jesus Christus der Herr sei (Phil 2,11). Aber in der Versöhnung im Kreuz Jesu Christi ist der Widerspruch gegen den Widerspruch des Menschen irreversibel Wirklichkeit geworden. Wird nun von diesem Jesus Christus gesagt, daß er als der Gekreuzigte lebt, so ist damit zugleich gesagt, daß der Widerspruch gegen den Widerspruch des Menschen gegenwärtig ist. Demnach gibt es keine Sünde, keine Abgründigkeit, keine Verlorenheit unter uns gegenwärtigen Menschen, ist auch keine solche denkbar, in der der im lebendigen Gekreuzigten gegenwärtige Gott den Menschen nicht einholt, überholt und heimholt.

Wird die Versöhnungsgeschichte in dieser Weise kraft der Auferstehung des Gekreuzigten als eine realpräsente universale Wiederherstellung der Schöpfungsordnung, und, die Schöpfung überbietend, als realpräsente universale Gnadenordnung der Rechtfertigung des Gottlosen und der Aufrichtung und neuen Ausrichtung des gerechtfertigten Menschen verstanden, so darf die universale Reichweite dieses Geschehens nicht verwechselt werden mit der Allgemeinheit einer Zuständlichkeit. Das sich als Leben, Bund und Versöhnung realisierende Zusammensein von Gott und Mensch ist eine kontingente Geschichte. Ihr Sinn ist identisch damit, daß sie geschieht, er liegt nicht in einer höheren bzw. tieferen Nezessität, bestehe diese nun im Wesen Gottes, insofern dieses sich erst in der Geschichte von Schöpfung, Bund und Versöhnung zu realisieren hätte, oder im Wesen des Geschöpfs als eines notwendig sein Dasein transzendierenden oder im Wesen des sündigen Geschöpfs als eines der Erlösung notwendig bedürftigen. Jede vor- oder übergeordnete Allgemeinheit würde den Sinn der Versöhnungsgeschichte und ihrer geschichtlichen Realpräsenz zum Verschwinden bringen, weil der Sinn dieser Geschichte mit ihrer Ereignung identisch ist. Diese exklusiv christologisch bestimmbare Universalität und Inklusivität des realpräsenten Lebens in Schöpfung und Gnade ist ausgesagt in dem Satz: Jesus Christus lebt als der auferweckte Gekreuzigte. Dieses Leben ist realisierte Kommunion zwischen Gott und Mensch.

Wenn nun das Neue Testament Jesus Christus als das Licht des Lebens bezeugt, das »alle Menschen erleuchtet, die in diese Welt kommen« (Joh 1,9), so ist damit seine Wahrnehmbarkeit als ebenso universal zur Sprache gebracht und als ebenso inklusiv wie die Wirklichkeit des Lebens selber. Die Kommunikation der Geschichte der Versöhnung ist von ihrer Wirklichkeit als Kommunion zwischen Gott und Mensch nicht zu trennen. Das ausgeteilte Leben ist als solches auch das mitgeteilte Leben. Das Leben und das Wort des Lebens (1Joh 1,1) sind eins. Jesus Christus in seiner als Geschichte begriffenen Einheit als Gottessohn, der sich erniedrigt (munus sacerdotale), und Menschensohn, der erhöht wird (munus regium), ist auch der wahre Zeuge, der *eine* Mittler zwischen Gott und den Menschen (munus propheticum) (1Tim 2,5)[269].

---

269 Das aus vielfältigen Gründen in der Neuzeit so brisant gewordene Vermittlungsproblem, dessen sich keine theologische Richtung mit solch kontinuierlichem Ernst und solch

II Exklusivität und Universalität des Reiches Gottes ...

Es wird nun darauf ankommen, den Satz: »Jesus Christus ist das Licht des Lebens«, die darin ausgesagte Vereinigung von Wirklichkeit und Erkennbarkeit, von Versöhnung und Offenbarung hinsichtlich der Kontingenz und der Geschichtlichkeit, die diesem differenzierten Zusammenhang von Sein und Erkenntnis eignet, möglichst genau ins Auge zu fassen.

Ist das Geschehen der Versöhnung keiner Rationalität von Allgemeinheit und Notwendigkeit zu subsumieren, hat es seinen »Grund«, von Gott her gesehen, in der rein kontingenten Entscheidung seines Gnadenwillens und nicht in einer ontologischen Nezessität seines Wesens und hat es seinen »Grund«, vom Menschen her gesehen, in diesem grundlosen Widerfahrnis der Zuwendung Gottes und der Aufrichtung des Menschen – und nicht in einer ontologisch-metaphysischen Ergänzungsbedürftigkeit des menschlichen Wesens –, so ist die kognitive Erschließung dieses kontingenten Geschehens ebenfalls kontingent.

Daß die Wirklichkeit des in der Versöhnung vollendeten Bundes auch erleuchtende Wahrheit ist, sich selbst kommuniziert und so Erkenntnis hervorruft, daß die Wirklichkeit des neuen Lebens zur einleuchtenden neuen Wahrheit wird, dies *ist* nur als *Ereignis*, ist im Ereignis selbstevident und kann nur als Ereignis verstanden werden. Die Erkennbarkeit des wahren Gottes und des wahren Menschen gründet nicht in einer allgemeinen anthropologischen Vorgabe, in einem generellen kognitiven Apriori, sondern das Licht des Lebens *schafft*, *indem* es scheint, Sichtbarkeit und Sehen.

Die einzige generelle Vorgabe ist, wenn man so sagen darf, daß »es« finster um uns und in uns aussieht, daß darum das Licht, indem es scheint, gar nicht anders wahrgenommen werden kann denn als *herein*leuchtendes, als Einbruch und Aufbruch von Licht, das als solches das Leben, das Jesus Christus ist, und den Menschen sich selbst und die Welt um ihn erleuchtend sehbar macht. »Das Licht scheint in der Finsternis« (Joh 1,5). Die johanneische Selbstverständlichkeit, die jeder Theologie anhaften muß, die die Kontingenz im differenzierten Zusammenhang von Versöhnungsgeschehen und Offenbarungsgeschehen in sich aufgenommen hat, wird dadurch verursacht, daß solche Theologie ohne erkenntnistheoretisch-metaphysische Vorgaben auskommt. Ihre einzige Vorgabe ist, horribile dictu, ein kognitiver Atheismus. Die Selbstverständlichkeit des Glaubens hat demnach seltsamer- und überraschenderweise genau in dem ihren »Grund«, was wir als »normale« Menschen mit allen Menschen teilen: daß Gott für unsere Wahrnehmung nicht vorkommt, daß es gar nicht einleuchtend zu machen ist, wenn die Theologie und die Verkündigung von Gott spricht und Gott mit der Welt und mit uns Menschen, bei denen »es«

differenzierter Sensibilität angenommen hat wie die liberale Theologie seit Schleiermacher, führt nicht zufällig dazu, daß die Lehre vom prophetischen Amt Jesu Christi in der Theologie Karl Barths eine so zentrale theologische Bedeutung bekommt. Es ist dies der atemberaubende Versuch, das Vermittlungsproblem so sensibel wahrzunehmen, wie dies jede mit Recht so zu nennende liberale Theologie getan hat – und ganz anders als sie zu beantworten.

finster aussieht, in Zusammenhang bringt. Einleuchtend *wird* dies, *indem* das Licht des Lebens hineinleuchtet und in actu seine helle Selbstverständlichkeit mit sich bringt.

Es schließt die Situation auf, es öffnet zugleich die Augen zum Sehen und den schon lange umgebenden Raum weitet es aus zum Gesehenwerden. Da taucht Neues auf, Lichter, Offenbarungen und ungeahnte Wahrheiten nicht nur in der Kirche, sondern überall in der Welt, in der Profanität. Im Widerschein des Lichtes erwacht der Dinge Beredsamkeit, wird vieles zur Kenntlichkeit verändert. »Denn bei dir ist die Quelle des Lebens, und in deinem Lichte sehen wir das Licht« (Ps 36,10).

Wenn demnach die Theologie der Kontingenz ein so starkes Gepräge von Selbstverständlichkeit an sich trägt, wird man dies nicht als einen apologetischen Kunstgriff verstehen dürfen, durch den sich die Theologie bzw. die Verkündigung der Kirche einen kognitiven Schein von Evidenz zulegt und in einer Strategie der Selbstimmunisierung und Überrumpelung Fragen als unerlaubt und erledigt diskreditiert, bevor sie überhaupt gestellt sind. Das gibt es freilich auch, und alles in Theologie und Kirche ist strategisch funktionalisierbar. Theologie hat hieran ihre kritische Arbeit, den kognitiven Schein aufzudecken, durch den die unbestreitbare kognitive Distanz und Dissonanz zwischen der Kirche und ihren Kommunikationsmedien und der gesellschaftlichen Umwelt und ihren Kommunikationsmedien zugedeckt und verschleiert wird.

Aber die johanneische Selbstverständlichkeit einer Theologie, die ihre Arbeit nicht daran hat, theologische Inhalte mit einem kognitiven anthropologischen Apriori zu vermitteln, sondern daran, daß sie in doxologischer Deskription den kontingenten Zusammenhang dessen artikuliert, was schon uns umgebende Wirklichkeit ist und zugleich sich selbst erschließende Wahrheit, die von ihr selbst her einleuchtet und ihre Wahrnehmung ermöglicht, wird durch solche Funktionalisierung wohl diskreditiert, aber nicht widerlegt. So verstandene Selbstverständlichkeit setzt kognitive Dissonanz nicht nur voraus, sondern bringt sie als Voraussetzung allererst in ihrer Schärfe zum Bewußtsein. Und dabei geht es um kognitive Dissonanz nicht nur, sondern um kognitiven Widerspruch und Widerstand. Und schließlich um solchen Widerspruch und Widerstand nicht nur als kommunikativen Bruch zwischen Kirche und »profaner« Umwelt, sondern als universale Vorgabe: Wir *sind* »allzumal Sünder« (Röm 3,23) und Gottlose, *und* wir denken als Gottlose. Als kognitive Atheisten sind wir in unserem Denken Gott los. Der Mensch denkt, wie er ist.

Die *Berufung* des Sünders zum erkennenden und bekennenden Zeugen Jesu Christi, also die Konversion auf der kognitiven Ebene, bekommt so den gleichen theologischen Ernst und Stellenwert wie die *Rechtfertigung* des Gottlosen und die *Heiligung* des Sünders. Wie die vivificatio in der Rechtfertigung nichts voraussetzt als den Tod des Sünders, wie die sanctificatio nichts voraussetzt als den unheiligen Menschen, so setzt die vocatio zu Erkenntnis und Bekenntnis nichts voraus als den kognitiven Atheismus des Menschen, der von Gott nichts wissen kann und will.

Theologie *in* der Moderne bzw. Postmoderne, die sich nicht in der Weise der Christentumstheorie als Theologie *der* Moderne/Postmoderne versteht, sondern die Differenz nicht nur wahrt, vielmehr zu kritischer Schärfe bringt, wird der Situation eben darin am adäquatesten gerecht, daß sie um so strenger bei ihrer Sache bleibt. Das bedeutet, daß sie nicht in einen Prozeß kognitiven Verhandelns oder Feilschens[270] mit der säkularen Moderne eintritt, um in einem Verfahren reduktiver Interpretation der Überlieferung eine konzentrierte Restplausibilität zu gewinnen, daß sie aber auch nicht in einer Reaktion von kognitivem Trotz die Plausibilität der gesamten materialen Überlieferung pauschal dekretiert und den kognitiven Sprung in die Vormoderne zum vornehmlichsten Werk des Glaubens erklärt[271]. Gesunde Lehre ist weder Kapitulation in Raten noch kognitivfromme Werkgerechtigkeit. Es wird vielmehr darauf ankommen, die Relevanz der Kontingenz in der Theologie angemessen zur Geltung zu bringen. Daß Gott dem kognitiven Atheisten einleuchtet, ist ein nicht minder großes Wunder als das, was Luther als die Rechtfertigung des Gottlosen theologisch wieder zu Ehren gebracht hat.

Wie das in der Versöhnung in Jesus Christus als Vollendung des Bundes aufgerichtete Reich Gottes ein ganz transeuntes, ein übergreifendes und uns umgreifendes Geschehen ist, Geschichte des Reiches Gottes im Vollzug, so ist auch die Prophetie Jesu Christi als Geschichte zu begreifen. Wie das Reich Gottes in Jesus Christus selbsttranszendierend sich selbst als Wirklichkeit vergegenwärtigt, von ihm selbst her realpräsent ist, so vergegenwärtigt es sich auch als Wahrheit, ist von ihm selbst her entborgen. Die Geschichte der Prophetie Jesu Christi ist eine Kampfesgeschichte, in der die sich selbst entbergende Wahrheit dem Menschen begegnet, ihn angeht und ihm auf den Leib rückt, die Distanz durchbrechend und aufhebend.

Die dadurch hervorgerufene Erkenntnis läßt sich in der Begrifflichkeit von Subjektivität und Objektivität nicht mehr hinreichend verstehen und darum auch objektsprachlich nicht artikulieren. Denn im Subjekt-Objekt-Schema ist Distanz die Bedingung der Möglichkeit von Erkenntnis überhaupt: Das erkennende Subjekt erkennt ein Objekt, indem es als Subjekt von ihm abrückt und durch Distanz Seiendes allererst gegenständlich werden läßt. Zum Reich Christi aber gibt es keine Distanz, ist es doch Gottes weltliche Transzendenz, das kontingente Zukommen Gottes und demnach die Überwindung von Distanz.

Demgegenüber kann sich der Mensch nicht herausnehmen, denn was Gott zusammengefügt hat, das soll der Mensch nicht scheiden. Was das

---

270 Vgl. P. *Berger*, Der Zwang zur Häresie. Religion in der pluralistischen Gesellschaft, Frankfurt/M. 1980, S. 114.
271 Die darin liegende Gesetzlichkeit und Werkgerechtigkeit hat R. Bultmann mit Recht unermüdlich mit theologischer Scharfsichtigkeit und Strenge kritisiert.

alttestamentliche יד׳, das neutestamentliche γινώσκειν meint, ist nicht dieses Materialisieren von Seiendem zum Gegenstand von Erkenntnis, sondern umgekehrt das, was in intimster Nähe voller Betroffenheit vor sich geht. Das ist nicht kognitiv blind. Man weiß in einem Nu, um was es geht, wenn es geschieht. Und doch ist nichts zuhanden, und der Erkennende nimmt sich nichts heraus. Vor allem nicht sich selbst. Nichtgegenständlichkeit bedeutet hier nicht Subjektivität. Was widerfährt, kommt von woanders und bleibt als solches präsent gewußt, als widerfährlich, als einbrechend von anderswo und das Bei-sich-Sein gefährdend und aufbrechend. Internalisierung zum gehabten »Innen«, zur fromm-religiösen »Innerlichkeit« ist dem fremd. Es ist neue Welt *und* intimstes Innen in einem. Dies ist signalisiert im Begriff des Umgreifenden und der Inklusion als Begriff sowohl der Wirklichkeit als auch der Erkenntnis des Reiches Gottes in Jesus Christus.

Und eben im kontingenten Vollzug ereignet sich auch das andere: das Virulentwerden der Nichterkenntnis, der Verweigerung, des Insistierens auf Distanz und Objektivität. Es ist eine Kampfesgeschichte, eine Auseinandersetzung zwischen der insistierenden, hereinleuchtenden Wahrheit der Prophetie Jesu Christi und der ebenfalls insistierenden Wahrscheinlichkeit des Bestehenden. Es ist die Geschichte des Austrags dieses Widerspruchs, eine ambivalente Situation des Übergangs und des Vorübergehens, aber eine Ambivalenz mit Teleologie und dem Stigma der Hoffnung, daß der Tag anbrechen wird, an dem das menschliche Erkennen Gottes seinem Erkanntwerden durch Gott gleichen wird (1Kor 13,12), an dem das ἐκ μέρους ein Ende hat. Es ist eine Geschichte, übergänglich auch darin, daß die Grenzen fließend sind und nicht eindeutig fixierbar. Wohl ist ebendies der Unterschied zwischen der Gemeinde und ihrer Umwelt, daß die Gemeinde Jesu die Versammlung der Menschen ist, deren Augen im Glauben zum Sehen der Herrlichkeit des Reiches Christi aufgetan sind und die in seinem Licht das Licht sehen, deren Leben zur bewußten Antwort der Liebe auf das Wort der Gnade befreit und aufgerichtet ist und die zum Zeugnis und Bekenntnis der Hoffnung auf die Zukunft des Reiches Jesu Christi berufen sind[272]. Es gibt also ein kognitives Gefälle zwischen Gemeinde und Umwelt. Aber es ist ein relatives Gefälle mit fließenden Übergängen und auch mit überraschenden Umkehrungen. Denn wohl ist die Gemeinde ganz und gar an die Herrschaft Christi gebunden und liegt der ganze Sinn ihres Daseins in der Erkenntnis des Reiches Jesu Christi und im Bekenntnis zu ihm. Aber die Herrschaft Christi ist nicht an die Grenzen der Gemeinde und ihrer Erkenntnis gebunden. Auch in der Umwelt der Gemeinde, in der Gesellschaft gibt es Offenbarungen, Lichter, Wahrheiten, überraschende Aufbrüche, von denen man nicht weiß, woher sie kommen, noch wohin sie gehen, und

---

272 Vgl. K. Barth, KD IV,3, S. 218ff.

II Exklusivität und Universalität des Reiches Gottes ...

von denen man nicht sagen kann, sie seien direkte Wirkungen christlichen Zeugendienstes[273].

Geht es in der Theologie des munus propheticum um die Geschichte der kognitiven Selbsterschließung der Versöhnungsgeschichte, um die Explikation dessen, daß die universal-komprehensive Wirklichkeit des Reiches Jesu Christi zugleich dessen universal-komprehensive Wahrheit ist, so wird einerseits zu unterscheiden sein zwischen der Offenbarungsgeschichte selbst, die christliche Erkenntnis bewirkt, und dieser ihrer Wirkung, die sich im Glauben, in der Liebe, in der Hoffnung aktualisiert. Wenn Menschen erkennen, daß sie im Glauben an Jesus Christus gerechtfertigt sind, in der Liebe geheiligt, zur Hoffnung berufen, so ist dieses nicht das Heilsgeschehen selbst, sondern das Zum-Ziel-Kommen des Heilsgeschehens bei uns. Es handelt sich dabei um ein unumkehrbares Gefälle: Das Werk Jesu Christi in seinem hohepriesterlichen und königlichen Amt ist die vorgängige Wirklichkeit, das Werk Jesu Christi in seinem prophetischen Amt ist die vorgängige Wahrheit, auf die sich christliches Erkennen einläßt, in die sie sich fügt als in das *schon* Gefügte und Zugefügte. Das heißt, die Christologie geht nicht in der Soteriologie und der Ekklesiologie auf, sie ist sorgsam von ihnen zu unterscheiden. Die lichte Wahrheit des heute lebenden, auferweckten Gekreuzigten ist nicht einfach identisch mit der Erleuchtung, die sie im Christenmenschen bewirkt. Christus und die Christen sind nicht eins. In der Sprache von Chalcedon: Sie sind unvermischt und unverwandelt hier Jesus Christus – wahrer Mensch und wahrer Gott, der in seiner Einheit als Menschensohn und Gottessohn der wahre Zeuge und Mittler ist –, dort die Seinen als die gerechtfertigten, geheiligten und berufenen Sünder.

Es wird hier aber andererseits ebensowenig zu trennen sein: Die als Offenbarung wirksame Versöhnungsgeschichte, das Werk, Gottes, das als solches auch das Wort Gottes an uns ist, kehrt nicht leer zu ihm zurück (Jes 55,11). Es wäre sonst nicht *Gottes* Wort, nicht verbum vivificax, das für Gott tote Menschen zu für Gott lebenden Menschen macht, das in sich verkrümmte träge Menschen zur freien Antwort der Liebe aufrichtet, das blinden Menschen ohne Lebensperspektive das Gesicht wiedergibt und ihnen die Augen öffnet dafür, wie »es« um sie selbst und alle anderen, mögen sie es erkennen oder nicht, steht: Christi Reich steht um sie. »Ich lebe, und ihr sollt auch leben« (Joh 14,19). Das ist wohl zweierlei, und es gibt Grund genug, das zu bedenken. Aber das gehört auch untrennbar zusammen. Jesus Christus allein ist er selbst, er allein ist wahrer Gott und wahrer Mensch. Aber Jesus Christus selbst ist nicht allein. Er will nichts für sich sein. Er allein ist der wahre Zeuge. Aber der wahre Zeuge ist nicht allein. Seine Wahrheit ist geschichtlich sich realisierende Prophetie, ausgreifende, übergreifende, inkludierende Wahrheit, sprechende, hereinleuchtende und einleuchtende Wahrheit. Jesus Christus und die Seinen sind nicht zu

---

273 Zu Barths Lichterlehre vgl. *ders.*, KD IV,3, S. 107–182.

trennen. Die Seinen sind – anhypostatisch – sein Leib. Und so sind Haupt und Leib ein Christus. Wieder in der Sprache von Chalcedon: unzertrennt und unzerteilt.

Zusammenfassung Die Geschichte Jesu Christi als das Sakrament seines Seins ist die geschichtlich sich realisierende Kommunion zwischen Gott und Mensch *und* zugleich deren geschichtlich sich realisierende Kommunikation. Die Geschichte der Versöhnung ist Geschehen *und* zeigendes Zeichen. Das Leben und das Wort des Lebens sind eins. Jesus Christus in seiner als Geschichte begriffenen Einheit als Gottessohn, der sich erniedrigt (munus sacerdotale), und als Menschensohn, der erhöht wird (munus regium), ist auch der wahre Zeuge, der eine Mittler zwischen Gott und den Menschen (munus propheticum).

Wie die Geschichte der Versöhnung von Gott und Mensch in Jesus Christus selbstüberschreitend und umgreifend ist, so auch die Wahrheit und Mitteilung dieser Geschichte.

c) *Die Gemeinde in der Gesellschaft*
α) *Nichtsakramentale Kirche: Zeugnis – nicht Vermittlung des Heils*
Wird, wie oben dargelegt, die Menschwerdung und Fleischwerdung des Sohnes Gottes als sakramentale Vereinung, wird die Menschwerdung und Fleischwerdung des Sohnes Gottes von der Geschichte in Kreuz und Auferstehung her als Selbsterniedrigung Gottes und Erhöhung des Menschen verstanden, wird diese Geschichte selbst als das Sakrament des Seins Jesu Christi interpretiert und die Prophetie Jesu Christi als die Mitteilung und Austeilung dieser sakramentalen unio, als die sakramentale Kommunikation der sakramentalen Kommunion, so ist in dem allen eine für das Verständnis der Kirche und der herkömmlich sogenannten »Gnadenmittel« theologisch äußerst folgenreiche Restriktion des Sakramentsbegriffs auf die Christologie vollzogen. Mit Absicht haben wir uns, auch in Zusammenhängen, wo dies bei Barth nicht geschieht, der Sprache der Sakramentstheologie bedient und uns dabei zwei Stränge in der Tradition der Sakramentstheologie zunutze gemacht.

Denn einerseits ist »sacramentum« die Übersetzung von »mysterion«, vor allem bezogen auf die Erfüllung und die Offenbarung des Geheimnisses des göttlichen Heilsplanes in Jesus Christus (Kol 1,26; Röm 16,25f.; Eph 3,3; 1Tim 3,16). Im Sakrament wird das Geheimnis enthüllt, das von den Urzeiten her verborgen gewesen ist: Christus, in dem alles geschaffen ist (Kol 1,16), der als das Ebenbild des unsichtbaren Gottes der Erstgeborene der ganzen Schöpfung ist (Kol 1,15), durch den alles ist, was ist, und auf den hin die ganze Schöpfung ausgerichtet ist (Kol 1,16), der das Haupt des Leibes ist, der Kirche (Kol 1,18).

Das andere Element der Sakramentstheologie ist die seit Augustinus bekannte und in der Scholastik vorherrschend gewordene Anschauung vom Sakrament als einem »wirksamen Zeichen« (signum efficax). Darin liegt zugleich der Gedanke des Hinzeigens auf eine Wirklichkeit außerhalb des Zeichens selbst und der Gedanke der wirksamen Vergegenwärtigung und Gestaltwerdung des Angezeigten im Zeichen: Das Zeichen hat und gibt Anteil an der von ihm bezeichneten und vergegenwärtigten Wirklichkeit.

Im Begriff des Sakraments als signum kehrt demnach das Moment der im offenbarten Mysterium liegenden Bekanntmachung wieder: Es ist zeigendes Zeichen, es zeigt Christus, *und* es ist real präsentierendes, Heilswirklichkeit vermittelndes Zeichen. Indem wir nun im Vorangegangenen die Wirklichkeit Jesu Christi als communio von Gott und Mensch und diese als Geschichte des Reiches Gottes, der Versöhnung in der Selbsterniedrigung Gottes und der Erhöhung des Menschen verstanden haben (munus sacerdotale und munus regium) *und* als communicatio, als kognitive Mitteilung der Versöhnungsgeschichte in ihrer Ganzheit (munus propheticum), ist deutlich, daß hier Jesus Christus selbst als das eine und einzige Sakrament ins Zentrum rückt.

Dies ist eine exklusive Bestimmung, insofern es weitere uniones sacramentales außer der, die er selbst ist, nicht gibt und auch keine weiteren Kommunikationen dieser unio sacramentalis außer der, die er selbst als Prophet vollzieht. Dies ist eine inklusive, komprehensive Bestimmung, nicht trotz, sondern aufgrund ihrer exklusiv christologischen Fassung: Er ist das ausgeteilte und sich austeilende Sakrament. Die Wirklichkeit der Versöhnungsgeschichte, der Geschichte des Reiches Jesu Christi, ist eine von Hause aus pro nobis geschehende, auf uns wirklich ausgreifende und übergreifende Geschichte. Und sie ist das mitgeteilte und sich mitteilende Sakrament. Sie ist das Element des wahren Lebens *und* das Deutewort, das Leben *und* das Licht des Lebens, das Erkenntnis möglich macht. Aufgrund dieser inklusiven Reichweite und komprehensiven Kraft des Heilsgeschehens wird die Rede von der sakramentalen Vermittlung des Heils und seiner Erkenntnis durch die »canales gratiae« als »wirklichkeitsmächtige Heilszeichen«[274] und als »sichtbares Glaubenswort«[275] ortlos, ist auch die Rede von der Kirche als »Ursakrament«, das der Welt Christus präsent macht[276] und das der »Ursprungspunkt der Sakramente im eigentlichen Sinn des Wortes ist«[277], von der »repräsentativen Funktion« der Kirche als »Medium und Werkzeug« des Heils, ortlos.

Wird die Fleischwerdung des Wortes als unio sacramentalis verstanden, die ganze Geschichte Jesu Christi als das Sakrament seines Seins, so kommt dieses Sakrament im Kreuzesgeschehen zu seiner höchsten ge-

---

274 M. *Schmaus,* Katholische Dogmatik, Bd. 4, Teil 1, S. 33.
275 Augustinus, Contra Faustum 19,26.
276 K. *Rahner,* Kirche und Sakramente (QD 10), 3. Aufl. Freiburg 1960, S. 36; vgl. *J. Herberg,* Kirchliche Heilsvermittlung. Ein Gespräch zwischen Karl Barth und Karl Rahner, Frankfurt/M. 1978, S. 175ff.
277 K. *Rahner,* Kirche und Sakramente, S. 36.

schichtlichen Dichte und Komprehensivität. »Sein Tod am Kreuz war und ist der vollendete Vollzug der Fleischwerdung des Wortes und also der Erniedrigung des Gottessohnes und der Erhöhung des Menschensohnes.«[278] Das Kreuz ist »das Integral« der Geschichte Jesu Christi[279]. Daß Jesus Christus für uns gestorben ist, dies heißt, daß in, mit und unter dem Tod am Kreuz der Tod aller Menschen Ereignis wurde, daß darum »von einer Fortsetzung oder Wiederholung oder Vergegenwärtigung oder gar erst zu vollziehenden Verwirklichung jenes Ereignisses keine Rede sein kann. Es bedarf keiner Ergänzung, keiner Re-Präsentation ... Es selbst – das Ereignis des Todes des *Menschen*, ist das des Todes *Jesu Christi* auf Golgatha: kein anderes, ein früheres nicht und auch kein späteres, keines, das dieses erst vorbereiten, und keines, das ihm erst nachträglich den Charakter eines wirklichen Ereignisses geben müßte. Es ist das Mysterium, das Sakrament, ... vor oder neben oder nach dem in gleicher Ordnung kein anderes Raum hat.«[280]

Die Auferweckung des Gekreuzigten ist das göttliche Deutewort, durch das der versöhnten Welt die Wirklichkeit ihrer Versöhnung zugesagt, gezeigt und erschlossen wird. Das Osterereignis »ist das Ereignis, in welchem die mit seinem Tod abgeschlossene und vollendete Geschichte und Existenz Jesu Christi als die in ihm als dem Sohn Gottes, der auch Menschensohn wurde und ist, vollzogene Versöhnung der Welt mit Gott, in deren eigenem Raum und in deren eigener Zeit durch ihn selbst sichtbar, erkennbar gemacht wird.«[281]

Wird in solcher Weise die Geschichte Jesu Christi in Kreuz und Auferweckung als *das* Sakrament des Heils der Welt verstanden, zugleich real Anteil gebend an der Heilswirklichkeit des Reiches Jesu Christi *und* als diese Wirklichkeit kundgebend, mitteilend, so ist damit der Grund für ein nichtsakramentales Verständnis von Kirche, von Predigt, Taufe und Abendmahl gelegt. Die Kirche vermittelt nicht das Heil, sie vermittelt auch nicht die Erkenntnis des Heils, sie bezeugt vielmehr die von ihr selbst her sowohl präsente als auch einleuchtende Wirklichkeit des Heils. An die Stelle einer sakramentalen Lehre von der Kirche und ihren Gnadenmitteln tritt die Ethik, eine ethisch konzipierte Ekklesiologie, Predigtlehre, Tauflehre und Abendmahlslehre, ebenso ein ethisch konzipierter Begriff des Glaubens, der Liebe, der Hoffnung. In einer Theologie des komprehensiven Heilsgrundes ist die Konstellation derart verändert, daß – wenn man so sagen darf – die Kirche selbst entsakralisiert[282] und säkularisiert wird ihrem Begriffe nach, so daß sie nicht mehr verstanden werden kann als sakramentale Insel mit Streueffekt in einer profanen Umwelt.

278 K. *Barth*, KD IV,2, S. 157.
279 B. *Klappert*, Die Auferweckung des Gekreuzigten, S. 101.154ff.
280 K. *Barth*, KD IV,1, S. 325f.
281 K. *Barth*, KD IV,2, S. 163.
282 Zum Problem der Entsakralisierung vgl. *H. Bartsch* (Hg.), Probleme der Entsakralisierung, München 1970.

II Exklusivität und Universalität des Reiches Gottes ...

Die Differenz von Religionssystem und gesellschaftlicher Umwelt muß dann anders bestimmt werden und entsprechend auch die Funktion der Kirche für die Gesellschaft. Die Differenz zwischen System und Umwelt ist dann nicht bestimmbar als ein Gefälle von Wirklichkeitsdichte der Heilspräsenz bzw. -präsentierung und auch nicht einmal von Möglichkeitsdichte der Wahrnehmbarkeit der Heilswirklichkeit des Reiches Christi.

Damit ist aber die Differenz nicht geleugnet, auch nicht die Bestimmbarkeit der Grenzen zwischen System und Umwelt. D.h. es gibt in der Tat ein Gefälle, das die Identität der Kirche Jesu Christi im Unterschied zur gesellschaftlichen Umwelt bestimmbar macht. Kirche ist anders, und dieses Anderssein ist es, was Kirche zu Kirche macht. Und zwar ist dieses Gefälle ein kognitives, ein Gefälle der Erkenntnis. Aber es ist *nicht* eine Differenz der *Wahrnehmbarkeit*, so daß Erkenntnis des Heils hier in der realen Präsenz des Heils im Reiche Christi und demgemäß seiner Erkennbarkeit gründet, dort die Nichterkenntnis des Heils in der realen Absenz des Reiches Christi und demgemäß seiner Nichterkennbarkeit. Es ist vielmehr die Differenz der realisierten, der *praktizierten Wahrnehmung* des durchaus univeral Wahrnehmbaren. Die Gemeinde Jesu Christi ist der Ort inmitten der Gesellschaft, an dem das Selbstverständliche geschieht: an dem die in Christus gerechtfertigte Menschheit noch in der Partikularität dieser Überzeugungsminderheit dem rechtfertigenden Gott im Glauben antwortet; an dem die in Christus geheiligte Menschheit noch in der Partikularität dieser Solidargruppe dem heiligenden Gott in der Liebe antwortet; an dem die in Christus berufene Menschheit noch in der Partikularität dieser Sendungsgemeinschaft dem berufenden Gott in der Hoffnung antwortet.

Kontingent ist also auch dieses, nicht minder als die Versöhnungsgeschichte selbst, nicht minder als die umgreifende Präsenz ihrer Wirklichkeit und Wahrnehmbarkeit. Nezessität kommt der Nichterkenntnis des universalen Heilssakraments nicht zu, keine aufgrund etwa einer Nichterkennbarkeit plausible und unter Verweis auf die reale Absenz plausibel zu machende Notwendigkeit. Hier ist alles aufs Faktische gestellt, und keine Extrapositionalität ist denkbar, erreichbar oder beziehbar oberhalb der Grenze zwischen Gemeinde und Gesellschaft, von der aus überschaubar, deduzierbar, einleuchtend zu machen wäre, warum auf der einen Seite das Selbstverständliche geschieht: daß das Licht des Lebens aufscheint, Menschen umrichtet, die Augen auftun läßt, so daß sie im Glauben erkennen, was los ist, nein: was *sie* los sind – ihre dunkle Vergangenheit, in der sie aus dem Verfügbaren leben mußten und Zukunft nur hatten im Werk, im Gesetz des Imperativs der Selbstverwirklichung, des Lebens aus sich selbst, daß das Licht des Lebens scheint, Menschen aufrichtet dem Licht des Lebens entgegen, sie erwärmt und sie sich erwärmen läßt, so daß sie in der Liebe erkennen, was der Fall ist, nein: was *ihr* Fall ist – der Wegfall, das Fortfallen des alten Lebens und der Zufall, das Zufallen des neuen Lebens, das sie nicht mehr leben im Stande des Habens, des Bewahrens und Festhaltens, sondern im gewagten Akt des Lebens für Gott und den Mitmenschen; daß das Licht des Lebens scheint, Menschen aufrichtet, sie erleuchtet, so daß sie in der Hoffnung erkennen, was der Ruf ist, nein: was *ihr* Ruf ist, wohin sie gesandt sind und worauf alles hinausläuft – schon ist die Finsternis nicht mehr finster bei Gott, und die Sendung der Christen läßt kein Zwielicht offen im Ausblick mit der Frage, wohin es führe, wenn man sich auf dergleichen wie Glaube, Liebe und Hoffnung einläßt.

Ebenso ist keine Extrapositionalität andererseits denkbar, von der aus einleuchtend zu machen wäre, warum auf der anderen Seite das Selbstverständliche *nicht* geschieht: daß das Licht des Lebens scheint und Menschen sich nicht umrichten, aufrichten und ausrichten nach dem, was da auf sie zukommt.

Eine funktional-strukturelle Theorie der Gesellschaft kann erklären, daß und warum funktional differenzierte Gesellschaften auch ein religiöses System ausdifferenzieren, das in der Lage ist, für die Gesamtgesellschaft grundlegende Reduktionen bereitzustellen, durch die unbegrenzte Komplexität begrenzt, das Chaos gebannt und die Willkür der Kontingenz gezähmt wird. Sie kann, insofern die Kirche solche Reduktionen bereitstellt und durch die Pflege von Kontingenzformeln den Zugang zu anderen Möglichkeiten kontrollieren hilft, erklären, inwiefern das Religionssystem ein funktionales Prädikat des umgreifenden funktionalen Gesamtsubjekts »Gesellschaft« ist. Was für »Funktion« gilt, gilt entsprechend auch für »Leistung« in bezug auf andere Teilsysteme der Gesellschaft: Kompensationen, Überleitungen bei Statusübergängen, identitätsstiftende Sinnformeln über Angst und Erwartungsenttäuschungen hinweg usw. Damit bezieht sich die Theorie auf die Kirche, insofern sie *nicht* sie selber ist, sondern als Funktion und Leistungsträger des Gesellschaftssystems substituierbar ist.

Sie kann aber nicht begründen, warum sich dieses partikulare soziale Subjekt, die *christliche* Gemeinde, inmitten der Gesellschaft konstituiert, mit bestimmbaren Grenzen und einem Gefälle kognitiver, d.h. wahrnehmender Praxis zur Umwelt. Denn dieses Gefälle *ist* theologisch nicht begründbar. Darum ist auch die Partikularität der Existenz von Gemeinde m.E. nicht begründbar durch die »Ausdifferenzierung ins Unwahrscheinliche, Nichtselbstverständliche, Bezweifelbare«, durch die »in diesem Sinne angestrengte Religiosität« und die Außerordentlichkeit der semantischen Verarbeitung ihrer eigenen Unwahrscheinlichkeit[283], so zutreffend und aufschlußreich diese Beobachtung im differenzierungstheoretischen Kontext ist. Nicht in der wahrnehmenden reflexen Praxis als antwortender Praxis auf Praxis Gottes in der Tat und im Wort der Versöhnung liegt Unwahrscheinlichkeit, sondern deren Partikularität ist das Unableitbare, Überraschende, Kontingente, Unwahrscheinliche. Die johanneische

---

283 N. *Luhmann*, Die Allgemeingültigkeit der Religion, in: EK 11, 1978, S. 350.

II Exklusivität und Universalität des Reiches Gottes ...

Selbstverständlichkeit ist theologisch ernst zu nehmen. Die Wirklichkeit des Reiches Christi, auf die die Gemeinde reflex relationiert ist, ist nicht partikular, sondern universal und gesamtgesellschaftlich komprehensiv ihrem Wesen nach, ebenso ihre Wahrnehmbarkeit.

Daß die Religion nicht mehr mit dem Teilsystem Politik zusammen den funktionalen Primat in der Gesellschaft hält, sondern im Zeitalter der bürgerlichen Revolution an Wirtschaft, Wissenschaft und Technik abgegeben hat, erklärt die Krise der Kompatibilität der Religionsfunktion mit Strukturen hochkomplexer Gesellschaften. Daß das Religionssystem sich relationieren läßt auf die Gesamtgesellschaft (Funktion), auf andere Teilsysteme der Gesellschaft (Leistung) und auf sich selbst (Reflexion), erklärt die Ebenendifferenzierung eines gesellschaftlich institutionalisierten Systems 1. mit der Funktion der Reduktion von Weltkomplexität für die Gesamtgesellschaft, 2. mit der Leistung der Kontingenzbewältigung und der Erhaltung gesellschaftlicher Interaktionsmuster über Angst und Erwartungsenttäuschung hinweg für andere Teilsysteme, 3. mit der Selbstthematisierung des Religionssystems in der Theologie. Aber dies erklärt nicht die Existenz eines sozialen Subjekts »Gemeinde« als solche, insofern diese nicht einfach identisch ist mit der untersten Komplexitätsebene des Religionssystems. Ohne Zweifel gilt für die Kirche, was auch für andere gesellschaftliche Teilsysteme gilt: die prägnanter werdende Differenzierung der Komplexitätsebenen als Gesellschaftssystem, Organisationssystem und einfaches System. Aber daß die Gemeinde, sofern sie *christliche* Gemeinde ist, dieses besondere und in dieser Weise qualifizierte soziale Subjekt, in der beschriebenen Weise reflexiv relationiert auf das universale Heilssakrament des Reiches Christi auf Erden, als soziales Subjekt der Wahl des Erwähltseins, als soziales Subjekt des glaubenden, liebenden und hoffenden Antwortens auf das rechtfertigende, heiligende und berufende Wort Gottes usw., dies ist nicht einfach identisch mit der sozialen Realität einfacher Systeme als Systeme direkter Interaktion. Wohl ist die Komplexitätsebene einfacher Systeme elementarer Interaktion diejenige Ebene, von der aus die theologische Lehre von der Kirche in der geschichtlichen Situation der Moderne m.E. auszugehen und auf die sie sich zu konzentrieren hat, wohl ist dies die Ebene, die in der kirchlichen Praxisstrategie, ihrer Innenpolitik, heute verstärkt der Zuwendung und der Konzentration personeller und materieller Ressourcen bedarf. Dies ist die Ebene, auf der sich m.E. entscheidend erweist und in näherer Zukunft erweisen wird, was Kirche noch ist und wieder sein kann – und *nicht* die Ebene des Gesellschaftssystems und der gesamtgesellschaftlichen Funktion, auch nicht die Ebene des Organisationssystems und der Leistung für andere gesellschaftliche Teilsysteme[284]. Aber damit ist das noch nicht thematisiert, was Kir-

---

284 Dies ist ein Urteil, das scheinbar allen neueren kirchen- und religionssoziologischen Erhebungen ins Gesicht schlägt. Denn diese zeigen eindeutig eine Konzentration primär auf der mittleren, der organisatorischen Leistungsebene und sekundär auf der gesamtgesell-

che als christliche Kirche, Gemeinde als christliche Gemeinde ausmacht und sie als solche partikular setzt: als soziales Subjekt, das *in* die Gesellschaft *und* zugleich als christliches *neben* die Gesellschaft und damit auch ihr *entgegen*gesetzt ist; als soziales Subjekt, das mit der Gesellschaft deren kognitive Bedingungen teilt *und* zugleich mit anderer kognitiver Praxis partikular gesetzt ist, das insofern nicht gesamtgesellschaftlich-funktional relationierbar ist; als organisiertes soziales Subjekt, das auch Leistungen für andere gesellschaftliche Teilsysteme erbringt und das zugleich als *dieses* soziale Subjekt in seiner Andersheit partikular bleibt, trotz seiner Leistungen; als Interaktionssystem, das ein einfaches System ist wie andere Interaktionssysteme auch *und* in dem zugleich Interaktionsmuster gepflegt werden, die nur in den Grenzen seiner Partikularität tragfähig sind; als ein soziales System, das ein Wissenssystem entwickelt und unterhält, das keine Gründe für solche Partikularität bereithält.

Wohl kann die Theorie der Gesellschaft das Problem der gesamtgesellschaftlichen Teilbarkeit des religiösen Kommunikationsmediums, des »Glaubens«, als ein Erfolgsproblem im Vergleich mit anderen erfolgreicheren gesellschaftlichen Kommunikationsmedien, z.B. dem Geld, themati-

---

schaftlichen Funktionsebene. Vgl. dazu *H. Hild,* Wie stabil ist die Kirche? Bestand und Erneuerung. Ergebnisse einer Meinungsbefragung, Gelnhausen/Berlin 1974, S. 207ff.136ff.; *K.-W. Dahm,* Verbundenheit mit der Volkskirche: Verschiedenartige Motive – Eindeutige Konsequenzen, in: *J. Matthes* (Hg.), Erneuerung der Kirche. Stabilität als Chance? Konsequenzen aus einer Umfrage, Gelnhausen/Berlin 1975, S. 113–159; *R. Schloz,* Erneuerung der alten Kirche – Reform oder Restauration?, in: Erneuerung der Kirche (ebd.), S. 27–55. Schloz stellt fest: »Was den Bestand dieser Kirche gewährleistet, ist das Bedürfnis nach Begleitung, Vertiefung, Entlastung an den Zäsuren der Lebensgeschichte, die Verschränkung von kirchlichem Handeln, natürlicher Religion und bürgerlichen Lebensgewohnheiten« (S. 29). Die Passageriten sind ein »wesentlicher Pfeiler« (S. 30), der die Kirchenmitgliedschaft trägt. Das Schwergewicht liegt demnach eindeutig auf der organisatorischen Leistungsebene. *K.-W. Dahm,* Religiöse Kommunikation und kirchliche Institution, in: *K.-W. Dahm, N. Luhmann, D. Stoodt,* Religion – System und Sozialisation, spricht demgemäß mit Recht von einer »Gewichtsverlagerung der kirchlichen Aufgaben vom Funktionsbereich des ›Lehrens‹ ... auf den Bereich des ›Helfens‹«, von der herrschenden Tendenz für den ... grundlegenden Funktionsbereich ... der ›helfenden Begleitung in Lebenskrisen‹« (S. 143). (Wir nennen diesen Bereich mit Luhmann den »Leistungsbereich«.) Das zweite Schwergewicht neben diesem Leistungsbereich liegt im Funktionsbereich, »dem Leben des einzelnen in der Gesellschaft und dem gesellschaftlichen Leben insgesamt einen Sinn-Horizont zu vermitteln« (*Schloz,* in: Erneuerung der Kirche, S. 38). Wenn in dieser Arbeit das theoretische und praktische Gewicht auf die unterste Komplexitätsebene einfacher Interaktionssysteme gelegt wird, so wird dies noch einer Begründung im Detail bedürfen, um den problematischen und kritikwürdigen Schein einer bloßen kontrafaktischen Trotzbehauptung nicht aufkommen zu lassen. Es wird auch der Differenzierung bedürfen, um nicht den Schein falscher Alternativen aufkommen zu lassen: Kirche ist natürlich nicht nur eine segmentär differenzierte Vielheit von einfachen Interaktionssystemen. Sie ist auch Organisation als ein System von Stellen mit geregelter Mitgliedschaft und mit Leistungsrelationen. Sie ist auch Gesellschaftssystem mit Funktionsrelationen. Sie ist auch Ökumene und darin Weltgesellschaftssystem mit den entsprechenden funktionalen Implikationen. Es wird vielmehr auf die Relationierungsprobleme selbst und vor allem auf den Stellenwert der Komplexitätsebenen ankommen. Und hier ist m.E. das Problem der interaktionellen Erosion zentral.

sieren. Kirche und Theologie aber können dieses Problem nur *als* unlösbares, d.h. als Anfechtung aufnehmen.

Gegenständigkeit und Widerständigkeit also bleibt von beiden Seiten her und bleibt damit eine unnotwendige Grenze zwischen System und Umwelt. Deren faktisches Bestehen tritt nicht immer, nicht in jeder historisch-gesellschaftlichen Situation in gleicher Deutlichkeit zutage. Sie kann auch durch angestrengte Vermittlungsversuche überbaut werden, indem vom Postulat einer gesamtgesellschaftlichen religiösen Integriertheit ausgegangen wird, vom Postulat der »Christlichkeit unserer Gesellschaft«[285], vom außerkirchlichen »Christentum in unserer Gesellschaft«[286], von der »Welt des Christentums«[287] als »christlicher Welt«[288], um von ihr aus die Kirche gesellschaftlich zu integrieren als das Besondere dieses Allgemeinen. Doch zeigt die Anstrengung, mit der solche Vermittlung ihre Arbeit leistet, daß sie eben ihre Arbeit hat *aufgrund* der faktischen Existenz dieser Grenze. Der Schein ihrer möglichen Beseitigung ist leichter erzeugbar unter gesellschaftlichen Bedingungen der allgemeinen Prosperität, die eine Atmosphäre allgemeiner Freundlichkeit um sich trägt, weil die Problemlösungen, die das gesellschaftliche Leben in Wirtschaft, Technik, Wissenschaft, Erziehung, Familie, Politik, Kultur usw. bereithält und von Fall zu Fall leistet, stärker sind als die Probleme, die das gesellschaftliche Leben ebenso permanent erzeugt. Das wird anders, wenn die Kosten der Problemlösungen nicht mehr allesamt tragbar sind und die Zahl der sozial erzeugten Probleme größer ist als die Zahl der möglichen Lösungen, wenn deshalb die Gesellschaft selektiv verfahren muß bei der Frage, was sie sich noch leisten kann. Dann wird auch der ausgesprochen sympathische, aufgeklärte Optimismus im Postulat der allgemeinen religiösen Integriertheit teurer, und die substanziellen Kosten des dem allen zum Trotz aufrechterhaltenen Postulats des »im Leben der Gesellschaft implizit oder explizit gegenwärtigen religiösen Themas«[289] treten deutlicher zutage. Ebenso das nicht ableitbare, das weder soziologisch noch theologisch begründbare, sondern ärgerlich kontingente Faktum der Grenze zwischen christlicher Kirche und Gesellschaft, die auch die Grenze der Integrierbarkeit der christlichen Kirche in die Gesellschaft ist. Und dies auf allen drei Komplexitätsebenen: Es ist die Grenze der gesamtgesellschaftlichen Funktionalität, die Grenze der subsystemaren Leistungsfähigkeit und die Grenze der elementaren Kommunikabilität.

Alles in allem wird so durch die Partikularität der Kirche Kontingenz in der Gesellschaft nicht diskretiert, abgedeckt und in Tragbarkeit transformiert, sondern im Gegenteil gerade repräsentiert und zu dauernder Wahr-

---

285 T. *Rendtorff*, Christentum außerhalb der Gesellschaft, S. 27.20.19.26.31.32.44.
286 Ebd., S. 13.
287 Ebd., S. 24.
288 Ebd., S. 28.
289 W. *Pannenberg*, Religion in der säkularen Gesellschaft, in: EK 11, 1978, S. 102.

nehmbarkeit gebracht. Gerade als christlich identisches soziales Subjekt in voll aufgedeckter Partikularität
– ist die Kirche nicht als gesamtgesellschaftliches Funktionselement auf die umgreifende gesellschaftliche Komplexität als Wirklichkeit der Wirklichkeit relationierbar, d.h. funktional subsumierbar,
– ist die Kirche nicht als organisiertes Leistungselement auf die Umwelt anderer funktionaler Subsysteme der Gesellschaft relationierbar, d.h. die Leistung der Absorption von Kontingenzerfahrung ist nicht der Sinn von Kirche, dem alles andere subsumierbar wäre,
– ist die Kirche als segmentäre Vielfalt von Interaktionssystemen nicht von gesamtgesellschaftlicher Plausibilität umgeben und getragen, so daß christliche, d.h. inhaltlich als solche bestimmbare Kommunikation zugleich selbstverständlich gesellschaftlich kommunikabel erscheint.

Die Kommunikation des Glaubens, der Liebe und der Hoffnung kann gesellschaftlich nicht »Fraglosigkeit der Geltung in Anspruch nehmen«[290], trotz und entgegen der johanneischen Selbstverständlichkeit, von der sie getragen ist und mit der sie nicht nur systeminterne, sondern auch universale Geltung verbinden muß, solange sie christlich noch bei Verstand ist.

Das christlich bestimmbare soziale Subjekt »Kirche« ist nicht identifizierbar mit gesamtgesellschaftlicher Funktion, mit teilsystemarer Leistung, aber auch nicht mit unbestimmter, zweckfreier, elementarer Interaktion, deren gesellschaftliche Realisation[291] den Sinn hat, »die Lücken des Systems«, die das zweckrationale, die Alltagswelt der Arbeit beherrschende technisch-instrumentale Handeln offenläßt, auszufüllen[292]. Kirche ist auf keiner der drei genannten Ebenen relationierbar *als* Funktion *der* Gesellschaft, *als* Leistung *für* andere gesellschaftliche Subsysteme, *als* Realisation *der* gesellschaftlich unverzichtbaren normenbegründenden zweckfreien Interaktion. Sie wird zwar in dem Maße, wie sie gesellschaftlich erfolgreich ist, wie ihr Potential vom Mitgliedschaftsbestand, von den personellen, geistig-kulturellen, materiellen und infrastrukturellen Ressourcen her groß ist, wie von selbst zum Vehikel, dem sich Funktion, Leistung und Realisation ungefragt und ungebeten oder auch eingeladen und hereingenötigt aufsetzen. Sie ist auch in dieser Hinsicht ein Sozialsystem wie andere auch.

---

290   N. *Luhmann*, Säkularisierung, in: ders.,Funktion der Religion, S. 248; vgl. G. *Bormann*, Kommunikationsprobleme in der Kirche, in: J. *Matthes* (Hg.), Kirche und Gesellschaft. Einführung in die Religionssoziologie II, S. 169ff.
291   Ich nenne dies »Realisation«, 1. um damit die Unmittelbarkeit zum Ausdruck zu bringen, in der soziale Systeme elementarer Interaktion sich realisieren in der Form von Anwesenheit, wechselseitiger Wahrnehmung und Sprache, 2. um für die Komplexitätsebene einfacher Systeme einen Terminus zu haben, der sich von »Leistung« und »Funktion« abheben läßt, 3. um damit ein Konkretionsgefälle von »unten« nach »oben« zum Ausdruck zu bringen.
292   W.-D. *Marsch*, Institution im Übergang. Evangelische Kirche zwischen Tradition und Reform, Göttingen 1970, S. 267.

Aber sie liegt mit dem, was sie als christliches soziales Subjekt identifiziert, zugleich quer zu gesellschaftlicher Funktionalität, Leistung und Realisation und in dem Maße, wie sie diese sich selbst integriert, auch quer zu sich selbst. Dies ist leichter erkennbar, wenn man in der Richtung des Konkretionsgefälles denkt, d.h. nicht von der Ebene der generalisiertesten Formalität (der gesamtgesellschaftlichen Funktion) her, sondern von der Ebene der größten Konkretion aus: der Interaktionsebene. Denkt man Kirche primär als Gemeindekirche[293], dann bricht sozusagen »von unten« auf, was »von oben« her leichter durch Generalisierung und Formalisierung zudeckbar ist: Kontingenz. Gemeinde ist der Ort der Zufälle, und eben darin wird ihr Eigenstes als Andersheit sichtbar. Dort geschieht, wovon man nicht weiß, woher es kommt, noch wohin es geht, dort wird möglich als aus dem Geist Gottes geboren, was gesellschaftlich weder als Funktion noch als Leistung noch als Realisation vorgesehen ist, was damit nur überrascht, *daß* es geschieht. Es wäre darum konsequent, Gemeindekirche nicht nur als Teil, als Element der Gesellschaft zu betrachten, sondern auch als Umwelt der Gesellschaft, als Ort des Einbruchs anderer, im System nicht vorgesehener Möglichkeiten: als Kontingenz. Also nicht nur als Umwelt für andere gesellschaftliche Teilsysteme, die gegenseitig füreinander Umwelten sind – damit wäre von ihr nur gesagt, was von allen gesellschaftlichen Subsystemen gilt –, sondern auch als Umwelt des Gesellschaftssystems. Dies ist freilich ebenso unausweisbar wie anspruchsvoll. Dies ist wahr nur, indem es geschieht. So steht die Kirche *in* und *gegen*, sie ist ein Element der Gesellschaft und zugleich ein Contra-Element.

Es bleibt zu fragen, wie dieses »zugleich«, demgemäß Kirche ein Sozialsystem ist wie andere auch *und* dieses besondere identische Sozialsystem, theologisch zu verstehen ist. Es wird nach den bisher entfalteten Voraussetzungen nicht möglich sein, die Andersheit als das Gegenüber von Heilsgeschehen und Weltgeschichte zu bestimmen, die Kirche als das Reich Gottes zur Rechten und die »Welt« als das Reich Gottes zur Linken. »Die Gemeinde Jesu Christi müßte ihren Herrn ... schlecht kennen, wenn sie verkennen wollte, daß auch das Weltgeschehen da draußen sich in seinem Bereich und unter seinem Regiment abspielt – wenn sie wähnen wollte, es dort mit keinem, oder mit einem anderen Gott oder doch mit einem anderen, von seinem in Jesus Christus erwiesenen Gnadenwillen verschiedenen Willen des einen Gottes und insofern mit einem von Gott in anderer Absicht und in anderem Geist regierten ›Reich zur Linken‹ zu tun zu haben ... Es würde glaubenslos und gedankenlos sein, wenn die Gemeinde die Weltgeschichte ernstlich als eine ›Profangeschichte‹ sehen und verstehen würde ... Es wird vielmehr der Gedanke an Gottes auch über dem Weltgeschehen waltende königliche Herrschaft und väterliche Vorse-

---

293 Wie dies J. Moltmann mit gutem Grund tut, vgl. Kirche in der Kraft des Geistes. Ein Beitrag zur messianischen Ekklesiologie, München 1975. Moltmann spricht von »Gemeinschaftskirche« im Unterschied zu »pastoraler Betreuungskirche« (S. 13).

hung der erste und entscheidende Schritt alles christlichen Denkens über das Weltgeschehen sein müssen.«[294]

Das wird nicht dazu verleiten, die Gegensätzlichkeit, die die Weltgeschichte zeichnet, zu übersehen oder einzuebnen. Es ist auf der einen Seite die Wirklichkeit und Wirksamkeit der guten Schöpfung Gottes – auf der anderen Seite die Wirklichkeit und Wirksamkeit des Absurden, des Nichtigen, der Verneinung. Es ist auf der einen Seite der Glaube an die Herrlichkeit der Schöpfung und der sich in ihr durchhaltenden Güte der Vorsehung Gottes – auf der anderen Seite das Wissen um die Schrecknisse des menschlichen Handelns und die Erfahrung von dieser Zeit Leiden. Aber darf dieser Dualismus von Wirklichkeit der guten Vorsehung des Schöpfers und Wirklichkeit der absurden geschöpflichen Verneinung, von Glauben und Wissen das letzte Wort in dieser Sache sein? »Die christliche Gemeinde würde es dann ... auf sich nehmen müssen, im Blick auf ihre Umgebung in einer nicht aufzuhebenden Spannung oder Dialektik ihres durch das sie begründende Wort Gottes ihr gebotenen und erlaubten Glaubens an Gottes unbedingte Vorherrschaft und des ihr im Licht desselben Wortes ebenfalls unvermeidlichen Wissens um die Verwirrung der Menschen existieren zu müssen«, so daß es ihre besondere Aufgabe der Welt gegenüber wäre, »in solcher Spannung oder Dialektik ihres Glaubens und ihres Wissens – zugleich in den zwei sich da abzeichnenden ›Reichen‹ zu existieren.«[295]

Wäre aber das »zugleich«, nach dessen theologischem Sinn wir hier fragen, in diesem Sinne als »zugleich« von realem Heil und realer Heillosigkeit zu begreifen und wäre damit der Dualismus von Glauben und Wissen auf Dauer gestellt, wie stünde es dann mit der Versöhnung der *Welt* in Jesus Christus? Gibt es ein drittes Wort jenseits des Dualismus der Herrlichkeit der Schöpfung und der Schrecknisse der Geschichte und der dem entsprechenden Dialektik von Glaube und Wissen, so kann es nur die Wirklichkeit der in Christus vollzogenen Versöhnung der Welt mit Gott sein. »Der Welt Versöhnung mit Gott, des Menschen, aller Menschen Rechtfertigung vor Ihm und Heiligung für Ihn und damit die Ausrottung der menschlichen Verwirrung in ihrer Wurzel, damit die Herstellung der Ordnung im Weltgeschehen – das ist das Ereignis, das Werk und Wort Jesu Christi. Dieses Wort hört, auf dieses Werk blickt, diese Person erkennt die christliche Gemeinde ... Und so ist, was sie in Ihm, diesem Einen, wahrnimmt, wirklich nicht nur eine neue Beleuchtung der Weltgeschichte, sondern deren Zurechtbringung zu einer ganz anderen Gestalt ... In ihm ist der Bund zwischen Gott und dem Menschen nicht nur der von Gott gehaltene, vom Menschen aber gebrochene, sondern der von

---

294 K. *Barth*, KD IV,3, S. 786f.
295 K. *Barth*, KD IV,3, S. 803.

II Exklusivität und Universalität des Reiches Gottes...

beiden zugleich gehaltene und so der erfüllte Bund. In ihm klaffen nicht zwei Reiche auseinander: In Ihm ist das eine Reich Gottes Wirklichkeit.«[296]

Die Gnade der Versöhnung ist eine schlechterdings inklusive Wirklichkeit. Damit ist jener Gegensatz und Dualismus nicht zum Verschwinden gebracht, die Spannung zwischen Glauben und Erkennen nicht aufgehoben. Wohl aber sind beide einbezogen und umgriffen, ist der giftigen Endgültigkeit, mit der jener Gegensatz alles zerteilt und zersetzt, der Stachel gezogen.

Das »zugleich«, in dem die Gemeinde der gesellschaftlichen Umwelt angehört und ihr gegenübersteht in bestimmbarer Andersheit, ist demnach nicht lokalisiert in der Differenz von Versöhnungswirklichkeit und unversöhnter Wirklichkeit, sondern in der Differenz der Erkenntnis der Versöhnungswirklichkeit. »Die Versöhnung der Welt mit Gott ... und so die neue Wirklichkeit der Weltgeschichte ist auch der Gemeinde gerade nur in Jesus Christus und sie ist der der Erkenntnis Jesu Christi noch nicht teilhaftigen Welt überhaupt nicht erkennbar.«[297] Die Gemeinde antizipiert im Glauben, in der Liebe, in der Hoffnung, was schon universal wirklich, aber noch nicht universal am Tage ist. Sie existiert in der Entschlossenheit, die ihr und der Welt schon erschlossene Wirklichkeit der Versöhnung wahrzunehmen, der wahrgenommenen Wirklichkeit zu folgen, sich zu fügen, gehorsam zu sein, ihr mit Herz, Mund und Händen zu antworten in der Entschlossenheit der Dankbarkeit.

Die christliche Gemeinde ist die Gemeinschaft der Menschen, die die Erkenntnis der in Christus verborgenen, neuen, veränderten, versöhnten Weltwirklichkeit vollziehen, indem sie sich nach dem in ihm leuchtenden Licht des Lebens umrichten, aufrichten und ausrichten. Sie ist die Menschengemeinschaft, der die Entschlossenheit eigentümlich ist, zuversichtlich, entschieden und hoffnungsvoll *aus* der ihrer Erkenntnis erschlossenen Versöhnungswirklichkeit zu leben, *in* ihr zu leben, *auf* sie *hin* zu leben. Sie ist ein soziales Teilsystem unter anderen gesellschaftlichen Teilsystemen, wie diese empirisch manifest und der soziologischen Analyse zugänglich nach sozialer Funktion, Leistung und Realisation. In der Sprache der dogmatischen Überlieferung: Kirche ist sichtbare Kirche. Diese Gleichheit des Gesellschaftssystems Kirche mit anderen Sozialsystemen übergehen, vernachlässigen oder vermindern hieße ekklesiologischen Doketismus pflegen. Denn es ist der Kirche nicht nur akzidentiell eigentümlich, in voller Säkularität wie andere Sozialsysteme dazusein, so daß soziale Vorfindlichkeit eine Eigenschaft wäre, deren Fehlen dem Wesen der Kirche als einer Geistkirche[298] nichts wegnähme, sondern es ist ihr wesentlich, ein

---

296 K. Barth, KD IV,3, S. 814f.
297 K. Barth, KD IV,3, S. 817.
298 R. Sohm, Kirchenrecht, Bd. 1, Die geschichtlichen Grundlagen, Berlin 1972 (Nachdruck der 2. Aufl. von 1923). Nach Sohm ist die Kirche »keine bestimmte empirische Größe«, meint »keinen sozialen Begriff«, sondern ein »dogmatisches Werturteil« (S. 19). Sie ist ein »geistliches Reich ... ohne rechtliche Organisation« (S. 541).

sichtbares, empirisches Sozialsystem zu sein, in voller Gleichheit mit anderen Sozialsystemen. Kirche ist nicht nur »reine Persongemeinschaft«, »Bruderschaft«, geistliche Lebensgemeinschaft[299], sie ist auch Institution, Organisation, Gesellschaftssystem. Und es ist ihr wesentlich, als solche ein sichtbar-empirisches Element der Gesellschaft zu sein.

Die Kirche ist aber als *dieses* besondere Sozialsystem ihrer sozialen Umwelt auch ganz ungleich, mit ihr unter keinen gemeinsamen Oberbegriff zu subsumieren, weder nach Funktion noch nach Leistung oder Realisation der umfassenden Wirklichkeit der Gesellschaft einzuordnen und auf sie hin ultimativ zu relationieren. Denn für sie ist konstitutiv das Bewußtsein der komprehensiven Wirklichkeit des Reiches der Versöhnung, des Friedens, der Gerechtigkeit. Nicht, daß sie von dieser Wirklichkeit inkludiert ist, macht ihr Anderes aus und konstituiert die nicht negierbare Grenze zwischen Kirche und Gesellschaft. Das Reich Christi inkludiert real Kirche *und* Gesellschaft, insofern sind beide auf diese universal-komprehensive Wirklichkeit bezogen. Die Differenz liegt in der reflexen Bezogenheit auf die der Erkenntnis der Gemeinde erschlossene Wirklichkeit des Reiches Christi und in der aus diesem Bewußtsein erwachsenden Entschlossenheit, aus dieser Wirklichkeit, für sie und auf sie hin zu existieren. Mit anderen Worten: Kirche ist unsichtbare Kirche. Und auch dies ist keine akzidentielle Eigenschaft, deren Fehlen ihr Wesen nicht tangieren würde. Vielmehr ist es der Kirche wesentlich, auch unsichtbare Kirche zu sein. Über dieses Wesensmerkmal hinweggehen, es vernachlässigen oder vermindern hieße, ekklesiologischen Ebionitismus zu pflegen.

Keines dieser beiden Wesensmerkmale nimmt dem anderen etwas weg, die Unsichtbarkeit und ganz analogielose Ungleichheit nicht der Sichtbarkeit und empirisch-sozialen Gleichheit und die Empirie nicht dem geistlichen Wesen. Beides gilt ganz, und beides ist der Kirche wesentlich: unvermischt und unverwandelt. Und ebenso hat keines dieser beiden Wesensmerkmale in sich Bestand als Merkmal der christlichen Kirche ohne das andere: Die sichtbare Kirche wäre nicht die Kirche Jesu Christi, ohne zugleich unsichtbar und ungleich zu sein. Die unsichtbare Kirche wäre nicht die Kirche Jesu Christi, ohne zugleich sichtbar und ihrer gesellschaftlichen Umwelt gleich zu sein. Keines gilt ohne das andere: ungetrennt und unzerteilt.

Das Besondere, die Andersheit, die das unsichtbare Wesen der Kirche ausmacht, ist das Anerkennen, Erkennen und Bekennen dessen, was Gott in Christus für die Welt getan hat und tut. Unsichtbar ist die Kirche insofern, als das Erkennen des in ihr stattfindenden Erkennens gleichbedeutend wäre mit der Erkenntnis des in Jesus Christus verborgenen gegenwärtigen Reiches Gottes selbst. Wo aber solches Erkennen stattfindet, *ist* schon Gemeinde, so daß keine Extrapositionalität denkbar ist, von der aus die Gemeinde in ihrer Besonderheit und Andersheit erkennbar wäre. Dar-

---

299 E. *Brunner*, Das Mißverständnis der Kirche, Stuttgart 1951, S. 19.116.

um ist die Kirche als dieses besondere Sozialsubjekt wesentlich unsichtbar.

Das Wesen der Besonderheit der Kirche liegt in der Erkenntnis des Reiches Gottes, in der in dieser Erkentnnis stattfindenden Gegenbewegung des Menschen zu Gott hin als Antwort auf die in Christus geschehene Selbsterschließung des erfüllten Bundes zwischen Gott und Mensch. Diese Erkenntnis ist partikular, nicht aber das in ihr Erkannte. Darum ist christliche Erkenntnis nicht selbstsuffizient. Sie hat ihren Sinn nicht in ihrem bloßen Vollzug. Sie kann nicht für sich bleiben. Das Bewußtsein der in ihr erschlossenen Wirklichkeit ist zugleich das Bewußtsein der Öffentlichkeit ihres Themas. Darum liegt der Sinn der Besonderheit der christlichen Kirche genau *nicht* in ihrer Separatheit oder gar Selbstseparierung. Der Sinn ihrer Besonderheit ist die Beauftragung zum Bekenntnis, ihre Sendung zum Zeugnis. Wäre die Kirche nicht ein Gesellschaftssystem wie andere auch, so hätte sie keine Stimme auf der Tagesordnung der Welt, und Zeugnis wäre nicht möglich. Wäre sie nicht *dieses* Sozialsystem, so hätte sie keine unverwechselbare Stimme, und ihr Zeugnis wäre nicht nötig. Im einen Falle wiederholte sie nur sich selbst, im anderen nur die Gesellschaft. Im einen Falle stäche ihr Zeugnis nicht ins Leben, im anderen stäche es nicht heraus.

Die Grenze der Existenz der christlichen Kirche gegenüber der Gesellschaft ist also nicht die Grenze der neuen Wirklichkeit der in Jesus Christus versöhnten Welt. Die ist in Jesu Christi Leben, Tod und Auferstehung geschaffen, in ihm gilt die neue Kreatur (Gal 6,15). Die Grenze ist die der Erkenntnis, der Wahrnehmung dieser neuen Wirklichkeit. Der Sinn des Auftrags und der Sendung, damit auch der Sinn der Existenz dieses besonderen sozialen Subjekts liegt darum nicht in der Repräsentation, der Aktualisierung oder Vermittlung der neuen Wirklichkeit, sondern in deren Bezeugung.

Die Grenze der Existenz der christlichen Kirche liegt auch nicht in der Andersheit einer ihrer Sozialstruktur als solcher innewohnenden Qualität, sozusagen einem sozial-strukturellen Habitus, einem ihr durch Tradition, Sukzession oder auch unmittelbar verliehenen »character indelebilis«. Damit wäre gerade von der ihre Besonderheit konstituierenden aktuellen Relation abstrahiert. Jesus Christus als der sich erniedrigende Gott und der erhöhte Mensch ist selbst der heute lebende wahre Zeuge, das Licht des Lebens. *Indem* er lebt, für sich selbst zeugt, Erkenntnis begründet und zum bekennenden Zeugendienst beruft, lebt die Kirche als *dieses* Sozialsubjekt. Ihre soziale Existenz als solche, in ihrer Sichtbarkeit, ist ein Sozialkörper ohne »personalitas«, anhypostatisch. Ihre Existenz als *christliches* Sozialsubjekt hat sie nur enhypostatisch in Christus. »So ist ihr ihre Existenz schlechterdings von ihm gegeben ... Sie lebt nur, indem er lebendig über sie verfügt hat und wieder verfügt.«[300] Im kontingenten Einfall

---

300 K. Barth, KD IV,3, S. 861.

seines Lichtes richtet sich der Mensch um zur Antwort des Glaubens, richtet er sich auf zur Antwort der Liebe, richtet er sich aus zur Antwort der Hoffnung. Und in allem ist die ratio essendi der christlichen Gemeinde die ratio vivendi des auferweckten Gekreuzigten. Seine Stimme hört sie: »Ohne mich könnt ihr nichts tun« (Joh 15,5).

Zusammenfassung Wird die Geschichte Jesu Christi als das Sakrament seines Seins verstanden, so wird damit eine folgenreiche Reduktion des Sakramentsbegriffs auf die Christologie vollzogen. Es ist damit ein nichtsakramentales Verständnis der Kirche, der Predigt, der Taufe, des Abendmahls grundgelegt. Den Ort, den traditionell die Lehre von den Gnadenmitteln besetzt hielt, nimmt nunmehr die Ethik ein.

Die Differenz von Kirche und gesellschaftlicher Umwelt ist dann nicht mehr bestimmbar als ein Gefälle von Wirklichkeitsdichte der Heilspräsenz bzw. -präsentierung und deren Wahrnehmbarkeit, sondern als die Differenz der praktizierten Wahrnehmung des Heils in Jesus Christus.

Die Differenz zwischen Kirche und Gesellschaft ist kontingent. Keine Extrapositionalität ist beziehbar, von der aus der puren Faktizität der Grenze zwischen Kirche und Gesellschaft der Charakter von Nezessität beigelegt werden könnte. Die gesellschaftliche Partikularität der Kirche als des sozialen Subjekts der praktizierten Wahrnehmung ist unableitbar und unnotwendig.

Die Kirche ist
a) hinsichtlich ihrer religiösen Funktion ein Gesellschaftssystem,
b) hinsichtlich ihrer religiösen Leistung ein Organisationssystem,
c) hinsichtlich ihrer religiösen Realisation ein einfaches System elementarer Interaktion.

Auf allen drei Komplexitätsebenen ist die Kirche ein empirisches Sozialsystem mit spezifischer sozialer Funktion, Leistung und Realisation. Darin ist sie anderen Sozialsystemen gleich.

Die Kirche ist als Kirche Jesu Christi mit anderer Praxis der Wahrnehmung nicht nur den anderen Teilsystemen innerhalb der Gesellschaft, sondern auch der Gesellschaft *gegenüber* der Ort des Einbruchs anderer, gesellschaftlich nicht vorgesehener Möglichkeiten. Dieses kontingente Faktum der Grenze gegenüber anderen sozialen Systemen ist zugleich die Grenze ihrer eigenen gesamtgesellschaftlichen Funktionalität, organisatorischen Leistungsfähigkeit und elementaren Kommunikabilität. Darin ist sie anderen Sozialsystemen ungleich.

Kirche als empirisches Sozialsystem (als »sichtbare Kirche«) und als christlich identisches soziales Subjekt (als »unsichtbare Kirche«) darf nicht platonisierend differenziert werden als »Erscheinung« und »Wesen«. Beides ist der Kirche wesentlich: ihrer sozialen Umwelt gleich zu sein *und* ungleich zu sein.

Ihre sichtbare soziale Existenz ist ein Sozialkörper ohne »personalitas«, anhypostatisch.

Ihre unsichtbare soziale Existenz als christliches Sozialsubjekt hat sie nur enhypostatisch in Christus.

β) *Das Recht der freien Subjektivität – das selbstverständliche Wählen*
Wenn in der dargelegten Weise die Differenz zwischen Kirche und gesellschaftlicher Umwelt ganz ins Kognitive verlegt wird, wenn in solcher theologischer Entschlossenheit die sakramentale Kommunion und Kommunikation ganz auf die Christologie restringiert wird als das universale Heilssakrament, das Kirche *und* Welt inkludiert, so daß für eine mediatorische und repräsentative ekklesiologische Funktion in der Tat kein Ort mehr bleibt, so legt sich die Frage nahe: Ist diese Bestimmung der Differenz zwischen Kirche und Umwelt als einer »nur« kognitiven nicht eine unerlaubte Reduktion? Wird hier nicht in unzulässiger Weise die Differenz eingeebnet und relativiert, indem auf der einen Seite die Kirche entsakralisiert und säkularisiert wird, auf der anderen Seite die »profane« Umwelt als Ort der Präsenz des universalen Heils in Christus gleichsam pauschal verchristlicht wird? Und wird nicht der reformatorische Begriff des Glaubens zusammen mit dem Begriff der promissio einer stillschweigenden, folgenreichen Metamorphose unterzogen, wenn »Glaube« als das menschliche Werk des Anerkennens, Erkennens und Bekennens Jesu Christi verstanden wird?[301] Wird hier der Glaube »ontologisiert«?[302]

In der Tat ist der Begriff der »kognitiven Differenz« interpretationsbedürftig, ebenso der damit angezeigte Begriff der kirchenspezifischen Erkenntnis und der umweltspezifischen Nichterkenntnis. Er ist unzureichend oder gar irreführend, wenn darunter ein bloßes theoretisch-rezeptives Vernehmen oder ein aktives Vornehmen von Objekten durch methodisch-instrumentelle Bearbeitung zum Zwecke wissenschaftlicher Er-

---

301 Vgl. *K. Barth*, KD IV,2, S. 846ff.
302 Vgl. *B. Klappert*, Die Auferweckung des Gekreuzigten, 3. Aufl. Neukirchen-Vluyn 1981, S. 262. Nach Klappert hat Barth, bedingt durch die Gesprächslage mit R. Bultmann und in Auseinandersetzung mit dessen Kerygma- und Glaubensbegriff, mit dem »Versuch, die Geschichte Jesu Christi mit der Geschichte des glaubenden Menschen und diese mit jener koinzidieren zu lassen« (*K. Barth*, KD IV,1, S. 858), die theologische Gegenposition bezogen und ist damit einen entscheidenden Schritt zu weit gegangen. Während bei Bultmann das präsentisch-eschatologische Geschehen von promissio und fides mit dem Heilsgeschehen zu koinzidieren drohe, löse Barth die Wortkategorie in die christologische Geschehenskategorie auf. Daraus resultiert nach Klappert die »Polarisierung zwischen einem christologischen Wortereignis einerseits und Verkündigung und Glauben andererseits, wobei Verkündigung und Glaube in das unmittelbare Gegenüber zur worthaften Geschichte Jesu Christi zu stehen kommen und so zu einer Entsprechung... werden« (S. 260). Dadurch werde 1. die Differenz von fides und promissio nivelliert, 2. die Verkündigung zur Nacherzählung umfunktioniert und 3. der Glaube ontologisiert. Demgegenüber will Klappert an einem eschatologisch definierten Kerygma-Begriff festhalten und dementsprechend differenzieren zwischen einem »absoluten« christologisch-eschatologischen Ereigniswort und einem relativen kerygmatisch-eschatologischen Wortereignis, um so eine Indirektheit und Vermitteltheit der Beziehung des Glaubens auf Jesus Christus über das verbum externum promissionis zu wahren.

schließung verstanden wird. Wir haben deshalb im Vorangehenden von »praktizierter Wahrnehmung«, von »Antwort«, von »Umrichtung«, »Aufrichtung« und »Ausrichtung« des Menschen, von »wahrnehmender Praxis« und von antizipatorischer Existenz in der »Entschlossenheit der wahrnehmenden Dankbarkeit« gesprochen. Ist einerseits der Begriff der kognitiven Differenz zur Bestimmung der Grenze zwischen Kirche und Umwelt unvermeidlich, wenn man mit dem Gedanken des universal-inklusiven Heilssakraments Ernst zu machen versucht, so muß er andererseits so weit und locker gefaßt werden und substanziell so gefüllt werden, daß der Anschein einer bloßen Reduktion aufs Theoretische vermieden wird[303].

Nimmt man die komprehensive Struktur der Inklusion ernst, so kann es sich bei dem hier in Frage kommenden Begriff der Erkenntnis nicht um ein Subjekt-Objekt-Verhältnis handeln, in dem die Bedingung der Möglichkeit objektiver Erkenntnis das Sichherausnehmen des erkennenden Subjekts aus der von diesem zur erkennenden Bearbeitung vorgenommenen Objektwirklichkeit ist[304]. Ist es doch vielmehr das Einbezogensein des Menschen in die ihn schon umgebende Wirklichkeit des Reiches Christi, das in der Erkenntnis des Glaubens zu bewußter Wahrnehmung kommt. Das Erkannte ist hier nicht das Weggestellte und so auf handliche und methodisch hantierbare Entfernung Gebrachte, sondern das Nahekommende und zukommend Erkennende, so daß die Erkenntnis des Glaubens die Wahrnehmung des Erkanntwerdens ist, in dem mein Erkennen weit hinter meinem Erkanntwerden zurückbleibt (1Kor 13,12), in dem mein Gesehenwerden größer ist als mein Sehen. Dies macht den Menschen betroffen, weil doch immer sein Bewußtsein ihm das Nächste ist und ihm nun die Erkenntnis dämmert, daß auch dieses Nächste noch die Nähe Gottes nicht einhole. Das Erkennen des Glaubens ist darum ein praktisches Erkennen, in dem der Mensch, der Jesus Christus erkennt, zugleich sich selbst erkennt als den, der im innersten Grund seines Wesens davon lebt und getragen ist, daß Christus für ihn ist. Christuserkenntnis ist zugleich Selbsterkenntnis, und indem der Mensch im Glauben Erkenntnis gewinnt und so zu Christus kommt, kommt er erstmals in Wahrheit zu sich selbst.

Ist demnach die christliche Erkenntnis darin praktisch, daß sie ein beteiligtes, existentiell betroffenes Erkennen des Glaubenden ist, so ist damit doch der Begriff des Glaubens *als* Praxis, als freie und spontane Tat des Menschen noch nicht erreicht, denn nicht schon darin kommt das Versöhnungsgeschehen bei uns Menschen zu seinem Ziel, daß es sich auf uns zubewegt, uns einholt, uns überholt und einbezieht in seine Wirklichkeit, während der Mensch selbst dabei als der terminus ad quem dieses Gesche-

---

303 Vgl. *B. Klappert*, Promissio und Bund, S. 269f.
304 Darum erscheint es mir fraglich, ob Barths Rede von der »subjektiven Realisierung«, der »Subjektivierung einer objektiven *res*«, von »objektivem und ... theoretischem Wissen« (*K. Barth*, KD IV,1, S. 828) dem hier in Frage stehenden Erkenntnisbegriff angemessen ist.

hens das Unbewegte ist, in einer Art von Ataraxie der reinen anschauenden Wahrnehmung verharrt.

Die Versöhnung ist die Tat Gottes, der für den Menschen ist, und sie ruft nach dem Menschen, der seinerseits in der Tat seines Lebens für Gott da ist. Die Versöhnung ist die erfüllte Bundesverheißung: Ich will euer Gott sein. Und sie ist das erfüllte Bundesgebot: Ihr sollt mein Volk sein. So kommt sie dem Menschen zu als erfüllte Verheißung und als erfülltes Gebot, umstellt ihn, aber stellt ihn nicht zu, sondern eröffnet ihm den Raum der Freiheit, stellt ihn auf die Beine und ruft ihn als Subjekt und Selbsttäter seines Lebens auf den Plan. »Der Glaube ist eine menschliche Tätigkeit, an Spontaneität, an ursprünglicher Freiheit sogar mit keiner anderen zu vergleichen.«[305] Der Glaube ist die Tat des Menschen, in der er sich selbst transzendiert, aus sich heraustritt und exzentrisch wird, um gerade so endlich er selbst zu werden. Er ist die Tat, in der der Mensch sich verläßt, indem er die geschlossenen Kreise seines Für-sich-Seins durchbricht, um eben so endlich sich zu finden. Dies ist das »Werk des Glaubens, in welchem der Mensch ganz und gar nicht und nun doch auch ganz und gar bei sich ist, in welchem er sich eben in jener Ausrichtung befindet, ... in ihr über sich selbst hinaussieht, ja hinausgreift, ja hinauswächst, um gerade in ihr selbst sich zum erstenmal ganz treu zu sein.«[306] Es ist die spontane Entscheidung, die Freiheit praktisch wahrzunehmen, deren Raum dem Menschen schon eröffnet ist.

Die Entscheidung des Glaubens ist kein eschatologischer Augenblick, kein präsentisches Heilsereignis. Sie ist nicht der Tod des Sünders und die Herausführung des vor Gott lebenden Gerechten. Die Geschichte Jesu Christi in Kreuz und Auferstehung findet weder auf dem Altar der Heilsanstalt noch auf dem Altar der christlichen Existenz eine Wiederholung. Eine Gleichheit zwischen dem, was in Christus ein für allemal geschah, und der Tat der Entscheidung des Glaubens kann nicht in Frage kommen, ebensowenig aber auch eine Ungleichheit. Denn es kann nicht sein, daß der praktizierte Akt der Wahrnehmung seiner Struktur nach neutral ist gegenüber dem Wahren, das in ihm genommen wird. Dem Glauben als Tat des Menschen wird im einen Falle zuviel, im anderen zuwenig zugeschrieben. Demgegenüber wird man ihn als die praktizierte Entsprechung, als aktualisierte Analogie zu dem verstehen dürfen, was in Kreuz und Auferweckung geschah. Es ist das Christenleben als eine tägliche Reue und Buße, als Abkehr von dem, was von gestern ist und sich doch immer noch so mächtig aufdrängt. Es ist das Christenleben als tägliche Zuversicht und herzliches Vertrauen, als Hinwendung zu dem, was schon für alle wirklich, aber noch nicht für jedermann am Tage ist. Der Mensch »betätigt sich darin als Christ, daß er gerade nur noch im Gleichnis Jesu Christi, seines Todes

---

305   *K. Barth*, KD IV,1, S. 828.
306   *K. Barth*, KD IV,1, S. 831.

und seiner Auferstehung – beides: in herzlicher mortificatio und in herzlicher vivificatio dasein kann und will.«[307]

Wie der Glaube, so ist die Liebe eine selbständige, freie, spontane Tat des Menschen. Sie ist nicht eine »Prolongatur der Liebe Gottes selbst«[308], nicht ein mediatorisch zu verstehendes Hineinströmen der Liebe Gottes in den Menschen und ein Hindurchströmen durch ihn zu den andern Menschen und in die Umwelt. In ihr ist der Mensch begegnendes, handelndes, antwortendes Subjekt. Sie ist Gegenliebe zu Gott und als solche ein freies Tun. Verstünde man den Menschen nur als Instrument und Kanal des göttlichen Tuns, den Glauben gleichsam als das existentielle Sakrament der Umkehr, die Liebe als das existentielle Sakrament der Zuwendung, die Hoffnung als das existentielle Sakrament der Ausrichtung des Lebens, so wäre das eine Form von Theomonismus, durch den die spontane, freie Subjektivität des Menschen genau an der Stelle zum Verschwinden gebracht wird, an der sie theologisch in ihr Recht zu setzen ist. Sakramentalinstrumentales Denken, sei es in bezug auf Taufe und Abendmahl, sei es in bezug auf Kerygma und Predigt, sei es in bezug auf die glaubende, liebende, hoffende Existenz, ist heimlicher Theomonismus. Die christologische Konzentration der Dogmatik, insbesondere die christologische Restriktion des Sakramentsbegriffs führt so genau nicht zu einer Vernachlässigung oder gar Verdrängung der Anthropologie. Daß Gott im gekreuzigten Christus war, er allein in, mit und unter dem Menschsein des Menschen Jesus gegen uns, ohne uns und eben so für uns sein Reich aufrichtete, diese christologisch-sakramentale Exklusivität gibt allererst den Raum frei für respondierendes, praktisches Selbstsein des Menschen, für seine aktive Teilnahme am Werk der Versöhnung.

Auch die christliche Hoffnung ist ein menschliches Werk. In ihm entwirft sich der Mensch nicht bloß auf Zukunft hin, sondern er antizipiert sie auch in gegenwärtiger Praxis, im Vergessen dessen, was zurückliegt, und im Ausstrecken nach dem, was vorn ist, im »Warten« und »Eilen« zur Ankunft des Tages des Herrn (2Petr 3,12). Er kann das Streben nach dem, was vorne ist, nach der Vollkommenheit (Phil 3,12), der Kraft der Auferstehung (Phil 3,10), er kann das Leben der Hoffnung nur praktizieren als einer, der schon ergriffen ist, für den aber das Ergriffensein und das Selber-Ergreifen noch nicht dasselbe ist. »Wie sein Glauben und sein Lieben, so ist auch sein Hoffen ein Werk, das der Christ schlecht und recht zu tun hat, das ihm ernstlich geboten und für dessen echtes Geschehen er verantwortlich gemacht ist.«[309]

Die Freiheit der Entscheidung zur wahrnehmenden Praxis, zur Existenz in der Entschlossenheit des Glaubens, der Liebe, der Hoffnung, ist die Freiheit der Wahl, in der der Mensch wahrhaft zu sich selber kommt, in der er

---

307 K. *Barth*, KD IV,1, S. 860.
308 K. *Barth*, KD IV,2, S. 891.
309 K. *Barth*, KD IV,3, S. 1080.

seine Identität findet. Denn er *ist* schon der Erwählte. Im Akt der Wahl als der Tat des Erwählten findet der Mensch zu sich selbst. Es geht in der schlicht menschlichen Tat der Entscheidung und des Wählens darum, »daß er Gottes schon gefallener Entscheidung, seiner schon vollzogenen Tat nachkomme, sie in seiner menschlichen Entscheidung und Tat bestätige, daß er seinerseits erwähle, was für ihn schon erwählt... ist... Es geht um das leise... Aufwecken der Kinder im Vaterhaus zum Leben in diesem Hause.«[310]

Zusammenfassung Die Grenze zwischen Kirche und Umwelt ist die kognitive Differenz.

Der Begriff der »kognitiven Differenz« darf nicht theoretisch verengt werden, denn bei der hier in Frage kommenden Erkenntnis geht es nicht um ein Subjekt-Objekt-Verhältnis. Das Erkannte ist primär das Erkennende, das Erkennen ist die Wahrnehmung des Erkanntwerdens.

Glaube, Liebe und Hoffnung des Christen sind nicht Heilsgeschehen, sondern als spontane menschliche Entscheidung und Wahl das dem Heilswerk der Erwählung entsprechende menschliche Werk.

γ) *Gemeinde in der Gesellschaft – der soziale Status der Partikularität*
Wir haben im Anschluß an N. Luhmann die gesellschaftliche Entwicklung in differenzierungstheoretischer Perspektive als Prozeß zunehmend prägnanter Ausdifferenzierung der Gesellschaft aus der für sie relevanten Umwelt und zugleich als Prozeß der Ausweitung von Komplexität durch Innendifferenzierung der Gesellschaft verstanden.

1. Dieser Prozeß der Innendifferenzierung ist gekennzeichnet durch fundamentale Veränderungen des Differenzierungsprinzips, wodurch erst die immense Komplexitätsexpansion theoretisch profilierbar wird.

2. Wenn die oben entwickelte These mindestens nicht von der Hand zu weisen ist, daß die gesellschaftliche Entwicklung im letzten Stadium der funktionalen Differenzierung in der Moderne nicht nur gekennzeichnet ist durch einen historisch analogielosen Komplexitätsschub, sondern daß sie im funktionalen Primat auch ein komplementäres, Kohärenz stabilisierendes Korrektiv hervorgebracht hat in der Gestalt des wirtschaftlich-wissenschaftlich-technischen Syndroms mit der Tendenz zu einem die Totalität der Gesellschaft integrierenden und assimilierenden funktionalen Monotypus, so ist damit 3. der analytische Kontext gegeben, in dem der soziale Status der Kirche im jüngsten Stadium der sozialen Entwicklung zu reflektieren ist.

Das Prinzip der funktionalen Differenzierung führt unausweichlich auch zur Ausdifferenzierung der Religion als Teilsystem der Gesellschaft. Der fundamentale Unterschied zwischen der Kirche und anderen Teilsystemen der Gesellschaft liegt in der zunehmend offenen Frage, ob hoch-

---

310 K. Barth, KD IV,1, S. 108.

komplexe und überkomplexe moderne Gesellschaften diese teilsystemspezifische Arbeit als Funktion, Leistung und Realisation wirklich noch brauchen, bzw. umgekehrt: ob diese Arbeit das wirklich bewirkt, was sie zu bewirken vorgibt oder beabsichtigt.

Ist die Gesamtgesellschaft noch normativ und wertrational *integriert* und weiter integrierbar, so daß das Religionssystem überhaupt integrativ fungieren *kann*? Sind die anderen Teilsysteme der Gesellschaft so auf die Leistung der *Kompensation* durch Religion angewiesen, daß dieses organisatorische Teilsystem unverzichtbar zu ihrer Umwelt gehört, so daß aufgrund der Nachfrage aus der Umwelt Religion überhaupt kompensativ Leistung erbringen *kann*? Sind die interaktionellen Räume der Gesellschaft so auf die interaktionellen Freiräume der Kirchengemeinden angewiesen, daß sie ohne deren Realisation dem Monopol zweckrational-instrumentellen Handelns zum Opfer fielen, so daß die *Realisation* religiöser Kommunikation zugleich die Wahrung zweckfreier Interaktion in der Gesellschaft überhaupt ist?

Hier zu einer schnellen Bejahung oder Verneinung zu kommen wäre gleichbedeutend mit einer Unterschätzung der Komplexität des Problems. Und diese kompliziert sich noch dadurch, daß durchaus mit der Möglichkeit zu rechnen ist, daß sich auf den verschiedenen Komplexitätsebenen die Problemlage verschieden darstellt. Dann wäre der Hauptmangel des bisherigen Streits um die Säkularisierung, in dem einerseits die bereits historisch gewordene Säkularisierung der Gesellschaft konstatiert und dann auch entsprechend begrüßt oder beklagt wird, in dem andererseits die epochentheoretische These der Säkularisierung schlicht bestritten wird, der Mangel an theoretisch-analytischer Tiefenschärfe. Denn es könnte sein, daß auf gesamtgesellschaftlicher Ebene mit einem weit fortgeschrittenen Grad der Säkularisierung zu rechnen ist, daß die religiöse Funktion der Integration der Gesellschaft durch Normen und Werte ihre Blütezeit in vorneuzeitlichen Gesellschaften hatte, daß moderne, hochkomplexe Gesellschaften sich einerseits durch Relationierung von System-Umwelt-Relationen, d.h. durch das formale Prinzip der Reflexivität, und andererseits durch die Bildung von neuen Monostrukturen, d.h. durch das Prinzip des funktionalen Primats, funktional hinreichend integrieren.

Und es könnte ebenso sein, daß dadurch die mittlere Komplexitätsebene der religiösen Organisationen nicht unmittelbar berührt ist, daß Verunsicherungen immer noch stark genug sind oder sich sogar verstärken, so daß die Kompensationsleistung der Religionsorganisationen ihr Gewicht behält oder sogar ausbaut. Enttäuschungen, die durch das Nichteintreten von Erwartetem hervorgerufen werden, Überraschungen, die durch das Eintreten von Nichterwartetem hervorgerufen werden, Ängste, die dadurch hervorgerufen werden, daß man nicht weiß, was man erwarten soll, werden durch eine primär zweckrational orientierte Gesellschaft ja nicht aus der Welt geschafft – im Gegenteil: eher hineingebracht. Und wer will heute rebus sic stantibus behaupten können, daß mit dieser Möglichkeit eines verstärkten Bedarfs an Kompensation nicht zu rechnen sei?

Und wiederum könnte sich die Problemlage auf der Ebene einfacher interaktioneller Systeme anders darstellen als auf der organisatorischen und der gesellschaftlichen Ebene, z.B. ganz vordergründig dadurch, daß vorhandene infrastrukturelle, personelle, prestigemäßige Ressourcen einen nicht leicht zu überschätzenden Kontinuitätsfaktor darstellen als Raum möglicher Interaktion. Hierauf weist W.-D. Marsch mit Recht hin, um dies zugleich zu einem appellativen, besorgten und mahnenden Argument zu machen[311]. Aber auch wenn man die Argumentationsrichtung und die in ihr implizierte theologische Wertung nicht teilt, behält die Feststellung, auf die sie sich bezieht, ihr eigenes Gewicht für die Beurteilung der Bedeutung und Konstanz religiöser Interaktionssysteme.

Das Problem der Säkularisierungsdiskussion profiliert sich so auf dreifache Weise.

Entweder besteht das Problem in der *fehlenden* Tiefenschärfe (1). Dann liegt der Fokus entweder auf der interaktionellen Ebene einfacher Komplexität (z.B.: Die Menschen gehen weniger zahlreich zur Kirche. Was bedeutet das im Blick auf Säkularisierung?); oder auf der Leistungsebene mittlerer, organisatorischer Komplexität (z.B.: Die Frequentierung der Amtshandlungen ist regressiv. Was bedeutet das im Blick auf Säkularisierung?); oder auf der Funktionsebene größter gesellschaftlicher Komplexität (z.B.: Religiöse Normen und Werte tragen die Integration der Gesellschaft nicht mehr. Was bedeutet das im Blick auf Säkularisierung?). Oder die Fragestellung bezieht nur zwei Ebenen ein. In diesen Fällen entsteht das Problem der Generalisierbarkeit der Säkularisierungsthese durch den *Mangel* an theoretischer Komplexität, d.h. durch perspektivische Ausblendung und Weglassung.

Oder das Problem liegt in der *vorhandenen* Tiefenschärfe (2). Dann werden alle Komplexitätsebenen in die Analyse einbezogen und das Ergebnis differenziert sich (z.B. möglicherweise so: Der Säkularisierungsprozeß ist auf der Ebene der Gesellschaft weit fortgeschritten, auf der Organisationsebene ambivalent, auf der Interaktionsebene teils progressiv, teils ambivalent, teils rückläufig). In diesem Falle entsteht das Problem der Generalisierbarkeit der Säkularisierungsthese *durch* theoretische Komplexität, d.h.

---

311 »Nichtsdestoweniger steht mit der Kirche jedoch eben dieser Teil der kulturellen Selbstorganisation (sc. der Gesellschaft) – noch! – zur Verfügung: die Gebäude, die Einrichtungen, der bürokratische Apparat, die Mitarbeiter, die Erwartungen und Enttäuschungen der Menschen sind da. Wird man dies alles nutzen – utopisch und zugleich realistisch genug, wie es der Nachfolge des auferstandenen Gekreuzigten entspricht? Werden die notwendigen Anpassungen gelingen, um den Interaktionsraum zu erhalten, den unsere Gesellschaft braucht? Es ist ja durchaus noch nicht ausgemacht, ob Religion so im Schwinden begriffen ist, wie viele meinen – langfristig, ja endgültig« (*W.-D. Marsch*, Institution im Übergang, S. 270).

durch die Berücksichtigung der Ebenendifferenzierung und durch die Einbeziehung tendenzieller *und* kontratendenzieller Faktoren.

Oder das Problem liegt genereller und viel früher, nämlich in der funktionalen Differenzierung der Gesellschaft überhaupt und in den Folgeproblemen, die aus dieser Struktur für Religion und Kirche resultieren (3). Für diese Form der Fragestellung möchte ich optieren, denn sie ist erstens als Frage hinreichend komplex angelegt, sie ist zweitens geeignet, eine zureichend reduktive Bestimmung dessen zu leisten, was »Säkularisierung« besagen soll, sie ist drittens generalisiert und formal genug, um für eine theologische Reformulierung des Problems offen zu sein.

Das Phänomen der Säkularisierung[312] besteht dann, differenzierungstheoretisch begriffen, darin, daß das religiöse Teilsystem religiös fungiert, damit die anderen Teilsysteme anders fungieren können (d.h. nichtreligiös), oder umgekehrt formuliert: daß die anderen Teilsysteme der Gesellschaft nichtreligiös fungieren können, weil das Teilsystem Religion anders fungiert (d.h. religiös). Religion kann religiös sein, weil anderes woanders passiert.

Das theologische Problem der Säkularisierung besteht dann darin, daß dies theologisch ein Unding ist. Es kann theologisch nicht wahr sein. Aber was ist das für eine Wirklichkeit, die nicht wahr sein kann, und was ist das für eine Wahrheit, die nicht wirklich ist? Wenn es wahr ist, daß das Reich Jesu Christi eine wenn auch verborgene, so doch universale Wirklichkeit ist, dann ist es unmöglich, daß diese Wirklichkeit nur innerhalb der Grenzen des Religionssystems wirklich sein will und sich als das andere der gesellschaftlichen Umwelt gegenübersetzt, weil und damit dort anderes *geschieht*. Die Grenzen des Religionssystems sind nicht die Grenzen der Wirklichkeit des Reiches Jesu Christi, sondern die Grenzen seiner praktischen Wahrnehmung, wie oben dargestellt, also – in dem besagten weitgefaßten Sinn des Begriffs – »kognitive« Grenzen. Die Partikularität der Kirche ist nicht auch die Partikularität der von ihr in der Praxis des Glaubens, der Liebe und der Hoffnung wahrgenommenen Wirklichkeit[313].

Dieses Argument ist zutreffend, aber ungenau. Es faßt die Problemlage zwischen Kirche und Gesellschaft noch nicht zureichend exakt. Denn die funktionale Ausdifferenzierung des Religionssystems steht nicht in einem Widerspruchsverhältnis zur gesamtgesellschaftlichen Relevanz, der »religiösen« Wirklichkeit, sondern in einem Begründungsverhältnis: Der funktionale Primat der »religiösen« Wirklichkeit in einem Teilsystem der Gesellschaft *hat* gesamtgesellschaftliche Relevanz, und das damit verbundene Prinzip der Inklusion (mit den Folgeerscheinungen der Differenzierung zwischen beruflichen und komplementären Rollen und der Privatisie-

---

312 S.o. S. 205ff.
313 Dies ist die Wiederholung des Arguments von *W. Pannenberg*, in: EK 11, 1978, S. 99–103.356–357, allerdings hier nicht auf die humane Allgemeingültigkeit der Religion bezogen, sondern auf die Universalität des Reiches Jesu Christi.

rung des Entscheidens³¹⁴) verdeutlicht dies. Die relative Autonomie von Teilbereichen der Gesellschaft ist möglich, *weil* andere Teilbereiche der Gesellschaft ebenfalls relativ autonom fungieren und alle jedem jederzeit zur Partizipation offenstehen. Mit anderen Worten: Daß für die Kirche das Reich Jesu Christi das Wichtigste von allem ist, begründet gerade ihre gesamtgesellschaftliche Bedeutung und besagt nicht ohne weiteres, daß das Reich Jesu Christi *nur* für die Kirche wichtig ist. Und N. Luhmann spielt mit Recht die Frage an den Theologen zurück, ob er überhaupt in der Lage sei, die Universalität der für ihn relevantesten Wirklichkeit vernehmlich zu kommunizieren.

Liegt demnach das theologische Problem der Säkularisierung noch nicht im Faktum der funktionalen Differenzierung, d.h. in der Säkularisierung selbst, sondern in der Herausbildung eines gesamtgesellschaftlichen funktionalen Primats? Die gesellschaftlichen Teilsysteme stehen ja in der Tat nicht in einem austarierten Gleichgewicht gleichmäßig verteilter gesellschaftlicher Funktionalität, sondern die gesellschaftliche Entwicklung begünstigt bestimmte Teilsysteme, und zu diesen gehört zweifellos nicht die Religion, wohl aber die Wirtschaft, die Technik und die Wissenschaft. Und der Trend zum funktionalen Monotypus hat theologische und anthropologische Implikationen von großem Gewicht: Er zeigt Gott als gesellschaftlich-funktional überflüssig und den Menschen als entfernbar³¹⁵.

Auch dieses Argument hat eine m.E. auch in der Theologie weit unterschätzte Bedeutung, und hier ist die kritische Differenz lokalisiert, in der sich die wahrnehmende Praxis der Kirche *in* der Gesellschaft kritisch und kontratendenziell *gegen* die Gesellschaft richtet, solange sie noch in »relativer Autonomie« beim Verstand *ihrer* Sache ist. Aber auch dieses Argument faßt das theologische Problem der Säkularisierung noch nicht an der Wurzel. Die Wurzel wirklich wurzelhaft, radikal zu thematisieren heißt, das theologische Problem am Prinzip der *Funktionalität* als solchem festzumachen. Wenn »Säkularisierung« identisch ist mit funktionaler Differenzierung³¹⁶, wovon wir aus den angegebenen Gründen ausgehen, so ist damit »Gesellschaft« zugleich als ultimative Bezugswirklichkeit jeder denkbaren Funktion gesetzt – also auch der Religion, auch des Christentums, auch der christlichen Kirche. Die ultimative Bezugswirklichkeit der christlichen Kirche aber ist ausweislich ihres Ursprungsdokuments das in Jesus Christus nahegekommene, nahekommende und als zukünftig erhoffte Reich Gottes. Kann Gesellschaft nicht sein ohne Reduktion von Komplexität und Bewältigung von Kontingenz, so kann Kirche nicht christliche Kirche sein ohne Kontingenz. Ihre ratio essendi ist der Einfall gesellschaftlich nicht vorgegebener Möglichkeiten, des Zufalles und Zu-

---

314 Vgl. ebd.
315 Vgl. ebd.
316 Vgl. ebd.

fallens dessen, was »kein Auge gesehen, kein Ohr gehört hat und in keines Menschen Herz je gekommen ist« (1Kor 2,9).

Das theologische Problem der differenzierungstheoretisch begriffenen Säkularisierung liegt demnach in ihrer Ambivalenz, kraft derer sie zugleich Chance für den Auftrag der Kirche ist, für ihre wahrnehmende Praxis und ihre Sendung *und* identitätsgefährdende Versuchung. Die Chance liegt in dem diastatischen Effekt der Säkularisierung: Durch ihn werden Kirche und gesellschaftliche Umwelt auseinandergezogen, auf Abstand gebracht, auf Gegenüber gestellt, werden die Formen der Integriertheit ins gesellschaftliche Ganze, wie sie für segmentäre und schichtungsmäßig differenzierte Gesellschaften eigentümlich waren, aufgelöst. Durch ihn wird Kirche in ihrer Partikularität und Andersheit zu gesellschaftlicher Wahrnehmbarkeit gebracht, tritt aber auch der Adressat ihrer Sendung ins wahrnehmbare Gegenüber. Die kognitive Differenz gibt dem *Wort* ein ganz anderes öffentliches Gewicht. Die identitätsbedrohende Versuchung liegt in dem neuen integrativen Effekt der Säkularisierung. Durch ihn wird die Kirche so auf die gesellschaftliche Umwelt relationiert, daß sie mit den anderen Teilsystemen der Gesellschaft zusammen ein funktional kompatibles System von System-Umwelt-Relationen konstituiert. Und das Gesellschaftssystem selbst ist als in transzendentalem Sinne autarkes, als ins Voraussetzungslose gebautes, als selbstkonstitutives Sinnsystem die ultimative Bezugswirklichkeit, als Wirklichkeit der Wirklichkeit, jenseits derer außer dem Chaos nichts sinnhaft denkbar ist.

Dies ist ein scheinbar die Dinge auf den Kopf stellender Chiasmus: Diastase als Chance, funktionale Integration als Versuchung. Aber dies meint nicht Diastase als Chance für insulare Selbstghettoisierung und Identitätspflege, sondern als Chance für Sendung und Begegnung und Dienst, für neue Hinwendung – wohltuende Überraschungen inbegriffen. Und Integration nicht als Versuchung, außer dem Anhören der eigenen Gesänge sich auf die Probleme und Leiden der Menschen dieser Zeit einzulassen, sondern als Versuchung, diese Leiden funktional zu integrieren, zu kompensieren und sie damit gesellschaftlich zu wiederholen.

In dieser positiven und dieser kritischen Perspektive hat Karl Barth das Säkularisierungsproblem aufgenommen. Dies soll abschließend kurz zur Darstellung kommen.

An der Schwelle zur Neuzeit im 15./16. Jahrhundert treten Kirche und Gesellschaft auf neue und andere Weise auseinander. Die Wiederentdeckung des Griechentums in der Renaissance, die großen Fortschritte der Natur- und Geschichtswissenschaft, der Technik zumal, gehen zusammen mit der Ausbildung eines neuen, von der Autonomie der menschlichen Vernunft und des Individuums geprägten Lebensgefühls und Selbstverständnisses. Die gesellschaftlichen Teilbereiche der Politik, der Wirtschaft, der Kultur, der Wissenschaft, der Philosophie profilieren und praktizieren zunehmend ihre Selbständigkeit und entwickeln sich gemäß ihrer bereichsspezifischen Entelechie. Dies alles mit der Wirkung der Entfernung

II Exklusivität und Universalität des Reiches Gottes... 323

des gesellschaftlichen Lebens von der Kirche. Die konfessionelle Segmentierung des Christentums, die Begegnung mit den zahlreichen nichtchristlichen Religionen des fernen Ostens und Amerikas tun das ihre dazu. Die »große Diastase«[317] zwischen Kirche und Gesellschaft als irreversibles Charakteristikum der Neuzeit tritt historisch in Erscheinung und prägt das Bewußtsein.

Differenzierung ist demnach Ausgrenzung. Aber darin ist die Kirche nicht nur Objekt eines ihr widerfahrenden historischen Prozesses, sondern sie tritt auch in neuer, überraschender Weise als handelndes Subjekt auf den Plan. Wir haben es »gerade in der Neuzeit auch mit einem originellen und spontanen *Ausbruch* der christlichen Gemeinde in die Welt hinein zu tun ... Es war ... dieselbe Neuzeit, in der der Christenheit jene Bedrängnis widerfahren ist ..., auch der Schauplatz eines ... höchst ursprünglichen Erwachens, in welchem sie sich wie seit den ersten Jahrhunderten zu kaum einer Zeit ihres Auftrags gerade der Welt gegenüber, ihrer Sendung gerade in der Welt und an die Welt neu bewußt geworden, in welchem sie sich in den verschiedensten Formen aufgemacht hat, um ihr besser gerecht zu werden.«[318]

Daß die christliche Botschaft, das *Wort* ins Zentrum von Theologie und Kirche rückt, darin signalisiert sich sowohl das Auseinandertreten von Kirche und Gesellschaft als auch das Bewußtsein, daß die Kirche ihrer Umwelt etwas ihr Unbekanntes, Fremdes, Neues mitzuteilen, auszurichten, zu bezeugen hat, daß sie der Umwelt dies Zeugnis schuldig ist. Distanz ermöglicht Begegnung, Distanz profiliert eine andere, neue Kenntlichkeit. Die reale Integriertheit von Kirche und Gesellschaft in dem einen differenzierten ordo naturalis et supernaturalis, die im thomistischen System ihre großartigste theologisch-philosophische Verarbeitung fand, wird abgelöst durch die reale gesellschaftliche Erfahrung von Diastase und Krise. War dort die Differenz von ordo naturalis und ordo supernaturalis vermittelt in der dynamisch-entelechetischen Hierarchie der Seinsstufen des einen ordo metaphysicus, der die perfectio universi im Ganzen und in allen seinen Teilen widerspiegelt, so wird die Differenz hier erfahren als Krise in Zerfall und fundamentaler Bedrohung, und sie findet ihre theologische Verarbeitung in Luthers neuer großer Konzeptionierung der Zwei-Reiche-Lehre mit all ihren theologisch-aktualen Implikationen. War dort die Differenz von natürlichem Selbstsein und übernatürlichem Bezogensein doch integriert durch eine ontologisch-dynamische Kohärenz und Stabilität des ordo im ganzen, so ist hier alles auf den kontingent-aktualen Einfall des Handelns Gottes und auf den Glauben gestellt. War dort das corpus christianum, wenn auch verunziert durch allerlei kompromißliche Runzeln und Flecken im relativen Naturrecht und dem ius gentium, doch ein schöner Körper, dessen hierarchischer Organismus die Güte seines Schöpfers

---

317 K. *Barth*, KD IV,3, S. 19.
318 K. *Barth*, KD IV,3, S. 20.

als principium et finis kundtat, so wird es hier ein Körper in Agonie, wird es von Luther, wie wir sahen, radikal problematisiert, theologisch radikal aktualisiert und kirchlich-gesellschaftlich auf ganz neue und ebenso radikale Weise differenziert – das lebt noch gerade eben und »in etwa«, aber eigentlich mehr ὡς μή, und das hält nicht einfach mehr »plumbs weise ... zu samen«. Und welch ein Unterschied nun zwischen dem thomistischen »ordo est hierarchia« und dem lutherischen »ordo est diaconia«! Ist dort die »natürliche« gesellschaftliche Lebensordnung die Basis, der die »übernatürliche« Lebensordnung der Kirche, sie vervollkommnend, recht stabil aufsitzt, wie anders steht hier das arme »vierte Häuflein« des »schönen Confitemini« von 1530 im Leben: angefochten, bedrängt, leidend im christförmigen Ikognito des sub contrario und des Kreuzes. Welche Fremdheitserfahrung und zugleich welch anderes und in der theologia crucis anders begründetes Sicheinlassen auf die Realität der Gesellschaft und in die Realität des Leidens der Zeit! Fanden bei Thomas die Vorboten der neuen, der weltlichen Welt der Moderne eine meisterliche Respektierung *und* Integration, findet bei Luther der Umbruch zur Moderne und die Agonie der alten Welt der christlichen Gesellschaft eine atemberaubende, bis an die Grenze zum Zerreißen angespannte und ausgespannte theologische Verantwortung, so wird bei Barth die Moderne als vollzogener Abschied vom corpus christianum als der »schönen Illusion ... einer christlichen Welt«[319] als gegebene gesellschaftliche Situation von Kirche und Theologie angenommen und in einer Theologie der konzeptionellen Einheit von universaler Inklusion und kognitiver Differenz verarbeitet.

Hierin liegt, wie bei Luther, Antizipation genug, denn weder kirchlich noch theologisch ist dieser Abschied schon entschieden. Hier lebt vielmehr noch überaus viel von Struktur und Substanz des corpus christianum und der für dieses kennzeichnenden Präsupposition von gesamtgesellschaftlich-religiöser Integriertheit und dementsprechender kognitiver Selbstverständlichkeit, von der die Kirche gesellschaftlich umgeben und getragen sei. Wobei schon die Anstrengungen einer Vermittlungstheologie, die eben diese gesamtgesellschaftliche Integriertheit der Kirche in eine religiös-christliche Umwelt theoretisch artikuliert und theologisch legitimiert, anzeigen, daß diese Voraussetzung von Selbstverständlichkeit de facto längst problematisiert ist. Theologie, die von der gegebenen Situation einer gesamtgesellschaftlich geteilten Religion und ihrer ebenso gesamtgesellschaftlich geteilten kognitiven Erschlossenheit ausgeht, agiert widersprüchlich, wenn sie trotzdem als gesellschaftliche Agentur der allgemeinen Notwendigkeit der Religion und damit auch ihrer eigenen Notwendigkeit fungieren will. In der Behauptung eines gesamtgesellschaftlich geteilten religiösen Themas wird das Postulat der Selbstverständlichkeit der religiösen Integriertheit der Gesellschaft ebenso auf Dauer gestellt wie die Unselbstverständlichkeit, daß es dazu eines so formell erhobenen An-

---

319 K. *Barth*, KD IV,3, S. 20.

spruchs bedarf. Für die kirchliche Praxis tritt das Postulat der Selbstverständlichkeit am deutlichsten zutage auf der Ebene der Organisation: Mitgliedschaft, durch Säuglingstaufe erworben, gilt solange als selbstverständlich, als ihr nicht ausdrücklich widersprochen wird. Was das Tridentinum in bezug auf die Wirksamkeit der Sakramente dekretierte, gilt in bezug auf die Kirchenmitgliedschaft generell und interkonfessionell: Sie ist wirksam »non ponentibus obicem«[320]. In der Selbstverständlichkeit der Mitgliedschaft durch Säuglingstaufe und, mit mehr oder weniger deutlichen Abstrichen, in der übrigen Amtshandlungspraxis der Kirche liegt ein Element der corpus-christianum-Struktur deutlich und noch überaus wirksam zutage.

Barth beschreibt die Realität des corpus christianum als Zustand eines »statischen Gleichgewichts« und eines gleichzeitig kompromißhaft-labilen »Schwebezustands«[321]. In der Einheit einer alle Glieder der Gesellschaft einschließenden christlichen Welt ist der Gedanke »der Existenz einer nichtchristlichen Umwelt, eines echten Gegenübers von Evangelium und Mensch« ortlos. Und sofern nichtchristliche Umwelt am Rande auftauchte, wurde die Auseinandersetzung mit ihr funktional ausdifferenziert – militärisch auf das christliche Rittertum, religiös auf die Bettelorden. »Diesem Schwebezustand wurde in der mit dem Anbruch der Neuzeit anhebenden oder offen zutage tretenden Diastase zwischen Kirche und Welt ein Ende gemacht.« Das Säkulum entdeckte seine Säkularität. Und im gleichen historischen Augenblick vollzog sich aus der Kirche heraus eine positive Gegenbewegung, »von Anfang an eine ganz neue Zuwendung zur Welt – jetzt nicht mehr im Sinn jener Illusion auf Grund der Voraussetzung, als ob sie mit ihr ein Ganzes, eine Einheit bilde, jetzt vielmehr auf Grund der Voraussetzung, daß sie ihr gerade im Gegensatz zu ihr zugehöre, daß sie ihr gerade in ihrer Verschiedenheit von ihr nicht gleichgültig, nicht feindselig, sondern nur in tiefster Solidarität und Verpflichtung gegenüberstehen könne. Merkwürdige Koinzidenz: im selben Augenblick und in derselben Situation, in der sich das Säkulum von der Kirche freizumachen begann, begann die Kirche – nicht sich freizumachen, aber unverkennbar frei zu werden für das Säkulum.«[322] Kirche ist anders, und diese Andersheit macht, daß Begegnung möglich wird und – von der Kirche aus gesehen – Solidarität mit der Welt, wo sie am weltlichsten ist.

Der Abschied von »jener kühnen, aber gänzlich unreifen Synthese«[323] des corpus christianum entläßt ein neues, dynamisches Verhältnis zwischen Kirche und Umwelt aus sich, risikoreicher, labiler, empfindlicher. Der Zeitfaktor spielt eine fundamentale Rolle: Der Weg der Christengemeinde in nichtchristlicher Umwelt ist nicht ein für allemal ausgemacht.

---

320 H. Denzinger, Enchiridion, S. 849.
321 K. Barth, KD IV,3, S. 20f.
322 K. Barth, KD IV,3, S. 21.
323 K. Barth, KD IV,3, S. 603.

Die Grenzen und die Horizonte sind beweglich, veränderlich und werden als solche im Unterwegs erfahren. Der Weg tut sich im Gehen auf, und unterwegs entscheidet sich, was gangbar ist. Die »einzige, von ihr aus gesehen sachlich sehr bestimmte, aber von jeder anderen menschlichen Gemeinschaft her letztlich unverständliche Bedingung«[324] der Mitgliedschaft in der christlichen Gemeinde ist der Glaube. Und dieser lebt aus und in dem Gehorsam gegenüber dem Wort und der Weisung des heute lebenden Herrn Jesus Christus, wie das Volk Israel in der Wüste vom Manna. Was gestern ging, sichert nicht den Weg, der heute gefunden werden will. Was gangbar ist, muß noch erfunden werden. Die Situation der Moderne ist die Situation des Verlustes der Selbstverständlichkeit. Die Vorstellung von einer mit Selbstverständlichkeit »und zusammen mit dem übrigen Herkommen automatisch zu übernehmenden Christlichkeit ist heute, so zäh sie sich auch noch behaupten und in allerlei Restaurierungsversuchen von der Kirche und von der Welt her erneuern mag, schon geschichtlich gesehen unmöglich geworden.«[325]

Der Weg der christlichen Gemeinde in der Gesellschaft ist der Weg der schwersten Mitte. Er ist der Weg der wahrnehmenden Praxis, und seine Gangbarkeit lebt nicht vom Kompromiß mit der Wahrscheinlichkeit des Bestehenden. Sie lebt vom Gebet: »Weise mir, Herr, deinen Weg, daß ich wandle in deiner Wahrheit; erhalte mein Herz bei dem einen, daß ich deinen Namen fürchte« (Ps 86,11). Sie kann als christliche Gemeinde in nichtchristlicher Umwelt von außen je nach dem Aggregatzustand dieser Umwelt unter den Druck der *Repression* geraten, in Bedrängnis und Verfolgung. Sie kann auch unter den Druck der *Indifferenz* geraten, einer Umwelttoleranz aus Gleichgültigkeit, in der die Umwelt »die Dienste der Gemeinde zum Zwecke einer gewissen Verklärung ihres praktischen Atheismus ... etwa in Form von Kindertaufen, Konfirmationen, Trauungen, Bestattungs- und Weihnachtsfeiern und dgl.« gern in Anspruch nimmt[326]. Sie kann von innen her sich auf den Weg der *Fremdhörigkeit* einlassen, indem sie sich prinzipiell bestimmen und verpflichten läßt durch ein Gesetz ihrer Umwelt und damit der prinzipiellen ratio vivendi ihres Daseins widerspricht – sei es durch Selbstrelationierung auf die ultimative Bezugsgröße gesamtgesellschaftlicher Funktionalität, sei es auf mittlerer Komplexitätsebene durch Selbstfestlegung auf teilsystemare Leistung, sei es auf einfacher Komplexitätsebene durch Realisation von Interaktion *als* Freiraum des gesellschaftlichen Bedarfs an nicht zweckrationalem Handeln. Sie kann auch auf den umgekehrten Abweg der *Selbstverherrlichung* geraten, indem sie die Grenzen zur Umwelt fixiert und sich als eine »Welt für sich«[327] versteht – z.B. durch Selbstidentifikation mit der Wirklichkeit des

---

324 K. *Barth*, KD IV,1, S. 766.
325 K. *Barth*, KD IV,3, S. 603.
326 K. *Barth*, KD IV,2, S. 752.
327 K. *Barth*, KD IV,2, S. 756.

Reiches Gottes auf Erden, durch Sakralisierung ihrer eigenen Existenz als einer sakralen und sakramentalen Insel in profaner Umwelt und so als selbstzweckhafte Wirklichkeit in sich.

Die Gemeinde kann das Evangelium als das lebendige Wort ihres lebendigen Herrn, durch das sie lebt und für das sie lebt, verfehlen durch falsche *Generalisierung*[328]. Dadurch wird das Evangelium als konkretes Wort an konkrete Menschen unspezifisch, es wird gegenüber der Umwelt neutralisiert und so mit jeder beliebigen Umwelt gleich kompatibel. Es spitzt sich kritisch nichts zu. Zeitlose Normen und »Grundwerte« legen sich jeder konkreten Konstellation in gleicher Weise über und decken zu, was problematisch ist. Die Gemeinde kann auch auf den gegenteiligen Abweg geraten durch falsche *Aktualisierung*. So wird eine Strategie der Vermittlung und der Respezifikation zum Zentrum ihrer Arbeit, wobei sowohl die Kirche mit ihrem Auftrag als auch die Umwelt als fixe Gegebenheiten und bekannte Größen vorausgesetzt werden und Aktualität durch die Frage entsteht, *wie* man das, was »geschrieben steht«, übersetzt, interpretiert und anwendet. So geht die Kirche mit freiem Rücken hinsichtlich der Frage nach der eigenen Substanz »munter verfügend«[329] zur Tagesordnung ihrer Umwelt über und verliert die substantielle Konstanz durch die Maxime der applikativen Verwendbarkeit von längst Gewußtem und Gehabtem.

Die Gemeinde kann die Umwelt als den Adressaten ihrer Sendung zum Zeugnis *vernachlässigen* durch Introversion und Entropie[330]. »Entropie – wörtlich: ›Wendung nach innen‹ – gilt als ›Maß für die gebundene Energie eines geschlossenen (materiellen) Systems..., d.h. für die Energie, die im Gegensatz zur ›freien‹ nicht mehr in Arbeit nach außen umgesetzt werden kann. Wenn das Christliche zunehmend nur noch mit dem explizit Religiösen und das Religiöse nur noch mit dem von den etablierten Kirchen Vertretenen identifiziert wird, diese selbst jedoch zunehmend den Charakter bürokratischer Organisationen annehmen, ... so entspricht dies dem skizzierten Entropiebegriff: Zu viele Energien werden für innerkirchliche Aktivitäten gebunden, und es bleibt zu wenig ›freie‹ Energie, um sich mit jener gesellschaftlichen Umwelt auseinanderzusetzen....«[331] Die Gemeinde kann auch auf den entgegengesetzten Abweg geraten, indem sie ihre Umwelt als den Adressaten ihrer Sendung *bevormundet*. Sie begegnet ihr dann als »Inhaberin und befugte Verwalterin« der von ihr repräsentierten und von ihr zu vermittelnden Heilsgüter[332], als deren aufweisbar bedürftige Empfängerin sie ihre Umwelt objektivierend prädisponiert. »Bevormundung heißt... Machtübung von Menschen gegenüber

---

328 Vgl. K. Barth, KD IV,3, S. 929ff.
329 K. Barth, KD IV,3, S. 937.
330 F.X. Kaufmann, Kirche begreifen, Freiburg/Basel/Wien 1979, S. 128ff.
331 Ebd., S. 134.
332 K. Barth, KD IV,3, S. 948.

Menschen als ihrem Objekt, heißt Behandlung... des Anderen durch den Einen als Material seines eigenen Könnens.«[333]

Das Kirche-Umwelt-Verhältnis unter den Bedingungen der säkularen Moderne ist also eine höchst komplizierte, verletzliche, verfehlbare Konstellation, ambivalent als Chance und Versuchung.

Die dadurch gekennzeichnete Situation der Kirche in der Neuzeit ist *erstens* geprägt durch die reformatorische Wiederentdeckung der Kirche als Kirche des Wortes[334], als bekennende Kirche. »Nicht als Äußerung menschlicher Willkür meinte sie sich zu Gehör bringen zu müssen, sondern auf Grund jenes neuen ›Ausgehens‹ des Evangeliums selbst, das Luther so oft als Sinn, Recht und Ehre seines Werkes bezeichnet hatte.« Der schon geborene, aber noch in der Wiege schlummernde moderne Mensch wurde hier von der Kirche angesprochen, die sich selbst als vom neu erkannten Herrn der Kirche angesprochen erfuhr. So wurde sie befreit zum Zeugnis des Wortes Gottes gegenüber ihrer Umwelt, frei ihr gegenüber und darum frei *für* sie.

Die Situation der Kirche in der Neuzeit ist *zweitens* geprägt durch die kirchliche Mission. Als missionarische Kirche trat zuerst die katholische Kirche und, seit dem Aufkommen des Pietismus, auch die evangelische Kirche auf den Plan. Zwar ist die Mission kompromittiert durch die Verbindung mit dem politischen, wirtschaftlichen und kulturellen Kolonialismus, durch konfessionelle Aufspaltung und Konkurrenz, zwar ist sie in der Regel delegiert an Missionsgesellschaften und -vereine und nicht integriert in den regelmäßigen Dienst der organisierten Kirchen, zwar ist sie heute mit schwierigen Problemen konfrontiert, aber das Bewußtsein, daß die Kirche ihrem Wesen nach missionarische Kirche ist, ist doch aus dem kirchlichen Bewußtsein nicht mehr fortzudenken.

Die Neuzeit ist *drittens* eine Zeit des Erwachens und der Aktivierung der Kirche gegenüber dem inneren Paganismus der Gesellschaft. Im späteren Mittelalter waren hierin die Bettelorden vorangegangen, ihre Nachfolger waren im katholischen Bereich die Kapuziner als die Arbeiter unter dem einfachen Volk, die Jesuiten als Lehrer, Ratgeber und Seelsorger der höheren Schichten. Und die Praxis der evangelischen Predigt war von Anfang an auch auf die persönlich-praktische Lebenserneuerung ausgerichtet. Das Bemühen um die christliche Veränderung, Durchdringung und Erneuerung des persönlichen Lebens setzte sich fort im Puritanismus, im Pietismus, in der Aufklärung, im 19. Jahrhundert in der Erweckungsbewegung und in der Inneren Mission und den vielen ihr entsprechenden Bewegungen.

Allerdings bewegte sich dies, abgesehen von den Täufern und Spiritualisten der Reformationszeit, die die Geltung der gesellschaftlichen Ver-

---

333   K. *Barth*, KD IV,3, S. 950.
334   Vgl. E. *Bizer*, Fides ex auditu. Eine Untersuchung über die Entdeckung der Gerechtigkeit Gottes durch Martin Luther, 3. Aufl. Neukirchen-Vluyn 1966.

hältnisse nicht akzeptierten, in diesen Grenzen der persönlichen Erneuerung, war auf die Bekehrung oder religiös-sittliche Erhebung des einzelnen ausgerichtet. Zu einer kritischen Auseinandersetzung mit dem »Heidentum der alten und neuen Institutionen«[335] fühlte die Kirche sich nicht berufen. Die Ordnungen, Strukturen, Institutionen wurden in der Regel als gegeben vorausgesetzt und akzeptiert: der familiäre und obrigkeitsstaatliche Patriarchalismus ebenso wie der aufkommende Kapitalismus und Industrialismus, als dessen »entschlossenste und tüchtigste Förderer«[336] die Calvinisten sich profilierten. Die Hexenprozesse, der Sklavenhandel und die Sklaverei, die barbarische Strafjustiz des 17. Jahrhunderts konnten Institution werden, die Rolle der Frau, das Problem des nationalen Machtstaats, die Institution des Krieges fanden nicht entfernt das Veränderungsinteresse, das die persönliche Lebensführung auf sich zog. Zu ersten Anläufen und Anstößen zur Überschreitung dieser Grenze kam es am Ende des 19. Jahrhunderts, und seither wächst das Bewußtsein, »daß von der in der Bibel bezeugten Tatoffenbarung Gottes her zu der Frage des in der Weihnachtsbotschaft verheißenen ›Friedens auf Erden‹, der den Menschen schon jetzt und hier zugesagten nicht nur innerlichen, sondern auch äußerlichen Freiheit und Gerechtigkeit Umgreifenderes zu sagen sein möchte, als man es auf jener ganzen älteren Linie ... hatte wahrhaben wollen.«[337] Zu diesem Bewußtsein leistet wohl die ökumenische Bewegung den kräftigsten Beitrag.

Die Neuzeit ist *viertens* die Zeit einer neuen Profilierung des kirchlichen Wissenssystems. Theologie als Wissenschaft bekam »einen neuen Sinn und eine neue Absicht«[338]. Das Problem menschlicher Erkenntnis Gottes und menschlicher Rede von Gott wird Gegenstand permanenter und grundsätzlich nicht abschließender *kritischer* Vergewisserung mit allen risikoreichen Implikationen der Relativierung und Problematisierung zunächst der kirchlichen Tradition gegenüber der Schrift, dann auch der Schrift selbst in der kritischen Frage, inwiefern diese als menschliche Rede von Gott Wort Gottes sei. Und seit die historisch-kritische Exegese die historische Abständigkeit der biblischen Rede von Gott ins Bewußtsein rückt, wird das Problem der Hermeneutik zu einem Schlüsselproblem des ganzen theologischen Wissenssystems. Die ganz neuartige Virulenz der kognitiven und der sprachlichen Problematik, wie sie in der unabgeschlossenen kritischen Arbeit der Theologie als Wissenschaft zum Austrag kommt, ist ganz unbegreifbar, wenn man nicht die gesellschaftliche Entwicklung der Neuzeit als Prozeß funktionaler Differenzierung überhaupt, und auch zwischen Kirche und Gesellschaft, im Auge behält. Denn diese erst akzentuiert die Differenz von Kirche und Gesellschaft als kognitive

---

335 K. Barth, KD IV,3, S. 28.
336 K. Barth, KD IV,3, S. 29.
337 K. Barth, KD IV,3, S. 31.
338 K. Barth, KD IV,3, S. 33.

Differenz und befrachtet so das kirchliche Wissenssystem mit einer ungleich größeren Verantwortlichkeit und mit dem permanenten Imperativ von deren fortgesetzter Einlösung.

Die Neuzeit ist *fünftens* die Zeit der Emanzipation der Laien in der Kirche, der Problematisierung und Relativierung des im Mittelalter selbstverständlichen Unterschieds zwischen Klerus und Laien. Dadurch wird das Verhältnis von Kirche und Umwelt zu einer risikoreichen und überaus fruchtbaren Mobilität gebracht. Ständische Ausdifferenzierung des Klerus setzt diesen in relativ stabile Grenzen gegenüber der Umwelt. Mündiges kirchliches Laientum macht die Grenzen zwischen Kirche und Umwelt porös und beweglich, durchlässig sowohl für Problemimporte aus der Gesellschaft als auch für reale christliche Verantwortung in gesellschaftlicher Praxis. »Die seit dem 16. Jahrhundert akut gewordene Relativierung der für das Leben der Christenheit von der nachapostolischen Zeit bis ins späte Mittelalter so bezeichnenden Standesunterschiede ist ... das Indizium ihrer originalen Wendung von innen nach außen hin. Sie vollzieht sich hier im Leben der Kirche selbst und als solcher: Was waren und sind denn die auf einmal in Scharen auftretenden christlichen Nicht-Kleriker ...? Anderes als die innerkirchlichen Repräsentanten der außerkirchlichen Welt, der sich die Kirche als Ganzes ... in neu begriffener Verantwortlichkeit gegenübergestellt fand und findet? Was geschah und geschieht denn in ihrer hier allmählich, dort plötzlich um sich greifenden Erhebung und Aktivierung Anderes als eine Antizipierung des Schrittes über sich selbst hinaus, zu dem sich die Kirche als Ganzes gerade jetzt – koinzidierend mit dem Anheben des großen Prozesses ihrer Zurückdrängung in ihre eigensten Grenzen – aufgerufen sah und sieht?« Das christliche mündige »Volk« führt eine neue »kirchliche Weltlichkeit oder weltliche Kirchlichkeit« auf den Plan und zeigt damit die Übernahme des prophetischen Berufs der Kirche an als den »Ruf zum Gehorsam gegen die Sendung der Kirche an die Welt«.[339]

Die Neuzeit ist *sechstens* die Zeit, in der der ökumenische Gedanke »nicht nur latent von Anfang an vorhanden war, sondern an Kraft greifbar und sichtbar zugenommen hat«. Wohl waren die den zentrifugalen Tendenzen sich entgegensetzenden Bemühungen um die Einheit der Kirchen in der einen Kirche Jesu Christi durch die Schwäche gekennzeichnet, daß sie den Gedanken der Einheit der Kirchen zu formal und selbstzweckhaft auffaßten, so daß sich immer wieder das Dilemma auftat, entweder der eigenen Glaubensüberzeugung in Lehre, Verfassung und Lebenspraxis treu zu bleiben – um den Preis der Einheit; oder dem Impuls der Liebe und der Toleranz zu folgen um der Einheit willen – um den Preis des nivellierenden Indifferentismus. Bis die Kirchen im 19. und 20. Jahrhundert über diese Schwelle einer unechten Alternative hinauskamen, indem sie die Einigung der Kirchen teleologisch-dynamisch verstehen lernten: als Einheit von Jesus Christus her und als Einigung für ihn, d.h. für die Bezeugung des

---

[339] K. Barth, KD IV,3, S. 37.

Evangeliums in der Welt und für die Welt. »Gerade als Sinn der kirchlichen Einigungsbestrebungen hat sich – noch nicht in der früheren, wohl aber in der späteren Neuzeit – sehr deutlich eben die der Abwendung der Welt von der Kirche so merkwürdig zuwiderlaufende Zuwendung der Kirche zur Welt herausgestellt.«[340]

In den sechs hier nur kurz angeschnittenen Problemfeldern zeigt sich, daß der neuzeitliche Prozeß der Differenzierung, begriffen in bezug auf das Verhältnis von Kirche und Gesellschaft als Prozeß der Säkularisierung, des Auseinanderziehens von Kirche und relativ autonom sich etablierenden Umwelten, nicht nur die Kirche in ihrer partikularen Andersheit zunehmend zu neuer Kenntlichkeit gebracht hat durch Ausbesonderung, sondern von ihr auch wahrgenommen worden ist als Auftrag und Verpflichtung, das Wort von der Versöhnung vernehmlich zu machen, »mit ihrem Glauben wie mit ihrem Gehorsam, mit ihrer Botschaft wie mit ihrer Ordnung mitten in der Welt der Sünde als die Kirche der begnadigten Sünder« Jesus Christus zu bezeugen[341].

Es ist dies eine Vernehmbarkeit, die nur im Gegenüber und aus dem darin liegenden Abstandspotential möglich ist als Anrede, Aufruf und Zeugnis. Es ist alles in allem ein Prozeß mit risikoreicher Dynamik, mit vielfacher Gefährdung durch Formen auch der Reintegration, die ihre Wurzeln nicht in der Verantwortung des Wortes haben, aus dem und für das die Kirche lebt, sondern in der Verortung der Kirche in der Gesellschaft als ultimativer Bezugswirklichkeit. Die Universalität des Reiches Jesu Christi und die Komplexität moderner Gesellschaften widerstreiten sich im Anspruch auf den letzten umgreifenden Horizont des Wirklichen. Der Ort der Kirche in diesem Widerstreit, der Kirche, die ganz *aus* der Wirklichkeit der gegenwärtigen und offenbaren Versöhnung von Gott und Mensch in Jesus Christus lebt und ganz *für* die Sendung zum Zeugnis für ihre Umwelt, ist kein Ort, an dem es sich leben läßt – es sei denn im Glauben, in der Liebe und in der Hoffnung. Daß dieser Weg gangbar ist, erweist sich im Gehen. Darin erfüllt sich die Verheißung Jesu Christi: Ihr werdet meine Zeugen sein (Apg 1,8)

Zusammenfassung   Für das Verhältnis von Kirche und gesellschaftlicher Umwelt in der Moderne ist das Problem der Säkularisierung zentral.

Das Phänomen der Säkularisierung ist differenzierungstheoretisch zu begreifen als funktionale Spezifizierung durch Ausgrenzung: Die anderen Teilsysteme der Gesellschaft können nichtreligiös fungieren, weil das Religionssystem religiös fungiert.

Das theologische Problem der Säkularisierung liegt darin, daß die Realität, die das Thema der Theologie ist, nicht ausgrenzbar ist.

Dieses Problem ist noch im Rahmen der Differenzierungstheorie zu be-

---

340 *K. Barth*, KD IV,3, S. 39.
341 Barmer Theologische Erklärung, These III.

heben, insoweit *Religion* ein theologisches Thema ist: Die funktionale Ausdifferenzierung von Religion widerspricht nicht der gesamtgesellschaftlichen Relevanz der Religion, sie setzt diese vielmehr voraus.

Das theologische Problem liegt insofern nicht im Phänomen der funktionalen Differenzierung an sich, sondern in dem durch die Tendenz der gesellschaftlichen Evolution herausgebildeten funktionalen Primat von Wirtschaft, Technik und Wissenschaft und in der Tendenz zum funktionalen Monotypus. Darin wird sowohl die Realität Gottes als auch die des Menschen verdrängt.

Das theologische Problem der Differenzierung tritt, radikal begriffen, im Prinzip der Funktionalität zutage, wonach die Gesellschaft die ultimative Bezugswirklichkeit jeder denkbaren Funktion ist. Ultimative Bezugswirklichkeit der Kirche aber ist nicht die Religion und ihre gesellschaftliche Funktion, sondern das in Jesus Christus offenbarte Reich Gottes.

Die Konstellation von Kirche und gesellschaftlicher Umwelt unter den Bedingungen der Säkularisierung ist ambivalent: Ihre Chance liegt im diastatischen Effekt – die Grenzen zwischen Kirche und Umwelt werden prägnanter. Das Gegenüber präzisiert die Vernehmbarkeit.

Ihre Versuchung liegt im integrativen Effekt – Gesellschaft als ein funktional kompatibles System von System-Umwelt-Relationen verpflichtet Kirche auf funktionale Verträglichkeit.

Die resultierende Situation ist risikoreich und labil. Sie ist ambivalent einerseits durch den zunehmenden Verlust der Selbstverständlichkeit religiösen Erlebens und Handelns, der die Kirche vor neue Anforderungen stellt, andererseits durch die gesellschaftlich noch geteilte Selbstverständlichkeit religiöser Erlebens- und Handlungsmuster – Selbstverständlichkeit, deren Tragfähigkeit nach wie vor aus der Wirkungsgeschichte der corpus-christianum-Tradition resultiert, Unselbstverständlichkeit, die das Resultat wachsender gesellschaftlicher Komplexität und Differenzierung ist.

Das Verhältnis von Kirche und Umwelt in der Neuzeit ist wahrgenommen und von der Kirche aktiv verantwortet worden
1. durch die Wiederentdeckung des Wortes, die Freiheit der Kirche zum Zeugnis gegenüber der Umwelt;
2. durch die Mission;
3. durch das Wachwerden gegenüber dem inneren Paganismus der Gesellschaft;
4. durch die neue Profilierung des kirchlichen Wissenssystems;
5. durch die Emanzipation der Laien in der Kirche;
6. durch die ökumenische Bewegung.

Literatur

Adam, K., Die geistige Entwicklung des Hl. Augustinus, 2. Aufl. Darmstadt 1958
Arnold, F.X., Zur Frage des Naturrechts bei Martin Luther, München 1937
Asendorf, U., Eschatologie bei Luther, Göttingen 1967
Balthasar, H.U. von, Karl Barth. Darstellung und Deutung seiner Theologie, 2. Aufl. Köln 1962
Barth, H., Die Freiheit der Entscheidung im Denken Augustins, Basel 1935
Barth, K., Fides quaerens intellectum. Anselms Beweis der Existenz Gottes im Zusammenhang seines theologischen Programms, 2. Aufl. Zollikon 1958
ders., Christengemeinde und Bürgergemeinde (ThSt[B] 20), 1946
ders., Evangelium und Gesetz (TEH NS 50), München 1956
ders., Rechtfertigung und Recht (ThSt[B] 1), 3. Aufl. 1948
ders., Die protestantische Theologie im 19. Jahrhundert, 3. Aufl. Zürich 1960
ders., Die Kirchliche Dogmatik, Zollikon-Zürich
Bd. I,1, 1932, 7. Aufl. 1955; Bd. I,2, 1938, 5. Aufl. 1960; Bd. II,1, 1940, 4. Aufl. 1958; Bd. II,2, 1942, 3. Aufl. 1959; Bd. III,1, 1945, 3. Aufl. 1957; Bd. III,2, 1948, 2. Aufl. 1959; Bd. III,3, 1950, 2. Aufl. 1961; Bd. III,4, 1951, 2. Aufl. 1957; Bd. IV,1, 1953, 2. Aufl. 1960; Bd. IV,2, 1955; Bd. IV,3, 1959; Bd. IV,4, 1967
ders., Gesamtausgabe, Zürich 1971ff.
Bartsch, H. (Hg.), Probleme der Entsakralisierung, München 1970
Berger, P.L., Der Zwang zur Häresie. Religion in der pluralistischen Gesellschaft, Frankfurt/M. 1980
Berger, P.L. / Luckmann, Th., Die gesellschaftliche Konstruktion der Wirklichkeit. Eine Theorie der Wissenssoziologie, Frankfurt/M. 1980
ders., Kirche ohne Auftrag, Stuttgart 1962
Berkouwer, G.C., Der Triumph der Gnade in der Theologie Karl Barths, Neukirchen-Vluyn 1957
Betz, H.D., Galatians. A Commentary on Paul's Letter to the Churches in Galatia, Philadelphia 1979
Biedermann, A.E., Christliche Dogmatik. Bd. 1, 2. Aufl. Berlin 1884; Bd. 2, 2. Aufl. Berlin 1885
Bizer, E., Fides ex auditu. Eine Untersuchung über die Entdeckung der Gerechtigkeit Gottes durch Martin Luther, 3. Aufl. Neukirchen-Vluyn 1966
Bonhoeffer, D., Sanctorum Communio. Eine dogmatische Untersuchung zur Soziologie der Kirche, 4. Aufl. München 1963
ders., Widerstand und Ergebung, 2. Aufl. München/Hamburg 1965
Bormann, G. Kommunikationsprobleme in der Kirche, in: *Matthes, J.* (Hg.), Kirche und Gesellschaft. Einführung in die Religionssoziologie II, Reinbek 1969
Bornkamm, H., Luthers Lehre von den zwei Reichen im Zusammenhang seiner Theologie, 2. Aufl. Gütersloh 1960
ders., Das Jahrhundert der Reformation, 2. Aufl. Göttingen 1966
Bourdieu, P. / Passeron, J.C., La Reproduction, Paris 1970
Brandenburger, E., Σταυρός, Kreuzigung Jesu und Kreuzestheologie, WuD 10, 1969, S. 17–43
Brunner, E., Die christliche Lehre von Gott. Dogmatik, Bd. 1, Zürich 1946
ders., Gerechtigkeit, Zürich 1943

ders., Das Mißverständnis der Kirche, Stuttgart 1951
Brunner, O., Das ganze Haus und die alteuropäische Ökonomik, in: *Ders.*, Neue Wege der Verfassungs- und Sozialgeschichte. Vorträge und Aufsätze, Göttingen 1956, S. 103–127
Bultmann, R., Theologie des Neuen Testaments, 3. Aufl. Tübingen 1958
Calvin, J., Institutio Christianae Religionis (1559), Joannis Calvini Opera Selecta, ed. P. Barth, W. Niesel, Vol. III, München 1957
Clark, M.T.C., Augustine. Philosopher of Freedom, New York/Tournai/Rom/Paris 1958
Congar, Y.M.J., Die Lehre von der Kirche, in: Handbuch der Dogmengeschichte, Bd. III, Fasz. 3c, Freiburg/Basel/Wien 1971
Conrad, W., Der Öffentlichkeitsauftrag der Kirche. Eine Untersuchung über den Rechtscharakter der Einigungsformel der deutschen Staatskirchenverträge, Göttingen 1964
Dahm, K.-W., Religiöse Kommunikation und kirchliche Institution, in: *K.-W. Dahm, N. Luhmann, D. Stoodt*, Religion – System und Sozialisation, Darmstadt/Neuwied 1972, S. 142ff.
ders., Verbundenheit mit der Volkskirche: Verschiedenartige Motive – Eindeutige Konsequenzen?, in: *J. Matthes* (Hg.), Erneuerung der Kirche. Stabilität als Chance? Konsequenzen aus einer Umfrage, Gelnhausen/Berlin 1975, S. 113–159
Darms, G., 700 Jahre Thomas von Aquin. Gedanken zu einem Jubiläum, Freiburg (Schweiz) 1974
Denzinger, H., Enchiridion symbolorum et declarationum de rebus fidei et morum, 36. Aufl. Freiburg 1976
Diem, H., Ja oder Nein. 50 Jahre Theologe in Kirche und Staat, Berlin 1974
Dubiel, H., Identität und Institution. Studien über moderne Sozialphilosophien, Düsseldorf 1973
Duchrow, U., Christenheit und Weltverantwortung, Stuttgart 1970
Ebeling, G., Das Leben – Fragment und Vollendung, ZThK 72, 1975, S. 324ff.
ders., Luther. Einführung in sein Denken, Tübingen 1964
ders., Die Notwendigkeit der Lehre von den zwei Reichen, in: *Ders.*, Wort und Glaube, Tübingen 1961, S. 407–428
ders., Lutherstudien, Bd. II, Tübingen 1977
Eickelpasch, R., Mythos und Sozialstruktur, Düsseldorf 1973
Fenn, R.K., The Secularization of Values: An analytical Framework for the Study of Secularization, Journal for the Scientific Study of Religion 8, 1969, S. 112–124
Forck, G., Die Königsherrschaft Christi bei Luther, NZSTh 1, 1958, S. 165ff.
Fukuyama, Y., The four Dimensions of Church Membership, Chicago 1960
Fürstenberg, F., Art. Religionssoziologie, RGG, Bd. V, 3. Aufl. 1961, Sp. 1027–1032
Gehlen, A., Das Ende der Persönlichkeit?, in: *Ders.*, Studien zur Anthropologie und Soziologie (Soziologische Texte 17), Neuwied/Berlin 1963
Gerhard, J. Loci theologici, Tübingen 1762
Geyer, H.-G., Einige vorläufige Erwägungen über Notwendigkeit und Möglichkeit einer politischen Ethik in der evangelischen Theologie, in: *A. Burgsmüller* (Hg.), Zum politischen Auftrag der christlichen Gemeinde (Barmen II). Votum des Theologischen Ausschusses der Evangelischen Kirche der Union, Gütersloh 1974, S. 172–212
Gillmann, F., Potestas, AKathKR 98, 1918
Gilson, E., History of Christian Philosophy in the Middle Ages, London 1955
Glock, Ch.Y., Über die Dimensionen der Religiosität, in: *J. Matthes* (Hg.), Kirche und Gesellschaft. Einführung in die Religionssoziologie, Bd. II, Reinbek 1969, S. 150–168
Gloege, G., Thesen zu Luthers Zwei-Reiche-Lehre, in: Kirche und Staat. Festschrift für Hermann Kunst, Berlin 1967
ders., Theologische Traktate, Bd. 2, Göttingen 1967
ders., Zur Prädestinationslehre Karl Barths, in: *Ders.*, Heilsgeschehen und Welt. Theol. Traktate, Göttingen 1965, S. 77–132
Gogarten, F., Die Verkündigung Jesu Christi. Grundlagen und Aufgabe, Heidelberg 1948
ders., Verhängnis und Hoffnung der Neuzeit, Stuttgart 1953
Gollwitzer, H., Vortrupp des Lebens, München 1975

ders., Die kapitalistische Revolution, München 1974
ders., Was ist Religion? Fragen zwischen Theologie, Soziologie und Pädagogik, München 1980
Greshake, G., Gnade als konkrete Freiheit. Eine Untersuchung zur Gnadenlehre des Pelagius, Mainz 1972
Habermas, J. / Luhmann, N., Theorie der Gesellschaft oder Sozialtechnologie – Was leistet die Systemforschung?, Frankfurt/M. 1972
Hach, J., Gesellschaft und Religion in der Bundesrepublik Deutschland, Heidelberg 1980
Hahn, F., Das Gesetzesverständnis im Römer- und Galaterbrief, ZNW 67, 1976, S. 29–63
Heckel, J., Lex charitatis. Eine juristische Untersuchung über das Recht in der Theologie Martin Luthers, München 1953
ders., Recht und Gesetz, Kirche und Obrigkeit in Luthers Lehre vor dem Thesenanschlag von 1517, ZSRG.K 26, 1937, S. 285ff.
ders., Im Irrgarten der Zwei-Reiche-Lehre, München 1957
Herberg, J., Kirchliche Heilsvermittlung. Ein Gespräch zwischen Karl Barth und Karl Rahner, Frankfurt/M. 1978
Hild, H. (Hg.), Wie stabil ist die Kirche? Bestand und Erneuerung. Ergebnisse einer Meinungsbefragung, Gelnhausen/Berlin 1974
Holl, K., Gesammelte Aufsätze zur Kirchengeschichte, Bd. I, Luther, Tübingen 1921
Hollaz, M.D., Examinis Theologici Acromatici, Rostock/Leipzig 1718
Huber, W., Kirche und Öffentlichkeit, Stuttgart 1973
Iwand, H.J., Luthers Theologie. Nachg. Werke, Bd. 5, hg. von J. Haar, München 1974
Jonas, H., Augustin und das paulinische Freiheitsproblem, 2. Aufl. Göttingen 1965
Journet, Chr., La jurisdiction de l'Eglise sur la Cité, Paris 1931
Kantzenbach, F.W., Christentum in der Gesellschaft. Grundlinien der Kirchengeschichte. Bd. 1, Alte Kirche und Mittelalter, Hamburg 1975; Bd. 2, Reformation und Neuzeit, Hamburg 1976
Käsemann, E., An die Römer (HNT 8a), Tübingen 1973
Kaufmann, F.X., Theologie in soziologischer Sicht, Freiburg/Basel/Wien 1973
ders., Kirche begreifen. Analysen und Thesen zur gesellschaftlichen Verfassung des Christentums, Freiburg/Basel/Wien 1979
Kierkegaard, S., Einübung im Christentum, hg. von W. Rest, Köln/Olten 1951
Klappert, B., Die Auferweckung des Gekreuzigten, Neukirchen-Vluyn 1971
ders., Promissio und Bund, Göttingen 1976
Klaus, G., Art. Komplexität, in: Philosophisches Wörterbuch, Bd. 1, Berlin (DDR) 1970, S. 587–588
Kluxen, W., Philosophische Ethik bei Thomas von Aquin, Mainz 1964
Korsch, D., Kirche als Aktion Jesu Christi, EvTh 43, 1983, S. 280–286
Kreck, W., Die Zukunft des Gekommenen. Grundprobleme der Eschatologie, 2. Aufl. München 1966
ders., Grundentscheidungen in Karl Barths Dogmatik, Neukirchen-Vluyn 1978
ders., Das Verständnis von Barmen II unter dem Stichwort »Königsherrschaft Jesu Christi«, in: A. Burgsmüller (Hg.), Zum politischen Auftrag der christlichen Gemeinde (Barmen II). Votum des Theologischen Ausschusses der Evangelischen Kirche der Union, Gütersloh 1974, S. 65–80
ders., Grundfragen der Ekklesiologie, München 1981
ders., Kirche in der Krise der bürgerlichen Welt, München 1980
Kühn, U., Via caritatis. Theologie des Gesetzes bei Thomas von Aquin, Berlin/Göttingen 1964/65
Kühn, U. / Pesch, O.H., Rechtfertigung im Gespräch zwischen Thomas und Luther, Berlin 1967
Küng, H., Rechtfertigung. Die Lehre Karl Barths und eine katholische Besinnung, Einsiedeln 1957
Kupisch, K. (Hg.), Quellen zur Geschichte des deutschen Protestantismus 1871 bis 1945, Göttingen 1960

Lau, F., »Äußerliche Ordnung« und »Weltlich Ding« in Luthers Theologie, Göttingen 1933
Lenski, G., Religion und Realität, Köln/Berlin 1967
Lortz, J., Die Reformation in Deutschland, 2 Bde., 1. Aufl. Freiburg 1939/40
Lubac, H. de, Die Freiheit der Gnade, Bd. I: Das Erbe Augustins, Einsiedeln 1971
Lübbe, H., Säkularisierung. Geschichte eines ideenpolitischen Begriffs, Freiburg/München 1965
Ludwig, H., Die Kirche im Prozeß der gesellschaftlichen Differenzierung. Perspektiven für eine neue sozialethische Diskussion, München/Mainz 1976
Luhmann, N., Die Allgemeingültigkeit der Religion, EK 11, 1978, S. 350–357
ders., Einfache Sozialsysteme, in: *Ders.,* Soziologische Aufklärung, Bd. 2, S. 21–38
ders., Funktion der Religion, Frankfurt/M. 1977
ders., Interaktion, Organisation, Gesellschaft, in: *Ders.,* Soziologische Aufklärung, Bd. 2 (s.u.), S. 9–20
ders., Art. Komplexität, in: Historisches Wörterbuch der Philosophie, Bd. 4, Basel 1976, Sp. 939–941
ders., Organisation, in: *Ders.,* Funktion der Religion (s.o.), S. 272–316
ders., Die Organisierbarkeit von Religionen und Kirchen, in: *J. Wössner* (Hg.), Religion im Umbruch, Stuttgart 1972, S. 245–286
ders., Die Praxis der Theorie, in: *Ders.,* Soziologische Aufklärung, Bd. 1 (s.u.), S. 253–267
ders., Religiöse Dogmatik und gesellschaftliche Evolution, in: *K.-W. Dahm, N. Luhmann, D. Stoodt,* Religion – System und Sozialisation, Darmstadt/Neuwied 1972, S. 15–132
ders., Selbst-Thematisierungen des Gesellschaftssystems, in: *Ders.,* Soziologische Aufklärung, Bd. 2 (s.u.), S. 72–102
ders., Soziologische Aufklärung. Aufsätze zur Theorie sozialer Systeme, Bd. 1, 4. Aufl. Opladen 1974; Bd. 2, Opladen 1975
ders., Systemtheorie, Evolutionstheorie und Kommunikationstheorie, in: *Ders.,* Soziologische Aufklärung, Bd. 2 (s.o.), S. 193–203
ders., Transformationen der Kontingenz im Sozialsystem der Religion, in: *Ders.,* Funktion der Religion (s.o.), S. 182–224
ders., Vertrauen. Ein Mechanismus der Rekuktion sozialer Komplexität, Stuttgart 1968
ders., Wirtschaft als soziales System, in: *Ders.,* Soziologische Aufklärung, Bd. 1 (s.o.), S. 204–231
ders., Zweckbegriff und Systemrationalität. Über die Funktion von Zwecken in sozialen Systemen, Tübingen 1968
Lührmann, D., Der Brief an die Galater (ZBK 7), Zürich 1978
Luther, M.
Benutzte Werkausgaben:
ders., Luther Deutsch. Die Werke Martin Luthers in neuer Auswahl für die Gegenwart, hg. von *K. Aland,* Berlin 1948ff. (L.D.)
ders., Werke. Kritische Gesamtausgabe, Weimar 1883ff. (WA)
ders., Ausgewählte Werke, hg. von *H.H. Borcherdt* und *G. Merz,* München 1914ff. (M.A.)
ders., D. Martin Luthers sowohl in Deutscher als lateinischer Sprache verfertigte und aus der letzteren in die erstere übersetzte Sämmtliche Schriften, hg. von *J.G. Walch,* Halle 1740–1753 (W)
Häufig zitierte Schriften:
ders., An den christlichen Adel deutscher Nation von des christlichen Standes Besserung (1520), WA 6, S. 381–469; M.A. Bd. 2, S. 95–178 (Adel)
ders., De captivitate Babylonica ecclesiae praeludium (1520), WA 6, S. 484–573; M.A. Bd. 2, S. 179–300 (De captivitate)
ders., Von der Freiheit eines Christenmenschen (1520), WA 7, S. 12–38; M.A. Bd. 2, S. 314–340 (Freiheit)
ders., Von weltlicher Obrigkeit, wie weit man ihr Gehorsam schuldig sei (1523), WA 11, S. 229–281; L.D. Bd. 7, S. 9–52 (Obrigkeit)
ders., Ob Kriegsleute auch in seligem Stande sein können (1526), WA 19, S. 616–662; L.D. Bd. 7, S. 53–89 (Kriegsleute)

Literatur

ders., Eine Predigt, daß man Kinder zur Schulen halten solle (1530), WA 30, 2, S. 508–588; L.D. Bd. 7, S. 192–223 (Kinder)
ders., Scholien zum 118. Psalm. Das schöne Confitemini (1529; 1530), WA 31, 1, S. 34–182 (Confitemini)
ders., Divi Pauli apostoli ad Romanos epistola 1515/1516, WA 56, S. 3–528; M.A. Ergänzungsbd. 2 (Röm.)
Mahrenholz, E.G., Die Kirchen in der Gesellschaft der Bundesrepublik, Hannover 1969
Marsch, W.-D., Institution im Übergang. Evangelische Kirche zwischen Tradition und Reform, Göttingen 1970
Matthes, J., Zur Säkularisierungsthese in der neueren Religionssoziologie, in: *D. u. A. Goldschmidt* (Hg.), Probleme der Religionssoziologie, 3. Aufl. Opladen 1971
ders. (Hg.), Religion und Gesellschaft. Einführung in die Religionssoziologie I, Reinbek 1969
ders. (Hg.), Kirche und Gesellschaft. Einführung in die Religionssoziologie II, Reinbek 1969
Matthes, K., Das Corpus Christianum bei Luther im Lichte seiner Erforschung, Berlin 1929
Maurer, W., Von der Freiheit eines Christenmenschen, Göttingen 1949
Maurer, W., Luthers Lehre von den drei Hierarchien und ihr mittelalterlicher Hintergrund, München 1970
Merzyn, F. (Hg.), Das Verfassungsrecht der EKiD, Bd. I, Grundbestimmungen, Hannover 1957
Meyer, H., Thomas von Aquin. Sein System und seine geistesgeschichtliche Stellung, Paderborn 1961
Miskotte, K.H., Über Karl Barths Kirchliche Dogmatik. Kleine Präludien und Phantasien (TEH NS 89), München 1961
Mitterer, A., Geheimnisvoller Leib Christi nach St. Thomas von Aquin und nach Papst Pius XII, Wien 1950
Moltmann, J., Kirche in der Kraft des Geistes. Ein Beitrag zur messianischen Ekklesiologie, München 1975
Müller, K., Luthers Äußerungen über das Recht des bewaffneten Widerstandes gegen den Kaiser (SBAW.PPH 8), München 1915
Mußner, F., Der Galaterbrief (HThK IX), Freiburg/Basel/Wien 1974
Obendiek, H., Der Teufel bei Martin Luther, Berlin 1931
Oepke, A., Der Brief des Paulus an die Galater, bearb. von *J. Rohde* (ThHK IX), 3. Aufl. Berlin 1973
Pannenberg, W., Religion in der säkularen Gesellschaft, EK 11, 1978
Parsons, T. / Smelser, N., Economy and Society, Glencoe (Ill.) 1956
Parsons, T., The System of Modern Societies, Englewood Cliffs (N.J.) 1971
ders., Some Reflections in the Place of Force in Social Process, New York / London 1964
Petrus Lombardus, Petri Lombardi vita et sententiarum libri quatuor per Joannem Aleaume... necnon, Tom. 1–3, Paris 1841
Pesch, O.H., Theologie der Rechtfertigung bei Martin Luther und Thomas von Aquin, Mainz 1967
ders., Sittengebote, Kultvorschriften, Rechtssatzungen. Zur Theologiegeschichte von Summa Theologiae I-II 99, 2–5, in: *D. Eickelschulte, P. Engelhardt, W. Kluxen* (Hg.), Thomas von Aquino - Interpretation und Rezeption. Studien und Texte, Mainz 1974, S. 488–518
Pfautz, H., The Sociology of Secularization, AJS 61, 1955, S. 120–128
Pieper, J., Hinführung zu Thomas von Aquin, 2. Aufl. München 1958
Plieninger, M., Der Öffentlichkeitsauftrag der Kirche, in: Auf dem Grunde der Apostel und Propheten. Festschrift für Th. Wurm, Stuttgart 1948, S. 250–264
Polanus von Polanusdorf, A., Syntagma theologiae Christianae, Hanoviae 1624
Przywara, E., Humanitas, Nürnberg 1952
ders., Analogia entis. Schriften Bd. III, Einsiedeln 1962
Rahner, K., Kirche und Sakramente (Quaestiones disputatae 10), 3. Aufl. Freiburg 1960
Ratschow, C.H., Der angefochtene Glaube. Anfangs- und Grundprobleme der Dogmatik, Gütersloh 1957
Rendtorff, T., Art. Christentum, in: Geschichtliche Grundbegriffe. Historisches Lexikon zur politisch-sozialen Sprache in Deutschland, Bd. 1, Stuttgart 1972, S. 772–814

ders., Christentum außerhalb der Kirche. Konkretionen der Aufklärung, Hamburg 1969
ders., Theorie des Christentums. Historisch-theologische Studien zu seiner neuzeitlichen Verfassung, Gütersloh 1972
ders., Gesellschaft ohne Religion?, München 1975
ders., Religion – Umwelt der Gesellschaft, in: *J. Matthes* (Hg.), Erneuerung der Kirche. Stabilität als Chance, Berlin 1975, S. 57ff.
Rosenstock-Huessy, E., Religio depopulata. Zu Josef Wittigs Ächtung, Berlin 1926
Scharffenorth, G., Den Glauben ins Leben ziehen. . . Studien zu Luthers Theologie, München 1982
Schellong, D., Bürgertum und christliche Religion. Anpassungsprobleme der Theologie seit Schleiermacher, München 1975
Schleiermacher, F.D.E., Über die Religion. Reden an die Gebildeten unter ihren Verächtern (Phil. Bibl. 255), Hamburg 1958
Schlier, H., Der Brief an die Galater (KEK VII), 5. Aufl. Göttingen 1971
Schloz, R., Erneuerung der alten Kirche – Reform oder Restauration?, in: *J. Matthes* (Hg.), Erneuerung der Kirche. Stabilität als Chance? Konsequenzen aus einer Umfrage, Gelnhausen/Berlin 1975, S. 27–55
Schmaus, M., Katholische Dogmatik, Bd. IV, 1, 3. und 4. Aufl. München 1952
Scholder, K., Kirche und Staat in der 1. Hälfte des 20. Jahrhunderts (1918–1948), in: *G. Denzler* (Hg.), Kirche und Staat auf Distanz. Historische und aktuelle Perspektiven, München 1977, S. 102–109
ders., »Kirche, Staat, Gesellschaft«, EvTh 18, 1958, S. 241–255
Schönfeld, W., Grundlegung der Rechtswissenschaft, Stuttgart 1951
Schubert, A., Augustins lex aeterna-Lehre nach Inhalt und Quellen (BGPhMA), Münster 1924
Schweitzer, W., Der entmythologisierte Staat. Studien zur Revision der evangelischen Ethik des Politischen, Gütersloh 1968
ders., Die Barmer Theologische Erklärung von 1934 im Kreuzfeuer, JK 2, 1984, S. 71–81
Seeberg, E., Luthers Theologie, Bd. II, Stuttgart 1937
Simmel, G., Soziologie. Untersuchungen über die Formen der Vergesellschaftung, 5. Aufl. Berlin 1968
Stahl, F.J., Die Philosophie des Rechts, Bd. II, 2. Aufl. Heidelberg 1846
Steck, K.G. / Schellong, D., Karl Barth und die Neuzeit, München 1973
Sohm, R., Kirchenrecht. Bd. 1: Die geschichtlichen Grundlagen, Berlin 1972 (Nachdruck der 2. Aufl. von 1923)
Thielicke, H., Kirche und Öffentlichkeit, Tübingen 1947
Thomas von Aquin, De regimine principum, zit. nach Reclam Universalbibliothek Nr. 9326, übers. von F. Schreyvogl, Stuttgart 1975 (De reg. princ.)
ders., Quaestiones disputatae, Taurini/Romae Vol. I 1964; Vol. II 1949 (Quaest. disp.)
ders., Liber de Veritate Catholicae Fidei contra errores Infidelium seu Summa contra gentiles, Taurini/Roma 1961 (S.c.g.)
ders., Expositio super librum Boethii de Trinitate Ad fidem codicis autographi nec non ceterorum codicum manu scriptorum, Leiden 1959 (Boeth. de Trin.)
ders., Summa theologiae. Cura et Studio Petri Caramello Cum Textu et recensione Leonina, Tom. I–II,1 Torino 1952; Tom. II,2 1962; Tom. III et Suppl. 1956 (S.th.)
Thomasius, G., Christi Person und Werk, Bd. 2, 3. Aufl. Erlangen 1888
Tschipke, Th., Die Menschheit Christi als Heilsorgan der Gottheit, unter besonderer Berücksichtigung der Lehre des hl. Thomas von Aquin, Freiburg 1940
Troeltsch, E., Das christliche Naturrecht, in: Ders., Gesammelte Schriften, Bd. IV, Tübingen 1922, S. 156ff.
ders., Die Soziallehren der christlichen Kirchen und Gruppen, Tübingen 1912
Vrijhof, P.H., Was ist Religionssoziologie?, in: Probleme der Religionssoziologie (KZS.S 6), Köln 1962, S. 10–35
Watson, Ph.S., Um Gottes Gerechtigkeit, Berlin 1952
Weber, M., Gesammelte Aufsätze zur Religionssoziologie, Bd. 1, 3. Aufl. Tübingen 1934

Weder, H., Das Kreuz Jesu bei Paulus. Ein Versuch, über den Geschichtsbezug des christlichen Glaubens nachzudenken, Göttingen 1981
Welker, M. (Hg.), Theologie und funktionale Systemtheorie. Luhmanns Religionssoziologie in theologischer Diskussion, Frankfurt/M. 1985
Wölber, H.-O., Religion ohne Entscheidung, 2. Aufl. Göttingen 1960
Wolf, E., Zur Frage des Naturrechts bei Thomas von Aquin und bei Luther, in: *Ders.*, Peregrinatio, München 1954, S. 183–213
ders., Königsherrschaft Christi und lutherische Zwei-Reiche-Lehre, in: *Ders.*, Peregrinatio, Bd. 2, München 1965, S. 207–229
ders., Die Königsherrschaft Christi und der Staat (TEH 64), München 1958
ders., Barmen. Kirche zwischen Versuchung und Gnade, 2. Aufl. München 1970
Wössner, J., Soziologie, 5. Aufl. Wien/Köln/Graz 1973
ders., Religion als soziales Phänomen. Beiträge zu einer religionssoziologischen Theorie, in: *ders.* (Hg.), Religion im Umbruch, Stuttgart 1972, S. 16–46

Register der Bibelstellen

Genesis
1   118
1,2   139
1,31   110
3   263
40,8   203

Psalmen
36,10   294
82   97.103
86,11   326
118,26   164
127   170
139,1–12   255

Kohelet
9,16   80

Jesaja
28,20   113
55,11   297
57,15   252

Jeremia
31,34   203

Matthäus
5,40   86
6,33   12
7,14   115
8,17   200
10,22   164
22,21   56
28,18   237

Markus
4,28   40

Johannes
1,3   290
1,5   293
1,9   290.292
1,14   47.288
1,26   267
1,29   266
5   124
5,41   40
6,14   289
8,2   290
9,5   290
10,1ff   18
14,6   289
14,19   297
15,5   312
18,37   289

Apostelgeschichte
1,8   331

Römer
3,1   119
3,23   294
3,24   200
3,26   111.283
3,28   168
4,18   154
4,25   283.284.288
5,18   284
6,3f   281
6,4f   285
6,6   157
6,8   284
6,9   286
8,19   152
8,22   152
8,32   200
8,37ff   237
9,28   106
12   70
13,1   79
14,23   66.198
16,25ff   298

1. Korinther
1,13   104
1,17   280
1,18   280
1,23   281
1,25   281
1,30   289
2,2   200
2,9   282.322
12   70
13,12   284.296.314
15,24   78
15,28   78

2. Korinther
2,16   11
5,14   281.284
5,15   281
5,17   281
5,19   200.252.267.284.286
5,20   284.290

Register der Bibelstellen

5,21	283	1,26	298
		3,1	157
Galater			
2,11–21	279	1. Timotheus	
2,19	279.281.282	2,5f	292
2,19c	280	2,5	289
2,20	281	3,16	298
3,10	176	4,4	110
3,13	280		
3,20	281	Titus	
6,15	311	3,4	265
Epheser		1. Petrus	
1,14	261	2	70
1,23	51		
3,3	298	2. Petrus	
		3,12	316
Philipper			
2,7	268	1. Johannes	
2,11	292	1,1	292
3,10	316		
3,12	316	Hebräer	
		2,16	268
Kolosser		11,1	107
1,15	298		
1,16f	237	Jakobus	
1,16	298	1,18	124
1,18	298		

Namenregister

Adam, K. 261
Agostino Trionfo 58
Anselm von Canterbury 259
Aristoteles 19.25.26.28.56.60.95.123.
  134ff.139.151.185.220
Arndt, E.M. 225
Arnold, F.X. 96
Asendorf, U. 116
Athanasius 258
Augustinus 95.107.117.141.154.204.
  258.298.299

Balthasar, H.U. von 19.238.243.246.
  251.256.257.261
Barth, H. 261
Barth, K. 5.173–332
Bartholomäus von Lucca 57
Bartsch, H. 300
Berkouwer, G.C. 251.257
Betz, H.D. 279
Biedermann, A.E. 275
Bizer, E. 328
Bonhoeffer, D. 200.251
Bormann, G. 306
Bornkamm, G. 306
Bornkamm, H. 116
Bouillard, H. 251
Bourdieu, P. 176
Brandenburger, E. 281
Brenz, J. 249
Brunner, E. 1.100.242.257.299.310
Brunner, H. 251
Brunner, O. 173
Bucanus, W. 270
Bultmann, R. 242.245.251.295.313
Burgsmüller, A. 238

Calvin, J. 271.289
Chemnitz, M. 249.270
Cicero 96.171
Clark, M.T.C. 261
Conrad, W. 230
Consalvi, Kardinal 223
Congar, Y.M. 45.48.57
Cornelius, J. 183

Dahm, K.-W. 13.17.304
Darms, G. 23
Demosthenes 171
Denzler, G. 226
Diem, H. 228
Duchrow, U. 61.70.80.91.93.116.118.
  134.145
Dubiel, H. 17
Durkheim, E. 14.15

Ebeling, G. 60.91f.116.131.138.147.151.
  168
Eickelpasch, R. 14
Eickelschulte, D. 23

Engelhardt, P. 23
EusebvonCaesarea 288

Fenn, R.K. 207
Feuerbach, L. 14
Fichte, J.G. 225
Forck, G. 91
Friedrich II. 19
Fukuyama, Y. 16
Fürstenberg, F. 206

Gehlen, A. 177
Geisthardt, G. 183
Gerhard, J. 270.290
Geyer, H.-G. 238.239.243
Gillmann, F. 57
Gilson, E. 19
Glock, Ch.Y. 16
Gloege, G. 61.116.257
Gogarten, F. 207.242.268
Goldmann, L. 220
Goldschmidt, D. 205
Gollwitzer, H. 1.220
Groethusen, B. 220
Greshake, G. 262

Habermas, J. 13.17.187
Hach, J. 206
Hahn, F. 281
Heckel, J. 61.78.83.84.87.88.96.99.100.
  101.103.116.205

Namenregister

Hegel, G.W.F. 79.220
Herberg, J. 229
Hild, H. 304
Holbach, P.Th. d' 14
Holl, K. 87.99
Hollaz, D. 270.274.276
Huber, W. 63.87.230
Hundeshagen, K.B. 224
Husserl, E. 185.214

Iwand, H.J. 79.123.127

Johannes XXIII. 222
Johannes Hyrkanus 289
Johannes von Paris 57
Jonas, H. 261
Joseph II. 218
Josephus 289
Journet, Chr. 57

Kant, I. 14.79
Kantzenbach, Fr.W. 31.63.65.224.227.229
Käsemann, E. 281
Klappert, B. 231.242.243.266.285.300.313.314
Klaus, G. 102
Kluxen, W. 23
Kögel, R. 225

Korsch, D. 2
Kreck, W. 1ff.5.236.243.256.257.278
Kühn, U. 7
Küng, H. 244
Kupisch, K. 225.226
Kunst, H. 116

Lau, F. 99
Lenski, G. 16
Leo XIII. 222
Lohmann, Th. 215
Lortz, J. 7
Lubac, H. de 261
Lübbe, H. 206
Ludwig, H. 7.207
Luhmann, N. 13.17.50.102.177.184ff.302.304.306.317.321
Lührmann, D. 279.280
Luther, M. 7.12.60–172.247.286.295.323.324.328

Mahrenholz, E.G. 218.224
Marsch, W.-D. 3.8.233.306.319
Matthes, J. 14.16.87.205.304.306
Marx, K. 14

Maurer, W. 68.96
Metternich, J. 223
Meyer, H. 21.23.28.56.57.136
Miskotte, K.H. 5
Mitterer, A. 48
Moltmann, J. 2.307
Möller, U. 183
Müller, F. 78
Mußner, F. 280.281

Napoleon 225
Naumann, F. 217
Niemöller, M. 227

Obendiek, H. 98
Oepke, A. 279

Pannenberg, W. 305.320
Parsons, T. 198.207.210.221
Passeron, J.C. 176
Paul von Samosata 252
Pelagius 262
Pesch, O.H. 7.23
Petrus Chrysologus 288
Petrus von Hibernia 19
Petrus Lombardus 105.123.126
Pfautz, H. 207
Pieper, J. 19
Pius IX. 221
Plato 28.171
Plieninger, M. 230
Polanus von Polanusdorf, A. 258.270
Przywara, E. 167.184.185.251

Quenstedt, J.A. 270

Raden, M.J. 183
Rahner, K. 299
Ratschow, C.H. 60
Rendtorff, T. 3.14.181.183.190.206.221.233.305
Reginald von Priverno 58
Robertson, R. 14.16
Rohde, J. 279
Rosenstock-Huessy, E. 222
Rothe, R. 71

Sabellius 252
Seeberg, E. 96
Scharffenorth, G. 61
Schellong, D. 180.220
Schleiermacher, F. 220.223.268.293
Schlier, H. 281
Schloz, A. 183
Schloz, R. 304

Schmaus, M.   245.299
Scholder, K.   226.230
Schönfelf, W.   100
Schubert, A.   96
Schweitzer, W.   4.81.219
Schwerin, Graf   225
Siger von Brabant   19
Simmel, G.   174
Smelser, N.   221
Sohm, R.   87.309
Spalatin   155
Stahl, F.J.   224
Steck, K.G.   180
Stöcker, A.   225
Stoodt, D.   13.17.304

Thielicke, H.   229
Thomas von Aquin   7.12.19–59.60.64.
71.84.85.95.96.103f.112.118.128.131.
133ff.143.149.241.289.324

Thomasius, G.   245
Troeltsch, E.   3.28.99.222
Tschipke, Th.   48

Vrijhof, P.H.   15

Watson, Ph.S.   100
Weber, M.   14.15.16.18.79.99.206
Weder, H.   280.282
Welker, M.   183
Werner, D.   183
Wittig, J.   222
Wölber, H.-O.   213
Wolf, E.   87.92.96.145.229.236.237
Wössner, J.   15.177.204
Wurm, Th.   230

Xenophon   171

Begriffsregister

Abendmahl (Eucharistie) 46.72.300
Abstraktion, Abstraktheit 8.10.173.
  187.189.192.193.195.196.200.201.205.
  209.232.245
Akt 134
  114.118.133.327
Allgemeinheit, nichtreziproke 76–80.131
Ambivalenz 132.133.180.181
Amt 69–74.83.84.89.90.92.97.100–118.
  120.121.122.130.146
Amtshandlungspraxis 319.325
Analogie, Entsprechung 134.154.172.
  185.243.255.271.284.315
analogia entis 184
analogia relationis 260
Anderssein, Andersheit 251.254.259.
  260.261.262.291.307.309.325
Anfechtung 11.60.61.92f.161.163.165.
  305
Anschauung 106.107
Anthropologie 88.119.123.147.244.
  246.247.267.316
Apokatastasis 257
Apeiron 182
Apriori, kognitives 293.294
Arbeitslosigkeit 208
Arbeitsteilung 146.173.235
Arbeitswert 86
Ärgernis 253
Arkandisziplin 199
Atheismus, kognitiver 293.295
Atheismus, praktischer 326
Aufklärung 13.14.174.223.328
Aufklärungstheologie 289
Augenblick 112
Augenblick, eschatologischer 315
Äquivalenzfunktionalismus 182

Bedarfswert 86
Bedeutsamkeit 203.285
Bedürfnisbefriedigung 179.195
Bekehrung 329
Beruf 122.146.170.211
Berufung 277.294
Betrachtung (contemplatio) 107.136.
  137.138.142.143

Billigkeit (aequitas) 65.79.80.81.82.83.
  86
Bürokratie 228
Bürokratisierung 10

Chaos 9.33.78.83.103.181.182.185.186.
  188.201.229.234.235.238.255.261.262.
  263.283.302.322
charakter indelebilis 311
Christentumstheorie 295
Christlich-Demokratische Union 241
Christologie 244.246.247–255.275.
  283.297
– ebionitische 253
– doketische 253
– modalistische 252ff
– subordinatianische 252ff
– Christomonismus 246
– Amt, prophetisches (munus propheticum) 181.240.250.272.273.288–298
– Annahme (assumptio) 269.272.273
– Anhypostasie/Enhypostasie 270
– Auferstehung, Auferweckung 69.74.
  156–158.265.279ff.292.298.300.311.
  315
– Austausch (commercium) 9.129.145.
  166–168
– communicatio gratiarum 273.276
– communicatio idiomatum 248.271.
  273.274.276
– genus idiomaticum 274
– genus maiestaticum 274.276
– genus apotelesmaticum 274
– genus tapeinoticum 274.275
– communicatio idiomatum in genere maiestatico 248.274
– communicatio naturarum 276
– communicatio operationum 273.
  276.277.279
– Doketismus 270
– Drei-Ämter-Lehre 248.249.288.297.
  299
– Hypostasis 270
– Inkarnationschristologie 276
– Kenosis 249

- Kreuz, Kreuzigung 69.72.73.93.155.
164.167.200.204.279ff.291.298–300.
315.324
- Krypsis 249
- Union, hypostatische 270ff
- Vereinung (unitio, unio) 269ff.276.
298.299
- Zwei-Naturen-Lehre 248.249.266ff.
277
- Zwei-Stände-Lehre 248.249.277

De-Humanisierung 7.9.10.115.189.190.
192
Dekalog, Mosegesetz 37–43.242
De-Kosmisierung 103
De-Naturierung 7.132.133
Dependenz, Interdependenz 182.187
De-Sozialisation 9.103.189
Dialektik 242.243.308
Diastase 3.242.322.323.325
Differenz 20.115.116.133.146.251
- kognitive 313.314.322.324.329.330
- theologische 251ff.262.266.268
Differenzierung 7.9–13.58.61.93.104.
115.117.121.131–133.146.173.174.178.
179.181–213.235.237.256.285.303.317.
320–323.329.331
Dimensionen der Religiosität 16
Diskurs 10
Dogmatik, Dogma 14.179.180

Ebenendifferenzierung 214.215.218.
303.320
Effizienz 179
Eigengesetzlichkeit 10.79.115.189.201.
237
Einheitsgesellschaft (christliche, corpus christianum) 63.77.87–
92.94.96.97.117.122.216.221.231.233.
323–325
Ekklesiologie 129.201.250.297.300
Element 121.134.192.207
Emanzipation 330
Entelechie 29.103.121.148.149.151.161.
241.322
Entfremdung 180
Entropie 327
Entscheidung, Entscheiden 10.213.261.
262ff.293.315.317
Entschlossenheit 309.310.314.316

Entwicklung 8ff.186.196.219
Epochenschema 190.205
Erfahrung 160–161
Ethik 119.131.300

Erstursache (prima causa) 20.171
Erwählungslehre 257
Erweckungsbewegung 225.328
Eschatologie, futurische 112
Eschatologie, präsentische 112
Existenz 245.260.314.315
Existentialphilosophie 176
Exklusivität 10.201.233.240.243.248.
286.289.290
Extrapositionalität 5.362.301.302.310

Form 134.135.147–172
Formalisierung 8.10.192.196.201.232.
307
Freiheit 235.236.261ff281.282.291.315
Freizeit 212.213
Funktion 10.13.15.27.179.182.184.186.
190.203.204.213.218.225.301.302.
303–306.307.309.310.318.321
Funktionalität 15.17.182.192.194.201.
209.219.229.239.305.321.326

Gebrauchssymbol 194
Gefälle, kognitives 296.301.302
Geheimnis, Mysterium 298–300
Geld, Geldwirtschaft 62.84.86.91.191–
200.211.220.304
Gemeinwesen (civitas) 24.25.27.31ff.
42.50.54.76.81.83.84.89.95–97
Gemeinwohl (bonum commune) 25.
28.30ff.36.41f.55.65.76.96.118.143.
145.170.172
Generalisierung 189.190.203–205.307.
327
Gerechtigkeit 106.108–113.120.124.
129.140.143.158.160–163.166.168–
170.194.284.287.291
- Gottes 60.96
- passive (iustitia passiva) 61.111.169
- aktive (iustitia activa) 95.111
Geschichte 151.153.155–158.239.268.
277ff.283ff.288.295ff.315
Gesellschaftsvertrag 216
Gesetz 107.109.131.139.140.159.162.
169.170.279.280.282.283.285.301
- ewiges (lex aeterna) 23.35.95.96.131.
241
- altes (lex vetus) 39ff.46
- neues (nova lex) 39ff.45
- göttliches (lex Dei) 27.28.42.39.98.
242.289
- geistliches 108
Gesetzeswerk 108
Gewalt (potestas) 30.56–58.69.75.79.
80.82.88.90.117.118.120.124.125.126.
131.193.216–217.220.230.231.235

Begriffsregister

Gewissen 80.121.161.169.175.237
Glaube 22.45ff.60.73.74.104-114.115.
118. 120. 121. 123-130. 131. 132. 139.
140-147. 157-172. 197. 198. 234. 252.
253. 264. 284. 296. 297. 300ff. 306. 309.
312-316. 320. 326. 331
Gnade 21.26.34.39.42.44ff.50.51.55.56.
58f.60.66.104.109.110.111.113.127.
143.151.162.163.167.258.259.298.300
Gnadenmittel 298.300
Grenze 3.9.15.176.177.181-188.201.
209.219.220.234-240.255.261.262.
264.286.296.301.302.304.305.311.320.
324.326.329f
Gruppe 1.2.4

Hausgemeinschaft 24.29
Hermeneutik 203.212.329
Hexenprozesse 329
Hierarchie 2.6.22.29.32.42.49.52.55.
70.71.87.89.95.218.323.324
Historisierung 12
Historismus, heilsgeschichtlicher 281.
288
Hochzeit (connubium) 129
Hoffnung 153-158.160.161.166.234.
284.296.297.300ff.306.309.312.316.
320.331
Homiletik 212
Humanisierung 9.132.133.189.192

Idealismus 14
Identität 174.175.177.197.222.242.279.
280.281.282.301
Ideologiekritik 14
Indifferentismus 330
Indifferenz 115.116.326
Individualität, Individuum 16.174-
179.209.322
Infralapsarismus 257
Inklusion 10.210-213.231-324
Inklusivität 10.240.243.248.250.251.
292
Institution 3.14.89.91.92.115.118.121.
122.123.171.177.180.204.218.230.310.
329
Instrumentalität, Instrument, sakramentale(s) 46.47f.128.
181.316
Integration 14.206.207.208.224.226.
231.318.319.322.324
Intentionalität 113
Interaktion 4.197.204.214.215.225.227.
303-306.318-319.326
Internalisierung 111.296

Interdependenz 10.16.173.187
Introversion 307
Investition 198

Kapitalismus 329
Katechetik 212
Kausalität 47f.128.131
Kenntnis (cognitio) 107.109.110
Kirche
– sichtbare 2.93.128-130.309.310
– unsichtbare 2.88.93.125.128-130.
164.310
– universale 48.88.90.91.129
– bekennende 226-230. 328
Kirchenkampf 4.228.229.237
Kirchenregiment, landesherrliches 217.
225
Kirchenjahr 174.204
Kirchensoziologie 16
Klerikalisierung 241
Knappheit 209
Kohärenz 14.61.63.67.87.96.101-104.
114f.118.120.121.317.323
Kommunikation 181.193.197.213.215.
223.288-289.292.298.299.306.313.
318
Kommunikationsmedium 181.194.198.
294.304
Kommunion 181.288-289.291.292.
298.299.313
Kommunismus 217
Kompensation 206.302.318

Komplementärrolle 211
Komplexität 10f.24.61.93.102.114.118.
121.131-133.159.173.174.179.181.213.
239.302.305.317.318.319.321.331
Komplexitätsgefälle 173.178.183.186.
188.190
Konkretion 173.307
Kontingenz 10.12.131-133.176.182.
184.197.202.209.218.236.280.284.285.
286.290.293.294.295.302.303.305-
307.321
Kontingenzformel 209.302
Koordinatenkreuz der vier Ursachen 135.150.170
Kosmos 9.15.63.103.131.188.262
Kredit 195

Laizismus 221
Landwirtschaft 63
Latenz 200
Legitimität, Legitimation 10.236.237
Legitimitätsprinzip 224

Leistung 90.218.227.232.302–307.309.
310.318.326
Liberalismus 217.224
Liebe 234.284.296.297.300ff.306.309.
312.316.320.331
Limitationalität 209
Liquidität 198

Marktwert 86
Materie 134.135.148–172
Materialismus 217
Medium 15.194.195.203.245.299
Menschenrechte 223
Menschwerdung 245
Metaphysik 140.156.249
Mission 328
Modalität 236.246
Moderne 10.180.182.186.201.232.295.
303.317.324.326.328
Modernismus 245
Monostruktur 9.318
Monotypus, funktionaler 192.193.317.
321
Moral 140.173.187.195.220.224
Mystik 245

Nationalismus 221
Nationalprotestantismus 225
Natur 7.21.22.23.26.27.28.34ff.43ff.49.
50.53.56.58f.60.64.66.75.85.99.121.
131.146.176.189.222.249.254.273
– göttliche 47.48
– menschliche 47.48
Naturgesetz (lex naturalis) 22ff.33ff.
61.86.95f.98–101.222.241.242
Naturrecht (ius naturalis) 25.33f.82.84.
98.99.101.198.201.222.223.241.323
– relatives 33f.98.99
– absolutes 33f.98.99
Naturalwirtschaft 31.62
Negation 182.219
Neukantianismus 14
Neuprotestantismus 201
Neuzeit 9.12.19.181.193.203.292.322.
323.328ff
Nezessität 131.133.236.292.293.301
Nihilismus 217

Norm 175.198.201.207.208.224.225.
327

Objektivität 5.176.177.179.295.296
Offenbarungspositivismus 251
Öffentlichkeitsauftrag 230
Ontologie 187.247f

opus operatum 126
Ordnung
– gesellschaftliche 22.52.56.58.93.96.
101.131.236.241.329
– kirchliche 50.52.104.241.331
– natürliche (ordo naturalis) 20.21.23.
27.33.50.52.103.323
– übernatürliche (ordo supernaturalis) 20.27.28.50.52
– des Universums (ordo universi) 29ff.
50.56.96.102f.131
Organisation 2.4.10.49.50.57.89.90.
115.211.214.217.218.219.221.222.225.
227.233.235.303.310.318f.325.327
Organismus 25.29.30.103.118.323

Paradox 155.248.252.253.282
Passageriten 304
Partikularität 227.284.301.302.304.
305.317ff.320.322
Parusie 239
Patriarchalismus 28.30.329
Patristik 19
Perfektion 7.9.121.195.196.197
Personal 50
Pietismus 328
Pluralismus 179
Pneumatologie 244.248.272
Politik 72.83.88.91.170.179.186.191.
193.208.214.220f.305.322
Possibilität 201
Potentialität 43f
Potenz 134.139
Prädestination, Prädestinationslehre 231.256–258.290
Praxis 15.18.170.201.280.281.284.287.
302.304.314.316.320f.321.322.326.330
Predigt, Predigtamt 72.74.84.90.96.97.
114.121.143.157.300.328
Primärbedarf 86
Primat, funktionaler (funktionale Dominanz) 9.193f.197.209.219.221.303.
317.318.320
Privateigentum/besitz 33.36f
Privatisierung 10.212.213.320.321
Produktion 193.207
Profit 220
Programm 50
Projektion 189
Publikum 211

Räte, evangelische 138
Realisation 306.307.309.310.318.326
Realpräsenz 271.292
Recht, positives 25.35.222

Begriffsregister

Rechtfertigung 81.127.163.170.277.
283.284.287.292.294.295
Reduktion 13.102.104–114.115.118.
178.188.195.214.240.302.303.308.313.
314.321
Reflexion 110.218.303
Reflexivität 195.196.318
Reformation 61.63.203.218
Regelsymbol 194
Regiment, weltliches 65.69.74–76.79.
80.85.91.97
Reich Gottes 12.67.68.69.74.75.80.88.
91f.96.97.116.117.159.231.237.238.240.
241.295.296.307.310.311.321.327
Reich Jesu Christi 10.89.92.93.101.131.
141.144.159.239.240.295–301.303.
310.314.320.331
Reich des Teufels 159.160
Reich, weltliches 67.69.80.88.89.91ff.
116.117.131
Religionssoziologie 13.15.16
Religionssystem 202.204.208.209.301.
302.303.318.320
Renaissance 245.322
Repräsentation 231.271.272.300
Resonanzfähigkeit 178
Respezifikation 203.327
Restauration 224.228.229
Revolution 79.228.303
Rolle 175.203.211.213.235.320
Romantik 219

Sakrament 22.47f.70.73.74.90.123.124.
126–130.156–158.170.225.245.271.
279.281.282.286.288.298–300.316.
325
Säkularisierung 11.205–213.215.233.
234.318–322.331
Satz vom Widerspruch 184.185
Segmentierung 3.174.218.323
Sekte 229
Selbstverständlichkeit, Selbstverständliches 180.197.208.212.232.293–294.
301–303.306.324–325.326
Selektivität 6.12.190.191.212.214.215
Sinn, Sinnkonstitution, Sinnsystem 3.
10.15.178.179.183.184
Sinnwelt, symbolische 179.180
Sklaverei 33.36f
Sklavenhandel 329
Soteriologie 244.247.248.250.256.272.
297
Sozialethik 235
Sozialisation 5.179
Sozialismus 217

Sozialsystem 175.184.186.214.306.307.
309.310
Spezialisierung 173
Staat 23.213–233.235.241
Staatskirchentum 218
Staatskirchenverträge 230
Stabilität 14.64.101.102.103.199.323
Stand (ordo, status) 32.42.50.52.61.
68ff.73.74.88–91.95.97.100.104.118.
121.122.131.138.143–146.210
Steigerungsinteresse 209
Stimulusstruktur 15
Struktur, Strukturbildung 29.182–184.
186.190.236.239.329
Strukturfunktionalismus 16
Stufe, Stufenbau, Stufung 21.29ff.60.
67f.70.77.122.131
Stufenordnung, Stufenreich 29.58.70.
104.134.136
Subjektivität 173.174–178.179.180.
181.190.201.232.295.296.313ff
Subkultur, katholische 222
Substanz 134.135.150.152.153.165
Substitution 196.197
Sukzession 311
Summenkonstanz 195
Sünde, Sündenstand 30.33ff.45.99.100.
112.113.124.140.145.149.151.156.158–
168.244.255.263.265.283f.291.292.
331
Sündenlehre, Hamartiologie 244.250
Supralapsarismus 257
Symbol 194.196.208
Synthese 325
System 3.4.17.94.104.115.117.121.131.
180.182–213.221.234.236.239.301.
302.305.322.327
Systemtheorie 11.13.16.17.115.182.
183.187.189.190.192.200.235.236

Taufe 46.69.162.281.300.325
Tausch 195.196
Tauschmittel 196
Tauschwert 196
Technik 9.192.194.208.219f.303.305.
321.322
Teilsystem 9.10.61.175.186.187.194.
201.203.204.207.208.214.218.302.303.
307.309.317.320–322
Theomonismus 316
Toleranz 179.330
Totalität, gesellschaftliche 9.10.174.
179.227.228
Tradition 311
Transsubstantiationslehre 123.126

Transzendenz 176.251.259.291.295
Trinitätslehre 268

Umwelt 2ff.6f.8.11.12.116.117.131.174.
176.177.178.180.183.184.186.188–193.
204.207.208.209.214.218.234.239.240.
294.296.301.305.306.307.309–332
Universalität, Universales 10.152.201.
227.233.238.240.257.291.292.321.331
Universalismus 238.240.243.250.290–292
Universum 8.21.22f.27.29ff.46.49.50.
52.53.58.60.63.95.104.135
Unternehmer, Unternehmerverbände 193
Urstand 30.33ff.45.95.98

Verborgenheit unter dem Gegenteil (absconditas sub contrario) 155.163.167
Vergegenständlichung, Objektivierung 192
Verkrümmung, Verkrümmtheit (incurvatio) 142.145
Vermittlung 231.244.246.250.279.293.298.299.305.327
Vertrauen 196.198–200
Volk 219.225.226.265
Vollkommenheit (perfectio) 21.22.49.50.58.60.95.96.99.102.104f.118.120.121.122.138.161.196.323

Wahl, Wählen 132.175.180.181.256.260.262ff.275.281.291.313ff
Wahrnehmung 164.214.215.301.314.315.320

Ware 86
Warenwert 86
Weisheit (sapientia) 107.120.140.147.166
Welt 93.159.160.182.183.184.186.188.189.200.291
Weltanschauung 179.180
Weltbild 17.191
Werk 60.72.97.108.112.113.114.126.127.131.139.140–147.149ff.163
Wert 15.179.198.201.207.208
Widerspruch 5.116.155.242.252.253.264.283.291.292.294.296
Widerstandsrecht 77.78
Willkür 176.256.302.328
Wirtschaft, Wirtschaftlichkeit, Ökonomie 9.72.83–87.88.89.91.170.179.186.192.193.194.197.208.210.214.219f.303.305.321.322
Wissenschaft, Erkenntnis (scientia) 5.9.110.142.148.179
Wissenschaft als Teilsystem 9.12.179.186.192.194.208.210.214.219f.303.305.321.322
Wissenssystem 178
Wissenssystem, kirchliches 329
Wort Gottes 72.98.104.112.116.121.124.125.226.227.234.297.303

Zeichen (signum) 108f.123.126–130.288.298.299
Zufall 10.149.212.301.307.321
Zweitursache (causa secunda) 20.103.171

**Michael Welker
Universalität Gottes und Relativität der Welt
Neukirchener Verlag**

Neukirchener Beiträge zur Systematischen Theologie, Bd. 1
2. Aufl., XII, 261 Seiten, Paperback

Das in den USA sehr verbreitete Prozeßdenken hat eine sich beständig verstärkende Bewegung in der amerikanischen Theologie ausgelöst: *die Prozeßtheologie.* Das in 2. Auflage vorliegende Buch von Michael Welker, der mehrere Jahre in den USA wirkte, stellt die drei Hauptrichtungen der Prozeßtheologie vor und diskutiert deren Bemühungen, die Universalität Gottes trotz der Relativität der Welt auszusagen. Schließlich konfrontiert und verbindet das Buch die neuen Impulse und Perspektiven der relativistischen Welttheorie mit biblisch-theologischen Einsichten. Das Prozeßdenken verleiht *der Rede vom Himmel* wieder Sinn und Plausibilität. Es nötigt die Theologie aber auch zu einer klaren Unterscheidung von Gott und allen natürlichen oder abstrakten Himmelvorstellungen (wie Zukunft, Transzendenz, Jenseits).

Michael Welker, Dr. theol., Dr. phil., ist Professor für Reformierte Theologie an der Universität Münster.

Hans-Joachim Kraus
Theologische Religionskritik
Neukirchener Verlag

Neukirchener Beiträge zur Systematischen Theologie, Bd. 2
X, 278 Seiten, Paperback

Dieses Buch wurde mit dem Ziel verfaßt, in die theologische Religionskritik einzuführen und die Bedeutung dieses revolutionären Vorstoßes angesichts der Angriffe von seiten der Verfechter und Liebhaber von »Religion« klar und scharf herauszustellen.
Am Anfang stehen Referat, Analyse und Interpretation der theologischen Religionskritik bei *Karl Barth* und *Dietrich Bonhoeffer*. Eingefaßt in geistesgeschichtliche Orientierungsskizzen, folgt ein *Martin Luther* und *Johannes Calvin* betreffendes Kapitel: Die Reformatoren als Wegbereiter neuzeitlicher Religionskritik. Anschließend wird gefragt, was christliche Theologie in der Begegnung mit *Ludwig Feuerbach* und *Karl Marx* neu zu lernen und zu erklären hat. Aus der gesamten Darstellung ergeben sich *neue Perspektiven,* die biblisch-theologisch und systematisch aufzureißen sind und in deren Fluchtpunkt Überlegungen zum Dialog mit dem Judentum und den Religionen stehen.

Hans-Joachim Kraus, D., D.D. h.c., war seit 1968 Professor für Reformierte Theologie in Göttingen (em.).

Wolf Krötke
Sünde und Nichtiges bei Karl Barth

Neukirchener Verlag

Neukirchener Beiträge zur Systematischen Theologie, Bd. 3
VIII, 121 Seiten, Paperback

Karl Barths Lehre von der Sünde und vom Nichtigen ist die Lehre von einer Wirklichkeit, die sich im Vergehen befindet. Das ist angesichts der vielen erschreckenden Phänomene der Sünde, die wir heute sehen, eine provozierende Feststellung. Sie steht denn auch im Verdacht, die geschichtliche Wirklichkeit der Sünde zu verharmlosen. Das Buch zeigt jedoch, daß es Barth darauf ankommt, ein neues Ernstnehmen der Sünde zu ermöglichen, nachdem sie im Bewußtsein des neuzeitlichen Menschen weithin verdrängt wurde: Der Sieg Jesu Christi ermächtigt Menschen, mit der Sünde und dem Bösen im Denken und Handeln allein so umzugehen, daß man sie als Nichtiges bekämpft.

Wolf Krötke, Dr. theol. h.c. (Tübingen), ist seit 1973 Dozent für Systematische Theologie am Sprachenkonvikt in Berlin.

Wolfgang Huber
Folgen christlicher Freiheit

Ethik und Theorie der Kirche im Horizont der Barmer Theologischen Erklärung

Neukirchener Verlag

Neukirchener Beiträge zur Systematischen Theologie, Bd. 4
2. Aufl., 275 Seiten, Paperback

Das Buch führt zunächst in die Entstehung und den Text der Barmer Theologischen Erklärung ein; Überlegungen zu ihrer Aktualität schließen sich an. Es ist nicht ein historischer Kommentar zur Barmer Erklärung, sondern erörtert systematische Kontroversen und Konsequenzen, die sich heute mit der Erinnerung an »Barmen« verbinden. Das geschieht vor allem hinsichtlich der Gundlegung der Ethik, der politischen Ethik und des Kirchenverständnisses. Im Durchgang durch diese Themen entwickelt der Verfasser im Anschluß an »Barmen« das Konzept einer Sozialethik als Ethik kommunikativer Freiheit; er vertritt, insbesondere im Dialog mit Dietrich Bonhoeffer, eine Theorie der Kirche, in der die Kirche als Raum und als Anwalt der Freiheit verstanden wird.

Wolfgang Huber, Dr. theol., ist Professor für Sozialethik an der Universität Heidelberg.